고전과 동아시아

–

로컬지식학 강의

고전과 동아시아_로컬지식학 강의

초 판 1쇄 2023년 02월 27일

기 획 부산대학교 BK21 FOUR 한문고전번역 기반 동아시아_로컬지식학 전문가 교육연구팀

지은이 강정화 강지은 고야마 린타로 금지아 김건우 김대열 김홍영 노경희 다카야마 다이키 문재원 사토 미치오 손숙경 엄경흠 이규필 이주해 장유승 전병철 정명현 정석태 정하정 추제협 피에르 엠마뉴엘 후 하세봉

펴낸이 류종렬

펴낸곳 미다스북스
본부장 임종익
편집장 이다경
책임진행 김가영, 신은서, 박유진, 오지은

등록 2001년 3월 21일 제2001-000040호
주소 서울시 마포구 양화로 133 서교타워 711호
전화 02) 322-7802~3
팩스 02) 6007-1845
블로그 http://blog.naver.com/midasbooks
전자주소 midasbooks@hanmail.net
페이스북 https://www.facebook.com/midasbooks425
인스타그램 https://www.instagram/midasbooks

ISBN 979-11-6910-201-8 93110

값 40,000원

미다스북스는 다음세대에게 필요한 지혜와 교양을 생각합니다.

고전과 동아시아—로컬지식학 강의

기획 : 부산대학교 BK21 FOUR 한문고전 번역 기반
동아시아_로컬지식학 전문가 교육연구팀

미다스북스

인간적_인본적_인성적 혁신을 이룰 인재 양성을 위하여

우리는 「인간을 위한 미래문명의 기반」을 구축할 수 있는 「인간적(人間的)_인본적 (人本的)_인성적(人性的) 혁신을 이룩할 인재의 양성」을 목표로 하는 비전을 갖고 있다. 과연 우리는 이런 비전에 부응할 수 있을 것인가? 가슴 설레는 비전이지만 늘 우리는 좌절과 희망을 넘나들고 있다. 이 책은 이런 변주 속에서 이뤄진 작은 성취이다. 이 책의 성취를 논하기에 앞서, 우리가 가진 문제의식을 공유하고 싶다. 우리가 이런 비전을 갖게 된 이유는 분명하다. 우리가 다루는 한문고전, 곧 2천 5백년 이전부터 동아시아 문명의 토대가 되었던 한자/한문으로 담아낸 방대한 고전이야말로 21세기 미래문명의 비전을 제시할 인간적_인본적_인성적 지혜를 담고 있기 때문이다.

서구_근대 중심주의 한계, 그리고 동아시아의 부상

현재 우리가 당면하고 있는 과제는 서구 근대문명의 한계를 넘어서서 새로운 미래 문명을 건설할 것인가에 있다고 할 수 있다. 그동안 서구 중심의 근대적 가치와 문명이 세계를 지배해 왔다. 수천 년간 동아시아에 훌륭한 문명이 존재했다는 사실은 간과되어 왔고 오히려 동아시아를 변방의 낡은 문화로만 취급해왔다. 허나 서구가 주도한 근대, 나아가 현대문명은 도처에서 많은 문제점들을 드러내기 시작했다. 일일이 열거할 수 없을 정도인데 그 근저에는 인간적_인본적_인성적 가치에 대한 상실이 놓여있다. 특히 과학기술의 질주를 절제할 수 있는 인문정신에 대한 홀대는 더욱 큰 문제를 야기했다. 가깝게는 개인의 인격적 파탄과 인륜의 파괴요, 멀게는 인간사회의 붕괴와 미래사회 전망에 대한 부재이다. 이는 동아시아 로컬에 살고 있는 사람들뿐만 아니라 세계시민들도 깨닫고 있다. 즉 세계는 동아시아를 「타자화된 대상」으로서가 아니라 「공존의 동반자」 혹은 「새롭게 일굴 문명의 자산」으로 바라보기 시작한 것이다.

한문고전에 축적된 전통지식과 로컬문화의 잠재력

특히 동아시아문명권은 미래문명을 열어갈 가능성이 가장 강력한 곳으로 주목받고 있다. 이는 동아시아 문명이 공동으로 가진 문화적 자산인 한자, 그리고 이를 활용해 이뤄진 한문고전에 기인한다. 한문고전 속에 담긴 전통적 사유는 골동적 박제를 벗어나 새로운 생명을 얻기 시작했고, 전통적 지식은 재발견되어 점차 일상의 상식이 되기 시작했으며, 그곳을 생산해낸 로컬문화의 독자성과 창의성은 현재의 난제를 혁신해내기 위한 문화기반으로 부상하게 되었다. 우리는 여기에 착목하였고, 이를 위해 네 가지 핵심 축, 즉 담지자로서의 「한문고전」, 방법으로서의 「고전번역」, 시각으로서의 「동아시아」, 구체화로서의 「로컬지식」 등을 설정하였다.

한문고전: 공명_공존_공감

우리는 「한문고전」이 공명_공존_공감의 지향을 갖는 텍스트요 문화라고 생각한다. 한문고전에 기반한 과거는 과거에 머물지 않고 현대사회와 공명하며, 차후 미래를 공명시킬 것이다. 고전은 「시대의 고전」이 아니라 「가치의 고전」이기 때문이다. 즉 시간의 공명(共鳴)이다. 또한 한문고전은 한자/한문을 다루는 지역 전체를 아우를 수 있고, 특정한 역사시기의 특정 국가 영역을 넘어설 수 있다. 실제 동아시아는 동아시아 로컬에 머물지 않고 세계시민과의 접속이 이뤄지고 있다. 즉 공간의 공존(共存)이다. 한문고전은 한자/한문 문해력을 지닌 사람들을 하나로 화합시키고, 로컬의 문화를 다른 로컬과 소통시켜 하나의 공감을 이뤄낼 수 있다. 즉 시간과 공간을 넘은, 사람의 공감(共感)이다.

고전번역: 시간_공간_사람의 축적과 소통

우리는 「고전번역」을 통하여 과거의 전통지식을 현대인이 원용할 수 있는 지혜로

소통시킬 수 있고, 로컬과 로컬의 문화/문명적 자산을 소통시켜 끝내 사람과 사람의 감정과 생각을 소통시킬 수 있다고 생각한다. 번역을 통해 이뤄진 가치의 축적은 미래의 문명적 창신(創新)을 모색할 수 있다. 즉 한문으로 이뤄진 고문헌의 번역(즉 시간의 축적)을 거치고, 공존하는 로컬 기반 고전문화의 번역(즉 공간의 축적)을 관통한 뒤, 과거와 현재의 인간(의 삶)의 번역(즉 사람의 축적)을 거쳐 미래사회의 문명을 창신해 나갈 수 있다. 고전번역은 축적과 소통의 유력한 도구이다.

동아시아: region을 넘어, value의 근거지로

우리는 「동아시아」가 서양과 구분되는 주변지역, 아시아의 일부인 「동쪽 아시아」라는 지역(region) 개념에 머문다고 생각하지 않는다. 이곳은 현대사회가 갖고 있는 정신적 황폐함을 극복할 수 있는 대안이요, 통제되지 않는 제국주의적 폭주를 제어할 인간적 가치의 보고요 저장소이다. 특히 우리는 자연과 생태와 인간에 근본을 둔 동아시아의 인문적 가치, 즉 미래가치를 모색할 수 있는 「가치(value)의 근거지로서의 동아시아」에 주목한다. 이는 아울러 우리의 국제화를 가능하게 만드는 시준(視準)이기도 하다.

로컬지식: 주변공간에서 문화/문명의 거처로

우리는 로컬을 공간에만 한정된 개념을 바라보지 않는다. 궁극적으로 공간을 장소로 만들며 인간_인본_인성의 지혜를 이루어 온 「그곳 사람」을 정시(正視)한다. 이를 통해 그간 소외되고 주변화되었던 로컬을 21세기 현대사회가 갖고 있는 병폐를 치유할 수 있는 「문화/문명의 거처」로 끌어올리고자 한다. 이를 위해 지역사회에 밀착된 전통지식(Traditional knowledge)을 학문적으로 추구하고, 중심의 권력성을 전복할 수 있는 비판적 대안으로서의 로컬리티를 모색하며, 문화지식간 평등성을 바탕으로 미래문명사회의 주동력인 「로컬지식(Local knowledge)」의 21세기적 창신을 성취하고자 한다.

비전에서 목표로, 그리고 지금

미래문명의 기반은 바로 인간의 삶 자체를 있는 그대로 바라보는, 「종합적」「총체적」, 「융합적」시각에서 출발하며, 그곳 사람들의 인간적_인본적_인성적 가치를 복원하는 데서 완성될 것이다. 이에 우리는 네 가지 목표를 갖고 있다. 첫째, 한문고전 번역교육의 시스템 구축과 지속적 번역, 둘째, 동아시아 지평의 학문적 시야와 탈중심적 사유의 확보, 셋째, 문학을 넘은 전통지식학의 구성과 신(新)_지식학의 구축, 넷째, 로컬에 대한 문화적 접근과 인본적 미래가치의 생산 등이다. 이 목표들은 각각 첫째는 학문후속세대의 한문고전 번역능력을 갖추기 위한 교육, 둘째는 가치의 근거지로서의 동아시아 시야를 확보하는 국제화, 셋째는 전통시대의 지식을 지금의 학지(學知)로 전변시켜 신(新)_지식학을 구축하는 연구, 넷째도 로컬에 대한 문화 평등적 접근을 통해 미래가치를 창출해내는 연구로 실현될 것이다. 그리고 이들은 각각 독립적이면서 상호 연동되어 있으며, 각 분야별 범위 규정은 상대적일 뿐이다. 아울러 첫째는 「과거」의 자산에 착목하였다면, 둘째는 「현재」의 시각에 해당하고, 셋째와 넷째는 과거와 현재를 아울러 「미래」의 가치를 구현하고 있다고 볼 수 있다. 또한 이 네 가지 목표는 유기적인 체계를 갖추면서 각각 「고전번역학」, 「동아시아학」, 「전통지식학」, 「로컬문화학」을 학문적으로 구성하며, 최종적으로 「인간의 삶에 대한 종합적, 총체적, 융합적 시각을 가진 혁신적 인재」, 「한문고전 번역 기반 동아시아_로컬지식학 전문가」 양성을 실현한다.

간단없이 착실하게 걸어온 길, 그리고 가야할 길

그러나 우리가 현재 마주한 현실은 다소 심각했다. 이는 한문학과 위상의 추락과 학문후속세대의 불투명한 전망으로 요약된다. 한문학을 전공하는 학과는 전국적으로 갈수록 줄어들었고, 학교내 위상도 주변부 소규모학과로 존재하며 대학원에 진학하는 학생 숫자도 전반적으로 하락추세였다. 이는 대학원에 진학한 뒤 학문적, 사회적 비전이 불투명한 데에 기인한다. 그러나 우리는 한문고전 기반 학문적 의지를 갖고 꾸준히 더 나은 교육적 환경을 확보하기 위하여 간단없이 노력해 왔고, 그 결실로 세 차례의 BK교육연구사업을 수행해왔다. 간단히 요약하자면, 제1단계는 도입기로서 고전콘텐츠 기획 전문인력 양성(「한문고전 번역 및 고전콘텐츠 기획 전문인력 양성사업단」, 2006-2013), 제2단계는 심화기로서 전통지식 기획전문가 양성(「동아시아 한문고전 번역 및 전통지식 기획전문가 양성사업팀」, 2013-2020), 그리고 제3단계는 확대기로서 동아시아_로컬지식학 전문가 배출(「한문고전 번역기반 동아시아_로컬지식학 전문가 교육연구팀」, 2020-2027)이다. 지금은 제3단계를 지나고 있는 중이다.

이 책의 연기(緣起), 그리고 감사의 말

우리의 비전은 제2단계를 지나 제3단계를 접어들면서 더욱 또렷해졌고, 그 사이 비전 실현을 위해 지속적인 저명학자 초청 학술세미나를 개최하였다. 그 강연을 모은 것이 바로 이 책이다. 사실 이 책은 남다른 특징이 있다. 고전번역학, 동아시아학, 로컬지식학을 대표하는 국내외 학자들을 초청했음은 물론이요, 그 강연내용을 학문후속세대들이 직접 채록하고 교정하여 문자로 만들었기 때문이다. 학문후속세대들은 강연을 채록하고 문자로 재술(再述)하면서 강연자의 생각을 곱씹었고, 표현 하나하나 주의하면서 자신들의 생각과 말을 다듬을 수 있었다. 원래 책으로 엮으려고 의도했던 것은 아니다. 복습을 위한 채록이 어느새 여기까지 온 것이다. 원래 강연자에게도 별도의 원고를 요청하지 않았다. 그래서 강연을 책자로 엮는다고 연락을 드렸을 때 다소 당황하신 분들도 있었다. 말하는 것과 글 쓰는 것의 차이, 그리고 일회적인 것과 지속적인 것의 차이를 분명하게 알고 계셨기 때문이다. 그렇지만 그분들은 흔쾌히 허락해주었고, 그 덕분에 이렇게 귀한 마음들을 모을 수 있었다. 이 작업은 코로나팬데믹이라는 전대미문의 어려운 상황에서도 중단되지 않았다. 강연자들은 강의로든, 책으로든 진심을 다해 자신들이 체득한 학업의 성취를 아낌없이 나눠주었고, 그 진심을 배운 우리의 학문후속세대들은 많은 성장을 거두었다고 생각한다. 그분들의 노고에 값하는 일은 이제 우리에게 맡겨져 있다 하겠다. 모든 일이 참으로 고맙다. 강연자들에게 먼저 머리 숙인다. 그리고 열심히 경청하고, 뒷날 번거로운 작업을 마다하지 않았던 학문후속세대들에게도 고마운 격려를 보낸다. 또한 그 사이에서 궂은 일을 도맡아 처리했던 이상봉 박사, 남윤덕 박사에게도 미안한 마음을 보탠다. 이밖에 일일이 이름을 거론하지 않은 많은 분들에게도 감사의 인사를 거듭 보낸다. 하나의 생각이 현실이 되기까지 수많은 시간이 소요됨을 절실하게 느낀다. 아직도 갈 길이 멀고, 해야 할 일들이 많다.

2023년 2월 어느 날
교육연구팀을 대신하여 김승룡 적음

목 차

2부 동아시아학

3부 로컬지식학

1부

고전번역학

호남권 문집 번역의 성과와 과제
– 전주대학교 한국고전학연구소를 중심으로 –

김 건 우 (전주대학교 역사문화콘텐츠학과)

안녕하십니까? 전주대학교 부교수이자, 한국고전번역교육원 전주분원 강사를 하고 있는 김건우입니다. 일전에 부산대에서 메일로 보내준 포스터에서 '기억 고전의 학문적 모색'이라는 주제로 강좌를 하고 있는 것은 본 적이 있었습니다만, 부산대 한문학과 BK 연구팀에서 고전번역을 기반으로 한 로컬 지식학을 연구하고 있다는 것을 오늘에서야 알았네요. 저는 오늘 전주대학교 한국고전학연구소가 어떠한 번역을 해왔고, 성과와 과제를 이야기하려고 하는데 본 BK 연구팀의 연구 주제와 맞을지는 염려가 됩니다. 강의 순서는 한국고전학연구소가 걸어온 길을 간략히 살피고, 호남권 문집번역의 성과, 번역 과정과 오역 사례를 살핀 후 마지막으로 지역 고전번역의 과제와 전망에 대해 살피도록 하겠습니다.

1. 한국고전학연구소가 걸어온 길

한국고전학연구소는 2002년에 『여지도서』[(50책)] 번역 사업을 시작으로, 2004년 『추안급국안』[(90책)], 2010년 호남권 거점연구소 협동번역사업, 2012년 조선시대 연안 변경 및 해양 도서 관련 조사와 근현대 유학자 사회관계망 분석 및 자료 수집 연구, 2013년 율곡이이 자료집성 및 정본화, 2014년 근현대 지역공동체변화와 유교이데올로기, 2016년 아시아공동체와 디아스포라 강좌, 2017년 임진왜란자료 국역사업 『쇄미록』 번역 · 교감 · 표점 · 감수 사업, 2018년 고문헌 전통지식을 활용한 농산업 지역 마케팅 활성화 방안연구, 동국사 소장 일제강점기 문화유산 학술조사, 인문한국플러스[(HK+)]사업, 2019년 전북유학 근원 찾기 도내 현판 · 편액 전수조사, 2020년 국립태권도박물관 태권도지식자원 1차 아카이빙 사업 등을 진행해 왔습니다.

언급한 연구사업 결과물 가운데 2009년 발간된 『여지도서』는 1757년[(영조33)]~1765년

^(영조41)에 발간된 전국의 읍지를 모은 지리서입니다. 여기에는 당연히 현재 북한 지역의 읍지 기록도 포함되어 있습니다.『여지도서』는『세종실록지리지』,『신증동국여지승람』을 잇는 조선후기 인문지리지입니다. 일부 고을의 읍지가 누락되어 있기는 하지만, 조선후기 지방 사회를 이해하는 데 중요한 자료가 됩니다.

다음으로 2014년 발간된『추안급국안^(推案及鞫案)』은 국왕의 명령에 따라 설치되는 추국청^(推鞫廳)에서 반역이나 모반, 강상죄^(綱常罪)를 범한 죄인을 심문하고 그들의 진술과 처결 등을 기록한 추안 혹은 국안을 모은 심문 기록물입니다. 선조 34년⁽¹⁶⁰¹⁾부터 고종 29년⁽¹⁸⁹²⁾까지 약 300여 년에 걸쳐 279건의 사건이 수록된 자료인데, 매우 흥미로우니 관심 있는 분들은 읽어보시길 바랍니다.『추안급국안』발간 이후에 신문기사에도 자주 나왔는데요, 세자를 죽이려고 뼛가루를 먹이려 했던 사건에 대한 내용을 소개하기도 했습니다. 저희 연구소는 기존『추안급국안』내용이 검색이 용이하지 못한 점을 인식하여 삼고 정서화 및 DB기반 구축 사업을 진행했습니다.

다음은『쇄미록』이 있습니다. 전주대 고전학연구소가 임진왜란『쇄미록』번역 사업에 선정되어 기존 번역을 재번역하는 작업을 했습니다.『쇄미록』의 저자는 오희문으로, 임진왜란의 전란을 겪으면서 쓴 10년간의 일기입니다.『쇄미록』은 전쟁 중 오희문 일가의 생활사뿐만 아니라 정치사·경제사·문화사 등에 다양한 정보를 제공하고 있는 사료적 가치가 높은 자료입니다.

2012년~2020년까지는 간재, 노사, 화서학파와 관련된 문인록 및 근현대 시기 발간된 향교 자료와 기타 인명록을 모본으로 삼아 유학자의 인명과 그 정보를 수집, 정리했습니다. 아래는 그 현황표입니다.

〈근현대 유학자 인명 수집 현황표〉

연번	연도	인명 수(명)	관련 학파
1	2012~2013	15,270	간재학파
2	2013~2014	2,379	
3	2015~2016	594	노사학파
4	2016~2017	7,128	
5	2017~2018	3,476	
6	2018~2019	2,758	화서학파
7	2019~2020	4,163	
합계		35,768	

아래는 모본이 되었던 연원록입니다. 자(字), 호(號), 생년, 거주지 등을 데이터화했습니다. 이러한 근현대 유학자들을 데이터화함으로써 실제 문집을 번역을 하면서 도움을 받았던 정보들이 정말 많았습니다. 그리고 이를 문집 번역에 주석처리를 하기도 했습니다.

연번	유형	서명	저자명	編者	간행처	연도
1	문인록	華島淵源錄	田愚	李道衡	南安齋	1962
2		沙上門人錄	奇正鎭 奇宇萬	吳相鳳		1948
3		盧沙先生淵源錄	奇正鎭		滄對軒	1960
4		老栢軒門人錄	鄭載圭	鄭琦	老柏書舍	1999
5		日新齋信從錄	鄭義林	朴準基		1927
6		日新齋先生淵源錄	鄭義林	裵錫冕		1967
7		溪山淵源錄	宋秉璿	金鍾嘉	宋明鎬方	1966
8		蘗溪淵源錄	李恒老		楊平文化院	1999
9		薔薇淵源錄	崔益鉉	曺錫日		1967

2. 호남권 문집번역 성과

한국고전학연구소에서는 호남거점권 문집 번역을 수행했습니다. 2010년부터 2020년까지 출간한 성과물은 한국문집총간 10종 62책(번역서49책+교감표점서13책)으로 아래와 같습니다.

위백규의 『존재집(存齋集)』,　　김수항의 『문곡집(文谷集)』,
민정중의 『노봉집(老峯集)』,　　이관명의 『병산집(屛山集)』,
이건명의 『한포재집(寒圃齋集)』,　박광일의 『손재집(遜齋集)』,
이민서의 『서하집(西河集)』,　　신익상의 『성재유고(醒齋遺稿)』,
유언호의 『연석(燕石)』,　　　기우만의 『송사집(松沙集)』

송병선의 『연재집』과 윤병구의 『병계집』은 번역 중에 있어요.
그런데 잘 보시면 알겠지만 호남권 문집번역인데 호남 사람은 별로 없어요. 일부를 제외하고는 대부분이 한양의 경화사족들이에요. 여기에는 이유가 있는데 말씀드리겠습니다. 현실적으로 한국고전번역원에서 번역하라는 문집 중 호남권이 매우 적습니다. 한국문집총간을 만들 때는 기준이 있었을 텐데 문집총간을 만드는 과정에서 호남권 인물이 많이 없었습니다. 18세기 이후에 호남권 지역의 유명한 인물이 별로 나오지 않았고, 그러다보니 문집총간에 수록할 인물이 없었던 겁니다.

지금 번역을 하고 있는 연재 송병선, 병계 윤병구 같은 인물들도 모두 충청도 사람이에요. 이제는 우선 문집번역 목록을 호남권과 충청도를 묶어서 범위를 넓혔습니다.

총간에 호남권 인물이 너무 없으니 충청도 인물이랑 함께 번역하라고 해서 송병선과 윤병구와 같은 인물들이 포함이 되었습니다.

2021년 현재 협동번역사업 권역별 거점연구소 현황은 대형 1개, 준대형 2개, 중형 3개, 소형 6개로 구분할 수 있습니다. 이 중에서 대형에 속한 저희 전주대 한국고전학연구소가 규모가 제일 크다고 할 수 있습니다. 저희 연구소는 2018년 1월에 대형으로 승격되었습니다. 한국고전번역원 권역별 협동번역사업은 지역 학계와의 연계, 협업, 전략적 자원 집중으로 산적한 미번역 고전의 조기번역과 지역 고전번역 인재 양성을 목표로 합니다. 권역과 중앙, 권역간 연계를 통해 국가의 고전번역 역량을 획기적으로 제고하고, 지역의 대학 협동과정, 관련 학과, 원로한 학자의 한학전수 과정 등과 연계, 지역의 고전번역 핵심 인력을 양성하는 것을 목적으로 삼고 있습니다.

호남권 번역에서는 우선번역대상을 선정을 하고 순서에 맞춰 번역을 합니다. 대상 서목은 한문학, 철학, 사학 등의 학술사적 저작 및 관련 연구논문, 학위논문 등에 대한 조사를 기초로 저자의 인물 비중 및 자료적 가치 등을 검토하여 선정합니다. 이는 다른 측면에서 보면 지역의 자율성이 부족하다고 할 수 있습니다. 고전번역사업의 장기계획을 수립하는 한편, 각 기관 및 단체 간 중복을 피하고 시급히 번역을 요하는 고전을 선별하여 학계의 연구경향과 일반 대중의 문화욕구를 반영한 수준 높은 학술 번역을 통한 학계 연구자료 및 다양한 문화콘텐츠 제공을 목적으로 합니다. 선정할 때에는 지역적 연관성의 검증은 저자와 권역의 연관 정도를 지수화하고 이들 항목의 배점을 합산하여 고득점 순으로 권역에 배정하는 방식으로 취했다고 합니다. 항목으로는 출생, 성장, 거주, 강학, 주요관직, 읍지, 유배, 묘소, 향사(享事) 등이 있는데 사실은 논리적으로 말이 되지 않는 기준일지도 모릅니다. 이는 중앙 차원에서 전체 지역

단위 연구소들을 효율적으로 관리하기 위한 목적이라고 생각됩니다. 아래 표처럼 중부호남권, 영남권으로 나누어 각 지역의 우선 서목이 제시되어 있습니다.

전주대학교 거점번역팀은 두 팀으로 나누어 매주 또는 격주마다 난해처 중심으로 모이고, 월 1회 이상 전체 윤독세미나를 시행하고 있습니다. 이런 모임이 잦아야 서로 교학상장(教學相長)할 수 있을 것입니다. 그래도 풀리지 않는 대목은 한학자 자문을 합니다. 저희는 초려 이유태의 후손인 아당 이성우 선생님께 직접 가서 묻기도 했습니다. 이렇게 배우는 내용에는 인터넷으로 단순히 검색할 수 없는 매우 소중한 점이 있습니다.

소계	22종 110책				
중부호남권	秋浦集	黃愼	1562–1617	46,261	0.7
	白江集	李敬輿	1585–1657	207,924	3.2
	市南集	俞棨	1607–1664	357,153	5.5
	草盧集	李惟泰	1607–1684	451,556	6.9
	南塘集	韓元震	1682–1751	708,228	10.9
	屏溪集	尹鳳九	1683–1767	883,230	13.6
	櫟泉集	宋明欽	1705–1768	270,677	4.2
	性潭集	宋煥箕	1728–1807	566,964	8.7
	鼓山集	任憲晦	1811–1876	378,833	5.8
	淵齋集	宋秉璿	1836–1905	664,003	10.2
소계	10종 70책				
영남권	東園集	金貴榮	1520–1594	69,211	1.1
	蒼石集	李埈	1560–1635	439,704	6.8
	忍齋集	崔晛	1563–1640	285,560	4.4
	密庵集	李栽	1657–1730	445,304	6.9
	息山集	李萬敷	1664–1732	561,562	8.6
	靑泉集	申維翰	1681–1752	259,512	4.0
	定齋集	柳致明	1777–1861	756,482	11.6
	寒洲集	李震相	1818–1886	624,057	9.6
	俛宇集	郭鍾錫	1846–1919	2,923,788	10.0
소계	9종 63책				
합계	41종 243책				

호남권 문집의 첫 성과물은 『존재집』입니다. 존재 위백규는 자신을 '삼벽(三僻)'이라고 했어요. 삼벽이란, 장흥이라는 사는 지역이 궁벽하고, 성씨가 궁벽하고, 사람이 궁벽하다는 뜻입니다. 본관은 장흥, 자는 자화(子華), 호는 존재(存齋)입니다. 할아버지는 위세보(魏世寶)이며, 아버지는 위문덕(魏文德)입니다. 1727년(영조 3) 5월 15일 장흥 계춘동(桂春洞) 집에서 태어났어요. 어린시절 장천재(長川齋, 장흥 관산면 방촌리)에서 학문을 닦았다고 합니다. 전남 장흥 입구 들어오는 도로 가에 존재 위백규의 동상이 서 있습니다. 1735년 위백규가 9세 때에 천관산(天冠山)에 올라가서 다음과 같은 시를 지었다고 합니다.

관산사에서 걸음을 시작하여	發跡冠山寺
허공 사다리로 봄 하늘 올라가네	梯空上春昊
인간 세상 굽어보니	俯視人間世
티끌 덮인 삼만리구나	塵埃三萬里

이 집안에서는 위 시를 굉장히 높이고 있습니다. 옛날부터 유명 인물들은 어릴 때부터 뛰어나고 효성이 있다는 평이 많은데 위백규도 마찬가지인 경우죠. 위백규는 한 평생을 향촌에서 학문과 교육활동에 전념했습니다. 그의 나이 24세 때인 1750년(영조 26)에 장흥부사 이진의(李鎭儀)에 의해 향천(鄕薦)에 올랐는데 그 천목(薦目)에, "재주가 높고 행실이 아름다우며, 학문이 깊고 몽매한 사람을 계발해주었다."라고 했습니다. 향천이란 매년 수령이 관할 군현에서 행의(行誼)가 특출한 자를 인재로 추천해서 조정에 보고하는 것을 말합니다.

이 편액은 장흥 방촌 고택에 걸려 있습니다. 위백규는 25세 때 1751년^(영조 27) 봄에 병계^(屛溪) 윤봉구^(尹鳳九)를 뵙고 스승의 예를 올렸는데, 이 때 호를 받았습니다. 편액 글씨 역시 윤봉구의 글씨입니다. 윤봉구는 앞서 말씀드렸듯이 충청도 분인데, 위백규가 일 년에 한 번씩 스승 윤봉구를 찾아뵙고 질의하며 공부하였습니다. 과거시험에 응시하여 생원시에 합격하였는데, 그 후 문과시험은 단념했습니다.

위백규는 『환영지^(寰瀛誌)』라는 세계지도와 도설^(圖說)을 편찬했어요. 위백규가 68세 때인 1794년^(정조 18) 8월에는 태풍으로 바다가 넘치는 재난이 발생했는데 호남 연해 여섯 고을이 매우 심했다고 합니다. 정조는 서영보^(徐榮輔)를 사신으로 삼아 재난 피해를 입은 지역들을 위유^(慰諭)하게 하였습니다. 서영보가 장흥에 도착한 뒤에 위백규의 저술을 구해서 보고는 바로 정조에게 보고하였습니다. 그 후 정조는 전라도 관찰사에게 명을 내려 위백규가 편찬한 『환영지』와 그의 저술 등을 올려 보내도록 하였습니다. 장흥부에서는 궤짝에 담아 자물쇠를 채워 올려 보냈습니다. 이 뿐만 아니라 『해도지^(海島誌)』와 『지제지^(支堤誌)』라는 지리서도 썼습니다. 향촌에서 평생 사셨음에도 눈은 세계에 가 있고, 현실은 우리나라의 폐해를 근심했고, 자기 고장에 대한 사랑도 가지고 있던 매력적인 인물이죠.

남공철^(南公轍, 1760~1840)이 연석^(筵席)에서 정조^(正祖)에게 대답한 말 중에 위백규에게 볼만한 문자가 100여 권이나 된다고 하였습니다. 위백규는 100권의 저술을 정조에게 바쳤고, 1875년 『존재집』을 편찬할 당시 집안에 남은 권질이 30권이었습니다. 정조의 권고로 위백규는 70세 때에 옥과현감 벼슬에 잠시 임명되었습니다. 성균관의 유생들은 위백규가 당시 정조에게 올린 상소문에서 자신들을 비난했다며 권당^(捲堂, 동맹 휴업)하기도 하였습니다. 위백규는 72세 때인 1798년^(정조 22) 11월 25일 세상을 떠났고, 다음해 2월에 다산동^(茶山洞)에 장사를 지냈습니다.

『존재집』 문집이 만들어진 과정을 먼저 살펴보면, 위백규의 문집은 『존재집』과 『존재전서』가 전해지는데, 『존재집』은 다암^(茶嵒) 위영복^(1832~1884)이 주도하여 1875년에 간행하였습니다. 『존재전서』는 『환영지』 등 기타 별종의 저술이나 단행본을 합하여 1974년에 간행한 것입니다. 이런 내막은 그 자세한 내용이 위영복의 문집인 『다암유고^(茶嵒遺稿)』의 「존재집간행시말^(存齋集刊行始末)」에 실려 있습니다. 위영복의 「존재집간행시말」에는 『존재집』을 간행하기 위해 노력과 과정 등이 자세히 기록되어 있어요. 처음에는 남파^(南坡) 이희석^(李僖錫, 1804~1889)을 통하여 노사^(蘆沙) 기정진^(奇正鎭, 1798~1879)을 찾아가 교정, 편집을 부탁했습니다. 총 4차례에 걸쳐 노사 기정진을 찾아갔지만, 사양해서 뜻을 이루지 못했습니다. 그 후 1875년 2월에 전의(全義, 충청남도 연기군 전의면)에 살던 고산(鼓山) 임헌회(任憲晦, 1811~1876)를 찾아가 부탁하여 일이 성사되었습니다. 그러다 보니 산삭이나 첨가 등 임헌회의 견해가 들어가게 되었습니다.

이 외에도 올해 1월에 독립운동가 기우만의 『송사집』 번역서 9책도 출간되었습니다. 이 문집의 특징은 방대하여 18책에 달하는데 노사 기정진의 손자임에도 성리설은 하나도 없고 기문, 서문, 편지 등의 내용이 주를 이룹니다.

3. 번역 과정과 오역 사례

번역은 되도록 쉬운 표현으로 하는 것이 좋습니다. 예를 들어보면 다음과 같습니다.

【번역문】 성묘(聖廟 문묘(文廟))와 현원(賢院)에 물력(物力)을 출연하여 수리하고, 향학(鄕學)과 이숙(里塾)에 재물을 기부하여 강학을 권면하였다.

이 중 현원(賢院)은 사용되지 않는 말로, 번역문에서 사용하기 적절하지 않은 표현으로 서원(書院)으로 바꾸어 주는 것이 좋겠습니다. 향학(鄕學), 이숙(里塾) 등도 생경한 단어이므로 향교, 서당 등으로 바꾸어 주는 것이 좋겠습니다. 번역의 표현이 어색하거나 모호하면 오역일 가능성이 높습니다. 예를 들어보겠습니다.

【원문】 素來寡諏。遺珠可念。
　　(출전 : 『송사집』 권4 「答李禮伯(敎文)」)
【번역】 본래 견문이 적어 구슬을 유실했을까 염려스럽습니다.

위 번역처럼 글자대로의 풀이로는 본의가 잘 전달되지 않습니다. 이 원문에 대한 번역은 "본래 제가 견문이 적어 귀한 내용을 빠뜨렸을까 염려스럽습니다."가 정확합니다. 또 다른 예를 들어보겠습니다.

【원문】噫。不肖孤積殃不天。祿旣不逮。

【번역】아, 불초고가 재앙을 쌓아 하늘이 도와주지 않아 녹이 이미 미치지 못하였으니,

원문 '祿旣不逮'의 녹이 어디에 미쳤는지에 대한 번역이 모호합니다. 여기서는 '逮養', '逮親'과 같은 말로 부모 살아생전에 봉록을 받아 잘 모신다는 뜻입니다. 즉 "아, 불초고가 재앙을 쌓아 하늘이 도와주지 않아 녹으로 생전에 잘 모시지 못하였으니,"가 올바른 번역입니다.

또 주의할 점은 번역 지명에 대한 것입니다.

【원문】若牟陽之雙槐異於是。
　　　(출전 :『송사집』권17「雙槐亭記」)
【번역】모양^{牟陽 함평(咸平)}에 있는 한 쌍의 홰나무로 말하자면 이런 것들과 다르니

원문의 '牟陽'은 '牟平'으로 딴이름으로 함평을 가리키기도 하지만, 쌍괴정이 있던 곳은 고창^{高敞}입니다. 즉 올바른 번역은 "모양^{牟陽 고창(高敞)}에 있는 한 쌍의 홰나무로 말하자면 이런 것들과 다르니"가 됩니다. 지명 번역에 대한 또 다른 예를 보겠습니다.

【원문】宇萬作定山行。今至東塢亭。胤君跟到。勤意可掬
　　　(출전 :『송사집』권3「答金性然(在浩)」)
【번역】저는 정산^{定山}으로 가서 지금 동오정^{東塢亭}에 이르렀는데 윤군이 따라 왔으니 부지런한 뜻이 사랑스럽습니다.

이 번역은 "저는 정산^{定山}으로 갔다가 지금 동오정^{東塢亭}에 이르렀는데 윤군이 따라 왔으니 부지런한 뜻이 사랑스럽습니다."가 되어야 합니다. 충남 정산(현 청양군 정산면)을 거쳐 지금 전북 고창의 동오정에 이르렀다는 말로, 지리적 위치를 간과한 듯합니다. 지역의 소지명은 미상이 많은 편입니다.『송사집』권7〈答魏致明^{赫基}〉"宇萬時方纏綿疾病 未得匍匐敦所"의 돈소^{敦所}는 지명으로 번역되지만 미상인 상태입니다. 또 번역할 때 한문 기본서에 충실하지 못하면 오역이 종종 생깁니다. 예를 들어보겠습

니다.

【원문】所謂利害。兩言而決之矣。
　　　(출전 :『송사집』권12 雜著「光州談辦」)
【번역】이른바 이해^(利害)란 둘이 말하면서 결정하는 것이다.

利害와 兩言은 '毛遂自薦'의 고사에 나오는 표현으로, '兩言'은 '두 마디 말'입니다. <small>(고사: "毛遂按劍歷階而上日 從之利害는 兩言而決耳.")</small> 즉 "이른바 이해란 두 마디 말이면 결정되는 것이다." 고 번역해야 옳습니다. 계속 예를 들겠습니다.

【번역】군자의 곤궁함과 형통함은 오직 이 때가 그러한 것이니
【원문】君子困亨。惟此時爲然。

'困亨'의 사전적 의미는 '곤궁함이 극에 달하면 형통해지다'입니다.『주역 困괘』에서 '困亨'은 군자는 곤궁함에 처해서도 도의 형통함을 잃지 않아야 함을 말합니다. 기우만의 현재 처지가 바로 이렇게 해야 할 상황이라는 의미입니다. 따라서 '困亨'을 '곤궁함과 형통함'으로 번역해서는 안 됩니다. 밑줄 부분에 대한 번역은 "군자는 곤궁함 속에서 형통하니"가 되어야 합니다. 또 번역할 때에는 각주를 적절히 달아야 합니다. 예를 들어 설명하겠습니다.

【원문】鼓瑟而過暮年。至樂何愈於此。
　　　(출전 :『송사집』권7「答李慶運(啓徵)」)
【번역】거문고를 뜯으며 만년을 지내신다 하니 ……

이 번역의 "거문고를 뜯으며"에는 주석이 필요합니다. 이 말의 뜻은 가족이 한데 모여 오순도순 단란하게 사는 것을 표현한 것입니다. 그 근거는『시경』〈소아^(小雅) 상체^(常棣)〉에 "아내와 자식들이 화합하며 즐겁게 사는 것이, 마치 거문고와 비파 가락이 서로 어울려 조화되는 것과 같다.[妻子好合 如鼓瑟琴]"는 말이 나오기 때문입니다. 또 다른 예를 보겠습니다.

【원문】追隨之盛。曾所艷聞。而淨襟堂上。濟濟儀容。不問可知爲先生弟子。

『송사집』「與鄭厚允^(載圭) 乙酉」

【번역】 따르는 이들이 많다는 소문을 익히 들어왔기에 당상^(堂上)에서 옷깃을 여민 채 위의와 용모가 성대한 이들은 물을 필요도 없이 선생의 제자인 줄 알 수 있었습니다.

원문의 '淨襟堂上'은 '당상^(堂上)에서 옷깃을 여미다'는 뜻이 아니라, 삼가^(三嘉)에 있는 정자 이름입니다. 정금당은 『신증동국여지승람』 권31 경상도 삼가현^(三嘉縣) 조에 의하면 관수루^(觀水樓)의 서편에 있었다고 하는데, 그 위치는 현 합천군 삼가면 사무소 내 광장이 있는 곳입니다. 즉 "따르는 이들이 많다는 소문을 익히 들어왔기에 정금당^(淨襟堂) 위에 있던 위의와 용모가 성대한 이들은 물을 필요도 없이 선생의 제자인 줄 알 수 있었습니다."라고 번역해야 합니다.

4. 지역 고전번역의 과제와 제안

권역별 거점번역연구소 사업의 추진 근거 중 하나는 인명, 지명, 관계망 등 각 지역 고유한 역사와 문화가 있기에 가장 연고가 있는 지역에서 번역을 수행하는 것이 타당합니다. 하지만, 호남권^(전남, 전북, 제주) 권역별 대상번역 서목은 타 지역에 비해 종수 및 인물 연관성이 굉장히 떨어집니다. 한국문집총간에 수록된 문집만이 번역 가능하여 지역 연구소의 정체성 확립에 제약이 되고 있습니다. 즉 안정성과 통일성 확보로 인해 경직성이 있습니다. 항상 규정이 있어서 어떤 경우 인문학 연구 사업들이 제약이 되는 안타까운 경우가 있습니다. 어느 정도의 자율성이 있으면 좋을 텐데 그렇지 못한 환경이라 늘 행정적인 문제에 부딪히곤 합니다.

솔직히 말씀드리면, 현재 지역대학은 학문 후속 세대, 대학원생 지원 및 번역 기반 토대가 매우 취약합니다. 제가 있는 전주 역시 예외가 아닙니다. 부산보다 전주에는 대학이, 사람이 많이 없는 편이라 기반이 역시 약합니다. 지역의 학문 후속 세대나 대학원 지원은 중앙과 지역이 어느 정도 달라야 한다고 생각합니다. 상대적 차등이 아니라 지역의 기반이 무너진다면 어떻게 될까요? 서울에는 인구가 많고 대학에도 여러 혜택들을 받고 있습니다. 모든 측면에서 서울이 낫지만, 잣대는 서울이든 지역이든 똑같습니다. 일례로 서울의 모 대학원의 BK 사업단의 소속 대학원생이 100명이 넘는 곳이 있다고 하는데, 이에 비해 지역대학은 대학원생 수 역시 매우 적습니다.

고전번역 전문가와 학계 연구자의 서로 간 협업 체제가 필요하다고 생각합니다. 학술 연구 번역이라는 용어로도 부르고 있는데, 또 하나의 모델이 될 수 있습니다. 고전 번역에 뛰어난 인력은 대학의 연구 성과나 학술 정보에 약하고 수용 부분에 있어서도 소극적입니다. 대상 문헌에 대한 학계 연구자에게 협업을 요청하는 시스템이 필요한 이유입니다. 우리가 만나는 고전은 문사철^{文史哲} 뿐 아니라 여러 분야에 걸쳐 있습니다. 학계 연구자와 협업하여 함께 연구하고 공부하는 자세가 필요합니다. 요즘 "지역○○소멸"이라는 말이 많이 나오죠. 건전한 학술 생태계 차원에서, 중앙-지역 거점 연구소가 균형 있는 발전 모델을 강구해야 합니다.

저는 지역에서 10년 이상 있다 보니 각 지역의 특장이 있는 콘텐츠가 있는데, 이런 것을 통합적으로 운영해야 한다고 생각합니다. 각 지역에 산재되어 있는 현판, 주련, 금석문 자료를 번역할 필요가 있을 뿐 아니라, 여러 지역에서 이미 번역된 문헌 자료를 재작업할 필요가 있습니다. 심지어 기초적인 DB화조차도 되어 있지도 않습니다. 문헌자료의 재점검 및 DB화가 필요한 시점입니다. 또한 지역 관련 번역을 하다 보면, 지역 인물명과 지명이 까다로운 경우가 많습니다. 인물관계망 및 지명 등 데이터 정보를 구축해야 정확한 번역을 할 수 있을 것입니다. 고전인문학을 통해 지역 인물을 발굴하여 이를 대중적으로 확산할 필요가 있습니다. 대학 내 고전번역 인구인력이 지속적으로 대학 학계와 융합해야함은 말할 것도 없습니다.

또한 이제는 번역 시스템을 새로 구축하고 번역사업 확대로 신규 일자리를 확충해야 합니다. 그리고 현재 번역하는 사람들은 어디선가에서 항상 '검색'을 하는 사람들입니다. 일부 투자를 받아 번역 툴을 시스템화한다면, 번역 시간을 획기적으로 단축할 수 있을 것입니다.

현재 고전분야를 진로로 하는 학부생, 대학원생들은 장학금의 혜택을 받지 못하면 무척 힘든 상황입니다. 지역 단위의 고전 수집, 정리, 번역, 연구, 대중화사업 등 예산 지원과 활성화를 통해 일자리를 확충한다면 이런 문제를 일부 줄일 수 있을 것입니다.

지금 대학원 여러분들이 BK21 FOUR 사업에 소속되어 있다면 큰 혜택임을 인식하고 이를 동력삼아 열심히 공부를 했으면 좋겠습니다. 이런 당부의 말씀을 드리면서 이상 강의를 마치도록 하겠습니다. 감사합니다.

『임원경제지』 번역사업의 여정과 번역 방법론

정 명 현 (임원경제연구소)

　제가 준비한 내용은『임원경제지』번역사업의 여정, 번역 과정에서 저희들이 만들어냈던 번역 방법론입니다. 먼저『임원경제지』소개를 드리고 번역 사업 여정과 번역 방법론을 본론으로 말씀드리겠습니다. 그리고 마무리로 한문고전 번역의 가능성을『임원경제지』를 중심으로 말씀드리겠습니다.

A.『임원경제지』소개

1.『임원경제지』보도기사 및 소개 방송

　우선『임원경제지』를 보도한 기사를 소개합니다. 책이 나오면 저희는 신문사에 보도 자료를 보내서 보도해주실 것을 요청 드리는데, 그때마다 관심을 가져 주시는 기자들이 있어 계속 신문에 실어주고 계십니다. 보시는 기사는 2019년에『상택지』를 출간했을 때의 모습이며,『예규지』를 출간했을 때에 "조선시대 '재산 증식법' 일러준 실학서 첫 완역"이라는 제목으로 신문기사가 보도되었습니다. 그 후 얼마 지나지 않아『예규지』의 출간과『임원경제지』번역을 주제로 신문사에서 보도가 되었습니다. 마찬가지로 비슷한 시기에 한겨레신문사에서도『임원경제지』번역과 출간을 초점으로 취재된 기사가 있습니다. 동아일보에서는 2020년에『이운지』가 4권으로 출간되었을 때에 2월 25일에 "텐트 대신 '이동식 정자' 들고"라는 표제어로 기사가 나왔습니다. 작년 10월에『정조지』가 출간되었는데, 조선일보에서 관련 보도가 되었습니다. 『보양지』가 출간되었을 때에도 중앙일보에서 소개가 되었습니다. 작년 12월에는 서유구와『임원경제지』가 2회에 걸쳐서 길게 시리즈로 조선일보에서 보도가 되었습니다.

　제가 발표에 앞서 언론에 보도된 내용을 여러분께 소개드리는 이유는 우리 사회에서『임원경제지』를 어떻게 주목하고 있는지를 알려드리기 위함입니다. 또한 작년 2월

30　　고전과 동아시아 _ 로컬지식학 강의

에 경인방송 OBS에서 다큐멘터리로 "트레저헌터"라는 방송이 나왔습니다. 수차례에 걸쳐서 시리즈물로 방영이 되었는데, 그 마지막 편에서 '문화유산 등재 프로젝트'로 『임원경제지』를 다루었습니다. 이 방송에서는 KIST 남기달 박사가 명유^(明油)를 재현한 실험이 나옵니다. 명유는 전통시대에 사용했던 도장재입니다. 오늘날의 니스와 같은 역할을 한다고 보시면 됩니다. 들기름으로 만들죠. 명유를 복원하면서 휘발성 유기화합물을 넣지 않고 자연스럽게 아토피를 유발하지 아니하고 천연제품을 만들었습니다. 이 방법으로 2018년에 특허출원을 하였는데, 이 제조법이 『임원경제지』에서 나온 내용을 참고하였습니다. 저희가 『임원경제지』 중 섬용지에 나오는 제조법을 남기달 박사께 제공해드리자 과학자들이 이 내용을 근간으로 재현하였던 것입니다.

최근 1월 28일에 KBS 〈한국인의 밥상〉에서 방송 10주년 기념 4부작 방송이 방영되었습니다. 마지막 4부에서는 『임원경제지』 중 『정조지』가 소개되었습니다. 이 방송에서는 음식을 복원하는 내용을 재연하는 장면을 자세히 보여주고 있는데, 관심이 있다면 다시금 확인할 수 있습니다. 『임원경제지』는 총 67권으로 완간될 예정입니다.

2. 『임원경제지』란

『임원경제지』가 무엇인가? 『임원경제지』는 임원에서의 삶을 일구는 도리를 밝히기 위해서 집대성한 실용 지식 고전입니다. '임원'은 농촌을 뜻하며, 경제는 당시 18세기에는 가정 경영이라는 의미로 사용했습니다. 모두 16개 분야였으므로 처음에는 '임원십육지'라는 이름으로 명명되었으나, 저술을 최종 완료할 즈음에는 '임원경제지'라는 이름을 서유구 자신이 붙였습니다.

『임원경제지』의 서문에, "벼슬할 때에는 세상을 구제하고 백성들에게 베풀기가 사대부가 힘써야 할 일이고, 벼슬하지 않을 때에는 힘써 일하여 먹고 살면서^(食力) 뜻을 기르기^(養志)가 힘써야 할 일이다."라는 말이 있습니다. 여기서 주목해야 할 것은 '食力'과 '養志'라는 표현인데, 『임원경제지』는 크게 보면 사대부의 '食力'과 '養志'를 위한 책입니다. 『임원경제지』는 관직의 관문인 과거를 위한 책이 아니라는 뜻입니다.

서유구는 18세기 후반에 태어나서 19세기 중반까지 살았습니다. 서유구에 대해서는, 안대회 교수가 15년 전인 2005년에 『산수간에 집을 짓고』라는 책을 펴내어 대단한 센세이션을 일으키며 했던 평가가 있습니다. 그 책의 해제에는 "한국인이 '살아온 집'에 대해 가장 폭넓고 가장 완전한 체계를 갖추어 가장 깊이 있게 글을 쓴 최초의 사람이라고 나는 자신 있게 말할 수 있다."라는 글이 나옵니다. 여기에서 책을 펴낸 안대회 교수는 주로 주거에 대한 내용을 다루었으므로 이런 표현을 사용하였습니다. 저는 이 평가를 『임원경제지』 16지 전체에 대해서도 적용할 수 있다고 생각합니다. 즉 "살아온 집" 이외에 다른 표현을 넣어도 된다는 것입니다. 곡식농사, 채소농사, 옷감농사, 목축, 어로, 음식, 보양, 예술, 교양, 가정경제 등등이요. 그만큼 벼슬이 아닌 향촌생활이나 농사, 활용한 예술 활동, 먹은 음식 등 조선인, 한국인의 삶에 대해서 아주 유익한 자료라는 겁니다.

　『임원경제지』에 나온 내용은 아닙니다만 서유구의 농업서인 행포지(杏蒲志, 1825년) 서문에 이런 내용이 있습니다. "내가 왜 62세인데 아직까지 농사를 짓는가? 나는 예전에 경예학(經藝學)을 공부했었다. 그러나 내가 말할 만한 것은 예전에 선인들이 이미 말하였으므로 거기에 부차적인 설명을 덧붙일 이유가 없다." 그러므로 나는 더 이상 경학 공부에 매진하지 않겠다고 말했습니다. 이와는 대조적으로 다산 정약용의 『논어고금주』 또한 이러한 경예학의 활동에 의한 것입니다. 그리고 경세학에 관한 내용에 있어서는 "내가 예전에 경세학을 공부하였다. 그러나 처사들이 이리저리 생각하여 한 말은 흙으로 끓인 국(土羹)이었고 종이로 빚은 떡(紙餅)이었을 뿐이므로, 그런 노력이 무슨 도움이 되겠는가?" 그래서 경세학도 하지 않은 것입니다. 역시 이와 대조적으로 다산 정약용의 경세유표, 목민심서, 흠흠신서 등 1표2서 또한 경세학의 활동 결과였습니다. 이것이 두 사람의 학문적 지향이 거의 상반되는 지점이라 할 수 있겠습니다.

　다산의 경학과 경세학을 보면, 다산이 환갑에 자찬묘지명을 쓰면서 이러한 표현을 넣었습니다. "육경과 사서로 자기 몸을 닦고 一表와 二書로 천하 국가를 다스리니, 본말을 갖추었다." 이는 수신(★)과 치국(★)을 말하는데, 다산 자신이 평생 경학과 경세학을 중요한 학문 분야로 여기고 실제로 이를 실행하였음을 이야기합니다. 자기 자신이 이러한 활동에 전념하였다는 것에 자부심을 지니고 있었다는 것인데, 서유구와 정약용이 얼마나 대조적인지가 여기에서 드러납니다. 다산이 2살 더 많습니다만, 같은 시기에 이토록 대조적인 활동을 하였음을 우리는 반드시 알아야만 하겠습니다.

　『임원경제지』는 19세기 당대에 성취를 이룰 수 있는 백과사전 중 최고의 수준으로서, 사농공상을 아우르는 '임원경제학$^{(林園經濟學)}$'을 창도하였습니다. 임원경제학은 이용후생학에 가깝다 하겠는데, 이 둘을 비교하자면 또 다른 면들이 상당히 많이 있습니다. 따라서 이를 이용후생학에 포함시키기는 어려울 것입니다. 서울대학교 국어국문학과 김대중 교수께서 조어하신 개념인데, 김 교수에 의하여 이용후생학이 아닌 '임원경제학'이 새롭게 해석되었다고 하겠습니다.

『임원경제지』는 조선 최고의 실용백과사전이라 하겠는데, 그 평가의 의미를 몇 가지 봅시다.

지식의 집적성 : 252만여 자
지식의 체계성 및 포괄성 : 16분야 28,000여 표제어
지식의 신뢰성 : 853종의 인용문헌
지식의 시대성 : 18.6%의 저자 저술$^{(저자 자신의 상당 분량 저술 포함)}$
지식의 실용성 : 일상생활에 적용

『임원경제지』는 단순히 자료를 수집하여 정리한 책이 아닙니다. 우리 연구소에서는 『임원경제지』가 저자 자신의 저술임을 확실시하기 위해 자료를 일일이 분석하기에 이르렀고, 이러한 주장에 확신을 가지게 되었습니다. 일반적으로 어느 저술에서 다른 서적을 인용한 분량이 아니라 자신이 저술한 분량이 불과 10%만이 넘더라도 저자의 저술이라고 하기에 부담이 없는데, 거의 20%에 육박하는 저자의 저술이 포함되었다는 것은 결국 『임원경제지』가 서유구의 저술임에 틀림없음을 보여주는 결과입니다. 따라서 서유구의 『임원경제지』는 조선 최고의 백과사전을 뛰어넘어 동아시아 실용백과사전의 종합판이라고 말씀드릴 수 있겠습니다. 이는 저희 연구소의 평가가 아니라 다른 여러 학자에 의한 평가입니다. 중국에도 거질의 실용백과사전이 많습니다만 『임원경제지』가 조선의 지식을 담은 대규모의 종합 백과사전으로서 조선과 중국, 일본의 모든 지식을 아우르는 가치를 가진 백과사전이어서 『임원경제지』의 가치를 중요하게 생각하셔야 할 것입니다.

3. 『임원경제지』16지 개관

『임원경제지』는 총 16지로 구성되어 있습니다.

가장 먼저는 곡식농사로 시작하며, 가장 끝은 상업^(가정경제)으로 마무리됩니다. 이는 곡식이 근본이며 상업은 말단이라는 본말의 가치관이 내재되어 있다 하겠습니다. 16지 중 앞의 다섯 가지 분야는 모두 농업에 해당됩니다. 일반적으로 앞 다섯 가지 분야에서 다루는 내용은 하나의 책으로 출판되는데, 『임원경제지』의 경우 이 다섯 분야가 각기 따로 책으로 구성되었습니다. 또한 각각의 내용은 상세한 분야를 아우르고 있습니다. 세 번째 예원지의 경우만 예로 들어도, 특정한 식물이 아닌 화훼의 제 분야를 아우르고 있습니다. 이는 대단히 특이한 사례라 할 수 있습니다. 농서에서 화훼를 따로 다루는 사례가 거의 없기 때문입니다. 특히 다섯 번째 분야인 전공지는 여성이 활약하는 분야에 해당하는데, 이러한 여성의 활동분야 역시 중요하게 취급되고 있다는 점을 눈 여겨 보시기 바라겠습니다.

순서	16지	내용 요약	권수
1	본리지 (本利志)	농사 일반, 곡식농사(2009년 출간)	13
2	관휴지 (灌畦志)	채소 · 약초농사	4
3	예원지 (藝畹志)	화훼농사(김남이 교수 번역 참여)	5
4	만학지 (晩學志)	과일 · 나무농사	5
5	전공지 (展功志)	옷감재료 생산 및 옷감만들기(2021년 출간)	5
6	위선지 (魏鮮志)	기상 · 천문을 보고 풍흉 예측	4
7	전어지 (佃漁志)	가축기르기 · 양봉 · 양어 · 사냥법 · 물고기잡기(2021년 출간)	4
8	정조지 (鼎俎志)	요리하기(2020년)	7

지금도 마찬가지지만 과거에는 기상 예측이 아주 중요했습니다. 한해의 농사 성패가 결정되기 때문이겠죠. 그러한 점에서 여섯 번째 위선지 또한 당대의 중요한 자료를 포함하고 있습니다. 농사 뿐 아닌 축산과 어로에 관련한 일곱 번째 전어지 역시 중요한 자료라 하겠습니다. 야생동물의 사냥법과 물고기잡기에 그동안 전혀 알려지지 않았으면서 재미있는 점이 많다는 사실을 기억해 두십시오. 『전어지』는 최근까지 저희 연구소에서 가장 뜨거운 이슈로 자리 잡은 상태이며, 2021년에 출간을 앞두고

있습니다. 그리고 1748가지 레시피가 포함된 요리책 정조지가 2020년에 출간되었습니다.

『임원경제지』 전체를 소개하는 개관서가 2012년에 세상에 나왔습니다. 『임원경제지』 전체에 대한 내용을 파악하기가 결코 쉽지 않았기 때문에 저희 연구소에서 자료 파악을 위하여 2012년에 개관서를 세상에 내놓았으며, 2019년에 개정판이 나온 상태입니다. 2009년에 『본리지』가 나왔고, 『정조지』가 2020년에 나왔습니다.

순서	16지	내용 요약	권수
9	섬용지 (贍用志)	한옥짓기 및 일용품 만들기(2017년 출간)	4
10	보양지 (葆養志)	간강법(2020년 출간)	8
11	인제지 (仁濟志)	치료법(번역 완료)	28
12	향례지 (鄕禮志)	관혼상제 및 마을공동체 윤리(2021년 출간)	3
13	유예지 (游藝志)	교양지식(2018년 출간)	8
14	이운지 (怡雲志)	고상한 문화, 예술생활(2019년 출간)	8
15	상택지 (相宅志)	좋은 집터 잡기(2019년 출간)	2
16	예규지 (倪圭志)	상업 활동, 돈 버는 법(2019년 출간)	5
		합계	113

『임원경제지』 뒤의 8지 가운데 아홉 번째 『섬용지』는 안대회 교수가 이미 번역서를 내놓았지만, 그 번역서에는 한옥 짓기와 관련된 내용에 한정되어서, 일용품 만들기는 포함되지 않았습니다. 이에 우리 연구소에서 관련 사항을 포함하여 2017년에 출간을 완료하였습니다. 건강법이 등장한 『보양지』는 질병 예방법이라, 2020년에 『보양지』가 출간되어 코로나 바이러스와 맞물려서 집에서 가능한 건강법을 세상에 소개한 기사가 등장하기도 하였습니다.

열한 번째 『인제지』는 한의학과 관련한 치료법이 포함되었습니다. 그러나 이것만 한의학이라는 것은 아니라 『보양지』의 건강법, 『인제지』의 치료법 두 가지가 동의보감에서 다룬 사항이라서, 이 두 志가 한의학과 연관된 범위입니다.

『향례지』는 혼례와 상례, 향약, 향음주례 등의 마을 공동체 규약이 포함되어 있습니다. 13경에 포함된 의례서를 비롯하여 시대에 따라 변화되고 중국에서부터 들어온 의례, 조선에서 변화된 의례 등이 총정리되어 있습니다. 하지만 여기에는 국가 단위의 의례는 포함되지 않았으며, 오로지 향촌과 관련된 의례만이 등장하는 것도 특이한 사항입니다. 2021년 출간 예정입니다.

『유예지』는 교양지식과 관련된 사항입니다. 반면『이운지』는 대단히 고상한 문화로서, 돈이 몹시 많이 들어 일반인은 엄두도 내지 못할 내용이 다수 포함되어 있습니다. 이런 이유로 이 지점에 주목한 연구자들은『임원경제지』가 서민의 입장을 간과하였다고 오판하기도 하였습니다.

『상택지』는 좋은 집터를 잡는 방법만 가지고 하나의 책을 이루고 있습니다. 『임원경제지』에서 가장 마지막으로 제시하는 내용이 상업과 돈 버는 방법입니다. 이 내용을 잘 습득한다면 현대에도 상당한 재물을 벌어들일 수 있을 것으로 기대하고 있습니다. 이미 출간이 되었으므로 많은 관심 바랍니다. 이미 출간된 책들은 표지 이미지를 보여드렸습니다.

B. 번역사업의 여정과 번역 방법론

4.『임원경제지』를 풀다

이제 본론으로, 번역사업의 여정과 번역 방법론에 대하여 말씀을 드리고자 합니다.『임원경제지』를 어떻게 풀기 시작하였을까요? 2002년에 기획을 한 뒤 2003년부터 시작하였는데, 대치동의 지금은 규모가 매우 커진, DYB최선어학원의 송오현 대표님께 제안을 하였습니다. 제가 이곳에서 근무한 인연을 계기로 민간후원을 지원받아 완역사업을 시작하게 되었습니다. 처음에 비해 시간이 지날수록 그 엄청난 스케일과 방대한 자료로 인해 작업이 진척되지 않아 민간후원 뿐 아니라 정부 지원도 알아보게 되어, 2013년부터 교육부 지원, 2016년부터 문체부 지원을 받기에 이릅니다. 지금은 지원받고 있지 않지만 교육부 지원을 해준 한국고전번역원에 큰 도움을 받았습니다.

문체부 지원은 지금도 풍석문화재단을 통해 진행되고 있고, 이 지원은 완간까지 이어질 예정입니다.

번역사업의 시작은 저의 석사학위 논문이 발단되었습니다. 저는 2002년에 서울대학교 대학원에서 정약전의『자산어보』를 주제로 석사논문을 썼습니다. 이때 물고

기를 비교하기 위하여 조선에서 나온『자산어보』를 보다가 또 다른 수산생물 연구서인『난호어목지』,『우해이어보』를 알게 되었습니다. 진해에 유배 간 김려가 1803년에 쓴 책이『우해이어보』이고, 더불어『난호어목지』가 바로 서유구의 저술입니다.『난호어목지』는『임원경제지』속 전어지에 흡수되었기 때문에, 저는『전어지』에 수록된 내용을『자산어보』와 비교하기 위하여『임원경제지』의 원본을 보게 되었습니다. 원본의 영인본은 총 다섯 권인데 저는 그중 2권에 관심이 있었고 거기에서『전어지』를 관심 있게 연구하였습니다. 이렇게 석사과정이 마무리되고 박사과정에 들어갔는데, 제가 연구하려 했던 전통시대의 농업기술에 가장 좋은 자료가『임원경제지』인지라 다시『임원경제지』를 연구하게 되었습니다. 총 다섯 권인『임원경제지』전체를 훑어보다가 이것이 엄청난 책임을 그때 알게 된 것입니다.『임원경제지』를 고등학교 국사교과서에서 소개했기 때문에 저는 당장 번역본의 존재를 찾아 나서게 되었는데, 아직 세상 어디에도 이 책의 번역본이 없다는 사실은 저를 당황하게 만들기에 충분하였습니다. 결국 저는 번역되지 않은『임원경제지』에 대한 호기심을 감출 수가 없었고 초조해지는 마음을 가라앉히는 것이 불가능하였습니다. 저는 비로소 짝사랑에 빠져버린 것이었습니다.

저는 제가 사랑하는『임원경제지』를 번역하고 싶었지만 저 혼자 힘으로는 도무지 불가능하였습니다. 중요한 것은 자본력이었는데, 제가 자본을 구할 수 있는 방법을 찾다가 결국에는 여러 대기업 총수들보다, 현실적으로 말씀이 통할만한 DYB최선어학원의 송오현 원장에게 상소문 형식의 편지를 보냈습니다. 편지에 저의 취지를 충분히 어필하려 했습니다. 13페이지에 이르는 상소문에 다양한 내용을 담아내었으며 그 상소문의 핵심은 "학자 육성"과 "우리나라 학문의 진전"에 관한 것이었습니다. 한문고전번역과 인문학 연구에서 이 같은 규모의 순수 민간지원 프로젝트는 국내에 사례가 없기에 새로운 사례를 만들어주기를 애절하게 호소하였습니다. 선비정신과 상인정신의 조화를 경영의 핵심 모토로 삼고 있었던 송오현 원장은 승낙을 하여 3억 원을 쾌척하여 주었습니다. 저는 이 돈으로『임원경제지』전체를 3년 안에 모조리 출간할 것을 기획하였습니다.『임원경제지』번역사업의 이 같은 출발은 전적으로 선비정신과 상인정신의 조화를 아주 중요하게 생각한 송오현 원장의 덕택이라 하겠습니다.

그 후『임원경제지』오사카본과 고려대본 사본을 복사해서 확보했고, 서울대 규장각본은 영인본으로 이미 확보한 상태이지만, 원본의 서지조사를 완료하였습니다. 저희가 촬영한 서울대 규장각본은 16지를 각각 따로 배열해서 찍어놓았는데요, 그 사진을 보시면 첫 번째 책만이 표지색이 다릅니다. 이 책은 서문, 인용문헌목록, 전체목차 등이 적힌 권수(卷首)에 해당합니다. 이 책만 진하게 손때가 탔다는 데서 『임원경제지』 연구자들이 대부분 이 책만을 이용했음을 추측할 수 있습니다. 영인본이 나오지 않았던 초기에 『임원경제지』를 연구한 학자들은 첫 번째 책만을 연구대상으로 삼았던 상황을 유추할 수 있다는 것입니다. 『임원경제지』의 방대한 내용을 어떻게 다 검토할 수 있었겠습니까.

5. 『임원경제지』 정본화

『임원경제지』 번역의 핵심은 정본화(定本化)입니다. 정본화란 해당 텍스트의 이본을 대조하고 교감한 뒤 표점을 찍어 권위 있는 판본을 만드는 과정입니다. 이것은 대단히 지겹고 힘겨운 행군이자 고도의 학술행위인데, 내용을 파악해야 교감과 표점작업이 비로소 가능해지기 때문입니다. 따라서 이는 엄청나게 고된 노동이자 고도의 학술행위인 것인데, 학계에서는 정본화 과정의 중요성을 쉽게 간과하고 있는 상황입니다. 글자 하나하나를 대조하면서 틀린 글자, 누락된 글자, 중복된 내용 등등을 정확하게 판단해야 하는 전 과정을 상상해보십시오. 자신이 가지고 있는 사본이나 시중 영인본만을 연구의 대상으로 삼기 때문에 제대로 된 연구가 이루어지지 못하고 있습니다. 정본화는 인문학의 기초라는 인식이 학계 전반적으로 퍼져야 합니다. 『임원경제지』는 필사본이 여러 가지가 있으며, 각기 필체도 다르고 내용도 다릅니다.

여기서 중요한 필사본은 오사카본입니다. 풍석 서유구가 수십 년에 걸쳐 직접 만든 원본이 오사카본입니다. 나머지 사본은 1930년대 이후 나온 필사본들입니다. 권차 없는 오사카본의 원문 이미지를 통해 이것이 바로 초고 원본임을 알 수 있습니다. 오사카본의 권두의 형식과 서체도 다른 필사본들과 다릅니다. 가위질로 편집이 되어 있고 따라서 편집 부분이 풀로 붙어있어서 책의 두께도 다른 경우도 있습니다. 편집지시의 유형으로, 특정 부분의 글자를 이동시키라거나 삭제하라거나 하는 표기가 있습니다. 바로 이게 초고본임을 보여주는 증거들입니다. 이런 지시사항은 뒤에 성립된 필사본들에 거의 대부분 고스란히 반영되어 있습니다. 연세대본이나 규장각본,

고려대본과 비교해본다면 오사카본이 초고본이라는 사실을 쉽게 깨달을 수 있습니다.

서울대학교 규장각본은 시중에 통용되는 영인본인데, 권수에 적힌 인용서적목록 리스트에서 중간에 한 면(2쪽)이 완전히 날아가 버렸습니다. 이는 필사자의 잘못으로 한 면을 누락해서 필사한 것으로 보입니다. 또한 규장각본은 음식백과인 정조지의 원문에서 연세대본이나 고려대본에 비해 5,000자에 가까운 글자가 누락되어 있습니다. 누락된 이런 필사본을 놓고 연구를 한다면 잘못된 연구결과가 도출될 것은 불을 보듯이 뻔한 일입니다. 서유구는 책에 교감을 하지 않는다면 그 책이 없는 것과도 같다고 했습니다. 우리 연구소에서는 서유구의 이 같은 견해를 받아들여 "정본화가 없는 번역 또한 번역을 하지 않은 것과 같다"고 생각합니다.

6. 삽화도 번역이다

삽화도 번역입니다. 번역과정에 삽화가 얼마나 중요한지 저희는 파악을 하였습니다. 삽화의 실례로 자승차^(자동양수기)를 들 수 있습니다. 19세기에 자동으로 물을 끌어올리는 자동양수기를 조선에서 창안했습니다. 전라도 화순의 선비인 하백원의 자승차도해라는 책에서입니다. 서유구는 그 글 거의 전체를 본리지에 옮겨놓았습니다. 그 제작방법이 매우 상세합니다. 하지만 한문으로 된 글을 읽으며 제작법을 이해한다는 것은 불가능에 가깝습니다. 따라서 우리는 그림의 필요성을 절감해서 번역하는 과정에서 자승차 제작에 필요한 여러 그림을 추가로 그렸습니다. 서유구가 전라감사를 하고 있을 때에 전라도에 흉년이 들자 서유구가 자승차의 중요성을 깨달아 하백원에게 자승차를 제작하자는 권유의 편지를 보냈습니다. 하백원은 이를 완곡히 거절하였지만 서유구가 재차 거절을 무릅쓰면서도 편지를 보내기도 하였습니다. 결국 자승차가 제작되지는 않았습니다만.

우리는 한문을 한글로 번역하였을 뿐 아니라, 그 내용을 바탕으로 삼아 매뉴얼 세부도를 일러스트레이터에게 부탁하여 그림을 완성해 내었습니다. 나중에는 일러스트레이터께서 그래픽으로 완성을 해서 신기한 3D 이미지와 동영상 또한 만들어주시더군요. 저희가 주문하지 않았는데도 말입니다. 이런 사례에서처럼 우리가 글을 읽을 때에 번역자가 본문 설명을 도시한 그림을 그려 주면 독자들이 이해하기가 얼마나 수월한지를 강조하고 싶습니다.

　삽화의 또 다른 실례로는『섬용지』권 제2를 들고자 합니다. 불로 요리하는 도구이
자 데우거나 볶거나 굽는 여러 도구인 석쇠받침^(노교)에 대한 텍스트를 한글로 번역을
했는데, 아무리 반복해서 읽어도 석쇠받침의 모습이 머릿속에 그려지지가 않았습니
다. 그런데 이것이 국립민속박물관에 유물로 남아 있다는 사실을 감수자를 통해 알
았습니다. 그 유물 사진을 보자마자 바로 이해가 되더군요. 이렇듯 삽화뿐 아니라 유
물의 사진도 있다면 원문 이해에 큰 도움이 됩니다. 술주자^(술을 거르거나 짜내는 틀), 속성 국수
틀 역시 삽화와 풍속도를 통해 우리가 더욱 구체적으로 이해할 수가 있었습니다.

　『상택지』에 나오는 전국의 명당을 두고 이야기를 해봅시다. '전국총론'에는 경기도
에 대한 내용이 나옵니다. 만약 한문을 한글로 번역만 해놓는다면, 이것을 읽어도 도
무지 이해되지 않습니다. 그러나『대동여지도』를 가져다 놓고 번역문과 비교해 보았
을 때에 산의 줄기를 통해 지리적인 이해가 비로소 가능해졌습니다. 삽화와 풍속도
뿐 아니라 지도를 통해서도 원문을 이해한 대표적 사례라 하겠습니다.

　이 외에도『이운지』의 소연법^(그을음 모으는 법),『향례지』에서 널을 만들 때 쓰는 나무 장부
인 임^(栍), 혼례 시에 며느리가 시부모를 뵙는 장면, 망자에게 입힐 원삼 만들기,『전어
지』에서 소개한 어조망^(漁條網) 제작법 및 여러 고기잡이 방법도 삽화를 통해 원문을 훨
씬 더 잘 이해할 수 있는 사례라 하겠습니다. 우리가 세상의 다양한 지식에 대해서
모두 알 수가 없기 때문에, 번역과 이미지화가 병행되어야 함은 필수입니다. 우리가
지역저술을 연구하기 위해 문집을 연구하는 경우에 그림이 없다면, 이해하지 못하는
경우가 생기게 될 겁니다. 때문에 실제로 그림을 그리다 보면 원문의 틀린 부분을 바
로잡을 수 있는 기회를 가질 수 있습니다. 더욱 더 중요한 점은 역자가 이해한 사항
을 역자 자신이 파악할 수 있고, 여기서 나아가 독자가 파악할 수 있다는 것입니다.
이 과정에서 역자의 오역까지 간파해낼 수 있는 것입니다. 이것이 우리 연구소에서
삽화를 중요하게 생각하는 이유이기도 합니다.

순서	서명	사진수	삽화수	유예지 악보 수 예규지 도표 수	번역악보 수 번역지도·표 수
1	섬용지 1	102	101	0	0
2	섬용지 2	221	58	0	0
3	섬용지 3	103	36	0	0
4	유예지 1	209	11	0	0
5	유예지 2	351	8	0	0
6	유예지 3	60	43	143	59
7	상택지	149	283(지도)	0	0
8	예규지 1	95	0	0	0
9	예규지 2	316	0	25	25
10	이운지 1	152	227	0	0
11	이운지 2	137	56	0	0
12	이운지 3	110	297	0	0
13	이운지 4	205	121	0	0
14	정조지 1	237	68	17	0
15	정조지 2	93	10	0	0
16	정조지 3	49	16	0	0
17	정조지 4	157	5	0	0
18	보양지 1	54	30	11	0
19	보양지 2	138	133	1	0
20	보양지 3	30	42	0	0
합계		2,968	1,545	197	84
책당 평균		148.4	77.25		

우리가 지금까지 책에 나온 사진과 삽화를 총 정리해 보았더니, 평균 225개가 책마다 들어가 있습니다.

7. 『임원경제지』 번역사업, 어떻게 했나

이제는 『임원경제지』의 번역사업을 어떻게 했는지를 알아봅시다. 번역사업의 경우 처음에는 2002년에 서목을 『임원경제지』로 결정한 뒤 번역사업 후원자를 확보하고 역자를 직간접적으로 섭외하여 모집하였습니다. 규장각본은 영인본이 시중에 있어서 일찌감치 확보해둔 상태였기 때문에, 후원자이신 DYB최선어학원 송오현 원장님께서 후원 결정을 한 뒤 처음으로 한 일이 서유구의 손때가 묻은 원문의 사본 확보였습니다. 일본 오사카 나카노시마부립도서관에 소장된 『임원경제지』가 그것입니다. 이 사본을 도서관에 연락해서 요청했더니 도서관 직원이 직접 복사해서 배편으로 보내주었습니다. 물론 복사비는 제가 지불했고요. 그 이후 후대의 필사본들을 확보하였는데 고려대본, 국립중앙도서관본, 연세대본, 한국은행본, UC버클리본 등이 이에 해당합니다. 규장각본은 서울대 규장각한국학연구원에서 규장각본의 원문을 입력해 둔 파일이 있었습니다. 원문 입력을 책임지고 있던 담당자가 기꺼이 공식적으로 저희에게 제공해 주어서 사업 전에 손쉽게 확보가 가능했습니다. 다만 원문 입력 파일에 틀린 글자가 대단히 많았으므로 수정하는 작업이 필요했습니다. 하지만 이렇게 미리 입력된 원문이 있었기에 원문의 전산 작업이 가능했습니다. 매우 고마운 일이지요. 2003년도에는 사고전서 전자판을 각 역자가 자신의 컴퓨터에 장착했고, 필요한 인용문헌을 구입하였으며, 연구비 선수금으로 600만 원으로 지급하였습니다.

2007년에 역자들이 그간 고생해서 만들어준 초벌 원문을 확보한 뒤, 2008년 이후 연구소의 상임 연구원들이 번역 보완을 일임하였습니다. 번역 보완은 원문 교감부터 다시 해야 했기에 차후에 거쳐야 할 과정이 만만치 않았습니다. 해서 후원자를 추가로 모집했는데도, 후원자들이 많이 늘지 않아 번역비가 부족한 상황이 계속 되었습니다. 그 뒤에 전북대 쌀삶문명연구원과 협력하여 『본리지』를 출판했습니다(2009). 하지만 저희와의 견해 차이로 협력사업은 그 뒤에 종결되어 저희가 자체적으로 사업을 끌고 가야 했습니다. 이때가 가장 힘든 때 중 한 시기였습니다. 그 한참 뒤 교육부에 정부 지원을 요청했고 예산도 확보할 수 있었습니다. 한국고전번역원에서 특수고전 협동번역사업의 일환으로 지원을 받게 되었던 것입니다(2013~2019). 2016년부터는 문체부의 예산을 확보하여 풍석문화재단을 통해 번역연구비와 출판비 등을 지금까지 지원받고 있습니다. 출판비를 국가예산을 통해 확보할 수 있다는 점은 매우 중요합니다. 일반 출판사에서는 이 거질의 책을 출판할 수 있는 여력이 없기 때문입니다.

2009년 이후에는 초벌 번역 원고를 상임연구원들이 처음부터 보완하여 분담하였습니다. 이 과정에서 교감, 표점, 주석, 사진, 그림, 삽화, 번역을 동시에 진행하였습니다. 그런 뒤에 연구원들이 모여 원고를 점검하는 역회(譯會) 이전에 원고를 제출하고 교차교열을 1~2주 간격으로 진행하였습니다. 이러한 과정을 거쳐 팀장이 팀원 원고 전체를 점검하였습니다. 그런 뒤에 소장이 전체 원고를 일일이 점검한 뒤, 원고 수정 이후 책임자에게 돌려주어 원고 보완을 하도록 하였습니다. 이때 원고의 미비점이 심하면 원고를 반려하여 재작업 하도록 하였으며, 보완된 원고를 교차로 검토하여 연구소 내의 최종 원고를 드디어 확보할 수 있었습니다. 확보한 원고는 감수를 맡겼는데, 학계의 전문가에게 의뢰하여 지적받은 감수를 반영해 재수정 하였습니다. 이를 출판사에 넘겨 조판 후 3~4차에 걸쳐 원고를 연구소에서 교정하고 검토하는 과정을 거쳐 출판이 됩니다.

8. 『임원경제지』 번역, 어떻게 하나

자세하게 설명해야 하는 부분은 번역의 개괄적 방침입니다.

1. 원문 정본화^(출처 찾기 병행)
2. 독자는 일반인^(지자체나 단체 포함)으로 설정
3. 원문과 번역문의 이단본 편집
4. 직역 원칙, 의역도 적극적 반영
5. 사진 및 도해 자료 적극 활용

원문은 일단 반드시 정본화해야 합니다. 정본화하는 과정에서 수백 가지 인용문헌의 출처 찾기를 병행하였습니다. 반드시 출처 찾기를 병행하였다는 뜻입니다. 우리 연구소는 사고전서에는 수록되지 않은 저술들을 속수사고전서에서 확인하는 과정을 거쳤습니다. 여기서 더 나아가 거기에 수록되지 않은 책마저 확보하여 정본화에 반영하였습니다. 지금은 인터넷 상황이 매우 좋아졌기 때문에 세계 유수의 도서관이나 자료실에 접근하여 문헌들을 확보할 수 있는 가능성이 높아졌으므로, 자료가 없어서 연구 못한다는 핑계를 삼을 수 없게 되었습니다. 그럼에도 확보하지 못하는 문헌도 있고, 문헌을 확보했어도 그 문헌에서 해당 내용을 찾지 못하는 경우도 있습니다. 그럴 때는 '출전 확인 못함'이라는 주석을 달 수밖에 없습니다.

독자는 연구자가 아니라, 일반인으로 설정하였습니다. 『임원경제지』가 애초에 일

반인을 대상으로 기록되었기 때문입니다. 물론 제가 말한 일반인은 사대부를 지칭하지만, 지금은 교육의 일반화로 인해 모두 지적능력이 사대부 못지않게 되었음을 고려한 것입니다. 지자체나 단체도 적극적으로 이용하기를 바라는 마음입니다.

원문과 번역문은 이단본으로 편집하였습니다. 원문과 대조를 용이하도록 하기 위함입니다. 대부분의 번역서들은 원문과 대조하기가 불편합니다. 일반인들은 원문을 필요로 하지 않지만 그렇더라도 우리는 원문 제시를 고집하였습니다. 그랬더니 원문을 볼 능력이 없는 사람들도 원문과의 이단 배치를 잘했다고 평가하기도 합니다. 번역문 못지않게 원문에도 관심을 두는 사람들이 있기 때문입니다. 연구자라면 특히 더 그럴 것입니다.

우리 연구소는『임원경제지』번역에서 직역을 원칙으로 하되, 의역도 적극적으로 반영한다는 원칙을 내세웠습니다. 보충역 역시 꺼리지 않습니다. 그리고 앞서 강조 드렸다시피, 사진 및 도해 자료도 적극적으로 활용하였습니다.

교 감
1. 필사본 본교(本校) 및 대교(對校)
2. 참고서적을 최대한 확보하고 인용처를 찾아 타교(他校)
3. 문장의 맥락을 고려한 이교(理校). 보수적으로 접근
4. 원문을 가급적 존중하되, 의미 변화 뚜렷할 경우 적극적으로 원문 수정, 보충

표 점
1. 한국고전번역원의 표점 방침 준수
2. 출간된 표점본 최대한 활용

저희들이 실제로 번역을 어떻게 했는지의 내용을 상세하게 말씀드리고자 합니다.

사 례
"其矢無鏃" : "그 화살의 살촉을 없애고" → "그 화살은 살촉이 없고". 앞의 번역문은 "去其矢鏃"의 번역에 가까워서 뒤처럼 수정함.
"壅極心胸" : "심장과 가슴이 꽉 막히고" → "심장과 가슴을 꽉 막히게 하고". 앞의

번역문은 "心胸壅極"의 번역에 가까워서 뒤처럼 수정함.

　우선 원문의 문법 구조를 가급적 살리려 했습니다. 이는 많은 시행착오를 통해 정한 원칙인데, 원문과 번역문을 꼼꼼하게 대조하다 보면 한문의 문법구조에는 맞지 않으나 우리말로 통하는 경우가 많습니다. 번역을 그렇게 하더라도 상관은 없겠으나, 비슷한 문장구조가 반복적으로 등장한다면 우리말로는 문제가 없더라도 번역의 일관성이 결여됩니다. 이러한 사례가 대단히 많습니다. 번역어의 어순이 한문의 문법구조와는 다르게 바뀌더라도 의미 전달과 이해에 문제는 없습니다. 그러나 문장의 일관성과 저자의 의도를 번역 과정에서 독자들에게 전달하는 것은 중요하기에 저희는 원문의 문법 구조를 살리려고 노력합니다.

　다음으로, 표점의 흐름과 번역문의 흐름을 가급적 일치시킵니다. 원문과 번역문의 흐름이 일치하지 않다면 독자의 입장에서는 흐름이 끊기기 때문입니다. 이것은 결코 좋지 않습니다. 따라서 원문과 번역문은 같은 흐름으로 가야 한다고 생각합니다.

　세 번째로, 결역은 하지 않습니다. 저자는 본문에 괜히 부(夫)나 범(凡)이나 내(乃)와 같은 허사를 집어넣지 않습니다. 다 이유가 있다는 겁니다. 우리도 글을 쓸 때 마찬가지 아니겠습니까? 따라서 우리는 맥락에 다소 부적합할 수는 있을지라도, 이런 경우 기계적인 번역을 선호하며, 결역은 하지 않고 원문과 번역문을 가급적 일치시키려고 합니다. 허사를 부사로 풀어준다거나, 동사 역시 결역하지 않도록 노력하고 있습니다. 그렇더라도 문의를 이해하는 데 크게 지장은 없습니다.

　보충역 또한 적극적으로 합니다. 보충역은 주로 주어나 목적어, 부사어 등이 빠졌으면, 필요할 경우 포함하게 됩니다. 주절이나 문장이 빠진 경우도 마찬가지입니다. 한 문장은 만연체로 길게 늘이지 않으며, 더불어 문단도 길게 만들지 않습니다. 문장을 길게 늘이는 것은 한문 번역을 하는 전문가들의 병폐입니다. 이런 문장을 대할 때 독자는 문장이 쉽게 끝나지 않아 호흡을 가져가기가 쉽지 않습니다. 문장은 짧게 끊어가는 것이 읽기에 수월하다고 저희는 판단합니다. 이 책이 실용서이기 때문에 더욱 그렇습니다. 번역문이 네 줄을 넘어가는 정도의 분량은 지양해야 하며, 가급적 세 줄 안에서 짧게 끊어 번역할 수 있도록 애를 쓰고 있습니다. 저희는 이단본 편집을 하기 때문에 이때의 세 줄은 일반 번역문의 2줄 정도에 해당합니다. 문장 뿐 아니라 문단이 길더라도 독자의 입장에서는 답답하게 느낍니다. 이에 문단도 길지 않게 번역하기 위하여 노력하고 있으며, 한 문단은 가급적 여덟 줄을 넘지 않도록 하고 있습니다.

만약 번역 시에 모르는 부분이 생긴다면, 그냥 넘어가지 않습니다. 모른다는 주석을 달아놓습니다. 이때 비교적 구체적으로 짚고 넘어가야 합니다. 역자가 어디까지 알고서 번역했는지, 독자나 후학들이 파악할 수 있어야 학문에 발전이 있습니다. 그래서 번역자들이 어디까지 이해하고 번역했는지의 흔적을 남겨야 합니다. 이와 더불어 주석을 불필요하게 남발해서도 안 됩니다. 각종 인용문과 사전, 온라인, 온라인 데이터베이스 사례 등 모든 수단과 방법을 사용하여 번역하려 애썼음에도 이해가 되지 않을 경우, 주석에 이 점을 구체적으로 밝혀둡니다.

용어는 국어사전 또는 한자사전 등재 여부를 살펴 반영합니다. 『임원경제지』에는 개념어와 물명이 아주 다양하게 나옵니다. 이에 국어사전에 등재된 단어라도 같은 의미로 둘 이상의 단어가 있다면, 잘 쓰지 않는 용어는 보다 쉬운 용어로 대체한다든지 간주를 통해 쉬운 말로 풀어주기도 합니다. 국어사전에 등재된 단어라면 적극적으로 사용하며, 만약 등재되지 않은 단어가 있다면 최대한 수월한 언어로 풀어서 번역하기 위하여 노력하고 있습니다. 또한 한자어보다는 가급적 우리말로 풀어주려고 합니다.

용어로 쓸 만한 단어가 아니라면 풀어주는 것도 좋습니다. 역자가 더 이상 풀 수 있는 상황이 아니어서 자기도 모르는 용어를 그대로 놔두고 반복해서 쓴다면 반드시 곤란한 상황이 생깁니다. 그런 사례는 지금까지 얼마든지 있습니다. 『조선왕조실록』 번역문에서도 많고요. 그런 일은 더 이상 반복되어서는 안 됩니다. 용어로 쓸 만한 단어인지 아닌지를 판단하는 일은 번역 사업에서 중요한 원칙으로 삼아야 합니다.

또한 사진과 그림, 삽화 등을 적극적으로 활용합니다. 삽화의 경우 기존 자료에서 찾기 어렵다면 역자가 그리기도 합니다. 만약에 그림을 그려서 독자나 다른 학자들이 이해하기 쉬울 것 같다고 판단되는 경우에는 주저하지 않고 그림을 그립니다. 가령 조선의 신주를 만드는 방법을 『주자가례』를 참고하여 연구를 하는데, 조선시대에는 신주 만드는 그림을 후손을 위하여 남겨놓고 있습니다. 그럼에도 그 그림이 완전히 이해되는 것은 아니어서, 우리는 직접 그림을 그려서 이해를 위해 노력을 했습니다.

용어의 주석은 필요한 정보만을 위주로 간결하게 씁니다. 한국고전번역원의 데이터베이스에서도 용어의 주석은 최대한 불려서 사용하고 있습니다. 다 돈과 연관된 문제입니다. 이 사실은 이미 학계에서도 여러 차례에 걸쳐 지적된 사항인데, 용어의 주석은 가급적 필요한 정보만을 위주로 간결하게 사용하되, 필요할 때에는 아낌없이 주석을 사용합니다. 간결하지만 정확한 주석이 좋은 번역을 보완하는 첩경입니다.

또한 용어리스트^(번역어 포함)를 만들어서 적극적으로 반영하고 있습니다. 이는 번역의 통일성 제고에 필요한 과정입니다. 예를 들어, 약재인 '길경^(桔梗)'은 한의학에서 자주 다루는 약재입니다. 길경은 우리가 도라지로 많이 알고 있는데, 이것을 '길경'으로 표기할지 '도라지'로 표기할지가 문제입니다. 그러나 한약재로서의 길경은 말린 도라지이기 때문에, 우리말로 '도라지'라고만 표기할 경우 정확한 의미가 전달되지 않을 수 있다는 우려 또한 존재합니다. 그러나 그럼에도 불구하고 우리는 길경이 아니라 도라지로 표기하는 것을 선호합니다. 이러한 경우, 이 사례를 용어리스트에 올려서 길경이 아니라 도라지라고 옮기기로 결정하였습니다. 이러한 사례는 이미 수천 가지에 이릅니다. 당장 이 시도가 중요하게 느껴지지 않을 수는 있어도, 이러한 작업을 번역 과정에서 병행할 경우 용어의 통일성에 대단한 도움이 됩니다.

또 다른 예로, 조선시대에서는 '설치하고', '진설하거나', '진열하고', '설립하며', '가설하고', '베푼다'고 할 때에 "설^(設)"한다는 글자를 사용하곤 합니다. 그런데 번역을 할 때에 "설"이 나올 때마다 단어를 통일하지 않으면 천차만별이 됩니다. 실제로는 자신이 번역을 해놓고서 다음 경우에는 다른 번역어를 쓰기도 합니다. 자신조차도 번역어 표현을 헷갈리게 됩니다. 확고한 신념이 없을 경우에 말입니다. 이러한 상황을 피하기 위해서 우리는 용어리스트를 만들어서 적극적으로 활용하고 있습니다.

또한 우리는 원문의 출처를 최대한으로 찾고서 그 출처를 밝히고 있습니다. 이때 교점본이 있으면 적극 반영합니다. 우리는 교점본을 확보하기 위해 최선의 노력을 기울이고 있습니다. 원문의 출처를 찾지 못한다면, 오역이 생기기가 매우 쉽습니다. 만약에 문인이 글을 쓰면서 다른 문집의 글을 인용할 때에, 문장을 100% 그대로 인용하는 경우는 결코 많지 않습니다. 따라서 인용한 글의 맥락을 정확히 파악할 수 있어야 저자가 쓴 글의 내용도 정확하게 번역할 수가 있습니다. 원문의 출처를 최대한 찾고 출처를 밝혀야 하는 이유가 여기에 있습니다. 번역하는 학자의 추측에 의한 번역은 오역으로 이어지기 쉽습니다.

또한 2~4명으로 팀을 구성하여 교열역회를 주기적으로 진행합니다. 혼자서는 제대로 이해하기가 어렵기 때문입니다. 담당 부분의 번역을 마친 뒤에는 다른 역자와 교차 검토하여 검토 의견을 반영합니다. 이 절차는 보통 시간문제 상 거치지 않는 경우가 많습니다. 하지만 제약조건을 감안하더라도 적극적으로 해야만 하는 일입니다.

　이렇게 정리된 원고는 한 명이 최종적으로 검토합니다. 저를 제외한 일곱 명이 원고를 각자 나누어서 정리했습니다. 만약 이것을 그대로 출간할 경우 번역서가 엉망이 됩니다. 반드시 최종적으로 원고를 검토하는 사람이 필요합니다. 전체 원고를 종합적, 통일적으로 만들기 위함입니다. 최종 검토 과정에서 교감오류, 결역, 오역, 표점오류, 용어 및 번역어투 그리고 각종 기호의 일관성(統一性) 결여, 번역 및 교감 주석 정리, 도해 및 삽화, 그리고 윤문 등 원문과 번역문의 전반적인 상황을 점검하여 번역 원칙이나 방침에 어긋나는 사항을 적극적으로 수정합니다. 이는 시간이 대단히 많이 걸리는 일이면서 힘든 학문적 고투이지만, 반드시 필요한 일이기도 합니다.

　위와 같은 검토를 위해서는 결코 형식적 검토를 해서는 안 됩니다. 한 글자 한 글자, 한 기호 한 기호를 확인해야 합니다. 그러면서 큰 흐름과 대의를 벗어나지 않게 수정해야 합니다. 왜냐하면 '대강(大綱)'과 '디테일'을 동시에 잡아야 하기 때문입니다.

　이렇게 검토한 원고는 다시 담당자에게 돌려주어서 수정하게끔 합니다. 그래야 담당자는 어떠한 부분이 틀렸는지, 어떠한 부분을 개선해야 하는지 알기 때문입니다. 담당자가 수정하고 보완한 원고는 다시 교차 검토를 통하여 최종 1인의 교정사항을 제대로 반영했는지 확인하는 절차를 밟습니다. 이 교차검토는 최종책임자 1인이 검토하는 것이 가장 좋습니다만, 여의치 않을 경우 연구원들끼리 하더라도 상관없습니다. 이 과정에서도 많은 오류들을 거를 수 있기 때문입니다.

　이렇게 마무리된 원고는 전문가의 감수를 거치고, 감수에서의 지적사항을 반영한 뒤 출판사에 최종 원고를 넘깁니다. 그 뒤에 출판사에서 조판한 원고는 최소한 2교를 해야 합니다. 1교 때에 오류들을 많이 거르며, 2교 때의 오류 수정사항이 적절하게 반영되었는지를 확인합니다. 이 과정에서는 번역자로서의 눈뿐만이 아니라 편집자로서의 눈도 대단히 중요합니다.

C. 마무리

9. 한문고전 번역의 가능성

마지막으로, 한문고전 번역의 가능성을 살펴봅시다. 우리가 『임원경제지』를 번역하면서 파악한 고전번역의 가능성입니다.

- 고전의 현대화를 통해 문화유산 복구 및 재현
- 역사적 사실의 확인
- 실용성에 근거하여, 현대인의 삶에 실제적 영향
- 한류문화의 콘텐츠 발굴을 통한 한국인의 자긍심 고취
- 디지털인문학으로의 활용성 모색
- '新 임원경제지' 편찬사업 추진 노력

풍석 서유구 시대에도 잊혔던 『임원경제지』가 170여 년이 지나서 되살아나고 있습니다. 그러나 실용적 복고와 학술 연구는 반드시 정확하고 엄밀한 번역에서 시작해야 한다는 것이 우리의 확신입니다.

한국문집번역의 경험과 제안
- 점필재연구소의 번역서 몇 종을 중심으로 -

김 홍 영 (부산대학교 점필재연구소)

　30년 동안 번역을 해왔다고는 하지만, 강연에서 무엇을 말할 것인가에 관하여 고민이 많았습니다. 그래서 저는 제 경험을 떠올렸습니다. 번역에 대한 문제는 실제 현장에서 겪어보면 알 수 있는 문제들이 많습니다. 번역에 대한 제 경험과 그것을 바탕으로 한 제안을 통해 번역의 대강을 말씀드리면, 이후에 예정된 강의들에서 듣게 될 구체적 문제들과 어우러져 여러분들에게 조금이나마 도움이 될 수 있을 것이라 생각했습니다.

　강의의 제목은 '한문문집번역의 경험과 제안'입니다. 이 강연을 준비하기 위해, 주변에 번역가를 목표로 공부하는 학생들과 그 과정을 마치고 번역의 현장에서 활동하는 분들에게 조언을 구해봤습니다. 당장 번역하는 상황에서 필요한 것들이 무엇이고, 또 개인적인 경험으로 볼 때 어떤 것들이 요구되는지 등에 대한 것이었습니다.

　공통적으로 하는 말은, 실제로 현장에서 번역을 해보니, 공부할 때와 다르다는 것이었습니다. 이러한 공통적인 문제는 전문적으로 번역을 위한 과정을 거치는 것과는 별개로, 기초적인 면에서 생기는 문제라 생각되었습니다. 기본이라는 것은 모든 일에 적용됩니다. 애초에 근본을 든든하게 구축하는 일은 그것이 출발점이 되고, 그로 말미암아 공부의 성패가 좌우하기도 합니다. 따라서 오늘 강의는 지금껏 제가 해 온 작업을 소개하면서 경험을 말할 것이고, 앞으로 전문번역가의 자질과 조건을 구비하기 위한 제안 네댓 가지를 말씀드리는 것으로 진행하겠습니다.

1. 경험 <small>(영남권선현 시문집 번역 30년)</small>

　저는 『奇世兩世稿』<small>(1990년)</small> 번역을 시작으로 점필재연구소에서 간행한 『孤山集』<small>(2020년)</small>까지 30년이라는 시간동안 영남권 선현의 시문집 번역에 참여해 왔습니다. 제가 맡았던 작업을 일별해보면, 개별 문중 번역, 그 외 기관번역이라면 민족문화추진회에서 진행했던 번역 등이 있습니다. 아울러 한국국학진흥원과 각 지방문화원의 문화 활동이 활발히 전개되면서 번역사업과 자료조사 및 구축과 같은 일들도 많았습니다.

공식적으로 저는 한국고전번역원(첨필재연구소)에 소속되어 여러 활동을 하고 있지만, 실질적인 활동은 소속에 국한되어 있지 않습니다. 개인적으로는 대구에 있는 100년 된 학당 문우관이 그 중심에 있습니다. 인근을 보면 대구문화원, 성주문화원, 합천문화원, 청도문화원, 밀양문화원 등이 있는데, 그곳들은 고전번역과 관련된 사업들을 오래 전부터 활발히 진행해 왔습니다. 성주문화원을 예로 들자면, 10년 사업을 꾸려서 성주 지역 역대 선현들의 문집을 번역하고, 또 그 결과를 가지고 학술발표회를 열기도 합니다.

이런 상황 속에서 개별 문중 및 기관을 통해서 번역을 해 온 지 어느덧 30년이 되었습니다. 일을 시작할 당시에 비해, 지금은 번역 사업 및 예산 등이 상당 부분 체계화되었고, 규모 또한 커졌습니다. 따라서 거점 연구소를 비롯한 유수의 단체들에 상당한 번역인력이 필요한 것이 현재의 상황입니다.

따라서 지금의 문제는 전문적인 역자가 되기 위한 공부가 착실한가의 여부에 있을 뿐, 이 공부를 번역의 현장에서 발휘하는 것에 대한 고민은 사실 걱정할 문제가 아니라는 생각이 들었습니다. 『맹자』에 이런 말이 있습니다. '事半古之人이요 功必倍之라.' 모든 조건들이 불리한 상태에서 맹자가 말한바 왕도에 대한 이상을 가지고 이상의 정치를 펴면, 일은 옛날 분들의 반만 해도 공은 배로 난다는 말이지요. 오늘날 상황을 볼 때도, 지금 우리가 하는 공부는 조금씩 찾아서 겨우 아는 것이지, 옛날에 기본적인 전적들에 대한 방대한 지식을 갖추었던 그런 분들의 공부와는 비교의 대상이 될 수 없습니다. 그럼에도 불구하고 오늘날에는 우리가 하고 있는 공부를 통해 그나마 맡은 책임을 실행하고 있으니, 놀라운 일이라 하겠습니다. 앞으로 번역 쪽에 뜻을 두고 있다면 자신감과 사명감을 가지고 전통문화를 계승하고 생애의 보람도 느낀다는 적극적인 생각을 가졌으면 좋겠다는 것이 제 개인적인 바람입니다.

2. 전문번역가 자질과 조건 구비하기 위한 제안

전문번역가의 자질과 조건을 구비하고자 한다면, 우선 한문 전적을 기본적으로 습득하고 공부해야 할 분량이 있습니다. 이것은 체계가 분명합니다. 예컨대, 율곡 선생의 『격몽요결』에 보면, 그 당시의 학문이라는 것은 성인이 되기 위한 학문이었습니다. 반면, 오늘날 우리가 하는 공부에 있어서는 거기에 담긴 철학적인 내용은 차치하더라도, 좀 더 기술적, 현대적으로 번역하기 위해서는 전적에 담긴 문체에 대한 이해가 선행해야 합니다. 그러기 위해서는 원전의 독서가 필수인 것이지요.

또 오늘날에는 여러 가지 검색기능이 발달 되어 있습니다. 지금 우리가 동원할 수 있는 기능이란, 내로라하는 학자 수십 명을 모아놓은 것보다 더 강력한 효과를 기대할 수 있는 자산입니다. 과거 선현들이 남기신 글들과 그로부터 파생된 각종 기록을 효과적으로 활용해야 합니다. 그래서 저는 검색도 실력이라고 생각합니다. 사실 사서오경이며 백과전서를 다 머릿속에 외운다는 것은 상당히 어려운 일입니다. 그러므로 기본공부는 그것대로 하면서 검색을 위한 기능과 효율적인 접근 경로 등을 아는 것이 중요합니다.

그 다음에는 어려운 것에 대해 물을 줄 알아야 한다는 것입니다. 모든 것을 익히되, 단지 내 수준에서만 이해하고, 모르는 것에 대해서는 그만이라고 해서는 안 됩니다. 그런 문제들을 해결하는 방법으로서 제 경험에 비추어 보자면, 풀리지 않는 문제를 우선은 모아 두었다가 나름대로 동선을 가지고 답사하는 것이 한 방법이 될 수 있다고 생각합니다. 지금부터 앞서 말씀드린 점들을 차례로 이야기해보겠습니다.

1) 한문 전적과 문체 이해의 방법

한문 전적과 문체를 이해한다는 것은 옛날 책에 대해서 안다는 것을 의미합니다. 물론 저는 오늘날 문헌정보학에서 다루는 서지학과 같은 공부를 별도로 하지 않았습니다. 그러나 제가 모셨던 여러 선생님께 많은 것을 배울 수 있었습니다. 어떤 분에게는 책을 놓고 배우고, 어떤 분에게는 책을 놓지 않고 차를 몇 잔 마셔가면서 얘기만 들어도 저에게는 책을 펴고 배운 선생님보다 더 많은 가르침을 주신 경우도 있었습니다.

지금 떠오르는 분을 한 분 예로 들어보자면, 대구에 이인재 선생님이라는 분이 계셨는데, 그분은 평생 좋은 고서를 많이 모아 소장하고 계셨습니다. 그래서 서점에 늘 두루마기를 입고 앉아 계시곤 했지요. 한 번은 제가 샀으면 하는 책이 있었는데, 구할 수가 없었습니다. 그러다가 대학교 4학년 때 학교에 근처에 방을 얻었는데, 골목

하나를 사이에 두고 그 어른의 집이 있었던 것입니다. 어느 날 그 어른의 집에 찾아가니, 제가 보고 싶었던 책들이 전부 다 그 집 서고에 보관되어 있었습니다. 그때 소장하신 책이 8천 권 정도 되었는데 여러 곳에 문의하다가 계명대학교 도서관에 기증하게 되었습니다. 그 도서관에 보물로 지정된 많은 책들이 이인재 선생님의 소장도서입니다. 돌이켜보면, 그 선생님께서 소유하신 책 가운데에는 불교관계 희귀본이 많았던 것으로 기억합니다. 그 선생님께서 제게 항상 하셨던 말씀이 있습니다. '공부하는 사람은 책에 대해서 밝아야한다.'라고요. 예로 들면 『시경』에 대해 해설한 책이라면 중국에는 어떤 책들이 있고 우리나라에는 어떤 책들이 있다.'라는 것 말이지요. 공부를 위해서 배경이 되는 일종의 서지학이 바로 이것이겠지요.

이러한 고서 한적을 공부하기 위해서는 그 목록에 대한 이해가 선행되어야 합니다. 그러나 이것에 대해 옛날 분들께서는 부지런히 읽으라고 말하지, 서지나 목록을 운운하시진 않으셨던 것 같습니다. 저는 책에 관심을 가지고 21살부터 수집했고, 오늘날 모두 공개하진 않았지만 적지 않은 양의 고서들을 소장하게 되었습니다. 고서들을 수집하는 과정을 통해 그것들을 부단히 읽으면서, 우리나라 책은 안동 쪽은 이렇고 어느 지역은 이렇고, 중국 책은 이렇다는 것을 조금씩 알아나가면서, 목록의 구성이라든지 문집의 체재라든지 하는 것들을 굳이 서지학이라는 이름으로 배우지 않았더라도 조금씩 습득하는 바가 있었습니다. 이렇듯, 번역을 하기 위해서는 번역하려는 대상의 윤곽을 어느 정도 파악할 수 있어야함을 말씀드리고 싶습니다.

여담으로, 저는 젊은 시절부터 사람들에게 글을 가르쳤습니다. 한 번은 제가 사람들을 가르칠 공간을 물려준 분을 통해 번역의뢰가 들어왔습니다. 귀봉(龜峯) 송익필(宋翼弼) 선생의 시문집 5권을 번역해보라고 것이었는데요. 몇 명이 모여서 하던 것을 받아서 윤독 형태로 진행했습니다. 이 문집의 대략적인 체제는 본인과 상대로부터 받은 글을 구분을 짓고, 행간을 가지고 구분해 둔 것이 특징인데, 번역 작업에 참여하신 분들이 그걸 눈여겨보지 않아서 작업에 혼선을 빚었던 기억이 있습니다. 만약 체제를 제대로 알았다면 그런 혼란이 없었을 것입니다.

그리고 문체에 대해서 알아야 합니다. 한문 문체론은 한 학기동안 말씀드려도 다 얘기하지 못하겠지만, 우선 간단히 말씀드려보겠습니다. 문체를 파악하는 방식은 두 가지가 있습니다.

먼저 통독입니다. 제가 어릴 적에 글을 읽을 때 이야기를 해보지요. 사람이 겉문리가 나면 어떤 문장이라도 온전히 해독할 수 있는지 궁금하고, 빨리 달성하고 싶은 조바심이 나게 마련입니다. 당시에 저 역시, 아는 선생님께 개인적인 의사를 여쭙기도 했었지요. 그 선생님께서 지금 무슨 책을 읽고 있냐 물으시더군요. 그때 제가 서애집을 보면서 그 의미가 보이는 것은 보이는 것대로 보고 안 보이는 것은 나름대로 맞추어서 보고 있다고 말씀을 드렸지요. 그러니까 선생님이 말씀하시기를, 처음부터 끝까지 책의 전권을 읽으면서 전체를 읽어보라고 하셨습니다. 이 방법으로 책을 접해보면서 그것이 효과적이라는 것을 깨달았습니다. 통독해서 보면 앞에서 몰랐던 것은 뒤에서 해결되더군요. 이것이 물론 100% 모르는 것들을 해결해 줄 수 있는 것은 아니었지만, 하나의 방법으로 상당히 유용했습니다. 예를 들면 비문이면 비문, 기문이면 기문, 상량문이면 상량문, 그런 특정 문체가 들어있는 문집 전권을 통독한다는 것은, 예컨대, 『퇴계집』을 잡으면 첫 장부터 끝까지, 즉 전집, 책의 전체를 봐야 합니다. 이런 작업을 어느 정도 거쳐야만 공부가 될 수 있다고 생각합니다. 이러한 시도는 10권 정도 이상 되는 유수한 문집을 보는 것이 좋겠지요.

또 특정문체를 선별해서 다독한다는 것은 이를테면, 기문이면 기문만 대상으로 하여 조선 전기부터 중후기에 이르기까지의 유수한 작품들을 선취해서 읽는다면 기문에 대한 이런 저런 특징들을 스스로 터득하게 됩니다. 이 두 가지 방식이 문체를 파악하는 데에 좋은 방법이라고 생각합니다.

2) 원전독서

기본도서에 대한 학습의 역량이나 경험은, 대체로 공부하는 사람들이 어느 정도 공부를 했다 해도 부족하게 느끼고, 저 역시 마찬가지입니다. 여기에 관련되어 지금부터 드릴 말씀은 핵심이 되는 책을 거론하는 것에 그치는 것이긴 하지만, 여러분들이 잘 아는 것이 있는가 하면, 생소한 것도 있을 것입니다.

기본전적1	기본전적2
소학, 사서(諺解), 삼경, 예기, 춘추, 사략, 통감, 사기(열전), 고문진보(전후집), 노자, 장자	世說新語, 韓詩外傳, 家禮增解, 心經, 近思錄, 唐宋八大家文抄(韓柳歐蘇), 唐宋八子百選, 朱子書節要, 朱書百選, 唐音(五七言), 唐詩選, 唐詩三百首, 千家詩, 杜律, 濂洛風雅, 雅頌

처음에는 유가 경전 위주로 『소학(小學)』, 사서(四書)와 삼경(三經), 『예기(禮記)』, 『춘추(春秋)』 등이 있습니다. 오경까지 굳이 말하지 않은 것은, 소학과 사서삼경까지는 반드시 달성해야 한다는 취지에서 그런 것입니다. 그런 다음 『예기』와 『춘추』까지 읽어야 합니다. 춘추는 노나라 제후국 중심으로 편년한 것이고, 『국어』는 춘추 시대 각 국가별로 기술한 것입니다. 이런 책들에서 전거가 많이 나옵니다. 앞으로 책을 볼 때, 전거가 되는 것을 위주로 봐야 함을 말씀드리고 싶습니다.

　『사서』를 읽음에 중요한 것은 바로 '諺解'입니다. 제가 한국고전번역원 밀양분원에서 『논어』 수업할 때는 반드시 언해를 읽으면서 수업을 진행했습니다. 앞서 말씀드린 이인재 선생님은 옛날에 아무리 큰 학자라도 가르칠 때 반드시 언해를 놓고 가르치시는 분이 많았다 하셨고, 제가 합천의 옥봉정사에서 삼경을 배울 때 그곳에 계셨던 선생님께서도 늘 언해를 옆에 놓고 가르치셨습니다.

　통상적으로 학당에서는 언해를 상당히 중시하였는데, 저 역시 언해를 충실히 공부해야 한다는 것에 동의합니다. 한문의 문법이란 따로 있는 게 아닙니다. 오늘날 한문 문법이라고 하는 것은 영문법 체계를 접목시켜 만든 것입니다. 다만 『논어』든지 『맹자』든지 언해를 보면서 정확하게 원문을 새겨 번역한다면, 축자역과 허사, 품사에 대한 규정을 자연스럽고 또 확실하게 알 수 있습니다. 그러한 인식으로 사서를 본다면 안목이 달라질 것입니다. 기본을 갖추었느냐에 관한 문제는 여기에서 차이가 결정됩니다. 학생들과 공부를 해보고 전문가들과 공부해보면 일일이 말도 못해주고 지적해주지 못할 사례들이 허다합니다. 지금까지 그런 인식을 갖지 않았다 하더라도, 지금부터라도 가진다면 늦지 않을 것입니다.

　『소학』과 사서삼경은 다른 것을 볼 때도 반복적으로 계속 읽어야 합니다. 왜냐하면 나중에 그것들이 전거가 되기 때문입니다. 『소학』 같은 경우가 중요한데, 이 책 앞의 내편은 다른 여러 책을 요약한 것으로 본다지만, 외편의 경우는 다릅니다. 문집 번역을 예로 들어 보겠습니다. 문집에 실린 장갈문 즉, 행장, 비갈, 묘지 등에서는 한 개인의 행적을 묘사합니다. 거기에 기록된 여러 행적 가운데 가언, 선행을 표현하는 전거들이 주로 『소학』을 바탕으로 하고 있습니다. 실질적 수신서로서 널리 알려진 『소학』은, 문집을 보는 입장에서는 전고의 원천으로서 상당한 중요성을 갖는 텍스트이기도 한 것입니다.

　역사에 관련된 기본 텍스트 가운데는 『사략(史略)』이 있습니다. 보통은 이 책을 소홀히 합니다만 그래서는 안 됩니다. 익히 중요하다고 알려진『통감』은 전국시대로부터의 역사를 기록하였습니다. 하지만 그 이전의 역사에 대해서는『사략』을 통해 접근해야 합니다. 태고부터 어느 시점까지 동양문명의 전설적인 개념들에 대한 다양한 문제를 담고 있습니다.

이를 통합하여 다루고 있는 것이『사기(史記)』인데, 물론 어렵지만 반드시 봐야 하는 책입니다.『사기』는 전체를 통독할 수 있으면 더할 나위 없이 좋고, 그 중에서도 열전(列傳)은 반드시 봐야 합니다.『사기』는 25사(史) 중에 가장 첫머리를 장식하지만 역사서로서만 접근해야 할 것은 아닙니다. 그 안에 담고 있는 내용은 분명 역사적이지만, 그것을 고도의 문장으로 표현한 것입니다. 그래서 역대 문장가로 사마천과 반고를 말하는 것은 문장을 주로 하여 말한 것이지, 역사 기술의 관점에서 갖는 의미를 담은 것은 아닙니다. 사기의 문장은 참 어려운데 이를 잘 학습하면 이후에 문장을 보는 것이 보다 수월해 질 것이라 생각합니다. 마치 운동선수들이 모래주머니를 달고 훈련하다가 실제 시합에 나갈 때 모래주머니를 풀면 얼마나 가볍고 잘 뛸 수 있겠습니까. 그와 같이 공부도 어려운 공부를 하고 나면 그 다음에는 쉬워지는 법입니다.『사기』를 다 읽기 힘들다면『사기영선(史記英選)』이라는 책을 읽는 것이 도움이 될 것입니다.

문학류로 넘어가보면,『고문진보(古文眞寶)』전집과 후집이 있습니다.『고문진보』와 같은 글은『소학』, 사서와 오경,『사기』의 글을 바탕으로 하여 구성됩니다.『고문진보』는 중국에서 편찬되었지만, 중국에는 없고 우리나라와 일본에만 남아 있습니다. 고문진보는 전집과 후집을 알뜰히, 또 빠짐없이 공부해야 합니다.

아울러『고문진보』의 언해에 대해서도 말하고 싶습니다. 이 책은 고려대학교 도서관과 한국정신문화연구원에 장서각에 소장되어 있습니다. 옛날에 어떤 분이『고문진보』언해를 필사해서 가지고 있었는데, 흩어져서 일부는 정신문화연구원에 있고 일부는 고려대학교 도서관에 있게 된 것입니다. 모 출판사에서 고문진보 언해를 편집해서 내놓았는데, 체제가 복잡해서 제가 그 책을 정리하여 아는 출판사에 의뢰하여 출판한 적이 있습니다. 그것을 가지고 학생들을 가르치려고 언해를 편집하여 해제는 하지 않고 목록을 만들었는데 지금도 책이 나오고 있습니다.『고문진보』의 후집 같은 경우도 산문이기 때문에 언해를 참고하면 문장의 체계와 품사의 규정에 대한 문제들을 이해하는 데에 도움을 받을 수 있습니다.

제자서 가운데 노·장 계통에서는『노자』와『장자』가 있습니다. 특히 전거로서는

『장자』의 내용이 빈출합니다. 옛 사람들은 노장을 사상적으로 보는 게 아니라 문장의 측면에서 접근하였습니다. 통상 옛 사람들이 일컬었던 3대 문장이라고 하면, 『춘추』, 『예기』(禮記)의 「단궁」(檀弓), 그리고 『장자』였습니다. 오늘날 사람들은 그것을 노장사상의 원전으로 인식하는데, 이것은 『사기』를 역사책으로 인식하듯이 『장자』 역시도 사상서로 보는 경향이 강합니다.

『세설신어』(世說新語), 『한시외전』(韓詩外傳)의 내용도 많이 회자됩니다. 한국고전번역원의 각주정보시스템을 보면 『세설신어』와 『한시외전』에서 나온 전거라고 밝혀 놓은 것이 많이 있습니다. 『전국책』(戰國策)은 출현하는 빈도수가 높지 않지만, 전국시대 변론가의 현란한 말솜씨가 탄복을 자아내게 합니다. 그럼에도 크게 권하고 싶은 마음은 없습니다. 그 책을 읽는 데 들이는 시간에 비해 효율이 너무 낮기 때문입니다. 물론 외교, 권모술수에 관심이 있다면 보는 것도 나쁘진 않겠지요.

편지·서찰과 같은 류를 보면 경학, 예설에 대해 문답한 내용이 많습니다. 개인적으로 오늘날 동양예학 전문가의 부재가 아쉽습니다. 아마도 어렵기 때문이겠지요.

대학에서도 이런 전문가가 나왔으면 하는 바람입니다. 그래도 부산에서는 정경주 선생님을 중심으로 『상변통고』를 완역하고 『사의(士儀)』를 공역하기도 했습니다. 우리나라의 예설만 따져본다고 해도 책이 참 많습니다. 제가 수집한 책 만해도 수십 권입니다. 『가례』는 『주자가례(朱子家禮)』를 말하고, 『가례증해(家禮增解)』라는 것은 김천에 연안이씨 이의조(李宜朝, 조선 후기 노론계통학자)가 편집한 것입니다. 『가례증해』라는 것은 『가례』를 10권으로 주석한 것으로 한·중 학자들의 『가례』에 대한 연구를 집대성한 것입니다. 물론 그 어른이 노론학자였다고는 하지만, 당시 그 책은 당파를 막론하고 전국적으로 널리 유통되었습니다. 요즘엔 영인본으로 나옵니다.

『심경(心經)』과 『근사록(近思錄)』은 송대 신유학의 내용을 담고 있습니다. 『심경』이 수행에 관한 지침서라고 하면 『근사록』은 14권으로 된 신유학의 이론서라 할 수 있습니다. 이런 것은 신유학의 '敬' 사상을 실천하고, 이를 이론적 근거로 쓰기 위해 활용되었습니다. 그러나 오늘날은 번역에 초점을 맞추어 보면 송대의 유현들의 우화 같은 것도 소개되어 있습니다.

당송팔대가는 옛날 문장의 정종입니다. 제가 대구에서 30여 년간 활동한 모임에서는 여러 전적들을 줄곧 공부했습니다. 『주서백선(朱書百選)』부터 시작해서 『노자』, 『장자』, 『한시외전』 등 숱한 책들이 있었지요. 그러다가 광주에 사는 송담 이백순 선생님께 "대구에서 여럿이 모여 공부를 하고 있는데 무엇을 하면 좋겠습니까?"라고 여쭈었더니, 『당송팔대가문초(唐宋八大家文鈔)』를 읽어보라고 권해주시더군요. 그때 이후로 한유(韓愈)의 글을 읽어 나가기 시작했습니다. 왕안석까지 진행한 상태에서 코로나 사태로 인하여 사람들이 모일 수 없어서 현재는 중단된 상태입니다.

　저는 늘 문집 번역을 놓지 않고 있는지라, 『당송팔대가문초』에 대한 공부를 하면서, 특히 한퇴지 글 가운데 상당 부분이 전거로 활용되는 모습을 보았습니다. '한류구소(韓柳歐蘇)' 즉 한유, 유종원(柳宗元), 구양수(歐陽脩), 소동파(蘇東坡) 정도는 봐야 하지만 그들의 전집을 다 보는 것은 어렵습니다. 따라서 『당송팔대가문초』 내에 네 분의 문장은 볼 것을 권합니다. 『당송팔대가문초』를 줄여둔 것도 있고, 『정선팔대가문초』도 있지만 보기가 어렵습니다. 그래서 정조대왕 때 발간된 『당송팔자백선』 가운데, 고문진보에 실려 있지 않은 팔대가의 여러 가지 글을 조합시키면 어느 정도 보완하는 효과가 있을 것이라 생각됩니다.

　그 다음에 우리나라의 학자는 퇴계와 율곡을 거치면서, 송나라 학자 주자가 거의 신앙처럼 받들어졌습니다. 주자와 관련된 중요한 기록들을 소개하겠습니다. 좌측 사진에 두 줄로 쌓아 놓은 것이 바로 『주자대전』입니다. 『주자대전』은 70책 가까이 됩니다. 우측 사진은 『주자대전목차』입니다.

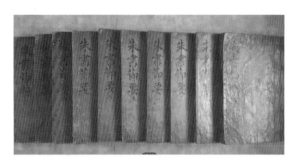

　다음 사진은 『주서절요^(朱書節要)』인데, 퇴계 선생이 주자의 편지글이 너무 많았던 까닭에, 10권으로 줄였습니다. 『주서백선^(朱書百選)』은 『주서절요』를 줄인 것은 아니고, 다른 작품들도 포함되는데, 정조대왕 당시 『주서백선』은 문체반정의 일환으로 만들어졌습니다.

　주자가 조선에 미친 영향이 어느 정도였는가를 잘 보여주는 예가 있습니다. 조선에서는 주자가 가히 종교라고 할 수 있습니다. 그래서 주자와 관련된 모든 것이 고사가 됩니다. 예를 들어보겠습니다. 주자의 어머니는 축 씨입니다. 빌 축^(祝) 자, 축하한다는 뜻의 祝자를 쓰는데, 이를 활용하여서 조선의 문인들은 '외가'를 '祝庭'이라 합니다. 즉 축 씨의 뜰, 주자의 어머니인 축 씨의 집이라는 말입니다. 외가를 말하는 축정은 결코 사전에 나오지 않습니다. 우리나라 선비들이 쓰는 말이며 중국 사람들은 쓰지 않았던 것이지요.

　　　　　또 한 가지 예를 들어보겠습니다. '사손'은 사자 獅자와 손자 孫자인데, 외손자를 '사손^(獅孫)'이라고 합니다. 주자의 사위가 황직경^(황간)인데, 그에게 보내는 『주서백선』의 마지막 글^(답황직경시)을 보면,

　외손자 노손^(輅孫)이 외할아버지를 기억하련지, 그 아이가 여기에 있는 사자 그림을 좋아하기에 한 본을 그려 그 아이에게 주니, 배접해서 파손하지 말고 잘 보존하게. 육탐

미^(陸探微)가 그린 그림이니, 소동파문집 가운데 찬이 있다네. 원컨대 그 아이가 그림 속 사자처럼 한번 떨쳐 포효를 해서 백수의 뇌를 찢어지게 하기 바라네.

络孫不知記得外翁否. 渠愛壁間獅子今畫, 一本與之, 可褙起與看, 勿令揉壞却也. 此是陸探微畫, 東坡集中有贊. 願他似此獅子奮迅哮吼, 令百獸腦裂也.

이처럼 외손을 '사손'이라는 단어로 표현하는 것은 주자의 이 편지에서 나옵니다. 주자학을 이해하기 위해서 물론 주자서가 중요하지만, 문집번역과 관련된 전고가 되는 사례가 '獅孫'과 '祝庭' 외에도 많이 등장한다는 점 또한 주목할 필요가 있는 것입니다.

이제 한시^(漢詩)에 대해 이해하고 공부하기 위해 갖추어야 할 서적에 대해 설명하겠습니다. 옛날에 시에 대한 기본교재는『오언당음』,『칠언당음』이 있습니다. 이 책에는 당시^(唐詩) 중에 유명한 것들을 싣고 있습니다. 이 책들의 장점은 시 한 편을 소개하면서 해설을 해놓았습니다. 또 한시를 공부함에 있어, 어떻게 해석하여 서술할 것이며 무슨 의미를 부여할지 도움을 받을 수 있습니다.

『당시선』,『당시삼백수』는 내용이 중복되는 부분이 있습니다. 원제목이『당시선』인 것을 대본으로 번역해 놓은 것이 임창순 선생님의『당시정해』입니다. 한시를 번역함에 있어 직역하되, 나름의 개별적인 평설을 붙여 놓은 것입니다. 스스로 학습하며 도움을 받기에 좋은 책입니다.

『당시삼백수』도 오늘날 잘 번역이 되어 있습니다. 여러 책을 보면서 중복되는 부분을 보면 최근의 유행을 알 수 있습니다. 한시 번역에 있어 최근에 읽고 남들에게 권해준 책이 있는데, 이원섭의 『당시』^(현암사)라는 책입니다. 이 책은 한시 번역의 실험적인 방법을 시도하고 있습니다. 지금까지의 한시 번역이라는 것은 원문을 내놓고 축자역을 기초로 적당한 의역을 하고, 번역가의 언어 구사력에 따라 감칠맛 나게 다듬는 형태가 주된 것이었다면, 이 책은 파격적인 시도를 했습니다. 이 책을 꼭 읽어보고 참고해보십시오. 다만 무조건 따라 하라는 것은 아니고, 한 번 주목할 만하고 정말로 문학을 아는 사람이라면 일정하게 공감할 수 있는 부분도 있을 것입니다. 다시 말씀드리지만, 이것이 주류가 되어야 한다는 것은 아니고, 한 갈래로 시도가 필요하다고 보는 정도입니다.

그 다음은 『천가시』입니다. 한시 공부에 대해 논하면서, 제가 시를 짓는 데 관심이 있어 앞서 언급한 송담 이백순 선생님께 나의 졸시를 보여드리고 가르침을 청하니 "말은 되는데 시는 안된다."라고 했습니다. 말과 시가 다르다는 것입니다. 시는 시답게 지어야 하는데 말처럼 해버렸다는 것입니다. 그러면 어떻게 시를 공부해야 되느냐고 문의하니, 고인의 시를 많이 읽고 의경을 전개하는 것을 배워야 한다고 했습니다. 그러면 무엇을 봐야하는 지 여쭤보니 『천가시』를 읽어보라고 추천하셨습니다. 이 책은 당송시 가운데 오언, 칠언의 절구와 율시를 담고 있습니다. 앞의 사진에 소개한 시 춘면을 보면 '春眠不覺曉'에서 가로, 세로로 그어 놓은 선이 보이죠. 옆으로 그은 것은 평성이고, 아래로 그은 것은 측성으로 상성, 거성, 입성 중에 하나입니다. 그리고 시 밑에 작은 글씨로 된 것이 이 시에 대한 해설입니다. 『천가시』 역시 한시를 공부하는 교재로는 훌륭하다고 생각합니다.

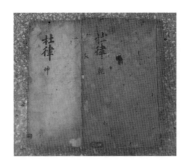

『두율』에 대해 설명하겠습니다. 두보가 남긴 시가 많지만, 율시는 많지는 않습니다. 『두율』에 관해 위서(僞書) 시비가 있긴 하지만, 그 작자가 누구인지를 밝히는 것은 엄밀히 말하자면, 연구의 차원입니다. 이 책 자체에 주목해본다면, 시에 대한 주석을 상세히 하고 있다는 것에 장점이 있습니다. 작자의 문제는 잠시 접어 두고라도, 조선의 많은 사람들이 보고 익혔으며, 두시에 동원되는 고사들을 잘 이해하게 해준다는 점은 이 책의 가치를 충분히 보여주는 것이라 하겠습니다.

『염락풍아』라는 책도 꼭 필요한 교재입니다. 여기에서는 북송과 남송의 걸쳐 활동한 이학가(理學家)들의 시와 운문을 소개하고 있습니다.

　『아송』이라는 책은 주로 주자의 시가 포함되어 있으며, 이 역시도 정조대왕 당시에 발간되었습니다. 한시와 관련해서는 위에 소개한 정도로 공부하면 되지 않을까 생각합니다.

3) 원전이해를 바탕으로 한 검색—전고, 인명, 지명, 관직명 등

참고 사이트 1	참고 사이트 2	
	일반	전문성
四庫全書(전자판) 斯文類聚, 池氏鴻史, 宋元學案 한어대사전 한국한자어사전(단국대 동양학 연구소 편) 이두사전 어록해(중국어)	다음 네이버 구글 百度	한국고전번역원(원문, 각주) 한국국학진흥원(江左자료) 경상대 문천각(江右자료) 한국 역사정보통합시스템 한국 고전적종합목록시스템 開放古籍平臺

　　우선, 원전^(전고, 인명, 관직명, 지명 등) 이해를 바탕으로 검색하되, 무엇이 흐름에 자연스러운 문장인지에 대한 판단력도 갖추고 있어야 합니다. 원전에 대한 이해를 바탕으로 하지 않는 검색은 착오를 범하기가 쉽습니다. 저는 검색이 두 가지로 나뉜다고 생각합니다.

『四庫全書』^(전자판)를 활용한다면, 웬만한 출전을 밝히는 데에 문제가 없을 것입니다. 『事文類聚』의 경우는 우리나라 선비들이 읽던 백과전서입니다. 제가 모셨던 한 선생님께서는『사문유취』를 식사 시간 전후 및 문간 옆에 늘 두고 수시로 읽는 책이라고 하였습니다. 조선 시대에는 책이 많지 않아『사문유취』와 같은 책의 필요성이 높았습니다.

『池氏鴻史』라는 책은 성씨별로 분류하여 태고적 고사까지 목록화하고 있습니다. 그러나 아직 영인본이 없다는 점에서, 접근성이 조금 떨어집니다.

『宋元學案』은 송·원시대 이학가들의 여러 약전과 학설·고사들이 다수 포함되어 있습니다. 이것 말고도『청유학안』과 『명유학안』이 있는데, 그것까지 굳이 권하고 싶진 않고,『송원학안』은 유용하게 쓰일 것입니다.

『한어대사전』[12책]은 현재 스마트폰 기기에 넣어서 유용하게 쓸 수 있습니다.『한국한자어사전』[단국대 동양학 연구소편]은 굉장히 많은 분량인데, 완간된 것으로 알고 있습니다. 여기에는 기본적으로 중국 사전을 다 수록했고, 우리나라에 관련된 것들까지 포괄적으로 담겨 있습니다.

『어록해』라는 것은 사서집주 같은 것을 보면 한문 문장이 아닌 이상한 문자가 있는데, 이런 것들을 말합니다. 이것은 현대 중국어와 차이가 있습니다.『어록해』는 간행본 외에도 필사본이 많습니다. 어록에 대한 이해가 쉽지 않은데, 퇴계 선생과 같은 대학자도『심경』과 같은 책을 볼 때 어록이 많아서 보기 힘들다고 술회하기도 했습니다. 어록이 중국어와 차이가 있기는 하지만, 중국어를 공부하면 편지글에 쓰인 어록체 문장에 대해 나름대로 깊이 이해하는 데 도움이 될 것입니다.

검색을 하는 이유는 각 문장들이 가지고 있는 전고, 인명, 관직명, 지명 등을 확인하기 위함입니다. 사실 포털사이트를 통한 일반 검색의 경우만 해도, 생각보다 많은 내용을 찾을 수 있는 듯합니다.

다만 전문사이트가 문제입니다. 저는 한국고전번역원에서 제공하는『고전종합DB』를 활용해 원문과 각주에 대한 정보를 검색합니다. 그리고 주 연구 분야인 영남지역에 대한 연구를 위해 '국학진흥원'의 자료를 자주 사용합니다. 앞의 도표에서 국학진흥원은 강좌^(江左), 경성대학교 문천각은 강우^(江右)라고 표시한 것은, 통상 낙동강을 중심으로 경상북도를 강좌, 경상남도를 강우라고 일컬었던 구분을 따른 것입니다. 국학진흥원에는 경북의 각 문중 자료를 수집해서 체계적으로 정리하여 망라하고 있습니다. 경상대학교 문천각 또한 경남권 연구를 하기 위한 자료구축이 잘 되어 있는 것 같습니다. 그 외 한국 역사정보통합시스템과 한국고전적종합목록시스템 등이 있습니다.

마지막에는 중국에서 만든 것 같은데 '開放古籍平臺'를 들 수 있겠습니다.

4) 問難質疑 호학정신, 허심탄회

麗澤(朋友講習), 不恥下問, 就正, 敎學相長

물론 검색에도 한계가 있기 때문에, 내가 모르는 것을 타인에게 묻는 것이 반드시 필요합니다. 아쉽게도, 요즈음은 묻는 풍토가 없는 것 같습니다. 항상 내 마음을 비우고 타인의 이야기를 수용할 준비를 해두어야 합니다. 나보다 낮은 사람에게 듣는 '不恥下問'도 공자가 칭찬한 바 있는데, 나보다 나은 사람 말을 못 들을 이유가 무엇이겠습니까. 이것은 마음이 열려야 합니다.

'就正'이란, 『논어』에 '就有道而正言이면 可謂好學이라'는 말에서 나온 것입니다. 도가 있는 사람에게 나아가 내가 지금껏 한 것이 과연 바른가에 대한 검증을 받을 필요가 있습니다. 이렇게 하는 것이 참으로 학문을 좋아하는 것입니다. 그것이 나아가 교학상장이 되며, 그 시작은 붕우간의 강습에서 비롯됩니다. 안되면 같이 연구해보고, 선배와 스승에게 問難을 해야 합니다.

이 사진에 보이는 '麗澤'라는 구절이 있습니다. 제가 가장 처음 모셨던 선생님께서 제가 대구 나와서 공부한다고 했을 때에 써주신 것입니다. 지금 문우관 방에 걸려 있지요, 병인년이니까 1986년입니다. 붕우와 강습함을 바탕으로, 서로 묻고 나보다 못한 사람에게도 묻고 당연히 나보다 나은 사람에게도 물어야 한다는 것을 말씀드리고 싶습니다.

마지막으로 '답사'에 대해 말씀드리겠습니다. 답사라고 하는 것은 맹자가 말한 '不遠千里'의 마음으로 임해야 합니다. 내가 아는 데에서 그쳐, 그 수준에서만 알면 안 됩니다. 자신에게 주어진, 혹은 공부하는 어떤 과제를 예로 들면, 마지막까지 고민한 끝에 현장에서 해결되는 것이 꼭 있습니다.

조선왕조실록 재번역의 과정과 방향성

정 하 정 (계명대학교 한문교육과)

안녕하십니까? 저는 계명대학교 한문교육과 조교수 정하정입니다. 바쁘신 와중에도 강의를 들으러 와주신 모든 분들께 감사의 인사를 드립니다. 저는 조선왕조실록 재번역의 과정과 방향성이라는 주제로 강의를 준비했습니다. 내용은 크게 네 가지로 볼 수 있습니다. 첫 번째로 조선왕조실록은 어떤 텍스트인가를 살피고, 두 번째로 실록 번역 현대화 사업이 어떻게 진행되었는가를 살필 것이며, 세 번째 실록 재번역의 실례를 들어서 설명할 것이고, 네 번째는 실록 재번역의 방향성에 대한 제언을 실제 번역을 하고 있는 사람으로서 하고자 합니다.

1. 조선왕조실록

조선왕조실록은 다 아시다시피 1대 태조부터 25대 철종까지의 역사서입니다. 물론 이 뒤로 고종, 순종이 있긴 하지만 일제강점기 때의 기록이라 배제되는 것이 일반적입니다. 있다는 것만 알고 계시면 좋을 듯합니다. 총 472년의 일이 1893권, 888책, 5300여 만자로 기록되어 있습니다. 세계 최대의 단일 왕조의 역사서이죠. 1973년에 국보 151호로 지정되었고, 1997년에는 유네스코 세계기록유산으로 등재되었습니다.

판본에 어떤 것이 있냐는 저도 조선왕조실록을 번역하면서 알게 되었습니다. 『세종실록』부터 4부를 인쇄하게 되는데, 이것은 한양의 춘추관과 충주, 전주, 성주에 각각 보관되었습니다. 그러다가 1538년(중종 33) 성주 사고에 화재가 발생하고, 이후에 임진왜란 때 전주 사고본이 화재로 일부 소실됩니다. 광해군 때 마니산, 오대산, 태백산, 묘향산에 사고를 마련하여 총 5부를 마련하게 되는데, 이괄의 난(1624), 병자호란(1636)으로 인해 춘추관 사고본이 소실되었습니다. 이후 청나라와의 관계 악화되면서 묘향산 사고본은 적장산으로 이전되고, 마니산 사고본은 정족산으로 이전하게 됩니다. 한참 시간이 흘러서 일제 강점기가 되면, 일본이 사고를 다 철폐합니다. 적장산본은 장서각에 보관하게 되고, 정족산본, 태백산본은 총독부–경성제국도서관에 보관하게 되었으며, 오대산본은 일본 도쿄제국대학^{(간토 대지진(1923))}에 보관되다가 다수 유실됩니다. 일부 우리나라에 보관되어있다고 하는데 대부분 유실되었죠. 1950년 6.25 전쟁이 발발하게 되면서 북한군이 남한에 오게 되죠. 그때 김일성이 장서각의 적장산본을 북한으로 가지고 갑니다. 이것이 후대에 이조실록 북한본 번역본의 저본이 됩니다. 규장각의 정족산본, 태백산본은 6.25 당시에 부산으로 이전했다가 다시 6.25가 끝나고 규장각에 보관되면서 저희 남한에서 번역할 때의 저본이 됩니다. 복잡하지만 정리해 보면, 판본은 오대산본, 태백산본, 적장산본, 정족산본 총 4가지가 있습니다. 오대산본은 간토 대지진⁽¹⁹²³⁾ 때 다수 유실되었고, 태백산본은 규장각에 소장되어 있으며, 조선왕조실록 국역의 저본이 되었으며 적장산본은 6.25 때 김일성이 옮겨가 『리조실록』의 저본이 되었고, 정족산본은 규장각에 소장되어 있으며 조선왕조실록 국역의 이본이 되었습니다. 즉 저희가 번역할 때 사용하는 저본은 태백산본이고, 이본은 정족산본으로서 대조본이 됩니다.

2. 조선왕조실록 번역

여러분이 사이트에서 많이 참고하고 계실 텐데요, 조선왕조실록은 세종대왕기념사회가 1968년부터, 민족문화추진회가^(한국고전번역의 전신) 1971년부터 번역 사업에 착수했습니다. 1993년에 413책의 번역본 출간되었고, 총 26년, 약 220억 원이 투입되었습니다.

북한본 『리조실록』 번역은 북한 사회과학원 민족고전연구소에서 1975년~1991년까지 번역 작업을 진행하여 총 400권에 달한다고 합니다. 지금 북한본의 경우 기간이 저희보다 짧은데, 차이점을 말하자면 대중을 위한 번역, 쉽게 풀이했다는 번역이었다는 특징을 짚을 수 있습니다.

번역본의 출간에 대해 살펴겠습니다. 1995년 CD롬 초판이 간행되었는데 이때 약 500만원의 비용이 투자되었습니다. 1997년 1차 개정판이 나왔고, 1999년 2차 개정판^(보급판)이 출시되었습니다. 저희가 자주 접하고 있는 사이트는 2006년에 처음 제공되었습니다. 이때 원문과 국역문 웹 서비스가 제공되었고, 2008년에는 추가로 고종실록, 순종실록도 제공되었습니다. 이건 웹 사이트 하단에 보시면 따로 나와 있습니다.

이처럼 조선왕조실록 번역과 웹 서비스의 제공은 굉장히 많은 영향을 끼칩니다. 실록데이터베이스의 월평균 검색 건수가 300만 건에 달하였고, 조선시대 관련 논문이 6배가 증가했다고 합니다. 이러한 순영향도 있었지만 문제점들도 나타났습니다. 실록 번역의 오류가 5년간 월 170여 건 정도가 신고되었고, 고어투나 직역투, 번역 수행기관의 이원화로 용어와 체제의 통일성 결여, 제도 용어의 부적절한 풀이 등에 대한 문제가 제기됩니다. 이에 따라 조선왕조실록 재번역의 필요성이 대두되면서 2010년에는 '국역 조선왕조실록 현대화 사업 계획 수립을 위한 기초조사 연구'를 시행하게 됩니다. 이때 번역물의 5% 정도의 샘플을 추출하여 분석한 결과 오류율이 22.8%였다고 합니다. 이중 오역으로 인한 중대 오류가 5.2%였고, 가독성 문제에 따른 오류가 17.6%였다고 합니다. 따라서 1차 년도 즉 2011년도에는 실록 번역 현대화 사업으로 기존 실록 번역의 수정 보완에 초점을 맞추었습니다. 1인 1일 30매씩 연간 13명이 수정 보완 작업을 진행했고, 이후 12명이 검토 교정했다고 합니다. 그 결과 10년을 예상 기간으로 잡았는데 6년의 단기 사업으로 계획을 수정하게 됩니다.

문제는 2차 년도⁽²⁰¹²⁾ 실록 번역 현대화 사업 때 나타납니다. 『정조실록』의 시범 번역을 수행하면서 파악된 문제점은 유형별로 정리하면, 원문의 오류, 6년의 기간으로는 수행 불가능, 실록 재번역의 특성에 맞는 어휘 정리의 필요성입니다. 제일 문제가 되었던 원문의 오류 경우 대조본을 통해 확인해야 했기 때문에 단기간으로는 수행이 불가능했습니다. 특히 태백산본에 오류가 많았습니다. 원문의 오류는 오역을 항상 동반할 수밖에 없겠죠. 또 대조할 수 있는 다른 문헌인 『일성록』, 『승정원일기』까지 2차 검토를 다 해야 했기 때문에 6년간의 기간으로는 도저히 할 수 없었겠죠. 또 실록 번역에 자주 등장하는 용어를 정리할 필요성도 있었습니다. 결국 윤문 성격의 '수정 보완 번역'을 6년간 시행하겠다는 애초 계획을 수정해서 '전면 재번역'으로 방침을 선회했고 16년의 기간을 두게 되었습니다.

그렇다면 '재번역'은 과연 필요할까요? 번역은 아시다시피 텍스트⁽ᵍᵒᵗᵉᵐ⁾의 항구적인 생존 방식이라 할 수 있습니다. 번역에 들어간 언어는 시간의 흐름에 따라 변화와 노후를 겪기 마련입니다. 그 흐름에 맞추어 다시 번역하는 작업은 텍스트의 '지속적인 삶'을 위해 당연히 해야 하는 일입니다. 재번역은 선택이 아니라 필연인 것입니다.

그래서 3차 년도⁽²⁰¹³⁾ 실록 번역 현대화 사업 시에는 『정조실록』의 표점교감서 4책,

번역서 4책을 각각 출간하되 공동번역^(연구원, 전문위원, 위촉 번역위원)으로 진행했습니다. 이후부터는 내부역자, 외부역자가 함께 실록 번역을 하게 된 것이죠.

3. 실록 재번역의 실례

실록 재번역의 방향은 신뢰성의 확보, 학술성의 제고, 대중성의 지향으로 합의가 되었습니다. 이건 실록 번역에만 한정되는 것이 아니라 번역학에 있어서 일반론에 해당되는 것일 겁니다. 세 가지가 각각 있긴 하지만 서로 연관관계가 있는 것이죠. 하나씩 구체적으로 살피겠습니다. 신뢰성의 확보는 교감 작업을 통한 원문의 신뢰도를 높이고, 원문에 충실한 정확하고 일관된 번역을 하도록 하는 것입니다. 학술성의 제고란 의미를 풀이하는 데 그친 주석을 지양하고 사건의 맥락을 설명하는 주석을 제시하자는 것입니다. 대중성의 지향은 가독성을 살린 번역 문장의 현대화와 상세한 해설, 실록 어휘 연구를 기본으로 한 말풍선 이용하여 다양한 독자층을 고려하자는 것입니다.

아래는 판본 중에 저본으로 삼는 태백산본과 대조본인 정족산본입니다.

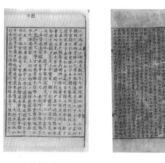

태백산본   정족산본

태백산본에 체크되어 있는 仁자는 정족산본에는 㑛자로 되어 있습니다. 위와 같이 두 판본 모두 이본의 글자를 옆에 메모해 두어 역자들에게 차이가 무엇인지 정보를 제공해줍니다.

재번역의 과정은 원문-기번역-재번역의 순서로 진행됩니다. 아래는 제가 재번역을 한 사례입니다.

원문	기번역	재번역
○乙丑朔/御勤政殿受朝。	16년 갑인(1434) 5월 0일 □□(0000. 0. 0.) 16_05_01[01] 근정전에 나아가 조회를 받다. 근정전(御勤政)에 나아가 조회 (朝會)를 받았다.	16년 갑인(1434) 5월 0일 □□(0000. 0. 0.) 16_05_01[01] 주상이 근정전에 나아가 조회 를 받다. 주상이 근정전(御勤政)에 나아 가 조회(朝會)를 받았다.
○進獻使僉知中樞院事李伯 寬,回自京師。	16_05_01[02] 진헌사 첨지중추원사 이백관 이 북경에서 돌아오다. 진헌사(進獻使) 첨지중추원사 (僉知中樞院事) 이백관(李伯 寬)이 북경에서 돌아왔다.	16_05_01[02] 진헌사인 첨지중추원사 이백 관이 북경에서 돌아오다. 진헌사(進獻使)인 첨지중추원 사(僉知中樞院事) 이백관(李伯 寬)이 북경에서 돌아왔다.
○김司諫院左正言南陽德曰: "今推檜巖寺僧, 何事也?"。	16_05_01[03] 부인들이 절에서 여러 날 머문 일로 회암사 중을 추국하다. 사간원(司諫院)의 좌정원(左正 言) 남양덕(南陽德)을 불러 말 하기를, "지금 회암사(檜巖寺)의 중을 추국(推鞫)함은 무슨 일이뇨" 하니, 남양덕이 아뢰기를, "듣자오니 부녀가 절에 올라가 유숙하였으므로 추국한다고 하옵니다."	16_05_01[03] 회암사 중들과 함께 절에 여러 날 머문 부녀자들을 추핵하게 하다 주상이 사간원 좌정원(司諫院 左正言) 남양덕(南陽德)을 불 러 말하기를, "지금 회암사(檜巖寺)의 중을 추국(推鞫)함은 무슨 일 때문 인가?"
원문	기번역	재번역

저도 처음에 위촉받아 기번역을 시작했을 때는 내용을 읽으며 검토하는 정도였습니다. 그런데 지침도 많이 늘어나고, 요구하는 기준이 높아지면서 기번역을 참고하기보다는 원문을 모두 읽고 의미를 파악한 이후에 번역을 진행합니다. 재번역이라해도 결국 처음 번역하는 것과 같은 작업이 요구되죠. 그런데 기번역과 북한『리조실록』의 번역이 차이가 많은 경우가 있습니다. 그럴 때는 많이 난감한데, 이건 번역의감각에 따라 결정하게 됩니다. 구체적인 사례를 보겠습니다.

<u>雨草實於京城</u>, 或如粟, 或如雞頭花實, 或如茄實, 或如蕎麥實, 其狀多般, 其色皆黑。

세종실록 16년 1월 6일 1번째 기사

雨草實於京城 중에 雨草實이라는 것이 명확히 무엇인지 몰랐습니다. 기번역은 아래와 같았습니다.

우초가 서울에서 결실을 보다
우초(雨草)가 서울에서 결실을 보았는데, 혹은 조[粟] 같기도 하고, 혹은 가시연의 열매[鷄頭花實] 같기도 하고, 혹은 가지의 열매[茄實] 같기도 하고, 혹은 메밀 같기도 하여, 그 모양은 갖가지였으나, 빛깔은 모두 검었다.

그런데 기번역을 보아도 무슨 뜻인지를 몰랐습니다. 그래서 雨草를 다른 실록 기사에서 검색해 보았습니다. 그랬더니 아래와 같은 원문이 검색되어 나왔습니다.

雨草實, 或如佐槐子, 或如雀豆。【史臣曰: "天人一理, 顯微無間。人事感於下, 則天變應於上。今茲之災, 古今所罕聞也。災不虛生, 必有其應, 弭災之道, 不外乎敬天罪己而已。『詩』曰: '昊天曰明, 及爾出王。' 爲人君者, 可不警懼哉?"】傳曰: "近年以來, 災變連綿, 恒存恐懼之心, 又有雨種之異, 憂慮罔極。"。

명종실록 9년 4월 23일 3번째 기사

여기서 힌트를 찾는 거죠. 雨草實이란 것이 있는데 여기서 사신의 평가가 하늘의 죄로 말하고 있다는 것을 알게 됩니다. 또 원문의 마지막 줄에서 雨種이라는 기이한 현상이 있었다는 것을 알 수 있습니다. 雨種이란 하늘에서 곡식의 종자같은 물질이 비처럼 내리는 것을 말합니다. 이를 근거로 아래와 같은 재번역이 가능합니다.

서울에 풀씨가 내리다

서울에 풀씨가 내렸는데, 혹은 조[粟] 같기도 하고 혹은 계두화^(鷄頭花)의 씨 같기도 하고 혹은 가지 씨 같기도 하고 혹은 메밀 씨 같기도 하여, 그 모양은 갖가지였으나 빛깔은 모두 검었다.

또 다른 사례도 보겠습니다.

禮曹啓: "投化人金山生等, 江界府別下里, 隨母移居于甲山之地, 又移于三豆萬之地, 被擄紅軍, 入歸遼東居之. 死後移居南河之地, 又移居李滿任衛下, 四年後, 率其妻其兄, 願侍衛本國, 旣是本國之人, 從自願留置京城, 依金自還例施行." 從之.

세종실록 16년 4월 25일 6번째 기사

이건 태백산본의 원문입니다. 여기서 投化人金山生等의 等자가 정족산본에는 於자로, 又移居李滿任衛下의 任자가 정족산본에는 住자로 되어 있습니다. 기번역은 아래와 같았습니다.

예조에서 귀화인 김산생 등의 시위로의 임명 문제를 아뢰다
예조에서 아뢰기를,
"귀화인 김산생^(金山生) 등은 강계부 별하리^(江界府別下里)에서 어미를 따라 갑산^(甲山) 땅에 이거^(移居)하였다가 또 삼두만^(三豆萬) 땅에 옮겨 살았사온데, 홍군^(紅軍)에게 사로잡혀 요동으로 돌아가 살았습니다.
그 뒤에 남하^(南河) 땅에 옮겨 살았고, 또 이만주^(李滿住)의 위하^(衛下)에 이거하였으며, 4년 뒤에 그의 아내와 형을 거느리고 와서 본국에 시위^(侍衛)하기를 원하옵는 바, 본디 우리나라 사람이온지라 자원에 따라 서울에 머물러두되, 김자환^(金自還)의 예에 의하여 시행하소서."
하니, 그대로 따랐다.

[주-D001] 홍군^(紅軍) : 홍건적^(紅巾賊).

이 번역문의 이해도가 얼마나 되는 것 같습니까? 뜻은 이해가 되십니까? 제가 질

문을 드린 이유는 기번역이 오역이라기보다는 가독성이 떨어지는 느낌이 있다는 것을 말씀드리려 한 것입니다. 아래는 재번역을 한 것입니다.

    귀화한 사람 김산생 등을 서울에 머물게 하다.
    예조가 아뢰기를,
    "귀화한 사람 김산생^(金山生)은 강계부^(江界府) 별하리^(別下里)에서 어미를 따라 갑산^(甲山) 지방으로 옮겨 거주하였고 또 삼두만^(三豆萬) 지방으로 옮겼다가 홍건적^(紅巾賊)에게 사로잡혀 요동^(遼東)으로 들어가 살았습니다.
    그 뒤에 남하^(南河) 지방으로 옮겨 거주하다가, 또 이만주^(李滿住)가 다스리던 위^(衛)에 옮겨 거주하였고, 4년 뒤에 그의 아내와 형을 거느리고 왔습니다. 그가 우리나라에서 시위^(侍衛)하기를 원하는 만큼 이미 우리나라 사람이니 자원^(自願)에 따라 서울에 머물러 두고, 김자환^(金自還)의 예에 의거하여 시행하게 하소서."
    하니, 그대로 따랐다.

    1) 김산생^(金山生)은…………별하리^(別下里)에서 : 원문은 '金山生等江界府別下里'이다. 정족산본^(鼎足山本) 이날 기사에 근거하여 '等'을 '於'로 바로잡아 번역하였다.『世宗實錄^(鼎) 16年 4月 25日^(壬申)』

    2) 그 뒤에 : 원문은 '死後'이다. 정족산본^(鼎足山本) 이날 기사에 근거하여 '死'를 '其'로 바로잡아 번역하였다.『世宗實錄^(鼎) 16年 4月 25日^(壬申)』

    3) 이만주^(李滿住) : 원문은 '李滿任'이다. 정족산본^(鼎足山本) 이날 기사에 근거하여 '任'을 '住'로 바로잡아 번역하였다.『世宗實錄^(鼎) 16年 4月 25日^(壬申)』

    4) 김자환^(金自還)의 예: 1432년^(세종14) 8월에 올량합^(兀良哈)에 사로잡혔다가 돌아온 김자환과 그 아내 등에게 가옥^(家屋)과 농우^(農牛), 집기를 주고 보살피도록 하였다. 김자환은 원래 김소소^(金小所)였는데, 이해 9월에 이름을 자환으로 바꾸었다.『世宗實錄 14年 8月 1日, 9月 26日』

기번역에 오역은 없는데 더 쉽게 이해할 수 있도록 풀었습니다. 중요한 것은 밑줄을 친 부분인데, 기번역에서 '김산생 등'이라고 하여 태백산본을 따랐습니다. 하지만, 여기서는 김산생 외에 다른 사람이 없기 때문에 等 보다는 於로 봐야 하고, 이에 따라 표점도 달라집니다. 또 밑줄을 치진 않았는데 원문에 死後는 죽은 뒤라고 번역되지만 내용상 그렇게 볼 수 없고, 원문을 其後라고 보아 그 뒤라고 번역해야 합니다. 그리고 원문은 이만임으로 되어 있었지만 판본을 대조하여 이만주로 번역을 고쳤습니다. 마지막 기번역 중 김자환의 예라는 것은 어떤 의미로 보일까요? 대충 사람의 이름으로 추론이 가능합니다. 하지만 그 추론이 확증으로 가려면 밝혀야 합니다. 제가 단 각주를 보시면, 김자환의 인물의 행적을 구체적으로 밝힘으로써 내용을 이해할 수 있도록 합니다. 이런 식으로 추론보다는 확증을 위해 재번역이 이루어지기도 합니다. 다음 사례를 보겠습니다.

兵曹啓: "都鎭撫當直助番雜故, 依各衛節制使例, 明白施行, 每月季啓達。" 從之。
세종실록 16년 1월 22일 5번째 기사

〈기번역〉
병조에서 아뢰기를,
"도진무(都鎭撫) 당직조본(當直助番)의 잡고(雜故)는 각 위(各衛)의 절제사(節制使)의 예에 의하여 명백히 시행하고, 매월 말에 이를 계달하게 하소서."
하니, 그대로 따랐다.

저는 이 기번역의 '當直助番'이 매우 생소했습니다. 당직과 조번이란 말은 역사용어에 이미 있긴 하지만 이렇게 결합했을 때의 의미는 명확하지 않았습니다. 내용은 병조에서 세종에게 아뢴 것이고, 도진무는 관직명입니다. 재번역한 것은 아래와 같습니다.

병조가 아뢰기를,
"도진무(都鎭撫)가 당직을 서거나 대신 입번하였을 때의 잡다한 문제에 대해서는 각 위(衛)의 절제사(節制使)의 예에 의거하여 명백히 처리하고, 매월 말에 아뢰도록 하소서."

하니, 그대로 따랐다

제가 이렇게 재번역했지만 그 근거가 확실해야 합니다. 當直助番을 이 기사 외 다른 실록에 검색해 봤지만 다른 사례가 없었습니다. 그러면 쪼개어서 조사해 봅니다. 그랬더니 따로 다른 의미가 나옵니다. 당직은 저희가 알고 있는 뜻이고, 助番은 비번(非番)인 군사가 입번 군사(入番軍士)의 일을 도와주는 것(『經國大典抄解』에 따르면 '代入番也'을 뜻했습니다. 즉, 當直助番은 하나의 의미가 아닌, 當直과 助番을 결합하여 말하고 있다는 것을 알 수 있습니다.

이런 번역의 과정을 마치면 피할 수 없는 평가가 기다리고 있습니다. 재번역의 평가 항목은 번역의 정확성(40점), 번역의 가독성(30점), 지침(15점), 주석교감(40점), 기사제목(5점)으로 이루어져 있습니다. 구체적의 항목을 보겠습니다.

평가항목 및 세부요소	배점 및 감점
번역의 정확성	40
○ 결역 　- 대교시 탈자의 누락 포함	글자 · 어휘 −4 구 −8 문장 −12
○ 명확한 오역 　- 글자 표기 오류 · 교감 오류로 오역이 발생한 경우 포함 　- 글자 · 어휘의 결역으로 중대한 오역이 발생한 경우 포함	의미 전달 경미 영향 −4 의미 전달 중대 영향 −8
○ 원의 전달이 불완전한 번역 　- 보충역 관련 오류, 비문, 교감오류로 해당오류가 발생한 경우 포함	−4

번역의 정확성은 40점에 해당하고, 글자의 번역을 빠뜨리는 결역, 명확한 오역, 원의 전달이 불완전한 번역 등이 그 세부요소에 해당합니다.

다음은 가독성 부분입니다.

번역의 가독성	30
○어휘 　– 내용 전달이 어려운 한자 어휘 사용 　– 제도관련 용어 무리하게 풀이(어휘 처리 지침 외)	가독성 경미 저해 −3 가독성 중대 저해 −6
○표현 　– 적절한 대역어 대신 단순 직역, 언해식 한자어 노출 　– 현대 어법에 잘 맞지 않는 어색한 표현, 미흡한 표현 　– 지나친 만연체	
○문단 　– 지나치게 긴 문단 　– 형식이나 내용상 필요한 문단 나누기 누락 　– 불필요한 문단 나누기	

　가독성은 30점으로, 세부사항에는 어휘, 표현, 문단이 있습니다. 문단은 사람마다 다를 수 있는데도 그에 따라 감점을 하기도 합니다. 다음은 지침을 살펴보겠습니다. 세부사항들은 경중에 따라서 3점에서 6점이 감점됩니다.

지침(평가단위 평균 12점 미만 지침 (불통과)	15
○〈조선전기 실록 수정번역 지침 및 사례〉 위반 ○한국고전어휘서비스 내 역사문헌어휘 지침 위반 　– 지침 간 상충시 수정번역 지침 우선 ○주석 · 교감 및 기사제목 지침 위반 　– 주석 · 교감이나 기사제목 항목과 중복 감점하지 않음	−1.5

　지침은 실록, 승정원일기, 문집 각각 따로 정해져 있는데, 이를 지키지 못했을 경우 1.5점씩 감점합니다.

주석 ·· 교감(번역정확성에 감점한 교감 오류는 제외)	10
○필요 주석이나 교감의 누락 　– 전거 확인 곤란 · 불명, 추정 주석에 해당하는 경우 제외 ○잘못된 주석이나 교감	−3
○불완전한 주석이나 교감 ○간주의 누락	−1.5

　필요한 주석이나 교감의 누락은 3점, 불완전한 주석이나 교감은 1.5점이 감점됩니

다.

기사제목	5
○내용 오류 경미	−1
○내용 오류 중대	−2

기사제목은 오류의 경중에 따라 1~2점씩 감점됩니다. 이렇게 평가를 받는데 저는 1년에 1800매를 재번역하고 있습니다. 그것을 다 평가한다면 당연히 많은 감점을 받을지도 모릅니다. 하지만 실제 심사는 샘플 평가를 합니다. 아래는 심사서 양식입니다.

	정확성(40)	가독성(30)	지침(15)	주석 및 교감(10)	기사제목(5)	총점
샘플 1	40	27	15	10	5	97
샘플 2						0
샘플 3						0
샘플 4						0
샘플 5						0
평균 점수	40.00	27.00	15.00	10.00	5.00	97

이 심사서는 한 사람이 작성하는 것으로, 각 5개 기사의 샘플을 심사한 결과입니다. 이러한 평가는 총 4명이 합니다. 총 점수가 85점 미만은 不通이 되는데 심사자와 역자의 의견이 합치되지 않을 경우 심의를 통해 결정됩니다. 하지만 다시 85점 미만이 되어 不通을 받을 경우 역자 자격이 박탈되어 다시 역자 시험을 치러야 합니다. 그런데 구문에 대한 이해를 평가자와 역자가 다르게 할 수 있기 때문에 이의신청이 가능합니다. 이에 대해 더 구체적으로 살펴보겠습니다.

庶幾街童巷婦, 皆得易知, 披閱諷誦之間, <u>有所感發</u>, 則其於誘掖開導之方, 不無小補。第以民庶不識文字, 書雖頒降, <u>人不訓示</u>, 則又安能知其義而興起乎? 予觀 『周禮』, 外史掌達書名于四方, <u>使四方知書之文字, 得能讀之。</u> 今可^(倣)〔倣〕此, 令中外務盡誨諭之術,

행여나 거리의 아이들과 골목의 부녀들도 모두 쉽게 알아서 펴 보고 읽는 사이에 감발(感發)하는 바가 있으면, 인도하고 계도하는 방법에 있어서 조금이라도 도움이 없지는 않을 것이다. 다만 백성들이 문자를 알지 못하여 책을 비록 반포하더라도, 남이 가르쳐 보여주지 않으면 또 어찌 그 뜻을 알아서 흥기할 수 있겠는가. 내가『주례(周禮)』를 보니, '외사(外史)'는 책 이름을 사방에 알리는 일을 주관하여 사방의 사람들로 하여금 책의 글자를 알아 책을 읽을 수 있게 한다.'라고 하니, 지금 이를 본받아서 서울과 지방으로 하여금 힘써 가르치고 깨우치는 방법을 다하려 한다.

이게 제가 한 번역이고,
아래는 심사자가 제 번역을 고친 것입니다.

부디 거리의 아이들, 골목의 부녀들도 모두 쉽게 알 수 있어서 책을 보고 외우면서 감동하는 것이 있다면 타이르고 인도하는 방도에 조금이나마 도움이 될 것이다. 다만 백성들이 문자를 알지 못하기 때문에 책을 비록 나누어 주더라도 가르쳐 주는 사람이 없다면 또 어떻게 그 뜻을 알아서 착한 마음을 일으킬 수가 있겠는가. 내가『주례(周禮)』를 살펴보니, 외사(外史)는 책 이름을 사방에 전달하는 일을 관장하므로 외사로 하여금 사방 사람들에게 글을 가르치게 하여 책을 읽을 수 있게 하였다고 하였다. 지금... 하여금 힘써 가르치고 일깨우는 방도를 다하게 하려 한다.

심사자가 오류 근거로 쓴 내용은 訓示는 訓導指示로 풀이하고, 또『주례』내용 파악에 오류가 있다고 하였습니다. 이 같은 오류는 정확성 항목으로 8점이 감점됩니다. 역자의 입장에서는 타격이 있는 부분이기 때문에 근거를 마련하여 이의신청을 합니다. 아래는 제가 작성한 이의신청서 내용입니다.

우선 평가위원께서 '감발(感發)'을 '감동'으로 수정하신 부분은 수용이 가능하지만, '감발'자체가 '감동하여 분발한다'는 의미이므로, 두 단어 간의 차이가 없다고 생각됩니다.

그리고 평가 근거로 지적하신 두 가지 중 첫 번째인 '訓示' 역시 원역(남이 가르쳐 보여주지 않으면)과 수정역(가르쳐 주는 사람이 없다면) 간 차이가 없습니다. 이는 원문 '人不訓示' 중 '訓示'의 의미를 한어대사전에 따라 '訓導指示'로 풀이해야 한다는 지적인 듯한데, '指示'는 바로 가리켜 보인다는 뜻입니다. 또한 '訓示'라는 말 자체가 국어사전에 등재된 단어로 '가르쳐 보이거나 타이르다'라고 풀이됩니다. 따라서 원역의 "가르쳐 보여주다"는 해석이 가능합니다.

가장 문제시 하신 부분은 『주례(周禮)』를 인용한 대목입니다. '外史掌達書名于四方, 使四方知書之文字, 得能讀之'가 『주례』에서 그대로 나오는 것이 아니라, '外史掌達書名于四方'라는 구절이 나온 뒤 그에 대한 鄭玄의 注로 '使四方知書之文字, 得能讀之'가 언급됩니다. 따라서 외사라는 주어를 그대로 끌어와 연결하는 것은 무리인 듯합니다. 외사가 책 이름을 사방에 알리는 일을 담당하는 것이 의미하는 바가 곧 사방 사람들에게 문자를 알아 독서할 수 있게 한다는 내용으로 파악해야 할 것 같습니다. 평가위원께서도 "책을 읽을 수 있게 하였다고 하였다."라고 하여 '사방사람들'에 대한 사역의 형태로 번역하셨습니다. 이는 "사방의 사람들로 하여금 책의 글자를 알아 책을 읽을 수 있게 한다."라고 한 원역과 의미 차이가 크게 없습니다. 그러므로 『주례』 내용 파악의 오류라고 지적하신 부분은 수용하기 어렵습니다.

이후 이의 신청은 받아들여졌고, 다시 8점이 되었습니다. 보신 것처럼 번역은 사소한 부분에서 견해차가 뚜렷하게 나타납니다. 평가를 받는 자에게 있어서는 크게 작용을 받을 수도 있는 부분이죠. 번역자로서 이렇게까지 해야 하는가 싶지만, 분명히 중요하게 생각하고 꼼꼼하게 살펴봐야 할 부분들입니다. 혹은 이의 신청이 받아들여지지 않는 경우도 있습니다. 그럴 때에는 심의위원회가 열려 다수의 역자들이 참여해 최후 심의결과를 통보합니다. 재번역이 실제로 이렇게 이루어지고, 평가도 이렇게 이루어지고 있습니다.

4. 실록 재번역의 방향성에 대한 제언

마지막으로 실록 번역을 하면서 이런 점이 개선되었으면 좋겠다는 생각을 정리한 것입니다. 첫 번째 재번역이 어떻게 나아가느냐의 중요한 부분이 공동번역의 제도화입니다. 실제 사업에 들어가 번역을 할 때는 개별적으로 작업을 합니다. 또 맡은 번역에 오역이 있더라도 평가 샘플에 뽑히지 않는 경우, 오역이 그대로 들어가게 됩니다. 타기관의 경우, 이를 방지하기 위해 교차검수를 하는데 이게 실록 번역에도 필요하다고 생각합니다. 그래야 완성도도 높아지고, 개인보다는 팀 구성이 여러 위험성을 낮추어 줍니다. 두 번째는 심사위원의 역할 재인식 문제입니다. 심사위원들은 자신의 역할에 대한 인식이 제각각입니다. 예를 들어 세미나에서 토론을 맡은 자가 발표문에 전혀 도움이 되지 않는 질의를 할 때도 있고, 방향성에 매우 도움이 되는 조력자의 역할을 할 때도 있는 것과 유사합니다. 번역문을 가지고 비평을 하는 것은 제2의 역자라는 인식이 필요하지 않나 생각이 들었습니다. 세 번째는 역사사건정보 DB화입니다. 번역을 위해서 또는 연구를 위해서 한국고전종합DB사이트를 검색하시고 그곳의 각주정보를 이용하시고 계시죠. 비슷한 개념으로 역사사건을 정리해서 DB화시켜서 검색이 용이하도록 하는 것입니다. 현재 한국고전종합DB에 있는 문집 대상으로 한 인물관계정보를 모델화하고, 왕대별 세밀한 연표를 작성하며, 당대 주요 사건과 현안에 대해 정리하여 DB화시킬 필요가 있습니다. 한 인물에 대해 검색할 때 그 연도의 맵핑이 가능하고, 시대 맥락도 파악할 수 있습니다.

　저는 번역, 한문학만 하다 보니 전공 서적이나 역사에만 매몰되어 있다는 생각이 굉장히 많이 듭니다. 그래서 현대에서 이것을 가지고 어떻게 활용할 수 있는지 고민을 해 봤습니다. 이미 역사를 활용한 문화 콘텐츠의 활용은 많이 볼 수 있습니다. 팩트를 기반한 창작물이긴 한데, 팩트보다는 픽션 중심이긴 하죠. 픽션이 중심인 창작물에서도 픽션 때문에 문제가 되기도 합니다. 선덕여왕이나 조선 구마사 같은 드라마가 그 예이죠. 역사 왜곡에 대한 문제 제기는 드라마가 하차하는 원인이 되기도 합니다. 여기서 번역자, 한문학자의 필요성을 찾기도 합니다. 이때 요구되는 것, 사실 항상 저희가 갖추고 있어야 하는 것은 한문 고전의 정확한 번역과 가독성입니다. 이 두 마리 토끼를 반드시 잡아야 함에도 불구하고, 둘 다 잡기란 쉽지 않습니다. 가독성과 정확성 사이에서 끊임없이 고민하는 것이 번역자의 길인 것 같습니다. 실록 역시도 마찬가지고요. 이러한 고민이 더 많은 부분들을 결정할 수 있는 힘을 키워가는 것이라 생각합니다. 기존 번역자는 어떻게 번역했고, 나는 어떻게 번역할 것인가를 고민하는 것이 오늘날 콘텐츠를 만들어내는 데에도 중요한 역할을 하는 것이라 생각합니다.

한문고전번역의 대중화

장 유 승 (성균관대학교 한문학과)

한문고전의 번역은 여러 가지로 구분할 수 있습니다. 한 사람의 번역자가 전담하는 단독 번역과 여러 사람의 번역자가 참여하는 공동 번역, 문헌 전체를 번역하는 완역과 일부만 번역하는 선역, 연구자를 위한 학술번역과 대중 독자를 위한 대중번역이 있습니다.

발주처에 따른 구분도 가능합니다. 첫째, 기관 의뢰 번역, 둘째, 문중 및 개인 의뢰 번역, 셋째, 자발적 번역입니다. 이중 기관 의뢰 번역이 가장 큰 비중을 차지하고, 문중 및 개인 의뢰 번역은 과거에는 비중이 컸으나 지금은 줄어드는 추세입니다. 자발적 번역은 번역자 스스로의 필요에 의한 번역인데, 대중적 번역은 대부분 여기에 속합니다.

1. 기관 의뢰 번역

발주처로 구분하는 한문고전번역에서 가장 규모가 큰 것은 기관 의뢰 번역입니다. 대부분 국가 기관입니다. 다시 말해 한문고전의 유일하면서 가장 중요한 고객은 국가입니다. 국가가 한문고전번역의 주 고객이라는 것에는 장단점이 있습니다. 국가가 존재하는 한 고전번역 사업이 이어진다는 점에서 안정적입니다. 다만 국가라는 고객은 태도가 자주 바뀝니다. 여론이나 예산에 따라 태도가 바뀌는데, 어떤 때는 대규모로 번역을 발주하기도 하고, 어떤 때는 거의 하지 않기도 합니다. 변덕이 심한 고객입니다.

다른 언어를 번역한다면 국가 아닌 고객도 다수 존재합니다. 하지만 한문고전 번역을 한다면 기관 의뢰 번역에 주안점을 둘 수밖에 없습니다. 문제는 기관 의뢰 번역의 경우, 번역 대상을 선택할 수 없다는 점입니다. 번역자가 주체적으로 텍스트를 선정하는 것이 아니라 고객이 원하는 텍스트를 번역해야 하기 때문입니다. 번역자의 필요나 흥미에 의한 번역이 아니므로 작업의 의미를 찾기 어려울 수도 있습니다.

한문고전번역 뿐만 아니라 한문고전연구의 주 고객 역시 국가입니다. 안정적인 연구가 가능할 것 같지만, 사실 한국학 분야는 경기에 민감하고, 경기에 가장 큰 영향을 받는 사람은 한국학 분야를 전공하는 대학생과 대학원생입니다. 저는 IMF 상황에서 대학을 졸업하고 입대했습니다만, 취업을 선택한 동학들은 상황이 상황이니만큼 취업에 어려움을 겪었습니다. 전역 이후에 경제 상황이 호전되면서 위축되었던 취업 시장이 잠시 살아났습니다. 이때는 제가 졸업하던 시기와는 달리 취업이 수월했지요. 그런데 몇 년 뒤 다시 경기가 침체되면서 취업이 어려워졌습니다. 이처럼 취업을 결정하는 것은 개인의 능력보다는 경기라고 하겠습니다. 연구 여건도 마찬가지입니다. 저는 고전 데이터베이스 구축 시기에 대학원을 다녔기 때문에 학업과 경제활동을 병행할 수 있었고, 대학원생을 필요로 하는 연구과제도 많아 큰 혜택을 받았습니다.

제가 대학원 시절 참여한 프로젝트는 전공인 한문학과 거리가 먼 사료를 다루는 작업이 대부분이었기에 공부에는 도움이 되지 않을 것이라고 생각했지만, 결과적으로는 큰 도움이 되었습니다. 문학 전공자 역시 사료를 취급할 줄 알아야 하고, 번역도 가능해야 합니다. 번역할 기회가 없다면 많이 읽기라도 해야 합니다. 문학 전공자라고 해서 문집에 매몰되기보다는 사료를 꾸준히 읽은 경험이 연구에 큰 도움이 될 것입니다. 당대 사회와 문화의 분위기를 파악하고 당대의 상식을 쌓는 과정이 한문고전 연구의 첩경이기 때문입니다.

기관 번역은 지금까지 한국고전번역원이 가장 큰 역할을 해 왔으나 최근 한국국학진흥원에서 다량의 번역서가 쏟아져 나오고 있습니다. 두 기관 모두 내부 인원만으로는 번역을 수행하기 어려우므로 외부 역자를 필요로 하고 있습니다. 한국국학진흥원의 경우, 주로 경북 지역에서 활동하는 연구자에게 번역을 맡기거나 자체적으로 육성한 번역가에게 우선적으로 번역을 배분하는 것으로 알고 있습니다.

국사편찬위원회에서는 한문고전 번역을 거의 하지 않고, 한국학중앙연구원에서 제법 많은 고전번역이 이루어지고 있는데, 역시 자체 인력이 많아 외부 인력을 절실히 필요로 하지는 않는 것 같습니다. 규장각한국학연구원도 비슷한 상황입니다. 이 기관들을 제외하고도 각종 박물관에서 번역을 발주합니다. 박물관의 경우 학예연구사들의 역할이 큰데, 그들이 모든 분야를 소화할 수는 없으므로 한문번역이 필요한 경우 외부 역자의 힘을 빌리곤 합니다. 인근 대학의 연구자에게 번역을 의뢰하기도 합니다. 제가 재직한 단국대학교는 경기 용인에 소재하는데, 이 학교의 국어국문학과나 사학과에 속한 연구자들이 경기 남부 박물관에서 발주한 번역과 연구를 수행하는 경우를 많이 보았습니다.

그러나 현재의 번역 발주는 인맥에 의지하는 경우가 많습니다. 발주자가 가장 적합한 번역자를 선택할 수 있다는 장점도 있지만, 불공정한 발주가 이루어질 위험도 있습니다. 따라서 최근에는 일정 규모 이상의 번역은 입찰을 통한 경쟁 방식으로 발주하는 것이 일반적입니다. '나라장터'라는 홈페이지가 있는데, 정부 산하기관에서 용역을 맡길 때에 공고를 내는 곳입니다. 한국학 연구와 관련 없는 공지가 대부분입니다만, 한문번역 의뢰가 이곳에 올라오기도 합니다. 개인 자격으로 응찰할 수는 없으므로 대학에 소속된 연구자라면 산학협력단을 통해야 합니다. 이러한 입찰 방식의 번역은 분량에 비해 대체로 보수가 큰 편이므로 인기가 좋습니다. 기관 번역은 가장 안정적이고 보수도 가장 높다고 할 수 있습니다.

그러나 기관 번역은 필요에 따라 발주하므로 번역자 입장에서는 안정적이지 않습니다. 한국고전번역원 외부 역자는 1년 단위로 재계약을 하고 있습니다. 서울에서 한문을 전공하는 대학원생이라면 대학원에 재학하면서 고전번역가 자격을 취득하여 연구와 번역을 병행하는 것도 가능합니다만, 결코 안정적인 방식은 아니라고 하겠습니다. 일례로 승정원일기 번역에 참여하는 외부 역자가 40여 명 정도인데 1인당 매년 1,500매 정도의 번역을 담당합니다. 번역자가 최근에 급격히 증가하였으므로 1인당 맡을 수 있는 번역이 한정되어 있는 상황입니다. 따라서 기관 번역에만 의존할 것이 아니라 다양한 경로로 활로를 모색해야 하는 시대가 왔다고 하겠습니다.

2. 문중 및 개인 의뢰 번역

현재는 기관이 한문고전번역을 주도하고 있지만, 과거에는 문중에서 의뢰하는 번역이 많았습니다. 대한민국에서 문중에서 확보하고 있는 재산이 결코 적지 않으므로 문중에서 많은 번역 사업을 발주해 왔습니다. 문중의 문헌은 문중 사람의 손으로 번역하는 것이 가장 바람직합니다. 실제로 이 방식으로 수행한 번역도 많습니다. 하지만 한문 해독이 가능한 사람은 갈수록 줄어드는 추세입니다. 문중 내에 한문을 번역할 수 있는 인력이 없는 경우가 많기에 외부 인력에 의존할 수밖에 없습니다. 보통은 저명한 학자들이 참여합니다. 아무래도 문중은 실력보다는 권위를 우선하는 경향이 있습니다.

최근 문중 의뢰 번역은 지속적으로 줄어들고 있습니다. 문중 의식이 점차 희박해 져가고 있기 때문입니다. 다만 일제강점기 자료의 경우 아직까지 수요가 있는 상황 입니다. 가까운 과거에 집필된 자료는 현대와 직결되기 때문입니다. 먼 선조가 무엇 을 했는지는 별로 관심이 없지만, 할아버지, 증조할아버지는 나와의 거리가 멀지 않 으므로 제법 관심을 가지는 모양입니다.

학계에서도 이미 많은 연구가 진행된 조선시대나 전근대사보다는 근대 자료에 대 한 가치가 높이 평가받고 있습니다. 일제강점기의 경우, 가치 있는 자료가 많으면서 도 아직 연구되지 않은 분야가 많이 있기 때문에 한문학 연구자와 번역가 모두가 주 목해야 하겠습니다.

3. 자발적 번역

누군가가 의뢰를 하지 않아도 자발적으로 번역하는 것도 가능합니다. 자발적인 번 역은 전문가로 가는 과정이기도 합니다. 번역자가 자신의 실력을 증명하기 위해서는 번역 성과가 필요한데, 번역을 의뢰받지 못한다면 자발적으로 번역을 하여 결과물을 내놓는 것도 방법입니다. 자신의 안목으로 텍스트를 선정하여 번역하고, 그것을 세 상에 내놓아 주목을 받을 수도 있습니다.

책을 쓰는 이유는 책을 팔아서 돈을 벌기 위해서가 아니라 해당 분야의 전문가로 인정받기 위해서입니다. 자발적으로 번역서를 세상에 출간하는 이유 역시 자신의 실 력을 증명하여 번역자로 인정받기 위해서입니다. 전문적인 번역가가 아니라도 한문 고전을 전공하는 연구자는 개인적으로 텍스트를 선정하여 자발적으로 번역하곤 합 니다. 다만 순전한 내적 동기만으로 한문고전을 번역하는 것은 쉽지 않은 일입니다.

일반적으로 대학원생의 경우 지도교수의 주도 하에 구성원으로 참여하여 번역서 에 공동 저자로 이름을 올립니다. 그렇게 학문의 길을 걷기 시작하지만, 공동역자의 한 사람으로 참여하는 것만으로는 부족합니다. 단독 번역서를 가져야 하는데, 돈을 버는 일도 아니면서 시간과 노력이 많이 드는 작업입니다. 여전히 번역서를 연구 성 과로 인정하지 않는 곳도 많습니다. 자발적으로 한문고전을 번역해서 책을 내는 것이 결코 쉽지 않지만, 자신의 존재를 알리고자 하는 연구자에게는 반드시 필요한 작업이라 하겠습니다.

4. 한문고전번역의 대중화

기관과 문중에서는 대중을 위한 번역을 의뢰하지 않습니다. 지금까지 대중을 위한 번역은 번역자의 자발적 시도로 이루어졌습니다. 사실 한국고전번역원이나 한국국학진흥원 등의 기관 및 각 문중에서도 대중적인 번역서를 내려는 시도가 있었지만, 결과적으로는 전부 실패했습니다. 지금까지 성공한 대중화 사업은 모두 자발적 번역에 의한 결과입니다. 저 또한 한문고전 번역의 대중화를 꾸준히 시도했습니다. 성공보다는 실패한 경험이 많지만 공유하고자 합니다.

제가 가장 먼저 번역한 대중성 있는 책은 『정조어찰첩』입니다. 이 책은 정조의 편지 300여 편을 번역한 것입니다. 고가의 영인본과 대중적인 문고본을 함께 만들었습니다. 1년 넘게 비밀리에 작업을 진행했습니다. 『정조어찰첩』 공개 이후 세간에서 많은 주목을 받았는데, 번역서의 판매 수준은 그리 만족스럽지 못했습니다. 양장본은 워낙 비싸서 팔리지 않은 듯하고, 보급판 역시 대중이 읽기는 어려웠기 때문이 아닌가 합니다. 정조 시대의 정치사에 대한 이해가 없으면 정조 편지는 이해하기 어렵습니다.

오히려 정조어찰첩의 번역서보다 안대회 교수가 쉽게 풀이한 『정조의 비밀편지』의 인기가 높았습니다. 아무리 흥미롭고 귀중한 자료라고 하더라도 번역만으로는 대중성을 확보하기가 어렵다는 사실을 알 수 있습니다. 원재료 판매보다 가공품 판매가 이익을 많이 남기는 것과 같은데, 한문고전의 번역만으로는 독자의 관심을 끌기 어렵습니다. 순수 번역서는 판매에 한계가 있습니다. 대중을 위해 적극적으로 번역을 '편집'하고, 흥미 있는 해석을 가미해야 합니다.

다음에 번역한 책은 『소문사설, 조선의 실용지식 연구노트』입니다. 함께 공부하는 연구자들과 만든 책으로, 역시 자발적 번역입니다. 『소문사설』은 상당히 독특한 성격의 책입니다. 그림도 많고, 저자가 중국에서 접한 신기한 도구에 대한 정보가 실려 있습니다. 음식 조리법도 실려 있는데, 예나 지금이나 사람들의 관심사는 음식입니다. 대중은 조선의 철학이나 역사보다는 음식에 관심이 많습니다. 충분히 대중성이 있는 책이라 판단하고 번역했습니다.

반응도 좋은 편이었습니다. 다섯 개의 대형 일간지 북섹션에서 탑으로 다루었고, 초판 3천부가 일주일 만에 팔렸습니다. 그러나 관심은 오래가지 않았습니다. 특이한 책으로는 관심을 끄는 데 한계가 있습니다. 『정조어찰첩』이나 『소문사설』처럼 독특한 문헌은 반짝 관심을 끌 수는 있을지언정 지속적인 관심을 받기는 어렵습니다.

지속적으로 관심을 끌 수 있는 책은 '고전'으로 손꼽히는 책입니다. 이 점은 대학원생의 학위논문과도 연관되는 문제입니다. 다른 사람들의 관심을 받지 못한 텍스트를 학위논문의 주제로 선정한다면 잠시 관심을 끌 수는 있겠으나, 이미 많은 사람들이 연구한 작가 또는 작품을 연구의 대상으로 선정하는 것이 향후 연구자로서의 활동에 더 도움이 될 수 있습니다. 한국문학사에서 빠뜨릴 수 없는 작가와 작품을 다루되, 전혀 새로운 각도에서 조명해야 할 것입니다.

다음은 『동국세시기』입니다. 『동국세시기』는 한국 고전의 반열에 오른 책입니다. 번역본이 하나만 있는 것도 아닙니다. 오래 전부터 지속적으로 번역되었고, 앞으로도 계속 번역이 필요한 책입니다. 규장각의 '새로 읽는 우리 고전 시리즈'의 하나로 출판되었는데, 이 시리즈에 선정된 책은 대부분 손꼽히는 한국 고전입니다. 이미 널리 알려진 고전을 조금 더 쉽게 이해할 수 있도록 다듬은 번역이라 하겠습니다.

'새로 읽는 우리 고전 시리즈'는 대중성을 염두에 두고서 기획하였기에 대부분 완역이 아니라 선역입니다. 학계에서는 선역보다 완역의 가치를 높이 평가하지만, 대중성을 지향하는 번역은 선역입니다. 독자는 모든 내용을 읽기를 원하지 않습니다. 단행본 출판에 있어서는 완역보다 선역이 효율적입니다. 다만 일관된 주제가 있어야 할 것입니다.

『동국세시기』의 번역은 연구자로서 조선의 풍속을 새롭게 인식하는 계기가 되었습니다. 한문 문헌에서 '풍속'은 자주 등장하는 주제입니다. 『동국세시기』를 번역한 경험은 한문 문헌의 풍속 자료를 다시 보게끔 만들었습니다. 번역 경험이 번역자 또는 연구자를 성장시키는 계기가 될 수 있다는 사실을 체감했습니다.

이 책을 출판하는 과정에서 규장각한국학연구원의 지원을 받았으니, 완전히 자발적인 번역은 아니라고 하겠습니다. 번역서의 판매량은 많지 않았지만, 『동국세시기』를 읽고자 하는 사람이 선택할 수 있는 책은 그리 많지 않습니다. 향후 더 좋은 번역이 나올 때까지는 꾸준히 찾는 사람이 있을 것입니다. 규장각의 '새로 읽는 우리 고전 시리즈'는 선전에도 불구하고 결국 출간이 중지되었는데, 고전번역의 대중화가 대단히 어려운 일이라는 것을 알 수 있습니다.

다음은 『한국산문선』입니다. 조선시대 9권과 근대 1권, 총 10권으로 출간되었습니다. 원래는 민음사 '세계문학전집'의 하나로 출간될 예정이었지만 결국 독립적으로 출간했습니다. 6명의 한문학자가 7년에 걸쳐 집필한 책입니다. 한문 고전은 잘 팔리지 않는 분야인데도 출판사에서 제법 큰돈을 지원했습니다. 출간 이후 언론에서 많은 주목을 받고 '올해의 책' 등으로 여러 번 선정되었지만 출판사에서 큰 이익을 얻지는 못한 듯합니다. 그럴 줄 알면서도 반드시 필요한 기획이라는 신념으로 지원을 아끼지 않은 출판사에 감사를 표합니다. 한문고전번역의 대중화를 위한 연구자의 자발적 시도는 계속되어야 하나, 자발적 시도만으로 가능한 것도 아니라고 생각합니다.

다음은 성균관대학교에서 출판한 『시화총서』입니다. 성균관대학교 안대회 교수가 기획한 시리즈입니다. 안 교수님은 시화 연구 전문가로서 예전부터 총서를 편찬하겠다는 의욕이 있었고, 지금까지 7권이 출판되었습니다. 하지만 출판사의 지원 없이 순전히 연구자의 자발적 의지에 기댈 수밖에 없었기에, 소수의 연구자만 참여하여 힘겹게 마무리되었습니다. 솔직히 출판사 입장에서도 그리 내키지 않는 작업이었을 것입니다. 출판을 결정한 것만으로도 감사해야 하는 상황이었습니다.

이 시리즈가 대중을 위한 번역은 아니지만 지원 없는 자발적 번역과 출판이 성공하기 어렵다는 점을 잘 보여줍니다. 1권 『소화시평』을 제외한 나머지 6권은 기존 번역본이 없는 상황에서 처음으로 번역된 것입니다. 학술상을 받은 책도 있고 세종도서에 선정된 책도 있으니 평가는 긍정적이었다고 하겠습니다. 하지만 많이 팔리지는 않았습니다. 학술서이니까 당연합니다. 이런 책은 전공자를 제외하고는 수요가 없으며, 서점에서도 비치하지 않아 온라인으로 주문해야 합니다.

사업비 지원을 받지 않고 연구자 개인의 의지로 번역을 진행한다면, 경제적으로도 도움이 되지 않는 것은 물론, 학술적 성과로 평가받기도 어렵습니다. 아직도 우리 학계는 번역서를 업적으로 인정하는 것을 주저합니다. 학계만 탓할 수는 없습니다. 기존 번역을 적당히 짜깁기하거나 학술적 수준이 의심스러운 번역서도 있기 때문입니다.

한문고전의 대중화가 현실의 벽을 넘지 못하고 있음에도 연구자 입장에서는 시대와 호흡하고자 하는 욕망이 있습니다. 따라서 대중성 있는 책을 세상에 내놓음으로서 연구자로서 삶의 가치를 느끼고자 합니다. 그러나 아무리 쉽고 재미있는 책을 번역하여 책으로 출간하더라도 번역서만으로는 대중성을 확보하기가 어렵습니다. 이점을 인식하고 번역서 이외에도 여러 가지 시도를 해 보았습니다.

우선 『쓰레기 고서들의 반란』입니다. 고서는 한문학의 영역이 아니라 문헌정보학의 영역입니다. 제 전공은 아니지만 제가 만난 연구자들은 대부분 고서에 관심이 많은 사람들이었으므로 우연한 기회에 이 책을 집필하게 되었습니다. 주제만큼은 독특했고, 그 덕택에 한국출판문화산업진흥원의 지원을 받았습니다. 책이 출간되자 언론에서 많은 주목을 받았습니다. 그러나 과거와 달리 신문의 홍보 효과는 제한적입니다. 바야흐로 SNS와 유튜브의 시대가 온 것입니다. 시대의 흐름이 바뀐 것을 눈치채지 못했기 때문에 결국 큰 호응은 얻지 못했습니다. 다만 일부 열렬한 독자를 확보하는 계기가 되었습니다. 대중서 출판은 무작정 독자의 폭을 넓히려 하기보다 소수의 관심 있는 독자층을 겨냥하는 쪽이 성공 가능성이 높다고 봅니다.

『일일공부』는 라디오 방송 원고를 모아서 만든 책입니다. 고전은 변하지 않지만 시사는 변합니다. 그런데 시사는 시간이 지나면 가치가 없습니다. 고전이 지금까지 영향력을 발휘하는 이유는 역설적이게도 시사와 어느 정도 거리를 두고 있기 때문입니다. 마치 오래된 재테크 서적은 쓸데가 없지만 절판된 인문학 서적은 시간이 지나도 고가에 거래되는 것과 같습니다. 우리가 한문고전을 공부하면서 현실과 괴리를 느끼곤 하지만, 이 점이 오히려 고전의 가치를 높이는 이유입니다. 현실과 밀접한 관련이 있는 자료는 유효기간이 짧습니다. 따라서 고전을 다루는 학자가 현실을 외면해서는 안 되겠지만, 현실과 어느 정도 거리를 두는 것도 필요합니다. 시대를 초월한 가치를 추구하는 것이 고전 연구자의 할 일이기 때문입니다.

『일일공부』의 주제는 고전에서 찾는 삶의 지혜였는데, 그다지 많은 관심을 받지는 못했습니다. 더 이상 사람들이 고전으로부터 삶의 지혜를 찾으려 하지 않는다는 점도 작용했습니다. 게다가 주제가 너무 범범했습니다. 주제를 확실히 좁혀서 책 전체를 관통하는 뚜렷한 메시지가 없으면 대중성은 확보하기 어렵습니다.

『하루한시』는 한시를 전공한 학자들과 공동 작업으로 편찬한 책입니다. 처음부터 대중서를 편찬할 의도는 아니었지만, 작가론에 매몰된 기존의 진부한 한시 연구를 벗어날 필요가 있다는 점은 모두 공감했습니다. 우선 한시를 읽는 방법부터 바꾸고자 하였습니다. 일반적으로 기억에 남는 것은 짧은 시입니다. 옛날에 회자된 한시도 전편이 아니라 한두 구절입니다. 오늘날 논문에서 한시 전편을 인용하는 것과는 다릅니다. 따라서 독자들이 쉽게 접근할 수 있도록 한두 구절 또는 절구를 뽑아 책을 편찬했습니다. 결국 격언집과 비슷한 형태의 에세이가 되었습니다. 큰 인기를 끌지는 못했지만, 꾸준히 팔리고 있습니다. 지금도 대형서점에서 찾아볼 수 있는데, 판매 담당자가 대중성을 갖추었다고 판단했기 때문인 듯합니다. 많이 팔리는 책이 아니라 지속적으로 팔리는 책을 만들어야 합니다.

마지막으로 가장 최근에 집필한 『조선잡사』입니다. 저를 포함해 4명의 연구자가 참여했습니다. 조선시대 직업을 다룬 책이 이미 있었지만, 이 책은 문헌에 근거하여 상상을 배제하고 오직 팩트에 기반하여 집필했습니다. TV 프로그램에 소개되면서 역사 분야 베스트셀러에 오르기도 했습니다. 이 책 한 권의 판매량이 지금까지 제가 출판한 모든 책의 판매량을 합친 것보다 월등합니다. 이처럼 폭발적인 반응은 아마 앞으로도 다시 보기 어려울 것입니다. 여러 가지 요소가 운 좋게 맞아떨어지면서 이루어진 성과입니다.

하지만 이것은 예외적인 반응입니다. 이제는 책이 많이 팔리는 시대가 아닙니다. 책을 쓰는 사람은 출판을 계기로 강연을 하거나 기고할 기회를 얻어 전문가로서 인정받고자 합니다. 그러나 책 한 권을 집필하는 데 필요한 시간과 노력을 감안한다면 그다지 경제성 있는 작업은 아닙니다. 출판환경이 변화했기 때문입니다.

1년에 8만 종의 단행본이 출간됩니다. 대부분이 손익분기점을 넘지 못합니다. 출판사에서 새로운 도전을 기피하는 것도 당연합니다. 그렇지만 차별화된 콘텐츠를 가진 작가들은 책을 출판할 수 있습니다. 독특한 주제와 새로운 시각은 언제나 관심을 받기 때문입니다. 한문학에 얽매이지 않고 다양한 주제에 관심을 가지고 책을 만들 수 있을 정도의 원고를 쓸 수 있다면, 지원을 받을 길도 열려 있습니다. 학계의 환경이 갈수록 어려워지는 만큼, 연구자들의 새로운 도전은 계속되어야 합니다.

중국 고전과 한국 고전 번역의 접점을 찾아서

이 주 해 (이화여대 한국문화연구원)

안녕하세요? 이주해입니다. 제가 중국 문학도 하고 한국 문학도 한다고 소개해 주셨는데요. 물론 저의 경력이 다른 선생님들과 비교해본다면, 다른 것은 사실입니다. 대부분은 국문학이나 한문학의 영역에서 한문학을 전공하시는데, 저는 중국 문학을 전공하는 사람으로서 한문 번역을 하고 있으니까요. 특이하게 보시는 분들이 많습니다.

중국에서 공부를 마치고, 한국으로 돌아와 번역에 관한 일을 시작했을 때 처음부터 조선의 글을 본 것은 아니었습니다. 전에 주로 공부한 것이 중국 고전이다 보니, 그 습관으로 한국 고전을 읽다가 많은 오류를 범했습니다. 그런 과정에서, 두 문헌은 같은 한문으로 쓴 것이지만 굉장히 다르다는 것을 알았어요. 오늘 여기 계신 선생님들과 그런 문제에 대해 고민해보고 싶습니다. 저는 중국의 고전 가운데서도 당송 산문을 전공했고, 그중에서도 한유를 위시한 동시대의 고문가들과 그들의 문체를 통해서 글 읽는 작업을 진행에 왔습니다. 언뜻 잡다하게 섭렵했다는 감이 있지만, 전공으로 따지면 세부적으로 그렇다는 말입니다.

이미 알고 계시겠지만 당송 산문을 전공하려면 윗대의 글을 읽지 않을 수 없습니다. 윗대의 글을 안 읽고는 그 시대의 글을 전혀 읽어 낼 수가 없지요. 그러다 보니까 자연스럽게 위진남북조와 선진시대의 글도 함께 읽게 되었습니다. 아울러 조선의 글을 접하는 과정에서 명청 시대 글도 읽게 되었습니다.

처음 한문학 번역을 시작한 것은 홍길주(洪吉周, 1786~1841) 문집 번역팀에 참여하고부터입니다. 사실 처음엔 전에 읽던 글에 비해서 어려웠습니다. 당연히 글 자체가 어려운 것도 있지만 이런 식의 글쓰기에 당황한 면이 없지 않았어요. 여러분들에게 제가 느낀 당황함이 어떤 것인지 뒤에서 자세하게 풀어보고자 합니다. 이 강의의 제목은 '중국 고전과 한국 고전 번역의 접점을 찾아서'입니다. 두 문헌을 번역하는 데에 있어서의 접점은 지금도 계속 찾는 중입니다. 아직 다 찾지는 못했지만, 지금까지 제가 한 공부들과 작업을 토대로 이 주제를 가지고 이야기를 나누어 볼까 합니다.

방대하고도 유구한 중국의 고전문학

이런 질문을 받은 적이 있어요. "(지금 우리가 알고 있는)『시경(詩經)』이 옛날에 쓰인 그『시경』과 동일한가요? 기원전에 그만한 서적이 나온 게 맞을까요?"라는 것이었죠. 그만큼 오랜 역사를 가진 것이라는 의미입니다. 중문학과 학생들은 중국 문학사를 배웁니다. 우리나라에서 한문학사와 같은 것이죠. 제가 여기에 써놓은 글들은 대학교 때부터 박사과정까지 직접 수업 시간에 다루고 읽었던 글들이에요. 이러한 글들을 읽고 지금 번역 현장에 있게 된 것이죠. 지금까지 제가 어떤 글을 읽었는지 이제부터 공유해보고자 합니다.

1) 선진시대

- 신화 :『산해경』(山海經)
- 제자백가서 /『시경』/『초사』

중국학을 하기 위해서 반드시 읽어야 하는 책이 바로『산해경(山海經)』입니다. 이『산해경』은 신화전설이라고 얘기하는데, 엄격하게 분류하면 지리서입니다.『산해경』을 읽으면서 원시시대 사람들이 가진 두려움이 무엇이었고, 중국은 어떻게 만들어진 땅이었는지 이해를 하는 데에 많은 도움이 되었습니다. 중국 문학을 다루기 위한 시작은『산해경』이었습니다.

다음으로 제자백가서를 배웁니다. 그것을 다 다룰 수는 없지만, 대표적으로 읽었던 책은『노자(老子)』와『장자(莊子)』,『한비자(韓非子)』,『묵자(墨子)』,『순자(荀子)』이 다섯 가지입니다.『한비자』와『묵자』는 분량이 어마어마합니다. 그러나 지금 생각해볼 때, 옛사람의 사유를 이해하는 데에 밑거름이 된 것이 특히『한비자』와 같은 책이었어요. 예컨대, 한비자의 울분이 무엇이었고,「고분편(孤憤篇)」은 왜 썼는지를 이 책을 직접 느낄 수 있었던 것 같아요.

다음에는『시경(詩經)』과『초사(楚辭)』를 배워요. 학부 때에는 국풍 중에서도,「관저(關雎)」등 대표적인 것만 읽었는데, 중국으로 유학 가게 되면서 더 많은 편을 접할 수 있었고, 특히『시경』을 배울 때에는 훈고학과 연계되는 수업도 들었습니다.

한편, 『초사』는 사실 그 문구만 가져다 놓으면 의미를 알기 어려워서 배우기 난해했어요. 하지만 배운 점도 있었습니다. 중국 문학에는 비극이라는 장르가 많지 않습니다. 대부분의 서사 문학은 대단원이죠. 대단원을 지향하는 문학에서 시가ㆍ사부에 존재하는 비극적인 맛이 바로 『초사』에 있어요. 또 이런 비극의 소종래를 찾는 데에는 굴원의 『초사』만 한 것이 없는 것도 같아요.

『초사』를 읽다보면, '~~兮, ~~兮'가 많이 나옵니다. 중국 사람들은 이걸 구태여 번역하지 않고, 조사조차 안 쓰고 넘어갑니다. 아주 짧게 끊고 넘어가야지, '兮'자 맛이 살게 되는 것이죠. 우리나라에서는 '兮'를 번역을 '~~하였어, ~~하였구나.'라고 감탄사로 처리를 하곤 합니다. 그래서 제가 배웠던 『초사』와 다르다고 생각했어요. 후대의 가사로 비장하면서 애잔한 맛을 살리고 싶은데 사부체를 선택하면 100%로 '兮'자를 써요. 대표적인 예가 「적벽부」입니다. 이 '兮'자를 통해 어떤 효과를 얻고 싶어서 이 장르를 썼는지를 이해하기 위해 알아야 하는 것이 초사체입니다.

2) 양한시대

- 사부(辭賦) / 악부시 「孔雀東南飛」
- 사서 : 『사기』, 『한서』
- 전문 저술 : 『염철론』, 『풍속통의』, 『설원(說苑)』, 부(賦)

양한의 문학은 대부분 사람들이 『사기(史記)』와 『한서(漢書)』를 말하죠. 『사기』와 『한서』를 읽을 때 느껴지는 차이는 병려 혹은 변려에서 비롯되는 것으로 보입니다. 『사기』는 완전 산문체이고, 『한서』는 변려문으로 흘러가는 문체라는 것을 느낄 수 있어요. 물론 『사기』에도 변려가 없지는 않지만 『한서』만큼은 아닌거죠. 이것들을 읽으면서 내용을 파악하는 것은 물론이고, 형식상 '산(散)'에서 '변'으로 변해가는 모습을 볼 수 있었어요. 양한의 대표적인 책들입니다.

전문 저술로는 『염철론(鹽鐵論)』, 『풍속통의(風俗通義)』, 유향(劉向)이 쓴 『설원(說苑)』이 있습니다. 단편 산문은 이때까지 편 단위로 흩어져 있고 문집으로 엮이지 못했습니다. 우리가 읽는 가의(賈誼)의 문장은 대부분 사기와 한서에서 인용한 부분을 통해서 우리가 읽을 뿐인 것입니다. 이때는 저술의 시대라고 보면 됩니다. 이러한 저술은 너무 어렵지만 읽어내면 쾌감이 있는 글입니다. 그래서 명나라 때의 전후칠자와 같은 사람들이 문필진한이라고 얘기할 때의 진한 시대 문장은 대부분『사기』·『한서』·『염철론』·『풍속통의』·『설원』을 지칭하는 것입니다.

다음으로, 양한에서 후대까지 영향을 준 것은 사부^(辭賦)입니다. 사^(辭)라는 것은 초사체가 흘러 내려와서 서정 문학으로 정착된 장르입니다. 예컨대,「어부사^(漁父辭)」를 보면, 兮자가 많이 들어가요. 분위기는 애잔함, 슬픔, 여운이에요. 부^(賦)라는 장르는 아는 것을 다 써놓은 것을 말합니다. 그래서 '대부'라고도 해요. 사와 다르게 부로 넘어가면 정확한 변려에 의해 글을 써야 합니다. 한나라를 대표하는 장르인 부에 포진된 정보를 하나씩 찾아가 보면 어마어마하게 많은 전고들을 마주하게 됩니다. 그럼에도 부를 읽어내면 특히 후세에 지어진 변려문와 부를 읽을 때 큰 도움이 되었던 것 같습니다.

한나라 시의 경우, 주류를 찾는다면 아마도 악부시^(樂府詩)일 것입니다. 악부시 중에서도「공작동남비^(孔雀東南飛)」와 같이 굉장히 긴 서사시도 있고, 짧은 시도 있습니다. 그래서 이 시대에 악부를 읽으면 주로 어떤 내용을 다루는지 감을 잡는 데에 큰 도움이 된 것 같아요.

3) 위진남북조 시대

- 지괴/지인소설 :『수신기^(搜神記)』,『세설신어^(世說新語)』,『고사전^(高士傳)』
- 시문 : 도연명^(陶淵明), 왕희지^(王羲之), 사령운^(謝靈運), 사조^(謝朓), 포조^(鮑照), 서릉^(徐陵),『문선^(文選)』,『옥대신영^(玉臺新詠)』

위진남북조 시대에 있어서는 지괴 소설과 지인 소설을 먼저 배웠습니다.『수신기^(搜神記)』,『세설신어^(世說新語)』,『고사전^(高士傳)』등을 배웠는데, 처음에 배우면서도, 이 시대에 왜 이러한 장르가 왜 나왔고, 어떤 맥락에서 귀신과 저승 이야기가 나온 것인지 다소 황당했어요. 근데 당시 진나라 사마씨 때에는 말 한 마디만 잘못하면 화를 당했고, 청담에 대한 취향이 이러한 이야기로 연결되었다는 것을 알 수 있었습니다. 위험한 이야기를 가급적 피하고 재미, 흥미 위주로 글을 쓰다보니까 이런 문풍이 형성되었던 거죠. 특히『수신기』는 굉장히 재미있고, 그 시대의 어떤 종교와 문화를 읽을 수 있는 동시에 사람들의 원시적인 신명과 지옥을 생각하며 저승과 이승이 교통하는 이야기, 심지어는 이계(異界)에 관한 이야기까지도 나와요. 현세에 있는 세상 이야기하다가 다른 세상을 이야기를 했던 의도와 배경, 이런 것에 대해 주목해서 이 시대의 분위기를 읽어내다 보니, 위진남북조의 문학을 공부하는 것은 재미났던 것 같아요.

시문의 경우, 도연명, 왕희지, 사령운, 사조, 포조, 서릉의 시문을 읽었어요. 이때 유명한 시문총집이 나오는데요. 하나는 『옥대신영(玉臺新詠)』, 또 하나는 『문선(文選)』이에요.

사진에 보이는 것이 『문선』입니다. 오른쪽 사진에서 큰 글씨는 『문선』 본문이고, 작은 글씨는 당나라 이선(李善)의 주석입니다. 『문선』이 중요한 이유는 당나라 과거시험의 필수과목이었기 때문입니다. 당나라의 진사시는 시로 시험을 봤는데, 『문선』을 이해하지 않으면 알 수 없는 거죠. 위진남북조부터 단편들이 많아졌기 때문에 그것들을 선별하고 장르별로 나눌 필요가 있었습니다. 그래서 『문선』이라는 책이 나오게 된 것입니다.

4) 당나라

- 고문운동 : 한유(韓愈), 유종원(柳宗元)
- 당시(唐詩) : 초당(初唐) / 성당(盛唐) / 중당(中唐) / 만당(晩唐)
- 전기(傳奇) : 「앵앵전(鶯鶯傳)」, 「장한가전(長恨歌傳)」, 「규염객전(虯髥客傳)」

저는 고문 운동에 있어 문체 혁신을 전공했기에, 특히 고문 운동에 많은 관심을 가질 수밖에 없었습니다. 아마 『구당서』(舊唐書)와 『신당서』(新唐書)라는 이름으로 역사서가 두 번 지어진 것을 아실 겁니다. 『구당서』는 임금의 측근인 대각파(서곤파)를 중심으로 집필되었는데, 이들은 화려하고 문학성을 추구했습니다. 문단의 맹주는 백거이와 원진으로 기록되어 있습니다. 『신당서』의 집필은 구양수를 위시한 그 일파가 담당했습니다. 구양수는 고문 운동에 참여했던 사람이기 때문에 이 종단(사단)의 맹주가 한유와 유종원으로 옮겨갑니다.

『구당서』와 『신당서』를 읽은 사람은 당나라의 문단을 이해하는 기반이 달라질 수 있습니다. 학교에서도 고문 운동은 비중 있게 다루는 분야이고, 한유와 유종원 역시 마찬가지입니다. 그런데 방금 말씀드렸듯 백거이나 원징 같은 경우에는 오히려 당대 영향력이라든지 후세에 끼치는 면에 있어서는 이들에 못지않았습니다.

다음은 당나라의 시입니다. 당시는 초당, 성당, 중당, 만당으로 네 가지로 나누곤 하는데, 이는 그 자체로 당시를 나누는 기준인 것이지, 당나라를 시기별로 나누는 기준은 아닙니다. 당연히 성당을 많이 배울 것 같지만, 성당시 못지않게 비중 있게 다루는 것이 중당시와 만당시입니다. 이 때 시에 대한 평어와 비평이라는 장르가 생겨납니다.

당시만큼이나 다루는 부분이 전기(傳奇)입니다. 전기는 뒤에 명나라 시기에도 언급이 되는데요. 그러나 둘은 아예 다릅니다. 당나라 전기는 문언 소설로 문인이 쓴 소설이고, 명나라 전기는 무대극에 올리는 극본이라고 할 수 있습니다. 당 전기는 당나라 때 문인들이 벼슬하기 위한 도구였습니다. 구관 활동을 위해 당나라 때는 투고하는 풍습이 있었습니다. 자기가 지은 글을 미리 투고하는 것인데, 여기에는 스토리(서사), 시, 역사평도 있어야 합니다. 이를 통해 문재를 두루두루 볼 수 있는 것이죠. 전기는 중당 이후로 많이 지어졌는데, 대표적으로 「앵앵전」, 「장한가전」, 「규염객전」이 있습니다. 비로소 소설과 유사한 장르가 처음 생긴 것이죠.

5) 송나라, 원나라

‒ 시문 : 구양수, 소식, 황정견(黃庭堅, 강서시파), 육유(陸游), 범성대(范成大, 강호시파)
‒ 필기 : 『태평광기』(太平廣記), 『동경몽화록』(東京夢華錄), 『동파지림』(東坡志林), 『용재수필』(容齋隨筆)

－ 사(詞) : 이청조(李淸照), 오문영(吳文英), 강기(姜夔)
　　－ 잡극(雜劇), 곡(曲) : 마치원의 「한궁추(漢宮秋)」, 관한경의 「두아원(竇娥冤)」

　　다음으로 볼 시기는 송나라와 원나라입니다. 시에 있어서 전성기가 성당이었다면 문장에 있어서 전성기는 송나라였어요. 대표적으로 구양수와 소식을 들 수 있습니다. 구양수와 소식의 글이 조선에 끼친 영향은 어마어마합니다. 우리가 알고 있는 유명한 글 외에, 간혹 어디에서 인용한 것인지를 찾다 보면, (두 사람의) 이런 작품까지 읽었구나 할 정도로 탐독한 대상이 구양수와 소식이었습니다.
　　송나라 시의 대표자를 뽑으라고 하면 황정견이에요. 그 자신도 시를 많이 지었을 뿐만 아니라 문하와 문파가 어마어마합니다. 송나라의 시파라고 하면 그것은 곧 강서시파를 말하는 것과 같다고 볼 정도입니다. 송시와 당시는 그 맛 자체가 다릅니다. 당시가 낭만적이고 호방하다면, 송시는 철리적, 사색적이고 쫀쫀합니다. 이러한 차이점이 발생한 이유는 문학사에서 앞으로 풀어야 할 하나의 숙제입니다. 남송의 육유는 시를 몇 천 수씩 지었고, 범성대가 지은 시도 유행하게 됩니다. 이 시대는 시 비평이 하나의 류를 이루어 비평서도 많이 나오게 됩니다. 이때부터 문학이론 수업을 많이 하게 되는데, 거기에서 배우는 것이 바로 시 비평입니다.
　　그 다음은 필기입니다. 필기에 소설이라는 말을 붙이는데, 필기에 소설이라는 말을 붙이는 것은 적합하지 않다고 생각합니다. 필기는 그대로 노트이고, 기록입니다. 주제로 정한 것도 있고, 특정한 주제 없이 잡다하게 지은 것을 나중에 범주화할 수도 있습니다. 송나라 때 필기가 많이 나오면서 일기, 가장도 많이 나옵니다. 필기를 통해 송나라의 시대 상황을 이해하는 부분 또한 중요하다고 볼 수 있습니다. 물론 시가를 통해 이해하는 부분이 많고, 정사를 연구함에 있어 야사로 치부해 잘 인용하지 않는다고는 하지만, 이 부분에서 얻어내는 부분이 적지 않습니다. 대표적으로 『태평광기』, 『동경몽화록』, 『동파지림』, 『용재수필』이 있습니다.
　　조선에서는 많이 지어지지 않지만, 사(詞)라는 장르도 있습니다. 당나라를 대표하는 것이 시라면, 송나라를 대표하는 것이 사인데, 노래 가사입니다. 사에는 사패라는 것이 있는데, 정해진 멜로디와 글자 수가 있습니다. 사패에는 제목이 지금도 전해지는 것이 있는데, 「임강선(臨江仙)」, 「보살만(菩薩蠻)」 등입니다. 조선조 문집을 번역하다가 이들을 접할 때가 있습니다. 조선에서도 사패를 가져다 사를 썼다는 것을 알 수 있죠. 그런데 그것이 부를 줄 알아서였는지, 아니면 글자만 갖다가 끼워 넣은 것인지는 정확히 알 수 없습니다. 최근에 문집을 번역하다가 「임강선」을 가져다 쓴 흔적을 발견했는데 글자 수도 딱 맞더군요. 사는 청나라 때도 많이 지었습니다. 조선에서 많이 지어진 죽지사도 같은 류입니다. 사가 광범위하게 공유되었던 양식이라 생각되는데, 우리가 많이 접하지 못해 소홀히 하는 게 아닌가 생각이 듭니다.

원나라가 등장하는 즈음에 이르면 슬픈 정서가 지배적입니다. 남송 마지막 황제가 황하 이북 땅을 빼앗기고 항주로 도망가 새 도읍을 정하지만, 그 땅은 여진족이 차지한 사분의 일 밖에 안 됩니다. 하지만 남송이라는 명맥을 유지하면서 성리학을 꽃피우게 됩니다. 역사적으로 굴욕적인 시대이지만 문화적 자부심을 느끼는 왕조였던 것이죠. 이후 원나라가 쳐들어와 황제는 잡혀가고, 신하들이 남은 핏줄들을 데리고 복건성, 광동성을 거치며 도망갑니다. 육수부(陸秀夫) 등이 왕을 호위하고 가다가 광동의 애산에서 왕을 업고 바다로 투신하여 죽게 되죠. 그리하여 남송이 문을 닫고 원나라가 세워집니다. 원나라는 5%도 안 되는 몽고족이 90%가 넘는 한족을 지배하는 구조였습니다. 철저하게 계급이 나뉘었는데, 최고위급은 몽고족, 그 다음은 색목인(위구르족), 북인(남송 때 북쪽에 남아 거란족의 지배를 받았던 사람) 순이었습니다.

당나라에서는 『문선』을 중시하여 시부를 잘하는 사람이 과거에 뽑혔지만, 송나라에서는 전세가 역전되어 경서가 중요해졌고, 자연스럽게 성리학이 발전하게 됩니다. 사대부들은 평생을 과거 공부에 바치게 되죠. 그러나 원나라가 들어서자 과거제는 폐지되고, 한자도 못 쓰게 됩니다. 글을 배운 사람들이 먹고 살 길이 닫혀버리게 된 것이죠. 이때 눈길을 돌린 것이 희곡입니다. 무대극은 송나라부터 시작해서 원나라 때 더욱 발달하게 됩니다. 글을 배운 사람들이 글재주를 팔기 위해 연극 시나리오를 쓰기 시작한 거죠. 형식은 사와 비슷한데 노래가 북방 노래로 바뀐 것을 곡(曲)이라고 말해요. 곡을 창작하거나 대사와 몸동작까지 들어간 잡극을 만들기도 했습니다. 대표적인 잡극은 마치원이 지은 「한궁추」, 관한경이 지은 「두아원」입니다.

6) 명나라, 청나라

- 시문 : 전후칠자(前後七子), 양명좌파(陽明左派 - 이탁오(李卓吾)), 김성탄(金聖嘆), 소품가(공안파 三袁氏, 경릉파)
- 전기(傳奇) : 희극(무대극) 『서상기(西廂記)』, 『도화선(桃花扇)』

– 소설 : 四大奇書,『홍루몽^(紅樓夢)』,『유림외사^(儒林外史)』→ 話本계열『요재지이^(聊齋志异)』
  → 문언계열

한문학을 하는 사람들에게 가장 익숙한 시대가 이 시기일 것입니다. 전후칠자, 소품가의 공안파^(公安派) 원굉도^(袁宏道)·원종도^(袁宗道)·원중도^(袁中道), 경릉파^(竟陵派) 종성^(鍾惺)과 담원춘^(譚元春), 양명좌파 이탁오와 김성탄은 이 시대의 시단을 장악했던 사람들입니다.

북곡으로 부르는 것이 잡극이라면, 남곡으로 부르는 것이 전기^(傳奇)에요. 이때 유명한 무대극은「서상기」와「도화선」입니다.

이 시대 대표 장르는 소설^(小說)인데, 먼저 사대기서^{(『수호전(水滸傳)}』,『삼국지연의^(三國志演義)』,『금병매^(金甁梅)』,『서유기^(西遊記)』)를 꼽을 수 있습니다. 이는 장회소설^(章回小說)이라고도 하죠. 구성에 있어 우리나라에서 '각설'하고 시작하는 것과 유사하게, '뒷부분이 궁금한 분은 다음 회를 보세요.'라고 하는 부분이 있다는 점이 중요합니다. 소설로 간행했음에도 왜 그것이 남았는지 알 필요가 있습니다. 당시에는 '설서인^(說書人)', 즉 길거리에서 책 읽어주는 사람이 있었습니다. 이들은 자기 각본을 가지고 하루에 정해진만큼 읽고 '오늘은 여기까지 읽겠으니, 더 알고 싶은 분은 다음에 오세요'라고 했다고 합니다. 이런 형태를 보존한 것이 장회소설이에요. 사대기서 및『홍루몽』,『유림외사』같은 책들이 포함됩니다.

한편 장회소설과 맥을 달리하는 문언 소설도 있습니다. 문언소설의 모태는 위진시대의 지괴소설, 당대의 전기 소설·문언 소설이에요. 문언소설의 집대성은『요재지이^(聊齋志異)』입니다. 이상으로 제가 공부한 것들에 대해서 시기별로 정리해 말씀을 드렸습니다. 다음 챕터로 넘어가기 전에 간단히 제가 한문 공부했던 방식에 대해 말씀드려 볼까합니다.

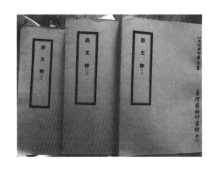

제목에 『당문수^(唐文粹)』라고 쓰여 있습니다. 당나라 때의 명문장을 엮어 놓은 선집인데요. 혹시 오른쪽 사진에 빨갛게 구두를 끊어놓은 것이 보이실지 모르겠습니다. 이게 제가 한문 공부했던 방법입니다. 저는 소위 말하는 '한학^(漢學)'을 배우지 못했고, 번역 현장에 계신 분들처럼 체계가 있게 공부할 기회가 없었습니다.

예전의 민추^(민족문화추진위원회), 지금의 고전번역원에서 공부하시는 분들도 있고, 옛날식 서당에서 한학을 가학처럼 하셨던 분들에 비하면, 저는 기초도 없는 상황이라 한문으로 된 문장을 읽으려니 정말 힘들었습니다. 그래서 선택한 것이 『당문수』입니다. 우선은 이 책을 잡고 구두 끊는 것부터 시작했습니다. 몇 달을 걸려 작업을 완료한 뒤에, 다시 처음부터 되풀이해 보니, 처음과 상당히 많이 달라졌음을 알 수 있었어요. 그렇게 세 번 반복하는 데에 꼬박 1년이 걸렸습니다. 처음과 두 번째, 세 번째가 다 달랐습니다. 물론 지금 찍어도 다 달라요. 지금에서야 하는 생각이지만, 문장의 흐름을 잡는 데에는 이렇게 하는 것보다 좋은 것이 없었던 것 같아요. 구두를 끊어보면 자기가 어느 정도 문장을 이해했는지 알 수 있기 때문이죠.

문, 사, 철^(사상+고증) 종합 교육

경(經) 경학, 고증학, 철학		사(史) 정사(正史), 사론(사평)
	학술사	
자(子) 철학, 잡학, 기예		집(集) 문학, 문학평론 (목록학 + 판본학)

중문학과를 다니면 경학·고증학을 피할 수 없고, 성리학, 심학에 대한 공부도 병행합니다. 옛사람들의 머릿속에 문·사·철과 고증학 등 모든 것이 다 들어있는 상태에서, 그것을 글로 쏟아내는데, 그 글을 접하는 우리가 '문학' 전공자라는 이유로 기피하는 부분이 있다면, 번역을 할 수 없기 때문이죠. 문집 번역을 할 때는 갑자기 『시경』에 대한 훈고라든지, 심학(心學)에 대한 비판이 나올 수 있습니다. 그걸 모르고 번역하면, 그건 겉만 번역하는 것이겠죠.

경(經)·사(史)·자(子)·집(集)에서 사(史)는 반드시 읽어야 합니다. 물론 사만 읽는 것이 아니라 필기와 같이 읽을 수도 있습니다. 조선에서 가장 많이 읽혔던 『자치통감강목(資治通鑑綱目)』이 있습니다. 사마광(司馬光)의 『자치통감(資治通鑑)』을 주희(朱熹)와 그 문하 사람들이 바꾼 것입니다. 『자치통감강목』을 보면 조선 사람들이 중국 역사를 이해한 대강을 볼 수 있어요.

'자(子)'라는 것은, 보통 '일가지언(一家之言)을 이루었다.'라고 할 때, 그 '일가'가 바로 '자'입니다. 원래 유가도 자부(子部)에 속했다가 '경(經)'으로 옮겨간 것이죠. '경부(經部)'에 들지 못한 기타학술을 자부라고 보시면 됩니다.

'집부(集部)'는 문학이나 문학평론에 속합니다. 특히 이런 것들을 공부하면서, 그 전에 배워두길 잘했다 싶었던 것 중의 하나가 목록학과 판본학이었습니다. 목록학을 알면 그 시대의 학술사가 눈에 확 들어와요. 이 시대의 경사자집을 이렇게 나누었고 경부에 어떤 류가 생겨났고, 집부에 무슨 류가 생겨났는지 보면서, 학술의 전체적인 지형도를 파악하고, 이해하는 데에 도움을 받을 수 있었던 것이죠.

얼마 전에 홍길주(洪吉周, 1786~1841)에 관한 글을 보았는데 홍길주가 고민하던 주제가 많았지만, 그중에서도 두 가지 정도 특이하게 생각했던 문제 가운데 이런 게 있었어요. '조선에는 왜 간행본이 적은가'와 '동국에는 왜 수레가 못 다니는가'에 대해서 고민한 흔적이 보였던 건데요. 경화세족임에도 실학자들이 했던 것과 같은 고민을 하고 있었던 것입니다. 물론 중국에서도 필사본이 많고 간행본이 귀하긴 해요, 그렇지만 조선보다는 많죠. 그래서 판본학을 공부해두면, 이 문헌이 나온 것이 어느 시기며, 어떤 특징이 있는지 읽어 낼 수 있는 겁니다.

문체의 섭렵

시	산문(駢/散)	운문
고체시 근체시 4언, 가행, 악부	논설 응용문(상소/書/序跋/記/제문/묘지) 잡문	사(辭) 부(賦) 명(銘), 송(頌), 찬(贊)

다음은 문체에 관한 이야기입니다. 우선 시는 고체시, 근체시, 4언시, 가행, 악부 등 여러 종류가 있어요. 산문에는 논설문이 있고 응용문이 있어요. 논설문은 학식과 사상과 이념을 설파하기 위해, 응용문은 일상생활의 필요성을 의식해서 쓰는 것으로, 상소문·편지·序跋·기문·제문·묘지·행장·전기 등을 말합니다. 응용문으로 추릴 수 없는 잡다한 글은 잡문이 있어요. 잡문은 제목이 없는 글, 혹은 그것들을 '아언'이라는 이름으로 모아 놓은 거예요.

운문은 사가 있고 부가 있고 銘·頌·贊이 있어요. 제가 왜 문체의 섭렵을 말씀드리냐면, 나중에 실제 번역을 하신다면 여러분들이 여기서 어떤 것을 골라서 할 수는 없어요. 나중에 어떤 자료가 내게 주어지면 그것을 해내야만 하는 것이죠. 번역하다 보면 읽어낼 수 없는 문장이 많아요. 평소에 많은 글을 읽고, 특히 많은 문체를 섭렵할 필요가 있습니다.

중국 고문^(古文)

상고문	· 위진 남북조까지의 문장 · 백화문(白話文)이 발전되기 이전이라 구어체를 찾아보기 어려움 · 문장이 대체적으로 간략하고, 4언구가 많음(駢門 특성 강함)
중고문	· 당송시대의 문장 · 초기 백화의 형태가 보이지만, 대체적으로는 고어투가 많음 · 육조에 비해서는 문장이 길어지기 시작하고, 連接詞나 어조사가 발달함
근대문	· 백화문이 발달하여 소설이나 희곡 이외의 시문에도 구어체가 빈번히 나타남 · 당송 문장에 비해 한 句의 길이가 늘어나고, 각 용어를 현대어로 바꿀 시, 현대 인도 읽을 수 있을 정도로 현대 중국어에 가까워짐

고문은 상고문, 중고문, 근대문으로 분류합니다. 상고문은 위진남북조 시대까지의

문장으로, 양한 시대까지는 변문이 많지 않은 순정한 산문이라 구두를 끊기 어렵고, 위진남북조 시대의 문장은 변려문이 발달해서 전고와 수사가 많아 어렵습니다. 상고문은 고난이도 영역이에요.

중고문이라는 것은 당송시대의 문장을 말합니다. 당송시대의 문장은 초기 백화 형태가 보이면서도, 여전히 고어의 투식이 많이 남아있습니다. 육조 시대보다는 문장의 길이가 길어져요. 육조 시대까지의 문장을 뜻글자로 썼지만, 당송 시대부터는 어조사와 어기사가 많이 들어가기 때문인데요. 문장이 길어지고, 연접사와 어기사가 많이 발달하는 것이 중고문입니다.

근대문이라는 것은 백화문이 발달한 시대인 명청 시대의 글을 말합니다. 이에 따라, 소설이나 희곡이 당연히 발달하였고, 아정한 시문에도 구어체가 많이 들어간 것이 근대문입니다. 당송 문장에 비해 한 句의 길이가 늘어납니다. 일부를 현대어로 바꾸면 쉽게 이해할 정도로 중국어를 할 수 있는 사람이 쉽게 접근할 수 있습니다. 실례를 몇 가지 들어보도록 하죠.

나은(羅隱), 〈봉(蜂)〉
不論平地與山尖 → 不論平地和山頂 → 不管平地和山頂
無限風光盡被占 → 無限風光都被占 → 無限風光都被占有
采得百花成蜜後 → 采來百花作蜜後 → 采來百花作成蜂蜜之後
爲誰辛苦爲誰甛 → 爲誰辛苦爲誰甛 → 爲誰辛苦爲誰(提供)甛

이것은 나은(羅隱)이 쓴 봉(蜂)이라는 시입니다. 나은은 만당 때 사람입니다. 중고문에 해당하는 작품인데, 이 시는 고체시로, 평측은 맞지 않습니다. 먼저 '與'자를 백화로 바꾸면 '和'가 됩니다. 좀 더 백화체로 다듬어보면 '不管平地和山頂'라고 해서 '평지이건 산꼭대기건 관여하지 않고(따지지 않고), 끝도 없이 펼쳐진 풍광이 모두 다 점령당했구나.'라고 번역이 가능하죠.

다음 구절의 '盡'자를 '都'로 바꾸고, 구어체로 다듬으면 '無限風光都被占有'가 되는데, '有'자를 넣게 되면 그냥 구어체로 바뀌게 됩니다. 다음 구절에서는 '得'을 현대어 '來'로 바꾸고 '成'을 '作'으로 바꿉니다. 이것을 좀 더 다듬으면 '采來百花作成蜂蜜之後'가 되고, '백화를 따와서 봉밀을 만든 후에'라고 번역할 수 있죠. 다음 구절은

'누구를 위해 고생하였고, 누구를 위해 단 것을 제공하는 것인가.'라고 번역할 수 있습니다.

天下之^(的)至文, 未^(沒)有不出于童心焉者也. 苟^(只要)童心常存, 則^(那么)道理不行, 見聞不立, 無時不文, 無人不文, 無一樣創制體格文字而非^(不是)文者. 詩何必古『選』, 文何必先秦?

降而爲六朝, 變而爲近體, 又變而爲傳奇, 變而爲院本, 爲雜劇, 爲『西廂曲』, 爲『水滸傳』, 爲今之^(今天的)擧子業, 皆^(都是)古今至文, 不可得^(不可以)而時勢先後論也.

故吾因是^(此)而有感于童心者之自文也, 更^(還)說什么六經, 更^(還)說什么『語』『孟』乎!

이지^(李贄)의 동심설^(童心說)입니다. 파랗게 한 부분이 없다고 해도 해석에 있어서 현대어와 큰 차이가 없습니다. 특히 괄호 앞 글자를 괄호 안 글자로 바꿔 읽으면 완벽한 현대어입니다. '之'를 '的'으로, '未'를 '沒', '苟^(만약)'는 조건절이기 때문에 '只要'로, 則은 '那么^(그렇다면)'으로 바꿉니다. '更^(還)說什么六經, 更^(還)說什么『語』『孟』乎!' 이 문장은 이 문장은 명나라 때 지어진 것이라고 하지만, 현대 중국어와 80%에 가까운 유사도를 보이고 있는 것이죠.

盖元孫輔養節目, 無端的可據之文.
病崇端的由何處生?

또 하나 예를 들어보겠습니다. 한문학을 전공한 분들과 번역을 해보면 이런 부분에서 다른 점이 있다는 것을 알 수 있죠. 먼저 문장을 접할 때, '端的'이라는 말이 간혹 나옵니다. 『문집총간』의 번역을 보면 '제대로, 똑똑히, 단적으로, 명확하게'라고 되어 있습니다. '盖元孫輔養節目, 無端的可據之文.'라는 문장의 번역은 '대개 원손을 보양하는 절목에 있어서는 단적으로 가히 근거할 수 있는 문장이 없다.'라고 하고, '病崇端的由何處生?'라는 문장의 번역은 '이 병마는 단적으로 어디로 말미암아 생겨났을까?'라고 되어 있습니다. 중문학에서는 '단적^(端的)으로'라는 의미로 보지 않고, '도대체'라는 의미로 봅니다.

십 년의 세월을 두고 경적만 탐구했다네 / 十年經籍費硏覃
솥들을 벌인 식사가 물 마시는 맛과 어떠한고 / 列鼎爭如飮水甘
오귀를 실어 보낼 수레가 나무에 매였는데 / 五鬼送行車結柳
천 그루 감귤나무가 자라면 비단을 바쳐오리라 / 千奴待長絹輸柑
이 좋은 시집이 아니면 한가한 삶이 가하랴 / 除非雅集閒居可
한 마음으로 이야기 나눌 이 몇이나 될까 / 有幾同心共語堪
맑은 꿈이 언제나 매화꽃의 인도를 따라 / 淸夢每隨梅引去
별빛 성긴 달밤에 강남 길을 찾아간다네 / 疎星淡月下江南

다음으로 시 번역을 살펴보겠습니다. '솥들을 벌인 식사가 물 마시는 맛과 어떠한고'라는 번역에는 오역이 있어 보입니다. 솥을 벌여 놓는다는 것은 단약(丹藥) 만드는 것을 지칭합니다. 그래서 번역은 '단약을 먹는 것이 물 마시는 것보다 달겠는가'라는 말이 되어야 합니다.

'오귀를 실어 보낼 수레가 나무에 매였는데'라는 번역은 한유의 「송궁문(送窮文)」에서 차용한 고사를 반영한 것입니다. 다음도 마찬가지에요. '천 그루 감귤나무가 자라면 비단을 바쳐 오리라'도 고사가 있는 표현입니다. 어떤 사람들이 죽을 때 자식들이 아버지가 남겨준 재산이 없던 것을 탓했는데, 아버지가 자식들을 위해서 천 그루 감귤나무를 심었으니, 나중에 감귤이 열면 귀해지니까 비단을 얻을 수 있을 거라는 이야기입니다.

'除非'는 '~가 아니고서, ~가 아니라면'이라고 번역합니다. '고아한 모임에 한가함이 가하지 않았다면'으로 번역하는 것이 맞죠. 한문학 관점에서 본다면, 이 표현을 부드럽게 번역하기 힘든데, 중국어의 경우를 보면 이 표현을 '이것 빼고서는, 이것 아니고서는'이라고 번역합니다.

[문] 송당(松堂)은 '제비(除非)'를 '지시(只是)'로 보았습니다. 그렇다면 아마도 '제시(除是)'와 같을 듯합니다.
[답] '제비(除非)'는 애초에 지시(只是)의 뜻은 아닙니다. 오직 어세(語勢)가 거듭 도치(倒置)되어 결국 지시(只是)라는 뜻이 된 것입니다. (퇴계 선생께 올린 문목 『심경』계해년(1563, 명종18)〔上退溪先生問目 心經○癸亥〕)

또 다른 예를 들어보겠습니다. 퇴계와 제자의 대화인데요. 제자가 묻습니다. 송당이 '제비(除非)'를 '지시(只是)'로 보았으니, '오직'이라는 뜻이 될 것이고, 그렇다면 아마도 '제시(除非)'와 같지 않겠냐는 거죠. 퇴계는 '제비(除非)'는 애초에 '지시(只是)'의 뜻이 아니며, 오직 어세가 거듭 도치되어 결국 '지시(只是)'라는 뜻이 된 것이라고 대답합니다. 이것이 정확한 답입니다. 처음부터 '오직'의 뜻은 아닙니다. 그런데 이것이 도치된 것인지 모르고, 한국어 어법을 적용하면 부드럽게 번역이 되질 않습니다. 이 부분 역시 중문으로 보면 쉬운 것이지만, 한문의 어법대로만 따진다면 조선 사람도 어려워했던 부분이라 할 수 있겠습니다.

若李嚴 , 馬謖之事, 驟看之, 固不無可疑. 而細究其時形勢, 則亦有不得不如此者. 李嚴自是黠人, 豈不知矯制沮軍, 爲必誅無赦之罪, 而輕犯之哉? 除非深知後主之昏暗, 側媚之用事, 外內締構, 多通貨賂, 有旋天斡地之力而後, 乃敢爲此耳.

지금 가져 온 것은 제가 얼마 전에 번역한 부분인데요. 앞부분을 번역해보면, '이엄(李嚴)과 마속(馬謖)의 일은 얼핏 보면 의심할 만한 것이 없지 않으나, 그때의 형세를 세밀히 따져보건대, 그와 같이 하지 않을 수 없는 점이 있었다. 이엄은 본래 교활한 사람으로, 어찌 교서를 바꾸고 군대를 막는 것이 반드시 용서받지 못하고 죽음을 받게 될 죄임을 모르고서 함부로 범한 것이겠는가?'라고 할 수 있습니다. 그 다음 문장에 '제비(除非)'가 나옵니다. 문장 전체의 흐름을 볼 때, '제비(除非)' 아래에 나오는 내용을 빼고는(혹은 그것이 아니고서는) 앞의 일을 하지 못했을 거라는 뜻이 이 문장 전체의 의미가 됩니다. 즉 '후주가 혼암(昏暗)함을 알고, 측근이 용사(用事)한다는 것을 알고서 내외로 교탁하고 이리저리 뇌물을 써서 천지를 뒤흔들 만큼 힘을 가진 연후에야 감히 할 수 있을 따름이다.'라고 번역되는, 이런 경우를 빼고서 어찌 앞에서 말한 죄를 함부로 범하였겠느냐고 반문하고 있는 것이죠.

이렇듯 번역을 할 때 순서상 뒤에서부터 할 때가 많은데, 사실 우리말에 익숙한 사람들에게는 '제비(除非)'를 도치시켜서 번역하기가 힘듭니다. 그래서 이런 번역을 문장의 의미에 맞게 번역하기 위해서, '오직'으로 환원시켜서 이해한 것 같습니다. 이러한 이해 방식은 정확하다고 볼 수도 없고, 틀렸다고도 볼 수 없습니다. 다만 축자역에만 주목하면 어려울 수밖에 없는 문장의 한 예라고 생각됩니다.

중문/국문 번역의 차이(나의 생각)

중문학	한문학
문장 전체를 파악하는 데 능함 (어투를 파악하는 것이 빠름) (~而/ 旣~又 / 盖~乎 / 而已, 已而)	축자역에 능하므로 결역이 거의 생기지 않음
亦, 又, 顧 등 문장 앞에 놓이는 부사어의 경우, 종종 번역을 생략하는 경향이 있음(가급적 조사를 활용하여 처리하려 함)	축자역을 하므로 어기사 하나도 결역하지 않음
백화로 바꾸어 해석하려는 습관이 있어서 간혹 오역을 하기도 함 (雖然, 睡覺)	백화문이 나올 경우 간혹 어감을 잡는 데 어려움을 느낌 (除非, 端的, 做事)
전고에 익숙하여 사전 찾는 시간을 줄일 수 있음	중국의 전고가 나오면 접해보지 않는 것들이 종종 있어 반드시 찾아보아야 함
병려문을 읽는 데 능숙함	병려문을 상대적으로 적게 접해봐서 처음엔 어려움을 느낄 수 있음
경서에 대한 기본 지식이 적은 편임	경서에 대한 기초 지식이 풍부함
盖: 아마도 ~일 것이리라 庶幾 : 거의 ~하지 않겠는가	盖: 대개 ~ 이다. 庶幾 : ~하기를 바란다
自非天縱之才.終無兩至之術。 하늘이 낸 재주를 타고나지 못했다면, 끝내 두 곳에 모두 이를 재주가 없다.	自非天縱之才.終無兩至之術。 그 스스로 하늘이 낸 재주가 아닌지라 끝내 두 곳에 다 이를 재주가 없다.

  마지막으로 제가 공부하면서 느낀 차이들을 간단하게 정리해 본 것입니다. 우선 중문학을 한 사람들은 백화로 문장으로 받아들이기 때문에 문장 전체를 파악하는데 능해요. 예를 들면 '而'가 순접인지 역접인지 어디까지 걸린다든지 하는 구조에 대한 파악이 빠릅니다. 한문학을 하시는 분들은 축자역을 하기에 결역이 거의 생기지 않지만 글자를 따라가니까 단락을 쪼개는 경우가 생겨요. 어디에서 어디까지가 하나의 의미 단락인지 놓치게 될 수 있죠.

  중문학을 한 경우, 亦, 又, 顧 등 문장 앞에 놓이는 부사어의 번역을 생략하는 경향이 있습니다. 가급적 조사를 활용하여 처리합니다. 반면에 한문학의 경우는, 축자역을 하므로 결역이 생기지 않습니다. 한편 둘 다 공부하신 분들은 백화로 바꾸어 해석하려는 습관이 있어서 간혹 오역을 하시기도 합니다.

  현대중국어에서 '雖然'은 '비록'이라고 합니다. 그러나 한문학에서는 '비록 그러하나'라고 합니다. 중문학에서는 '비록'과 뒤의 내용을 끌고 오고, 한문학에서는 '비록 그렇지만'이라고 하고 뒤 이야기를 다시 시작합니다. 睡覺도 현대중국어는 '잠을 잔다'라는 것인데, 한문학에서는 '잠이 깨다'에요. 완전 반대 의미가 되는 것입니다. 그리고 백화문이 나올 경우, 간혹 어감을 잡는 데 어려움을 느낍니다. '除非, 端的, 做事'의 경우가 그렇습니다.

중문학에서는 대체로 전고에 익숙하지만, 한문학에서는 중국의 전고가 나오면 접해보지 않은 것인 경우, 이해하는 데에 시간이 걸립니다. 또 중문학에서는 변려문을 읽는 데 상당히 익숙하지만, 한문학에서는 상대적으로 적게 접해서 어려움을 느낄 수 있습니다. 반면, 중문학에서 치명적 약점은 경서에 대한 기본 지식이 적다는 것인데, 한문학에서는 경서 공부를 착실히 해서 이 부분에 대한 기초지식이 풍부합니다.

다음에는 사소한 차이를 얘기해보면, 蓋가 나오면 한문학에서는 '대개~이다'라고 하는데, 저는 '아마도~일 것이리라'라고 추측해서 번역해요. 또 庶幾도 많이 나오는데, 저는 '~하기를 바란다'라고 번역하고, '거의 ~하지 않겠는가'라는 긍정적인 의미로 해석합니다.

'自非天縱之才 終無兩至之術.'이라는 문장을 예로 들어보면, 한문학하시는 분은 '그 스스로 하늘이 낸 재주가 아닌지라 끝내 두 곳에 다 이를 재주가 없다.'라고 하고, 저는 '하늘이 낸 재주를 타고나지 못했다면, 끝내 두 곳에 모두 이를 재주가 없다.'라고 번역을 합니다. 저는 조건절로 보는 것이고, 한문학하시는 분은 그렇게 보지 않는 것이죠. 어감의 차이가 있습니다.

한문을 공부하는 사람에게 있어 중국 고전이란?
· 문인들의 주요 독서 대상이 중국 문헌이었던 만큼 다수의 서적을 탐독해야 함
· 글쓰기의 모범 텍스트(순정한 글을 박잡한 글에 비해 많이 접함)
· 송대의 영향을 지대하게 받은 만큼, 송나라 특히 북송 사대부들의 글쓰기의 전형과 마인드(내성외왕)를 깊이 연구해볼 필요가 있음
· 명청 시대 문학에 대한 다소 부정적인 평가에도 불구하고 실제적으로 많은 영향을 받은 것은 부인할 수 없으며, 특히 통속 문학에 대한 수용을 통찰해볼 필요가 있음
· 경사자집을 두루 섭렵했던 것이 고인이므로 文人이라는 말로 지목할 수 없음. 경전

　마지막으로는 한문을 공부하는 사람에게 있어 중국 고전은 무엇일까라는 생각을
해보았습니다. 우리에게는 조선의 글이지만, 이분들의 주요 독서 대상은 중국인이었
습니다. 그렇기 때문에, 중국 문헌을 많이 읽을수록 더욱 도움이 될 텐데, 특히 경 ·
사 · 자 · 집을 두루 섭렵하시기를 바랍니다. 너무 하나에 치우친다면 나중에 당황할
때가 있어요.

　조선에서는 글쓰기의 모범 텍스트로 중국의 글을 받아들였는데, 문제는 좋은 글을
나쁜 글에 비해 많이 읽었다는 것입니다. 그래서 중국 문헌을 번역할 때는 나쁜 글을
만날 가능성이 높습니다. 조선의 글에서 80%는 정격을 그대로 지켜서 씁니다. 하지
만 중국 문헌의 경우, 그 나라의 말을 그대로 썼기 때문에 실제 소리와 글로 옮긴 것
의 차이가 적고, 우리의 경우 말은 한글로 하면서 글은 한문으로 썼기 때문에 차이가
큽니다. 조선에서는 글쓰기의 모범을 좋은 글로 삼았기 때문에 매우 단조롭다고 생
각할 수 있지만, 그것이 얼마만큼 순정하고 정격으로 쓰인 것인가는, 파격의 양식을
취한 글들을 찾아 읽으시면 쉽게 알 수 있을 것입니다.

　조선은 송대의 영향을 많이 받았습니다. 북송 사대부의 글쓰기가 중요한데, 왕안
석, 구양수, 소식의 글을 많이 읽어야 합니다. 그리고 송나라 사람들이 추구한 마인
드―내성외왕內聖外王 는 조선의 그것과 다르지 않다는 점에서, 송대를 깊이 있게 공부
할 필요가 있습니다. 명청 시대 문학에서는 조선에서의 평가가 다소 부정적이지만
실제로는 많은 영향을 받았습니다. 특히 통속 문학에 대한 수용을 통찰해 볼 필요가
있습니다.

　옛날 사람들은 文人이라는 말로 지목할 수 없습니다. 여러분들이 이렇게 방대한
지식을 가진 사람들을 이해하기 위해서는 경 · 사 · 자 · 집을 두루 보시면서 이해해
야 번역을 하실 수 있습니다. 특히 성리학과 양명학, 고증학과 문자학에 대한 이해가
무엇보다 필요할 것입니다.

2부

동아시아학

헤이안 시대의 幼學書와 句題詩

사토 미치오(게이오대학교)

시작하며

안녕하십니까? 여러분, 게이오 대학의 사토 미치오입니다. 오늘은 '헤이안 시대의 유학서와 구제시'라는 주제로 이야기를 해 보고자 합니다.

헤이안 시대 귀족사회에서는 문장은 기본적으로 한문을 썼습니다. 관청에서 쓰는 문서는 물론이고 사적으로 주고받은 편지도 모두 한문으로 썼습니다. 보통 귀족이 임관하는 것은 元服이 끝난 직후인 13세부터 15세경입니다. 따라서 이때까지 한문을 읽고 쓸 수 있지 않으면 안 됩니다. 그래서 귀족의 자제들은 10세 전후에 교과서를 사용하여 한문을 학습했습니다. 유년기에 학습하는 교과서를 일본에서는 '幼學書'라고 합니다. '幼學'이라는 말은 五經의 하나인 『禮記』의 曲禮編上에 나오는, "人生十年曰幼, 學."에서 유래합니다. 사람은 10세가 되면 학문을 시작한다는 것을 말합니다.

유학서를 학습할 때는 내용을 이해하는 것은 다음 순서고, 먼저 본문을 모두 암기하는 방법을 택했습니다. 이것은 세상의 동서를 불문하고 어느 나라에서도 어느 지역에서도 동일하게 행해졌던 교육 방법입니다. 현대로 말하자면 구구단을 초등학교 저학년 때 암기하는 것과 똑같습니다. 일단 암송해버리면 평생 잊어버리지 않습니다. 이점이 몹시 중요합니다. 유소년기에 외운 문장 표현은 오래도록 기억 속에 남아 있다가 어떤 순간에 무의식적으로 말로 표현되는 경우가 있습니다. 고상한 문학작품의 경우도 그 속에는 저자가 유년기에 습득한 유학서의 지식이 숨 쉬고 있는 것입니다. 그런 의미에서 유학서는 정도는 덜하지만 표현 활동에 대해서 근본적이고도 광범위한 영향을 미쳤다고 말할 수 있습니다. 오늘 강의에서는 유학서에서 얻은 지식과 표현이 헤이안 시대 귀족이 지은 한시에 미친 영향을 밝혀보고자 합니다. 유학서는 시대에 따라 다소의 변천은 있습니다만, 헤이안 시대에는 『천자문』, 『百二十詠』, 『蒙求』가 대표적입니다. 귀족 자제는 이 서적을 10세 전후에 학습하였습니다. 유학서에 공통된 특징은 다음 3가지로 요약할 수 있습니다.

(1) 사회생활에 필수적인 지식 교양에 관한 내용이다.

(2) 운문의 형식을 취하여 암송하기에 적합하다.

(3) 본문을 상세하게 설명한 주석서가 존재한다.

이 세 가지입니다. 그러면 먼저 유학서에 대해 간략히 살펴보도록 하겠습니다.

1.『천자문』: 한자의 음훈을 알다

『천자문』은 양나라 周興嗣 찬으로, 한자 천자문을 하나도 중복하지 않고 의미와 내용을 지닌 4언 250구의 운문으로 구성된 작품입니다. 북조 말기[6세기 후반]의 李暹의 주석이 있습니다.『천자문』은 漢語의 발음과 그 의미를 익히는 것을 목적으로 학습하였습니다. 그 학습 방법은 예를 들면 제1구의 '天地玄黃'을, '텐치노아메츠치하, 겐카토쿠로쿠키나리'라고 소리 내어 읽으며 암송하는 것입니다. '텐치'는 '天地'의 字音[음으로 읽음], '아메츠치'는 '天地'의 字訓[훈으로 읽음]입니다. 마찬가지로 '겐카'는 '玄黃'의 字音, '쿠로쿠키나리'는 '玄黃'의 字訓입니다. 句中의 말이 체언[명사]일 경우에는 자음과 자훈 사이에 '노'를 두고, 용언[동사나 형용사]의 경우에는 자음과 자훈 사이에 '토'를 두어 읽습니다. 이런 방법에 의해 '天地'라면 '텐치'라는 한어 발음과, '아메츠치'라는 일본어 의미를 대응시켜 학습할 수 있습니다. 이렇게 자음·자훈의 순으로 두 번 반복해서 읽는 방법을『文選』의 훈독에도 응용했기 때문에 '文選讀[몬젠요미]'라고 부릅니다. 단, 이것은 근대에 붙여진 호칭이고 室町[무로마치]시대, 16세기 자료에서는 '카타치요미'라고 불렸습니다. '文選讀'은 원칙적으로 음독을 漢語의 우측에, 훈독을 좌측에 쓰는 것이 관습이었습니다.

2.『百二十詠』: 율시의 규칙과 사물의 지식을 얻는다.

『百二十詠』은 당나라 李嶠의 영물 시집으로 120수로 되어 있습니다. 줄여서『百詠』이라고도 합니다. 일상에 쓰이는 120개의 사물에 대해서, 그 기초 지식을 오언율시로 읊은 것입니다. 당나라 張庭芳의 주석서가 있습니다. 이것을 배움으로써 한시[율시]의 규칙과 사물에 관한 기초 지식을 습득할 수 있었습니다.『百二十詠』에 보이는 사물^(시제)을 제시했습니다.

日·月·星·風·雲·烟·露·霧·雨·雪(以上乾象)
山·石·原·野·田·道·海·江·河·洛(以上坤儀)
蘭·菊·竹·藤·萱·萍·菱·瓜·茅·荷(以上芳草)
松·桂·槐·柳·桐·桃·李·梨·梅·橘(以上嘉樹)
鳳·鶴·烏·鵲·雁·鳧·鶯·雉·燕·雀(以上靈禽)
龍·麟·象·馬·牛·豹·熊·鹿·羊·兔(以上祥獸)
城·門·市·井·宅·池·楼·橋·舟·車(以上居処)
床·席·帷·簾·屏·被·鏡·扇·燭·酒(以上服翫)
経·史·詩·書·賦·檄·紙·筆·硯·墨(以上文物)
劍·刀·箭·弓·弩·旌·旗·戈·鼓·弾(以上武器)
琴·瑟·琵琶·箏·鐘·簫·笛·笙·歌·舞(以上音楽)
珠·玉·金·銀·錢·錦·羅·綾·素·布(以上玉帛)

이 중에서 嘉樹部의 '松詩'를 보겠습니다.

松
1 鬱鬱高山表
2 森森幽澗陲
3 鶴栖君子樹
4 風拂大夫枝
5 百尺條陰合
6 千年蓋影披
7 年寒終不改
8 勁節幸君知

여기서 소나무는, 1 高山의 정상에 우거져 있고, 2 깊은 계곡에 조용히 서 있는 것도 있다. 3 君子樹라 불리며 학이 살기도 하고, 4 五大夫라고 불리며 가지에 부는 바람 소리가 정취 있다. 5 가지는 백 척에 이를 정도로 높고, 6 수령은 천년에 이른다. 7 겨울이 되어도 시들지 않고, 8 굳은 절의에 비유된다. 이와 같이 소나무가 지닌 특질을 여덟 구 각각에 솜씨 좋게 배치하고 있습니다. 여기서 주의해야 할 점은 '소나무'를 읊고 있음에도 불구하고 시에서 '松'자가 한 번도 보이지 않는다는 것입니다. '松'은 각각의 구에서 밑줄 친 '鬱鬱', '森森', '君子樹', '大夫枝', '百尺條', '千年蓋', '不改', '勁節'이라는 소나무를 연상시키는 특징적인 단어로 대치되었습니다. 여러분께서는 이 점을 기억해 주십시오. 다음으로 넘어가도록 하겠습니다.

3. 『蒙求』: 중국 고사를 배운다

『몽구』는 당나라 李瀚이 지었습니다. 수나라 이전의 중국 고사를 4자구로 응축한 책으로 4자구 596구로 되어 있습니다. 이 4자구는 표제라고 불립니다. 원칙적으로 표제는 위 두 글자가 인명을 나타내고 아래 두 글자는 그 인물의 사적을 나타냅니다. 예를 들면, 『몽구』의 제71구, 제72구의 표제는 '孫楚漱石', '郝隆曬書'입니다. '孫楚漱石'은 진나라 孫楚가 젊은 시절 은둔할 뜻을 친구인 王濟에게 말하려고 하여 '돌을 베게 삼고 흐르는 물에 양치한다'라고 해야 하는 것을, 잘못하여 '돌로 양치하고 흐르는 물을 베게 삼는다'라고 말했습니다. 잘못을 지적당한 손초는 '흐르는 물을 베개 삼는 것은 옛날 巢父가 말한 것과 같이 더러운 귀를 개울물에 씻기 위한 것이고, 돌로 양치한다는 말은 이를 닦기 위해서다'라고 답했다는 고사입니다. '郝隆曬書'는 진나라 郝隆이 7월 7일 밖에서 하늘을 보고 누워 낮잠을 자고 있었습니다. 사람들이 이를 탓하자 '7월 7일은 세간에서 의복이나 책에 햇볕을 쬐는데, 나는 뱃속에 쌓인 책을 햇볕에 쬐고 있다'라고 대답했다는 고사입니다. 둘 다 억지를 부리는 것이 가소롭다는 것을 주제로 하고 있습니다. 이와 같이 이 책은 전체적으로 상하 2구의 표제를 공통적으로 가지고 있습니다. 이것도 학습을 용이하게 하기 위한 배려입니다. 학습할 때는 '손소소세키, 카쿠리우세이쇼'라는 한자음(그것도 吳音[1] 이 아닌 漢音)을 사용하여 음독하는 방법을 취하고 있습니다.

『蒙求』의 주석서는 시대에 따라 다릅니다만, 모두 세 종류의 주석서가 있습니다. 헤이안, 鎌倉(가마쿠라) 시대에는 찬자인 이한의 주석을 사용했고 남북조와 室町(무로마치) 시기에는 이른바 古注를 사용하였고, 무로마치 후기 이후부터 에도시대까지는 송나라

---

1) 吳音: 중국 남경 지역 발음으로 漢音이 도입되기 이전 일본에서 쓰였다. 불교 용어나 오래된 역사 용어에 남아 있다. (역자주)

徐子光의 것을 썼습니다. 표제는 다르지 않지만 시대에 따라 주석서가 달라진 점에 주의할 필요가 있습니다. 조선 반도에서는 古注가 유통되었다고 들었습니다만, 저는 그에 대해 상세히 조사하지 못했습니다. 가르쳐 주시면 좋겠습니다. 이상으로 세 종류의 유학서에 대해 그 개략을 살펴봤습니다. 헤이안 시대에는 이 세 가지를 모두 학습했습니다.

4. 句題를 구성하는 사물

앞서 유학서 학습을 통해 사회생활에서 필수적인 지식을 획득하려는 목적이 있다고 했습니다. 조금 더 구체적으로 말씀드리자면, 유학서의 학습은 한시를 짓는 것과 깊은 관계가 있다고 생각됩니다. 헤이안 시대의 귀족이 사교의 장에서 가장 중시한 것은 시회였습니다. 그들에게 필요한 교양은 시회에서 한시를 큰 실수 없이 지을 수 있는 것이었습니다. 당시 한시는 주어진 시제에 다라 읊는 것이 일반적이었는데, 시제에는 한자 5자로 된 구제가 사용되었습니다. 그 구제는 두 가지 사물의 조합으로 되어 있습니다. 구제를 구성하는 것은 어떤 사물일까요. 그것을 알기 위해서 참고가 되는 것이 藤原公任(후지와라노 킨토, 966~1041)가 편찬한 『和漢朗詠集』입니다. 이것은 빼어난 詩歌(한시와 와카)를 집성하여 주제별로 분류한 책으로 8백 수 정도의 작품이 수록되어 있습니다. 성립 직후부터 대단히 널리 읽혀서 헤이안 말기에는 유학서의 하나로 추가되었습니다. 그 『화한낭영집』에 수록된 시가의 주제(후에 朗詠題라고 불림)를 제시하였습니다.

■ 卷上(春·夏·秋·冬)
- 春 : 立春·早春·春興·春夜·子日「付若菜」·三月三日「付桃」·暮春·三月盡·閏三月·鶯·霞·雨·梅·紅梅·柳·花「付落花」·藤·躑躅·款冬
- 夏 : 更衣·首夏·夏夜·端午·納涼·晚夏·橘花·蓮·郭公·螢·蟬·扇
- 秋 : 立秋·早秋·七夕·秋興·秋晚·秋夜·十五夜「付月」·九日「付菊」·九月盡·女郎花·萩·蘭·槿·前栽·紅葉·落葉」·雁「付歸雁」·虫·鹿·露·霧·擣衣
- 冬 : 初冬·冬夜·歲暮·爐火·霜·雪·氷「付春氷」·霰·佛名

■ 卷下(雜)

風·雲·晴·曉·松·竹·草·鶴·猿·管絃·文詞「付遺文」·酒·山·山水· 水「付漁父」·禁中·古京·故宮「付破宅」·仙家「付道士 隱倫」·山家·田家·隣 家·山寺·佛事·僧·閑居·眺望·餞別·行旅·庚申·帝王·親王「付王孫」· 丞相「付執政」·將軍·刺史·詠史·王昭君·妓女·遊女·老人·交友·懷舊· 述懷·慶賀·祝·戀·無常·白

구제란 이런 주제(朗詠題)를 조합한 것입니다. 주제 중에 한 글자의 사물이 포함되어 있습니다만, 재미있게도 이 사물들은 모두 『百二十詠』에서 볼 수 있습니다. 이런 곳에서도 『百二十詠』와 구제시(일본 한시) 사이에 밀접한 관계가 있음을 알 수 있습니다.

5. 구제시와 『百二十詠』

양자의 관계를 말하기 위한 전제로, 구제시의 규칙, 구제시의 구성 방식에 대해 설명하겠습니다.

寬治 4년(1090) 4월 19일, 堀河(호리카와) 천황이 아버지 白河(시라카와) 천황이 사는 鳥羽殿(城南離)에 幸行하였는데, 그 다음날 성대한 시회가 열렸습니다. 제출된 시제는 '松樹臨池水'로, '松'과 '池水'를 조합한 구제였습니다. 앞서 본 『和漢朗詠集』의 제목, 朗詠題에는 '松'과 '水'가 포함되어 있었습니다. 이 시회에 출석한 귀족 23명이 지은 한시가 다행히 『中右記部類紙背漢詩集』에 전부 수록되어 있습니다. 다음은 歌人(와카 시인)으로도 유명한 源經信(미나모토노 쓰네노부, 1016~1097)의 작품입니다. 經信는 이때 75세로 正二位 權大納言으로 民部卿·皇后宮大夫를 겸하고 있었습니다.

松樹臨池水
1 勝地由来松旅生　빼어난 경치를 지닌 곳에 예로부터 소나무가 자생하고 있다.
2 自臨池水幾多情　그 소나무가 연못가에 가지를 늘어뜨린 풍경이 정취가 깊다.
3 一千年露 滴舷色　천년 수령을 자랑하는 소나무에 맺힌 이슬이 유람하는 뱃전

에 떨어진다.

松樹　臨池水

4 五大夫風 拂岸聲　진시황이 五大夫에 봉한 소나무에 부는 바람이 연못가에서 좋은 소리를 낸다.

松樹　臨池水

5 麈尾枝繁 堤暗淡　큰사슴 꼬리와 같은 소나무 가지가 무성하여 낮에도 제방은 어둑하다.

松樹　臨池水

6 龍鱗操泛 浪泓澄　용의 비늘 같은 소나무 가지가 賢操의 모습을 수면에 비추고 맑은 연못은 기분 탓인지(당장이라도 용이 나타날 듯) 파도가 인다.

松樹 臨池水

7 今逢希代震遊盛　오늘 다행히도 우리 임금께서 베푼 성대한 연회에 참석할 수 있었다.

8 宜矣靈標共表貞　과연 소나무는 우리들과 함께 절의를 드러내고 있다.

　당시의 구제시는 위와 같이 칠언율시로 짓는 것이 일반적이었습니다. 칠언율시의 경우 압운, 평측, 함련과 경련의 대구 등 형식상의 규칙을 지키면 되지만, 구제시는 거기에 더하여 일본에서 독자적으로 만든 구성상의 규칙이 존재합니다.

　먼저 首聯(제1구, 제2구)에서는 詩題(句題)의 문자를 반드시 사용하여 題意를 표현하지 않으면 안 됩니다. 또 題字는 수련 이외에 사용하면 안 됩니다. 이 시에서는 '松'은 제1구에, '臨池水'를 제2구에 배치하여 제의를 직접적으로 표현하고 있습니다. '樹'자만은 구중에 보이지 않지만, 이것은 허용됩니다. '勝地'는 천황이 幸行한 鳥羽殿을 가리킵니다.

　頷聯(제3구, 제4구)·頸聯(제5구, 제6구)에서는, 구마다 시제의 문자를 다른 말로 바꾸어 제의를 표현하지 않으면 안 됩니다. 이 제자를 사용하지 않고 제의를 표현하는 방법을 당시에는 '破題'라고 했습니다. 이 파제야말로 시의 우열을 결정하는 중요한 평가 기준이었습니다. 그러므로 시인들은 얼마나 빼어난 파제 표현을 획득하는가를 가장 고심했습니다. 거기서 일역을 담당했던 것이 유학서인『百二十詠』이었습니다. 앞서『百二十詠』의「松詩」에서 모든 구에서 '松'자를 그대로 쓰지 않고 '松'을 연상시키는 특징적인 말로 바꾸어 놓았다는 점을 상기해보십시오.

『百二十詠』에서 사물을 읊는 방법은 사물의 이름을 드러내지 않고 다른 말로 바꾸어 완곡하게 표현하는 것입니다. 이것은 구제시의 파제의 방법과 완전히 동일하다고 할 수 있습니다. 源經信이 함련의 상구에서 시제인 '松樹'를 '一千年'이라 표현한 것은『百二十詠』의 '千年蓋影披'에서 얻은 지식에 의가하고 있으며, 하구에서 '松樹'를 '五大夫風拂'이라 표현한 것은『百二十詠』의 '風拂大夫枝'를 그대로 따른 것입니다. 유학서에서 획득한 지식이나 표현이 성인이 된 후에 시를 지을 때 도움이 된다는 것을 알 수 있습니다. 함련의 '舷', '岸'이 시제인 '池水'를 바꾸어 표현한 것임은 말할 것도 없습니다.

경련에서는 시제인 '松樹'를 '麈尾', '龍鱗'으로 비유적으로 표현하고, '池水'를 '堤', '浪'으로 바꾸어 놓았습니다. 여기서는『百二十詠』의 영향을 볼 수 없습니다. 대신 이용한 것이『白氏文集』입니다. '麈尾'와 '龍鱗'의 대구는 白居易의 「題流溝寺古松」(『白氏文集』 권13・0688,『千載佳句』 松・620)라는 제목의 칠언절구 중 '煙葉葱蘢蒼麈尾, 霜皮剝落紫龍鱗'라는 구절에서 학습한 것입니다.

미련(제7구, 제8구)에서는 시인은 마침내 자신의 심정을 시구에 맡길 수 있게 되었습니다. 그러나 이것도 구제와 관련시키지 않으면 안 됩니다. 이 시에서는 천황에 대한 자신의 충절심을 소나무의 굳은 절개와 연관시켜 말하고 있습니다.

이상으로 源経信의 작품을 가지고 구제시의 각연의 구성 방법을 살펴보았습니다. 그리고 함련에『百二十詠』의 松詩를 염두에 둔 표현이 보이는 것을 확인하였습니다. 사실은 이때 지어진 經信 이외의 시인의 작품도『百二十詠』을 염두에 둔 표현이 보입니다. 예를 들면 源師賴의 '風枝拂岸鶴眠驚'나, 藤原宗忠의 '一千年色浮潭面, 数百尺陰入浪声' 등에서 밑줄 그은 부분은 시제인 '松樹'를 표현한 부분인데, 명백히『百二十詠』의 '松'시를 근거로 하고 있습니다.

구제시의 구성방법이란 수련에서 구제의 문자를 사용하여 제의를 표현하고, 함련과 경련에서 구제의 문자를 다른 말과 바꾸는 파제의 방법으로 제의를 완곡하게 표현하고, 미련에서 자신의 생각을 구제와 관련시켜 매듭을 짓는 것입니다. 그 중에서 가장 중시되었던 것이 함련과 경련의 파제 표현이었다는 점은 이미 말했습니다. 이 파제를 위한 어휘가 풍부하게 담겨 있는 것이『百二十詠』이었던 것입니다.

구제에 포함된 2개의 사물은『百二十詠』에 수록된 사물과 일치하는 경우가 있었으므로, 시인이 그 사물을 구제시에서 읊을 때『百二十詠』의 시구의 표현을 많이 활용할 수 있었던 것입니다.『百二十詠』은 주제별 어휘 집성이라고도 할 수 있습니다. 이것을 유소년기에 습득하는 것에는 큰 의미가 있었던 것입니다.

6. 구제시와『몽구』

『百二十詠』에 보이는 표현이 구제시의 함련, 경련에 보이는 구제의 문자를 다른 말로 바꾼 '파제'의 방법에 이용되고 있음을 알 수 있었습니다. 다음으로 구제시와『몽구』의 관계에 대해 살펴보고자 합니다.

앞서 본 源經信의 시와 같은 시기에 지어진 大江匡房(오에노 마사후사, 1041~1111)의 같은 제목의 시입니다.

松樹臨池水
1 仙家池水正泓澄　상황의 사는 곳(鳥羽殿)의 池水는 넓고 맑다.
3 草聖帶煙 殘月暗　오랜 옛날 草聖이라 불렸던 후한의 張芝가 이 소나무 우거진 연못가에서 어슴푸레한 달빛 아래 글씨 연습에 힘썼던 것이리라.
　臨池水　松樹
4 波臣 衣綠 晚風淸　지금 물고기는 수면에 비친 소나무의 푸른색 옷을 껴입고 상쾌한 저녁 바람이 부는 연못을 헤엄치고 있다.
　臨池水　松樹
5 亜枝 瀉色 金塘裏　낮게 드리운 소나무 가지는 연못가에서 그 녹음을 연못에 드리우고 있다.
　松樹　臨　池水
6 密葉 浸陰 玉岸程　무성한 소나무 잎은 언덕 가에서 그 모습을 연못에 담그고 있다.
　松樹　臨　池水
7 勝地宸遊看不飽 堀河　천황과 白河 상황은 이 질리지 않는 仙境과 같은 빼어난 경치를 유람하시고,
8 千秋萬歲幾相迎　천년 만년 다하지 않는 소나무처럼 장수하시리라.

구제시에는 일본의 독자적인 규칙(구성 방식)이 있습니다. 함련과 경련이 '파제'의 방법으로 지어졌으며 어느 연에서도 중국의 고사를 사용하여 파제해야 합니다. 匡房의 이 구제시에서는 함련, 제3구의 '草聖'이라는 말과 제4구의 '波臣'이라는 말이 중국 고사에서 온 것입니다. '波臣'은 『莊子』外物篇에 보이는 고사를 전고로 사용하고 있고, '草聖'은 여기서 다루고자 하는 『蒙求』의 표제 '白英草聖'에 보이는 말입니다. '초성'이란 초서체를 잘 썼던 후한의 張芝를 가리키는 말로, 그는 연목을 墨池(벼루의 오목한 곳)으로 생각하고 글씨 연습에 힘썼다는 유명한 일화가 있습니다. 『몽구』의 '백영초성'의 古注에 '後漢張芝, 字伯英, 善草書絕妙. 時人謂曰, 臨池學書, 池水盡黑'라고 했습니다. 그래서 '草聖'이라는 말은 이 고사를 매개로 하여 구제의 '臨池水'를 바꾸어 말한 것이라 할 수 있습니다.

헤이안 시대의 구제시를 일별해보면 중국 고사를 사용한 파제 표현에 『몽구』를 이용한 예는 적지 않습니다.

藤原道長(후지와라노 미치나가, 966~1027)라고 하면, 일본에서는 누구나 아는 헤이안 시대의 유명한 상층 귀족입니다. 섭관 정치[2]를 강고하게 구축한 완고한 정치가라는 이미지가 강한 인물입니다만, 문학에 소원한 인물은 아니었습니다. 그는 많은 詩歌를 남겼는데 그 중에 빼어난 작품도 찾아볼 수 있습니다. 다음에 소개할 작품은 헤이안 중기의 일본 한시 총서인 『本朝麗藻』에 수록된 道長의 칠언율시 7수 가운데 한 수로 寬弘 4년(1007) 3월 20일, 道長이 자신의 저택에서 개최한 시회에서 지은 구제시입니다. 시제(구제)는 나무마다 물든 꽃잎이 흩날려 유람하는 배에 쏟아진다고 하는 봄이 끝날 무렵의 景色을 표현한 것으로, 당일 저택 정원의 풍경을 상기시킵니다.

　林花落灑舟
　1 花落林間枝漸空　꽃이 숲 사이에 떨어져 가지는 점차 비어간다.
　2 多看漠漠灑舟紅　배 가득 흩뿌리는 붉은 꽃잎이 많이 보인다.
　3 夜維桃浦 飄紅雨　밤에 桃浦에 배를 매니 붉은 비가 거세다.
　　舟　林花落灑

---

2) 攝關政治란 헤이안 시대 藤原(후지와라) 가문이 천황의 외척이 되어 정치적 실권을 대대로 독점한 것을 가리킨다. (역자주)

4 春艤柳堤 送絮風
　舟 　林花落灑　봄에 柳堤에 배를 대니 버들꽃이 바람에 날린다.

5 范蠡泊迷 霞亂処
　舟 　林花落灑　范蠡는 노을 가득한 곳에서 머물 곳을 헤매었다.

6 子猷行過 雪飛中
　舟 　林花落灑　子猷는 눈 날리는 가운데 잘못 갔다.

7 更耽濃艶暫停棹　더욱 농염함을 탐하여 잠시 노를 멈춘다.

8 興引鎮為吟詠翁　흥에 이끌려 길이 읊조리는 노인이 되려한다.

5〔蒙求274〕范蠡泛湖.〔李瀚自註〕史記, 范蠡事越王句踐, 用其計, 既雪会稽之
恥, 遂乗扁舟, 浮於江湖.(下略)(出典は『史記』貨殖列傳)

6〔蒙求176〕子猷尋戴〔李瀚自註〕世説, 王子猷居山陰而隱. 夜大雪. 眠覚, 開屋
酌酒. 四望皎然. 因起彷徨, 詠左思招隱詩. 忽憶戴安道. 時戴在剡縣. 便乗一
小船, 経宿方至. 造門不前返. 人問其故也. 王曰, 乗興而行, 興盡而返. 何必
見戴也.(出典は『世説新語』任誕篇)

　이 道長의 작품 역시 구제와 시구의 대응 관계를 표시한 것처럼, 구제시의 규칙을
지키면서 지어졌습니다. 특히 빼어난 부분은 제5구, 제6구의 경련으로, 중국고사를
써서 제의를 부여하는 솜씨는 훌륭합니다. 제5구는 춘추시대 월왕 구천의 신하였던
범려가 오나라를 멸망시킨 후 작은 배를 타고 월나라를 떠났다는 고사를 염두에 둔
것입니다. 그 전거는『史記』「貨殖列傳」에 있는데요, 일본인으로서는 오히려『몽구』
의 표제 '范蠡泛湖'로 익숙한 고사였습니다. 道長은 배에 탄 범려가 안개로 시야가
가려 정박지를 정할 수 없었던 것을 상상하고, 이것이야말로 시제에서 말한 숲 속의
꽃이 배에 흩날리는 광경과 같지 않은가하고 읊었던 것입니다. 한편, 제6구는 진나
라 王徽之가 눈오는 밤 친구 戴逵가 생각나서 배를 타고 멀리 만나러 갔다는 고사를
염두에 둔 것입니다.『世説新語』任誕篇에 보이는데요,『몽구』의 표제 '子猷尋戴'로
유명한 고사입니다. 道長은 배를 탄 왕휘지는 틀림없이 내리는 눈을 흰 꽃으로 착각
하였을 것이라 읊음으로써 제의를 충족하고 있습니다.
　이상에서 본 것처럼 藤原道長의 시에도『몽구』에 수록된 중국 고사가 사용되고 있

습니다. 무엇 때문에『몽구』가 일본 한시와 구제시에 이처럼 널리 사용되었을까요? 그 이유를 생각해보자면, 그것은『몽구』가 유학서이기 때문에 시의 작자도 시의 독자도『몽구』의 지식을 공유하고 있었던 것을 중요한 요소로 들 수 있습니다. 처음에 말씀드렸듯이, 시회는 귀족들의 중요한 사교의 장이었습니다. 시를 짓는 것으로 서로 연대감을 다지고자 했으므로, 그 자리에서 난해한 작품을 지어도 전혀 의미가 없습니다. 한시에 고사를 인용하는 것은 당연한 것입니다만, 그 고사는 누구나 알고 있는 것이어야 하기 때문입니다. 시에 사용된 고사는 작자와 독자가 공유하는 지식이 아니면 안 됩니다. 따라서 누구나 배우는『몽구』는 고사의 공급원으로 중요한 역할을 담당하였다고 할 수 있습니다.

이상으로 비교적 자세히 살펴보았습니다. 이로써 유학서가 구제시를 짓는데 몹시 큰 역할을 했음을 이해하셨을 것으로 생각합니다. 이것으로 제 강의를 끝마치고자 합니다. 경청해 주셔서 감사합니다.

소라이학파(徂徠学派)의 수사 기법

다카야마 다이키 (도쿄대학교 총합문화연구과)

이번 강의를 담당하게 된 도쿄대학 대학원 총합문화연구과 준교수 다카야마 다이키 입니다. 온라인 강의라 직접 만나 뵐 수 없어서 안타깝지만, 이 렇게 귀중한 기회를 주셔서 감사하게 생각합니다. 제 전공은 근세 일본 사상사와 근세 일본 한문학입니다. 주요한 연구 대상은 오늘 강의에서도 다룰 소라이학파 입니다만, 사상사나 문학에 한정되지 않는 에도시대 漢學 문화의 전체상을 이해하는 것을 목표로 연구를 해나가고 있습니다.

1. 소라이학파에 대해서

지금부터 강의를 시작하고자 합니다.

이 수업에서는 18세기 일본의 학계를 석권한 소라이학파의 문학에 대해 다루고자 합니다. 먼저 소라이학파에 대해 설명하겠습니다.

소라이학파는 江戶(에도) 중기의 유학자 荻生徂徠(오규 소라이, 1666~ 1728)에서 시작된 학파를 가리킵니다. 소라이는 근세 일본의 가장 저명한 학자 중 한 사람으로 그 영향은 유학에 한정되지 않고, 문학, 의학, 서화 등 다방면에 이릅니다.

소라이는 문학에 대해서는 명대의 이반룡, 왕세정의 의고적 시문을 전범으로 삼았습니다. 이들이 전범으로 삼은 修辭를 중시한 의고적 문장을 '古文辭'라고 부르고, 소라이학파나 그 주변의 이왕(이반룡, 왕세정)의 영향을 받은 문인, 학자 일파를 '고문사파'라고 지칭합니다. 일본에서는 이반룡이나 왕세정 등 이른바 전후칠자를 명대 고문사파라고 부르기도 합니다. 명대 고문사파에는 후칠자뿐만 아니라 이몽양, 하경명 등 전칠자를 포함하는 경우가 많습니다. 이 강의에서는 소라이학파와 명대 고문사파를 총칭하여 고문사파라고 부르기로 합니다.

기존 연구에서는 소라이학파는 도덕이나 정치와는 다른 문학의 가치를 말한 점이 높이 평가 받았습니다. 그러나 한편으로 그들의 작품은 '의고주의', '복고주의적'이기에 개성이 없다는 부정적인 평가를 받았습니다.

그런데 근래 이런 소라이학파의 문학에 대한 시각과는 다른 연구가 늘어나고 있고, 저도 이런 방향으로 연구하고 있는 연구자 가운데 한사람입니다. 저는 '의고주의', '복고주의'라는 애매한 개념으로 소라이학파나 명대 고문사파에 대해 말하는 것에 대해 진작부터 의문을 품고 있었습니다.

고문사파의 문학을 '복고주의'라고 설명하는 것이 잘못은 아닙니다. 분명히 고문사파는 문장은 진한 이전, 시는 성당시를 전범으로 삼을 것을 주장하고, 후대의 시문을 낮게 평가하였습니다. 그러나 고대에 전범이 있다고 생각하는 것이 일반적이었던 한문학 세계에서 '복고'란 흔히 보이는 주장이었으며, 고문사파 특유의 의론은 아니었습니다. 소라이는 이반룡, 왕세정의 '수사'의 문장과, 한유, 유종원의 '達意'의 문장을 대비합니다만, 한유나 유종원의 이른바 '古文'도 복고적인 주장에 기반했다는 점은 잘 알려져 있습니다.

또, '擬古'라고 하는 것도 내용이 불명확한 위태로운 개념입니다. 한시문은 선행하는 작품을 전범으로 의식하면서 제작하는 것이 보통이며, 모방적인 요소가 완전히 없는 작품은 드뭅니다. 생각하기 나름이지만, 漢詩文의 대부분이 '의고' 작품이라 할 수도 있습니다. '의고'란 무엇을 어느 정도 모방하는 것인가를 엄밀하게 생각하지 않으면 '의고'라는 분석 개념은 유효하게 기능하지 않습니다. '복고주의'나 '의고주의'라는 말을 안이하게 사용함으로써 작품을 이해한 것처럼 생각하게 되는 것은 더욱 위험하다고 할 수 있습니다.

그래서 이 강의에서는 '복고주의', '의고주의'라는 개념에 의지하지 않고, 소라이학파의 문학에 대해서 검토하고자 합니다. 이 강의의 내용은 「고문사파 시의 수사 기법 – 緣語掛詞的 표현과 名과 관련된 표현」^(『國語國文』89권2호, 2020)이라는 논문에서 비롯한 것입니다. 아울러 참조해 주시면 감사하겠습니다.

2. 지명과 관련된 표현

(1) 지명에 대하여

이 강의에서 단서로 삼고자 하는 것은 지명과 관련된 표현입니다. 소라이학파의 시문을 읽으면 자주 지명이 작품의 중심 소재가 되고 있음을 알 수 있습니다. 소라이 학파는 일본의 지명을 중국 지명 대신 사용하거나 일본 지명을 중국풍으로 새로이 만들기도 합니다.

　중국 지명으로 바꾸는 예로는, 豊後國·豊前國^(지금의 큐슈 북부 지역인 大分縣과 福岡縣 일부입니다)을 豊城으로, 廣島^(히로시마)를 廣陵으로 바꾼 예 등이 있습니다. 중국풍의 표기를 새로 만든 예로는 茅場町을 '蒹洲'라고 표기하거나, 芝口見付를 '司馬門'이라고 표기한 예 등이 있습니다. '茅^(보오)'도 '蒹^(켄)'도 일본어로는 '카야'라고 읽고, 芝口見付의 '芝^(시)'는 일본에서는 '시바'라고 읽으므로, 일본어에서 같은 음으로 읽히는 '司馬^(시바)' 두 글자를 사용한 것입니다. 이런 종류의 지명표기에 대해서는 이미 에도시대에 『東藻會彙』, 『大東詩家地名考』라는 지명사전이 편찬되었습니다. 당시 사람들에게도 지명이 구체적으로 무엇을 가리키는지 알기 어려운 경우가 있었던 것입니다. 『地名會彙』는 早稻田^(와세다) 대학의 古典籍 데이터베이스에서 열람이 가능합니다.

　이처럼 지명표기를 모르면 읽을 수 없는 시를 소개하고자 합니다. 平野金華가 江戶^(에도)에서 豊前小倉^(부젠 코쿠라)에 돌아가는 土屋藍洲에게 보낸 시입니다. ^(平野金華, 土屋藍洲는 소라이의 제자입니다)

　　平野金華「送士伯曄歸豊城」
　　為客燕関酒態清
　　由来肝胆為誰傾
　　斗間鬱勃豊城気
　　夜夜江東倚檻驚

　제1구, 제2구는 당신은 여행의 객이 되어 '燕關'에 있고, 취했을 때의 모습도 시원시원했다. 원래 당신은 누구와 사이가 좋았던가 - 라는 의미입니다. '燕關'에서 술을 마신다는 표현은 燕 땅에서 벗과 술을 마셨다는 荊軻의 고사를 연상케 합니다. 제3구, 제4구는 당신이 귀국^(藩을 國이라 했음) 하면 斗宿에는 豊城의 기운이 풍성하게 보이니, 매일 밤 '江東'에서는 난간에 기대어 놀라겠지요 - 라는 내용입니다. '豊城氣'는 풍성의 땅에 묻어둔 보검이 발하는 기운이 斗宿과 牛宿 사이에 보였다는 干將과 莫

邪의 고사를 가져온 것입니다. 다만 이런 설명만으로는 시의 전반과 후반의 접속을 잘 파악할 수 없을 것입니다.

　실은 이 시의 '燕關'과 '江東'은 에도를 가리키고, '豊城'은 豊前國 豊前國[3]를 가리킵니다. '에도'^(江戸, 지금의 도쿄)는 京都^(교토)를 기준으로 북쪽에 있으므로 '燕都', '燕京'^(즉, 北京)에 비유하였고, '燕關'은 에도라는 뜻으로 사용되는 경우가 있었습니다. '江東'이라는 지명도 江戸와 '江'이라는 글자가 공통되므로 江戸의 뜻으로 쓰였습니다. 중국의 지명으로 말하자면, '燕關'과 '江東'은 멀리 떨어진 전혀 별개의 지역입니다. 한시에 익숙한 사람이라도 '燕關'과 '江東'이 에도를 가리키는 것을 알지 못한다면 이 시를 정확하게 읽는 것은 불가능하겠지요.

　지명과 관련한 표현의 문제에 대해서는 胡正怡, 「地名表記로 본 한시 창작법 – 고문사파를 중심으로」라는 논문에서 이미 논하고 있습니다. 혹시 일본어 논문을 읽을 수 있다면 함께 참조해주십시오. 胡正怡 선생과 저의 논의의 차이를 잠시 말씀드리자면, 제 의론의 특징은 명대 고문사파와 소라이학파의 관련을 중시한 데 있습니다.

(2) '小山'이라는 표현

　이어서 下野國^(시모츠케노쿠니) 小山^(오야마)의 유곽을 묘사하는 大田南畝(오타 난포)의 시를 소개하고자 합니다. 大田南畝라는 사람은 狂歌, 狂詩, 戱作이라는 통속 문예의 영역에서 유명한 인물입니다만, 한학에서는 소라이학파의 학통을 이은 인물입니다.

　大田南畝 '小山詞' 제1수는 다음과 같습니다.

> 小山何所有
> 歌舞満娼家
> 不見叢生桂
> 唯栽解語花

---

3) 부젠노쿠니: 고대 아스카 시대에 율령제에 기초해서 설치된 지방행정 구분 가운데 하나로, 큐슈 북부 지역을 가리킨다. 에도시대에는 명목상의 행정구분으로 남아 있었다. '쿠니' 지역 전체를 하나의 번이 다스리는 경우도 있었고, 여러 번이 나누어 다스리는 경우도 있었다.(역자주)

小山에는 무엇이 있는 것일까. 노래와 춤이 유곽에 가득 넘친다. 무성한 桂는 보이지 않고, 다만 말하는 꽃이 심겨 있을 뿐이다 – 라는 내용의 시입니다. 이 시에서 '小山'이라는 지명은 고쳐 표기하지 않고 그대로 쓰이고 있습니다. 제4구의 '解語花'가 유곽의 여성을 가리키는 것은 쉽게 알 수 있을 것입니다. 난해한 부분은 '解語花'와 대구가 되는 '叢生桂'입니다. 갑자기 왜 '桂'가 등장한 것일까요. 이것은 '小山'이라는 지명에서 유래한 것입니다.

『楚辭』「招隱士」의 작자는 淮南王 劉安의 문객인 '淮南小山'으로 알려져 있는데, 「招隱士」의 모두에 '桂樹叢生兮山之幽'라는 구절이 있습니다.

'小山'이라는 지명에서 '淮南小山'을 연상하고, 나아가 「招隱士」의 '桂'를 연상합니다. 이와 같은 연상의 전개에 따라서 제3구에서 '桂'가 등장한 것입니다. 다만 '小山'에서 '桂'를 연상하는 것은 南畝의 독창적인 생각은 아닙니다. 이 표현의 내력을 살펴봅시다.

이 표현은 이반룡의 시로 거슬러 올라가 생각할 수 있습니다. 다음 시는 오규 소라이가 편찬한 明詩 해석서인 『絕句解』에 수록되어 있습니다. 『절구해』는 소라이학파의 명대 고문사파 수용을 생각할 때 몹시 중요한 문헌입니다. 이반룡 「促殿卿之官」의 제1수입니다.

　春色平臺散客愁
　淮南桂樹小山秋
　身為二郡風塵吏
　借問何如此薄遊

친한 벗인 許邦才^(자는 殿卿)에게 王府, 곧 종실 왕의 官府에 벼슬하도록 재촉하는 시입니다. 제1구는 봄 경색이 완연한 平臺는 객의 근심을 위로해준다 – 라는 의미입니다. 平臺는 前漢 梁孝王의 저택 안에 있는 건물 이름입니다. 王府를 연상하게 하듯 효왕의 고사를 인용하였습니다. 제2구는 「招隱士」에 의거한 표현입니다. 平臺와 마찬가지 연상법으로, 王府로부터 漢王朝의 종실인 회남왕 유안을 연상하게 하는 표현입니다. 여기서 小山은 '淮南小山'에서 유래한 것인데, '조그만 산'이라는 지형의 의미로 쓰이고 있습니다. 이와 같이 '小山'이라는 단어가 가지는 다양성을 차용한 표현은 이반룡 이전에도 있었습니다. 오래된 예로 庾信의 시에 '梨紅大谷晚, 桂白小山秋'라는 구절이 있습니다. 이반룡은 庾信의 표현을 참고한 것으로 보입니다.

　이반룡의 이 표현은 '小山'이라고 표기 가능한 일본의 지명에 응용되었습니다. 소라이의 제자인 服部南郭(핫토리 난카쿠)가 고향인 河內狹山(카와치사야마)에 돌아가는 朝比奈南山(아사히나 난잔)에게 보낸 2수의 송별시를 봅시다. 현재의 大阪(오사카)의 일부인 河內國狹山(카와치노쿠니 사야마)에서 '사야마'라는 말, 일반명사로 쓰일 경우에는 '작은 산'이라는 두 의미가 '小山'이라는 단어에 담겨 있습니다.
　제1수에는, 「河內晁大夫歸小山兼示宮生(河內의 晁大夫가 小山에 돌아가는 것을 전송하는 것을 겸하여 宮生에게 보임)'이라는 제목이 달려 있습니다. '晁大夫'는 朝比奈南山을 가리킵니다. '晁大夫'의 '晁'는 朝比奈라는 성을 중국풍으로 바꾼 것입니다.

　　詞賦見風流
　　淮南桂樹稠
　　來朝東海日
　　歸倚小山秋
　　(이하 생략)

　제1구와 제2구는 朝比奈南山의 시에는 풍류가 드러나 있고, 淮南의 桂가 울창하다 – 는 의미입니다. 제3구는 朝比奈南山이 에도에 왔다는 것을 말하고, 제4구는 朝比奈南山이 小山에 돌아가는 것을 가리킵니다. 제2구와 제4구의 표현은 앞서 소개한 이반룡 시의 영향을 받았습니다.
　또 하나의 시는 「送晁大夫歸小山」라는 제목입니다. 제목에 '時令諸秀才留東学'이라는 주가 달려 있습니다. 고위 무사인 朝比奈南山은 귀향할 때 '諸秀才'를 에도에 머무르게 하여 학문을 배우도록 했습니다.

　　淮南樹色自堪攀
　　故国叢叢倚小山
　　早晚待君門下客

相追更折桂枝還

　제1구와 제2구는 「招隱士」를 의식한 내용입니다. 桂樹는 손을 뻗고 싶을 정도이
고, 桂가 울창한 小山^(즉 '사야마')에 당신은 서성거리게 되겠지요. 제3구는 '門下客'은 '諸
秀才'를 가리키고, '折桂枝'는 郤詵의 고사에서 유래하였습니다. '折桂'는 과거에 합
격했다는 의미로 쓰이는 경우가 많은데, 일본에는 과거가 없었으므로 학업을 성취하
여 출세한다는 의미라고 생각됩니다.

　곧 小山^(狹山) → 淮南小山 「招隱士」의 桂 → 桂에 관련한 郤詵의 고사 － 라는 연상
으로 이 시는 이루어져 있습니다. 제3구, 제4구는 문하의 젊은이들이 ^(한문을 닦아서) 출세
하여　곧 당신의 뒤를 좇아 고향에 돌아올 것을 기다리게 되겠지 － 라고 해석할 수
있습니다.

　服部南郭는 소라이학파를 대표하는 시인입니다. 大田南畝는 이반룡의 시뿐만이
아니라 服部南郭의 시도 익히 배웠다고 추측됩니다. 南畝는 두 사람의 시에 근거하
여 下野國의 小山에 관한 시를 지을 때, 「招隱士」에서 유래한 표현을 사용한 것으로
생각됩니다. 南畝 이외에도 龍草盧의 시에도 河內의 小山과 「招隱士」를 연결하는
표현이 보입니다. 다음은 「贈橘元章」이라는 시입니다. 橘元章은 河內의 一津屋^{(히토츠}
^{야)} 촌의 北山橘庵^(키타야마 키츠안)이라는 의원입니다.

何怪主翁招我隱
桂叢斯処小山西
〔小山河內地名〕

　主翁, 곧 北山橘庵이 나와 같은 은자를 초빙하는 것은 이상한 일이 아니라고 합니
다. 桂가 무성한 이 지역은 소산의 서쪽입니다. 河內의 一津屋 촌은 狹山^(사야마) 가까
운 지역이라는 점을 염두에 둔 표현입니다.

(2) 지명과 관련된 표현의 배경

· 명대 고문사파의 여러 작품

이와 같이 지명과 관련된 표현의 배경에 대해 생각해보고자 합니다. '小山'의 예에서 소라이학파가 지은 지명과 관련된 표현의 특징으로, 실제 지역과 표현의 관계가 희미한 경우가 자주 있습니다. 예를 들면, '小山'으로 등장하는 지역 − 河內의 狹山, 下野의 小山 − 은 桂가 많기로 유명한 지역은 아닙니다. '小山'이라는 표기에 연상해서 '桂'가 읊어지고 있을 따름입니다. 즉, 소라이 학파의 지명과 관련한 표현은 언어의 연상에 의거한 것으로 현실의 묘사가 아닌 경우가 많습니다.

이런 시는 명대 고문사파에도 있습니다.

다음은 이반룡이 왕세정을 송별하는 시입니다.

風色蕭蕭易水寒
荊卿匕首入長安
憐君更向江南去
此地何人意気看

일찍이 연나라 태자 丹의 부탁을 받은 荊軻가 차가운 역수 가에서 연회를 열고 진시황을 암살할 비수를 가지고 咸陽^(지금의 長安)으로 향했다. 당신은 더욱 먼 江南으로 간다. 이곳에서 나 이외에 어떤 사람이 이처럼 간절하게 당신을 전송하겠는가 − 라는 내용입니다. 무엇보다도 왕세정은 암살하러 가는 것은 아닙니다. 북경은 춘추전국시대의 연나라 수도였던 薊 지역에 있고 燕京이나 薊라고 불리기도 했습니다. 이 시는 北京 → 燕 · 薊라는 연상 작용으로부터 형가의 고사를 흥취의 중심으로 삼고 있습니다. 이와 같이 북경을 전국시대의 연나라 수도에 비유한 표현을 이반룡은 다른 시에서도 쓰고 있습니다.

一片燕山紫気中
漢家城闕薊門東

即今天子招賢地
非復当年碣石宮

　북경으로 여행을 떠난 친구 許邦才에게 준 시에서, 제3구, 제4구는 연나라 昭王
이 賢人 鄒衍을 위해 碣石宮을 지었다고 하는데, 지금 천자는 그 이상으로 현인을
후하게 대우하고 있으므로, 당신도 필시 등용되겠지요 - 라는 내용입니다. 이 시에
서는 '북경 → 燕·薊山 → 연나라 昭王이 추연을 위해 세운 갈석궁'이 연상됩니다.
　앞의 두 시에서 이반룡은 북경의 실제 경물을 묘사하고 있지 않습니다. 첫 번째 시
의 起句는 형가가 이별할 때 읊은 '風蕭蕭兮易水寒'라는 노래에 근거하였고, 두 번
째 시의 기구인 '紫氣'는 천자가 있는 곳이기 때문에 사용한 文飾입니다. 시에서는,
현실은 그렇지 않더라도 마치 실제로 본 것처럼 풍경이나 사물을 묘사하곤 합니다.
그러나 앞의 두 수는 이런 묘사에 대한 의욕은 없고 연나라의 수도 薊를 발단으로 하
는 연상 작용에 따라 시어를 늘어놓고 있습니다.

· 和歌^(와카)의 歌枕^(우타마쿠라)4)

　이러한 지명과 관련한 표현은 일본 문학의 와카의 歌枕을 떠오르게 합니다.
　와카에서 읊어진 지명에는 정형적인 연상을 환기하는 것이 있는데 그것을 歌枕이
라고 부릅니다. 예를 들면 吉野山이라면 벚꽃[櫻]이나 눈[雪], 龍田川이라면 단풍
[紅葉]이 연상됩니다. 이처럼 歌枕이라고 불리는 지명은 관념화되어서 吉野山이나
龍田川이 실제로 있지 않더라도 벚꽃이나 눈, 단풍을 읊을 때는 이 지명을 씁니다.
또 이 지명의 정확한 장소나 상황을 알 수 없어도 歌枕을 제목으로 하여 와카를 지
을 수 있습니다. 歌枕과 엮어서 정형적인 표현을 작품 속에서 사용하는 것이 중요하
고, 실제 그곳에 관한 지식은 노래를 지을 때 필수적이지 않습니다.
　위에서 소개한 이반룡의 시에서 지명을 사용한 것은 故事의 연상을 기점으로 하고
있지만 현실의 북경과는 관계가 없기에, 와카의 歌枕과 비슷합니다.
　소라이학파의 주요한 학자는 한시만이 아니라 와카, 俳諧^(하이카이)를 지은 경험이 있

---

4) 歌枕(우타마쿠라): 일본 전통 시가인 와카에서 예로부터 자주 읊어졌던 명승지.

습니다. 예를 들면 소라이는 주군인 柳澤吉保^(야나기사와 요시야스)가 연 歌會에서 노래를 지었으며, 그 제자인 服部南郭은 원래 歌人^(와카 시인)으로 柳澤家에 등용되었던 인물입니다. 歌枕을 상기시키는 명대 고문사파의 지명에 기인한 표현은 저들에게 친근하게 느껴졌을 것으로 생각됩니다.

즉, 소라이학파의 한시 가운데 지명과 관련된 표현은 명대 고문사파의 표현과 와카의 표현이 우연히 일치한 것에 입각하고 있습니다.

3. 인명과 관련된 표현

(1) 명대 고문사파의 인명과 관련된 표현

지명과 관련된 표현에 가까운 기법으로 인명과 관련된 표현이 있습니다. 명대 고문사파는 인명과 관련된 표현 중에서도 증답하는 상대와 同姓인 인물의 전고를 풍부하게 사용하고 있습니다. 이반룡의 「送潘令之邯鄲」를 예로 들어보겠습니다.

'潘令'이라 불린 인물의 이름은 알 수 없습니다.

春滿邯鄲十万家
若為潘令鬪繁華
請看如玉叢臺女
豈讓河陽県裡花

제1구와 제2구는 봄이 邯鄲의 10만호에 넘쳐흐르니 어떤 潘令이 한단과 번화를 다투려 하는가 - 라는 의미입니다. '叢臺'는 한단의 유흥가가 있던 곳을 가리키고, '河陽縣裡花'는 潘岳이 하양 현령이었던 때 桃李를 심어 사람들이 '河陽一縣花'라고 부른 고사에서 비롯한 것입니다. 즉, '潘令'과 同姓의 潘岳의 고사를 사용함으로써, 지금부터 당신이 갈 한단은 潘岳이 심은 하양현의 桃李보다 어여쁜 미녀가 있다 - 라는 전별의 말을 한 것입니다.

이처럼 동성인 인물의 고사를 사용한 표현은 당시에도 있는데, 명대 고문사파는 그것을 빈번하게 사용한 점이 특징적입니다. 명대 고문사파의 선집으로 에도 중기에 많이 읽혔던 『七才子詩集』^{『國朝七才詩集註解』}에는 姓과 관련된 표현을 사용한 시가 많이 수록되어 있습니다.

성과 관련된 표현은 계보 상의 관계를 고려하지 않고 사용되므로, 결국 표기상의 유사성에 입각한 표현입니다. 따라서 이 기법은 '豊前'를 '豐城'으로 바꾼 표현과 실은 가깝다고 할 수 있겠지요.

(2) 소라이 학파의 인명 · 室名과 관련된 표현

소라이학파도 이런 종류의 인명과 관련된 표현을 사용합니다.

소라이의 작품을 예로 들자면, 「贈墨君徽歌」는 住江滄浪가 墨이라는 姓을 사용하였으므로, 滄浪을 墨子와 중첩시키고 있습니다. 또 松室松峽에게 보낸 시에서 '秦女窓前烏欲棲'라고 한 것처럼, 秦姓의 연상에서 '秦女'가 등장하고 있습니다.

인명과 관련된 표현과 지명과 관련된 표현의 사이에, 지명에서 유래한 호, 室名類^(樓名 · 園名)와 관련된 표현이 있습니다.

소라이의 고제인 山縣周南^(야마가타 슈난)의 '周南'이라는 호는 服部南郭가 쓴 '周南先生墓碑'에서 '生于周南海北邑,因号周南'라고 했듯이 周防国에서 유래한 것입니다.

이 '周南'은 낙양 부근을 가리키는 지명이기도 합니다. 『사기』에는 司馬遷의 아버지인 司馬談이 '周南'에 '留滯'하고 있어 봉선 의식에 참가할 수 없음을 한탄했다는 기술이 있습니다. 이 고사를 염두에 두고 당시 青州兵備副使였던 왕세정이 '倘問故交留滯意,周南或恐是青州'라고 한 것처럼 자신을 사마담에 비기고 있습니다.

소라이는 이와 같이 '周南'의 다의성을 사용하여 山縣周南에 관한 시를 지었습니다. 「送赤川生西帰幷簡次公」^(次公은 山縣周南을 말함)은 다음과 같습니다.

都下風流総是賢
君今底事倦游旋
同人最有名山志
却又周南滯幾年

시의 전반부는 에도는 풍아의 땅이므로 당신과 교류했던 사람도 모두 賢者였을 터인데, 당신은 어째서 타향살이에 지쳐 고향에 돌아가는가 - 라고 赤川生에게 말한 내용입니다. '倦游'는 『사기』의 「司馬相如列傳」에서 유래한 말입니다. 제3구의 '命山 志'는 사마천의 '僕誠以著此書, 蔵之名山'라는 말을 전거로 하여 불후의 저작을 남기고자 하는 뜻을 말하고 있습니다. 소라이는 山縣周南이 長門^(나가토)에 돌아갈 때 周南에게 사마천을 목표로 삼으라고 말하였습니다. 이것을 염두에 둔 표현이라 할 수 있습니다. 즉, 시의 후반부는 당신^(赤川生)의 벗인 山縣周南이 나의 가르침을 따라 사마천과 같이 불후의 걸작을 남기려는 강한 의지를 가지고 있다. 그렇다면 에도에 와야 할 것인데 어째서 '周南'에 몇 년이고 머물러 있는가 - 라고 해석할 수 있습니다. '周南'의 다의성을 잘 살려서 山縣周南을 사마담, 사마천 부자에 비유하고 있는 것입니다.

사마담, 사마천에 山縣周南을 비유한 표현은 소라이학파 내부에서 계승되고 있습니다. 에도에 돌아가는 周南을 송별하는 시에 다음과 같은 구절이 있습니다.

壮遊一自浮湘後
都下争伝太史公

'浮湘'은 『사기』 태사공 자서에서 유래한 어휘로 사마담, 사마천은 둘 다 태사공이었습니다.

4. 맺으며 - 전통의 창출

마지막으로 이 강의에서 다룬 소라이 학파의 수사기법을 어떻게 보아야 할 것인가에 대해 가의 내용을 되짚어 보며 저의 의견을 말하고자 합니다.

服部南郭는 다음과 같이 말했다고 합니다.

중국 사람도 지명을 사용할 때 지금 지명이 속된 것을 싫어하여 고대의 지명을 사용하는 경우가 많다. 하물며 우리나라의 지명은 대부분 비속하다. 문자를 수식하지 않으면 안 된다.^(표기를 궁리하지 않으면 안 된다는 뜻-인용자) 그러므로 지명의 글자를 수식하고 한다면, 그 문자는 古雅하게 하고 그 시는 절묘하게 하여 후세 사람들이 그 시에 의거하여 그 문자를 사용할 정도의 작품을 지어야 한다.

　'지금의 지명이 속된 것을 싫어하여 고대의 지명을 사용하는 경우가 많다.'라는 것은 북경을 薊라고 지칭하는 등을 염두에 둔 것이라 생각됩니다. 에도를 '燕關'이라 지칭하거나 河內狹山을 '小山'이라고 표기하는 것은 '문자를 수식한다'는 것이겠지요. 南郭은 후대 시인에게 선례가 될 수 있는 지명 표기나 작품을 지어야 한다고 말하고 있습니다. 일본에서 '小山'이라고 표기할 수 있는 지명을 '招隱士'와 관련시킨 표현은, 大田南畝와 龍草廬^(류 소로)에 계승되었으므로, 이 강의에서 거론한 '小山'이라는 표현은 일정 정도 성공한 예라 할 수 있겠지요.

　'소산'의 예가 보여주는 것은 소라이학파의 사람들이 이반룡 등 명대 고문사파의 여러 작품에 의거하면서도 단순히 모방이 아닌 표현을 시도하고 있는 것입니다. 도식화하면 다음과 같습니다.

(庾信 등의 作品→) 李攀龍의「小山秋」(『絶句解』所收) → 服部南郭의「小山」(地名에 応用)→ 大田南畝「小山詞」등

　이런 표현을 사용하는 것은 '의고주의'나 '복고주의'라는 평가로는 파악하기 어려운 소라이학파 문학의 중요한 측면일 것입니다.

　다만, 이런 류의 새로운 표현을 궁리하는 것은 개성이라 독창성을 중시한 발상과는 거리가 있다는 점에도 주의가 필요할 것입니다. 위에서 인용한 '후세 사람들이 그 시에 의거하여 그 문자를 사용할 정도의 작품을 지어야 한다.'라고 한 것은 시사적입니다. 자기가 아니면 할 수 없는 표현이 아닌 후대에 계승될 수 있을 만한 표현을 소라이학파 사람들은 지향하고 있었다고 생각됩니다. 새로운 전통의 창출을 그들은 기도했다고 말할 수 있겠지요. 지명만이 아니라 인명에 관한 표현도 山縣周南의 예와 같이 계승되었으며, 같은 발상이 그 배후에 있었다고 생각됩니다.

　소라이학파가 만들어 낸 문학적 '전통'의 많은 부분은 소라이학파의 퇴조와 더불어 망각되었습니다. 거기에 다시 빛을 비추고 그 내력과 전개를 검토하는 것이 소라이학파 문학 연구의 근간이라고 저는 생각하고 있습니다.

에도·도쿄의 명소를 읊은 한시

고야마 린타로 (게이오대학교 문학부)

여러분 안녕하세요. 저는 게이오대학 문학부의 고야마 린타로입니다. 저는 江戸^{(에} ^{도)} 시대 후기에서 메이지시대, 서력으로 말하자면 18세기부터 19세기에 걸친 시기의 일본 한문학을 연구하고 있습니다.

에도시대에 도시가 발달하였고 여기서 여러 가지 문화가 융성했던 사실은 浮世絵 ^(우키요에) 등을 통해 여러분도 알고 있으리라 생각합니다. 서민을 포함하여 많은 사람들 이 도시 생활을 즐겼습니다.

三都
· 江戸 (東京)
· 京 (京都)
· 大坂 (大阪)

에도시대에 특히 크게 발전한 도시로 에도, 京^(교), 大阪^(오사카)가 있으며, 이 도시들은 메이지시대 이후의 도쿄, 교토, 오사카로서 근대 발전의 기초가 되었습니다. 한시도 이런 도시문화, 도시풍속과 밀접하게 관련된 작품이 많습니다.

法政大学江戸東京研究センター · 小林ふみ子 · 中丸宣明
『好古趣味の歴史: 江戸東京からたどる』(文學通信)
ISBN978-4909658-29-6 C0095
A5判 · 並製 · 272頁
定價:本体2,800円(税別)

이 강의에서는 18, 19세기에 걸쳐 에도, 도쿄의 명소를 읊은 한시를 뽑아 독해하고자 합니다. 그 내용에 대해서는 올해 6월에 간행된 『好古趣味의 歷史』 중에 「江戶漢詩의 名所詠과 永井荷風」이라는 저의 원고와 겹치는 부분이 있음을 알려드립니다.

강의에서는 먼저 시문을 읽고 그 후에 PPT를 가지고 설명을 하고자 합니다.

에도와 도쿄의 모습은 시시각각 변화하기에 한 번 사라진 거리나 자연환경, 사람들의 풍습은 두 번 다시 볼 수 없습니다. 이런 옛날의 모습을 더듬어 갈 때 중요한 단서 가운데 하나가 도시를 그린 문학입니다.

도시와 관련한 문학이라고 해도 수필이나 기행문, 혹은 和歌(와카)나 俳諧(하이카이) 등여러 장르가 있지만, 한시는 다른 형식과 비교하여 그 장소를 둘러싼 경관과 정서를 인상적으로 묘사하고 있는 것이 많습니다. 특히 칠언절구는 한자 28자라는, 많지도 적지도 않은 양의 정보를 시에 담을 수 있어서, 풍경을 스냅 사진처럼 절취할 수 있습니다.

이 강의에서는 근세기에 지어진 에도의 명소를 노래한 대표적인 시와 시에 그려진 정경에 대해서 浮世繪(우키요에) 등의 회화 자료를 사용하여 소개하고, 한시와 근세 · 근대의 일본 문화와 문학의 관련성에 대해 생각해보고자 합니다.

먼저 일본의 시대 구분에 대해 간단히 설명드리겠습니다. 1603년부터 1867년까지를 에도시대, 곧 근세라고 합니다. 그리고 메이지 시대, 곧 1868년 이후를 근대라고 합니다. 이 강의에서는 에도시대의 중후기 18~19세기, 그리고 메이지 초기까지의 한시를 다루고자 합니다.

1. 에도의 명소를 노래한 한시 (1) – 服部南郭의 隅田川 시

먼저 에도의 명승과 관련이 깊은 시를 몇 개 소개하고자 합니다. 에도 중기의 시인 服部南郭(핫토리 난카쿠, 1683~1759)는 隅田川(스미다가와)를 읊은 시를 시작으로 에도의 명소를 시에 많이 담은 것으로 잘 알려져 있습니다. 그가 지은 시 가운데 가장 인구에 회자되는 것이 다음에 볼「夜下墨水」『南郭先生文集初編』卷五)입니다.

金龍山畔江月浮, 江揺月湧金龍流. 扁舟不住天如水, 両岸秋風下二州.

제목의 '墨水'는 스미다가와(지금은 隅田川이라고 쓰지만 옛날에는 墨田川 · 墨田河 · 角田川 · 住田川¹⁾ 등으로 쓰기도 했습니다. 墨水는 그 중에서 墨田川을 중국풍으로 바꾼 것입니다)의 雅稱입니다. 시를 보면, 밤의 배에서 보이는 강의 정경을 그리고 있습니다. 구체적으로 金龍山, 즉 待乳山 기슭을 흐르는 스미다가와가 달빛에 반짝이며 흐르는 광경이 마치 황금 용이 뛰어오르는 듯하다고 노래하고, 그 다음 한 척의 배가 하늘과 물 사이를 가을바람을 타고 내려가고 있다고 말하고 있습니다. '金龍'이라는 말을 두 번 사용하고 있는 것은 일종의 기교입니다. 즉, 猪口篤志(역 노구치 아츠시: 일본한문학 연구자)가 '金龍山에서 금빛 파도가 흘러가는 金龍이라 한 것에 착상이 있다'(『新釈漢文大系 · 日本漢詩 上』明治書院, 一九七二年, 64쪽)라고 말한 것과 같습니다. 시에서는 스미다가와의 수면이 달빛에 반짝반짝 빛나는 광경과 가을밤의 맑은 공기가 선명하게 묘사되어 있습니다.

『先哲像伝』初輯 · 卷4(1845, 国文學研究資料館, CODHより)

---

1) (역자주) 모두 '스미다가와'라고 읽는다.

服部南郭「夜下墨水^(夜、墨水を下る)」

金龍山畔江月浮、江搖月湧金龍流.

扁舟不住天如水、兩岸秋風下二州.

(金龍山畔 江月 浮かぶ、江 搖らぎ 月 湧いて

金龍流る.扁舟 住まらず 天 水の如し、兩岸の秋風 二州を下る.)

※ 金龍山畔江月浮 〇〇〇●〇●〇

　　江搖月湧金龍流 〇〇●●〇〇〇

먼저 服部南郭^(핫토리 난카쿠)라는 사람에 대해서 알아봅시다. 『先哲像傳』이라는 책에는 이런 초상화가 전합니다. 에도중기에 가장 유명한 시인입니다.

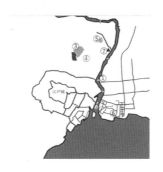

이 「夜下墨水」라는 시에서 거론하고 있는 강은 스미다가와입니다. 에도의 약도입니다. 에도성^(江戶城)은 쇼군이 사는 곳으로 지금의 皇居입니다. 그 옆에 북쪽에서 흘러내려오는 강이 스미다가와입니다.

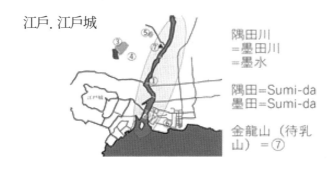

江戶. 江戶城

둥근 원 안의 강이 스미다가와입니다.

隅田川^(스미다가와)=墨田川^(스미다가와)라고도 쓰고, 墨水^(보쿠스이)라고도 합니다. 음이 같으므로 다른 한자로 쓰기도 했습니다. 7번의 위치에 있는 킨류우잔^(金龍山=眞乳山)은 스미다가와의 강기슭에 있습니다. 이것은 산이라 불리기는 하지만 실은 10미터 정도 높이밖에 안 되므로 언덕이라 할 수 있습니다.

Picture Book of the Souvenirs of Edo, 1850
Utagawa Hiroshige,
Metropolitan Museum of Art, New York, NY.
(歌)川広重『絵本江戸土産初編』1850, メトロ
ポリタン美術館

이 부근을 그린 繪本^(에혼: 그림이 들어간 서적)이 있습니다. 歌川廣重^(우타가와 히로시게)의 『繪本江戶土山初編』⁽¹⁸⁵⁰⁾이라는 책으로 에도의 풍경이나 명소를 알고 싶을 때 사용하는 자료입니다. 거기에 스미다가와 眞乳山^(마츠치야마)의 夕景이라는 그림이 있습니다. 석양이 질 무렵의 金龍山^(待乳山)의 풍경이 그려져 있습니다.

이 시는 스미다가와에 대한 名詩로 많은 한학자들의 지지를 받았습니다. 예를 들면 原得齋^(하라 토쿠사이), 『先哲像傳』儒林傳^{(平野金華의 項, 弘化元年(1844)刊)}에서는, 南郭의 스승인 荻生徂徠^(오규 소라이)가 이 시와 平野金華^(히라노 킨카)의 「早発深川」, 高野蘭亭^(타카노 란테이)의 「月夜三叉泛舟」를 자신의 서재 벽에 걸어 놓고 즐겨 읊었다는 기록이 있습니다. 이 세 시는 '墨水三絶'이라 불렸습니다. 또 근세 중후기에 활약했던 유학자 賴杏坪^(라이 쿄헤이, 1759~1834)는 '金龍山畔江月浮, 金龍依舊湧江流. 百年無復南翁句, 惆悵西風兩岸秋^{『江都客裏雜詩』第七首, 『文政十七家絶句』卷上}'라고 읊었는데, 南郭의 시를 백 년의 絶唱이라 말하고 있습니다.

무엇보다도 南郭의 시는 논쟁을 일으켰습니다. 먼저 자주 지적되는 것처럼, 근체시로 봤을 때 시의 평측에 무리가 있습니다.

起句와 承句에 평측의 문제가 있습니다. 二六對의 원칙이 지켜지지 않았습니다. 또 승구에서 反法이 지켜지지 않았습니다. 나머지는 괜찮습니다. 그러나 사람들은 절구로서는 문제가 있다고 평했습니다.

여기에 더하여 문제시되었던 것은 결구 중의 '下二州'라는 표현입니다. 그 구에 대해서는 스미다가와의 서안부가 武藏國, 동안부가 下總國이라는 점에서 '二州'라고 한 것으로 해석되고 있습니다만, 좀 명료하지 않습니다. 또 시 자체로 볼 때도 이런 해석에서는 짐짓 기이함을 드러낸 것처럼 보여서 너무 속되다는 의견이 있습니다.

이것이 무슨 뜻인가 하면, 아까 스미다가와 지도에서 二州를 내려온다라고 했던 二州는 二國을 말하는데, 곧 武藏國과 下總國을 말한 것입니다. 이것이 스미다가와와 무슨 관계인가 하면, 실은 스미다가와는 바다로 흘러 들어가는데 강의 서쪽 편이 武藏國, 동쪽 편이 下總國입니다. 그러므로 보통 두 주를 내려간다고 하면 두 주를 가로질러 흐른다고 생각하는 경우가 많은데, 여기서는 두 주의 경계를 흘러간다고 노래하고 있습니다. 그래서 표현으로서는 기이함을 드러내었다거나 너무 속되다, 말하자면 지나치게 멋을 부린 표현이라는 평을 들었던 것입니다.

예를 들면 賴山陽^(라이 산요)는 '一生不解子遷好, 兩岸秋風下二州'^{『論詩絶句二十七首』第九首, 『山陽遺稿』卷二}라고 말하면서, 이 점을 문제시하며 부정적인 평가를 내리고 있습니다. 메이지 시기의 시인 森槐南^(모리 카이난, 1863~1911)은 이 시에 대한 시인들의 평가를 모았는데^{『德川時代の詩学』『國民之友』159号, 明治25年(1893.7月)}, 자신의 아버지인 森春濤도 라이 산요와 마찬가지로 이 시에 하자가 있다고 생각했다고 말하고 있습니다. 한편, 막말의 유학자 大槻磐溪^(오츠키 반케이, 1801~1878)는 '二州'는 스미다가와 양안이 아닌 '二州橋', 곧 兩國橋 일대를 가리키므로 南郭 시가 의미하는 것은 명료하다고 말했습니다.

大槻磐溪가 어떻게 해석했는가 하면, 통상은 두 國 사이를 흐르는 강이라 생각하는데, 스미다가와 중류의 1번 위치에 兩國橋라는 다리가 있습니다.

다음 그림에 兩國橋가 있는데 우키요에의 소재로 자주 쓰였습니다. 이 그림에서는 하나비가 잘 보이는 장소로 그려지고 있습니다. 이 다리는 두 國을 이어주는 다리이므로 兩國橋라고 합니다. 반케이는 이 兩國橋^(=二州橋=二州) 아래로 배가 내려간다라는 뜻으로 이해하면 된다고 오츠키 반케이는 말하고 있습니다.

예로부터 명작이라 평가받은 시에는 표현과 관련해서 의론이 일어나는 경우가 많은데^(가령, 唐 · 張繼의 「楓橋夜泊」의 '夜半鐘声到客船'에서, 밤에는 종을 치지 않는다는 비판), 이 시도 마찬가지 경우라 할 수 있을 것입니다.

이외에도 南郭은 스미다가와에 대해서 몇 가지 시를 지었습니다. 『南郭先生文集初編』卷五에 수록된 「永代橋望海二首」 第一首는 그 중 하나인데, 스미다가와 하구에 있는 永代橋에서 바다 건너편 房總²⁾ 쪽을 바라볼 때 넓게 펼쳐진 바다를 묘사하고 있습니다.

　　東望天邊海氣高, 三叉口上接滔滔. 布帆一片懸秋色, 欲破長風萬里濤.

'三叉口'는 '三叉'^(미츠마타), 곧 스미다가와와 箱崎川^(하코자키가와)가 갈라지는 부근을 말합니다. 제목에서 언급된 永代橋 보다는 조금 상류에 위치해 있는데, 여기서는 스미다가와의 하구 전체를 가리킨다고 생각됩니다.

---

2) 房總(보소): 스미다가와 하구에서 볼 때 도쿄만을 사이에 둔 건너편 지역. 지금의 치바현.

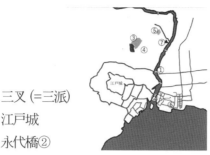

三叉 (=三派)
江戸城
永代橋②

三叉는 통상 ② 바로 위 동그라미를 친 곳을 말합니다. 그러므로 永代橋 보다는 상류에 위치해 있습니다. 여기가 스미다가와와 箱崎川이 갈라지는 곳입니다. 여기서는 엄밀히 말해 三叉라기보다는 하구 전체를 가리킨다고 생각됩니다.

시의 의미를 보겠습니다. 동쪽 하늘은 높고 바다에는 아지랑이가 피어오르고, 그것이 三叉 근처에서 느긋하게 흐르는 강에 접해 있다고 읊고 있습니다. 그리고 가을에도 만에 한 조각 돛단배가 큰 바람을 타고 더욱 멀리 나아가는 광경을 노래하고 있습니다.

이것을 이해하기에 딱 맞는 우키요에가 있습니다. 歌川廣重의 「東都名所 永代橋 佃沖魚舟」라는 작품입니다.
②가 永代橋인데 그 아래는 섬이 있습니다. 쿠다시마라는 섬입니다. 여기서부터 화살표 방향, 곧 동쪽 방향으로 펼쳐지는 풍경입니다. 이 동쪽 방향으로 광대한 공간이 펼쳐지고 있는데, 넓은 에도의 바다에 배들이 나아간다고 南郭은 묘사하고 있습니다.

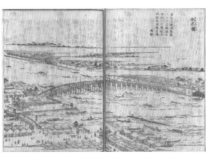

南郭의「永代橋望海」은 앞서 본「夜下墨水」보다 덜 알려져 있을지 모르지만 몇 가
지 地誌에 삽화와 더불어 수록되어 있습니다. 『江戸名所圖會』卷一 (天保五19年1834~6刊) 외
에 岡部啓五郎, 『東京名勝圖會』(丸家善七, 明治10年1877刊) 卷上에도 실려 있습니다.

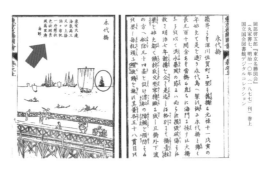

『江戸名所圖繪』라는 책은 에도의 여러 장소에 대해 살펴볼 때 반드시 이 책을 사
용합니다. 가장 기본적인 地誌입니다. 거기에 이 永代橋가 실려 있습니다. 거기에
南郭의 이 시가 실려 있습니다.

뿐만 아니라 메이지 10년에 간행된 『東京名勝圖繪』라는 地誌에도 역시 永代橋 부분에 南郭의 시가 실려 있습니다. 이처럼 근대에 이르기까지 南郭의 시는 사랑받았습니다.

永代橋는 메이지 7년 교각이 증강되는 등 南郭이 살았던 에도 중기와는 다른 모습이 되었습니다. 또 바다에는 돛을 단 배만이 아니라 증기선도 오고가고 있습니다. 그러나 南郭의 시는 오히려 이 장소의 정서를 표현한 것으로 간주되어 사람들이 애호하였습니다.

위 삽화를 보면 교각이 조금 달라진 것을 알 수 있습니다. 메이지 7년에 새로운 다리를 세웠다는 기록이 있고, 이 배를 보면 이전의 돛단배와 더불어 서양식 배가 그려져 있습니다. 南郭의 시대와는 많이 달라진 풍경 속에서 南郭의 시는 여전히 애호되었습니다.

2. 江戸의 명소를 노래한 시 (2): 大沼枕山의 上野를 읊은 시

③上野東叡山寬永寺
　(現在の寬永寺+上野公園)
④下谷(現在の御徒町,
　大沼枕山の住居は下谷三昧橋)

막말에서 메이지 초기까지 활약한 한시인 大沼枕山^(오누마 친잔, 1818~1891)은 많은 명승시를 남겼습니다. 친잔은 중년 이후 下谷^(시타야)의 三昧橋에 집을 짓고 살았는데, 인접한 우에노에 대해 남다른 애착을 품고 있었습니다. 막말에서 메이지까지 살았는데요, 근대가 되어도 촌마게^(일본식 상투)를 자르지 않았습니다.

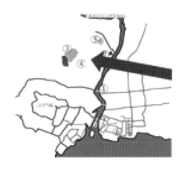

『大沼枕山・鶴林と永井荷風『下谷叢話』』(二松学舍大学私立大学戦略的研究基盤形成支援事業「近代日本の「知」の形成と漢学」, 2019年, 6頁)

上野^(우에노)와 下谷^(시타야)의 위치입니다. ③ 근처가 우에노입니다^(東叡山 寬永寺: 지금의 우에노 공원). 그곳에 인접한 시타야, 곧 지금의 御走町^(오카치마치) 부근 三昧橋인 ④ 근방에 친잔의 집이 있었습니다.

그는 상세히 관찰하고 시를 지어 명성이 높았습니다. 일례로 嘉永 7년⁽¹⁸⁵⁴⁾에 지어진 「東臺看花雜詠」^{「枕山詩鈔二編卷中」}을 보겠습니다.

家僮昨賽大師回, 爲報千花一雨催. 明曉先生須早探, 未開之際艶於開.

이것이 무엇을 노래하고 있는가 하면, '東臺'는 寬永寺를 가리킵니다. 그리고 '看花'는 벚꽃을 말합니다.

『江戸名所圖繪』에 '兩大師遷座'라는 곳이 있습니다. 여기에 開山堂이 있었는데 서민들의 신앙심이 열렬했습니다.

우에노에는 寬永寺라는 절이 있는데요, 이 절은 몹시 광대한 절입니다. 쇼군의 무덤 등이 있어서 에도시대에 세력을 떨친 절입니다. 또 벚꽃의 명소로도 알려져 歌川廣重의 『東都名所 上野東叡山之圖』를 보면 벚꽃이 핀 寬永寺에 사람들이 찾아온 광경이 그려져 있습니다.

다시 시를 보겠습니다.

'大師'는 '兩大師'라고도 불리는 寬永寺의 開山堂을 말합니다.

시의 전반부에서는 어제 上野에 참배하러 갔다가 돌아온 하인이 비가 올 것 같다고 알려준 것을 노래하였습니다. 후반부는 하인이 친잔에게 한 말로 보입니다. '아직 만개하지는 않았지만 내일 아침 일찍 벚꽃을 보러 가는 것이 좋습니다. 오히려 꽃이 모두 피기 전에 벚꽃은 아름다우니까요.'라고 말하고 있습니다.

친잔은 아직 다 피지 않은 벚꽃이 지닌 다양한 표정에 관심을 보입니다. 이 시는 모두 10수의 연작시인데, 이외에도 '春寒勒住早芳菶, 包裹臙脂映夕空. 始覺生成含絶艶, 花雖淡白蕾濃紅'[同第一首]라는 시가 있습니다. 또 아직 추위가 남아 있을 때 분홍빛 벚꽃 봉오리가 저녁 무렵 하늘에 비쳐서 몹시 아름답다고 말하고 있습니다. 이런 시에서 벚꽃에 대한 친잔의 독자적인 견해를 볼 수 있습니다.

벚꽃은 일본인에게는 특별한 꽃으로, 가령 이것은 『怡顔齋櫻品』이라는 책으로 에도 중기인 1758년에 간행된 책인데, 벚꽃의 여러 부분의 명칭이 있고, 또 다양한 벚꽃의 품종이 그려져 있습니다. 이처럼 일본인은 벚꽃을 몹시 세밀하게 관찰하였습니다. 보통 벚꽃은 만개했을 때 가장 아름답다고 생각하는데요, 친잔은 특히 아직 피지 않은 벚꽃이 가진 매력을 시에서 노래하고 있습니다.

松岡玄達『怡顔斎桜品』(1758, 国立
国会図書館デジタルコレクション)

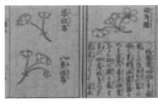

「東臺看花雜詠」은 친잔의 지론을 주장한 시인데, 그 중에서도 이 제3수[위의 시]는 빼어난 작품으로 알려져 있으며, 친잔 자신이 교열한 石川省齋編, 『皇朝分類名家絶

句』^(明治3年〔1880〕刊)에도, 또 후에 청나라 兪樾이 일본의 빼어난 시를 모아 편찬한 『東瀛詩選』 卷31^(지금도 연구에 널리 참조되고 있습니다)에도 수록되어 있습니다.

메이지 유신 이후가 되면 똑같이 우에노를 노래한 시에서도 정취가 다른 것이 나타납니다.

예를 들면, 친잔은 「雨中東臺書感」^(『枕山先生遺稿』, 明治26年〔1893〕刊)이라는 시를 지었습니다.

三百鴻基殆鑠磨, 滿山金碧亦如何. 疎疎空際濺花雨, 不似感時愁淚多.

1) 이것이 무엇을 노래하고 있는가 하는 건데요, 메이지시대가 시작될 무렵에 새로운 정부, 곧 메이지 신정부와 도쿠가와 막부를 지지하는 사람들 사이에 격렬한 전쟁이 벌어졌습니다. 이를 戊辰^(보신) 전쟁이라고 합니다. 1868년에 일어났는데요, 그 전투 중에 上野^(우에노) 전쟁이라는 것이 있습니다. 여기서 彰義隊[3] 라고 불렸던 사람들이 유명한데요, 구막부군이 寬永寺에 진을 치고 신정부군에 대항하면서 전투가 벌어졌는데 결국 신정부군이 승리했습니다.

さくら坊芳盛『本能寺合戦之図』（具足屋嘉兵衛、1868、国立国会図書館、国会図書館デジタルコレクションより、「本能寺」とあるが実際は寛永寺での戦闘を描いている）

2) 이때 寬永寺가 불타버렸습니다. 이것이 우키요에로 제목이 〈本能寺合戰之圖〉 라고 되어 있는데요, 本能寺가 실은 寬永寺입니다.

---

3) (역자주) 구막부를 지지하는 이들이 메이지 정부군(신정부군)에 대항하기 위해 결성한 군대.

3) 검은 옷을 입고 있는 것이 신정부군입니다. 반대편에는 도쿠가와 막부를 지지하는 사람들이 있습니다. 서로 총을 쏘고 있습니다. 그런 과정에서 寬永寺가 불타버린 사건이 있었습니다. 이 시는 이 사건을 묘사하고 있는 것입니다.

기구와 승구는 신정부군과 彰義隊의 전투에서 寬永寺가 불타버린 것을 서술하고 있습니다. 즉, 3백년 계속된 도쿠가와 시대 사회의 초석이라 할 수 있는 절의 堂宇가 모두 불타서 사라졌다는 것을 말하고 있습니다. 전구와 결구는 두보의 「春望」의 '感時花濺淚, 恨別鳥驚心'이라는 시구를 염두에 둔 표현입니다. 친잔은, 벚꽃에 가볍게 비가 흩뿌리는데 자신의 눈물은 이와 달리 시대의 전변을 느껴 한없이 흘러내린다고 노래하고 있습니다. 두보의 시는 안록산의 난 이후 나라가 황폐화 된 것을 한탄한 것으로 알려져 있는데, 친잔은 이것을 우에노의 寬永寺의 비참한 상황에 중첩시키고 있습니다.

친잔이 도쿠가와 시대를 애석해 하는 마음과 옛 모습이 사라져 버린 것에 대한 슬픔이 인상적으로 그려져 있는 이 시는, 前田愛, 「枕山と春濤—明治初年の漢詩壇—」(『幕末·維新期の文学』 法政大学出版局, 1972年, 初出1968年)에서 거론되어 널리 알려지게 되었습니다.

3. 遊廓을 읊은 한시와 죽지사

이처럼 에도의 도시 풍속을 읊은 시 중에서도 특히 주목을 받은 것은 遊廓(遊郭, 遊里)을 노래한 시입니다. 에도에는 吉原(요시와라), 深川(후카가와) 등 유곽이 설치되어 있었습니다. 이런 구역에서는 遊女(娼妓)를 목적으로 손님이 모여들어 함께 밤을 보냈습니다.

또 藝妓도 더하여 歌舞 등을 동반한 호화로운 연회가 베풀어졌습니다.

유녀의 생활은 가혹했습니다만 유곽은 남녀가 자유로이 연애를 할 수 있도록 허락된 희소한 장소이기도 해서 문화 중심지의 하나로 기능하였고, 많은 문학과 미술 작품에서 다루어졌습니다.

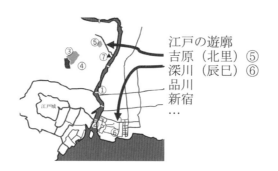

1) 이곳이 유곽이 있었던 곳으로, 吉原(요시와라)는 5번입니다. 에도의 북쪽에 있었으므로 北里라고도 했습니다. 그리고 深川(후카가와)가 있습니다. 6번입니다. 이외에도 많이 있었습니다.

Courtesans Promenading on the Nakanochō in Yoshiwaraca. Utagawa Toyokuni. 1795. Metropolitan Museum of Art, New York, NY. 歌川豊国〔吉原・仲ノ町の遊女〕

2) 이것이 요시와라를 그린 歌川豊國의 우키요에입니다. 이것은 仲ノ町(나카노쵸)라고 하는 요시와라의 중심가입니다. 양 옆으로 茶屋(쟈야)가 있습니다. 유녀들은 보통 妓樓라고 하는 유녀들을 고용한 집에 있습니다만, 등급이 높은, 즉 몹시 아름답고 평판이 높은 유녀들은 직접 妓樓에 가도 만날 수가 없습니다. 이런 茶屋을 통해서 만나야 합니다. 여기에 손님이 오면 유녀가 마중을 나와 妓樓로 갈 수

있습니다. 이것이 유곽의 풍속입니다.

  에도시대 한시에도 요시와라, 후카가와 등 유곽을 소재로 한 것이 많이 남아 있습니다. 이렇게 유곽을 노래한 시에는 지적할 만한 포인트가 몇 개 있습니다. 먼저 주목할 것은 유곽의 풍속이 여러 시에서 거론되고 있는 점입니다. 요시와라를 노래한 한시 가운데 가장 널리 알려진 市河寛齋(이치카와 간사이, 1749~1820)의 시집『北里歌』를 보도록 합시다. 이 책은 삽화가 들어간 시집으로 시 30편에 더하여 삽화 약 28개로 구성되어 있습니다. '北里'는 요시와라의 별칭으로 에도 북쪽에 위치하고 있기 때문입니다.

1) 이런 형태의 시집입니다. 오른쪽 그림은 妓樓 안에서 유녀와 손님이 만나는 장면입니다. 왼쪽은 籬(마가키) 라는 것인데요, 遊女屋는 이런 격자 안에 유녀가 있고, 유녀를 보고 손님이 들어갈지 말지를 결정하는 방식입니다. 편지 같은 것을 유녀에게 전해주려는 장면이라 생각됩니다.

2) 오른쪽은 시이고 왼쪽은 화장을 하는 모습입니다. 이렇게 그림이 삽입된 책입니다.

제7수에는 다음과 같은 시가 수록되어 있습니다.

柳花衫子梅花妝, 翠竹簾前八月霜.
若使元家當日見, 爲裁新樣白衣裳.

여기서 거론되고 있는 것은 요시와라의 '八朔^(핫사쿠)'라는 행사입니다. '八朔'은 8월 1일을 말하는데 이날 유녀들은 모두 흰 옷(白無垢^(시로무쿠))를 입고 손님 앞에 나갑니다. '팔월의 서리'라고 말한 것은 흰 옷을 입은 유녀들의 아름다운 모습을 표현한 것입니다.

1) 이 '八朔'이라는 행사가 무엇인지 알기 어려우므로 자료를 보도록 하겠습니다. 오른쪽이 시이고 왼쪽이 八朔을 묘사한 것입니다. 유녀가 입고 있는 옷이 흰색입니다. 색이 입혀져 있지 않아 잘 구분이 안 됩니다.

十返舍一九著・喜多川歌麿画
『青樓繪抄年中行事』卷下, 1804,
（国立国会図書館デジタルコレクション）

2) 喜多川歌麿의 우키요에를 보면, 〈青樓繪抄年中行事〉라고 되어 있고, 八朔 행
사 광경이 그려져 있습니다. 유녀들이 모두 흰 옷을 입고 있는 것을 보실 수 있
습니다. 여기에는 禿^(카무로)라는 어린 견습 유녀가 그려져 있습니다. 가운데 한 여
인만 붉은 옷을 입고 있는데 그 위에 '茶屋의 여주인'이라 쓰여 있습니다. 이 여
인은 유녀가 아니므로 흰옷을 입고 있지 않고, 다른 여인들은 흰옷을 입고 있습
니다. 이런 광경을 한시로 노래하고 있는 것입니다.

시 후반에서 寬齋는 당나라 시인 元稹의 「白衣裳」 시를 염두에 두고 읊고 있습니
다. 「백의상」은 흰 옷을 입은 여성의 아름다운 모습을 그리고 있는데, 만일 원진이 요
시와라의 '八朔'을 보았다면 새로운 흰 옷을 만들었을 것이다<sup>「白衣裳」 시를 지었을 것이라는 의미가 담겨 있
다)</sup>.라고 말하고 있습니다.

元稹,「白衣裳二首 其一」
雨濕輕塵隔院香, 玉人初著白衣裳.
半含惆悵閑看繡, 一朵梨花壓象牀.
「同 其二」
藕絲衫子柳花裙, 空著沈香慢火熏.
閑倚屏風笑周昉, 枉抛心力畫朝雲.
元稹의「白衣裳」 시는 다음과 같습니다. 초록과 노란색 부분을 보시면 알 수 있듯
이 '柳花의 衫子'라는 말이 寬齋의 시에 나오는데, 원진의 시에 취한 것임을 알 수 있
습니다.

이 시에 대해서는 池澤一郎의 논고가 있는데요, 기구와 승구에 대해서, '버드나무 면화와 같은 白裝束을 하고, 얼굴도 白梅와 같이 희게 화장한 8월 朔日의 유녀의 모습이 여름 땡볕을 피하려고 妓樓 앞에 쳐 놓은 푸른 발에 비쳐 마치 8월에 서리가 내린 듯하다라고 읊고 있다.[『北里歌における市河寬齋韜晦の方法—いわゆる「長慶以後の手段」について』『江戸の漢文脈文化』, 竹林舍, 2012年, 185쪽]라고 설명하고 있습니다. '梅花妝'은 중국의 고전적 용법으로는 여성이 이마에 붙이는 매화 장식을 가리키는데, 여기서는 '八朔' 때의 독특한 화장법으로 보는 것이 좋을 듯합니다.

다음으로 주목할 많은 점은 유곽을 읊은 시 가운데, 제목에 '竹枝'라고 한 것이 많다는 점을 들 수 있습니다. 주지하다시피 '竹枝(詞)'는 劉禹錫이 처음 지은 민요조의 시로 후에 지방의 풍속이나 외국의 역사 등이 이 형식으로 읊어지는 것이 일반적이었습니다.

에도시대 일본에서도 '죽지'라는 형태로 다양한 내용을 담은 작품이 탄생했는데, 근세 후기에는 특히 유곽을 제재로 한 것이 많습니다. 예를 들면 이런 종류의 시를 모은 伊藤信, 『日本竹枝詞集』[(1939)]의 모두에는 「北里歌」에 이어서 菊池五山, 「水東竹枝詞」, 疋田松塘, 「長堤竹枝詞」[吉原], 植木玉厓, 「西驛竹枝詞」[內藤新宿] 등 유곽을 읊은 죽지사를 소개하고 있습니다.

'竹枝'라는 형식으로 유곽에 대해 노래하는 것이 유행한 것은, 첫 번째로, 유우석의 「竹枝詞九首」를 시작으로 이런 종류의 시에 남녀의 염정을 읊은 것이 많았기 때문이라 생각됩니다. 또 「竹枝詞九首」의 引에는 발상의 근원이 되었던 巴蜀의 민요에 대해 '雖傖儜不可分, 而含思宛転, 有淇澳之艶'이라고 설명하고 있습니다. 원래 猥雜한 풍속이 포함된 죽지사라면 유곽을 제재로 삼아도 허용된다고 생각했을 것으로 추정됩니다.

이와 같은 종류의 죽지사가어떤 것인지 보기 위해 에도에서 요시와라 다음으로 큰 규모를 지닌 유곽인 후카가와를 읊은 菊池五山의 「水東竹枝」의 제10수를 보도록 하겠습니다.

風緊蘆邊涼似秋, 小姑學釣在船頭.
玉纖未慣擡竿速, 只道癡魚不上鉤.

후카가와는 스미다가와와 바다에 가깝고, 또 작은 강과 운하가 종횡으로 얽힌 곳에 있어 뱃놀이도 자주 할 수 있습니다.

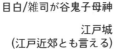

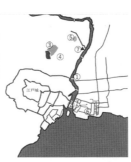

目白/雑司が谷鬼子母神

江戸城
(江戸近郊とも言える)

1) 장소를 확인해 봅시다. 6번이 深川^(후카가와)입니다. 바다와 스미다가와 강이 가까워서 물이 많은 토지라 할 수 있습니다. 후카가와의 유녀를 그린 우키요에는 잘 보이지 않습니다만, 후카가와은 대략 이런 분위기입니다.

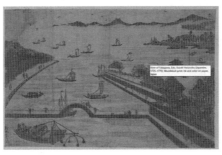

View of Fukagawa, Edo. Ca. 1764. Suzuki Harunobu. Metropolitan Museum of Art, New York, NY.
鈴木春信。〔深川〕，1764年頃。

2) 이것도 마찬가지로 深川입니다.

Under the Mannen Bridge at Fukagawa (Fukagawa Mannenbashi shita), from the series Thirty-six Views of Mount Fuji (Fugaku sanjūrokkei), Ca. 1830-32. Katsushika Hokusai, Metro–Museum of Art, New York, NY. 1830-32年頃, (부分下), 「三十六景·深川万年橋下」葛飾北斎,

이 시에서는 유녀가 배를 타고 낚시를 하는 모습을 묘사하고 있습니다. 시 후반부에서는 옥과 같은 희고 가는 손으로 낚싯대를 들려고 하는데 익숙하지 않아 잘 되지 않고 물고기는 낚시 바늘에 걸리지 않는다고 손님에게 응석을 부린다고 말하고 있습니다. 유녀가 교태를 부리는 것을 솜씨 좋게 묘사한 시라고 할 수 있습니다.

4. 館柳灣과 에도 근교를 읊은 시

에도 시내의 정경만이 아니라 중심부에서 떨어진 곳, 조금은 시골의 풍경을 그린 한시도 있습니다. 에도, 혹은 메이지 초기의 도쿄는 오늘날과는 달리 조금 걸어가면 논밭과 숲이 펼쳐져 있었습니다.

에도 후기의 시인 館柳灣^(타치 류완, 1762~1844)은 이런 에도의 한가한 풍경을 읊은 시를 많이 지었습니다. 그 가운데 하나가 雜司が谷^(조시가야)의 鬼子母神堂^(키시모진도)를 읊은 「雜司谷雜題」 제2수^{『柳灣漁唱二編』 권二}입니다.

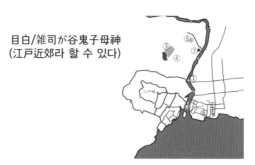

目白/雑司が谷鬼子母神
(江戸近郊라 할 수 있다)

먼저 그 장소를 보도록 합시다. 이것이 에도 지도고, 이곳이 에도성입니다. 雜司が谷의 鬼子母神은 이쪽입니다^(화살표). 에도 중심에서 꽤 멀리 떨어져 있습니다. 나중에 언급할 目白^(메지로)도 이곳입니다.

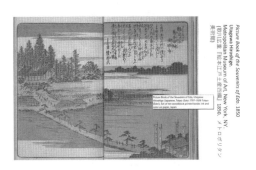

歌川廣重의 『繪本江戶土産四編』 중에서 '雜司が谷의 鬼子母神' 그리고 法明寺입니다. 보시다시피 전원 풍경입니다. 건물이 없고 논밭이 펼쳐져 있는 광경입니다. 이런 장소를 노래하고 있는 것입니다.

시를 보겠습니다.

鬼母堂前滿路塵, 幾群香火晚歸人. 風車斜揷籃輿上, 紅綠渾渾轉彩輪.

이 시가 묘사하고 있는 것은 鬼子母神堂에서 실시되었던 會式이라는 행사 광경입니다. 會式은 日蓮宗의 여러 절에서 日蓮 祖師의 기일^(10월 13일) 무렵에 열린 법회로, 귀자모신당에는 특히 참배객이 많았습니다. 시는 먼저 전반부에서 몇 가닥 피어오르는 향의 연기나 행사가 끝나고 돌아가느라 붐비는 사람들 등, 회식일 저물녘의 정경을 묘사하고 있습니다.

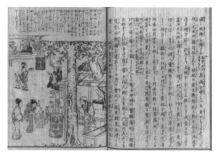

후반부에서는 이런 잿날에 문 앞에서 팔고 있는 색종이로 만든 風車^(카자구루마: 팔랑개비)를 거론하고 있습니다. 붉고 푸른 날개가 빙글빙글 돌면서 산뜻한 무늬가 나타난다고 읊고 있습니다. '渾渾'은 색이 섞이는 모습입니다. 또 스스키 미미즈쿠^(억새풀 부엉이 인형)나 角兵衛獅子^(카쿠베지시: 인형) 등과 더불어 귀자모신당의 선물이었던 風車는 『江戸名所圖會』 巻四에도 그 그림이 실려 있습니다.

건물 기둥에 '휴식처'라는 간판이 있습니다. 휴식하며 차를 마시는 가게입니다. 여기에 짚다발 묶음이 있고 무엇인가를 꽂아 놓은 것이 보입니다. 위쪽 가게에도 있습니다. 그 앞에 참배객으로 생각되는 사람들과 아이들이 있습니다.

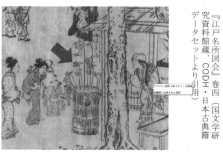

화살표가 가리키는 것이 風車^(카자구루마: 팔랑개비)입니다. 아이가 이것을 갖고 싶어 하는 것이 보입니다. 그 아래에 꽂혀 있는 것이 木菟^(미미즈쿠: 부엉이)의 형태를 하고 있는 '스스키 미미즈쿠^(억새풀로 만든 부엉이 인형)라고 불리는 것입니다. 그리고 그 옆이 角兵衛獅子^(카쿠베지시: 인형)라고 생각됩니다. 아쉽게도 이 그림에는 색이 칠해져 있지 않습니다. 지금도 이 장난감을 팔고 있습니다.

시에서 '籃輿上'이라 한 것은 볏짚다발을 가리키는 것으로 보입니다. 그 위에 風車가 꽂혀 있고 그것이 바람에 돌아가는데 붉은색과 초록색이 섞여 돌아가면서 아름다운 색이 나타나는 광경을 구체적으로 묘사하고 있는 것입니다.

또 「初冬卽事」第二首^(同)에서는 한가한 目白^(메지로: 지명)에서의 전원생활을 그리고 있습니다.

菘畞葱畦新有霜, 樹頭柚子弄金黃. 邨厨誰道乏時味, 老婦朝供香豉湯.

이 시는, '唐菜나 파밭에 새 서리가 내렸고, 유자 가지에는 황금빛 열매가 달렸다. 밭 가운데 집 주방은 계절 맛이 적다고 말하지만 그렇지 않다. 노파가 아침에 만들어 준 유자가 들어간 된장국이 맛있다'라는 뜻으로 생각됩니다.

柳灣의 시는 근대 문학가들에게도 관심을 받았습니다. 永井荷風^(나가이 가후, 1879~1959)는 프랑스 문학을 시작으로 서양의 예술에 정통하였고, 에도 문학에 대해서도 많은 지식을 가지고 있었습니다. 에도·도쿄의 문인이나 지리, 기억에 관한 수필을 많이 남겼습니다. 그중에 근세 일본의 한시에 대한 언급이 많습니다.

여기서 본 柳灣의 시에 대해서, 荷風는 「葷齋漫筆」^(大正14年 1925), 후에 『荷風随筆』 一九三三,에 수록)에서 언급하였는데, 프랜시스 제임스^(Francis Jammes, 1868~1938)의 「田園의 작품들」이나 폴 포트^(Paul Fort, 1872~1960)의 「파이 근교의 경물을 읊은 작품들」의 정서와 통한다고 보았습니다. 특히 鬼子母神을 언급한 시에 대해서는 '이것은 四手駕籠 위에 會式의 風車를 꽂고, 참배객들이 돌아가는 모습을 노래한 시이다. 『江戶名所繪本』을 펼쳐 보는 듯하다'라고 높이 평가하였습니다.

여기서 본 柳灣의 여러 작품은 이미 에도시대 후기부터 사랑받았는데 『天保三十六家絶句』^(天保九年 一八三八刊)이나 『新選十二家絶句』^(嘉永七年 一八五四) 등 에도시대 후기에 편찬된 유명 한 시인의 절구를 모은 總集^(詞華集)에 수록되었습니다. 이렇듯 근세의 絶句集에 수록되고 荷風의 문학작품 속에서도 언급됨으로써, 柳灣의 시와 그것이 묘사하는 에도의 정서는 많은 사람들의 기억에 남게 되었습니다.

마치며

　이 강의에서는 에도의 한시 중에서 명소를 읊은 대표적인 작품을 들고, 그것이 후세에 어떻게 수용되었는지 살펴보았습니다. 스미다가와의 배, 우에노의 벚꽃 등, 에도의 명소는 服部南郭이나 大沼枕山, 館柳灣과 같은 한시인들의 감각에 따라 웅대하게 혹은 소쇄하게 읊어지고, 또 각각의 장소가 지니는 풍정이 세밀하게 묘사되기도 했습니다. 정서만이 아니라 그 장소가 지닌 정취나 이미지가 표현되고 있는 점이 한시에 그려진 에도의 특징이자 매력이라 할 수 있습니다. 이처럼 에도·도쿄의 명소를 제재로 한 시는 사화집이나 地誌, 수필에도 언급되어 오래도록 사람들에게 사랑받았습니다.

　어떠셨는지요? 한문학이라고 하면 일견 글로벌한 문예이나 그 배후에 고유한 로컬 문화가 있습니다. 여러 사료를 구사하면서 이런 로컬한 요소를 정확하게 보지 않으면 한문의 내용을 명확히 이해할 수 없다는 것을 알게 되지 않았나 생각합니다.

　이상으로 저의 강의를 마치겠습니다.

　들어주셔서 감사합니다.

〈참고문헌〉

본 강의에서 사용한 자료는 대부분 인터넷에서 볼 수 있습니다. 아래에 링크를 제시하였습니다. 논문은 본문에서 참조한 것 이외의 것도 제시하였으니 참조해주셨으면 합니다.

A　歷史資料
1장
服部南郭, 『南郭先生文集初-四編』(初編　享保一二年「一七二七」刊,　·二編　元文二年「一七三七」刊·三編延享二年「一七四五」刊·四編寶曆八年「一七五八」刊)
(國會)https://dl.ndl.go.jp/info:ndljp/pid/2559343?tocOpened=1
(早稻田)https://www.wul.waseda.ac.jp/kotenseki/html/i17/i17_02020/index.html
(早稻田)
https://www.wul.waseda.ac.jp/kotenseki/html/bunko11/bunko11_a1146/index.html
齋藤月岑著·長谷川雪旦画, 『江戶名所圖會』(天保五年「一八三四」天保七年「一八三六」刊)
(CODH, 國文學硏究資料館)http://codh.rois.ac.jp/pmjt/book/100249896/
　http://codh.rois.ac.jp/iiif/iiif-curation-viewer/index.html?pages=100249896&lang=ja
岡部啓五郎, 『東京名勝圖會』(丸家善七, 明治一○年「一八七七」刊)
(國會·卷上)https://dl.ndl.go.jp/info:ndljp/pid/764224
(國會·卷下)https://dl.ndl.go.jp/info:ndljp/pid/764225

2장
大沼枕山, 『枕山詩鈔初-三編』(初編, 여러 판이 존재. 字句의 異同있음)
(國文學硏究資料館)https://kotenseki.nijl.ac.jp/biblio/200008389/viewer/1
(慶應, 初·二編)https://catalog.hathitrust.org/Record/100065381
https://books.google.co.jp/books/about/%E6%9E%95%E5%B1%B1%E8%A9%A9%E9%88%94.
html?id=UMVaEOzQ52oC&redir_esc=y
(國文學硏究資料館, 初編)https://kotenseki.nijl.ac.jp/biblio/200008397/viewer/97
大沼枕山, 『枕山先生遺稿』(明治二六年「一八九三」刊)
(國會)https://dl.ndl.go.jp/info:ndljp/pid/894222
石川省齋編, 『皇朝分類名家絶句』(明治三年「一八八○」刊)
(國會·卷上)https://dl.ndl.go.jp/info:ndljp/pid/892623
(國會·卷中)https://dl.ndl.go.jp/info:ndljp/pid/892624
(國會·卷下)https://dl.ndl.go.jp/info:ndljp/pid/892625
淸·兪樾, 『東瀛詩選』　佐野正巳編『東瀛詩選』(汲古書院, 一九八一年刊)의 影印을 사용.

3장
玄味子(市河寬齋), 『北里歌』(天明六年「一七八六」推定」)
(國會)https://dl.ndl.go.jp/info:ndljp/pid/2533340
伊藤信, 『日本竹枝詞集』(一九三九)
(卷上)https://dl.ndl.go.jp/info:ndljp/pid/1885477
(卷中)https://dl.ndl.go.jp/info:ndljp/pid/1885494
(卷下)https://dl.ndl.go.jp/info:ndljp/pid/1885510

「北里歌」齋田作楽編,『吉原詞集成』(太平書屋, 一九九三年刊)의 影印을 사용.
「水東竹枝」와 齋田作楽編,『竹枝詞集成 第一巻』(太平書屋, 二〇〇〇年刊); 同,『竹枝詞集成 第二巻』(太平書屋, 二〇一五年刊)의 影印을 使用.

4장
館柳灣,『柳灣漁唱初集』
(國文学研究資料館)https://kotenseki.nijl.ac.jp/biblio/200010323/viewer/1
館柳灣,『柳灣漁唱二集』
(國文学研究資料館)https://kotenseki.nijl.ac.jp/biblio/200010324/viewer/1
館柳灣,『柳灣漁唱三集』
(國文学研究資料館)https://kotenseki.nijl.ac.jp/biblio/200010325/viewer/1
『天保三十六家絶句』(天保九年「一八三八」刊)
(早稻田)https://www.wul.waseda.ac.jp/kotenseki/html/i13/i13_01068/index.html
(早稻田)
https://www.wul.waseda.ac.jp/kotenseki/html/bunko11/bunko11_a1184/index.html
『新選十二家絶句』(嘉永七年「一八五四」刊)
(新潟大佐野文庫・資料館)https://kotenseki.nijl.ac.jp/biblio/100224722/viewer/1

PPT 자료에서 사용한 우키요에는, 아래의 사이트에서 볼 수 있습니다.
(메트로폴리탄 미술관)https://www.metmuseum.org/
(國立國會圖書館 디지털 컬렉션)https://dl.ndl.go.jp/
松岡玄達,『怡顔齋櫻品』(寶暦八年「一七五八」年刊
(國會1)https://dl.ndl.go.jp/info:ndljp/pid/2538743
(國會2)https://dl.ndl.go.jp/info:ndljp/pid/9893261

B　圖書·論文 등 (간행연도 순으로 제시, 본문에서 언급하지 않은 것도 포함)
富士川英郎,『江戸後期の詩人たち』(一九六六年, 筑摩叢書より一九七三年再刊, 平凡社東洋文庫として二〇一二年に再刊)
猪口篤志,『新釈漢文大系·日本漢詩　上·下』(明治書院, 一九七二年)
中村真一郎,『江戸漢詩(古典を読む二〇)』(岩波書店, 一九八五年, 一九九八年再刊)
前田愛『幕末·維新期の文学』(法政大学出版局, 一九七二年)
德田武注,『江戸詩人選集』第七巻　野村篁園·館柳灣(岩波書店, 一九九〇年)
揖斐高注,『江戸詩人選集』第五巻(岩波書店, 一九九〇年)
日野龍夫注,『江戸詩人選集』第十巻　成島柳北·大沼枕山(岩波書店, 一九九〇年)
山本和義·横山弘注,『江戸詩人選集』第三巻　服部南郭·祇園南海(岩波書店, 一九九一年)
揖斐高,『江戸詩歌論』(汲古書院, 一九九八年)
中野三敏·楠元六男編,『江戸の漢文脈文化』(竹林舎, 二〇一二年)
合山林太郎編,『大沼枕山·鶴林と永井荷風『下谷叢話』』(二松学舎大学私立大学戦略的研究基盤形成支援事業「近代日本の「知」の形成と漢学」二〇一九年九月)
https://www.nishogakusha-kanbun.net/srf/2019/pdf/shitayasouwa.pdf
小林ふみ子·中丸宣明編,『好古趣味の歴史―江戸東京からたどる』(文学通信, 二〇二〇年)
稲毛屋山編,『栄風集』巻三(文化五年「一八〇八」刊)에도「月夕泛舟墨水」라는 제목으로 수록되어 있다.『栄風集』에는,「南翁句」이「郭翁句」으로 되어 있는 등 시구에 약간의 차이가 있다.
근대의 地誌에는 이외에도, 上田維曉(文齋),『內國旅行』日本名所圖絵(青木嵩山堂, 一八九〇年)등 명소에 대한 한시를 다수 수록한 저술이 있다. 자세한 것은 별고를 기대한다.

燕巖 朴趾源의 단편소설, 한문강의를 통한 불문 번역과 출판

피에르 엠마뉴엘 후 (파리대학교 동양학부)

안녕하십니까? 파리대학교 동양학부 부교수 피에르 엠마뉴엘 후입니다. 코로나 바이러스가 유럽에 터졌을 때부터 저는 파리대학교에서 계속 온라인 강의를 해왔는데, 사실은 제가 오늘 처음으로 녹화강의를 하게 됩니다. 더군다나 제 모국어인 불어가 아니라 한국어로 하게 되어서 큰 도전이라고 생각합니다. 당연히 최선을 다하겠지만 부족한 점이 있으면 양해해주시기 바랍니다.

이제 강의를 시작하겠습니다. 오늘 온라인 강의 제목은 '燕巖 朴趾源의 단편소설, 한문강의를 통한 불문 번역과 출판'입니다. 제가 박지원 단편소설 번역은 3년 전에 시작했고 내년이나 내후년까지 완성하려고 합니다. 그런데 제가 본론에 들어가기 전에 한 가지를 강조하고 싶습니다. 사실은 저는 한문학 전문가가 아니고요, 18-19세기 청국과 조선을 둘러싼 동아 시아 역사를 연구하는 사람입니다. 특히 한중일 관계사 · 종교사 그리고 법제사를 연구합니다. 그러면 한 사학자가 어떻게 한문학을 접근하게 됐는지 그리고 한문학을 프랑스어로 번역하게 됐는지 제가 간단하게 소개해 드리겠습니다. 오늘의 이 발표는 네 부분으로 나뉘어져 있습니다. 먼저, 연암 단편소설 번역의 동기, 그 다음에 연암 단편소설의 번역 과정, 그리고 번역의 여러 문제점, 그리고 마지막 출판과 번역의 의미로 정리하겠습니다.

1. 연암 단편소설 번역의 동기

첫 부분 연암 단편소설 번역의 동기로 들어가겠습니다. 우리 파리대학교 한국어학과의 '한문 강의' 상황을 소개하겠습니다. 우리 학교는 본과 3학년부터 '한문 입문'과 '한문 자료 입문' 수업을 하게 됩니다. 평소 학생 수는 50명 정도입니다. 여기서 하나 강조해야 되는 것은 프랑스에서는 본과, 한국이랑 달리 학사는 3년뿐입니다. 석사과정에 들어가면 '중고급 한문' 수업도 있고, '한국 전근대사 연구'라는 세미나도 있습니다. 주로 번역의 형식으로 하는 세미나인데, 예를 들어서 올해는 선생님이 직지 자료를 불어로 번역했습니다. 여기 수업은 '한국 전근대사 연구' 이외에는 다 필수과목입니다. 그게 왜 중요하냐 하면, 프랑스 내에 모든 한국어 학과 중에 우리가 유일하게 필수과목으로 한문강의를 개설했다는 점입니다. 즉, 최소한 2년 동안 한문 강의를 듣는다는 것이지요. 많이 부족하지만 그나마 다른 학교보다는 그래도 좀 낫다고 할 수 있습니다.

여기서 제가 맡는 수업은 석사 과정의 '중고급 한문' 수업입니다. 수업을 듣는 학생은 10명 정도 있는데, 석사 과정 학생은 모두 20명, 25명 정도 있습니다. 반 정도는 한국에서 해마다 유학해서 일부는 부산대나 타대학교에 가서 한 학기나 1년 정도 지냅니다. 그래서 파리에서 제 수업을 듣는 학생들은 10명 정도 됩니다.

이제 제 자신과 '중고급 한문' 강의에 대해 간단하게 소개해드리겠습니다. 저는 2015년에 파리대학교에 부임하게 되었는데 그때부터 '중고급 한문'을 가르쳤습니다. 그래서 5년 정도 가르친 경험이 있습니다. 원래 강의 방식은 주로 번역을 중심으로 했습니다. 왜냐하면 프랑스의 경우 동아시아 전근대사를 연구하는 교수들은 세미나 할 때 전통적으로 주로 텍스트의 번역과 토론의 방식으로 진행하고 있습니다. 그래서 저도 이 전통을 이어서 한문 수업할 때 주로 번역과 설명을 중심으로 하고 있습니다.

저는 수업을 할 때 주로 두 가지 방식을 사용합니다. 처음에는 주로 잘 알려진 짧은 텍스트를 선택하고 학생이랑 같이 번역했습니다. 예를 들어서 훈민정음이라든가 삼국유사의 단군신화라든가 아니면 수로부인이라든가. 또한 학생들이 논문을 준비할 때 인용할 텍스트의 번역이 필요한 경우가 있습니다. 그래서 수업할 때 같이 번역하기도 했습니다. 예를 들어서 4-5년 전에 松都記異의 일부를 번역했는데, 당시 그 학생이 황진이 연구를 했기 때문에 송도기이의 일부분 중에 황진이 관련 부분이 필요해서 같이 번역하기도 했습니다.

제가 2년 동안 그렇게 강의를 했습니다. 그런데 2년이 지나면서 번역하기만 하면 좀 무의미한 것이 아닌가라는 생각을 하게 되었습니다. 그래서 저는 다른 방식으로 수업을 해야 될 것 같다는 생각을 했습니다. 그래서 2017년부터는 좀 의미가 있는 새로운 강의 방식과 프로젝트를 실현하기로 했습니다. 즉 한문강의의 번역을 넘어서 번역한 텍스트를 출판하는 것입니다. 그래서 제가 연암 단편소설을 선택했습니다.

여기서 연암 단편소설의 번역과 출판이 왜 유의미한 것인지에 대해서 설명 드리겠습니다. 연암 단편소설의 선택으로 일석이조의 효과를 누릴 수 있고 심지어 일석삼조의 효과를 누릴 수 있습니다. 첫째는 한 학기 중에 번역이 가능한 잘 알려진 저술이 제게 필요했습니다. 연암 단편소설의 경우는 한 학기에 한 편이나 두 편의 단편소설을 번역할 수 있습니다. 둘째는 제 자신이 박지원의 연암집과 열하일기에 대한 관심이 원래 있었습니다. 저는 박사논문을 준비할 때 이미 박지원의 글을, 특히 열하일기를 많이 읽었고 논문에 많이 인용했습니다. 하지만 제가 그 때 당시에는 박지원이라는 인물을 제대로 모른다는 생각이 들었습니다. 그래서 이 기회를 삼아서 한문 강의를 하면서 박지원에 대한 연구를 조금 더 해보고 그래서 학생들뿐만 아니라 저도 가르치는 사람으로서도 새로운 것을 배울 수 있겠다고 생각했습니다.

그리고 일석삼조의 마지막으로 조선시대를 불어로 번역한 한문학 번역이 결핍되었다는 것입니다. 연암 단편소설의 번역을 통해 제가 프랑스 한국학계에 작은 공헌을 할 수 있다고 생각했습니다. 그래서 제가 여기서 'RESCOR'라는 불어권 한국학 네트워크를 간단히 소개해야 될 것 같습니다. RESCOR이라는 네트워크는 PARIS CONSORTIUM이라고도 하는데 이 네트워크는 2010년 한국학중앙연구원의 지원으로 창립되었습니다. 우리 파리대학교와 이날코대학교와 EHESS대학교가 함께하는 컨소시엄인데 우리 컨소시엄의 구체적인 목표는 한국학 교육과 연구를 계속 개발하고 새로운 교재를 만드는 것입니다.

제가 여기서 말하는 교재는 광의로 해석해야 할 것 같습니다. 다시 말해 우리가 말하는 교재들은 한국 역대 텍스트의 번역을 포함한 것입니다. 여기 Traductions이라는 것은 영어랑 비슷한 것으로 영어로는 translation입니다. 여기 번역이라는 섹션이 있는데 여기 들어가면 번역의 리스트가 있고 위에는 주로 현대 한국어의 번역물입니다. 밑으로 내려가면 주로 한문에서 번역된 것입니다. 그래서 고려사에서 번역된 것도 있고 삼국사기도 있고 경국대전 서문도 있고 동의보감도 있습니다. 이런 번역물은 출판되지는 않았고 주로 교육에만 활용하고 있습니다. 저는 이 중 일부를 출판하려고 생각중입니다.

그러면 한문학 번역의 상황이 어떤지 지금 알아보려고 합니다. 먼저 제가 조선시대를 불어로 번역한 한문학 번역의 결핍을 언급했습니다. 사실 우리 프랑스에는 한국 고전 문학 번역의 전통이 있다고 말할 수 있습니다. 가장 걸출한 번역을 말하자면 여러 가지 예를 들 수가 있습니다. 먼저 故 Daniel Bouchez연구원을 예로 들 수 있습니다. 이 사람은 프랑스 국립과학연구원의 연구원이었는데 1980년대에 「사씨남정기」를 번역했습니다. 또 1990년대로 들어가서 허균의 『홍길동전』을 예로 들 수 있습니다. 번역자는 Patrick Maurus인데, 제가 한국학 석사과정이었을 때 제 지도교수였습니다. 또 이병주 선생님을 예로 들 수 있습니다. 원래 파리 7대학의 교수였는데 16세기 조선 詩 선집을 불어로 번역했습니다. 그런데 여기서 보시다시피 번역하신 분들은 故人이 아니면 다 퇴직하신 할아버지나 할머니들입니다. 이제는 고전 문학을 전공하는 젊은 교수가 없습니다. 다만 지금 박사과정 중에 한 명이 있을 뿐입니다. 그래서 한국 고전문학을 전공하는 사람이 지금 현재로서는 거의 없는 상태입니다. 다만 문학 범위를 넘어서 조선시대 사상권역의 번역을 말하자면 한 예가 있습니다. 율곡 이이의 『격몽요결』 번역이 하나 있습니다. 번역자는 Isabelle Sancho로 원래 율곡 전문가인데 이 사람도 프랑스 국립과학연구원의 연구원입니다. 그리고 이 책은 10년 전에 번역되었습니다. 조금 있다가 제가 다시 그 책을 언급하겠습니다.

그리고 그 외 나머지는 한국 고전 문학의 번역은 다 문제가 있습니다. 제가 예를 하나 들겠습니다. 여기 'Le Chant de la fidele Chunhyang'이라는 번역본이 있습니다. 당연히 춘향전의 번역입니다. 여기 잘 보시면 번역자가 두 명 있습니다. 한 명은 한국 여자입니다. 이 사람이 불어 능통자이고 번역작업은 자기가 혼자서 진행합니다. 그리고 그 옆에 프랑스 남편 혹은 프랑스 동반자겠지요. 이 사람은 한국어나 한문을 전혀 모르고 아내의 불어를 교정할 뿐입니다. 제가 얼마 전에 이 남자 분을 인터뷰했습니다. 이 아저씨는 심지어 서울에 살고 있었는데 한국말을 한 마디도 못했습니다. "서울에 살지만 한국말 배울 필요가 없다. 서울에서도 불어를 하는 사람을 만나기 때문에 한국말을 배울 필요가 없다. 그래서 제 아내가 번역하고 제가 고치는데 그래도 저는 번역자입니다." 이렇게 말을 해서 깜짝 놀랐습니다. 고전문학을 넘어서 한국 현대 문학의 경우도 불어 번역의 절반 이상이 그런 韓佛커플이 한 것입니다. 그래서 대체적으로 번역에 문제가 많이 있지요.

　다른 한 예로 비슷한 건데, 이 두 책은 중세 근세 시와 시조의 선집입니다. 이건 잘 안보이겠지만 번역한 사람은 한국 여자이고 자기 남편이 도와주는 겁니다. 그래서 당연히 문제가 있겠습니다. 또 큰 문제는 한문이나 한국어가 아니고 영어에서 번역한 경우가 있습니다.

　여기 'Mémoires d'une Reine de Corée'라는 것은 원래 'The Memoirs of Lady HYEGYONG'에서 번역한 것입니다. 이 책은 혜경궁 홍씨의 한중록입니다. 영어 번역자는 김자연인데 콜롬비아 대학교 교수였습니다. 지금은 돌아가셨지요. 이 번역은 아주 훌륭합니다. 그런데 불어 번역의 문제는 번역자가 한국에 대해서 전혀 모르고 그냥 영어에서 번역했다는 점입니다. 그래서 당연히 문제가 많은데 어쩔 수 없지요. 번역되었고 출판되었습니다.

　대부분의 불어로 된 한국 고전 문학의 원문은 한문이 아니라 언문입니다. 한문학은 지금 불어로 많이 번역되어 있지 않은 상태입니다. 연암 박지원 단편소설의 번역을 주로 서양언어로 번역이 된 것을 소개해드리겠습니다. 현대 한국의 번역본은 다양하고 많아서 제가 여기에서 언급하지 않겠습니다. 다만 영어와 불어의 번역본을 언급하겠습니다.

먼저 영어 번역을 간단히 소개해 드리겠습니다. 2011년에 Emanuel Pastreich 한국 이름은 이만열이라고 경희대 교수입니다. 이 사람이 박지원의 단편소설을 모두 번역해서 영어로 서울대학교의 출판사에서 출판했습니다. 흥미롭게도 이 사람은 현재 2020년 미국 대통령 선거에 무소속으로 지난 3월에 출마했습니다. 관심 있으신 분들은 유튜브로 그것을 확인할 수 있습니다. 재미있습니다. 이 책의 번역은 나쁘지는 않습니다.

연암 박지원의 단편소설은 부분적으로 영어로 번역된 경우가 많습니다. 예를 들어서 많은 한국고전문학선집에서 허생전이나 양반전 아니면 예덕선생전을 볼 수 있습니다. 여기서 기억해야하는 것은 가장 유명한 단편소설이 주로 번역되었다는 점입니다. 주로 허생전과 양반전이 번역되었습니다.

최근에는 불어번역본도 생겼습니다. 제가 이 번역물을 2년 전에 우연히 발견했는데 처음에는 사실 화가 나기도 했습니다. 저도 박지원 번역을 하고 있는데 다른 사람이 먼저 그것을 출판했으니까 실망하기도 했고요. 그래서 한동안 번역을 포기할까 생각도 했는데 동료들의 권유로 계속 번역하기로 했습니다.

책 표지로 제가 설명을 해드리겠습니다. 제목이 'La Remontr ance du tigre' 즉 '호질'입니다. 그리고 부제가 'Histoires excentriques' 즉 '엉뚱한 이야기'라고 되어 있습니다. 제가 볼 때 박지원의 단편소설은 '엉뚱한 이야기'가 아니고 '풍자가 가득한 이야기'들인데 말이지요. 그걸 넘어서 더 큰 문제도 볼 수 있습니다. 책 표지에 보면 'Corée Moyen'이라고 '중세 한국'이라고 되어 있습니다. 박지원이 중세 한국의 인물이라고 말하고 있는 것이지요. 아시겠지만 한국의 중세는 고려시대와 조선전기에 해당합니다. 그런데 18세기를 중세 한국이라고 말한다면 저는 어색하고 이상하다고 느껴집니다. 더 큰 문제는 고전문학 작품을 한문 원문이 아니라 현대 한국어에서 번역했다는 겁니다. 번역자인 Cho Eun-ra는 한국여자입니다. 남자 Stephane Bois는 홍익대 불문과 조교수입니다. 여자는 아내인지 여자친구인지 어떤 사인지는 잘 모르겠습니다. 가장 큰 문제는 이 사람들은 18세기의 전문가도 아니고 주로 현대 한국어 번역본을 통해 그것을 불어로 번역했다는 점입니다. 그리고 이 사람들은 번역이 어려운 경우에 무조건 Pastreich의 번역을 참조했습니다. 이 사람들도 서두에 그 점을 인정했습니다. 결과적으로 두 번역자가 열심히 아름다운 불어로 번역작업을 했습니다. 그런데 여기저기 문제가 많은 편입니다. 이런 점들도 제가 번역을 하게 된 동기가 되었습니다.

2. 연암 단편소설의 번역 과정

이제는 연암 단편소설의 번역 과정으로 넘어가겠습니다. 먼저 현재 번역 상황을 간단히 소개해드리겠습니다. 제가 이미 번역한 단편소설은 허생전(2017~2018) · 양반전(2018~2019) · 광문자전 · 예덕선생전(2019~2020) · 옥갑야화 · 許生傳後識입니다. 거의 절반의 번역을 마친 셈입니다. 저는 학생들이랑 한 학기에 한 편이나 두 편을 번역할 수 있었습니다. 3년 전에 저희는 허생전을 번역했고 2년 전에는 양반전과 광문자전을 번역했고 올해에는 예덕선생전을 번역했습니다. 올해는 또 예외가 있었습니다. 제 학생 한 명이 변승업이라는 조선시대 유명한 역관에 대해 석사논문을 준비했습니다. 그래서 제가 그 학생한테 옥갑야화의 첫 부분을 번역하라고 했습니다. 아시겠지만 허생전은 옥갑야화의 일부분이지요. 옥갑야화의 첫 부분에는 주로 역관 이야기가 나오고 그리고 변승업이라는 인물에 대한 얘기가 나옵니다. 그래서 그 학생한테 그것을 번역하라고 하고 자기 논문에도 싣고 앞으로 출판할 책에도 싣게 했습니다. 그리고 허생전 후지는 제가 혼자서 휴가가 있을 때 번역했습니다.

아직 번역되지 않은 단편소설은 절반이 남았습니다. 마장전 · 민옹전 · 우상전 · 김신선전 · 호질 · 열녀함양박씨전이 남아 있는데 이것들은 아마도 다른 단편소설보다 어려울 것 같습니다. 그런데 제가 다행히 다음 달부터 안식년을 맞아서 내년까지 혼자서 완성하려고 합니다. 내후년에 출판사에다가 책을 넘길 생각입니다.

강의방식

제가 학생들이랑 같이 번역할 때 강의방식을 설명하겠습니다. 우리 학교는 한 학기가 12주밖에 안 됩니다. 그래서 제가 매주 학생들한테 다음 주의 번역을 집에서 미리 준비하라고 하거든요. 첫 주부터 7주까지 학생들 각자한테 한문의 이해도나 난이도 문제점을 집에서 잘 파악하라고 하고 그 다음에 강의실에서 다 같이 번역합니다.

뭐가 어디가 어려운지 서로 고민하면서 다 같이 번역합니다. 매주 학생들한테 다음 주에 우리가 번역할 것을 미리 줍니다. 어휘도 준비해 줘서 살짝 보고 참고하라고 하고 문제 있으면 얘기하라고 미리 알려 줬습니다.

학기 후반에는 강의하기 전에 학생들한테 2-3명씩 모여서 제대로 된 번역을 하라고 합니다. 그 다음에 강의실에서 각자의 번역의 강점과 문제점을 비교하고 매주 학생들한테 점수를 줍니다. 매주 중간고사를 친다고 말할 수 있습니다. 그리고 기말고사는 단편소설의 나머지 부분을 번역하는 것입니다. 학생들은 평소에 재미있다고 생각하고 저도 그렇게 나쁘지 않다고 생각합니다.

기존 번역에 의지

우리가 번역할 때 기존의 번역을 참고하는지, 참고한다면 어떤 것을 참고하는지 궁금하실 수도 있습니다. 사실 저희가 번역할 때는 영어나 불어 번역물을 사용하지 않습니다. 저는 학기 중에 학생들한테 그런 번역을 공개하지는 않습니다. 어디서 찾을 수 있는지 얘기도 하지 않습니다. 광문자전 같은 단편소설은 번역물이 없어서 참고할 수도 없습니다. 그래서 저는 번역이 아니라 출판을 위해 영어나 불어번역을 참고하고 있습니다. 여러 번역본을 비교하고 소개글과 각주의 내용을 참조하면서 제것을 다시 수정합니다.

이렇게 번역을 진행하고 있는데 강의할 때는 가끔 한국어 번역물도 사용하기도 합니다. 제가 말하지 않아도 여러분이 잘 아시는 한국고전종합DB를 다들 이용합니다. 특히 원문이 어려울 때는 제가 학생들한테 한 번역본이 아니고 두 가지 아니면 세 가지 번역물을 제공하고 비교하라고 합니다. 번역하면서 비교하라는 뜻이지요. 예를 들자면 예덕선생전이 우리 학생들한테 조금 어려운 단편소설이었습니다. 이걸 번역하는데 시간이 오래 걸려서 우리 학생들이 많은 고생을 했습니다. 그래서 저도 고생했고요. 그래서 제가 학생들에게 두 가지의 번역물을 제공하면서 예덕선생전의 번역을 시켰습니다. 그 두 가지 번역물 중 하나는 한국고전종합DB의 번역이고, 또 하나는 연세대 허경진 교수의 청소년을 위한 연암 박지원 소설집이었습니다. 저는 학생들한테 이 두 가지 번역본을 비교하라고 했습니다.

아시다시피 대중이나 청소년을 위한 번역이 외국학생한테 훨씬 더 간단하고 이해하기가 쉬운 것이지만 그런 번역을 완전히 의지할 수는 없습니다. 이 두 가지 번역물을 통해 번역이 얼마나 어려운 건지 학생들에게 보여줄 수 있었습니다. 그리고 저는 한국어 번역을 통해 한문과 불어의 유사한 점을 더 쉽게 이해할 수 있다고 생각합니다. 왜냐하면 문법상 한문과 불어는 어느 정도 비슷한 점이 있기 때문입니다. 그래서 여러 언어를 비교하면서 비슷한 점과 차이점을 더 쉽게 파악할 수 있다고 생각했습니다.

학생들한테 두 텍스트를 보여주면서 어디가 문제인지 살펴보게 합니다. 유명한 교수인데도 번역에 문제가 생길 수 있습니다. 예를 들자면 예덕선생전의 마지막 부분에서 어떤 번역본은 '중용에 이르기를'이라고 했고 다른 번역본에서는 '옛 글 논어에 이르기를'이라고 했습니다. 똑같은 텍스트인데 하나는 중용이라고 하고 하나는 논어라고 했습니다. 그래서 학생한테 뭐가 맞는지 찾아보라고 했습니다. 그 외에 시경도 있고 밑에 좀 내려가면 주역도 있습니다. 이런 중국고전은 다 프랑스말로 이미 번역되어 있는 상태입니다. 그래서 제가 학생들한테 '너희들이 알아서 찾아라. 번역본이 있으니까. 좀 찾아보고 그 다음에 비교해라.'라고 했습니다. 한국어랑 한문이랑 비교하라는 것이지요.

또 하나의 연습은 진승·오광·항적과 같은 이름입니다. 이 세 사람은 중국 진시황 때 인물입니다. 그래서 학생들한테 진승·오광 그리고 항적은 어떻게 로마자로 표기해야 되는지 질문을 했습니다. Chin Sung, O Kwang, Hang Chok이라고 써야 되는지 아니면 Chen Sheng, Wu Guang, Xiang Ji로 표기해야 되는지. 당시에 절반의 학생들이 Chin Sung, O Kwang, Hang Chok이라고 썼고 또 다른 절반이 중국식 발음으로 썼습니다. 사실 여기서의 정답은 중국식 발음입니다. 이런 것들이 일종의 번역 연습이지요.

한문 강의일 뿐인가? 한문 강의는 단순히 한문강의일 뿐인가? 사실은 한문 강의일 뿐만 아니라 한문을 포함한 조선 시대 문화강의라고 말할 수 있습니다. 물론 저희 학생들은 본과 때 이미 조선시대사를 배웠습니다. 하지만 그렇게 자세히 배우지는 못했습니다. 그래서 제가 다시 한 번 그런 문화 배경을 항상 소개해야 됩니다. 연암 박지원 작품의 경우에는 당시 사람들의 일상생활을 소개해야 되고 신분제도를 또 자세히 설명해야 됩니다. 거기에 더해 관아의 운영도 설명해야 되고 조선의 역사지리 또나아가 동아시아 역사지리를 설명해야 되고 서울과 지방 사회도 설명해야 됩니다.

이렇게 되면 조선의 문화 수업을 넘어서 중국 고전에 대한 문화 수업도 됩니다. 아시겠지만 박지원은 사서오경과 사마천의 사기 등 중국 고전을 열심히 봤습니다. 이런 책들을 단편소설 수업을 하면서 소개하게 되고 소개뿐만 아니라 인용을 하기도 합니다. 그래서 박지원 단편소설에 대한 수업은 조선 문화 수업도 되고 중국 문화 수업도 됩니다.

신분제도

신분제도에서 양반이 무엇인지 자세히 설명했습니다. 하지만 박지원을 연구하려면 사농공상을 넘어서 천민을 이해해야 합니다. 예덕선생전에서는 분뇨수거인이 주인공이고 광문자전에서는 거지가 주인공입니다. 그래서 저도 사학자로서 조선시대 분뇨의 역사를 공부하게 되었습니다. 그런데 단지 조선시대 분뇨만을 연구한 것이 아니고 분뇨 수거를 통해 조선 대도시의 경향을 이해할 수도 있었습니다. 문학은 픽션이라고 말합니다. 하지만 18세기 조선을 이해하는데 박지원의 단편소설은 큰 도움이 된다고 생각합니다.

관아의 운영

제가 아까 박지원의 단편소설을 이해하기 위해서는 관아의 운영에 대해 알아야 한다고 했습니다. 특히 양반전에서는 관아의 운영을 소개해야 됩니다. 양반전에서 동네 부자가 가난한 양반의 양반 지위를 사려고 합니다. 그 마을의 군수는 부자의 이런 행위를 야단스럽게 칭찬하고 나서 이런 사사로운 매매는 소송의 단서가 되므로 명문이라는 공적인 문서를 만들어야 한다고 명하고 관아로 모든 고을 사람들을 불러놓고 명문을 만들었습니다. 그래서 이런 경우에는 우리가 어쩔 수 없이 관아의 운영과 소송의 진행, 매매 명문 등을 소개해야 됩니다.

兩班傳 부자가 양반지위를 사는 명문

於是郡守歸府。悉召郡中之士族及農工商賈。悉至于庭。富人坐鄕所之右。兩班立於公兄之下。乃爲立券曰：

"乾隆十年九月日。右明文段。賣兩班爲償官穀。其直千斛。維厥兩班。名謂多端。讀書曰士。從政爲大夫。有德爲君子。武階列西。文秩叙東。是爲兩班。任爾所從。絶棄鄙事。希古尙志。五更常起。點硫燃脂。目視鼻端。會踵支尻。東萊博議。誦如氷瓢。忍饑耐寒。口不說貧。叩齒彈腦。細嗽嚥津。袖刷毳冠。拂塵生波。盥無擦拳。漱口無過。長聲喚婢。緩步曳履。古文眞寶。唐詩品彙。鈔寫如荏。一行百字。手毋執錢。不問米價。暑毋跣襪。飯毋徒髻。食毋先羹。歠毋流聲。下箸毋舂。毋餌生葱。飮醪毋嗚鬚。吸煙毋輔窊。忿毋搏妻。怒毋踢器。毋拳毆兒女。毋罵死奴僕。叱牛馬。毋辱鬻主。病毋招巫。祭不齋僧。爐不煮手。語不齒唾。毋屠牛。毋賭錢。凡此百行。有違兩班。持此文記。卞正于官城主。旌善郡守押。座首別監證署。"

於是通引掲印錯落。聲中嚴皷。斗縱參橫。

양반전에서 인용한 위의 글은 부자가 양반지위를 사는 명문입니다. 정말 풍자가 가득한 명문인데 학생들은 조선시대 매매명문이 뭔지 잘 모릅니다. 그래서 진짜 매매명문이 뭔지 비교해야 되겠다고 생각했습니다. 그래서 제가 수업할 때는 18세기 토지 매매명문을 보여주고 그 비슷한 점을 느낄 수 있게 합니다. 실제 매매명문과 양반전의 매매명문을 비교해 보면 형식적으로 비슷하지요. 이런 과정을 통해서 학생들은 더 쉽게 이해하고 더 재미있게 번역할 수 있습니다.

역사지리(1) 예덕선생전

다음은 역사지리에 관한 문제입니다. 예덕선생전을 예를 들자면,

蟬橘子有友曰穢德先生。在宗本塔東。日負里中糞。以爲業。

'선귤자유우왈예덕선생, 재종본탑'이라고 하는데 여기서 종본탑이 어디에 있는지 학생들에게 좀 보여주고 싶었습니다. 그래서 김정호의 首善全圖를 이용해서 학생들에게 종본탑의 위치를 보여줬습니다. 종본탑은 지금 탑골공원에 있습니다. 박지원은 1780년대 말에 여기로 이사했고 그 계기로 예덕선생전을 지었습니다. 이런 식으

로 설명해야 학생들도 쉽게 이해하고 번역하고 출판할 때 소개 글에도 이러한 설명이 필요합니다.

　譽之而不加榮。毀之而不加辱。枉十里蘿蔔。箭串菁。石郊茄苽水瓠胡瓠。延禧宮苦椒蒜韭葱薤。靑坡水芹。利泰仁土卵。田用上上。

　위의 예문은 예덕선생전의 일부입니다. 여기 여러 지명들이 있는데 다 서울 여기저기의 지명입니다. 학생들이 서울에 가봤다고 해서 이 지명들을 아는 것이 아닙니다. 그래서 다 다시 설명해주어야 합니다. 또 '田用上上'에 대해서는 학생들한테 田品制를 설명해야 됩니다. 上上田이라는 것은 좋은 田地 중에서도 가장 좋은 전지라는 것을 설명해야 되는 것이지요. 그래서 수업할 때는 한문번역을 넘어서 18세기 역사 수업을 겸한다고 말할 수 있습니다.

역사지리(2) 허생전

　許生居墨積洞。直抵南山下。井上有古杏樹。柴扉向樹而開。草屋數間。不蔽風雨。然許生好讀書。妻爲人縫刺以糊口。一日妻甚饑。泣曰。子平生不赴擧。讀書何爲。許生笑曰。吾讀書未熟。妻曰。不有工乎。生曰。工未素學奈何。

　허생전 첫 부분에 '허생거묵적동'이라고 되어 있는데, 묵적동은 남산 근처에 가난한 양반들이 거주하는 곳이었습니다. 조선시대 사료에서는 墨洞이나 墨寺洞이라고 표시되어 있고 墨積洞은 찾아볼 수가 없습니다. 인터넷으로 묵적동을 쳐보면 항상 허생전만 나옵니다. 그런데 다른 DB를 찾아보면 墨積은 전혀 안 나오고 墨洞이나 墨寺洞으로만 나옵니다. 그래서 저는 혹시 묵적동이 연암 박지원이 좋아했던 말장난이 아닐까 생각해봅니다. 묵적은 '먹이 쌓여 있는 것'이니 쓸데없는 양반, 쓸데없는 선비가 모여 있는 것이 아닐까? 하는 것이 제 개인적인 생각인데 여러분들께서는 어떻게 생각하실지 모르겠습니다.

3. 번역의 여러 문제점

이제 번역의 여러 문제점에 대해서 얘기하겠습니다. 여기에 대해서는 세 가지 포인트를 제시하겠습니다. 첫째, 저본/정본과 이본의 문제. 그 다음 번역 모형의 문제. 마지막으로 번역 문제의 몇 가지 사례를 아주 간단하게 얘기하겠습니다.

저본/정본과 이본(1)

먼저 저본/정본과 이본의 문제를 보겠습니다. 연암집은 20세기에 들어와서야 처음으로 출판되었습니다. 그전에는 필사본들이 있을 뿐이었고 1932년이 되어서야 박영철이 엮은 연암집이 간행되었는데, 이것은 한국고전종합DB에서 찾을 수 있는 것입니다. 열하일기의 경우에는 연암집의 일부분입니다. 열하일기는 1780년대부터 널리 유통되었습니다. 필사본 말고도 출판이 되었기 때문에 지금도 한국이나 외국에서 여러 판본들이 있습니다. 저는 이가원 선생의 교감본으로 번역을 시작했습니다. 아시다시피 이가원 선생은 1960년대부터 여러 판본을 비교해서 열하일기를 번역했고 그래서 제가 그걸 이용했습니다.

저본/정본과 이본(2)

열하일기의 정본화에 대해서는 이가원 선생의 공헌이 크지요. 지금 저도 여기서 그 책을 사용하니까요. 그런데 여러 학자들이 최근 몇 년 동안 열하일기의 여러 이본을 찾았습니다. 그래서 저도 내년에 코로나 바이러스가 없어져서 한국에 가게 되면 여러 이본을 검토해볼 생각입니다. 출판하기 위해서는 그런 작업이 필수겠지요.

박지원 단편소설의 번역 모형

두 번째 문제는 박지원 단편소설의 번역 모형에 관한 문제입니다.

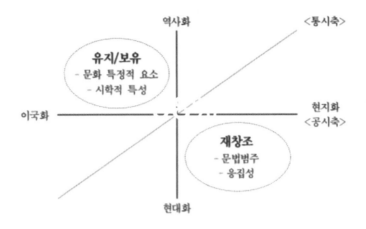

제가 여기서 james S. Holmes의 그래픽[1]을 이용했습니다. 어떤 한국학자가 한국어로 번역한 것을 제가 그대로 카피한 것인데요. 우리 번역하는 사람들은 대체적으로 유지/보수파와 재창조파가 있습니다. 저희가 완벽한 번역을 하려면 위의 표에서 가운데에 서야 하고 그것이 이상입니다. 하지만 저는 완벽한 사람이 아니라서 유지파에 속합니다. 저는 되도록 원문을 음미해보는 것이 좋다고 생각하거든요. 지나치게 원문텍스트를 유지하려면 어색합니다. 하지만 생각보다 유지할 수 있는 것이 많습니다. 이와는 반대로 제 느낌상 영어권의 한문번역은 대체적으로 재창조파에 가까운 것 같습니다. 어떨 때는 아주 '極재창조파'에 속하는 것 같기도 하고요. 제가 알기로 미국 측 출판사들은 너무 많은 각주를 포함한 어려운 번역을 원하지 않고 다만 이해하기 쉬운 번역을 요청한다고 합니다. 그러니까 주로 유지보다는 재창조나 이해하기 쉬운 번역을 하게 된다는 것이지요. 하지만 저희들이 지금 하고 있는 번역은 프랑스 전통을 잇고 있기 때문에 이와는 조금 다르다고 강조하고 싶습니다.

소설 제목의 번역 문제(1)

번역의 문제는 너무 많은데 간단한 문제 몇 개만 예를 들어 보겠습니다. 소설 제목의 번역 문제를 소개해드리겠습니다. 먼저 허생전입니다. 불어나 기타 서양언어로

1) james S. Holmes, Translated! Papers on Literary Translation and Translation Studies (1988)

한문을 번역할 때는 우리가 모든 것을 번역해야만 합니다. 한문을 현대한국어로 번역할 때에는 필요하지 않은 번역을 저희들은 전부 번역해야 한다는 것입니다. 그것을 소설의 제목으로 설명해 보겠습니다. 원래 허생전은 제목에 없었습니다. 20세기 초에 제목이 추가되었지요. 한문에서나 현대한국어에서나 '허생'은 '허생'입니다. 한국사람들은 다 이해합니다. 하지만 영어나 불어나 다른 서양 언어로 번역할 때 그냥 '허생'이라고 할 수 없습니다. '허생전'이라는 세 한자를 다 번역해야 하는 것이지요. 제가 다섯 가지의 번역을 보여드리겠습니다.

1) The Story of Master Hô(McCann)
2) The Story of Gentleman Hô(Lee)
3) The Tale of Student Heo(Pastreich)
4) L'histoire de Heo Saeng(Cho-Bois)
5) L'histoire de lettré Hô(우리)

하나는 하버드 교수인 McCann의 번역인데 'The Story of Master Hô'로 번역했습니다. 그리고 미국 어느 대학교의 피터 리는 'The Story of Gentleman Hô'로 번역했고요. 또 미국 대선에 출마한 Pastreich 선생은 'The Tale of Student Heo'라고 번역했습니다. 이제 불어번역을 보겠습니다. 제 경쟁자인 두 번역가는 'L'histoire de Heo Saeng'이라고 번역했습니다. 저는 'L'histoire de lettré Hô'로 번역했고요. 여러분은 어떻게 생각하시는지 모르겠지만 여기서는 '許'도 문제가 안 되고 '傳'도 문제가 안 됩니다. 'Story'나 'Tale'이나 사실 똑같으니까요. 불어에서 'L'histoire'는 'Story'와 똑같은 말입니다. 여기서 문제가 되는 건 '生'입니다. 여기서 '날 생'자는 '서생'이나 '선비'라는 뜻입니다. 즉 학식은 있으나 벼슬하지 않은 사람이지요. 그래서 이걸 'Master'라고 번역하면 잘못된 것입니다. 'Master'은 '선생'이니까 번역이 잘못된 것이지요. 또 'Gentleman'은 조금 어색합니다. 'Gentleman'을 한국어로 번역하면 '신사'가 되는데요. 그러면 '허 신사전'이 되는 거지요. 좀 어색합니다. Pastreich가 번역한 'The Tale of Student Heo'의 경우, 여기서 'Student'는 '서생'이라는 느낌이 듭니다. 그런데 우리 현대인들은 'Student'라고 하면 20대 초반의 사람을 생각하는데 사실 조선시대는 이것과는 달랐습니다. 서생들은 30대, 40대, 50대, 60대도 있었으니까요. 그래서 'Student'라는 번역은 문제가 좀 있습니다. 이 중에서 Cho-Bois의 번역은 최하의 번역이라고 생각합니다. 'L'histoire de Heo Saeng' 그냥 '허생'이라고 번역했습니다. 책에서 이 두 사람은 이에 대해 Pastreich의 영어번역본을 인용하면서 왜 '허생'을 선택했는지 등에 대해 긴 각주를 추가하긴 했습니다. 그렇지만 결과적으로 문제가 되는 번역입니다. 'Heo Saeng'을 보면 이름인 것 같잖아요. 'Heo'는 성, 'Saeng'은 이름. 그래서 제가 학생들이랑 선택한 번역은 'L'histoire de lettré Hô'입니다. 'lettré'는 바로 '선비'나 '서생'의 뜻입니다. 그래서 제가 볼 때는 가장 알맞은 번역입니다. 다들 어떻게 생각하시는지 모르겠지만 제가 보기에는 'Master'나 'Gentleman'이나 'Heo Saeng'보다는 훨씬 나은 번역이라고 생각합니다.

소설 제목의 번역 문제(2)

또 하나의 예를 들자면 「廣文者傳」이 있습니다. 「광문자전」은 현재 영어나 불어번역이 두 가지 밖에 없습니다.

1) The Tale of Gwang Mun the Beggar(Pastreich)
2) L'histoire de Gwang-mun le mendiant(Cho-Bois)
3) L'histoire du dénommé Kwangmun(우리)

여기 보시면 Pastreich가 영역한 'The Tale of Gwang Mun the Beggar'는 '거지 광문의 傳', 즉 '거지 광문傳'이 되는 것이지요. Cho-Bois의 불어번역을 보면 'L'histoire de Gwang- mun le mendiant'.입니다. 이것은 Pastreich의 영어번역을 그대로 불어로 번역한 것입니다. 'L'histoire'는 'The Tale', 'Gwang Mun'은 'Gwang-mun', 'the Beggar'는 'le mendiant'. 완전 똑같습니다. 여기는 두 가지의 문제가 있다고 할 수 있습니다. 첫 번째 문제는 '廣文'입니다. '廣文'이 무엇인지? 이름인지? 廣氏인지? 사실 한국의 사라진 성씨 중에 廣氏가 있긴 합니다. 그런데 조선시대 거지나 천민들은 성씨를 가진 사람이 거의 없었으니까 제가 볼 때 '광문'은 이름입니다. 그래서 Pastreich가 'Gwang Mun'이라고 번역한 것은 틀린 것이지요. 그래서 저희는 'Kwangmun'으로 붙여서 썼습니다.

또 한 가지 문제는 '者'자입니다. Pastreich와 Cho-Bois는 모두 '거지 광문전'이라고 번역했습니다. 저는 원제목에 '거지'라는 말이 나오지 않기 때문에 '거지'라고 번역하지 않고 '者'에 주목해서 'L'histoire du dénommé Kwangmun'이라고 번역했습니다. 'dénommé'는 '~라는 사람'이라는 뜻입니다. 그러니까 저희의 번역은 '광문이란 사람의 傳'이 되는 것이지요.

앞서 설명 드린 것과 같이 저는 번역에 있어서 '유지'파에 속합니다. 여기서 Pastreich와 Cho-Bois의 번역은 '재창조'에 속하는 것입니다. 어느 것이 맞는지는 여러분이 알아서 판단하시고 좋은 조언해주시기 바랍니다.

兩班傳

부자가 양반지위를 사는 명문

또 하나의 번역 상 문제점은 '명칭'입니다. 조선시대의 관직과 같은 일반적인 '명칭'이 문제가 되는데요. '부자가 양반지위를 사는 명문'도 사실은 번역하기가 쉽지 않습니다. 그래서 학생들과 함께 번역할 때 고생을 많이 했습니다. 학생들 입장에서는 배우지 않은 한자가 너무 많아서 시간이 좀 걸렸습니다. 그런데 더 큰 문제는 관직이나 관아의 명칭들이었습니다. '郡守'는 번역하기 어렵지 않았습니다. 그런데 '鄕所'·'公兄'·'東班'·'西班'과 같은 것들은 쉽지 않았지요. 그나마 '東班'·'西班'은 그래도 나았습니다. '座首別監'·'通引'과 같은 한자는 한국어로 번역하면 '座首別監'은 그냥 '좌수별감'이고 '通引'은 그냥 '통인'입니다. 하지만 이것을 서양언어로는 다 번역해야 합니다. 그냥 'Jwasubyeolgam'이나 'Tong-in'이라고 번역할 수는 없으니까요.

Maurice Courant(1865~1935)

프랑스 한국학의 선구자

모리스 꾸랑은 19세기 말에 2년 동안 서울에서 살았습니다. 그때 서울에 있으면서 프랑스 영사의 통역을 맡았습니다. 그때 2년 동안 있으면서 '한국 역대 행정-관직 총람'을 저술했습니다. 불어로 'Répertoire historique de l'administ ration coréenn'이라고 합니다. 지금은 인터넷으로 다 확인할 수 있습니다. 여기에는 관아의 여러 관직이 거의 다 번역되어 있습니다. 그런데 '通引'과 '公兄'은 여기에 없습니다. 그래서 번역하기가 참 어려웠습니다. 그래서 어쩔 수 없이 각주로 처리해서 번역하기도 했습니다.

嚴行首

마지막으로 예덕선생전의 '嚴行首'를 보겠습니다. 嚴行首는 예덕선생전의 주인공입니다. 이 사람은 분뇨수거인이지요.

蟬橘子有友曰穢德先生。在宗本塔東。日負里中糞。以爲業。里中皆稱嚴行首。行首者。役夫老者之稱也。嚴其姓也。

선귤자(蟬橘子)에게 예덕선생이라 부르는 벗이 한 사람 있다. 그는 종본탑(宗本塔) 동쪽에 살면서 날마다 마을 안의 똥을 치는 일을 생업으로 삼고 지냈는데 마을 사람들은 모두들 그를 엄행수(嚴行首)라 불렀다. '행수'란 막일꾼 가운데 나이가 많은 사람에 대한 칭호요, '엄'은 그의 성(姓)이다.

예덕선생전 첫 부분에 '嚴行首。行首者。役夫老者之稱也。'라는 부분이 있습니다. 이 '嚴行首'를 Pastreich는 'Old Guy Yeom'이라고 번역했습니다. 사실 'yeom'이 아니고 'eom'이지요. 'Y'는 잘못 들어간 것 같고요. '行首'를 'Old Guy'라고 번역했습니다. 원문에 '老'가 있으니까 완벽한 번역이긴 합니다. 그런데 어려운 점이 있습니다. Cho-Bois 커플은 그냥 'Eom haengsu'라고 번역했습니다. 허생전에서 '허생'의 경우와 똑같습니다. 번역하지 않고 그냥 'Eom haengsu'라고 했습니다. 저희는 사실 아직도 '嚴行首'를 어떻게 번역을 할지 고민 중입니다. 여기에 대해 좋은 생각이 있으시면 얘기해 주시기 바랍니다.

4. 출판과 번역의 의미

마지막으로 출판과 번역의 의미를 간단하게 소개해드리겠습니다. 제가 번역을 끝내면 원고를 출판할 출판사는 Les Belles Lettres 출판사입니다. 'Les Belles Lettres'

를 번역하면 '純文學'이라는 뜻입니다. 이 출판사는 이미 출판에 동의했고요. 다만 우리가 번역 원고를 다 완성해야 출판할 수 있겠지요. 이 출판사는 오래된 역사를 가지고 있습니다. 1919년에 설립되었으니 101년의 역사가 있지요. 이 출판사의 출판물은 주로 학술연구나 번역물들입니다. 이 중 번역물에 주목해보면 세 가지의 번역물을 주로 번역합니다. 라틴어로 된 고대 로마시대의 고전을 번역하고요. 또 고대 그리스어로 기록된 고전과 한문으로 된 고전을 번역합니다. 고대 라틴어와 고대 그리스어 번역물은 주로 20세기, 1900년도 초부터 출판하기 시작했습니다. 그런데 한문은 10년 전부터 출판하기 시작했습니다. 그리고 세 가지 언어의 번역은 항상 똑같은 색깔로 표지를 만듭니다. 빨간색과 노란색, 파란색으로요.

한문번역물은 'Bibliothèque chinoise' 즉 '중국문화권 도서관'이라는 곳에 있습니다. 처음에 한문 번역물을 만든 사람들은 중국학 전문가였습니다. 당시에는 한국이나 일본의 자료는 생각하지도 못했고요. 그래서 '중국문화권 도서관'이라고 이름을 정했습니다. 이곳에는 중국 번역물도 있고 최근에는 한국 번역물과 일본 번역물도 생겼습니다. 한국 쪽 번역물로는 제가 앞에 언급했던 이이의 격몽요결 뿐입니다. 하지만 앞으로 출판 예정된 번역물은 여러 가지가 있습니다. 고려사 전문가 한 명이 해동고승전을 번역하고 있고 또 다른 한 명은 다산 전문가인데 다산 묘지명의 번역을 준비하고 있습니다. 그리고 저는 박지원 단편소설의 번역을 준비하고 있습니다. 번역예정물의 양이 많지는 않습니다. 여기서 우리가 알아야 할 것은 프랑스에서 한국 중세와 전근대를 연구하는 사람들은 소수이고 그 중에서도 고전을 번역할 능력이 있는 사람들은 더욱 드물다는 점입니다.

여기서 제가 강조하고 싶은 것이 있습니다. 그것은 Les Belles Lettres 출판사의 취지가 무조건 대역판을 출판한다는 사실입니다. 대역판이라는 것은 학술용이라고 할 수 있습니다. 그래서 저희들의 최종 목표는 이 번역물이 앞으로 백 년이나 이백 년 후에 학생들의 필수 참고서가 되는 것입니다.

아까 제가 언급한 고대 라틴어나 고대 그리스어 번역물은 백 년 전에 출판되었어도 아직도 사용하는 사람들이 많이 있습니다. 이런 고전 번역서들을 학술적으로 사용하지 않는 사람들은 책꽂이나 가구 위에 장식품으로 사용하고 있기도 하지요. 제가 그런 모습을 여러 사람의 집에서 봤는데, 이런 사실은 Les Belles Lettres 출판사의 번역물이 그 정도 명예가 있다는 말이기도 하지요. 이이가 지은 격몽요결 서문의 첫 페이지를 보면 왼쪽에 한문이 있고 오른쪽에 불어가 있습니다. 밑에는 각주가 아주 많고요. 그래서 앞으로 연구하는 사람들에게 큰 도움이 될 것이라고 생각합니다.

제가 번역하고 있는 허생전에 대해서 살짝 말씀드리겠습니다. 처음에는 박지원의 생애와 허생전에 대한 소개를 하고 그 다음에 대역판으로 번역을 했습니다. 각주는 앞의 책보다 많이 넣지는 않았는데 그래도 페이지마다 어쩔 수 없이 각주를 넣었습니다. 마지막 부분에 각주가 더 많은 편인데 만약 각주가 없다면 프랑스 사람들은 내용을 이해하지 못할 것 같습니다. 끝에는 누가 번역했는지 저본이 무엇인지 등을 기록해 두었습니다.

여기서 제 경험을 소개해 드리고자 합니다. 저는 한문학 작품을 전문적으로 번역하는 사람이 아닙니다. 2년 전에 박지원과 관련이 없는 한문 텍스트, 生地獄圖說이라는 책을 불어로 번역했습니다. 이 책은 光緒 을해년 즉 1875년에 중국 광동성에서 출판된 것입니다. 무슨 내용이냐 하면 19세기에 아메리카 대륙에 끌려간 중국 노동자의 비극에 관한 것입니다. 이 책 안에는 삽화도 있고요. 저는 처음부터 출판사에게 대역판을 요청했습니다. 그래서 결과적으로 Les Belles Lettres 출판사와 달리 영인본을 신게 했습니다. 이런 영인본을 통해 불어 번역뿐만 아니라 진짜 자기 눈으로 이 책의 원문을 음미해 볼 수 있게 하고 싶었습니다. 저는 이처럼 영인본 원문을 대역본으로 사용하는 방법도 나쁘지 않다고 생각합니다. 다른 분들은 어떻게 생각하실지 궁금합니다. 현재 저는 영어 번역본을 준비하고 있기도 합니다. 그런데 대역판이 가능한지 아직도 모르겠습니다. 출판사와 상의 중입니다.

지금 많은 양의 한국 고전이 영어로 번역 중입니다. 한 예로 한국학중앙연구원의 지원으로 100종의 한국 고전을 번역하고 있습니다. 일부는 이미 번역되고 출판되었습니다. 일부는 아직 완성되지 않았습니다. 다 완성되면 학자들에게 큰 도움이 되겠지만 아쉬운 점이 딱 하나 있습니다. 현재 99%의 출판사들이 원문을 신지 않고 있다는 점입니다. 당연히 책 제조에 있어 출판 비용이 문제가 되겠지만 한중연 같은 기관의 지원이 있어도 미국 측 출판사에서는 대역판을 고려조차 하지 않습니다.

한 가지 예를 들자면 격몽요결을 불어로 번역했던 여성 동료 분이 현재 서경덕의 화담집을 영어로 번역하고 있습니다. 미국 출판사 쪽에 제발 대역판을 허락해 달라고 요청했는데 그냥 거절당하고 동문서답으로 끝이 났습니다. 미국에서는 대역판의 출판이 불가능합니다.

또 최근에 출판된 19세기 동학에 대한 책을 예로 들자면 저자가 동경대전을 번역했습니다. 그 번역본의 첫 페이지를 보면 각주가 하나도 없고 다 미주입니다. 그냥 편하게 읽으라는 뜻이지요. 원문은 실려 있지도 않습니다. 한문학과 학생 여러분은 여기에 대해 어떻게 생각하실지 궁금합니다. 이것으로 강의 마치겠습니다. 감사합니다.

조선시대 지식인과 주자학
－ 추종과 연구의 차이

강 지 은 (국립대만대학 국가발전대학원)

안녕하세요. 저는 오늘 조선시대 지식인들이 주자학을 어떤 식으로 생각하고 다루었는지에 대해 말씀드리고자 합니다. 17세기 유학자들의 저작을 중심으로 하여, 주로 졸저『새로 쓰는 17세기 조선 유학사』[(2021)] 제4장에서 다룬 내용 중에서 복잡한 부분은 생략하고 배경 설명을 좀 더 덧붙이는 형태로 진행하겠습니다.

조선시대의 주자학

주자학은 주자로 인해 형성된 학술이라는 뜻인데요, 주자는 중국 남송시대[(1127~1279)]에 살았던 朱熹[(1130~1200)]를 높여 부르는 말입니다. 주희가 생존했던 시기에는 이 그룹 사람들이 정치적 박해를 받는 일이 더 많았지만, 그 후 원대에는 관학의 지위에 올라 영향력을 발휘하고 이후 조선을 비롯한 동아시아 세계에도 큰 영향을 미쳤습니다.

조선시대 지식인들에게 주자학은 오늘날처럼 단순히 학술 분야에 국한된 존재는 아니었습니다. 1392년에 조선이 건국된 이래로 주자학은 체제 교학으로 존재했습니다. 체제 교학으로 존재했다는 것은 통치 방면에 주자학을 사용했다는 것을 의미합니다. 그리고 과거시험에도 주자학이 정답의 기준이 되었습니다. 당시의 유학자들은 당연히 주자학 연구에 힘을 쏟았지요.『논어』·『맹자』같은 경서를 읽을 때 우선 주자학에서 어떻게 해석을 하는지 철저하게 익혔습니다. 자신의 새로운 의견을 말할 때도 기존의 학설을 함부로 무시하는 태도나 말을 하지 않았습니다. 주자의 학설과 충돌하지 않고 조화를 이루는 방법을 고려했습니다. 왜 그랬을까요? 오늘날의 수험생의 마음을 생각해 보면 알겠죠? 주자학이 공무원 시험 정답의 기준인데 주자학은 틀렸다고 내 책에 쓴다면 이 책의 수요는 많지 않겠죠. 주자학과 크게 다른 해석을 흥미롭게 한번 볼 사람은 있을지 몰라도 많은 학생이 곁에 두고 참고하는 스테디셀러는 결코 되지 못할 것입니다.

무엇이 문제인가?

그런데 무엇이 문제인가? 이 주사학이나 조선시대 유학자에 대한 연구가 본격적으로 시작된 것은 우리나라가 식민지화하던 20세기 전후였습니다. 그때 조선시대 유학자들의 주자학에 관한 태도는 '주자학 일존주의', 즉 주자학만을 존중하고 주자학만을 추종했다고 비판받았습니다. 그래서 주자학설을 거론한 저작들은 모두 주자학을 추종한 것인 듯이, 그리고 주자의 해석에 반대하여 이견을 제출한 저작들은 주자학에 대한 비판정신을 표현한 것인 듯이 그렇게 해석되는 경우가 많았습니다. 이러한 상황에서는 주자학 이론을 상세히 분석한 저작들의 내용과 방법이 한국 유학사의 큰 주제로서 연구되고 한국학술사의 최대 특징으로 주목받기는 매우 어려웠습니다.

식민지시대의 조선유학사 비판

식민지 시대에 조선유학사 연구는 어떤 식으로 이루어졌을까요? 대강을 말씀드려 본다면 일본 식민당국의 어용학자가 '조선 유학자는 주자학을 추종하기만 했고 독창성이 전혀 없다.' 이렇게 주장하면, 우리 학계는 주자학에 지나치게 편중된 조선시대 유학자의 학술을 비판하는 한편, 그에 대한 반론으로서 그와 다른 면모의 유학자를 발굴하는 일에도 힘을 기울였습니다.

우리 학계에도 일본 어용학자와 같이 조선 유학사에 대한 비판적 시각이 많았던 이유는 무엇일까요? 첫째는 우리 학계가 나라가 왜 망했는가? 왜 망해가는가? 라는 원인을 찾고자 했기 때문이라고 생각합니다. 둘째는 일본인 학자와 동일한 기준으로 우리 역사를 회고했기 때문이라고 생각합니다. 그럼에도 불구하고 그들은 일본인 어용학자의 비판과 동일한 논조로 계속 가지는 않았습니다. 예컨대 '조선 유학은 주자학만 추종하는 비독창적인 것이다.'라는 일본 학자의 비판에 대해, '조선에도 주자학과 다른 양명학파가 존재했고 주자학을 비판했던 사람도 존재했다.'라고 반론했습니다. 그래서 조선시대 유학사에 관한 연구가 주자학을 비판한 사람을 발견해 내고 그 독창성을 찬미하는 방향으로만 서술되곤 했습니다.

요컨대 조선시대 학술에 대한 연구는, '식민'이라는 배경에 의해서 '주자학 연구'라는 조선 시대 유학사의 최대의 특징을 세밀하게 고찰하기보다는 이것의 문제점이 무엇이었기에 우리가 나라를 잃었을까? 주권을 잃었을까? 하는 관점에서 폐해를 찾는 것으로부터 시작된 것입니다. 그리고 다른 한편에서는, '조선 유학사는 비독창적이다.'라는 지적에 대해, '아니다. 독창적인 것이 있다.'라고 하고, '주자학을 추종하기만 했다.'라는 지적에는, '아니다. 주자학을 비판한 유학자가 있다.'라는 식으로, 외부로부터 주어진 주제에만 매달려 있던 것입니다. 그래서 그렇게나 많은 조선시대 주자학자들이 그렇게 무수한 저작을 통해 무엇을 했는지 제대로 알아야 한다는 인식은 좀처럼 생겨나기 어려웠습니다.

조선 유학자는 무엇을 했을까

주자학 이론에 밝은 조선 유학자들은 주자학에 대해 토론한 많은 문헌을 남겼습니다. 그러므로 이들 문헌에 대해 명확히 인식하는 것이 조선시대 유학의 실제 양상을 파악하는 관건이 된다고 저는 생각합니다. 그런데 세밀한 주자학 연구가 본격적으로 시작된 시기는 언제일까요? 17세기쯤이라고 생각하면 좋을 듯합니다. 조선왕조의 건국 이래로 많은 이들이 주자학 학습에 노력을 기울인 것으로 보입니다. 17세기가 되면 주자학 연구에 도움을 주기 위한 저작들이 다방면에서 출현합니다. 이러한 과정을 상세히 살펴보면 주자학을 추종이나 비판했다는 그런 측면이 아니라 그들이 주자학을 연구한 방법을 분석해 보고 그들이 전개한 학술의 모습을 제대로 파악하는 그런 고찰이 우선되어야 만 할 것 같습니다.

주자학 연구

조선 유학자의 주자학 연구는 어떤 모습이었을까? 주자학의 중심축이자 조선 유학자가 경서를 이해하는 기본적인 주석은 바로 주희의 『四書章句集注』입니다. 그런데 이 『집주』를 주희의 다른 저작들, 예컨대 서간문 혹은 주희의 강의를 기록한 『주자어류』 등과 대조해보면 서로 다른 부분이 많이 발견됩니다. 왜 그럴까요? 우리의 평상시 모습에 비추어보면 쉽게 이해가 갑니다. 우리는 각자 좀처럼 변치 않는 신념과 주장을 가졌지만, 가족, 친구 혹은 선생님 등 대화하는 상대나 상황에 따라 조금씩 뉘앙스가 달라지는 경우가 많죠. 주희의 여러 저작도 마찬가지입니다. 장소나 대화 상대방에 따라서도 다르지만 젊었을 때, 장년기 혹은 노년기 등 시간적인 흐름에 따라서도 변화나 모순되는 듯한 부분이 발견됩니다. 주희의『사서』해석을 예로 들면, 젊은 시절부터 여러 번의 변화를 거치면서 그의 사서학 체계가 성립했고 생애 후반에 그 체계가 완전히 성립된 이후로도 그는 계속해서 새로운 견해로 개정을 해갔습니다.

주자학의 핵심 서적

그러면 주자학의 핵심 서적이 무엇일까? 간단히 살펴보겠습니다. 중국의 연호로 보면 순희 4년, 즉 1177년에 주희는 자신이 편집한『논맹정의』의 정수를 모아서『논어집주』와『맹자집주』를 저술합니다. 그리고 이전의『대학』과『중용』에 대한 해석을 전면적으로 수정한『대학장구』와『중용장구』를 합하여『四書章句集注』를 완성합니다. 그렇게 해서 주희의 사서학 체계가 확립됩니다. 1182년에 무주에서 이 서적이 간행되었는데, 마침내 經學史에 있어서 五經과 짝을 이루는 '四書'의 명칭이 본격적으로 출현한 것입니다. 그러나 이것으로『사서장구집주』의 집필이 완전히 완료됐다고는 할 수 없습니다.

왜냐하면 주희는 그 이후에도 끊임없이『사서』에 관한 자기 학설을 반복하여 재검토하면서 대폭 개정했습니다. 일반적으로 주자학 관련 개설서를 보면, 그가 사망하기 1년 전인 1199년에 건양에서 간행한 것이 최후의 정본이라고 합니다. 그래서『사서』해석을 중심으로 하는 주희의 학설은 생에 전반에 걸친 저술이나 서간문, 교수 내용에서 서로 다르거나 심지어는 모순되는 부분이 발견됩니다. 주자학 학습이 필요한 조선 유학자들은 이러한 차이점이나 모순을 적극적으로 분석해서 변화과정을 체계적으로 파악하고 무엇이 주희의 정론인가 알아내고자 했습니다.

주자 '晚年 定論'

조선 유학자들은 주희의 최후의 정론을 알아낸다는, 주자 '晚年 定論' 확정 작업에 열심히 임하게 되어, 이러한 주제는 조선조 학술계의 주요 과제가 되었습니다. 그런데 이 과제는 이름 그대로 주희가 가장 마지막으로 말한 것이 정론이고 그 정론을 찾는 것이 그들의 진정한 목적이었을까요? 그렇다면 주희의 최후 저작이 무엇인지 찾아서 그 내용을 파악하면 답이 나올 것입니다. 그런데 조선 유학자들은 주희가 가장 마지막에 쓴 글을 찾아 그가 무슨 말을 했는지 찾는 방식으로 이 일을 진행하지 않았습니다. 그들은 주희 학설의 성립과정을 추적해서 체계적으로 어떻게 변화해 갔는지 설명해 내고자 하였습니다.

예컨대, 송시열(1607~1689)은, 주자와 주자학을 가장 추종했다고 비판을 받기도 하는 이 사람은 주희의 『論孟或問』과 『논맹정의』를 비교 연구하여 주희가 구체적으로 어떠한 사고를 하면서 선유의 학설을 취사선택 했는지 확인했습니다. 그리고 배우는 이들이 『혹문』과 『정의』의 내용을 비교하며 읽을 수 있도록 재편집한 서적을 편찬하였습니다.

『논맹정의』라는 책

그런데 송시열이 강조한 『논맹정의』라는 책은 주희가 1172년에 완성한 책으로, 『논어』와 『맹자』에 관한 북송시대 여러 선배들의 학설 중 중요한 것들을, 정호(1032~1085)와 정이(1033~1107) 형제의 말을 위주로 해서 편집한 것입니다. 주희의 『집주』체계가 성립되는 과정을 엿볼 수 있는 저작이지요. 주희가 이정 형제를 비롯한 제가의 어떤 학설을 기반으로 해서 자신의 지식 체계를 성립시켰는지 알게 해주는 책입니다. 그래서 주희는 『정의』의 정수를 뽑아서 『집주』를 저술했다고 하거나 『집주』는 『정의』의 정수라고 하면서 『정의』를 발판으로 삼으라고 이야기하곤 했습니다. 하지만 주희가 결정한 최후의 정론이 무엇인가를 구하는 사람들에게 이 책이 필독서일까요? 아니겠지요. 과정은 엿볼 수 있지만 최후의 정론을 여기에서 제시하고 있지는 않기 때문입니다. 조선유학자들은 '주자의 정론'을 찾는 중이라고 하면서 엉뚱하게도, 주희의 많은 저작들을 샅샅이 조사하면서 그의 사상체계의 성립과정을 정밀하게 조사했습니다.

주자학의 권위를 추종하는 일?

이렇게 주자학의 원전을 세밀하게 연구하며 체계적으로 섭렵하는 학술 경향은 무엇을 의미하는 걸까요? 주자학이 높은 권위를 가진 지역에서 늘 일어나는, 권위에 굴종하고 추종하는 일일까요? 그것을 생각해 보려고 합니다.

　조선 유학자들은 다음과 같은 식의 비판을 많이 받았습니다. 예컨대 주자학이 권위 있는 학문이라서 그 권위에 추종한 것이 비독창적인 조선유학자들이 하던 짓이었다는 비판입니다. 조선은 주자학이 관학이었습니다. 관학이었다는 말은 이것을 통치에 사용하고 인재 등용을 위한 과거시험의 표준 답안이 주자학이었다는 것을 의미합니다. 조선과 마찬가지로 주자학이 관학이었던 중국 원나라 때 학술계의 경향은 어땠을까요? 조선처럼 대다수 유학자들이 주자학의 원전을 세밀히 파악하는 조류 속에 있었을까요? 그렇지 않았던 것 같습니다.

이노우에 스스무(井上進)

　이노우에 스스무[중국출판문화사]는, 원나라 때에 주자학이 관학으로 정착됨과 동시에 어떠한 현상이 일어났는가 하면, 출판의 빈곤이 시작되었다고 합니다. 어떠한 분야에서 출판의 빈곤인가 하면 바로 주자학 방면입니다. 명나라 때에도 여전히 주자학이 관학이었으나 상황은 더욱 악화되었다고 합니다. 이노우에 스스무에 의하면, 주자학을 대표하는 주자나 이정 형제의 저작조차도 본래의 형태 그대로가 아닌 간략본이나 선본만이 출판되었습니다. 그런데 이것은 원나라 조정의 간섭에 의한 것이냐? 그런 원인만으로는 도무지 설명하기 어려울 정도로 극심한 출판의 빈곤이 있었다는 것입니다. 예컨대『程氏遺書』주자의『어록』^(주자의 어록을 각 주제별로 분류하여『주자어류』로 편집하기 전의 상태입니다.) 그리고『문집』이런 것들은 모두 주자학의 원전이라고 할 만한 저작들이고 매우 중요한 의의를 지닌 문헌들입니다. 이노우에 스스무는 이렇게 설명합니다. 이 책들은 정주가 아직 유력한 학파에 불과하였던 남송 당시에는 몇 번이고 重刊되거나 편찬되고 간행되었다. 그런데 주자학이 관학으로서 완전히 정착되는 원나라 때에 이르면 간행되었다고 밝혀진『유서』는 단 1종뿐이고『어록』으로써 간행된 것은 간략판인『類要』가 알려져 있을 뿐이다.『문집』도 몇 종의 선본, 즉 문장을 몇 편 씩 뽑아서 편집한 책이나『속집』은 간행되었지만 전집은 결국 출판되지 않았다고 합니다. 과거시험 준비에 가장 필수적인 문장만 뽑아놓은 이런 수험서들만 주로 출판되고 이것을 전체적으로 연구하는, 연구하기 위한 그런 서적은 거의 출판이 되지 않았다는 것입니다.

요컨대 주자학이 체제 교학으로서 자리하였던 원·명대 유학자 대부분은 정주의 논저를 본래의 형태로 섭렵했다기보다는 요약본이나 선집을 통해서 요점만을 취득했다는 의미일 것입니다. 달리 말하면 유학자들이 주자학의 원전을 철저하게 분석하며 연구하는 학술 조류는 주자학이 관학으로서 부동의 지위를 구축한 시대라고 해서 당연히 일어나는 그런 현상은 아니었고, 오히려 예외적인 현상이었던 것입니다. 그렇다면 조선 시대 유학사는 굉장히 특이했구나, 라는 것을 알게 됩니다.

17세기 조선 유학자들은 주자학의 원전을 비교·분석하면서 주희의 학설이 변화했고 여러 저술 간에 모순이 존재한다는 점을 확인했습니다. 주자학에 정통하면 할수록 주희 저작들 간의 모순을 상세히 알게 되었고 따라서 자타가 공인하는 철저한 '주자 신봉자'였던 송시열은 뭐라고 항상 말했는가 하면 "주자는 이 안건에 대해서 전후의 발언이 역시 다르다." 이렇게 제자들에게 설명을 했습니다. 그래서 그와 그 제자들은 주희의 학설이 서로 모순되는 문제에 대해서 본격적으로 탐구하는 일을 과제로 삼게 됩니다.

주희 학설에 대한 추적

그러면 주희 학설에 대한 추적 과정을 살펴보겠습니다. 송시열의 문집에 「朱子言論同異攷」題辭가 있습니다. 이 글을 읽어보면, 그는 이렇게 말합니다.『주자대전』과『주자어류』사이에는 異同, 즉 서로 다른 부분이 많다. 두 책은 각기 그 내부에도 즉,『주자대전』안에서도 서로 모순되는 말이 있고『주자어류』안에서도 서로 모순되는 말이 많다. 그 이유는 무엇일까?『대전』을 보면, 주자의 초년과 만년의 견해 차이가 있다. 이것은 젊은 시절에 저술한 것과 노년에 저술한 것이 서로 다르기 때문이다. 또『어류』의 경우 왜 모순되거나 상이한 내용이 발견되는가 하면, 기록자가 한 사람이 아니라 여러 학생들이었기 때문에 이러한 차이가 생기는 것은 당연하다. 그래서 내가 이 두 책을 서로 읽을 때 서로 다른 부분을 발견할 때마다 이것을 뽑아내어 서로 대조하여 참고할 기초자료로 삼았다. 그러나 이제 늙고 병들어서 작업을 시작만 하고 끝을 보지 못하게 되었으니 한스러울 뿐이다.

이후 송시열은 賜死되지요. 그래서 자신의 사후에 자신과 뜻을 같이하는 선비가 이어서 이 일을 완성해 주기를 바랐습니다. 그렇게 한다면 배우는 이들이 사물의 도리를 철저히 궁구하는 수양을 할 때 도움이 될 것이라고, 이렇게 당부를 했습니다.

　주희의 생각이 세월의 흐름에 따라 변화하면서 벌어진 차이와 기록자의 문제로 인한 차이 등을 밝혀서 체계적으로 정리하는 작업을 누군가가 완성해 주기를 바라는 송시열의 기대를 이루어 낸 것은 누군가요? 그의 재전제자인 한원진입니다. 그가 『주자언론동이고』를 완성했죠. 한원진은 주희의 언론에 대한 송시열의 연구를 더욱 발전시켜서 『주자대전』의 서간문이나 잡저, 『주자어류』, 『사서집주』 등 모든 서적을 상세히 조사하고 대조하는 작업을 했습니다.

　한원진은 『주자언론동이고』에서 주희의 다양한 문언을 '定論'에 비추어보아 그와 모순되는 것은 오류라고 하고, 이를 제대로 설명하기 위해 주희의 저작들이 지어진 시기를 철저히 조사했습니다. 저작 시기를 논증하기 위해 『주자연보』를 참조하기도 하고 저작의 내용을 분석해서 미숙한 설과 좀 더 무르익은 설을 구별해내는 방법도 다양하게 사용하고 있습니다. 그런데 그가 말한 '정론'이란 것이 과연 무엇일까 생각해 봅시다. 정론은 주자가 정한 것인가? 아니면 한원진이 정한 것인가? 이것은 주자학 추종인가? 아니면 주자학을 비판하려고 한 것인가?

주자는 聖人이 아니다.

　제자들이 기록한 언행록에 따르면 송시열은 "모든 말이 전부 도리에 맞는 것이 주자이며 모든 事跡이 이치에 합치되는 것이 주자이다. 만일 聰明叡智하여 온갖 이치를 통달한 자에 가깝지 않다면 분명히 이처럼 할 수 없을 것이다. 그러니 주자는 성인이 아니겠는가?'라고 항상 말씀하셨다. 그러므로 주자의 언행을 거친 것이라면 과감히 이행하고 의심하지 않았다."라고 했습니다.

　확실히 송시열이 남긴 저작 속에는 주희에 대한 절대적인 존경이 반복적으로 드러나 있습니다. 그런데 한편으로 송시열은 주희의 학설이 생애 전반에 걸쳐서 몇 번이나 변화해 갔다는 것을 확인하고 상세한 조사 작업을 행하기 시작했습니다. 송시열은 늘 제자들에게 이 문제에 주의를 기울여야 한다고 말했기 때문에 그의 문하에서 이를 철저하게 조사한 성과가 나오게 된 것은 당연한 일이라고 생각됩니다.

　주희의 학설이 재검토를 거듭해서 변화했다면 주희 만년의 학설에 비하여 젊은 시절의 저작에는 '틀린' 학설이 포함되어 있을 것입니다. 여기에서의 '틀린'은, 객관적으로 봤을 때, '옳다', '그르다'라는 그런 '틀린' 것이 아니라 주희 만년의 '定說'과 '다른' 학설이라는 의미겠지요. 그러므로 그 '다른' 부분, '틀린' 부분을 '옳은' 정설과 명확히 구별하는 작업이 필요합니다. 따라서 송시열은 늘 '주자는 성인이므로 그의 언설에 모순이 있는 것은 단지 早晩의 견해 차이가 있기 때문이고 『어류』의 경우는 전적으로 기록자의 실수'라고 말하였습니다. 그럼에도 불구하고 그가 전수한 사고방식을 끝까지 궁구한다면 최종적으로 도달하는 지점은 어디인가? 주자는 성인이 아니기 때문에 그의 학설이 몇 번이나 변화했을 것이라는 인식입니다.

이러한 인식을 한원진의 『주자언론동이고』 서문에서 찾아보겠습니다. 그는 다음과 같이 썼습니다.

經을 지은 前聖으로는 공자보다 훌륭한 이가 없고 義를 전한 後賢으로는 주자만큼 완비한 이가 없다. 그러므로 배우는 이들은 반드시 공자의 책을 읽은 뒤에 천하의 의리를 다할 수 있고, 또 주자의 책을 읽은 뒤에 공자의 책을 읽을 수 있다.

한원진의 말에 의하면, 우리가 해야 하는 최종 목표는 공자를 이해하는 것이죠. 그런데 공자의 말의 진정한 뜻을 알려면 주자의 책을 읽어야만 한다는 생각입니다. 공자와 주자는 어떤 차이가 있다고 생각했을까요?

공자는 聖人이라서 나면서부터 모든 것을 안 분이므로 그 말에는 젊은 시절과 만년의 차이가 없다. 그러나 주자는 배워서 알게 된 學而知之의 인물이다. 그래서 그 말에는 젊을 때와 만년의 차이가 없을 수 없다. 이 때문에 배우는 사람들은 각자의 의향대로 이를 取捨해서 종종 주자가 젊은 시절에 한 이야기를 '이건 주자 만년의 정론이다.'라고 하거나 만년의 설을 '초기설이다.'라고 해서 주자가 정말 나중에 확정한 뜻의 본질을 파악하지 못하는 이들이 많다. 그래서 나 한원진은 평생의 힘을 쏟아 그 차이를 분별하여 열에 거의 여덟아홉은 해답을 얻을 수 있었다. 그로부터 설명을 붙여서 『주자언론동이고』를 공개하려 하는데 그 발언 시기의 선후를 조사하기도 하였고, 증거에 합치되는지 검증하기도 하였고, 의리상 타당한지를 판단하기도 하였고, 젊은 시절의 설과 만년의 설을 분별해서 정론이 무엇인가? 그걸 확정한 논거는 무엇인가? 그것을 밝혀냈다. 그리고 말은 다르지만 의미하는 바가 동일한 경우도 있는데 이런 것도 모두 설명을 덧붙여서 배우는 사람들이 이해할 수 있도록 만들고 설명하고 하나의 책으로 엮었다.

한원진은 주희가 전한 의리를 바탕으로 해야 공자의 말을 올바르게 이해할 수 있다고 하기는 했지만 주희는 성인과 다른 존재라는 인식을 명확히 드러내고 있습니다. 이것은 송시열이 주희의 학설이 모순된다는 인식을 하고 있으면서도 그가 성인임을 의심하지 않고, 그렇게 주장했던 일관된 태도와는 다릅니다. 그러므로 한원진은 『주자언론동이고』에서 주희의 여러 언설 중 모순되는 부분에 대해서 그 견해가 아직 확정되지 않았을 때의 설과 확정된 후의 설을 구별해서 논하고 동시에 주희의 오류를 곧이곧대로 지적하기도 합니다.

그는 정자의 문언의 본지를 주희가 잘못 해석했다고 하기도 하고, 주희와 제자가 나눈 대화에서 그 대답이 적절하지 못한 부분을 들어 그 오류를 정정하기도 했습니다. 한원진은 이 책의 서문에서 어느 것이 주희의 정론인지 밝혔다고 말했지만, 본문을 모두 살펴봤을 때 이것은 주희 본인이 '이것이 나의 정론이다.'라고 분명하게 말한 부분을 찾아내는 작업은 결코 아니었습니다.

예컨대 주희 제자인 석자중이 편지로 주희에게 다음과 같이 질문을 했습니다. "주희가 쓴『克齋記』에서『논어』안연편의 '天下歸仁(천하가 仁에 귀의한다)'라는 말에 대해 해석했는데, 「극재기」의 선본과 후본에 이 부분에 대한 설명 내용이 매우 다르다. 그러니까 예전에 출판했던 것을 나중에 다시 출판할 때 주희가 수정을 많이 한 거죠. 그래서 '어느 게 옳습니까?'라고 했더니 주희는 '후설이 옳다'고 대답했습니다.

그러면 한원진은 이 편지를 보고서 '주희가 후설이 자기 정론이라고 했으니 후설이 정론이다.'라고 결론을 내려야 하겠죠. 그런데 그는 그렇게 쓰지 않았습니다. 한원진은『논어집주』에서는 오히려 前說을 채택했으며「극재기」에서도 최종적으로 그 단락이 바뀌었다고 합니다. 주희와 석자중이 생존해 있던 시기에 나온 후본 이후에 다시 나온「극재기」를 보면 이 단락이 삭제되어 있습니다. 그러므로 '후설이 옳다'는 말은 나중에 다시 번복되었다는 것이 한원진의 논증입니다.

『논어집주』는 나중에 최종적으로 출판된 수정본을 가지고 있기 때문에 이러한 논증을 할 수 있었던 거죠. 그리고 한원진은 편지글도 참조를 했습니다. 범백승에게 한 답신, 연숭경에게 한 답신, 양자순에게 한 답신, 증택지에게 한 답신 중에서 그 내용이 정론이라고 주희가 또 말을 했습니다. 그러므로 한원진은 어느 것이 정론인가를 밝히기 위해서 무엇을 봤을까요?「극재기」가 출판된 판본 여러 가지를 봤을 것이고요.『논어집주』에서 최종적으로 채택한 설이 무엇인지 확인하기 위해『논어집주』의 최종 판본을 봤겠지요. 그리고 주희의 편지를 확인했습니다. 지금은 전자판 사고전서에 「극재기」를 키워드로 검색하여 나오는 자료들을 쭉 뽑아서 읽어보면 되니 그다지 어려운 일이 아닙니다. 하지만 한원진 당시에는 전자판 사고전서가 없었죠. 이런 저작을 하나하나 다 봐야만 알 수 있는 내용입니다. 「극재기」에서 '天下歸仁'에 대해 설명한 부분이 판본에 따라 다른데, 과연 어느 것이 주희의 최종적인 학설일까? 이 한 가지의 논증을 위해서 한원진은 수많은 주희의 문장을 일일이 살펴보았던 것입니다.

한원진이 한 것은 그 자신이 직접 분석하여 체계화한 주자학에 비추어보아서 주희가 남긴 다양한 발언의 '옳고 그름'을 구별하는 것입니다. 즉 주희가 '이게 내 정론이다.'라고 한 말을 근거로 하여 '주희가 이게 정론이라고 했으니까 이게 정론이다.'라고 결론짓는 그런 작업이 아니었죠.

조선 후기에 강준흠이라는 사람이 그의 저작에서 이런 말을 합니다. 주희는 배워서 알게 된 자이기 때문에 그의 말에는 전후의 차이가 있다. 그 異同의 자취는 주희의 조예가 초기에는 얕았고 나중에는 깊어졌다는 것을 의미한다고 말하고 있습니다.

요컨대 조선시대 유학자들은 철저한 주자학 연구를 통해서 '주자는 날 때부터 聖人은 아니라서 처음부터 수준 높은 학설을 내놓은 것은 아니었다.'라는 생각을 도출하게 되었고 이를 확실히 표명했습니다. '주자는 성인이 아니다.'라는 표명은 '아무래도 주자의 말은 틀린 것 같아.' 혹은 '주자의 학설은 지금 세상에 도움이 안 되는군.' 하는 회의에서 생겨난 것이 아닙니다. 오히려 주자학을 정밀하게 연구하다 보니 주자의 저작에서 차이와 모순을 점차 발견하게 되고 그런 발견에서 이러한 생각이 도출되었다고 하는 것이 더 적합한 해석이 된다고 생각합니다. 주자학을 추종했다가 어느 날 깊은 반성을 통해 주자학 비판에 나섰던 것이 아니라 주자학을 학습하면서 주자학을 정밀하게 연구한 과정이었습니다. 이러한 연구 과정에서 "주자는 聖人이 아니다."라는 생각이 저절로 떠오르게 된 것입니다.

송시열 문하의 주자학연구방법론

그러면 송시열 문하의 주자학연구방법론은 왜 큰 주목을 받거나 연구되지 않았을까요? 송시열은 주자의 정론 확정이라는 과제의 수행을 위해서 주자학 원전에 대한 세밀한 연구를 추진했습니다. 그래서 저는 그들이 조선유학사에 활발한 학술연구의 기초를 구축했다고 생각합니다. 그러나 조선조 학술에 대한 연구가 본격화된 20세기 초반 이후로, 조선유학사에서 송시열 문하의 학술 동향은 거의 주목받지 못한 채, 주자학 연구에 기초를 구축한 자가 아니라 주자학만을 맹목적으로 추구하는 주자학 원리주의자로만 인식되었습니다. 20세기 초의 한반도에서 그 해답을 찾을 수 있습니다.

앞에서 말씀드렸듯이 20세기 초 나라의 주권 상실이라는 배경 속에서 조선유학사의 문제점에 대해 심각한 반성이 있었습니다. 송시열과 그 문하에 대한 학계의 인식은 20세기 초반의 이러한 상황과 밀접하게 관련됩니다. 조선시대 유학사는 오랫동안 주자학에만 편향되고 독창성이 없는 그런 虛와 假의 학술사였다는 반성 속에 있었습니다. 그 속에서 주자학 비판성 · 독창성을 지닌 인물을 발굴하는 작업이 활발하게 진행되었습니다. 즉 주자학파는 독창적인 견해와 대립하는 존재로서 설정된 것이죠. 이런 대립 도식에서는, 주자학 연구영역에서 '독창성'을 찾아내거나 연구방법론을 도출해 낼 가능성이 봉쇄되어 있겠지요. 이러한 까닭에 식민지 시대 이래로 우리 학계는 '송시열과 그 문하의 학술 동향이 우리 학술에 어떠한 기초를 쌓았을까? 조선시대 유학사에서 어떤 중요한 의미가 있을까?'라는 것을 밝혀내기보다는 주자만을 추종하고 주자학만을 추종한, 비독창적 집단으로만 바라보게 된 것입니다.

그렇다고 제가 송시열과 그 문하의 모든 것이 훌륭하다는 주장을 하려는 것은 아닙니다. 조선시대 문집 자료를 보면, 송시열이 중간파를 인정하지 않는 극단적 사고로써 유학자 세계를 분열시키는 행동을 한 것은 사실인 것 같습니다. 그가 남긴 내용들을 보면 그렇습니다. 예컨대 그는 윤휴를 사문난적이라고 배척하면서, 윤휴를 옹호하는 사람들을 맹렬하게 비난했습니다.

윤선거는 송시열에게 이런 말을 합니다. "義理는 천하사람 모두가 공유하는 것이다. 윤휴가 자기 소견으로 주자 주석을 평론하는데 안 될 게 뭐 있는가? 왜 이렇게 공격하는가?" 이에 대한 송시열의 대답은 다음과 같습니다. "주자 저작의 어느 부분에 대해 깊이 생각해 보고서 '이 부분은 의심스럽다.'라고 하는 것은 그래도 괜찮다. 그러나 윤휴는 무슨 짓을 했는가? 주자의 『중용』을 비판하고 자기의 학설이 옳다고 주장한다. 이래서야 되겠는가?"라고 했습니다. 그러니까 주자 저작에 대해서 '아, 이 부분은 조금 잘 모르겠다. 의심스럽다.'라고 하는 것 까지만 허용해야 된다는 것이죠. 그리고는 윤선거에 대해서 또 뭐라고 비난했는가 하면, "春秋의 법이라고 하는 것은 亂臣賊子에 대해서 그의 黨與를 먼저 징계한다."라고 했습니다. 난신적자는 윤휴이고 그의 당여는 윤선거라는 것이죠. 그런데 "왕도를 행할 이가 출현한다면 그 때는 사문난적인 윤휴보다 윤선거가 먼저 처벌받을 것이다." 윤선거가 '道는 모든 사람이 공유하는 것인데 그를 왜 그렇게 비난하는가?'라고 한 말에 대해, '왕도를 행할 이가 나타나면 너는 제일 먼저 처벌된다.' 이런 식으로 윤선거를 비난한 것입니다.

송시열은 '우리 편 아니면 적'이라는 식으로 생각하는 것 같습니다. 우리가 오늘날 흔히 보는 좋지 못한 토론의 방법이지요.

송시열 사후에 그의 문하는 그의 학술적인 뜻을 계승했습니다. 재전제자인 한원진이 『주자언론동이고』를 완성해낸 것이 바로 학술적으로 그의 뜻을 계승한 것이었습니다. 한편, 정치적인 행동면에서도 스승과 비슷했습니다. 그래서 스승과 대립했던 박세당(1629~1703)을 집요하게 공격해서 유배되도록 만들었고 최석정의 『禮記類編』이 毁版될 때까지 정치 공세를 멈추지 않았습니다. 최석정은 『예기유편』이 공격을 많이 받자 이렇게 말했습니다. "나는 주자의 뜻을 계승하여 이것을 만든 것이다.", "주자의 『의례경전통해』에 나와 있는 방법을 그대로 사용한 것이다." 그렇게 말했음에도 불구하고, 최석정의 『예기유편』은 계속 공격을 받아 결국 이 책을 더 이상 출판하지 못하도록 판목을 부숴버리는 결정인 훼판을 당하고 말았습니다.

이러한 정치적 태도는 스승인 송시열과 비슷하면서도 똑같지는 않은 부분이 있습니다. 송시열은 윤휴에 대해 "주자를 업신여기며 자기 설이 옳다고 여긴다."라고 공격하면서도 조익(1556~1613)에 대해서는 "마음속에 의심하는 바가 있어 지혜로운 이에게 질정을 받으려고 한 것일 뿐이다."라고 옹호했습니다. 송시열의 생각에 의하면, '내 설이 옳다.'고 한 사람은 틀려먹었고, '내 견해는 주자설과 조금 다른데, 이렇게도 볼 수 있지 않을까?'라고 한 조익은 괜찮다는 것입니다. 물론 송시열의 편파적인 잣대도 없지 않지만, 판단근거는 이렇게 뚜렷이 제시를 했습니다. 그런데 주희의 『의례경전통해』에 의거했다고 계속 일관되게 주장했던 최석정의 『예기유편』에 대해 송시열이라면 어떤 태도를 취했을까요? 아마도 배척하지 않았을 것 같다는 생각이 들기도 합니다.

실제로 17세기 조선유학계에서 어떤 이는 주희의 발언을 실마리로 삼아서 연역하고 어떤 이는 주희의 문언을 그대로 인용해서 자기 생각을 표시했습니다. 왜냐하면 그들은 주희가 읽은 서적을 구해서 공부하고 주희의 저작을 분석하고 정리하며 그의 문제의식을 공유했으며 이를 바탕으로 하여 자기 과제를 설정하고 수행했기 때문입니다. 주의의 견해에 동의하는 이들뿐만 아니라 주희와 다른 견해를 갖는 이라고 할지라도 주희 학설에 의거해서 주희 말을 사용해서 자신의 설을 전개했습니다. 17세기 조선 지식인은 주자학 서적을 늘 읽고 연구했기 때문입니다. '주자학 추종' 세력에 대항하여 '주자학 비판' 세력이 출현한 근거는 찾을 수 없습니다. 주의의 견해에 동의하거나 아니면 다른 견해일지라도 주희 학설에 의거하고 주희 말을 사용했던 이유는 무엇이었을까요? 독창성이 없어서였을까요? 권위에 기대려는 생각 때문이었을까요? 더 합리적인 설명은 없을까요?

당시 사회에 통용되던 것이 주자의 『사서장구집주』였고 많은 사람이 과거시험의 수험생이었지요. 이런 상황에서 새로운 학설을 내놓으면서 '주자의 이 학설은 틀렸다.'라고 하면 그다지 유용하지 않았겠죠. 시험 문제에서 주자 학설에 대해 논하라고 하는데 '주자설이 틀렸으므로 답을 할 수 없다.'라고 쓸 수는 없지요. 뭐, 쓸 수는 있겠지만 시험에 합격은 못하겠죠. 이 사회의 수험생들, 이 사회에서 유학자는 '주자학에서 이런 해석은 조금 이상한데? 어떻게 수정을 해야만 더 명확한 해석이 될까?'라는 질의에 대해 주희의 학설이나 그의 말을 사용하여 '이런 것이 아닐까?'라고 의견을 제시한다면, 많은 수험생이 참조할 수 있고, 이 사회에서 더 유용하게 이용될 가능성이 있었겠지요.

그렇다면 조선 유학자가 '주자와 다른' 자기 견해를 가졌을 때는 어떻게 했을까요? 앞에서 말씀드린 대로 주희의 최종적인 견해가 무엇이었던가를 고찰하는 '정론확정'은 조선유학계에서 가장 활발한 연구가 이루어진 주제였습니다. 이로부터 조선유학사에 새로운 견해를 제시하는 패턴이 탄생하게 되는데요. 이것은 자신의 견해가 옳고 주자가 틀리다는 식이 아닌, '내가 말하는 이것이 바로 주자의 정론이다.'라는 식으로 진행됩니다. 그런데 아무런 근거도 없이 주자의 정론이라고 주장할 수는 없지요. 그래서 '주자가 이런 저작에서 이렇게 말했기 때문에 나의 견해는 그것과 연관된 것이다.'라는 이런 형태를 취해서 자기 견해를 제시하는 패턴이 생기게 된 것입니다.

독창성의 부인

조선 유학자 대부분은 자신의 학설을 제시하면서 이것이 역사상 전무후무한 나의 독창적 견해라고 하지 않았습니다. 그들은 언제나 '이것은 주자의 말이지 내가 창조해 낸 말이 아니다.'라고 주장했습니다. 이런 주장을 그 말 그대로 반복하는 형태로 '조선 유학자는 주자의 말만 반복하고 자기 견해는 없었다.'라고 하고 끝내버린다면, 이것은 조선 유학자를 연구한 것이 아니라 그들의 말을 그대로 복사하여 옮겨 놓은 것이 되겠죠. 구체적으로 분석하여 정말 주자의 말과 같은지, 어떤 부분이 같고 어떤 부분이 다른지, 다름에도 불구하고 같다고 주장한 진정한 이유가 무언지 고찰하여 의의를 제시해야만 연구가 아닐까요?

어떤 유학자가 주희 경서해석에서 타당하지 않은 부분을 발견하고서 '주자의 해석은 틀렸다. 나의 해석이 옳다.' 이렇게 말하고 자기 해석을 제시하는 방법을 선택한다면 주희의 여러 저작을 대조해보는 복잡한 작업은 필요하지 않습니다. 일본 유학사의 유명한 인물들 예컨대 이토 진사이나 오규 소라이나 이런 사람들은 '주자는 고문사를 알지 못했고 그래서 경서를 모두 틀리게 해석했다.'라는 말을 자주 합니다. 그러면 제자들이 '아, 우리 선생님은 독창적이시다.'라고 했겠지요.

그런데 조선 사회에서는 이런 일이 거의 일어날 수 없죠. 우리가 흔히 상상하는 '주자학 일존주의' '정치적 탄압'이 무서워서 주자 해석에 감히 반대하지 못하는 그런 상황인 걸까요? 단순히 생각해 봅시다. 주자학이 체제 교학이고 과거시험에서 정답의 기준이 되는데, 선생님이 학생을 지도하면서, 주자의 해석이 틀리고 나의 새로운 해석이 옳으니 이렇게 익히라고 하면 이 선생님 문하에 학생이 가겠습니까? 답안지에 이렇게 쓰는 학생은 채점자에게 과거시험에 합격하지 않겠다는 의지를 보여주는 것이겠죠. 그러므로 먼저 조선 유학자는 주희가 말하려는 정확한 의미가 무엇인지 그것을 알아야 하고, 여러 가지 저작에서 다른 해석을 하고 있지는 않은지, 다양한 말 중에 어떤 것을 정설로 여겨야 할지 확인하고자 했습니다. 이러한 작업을 바탕으로 하여 자기 학설도 전개하였습니다. 주자학적 해석을 공부하다가 '어, 이건 좀 틀린 것 같은데.'라는 느낌이 들더라도 그렇게만 선언해버리고 끝낸다면 '저 사람은 주자 책을 좀 덜 읽었군.' 혹은 '그래서 어쩌자는 건지?'라는 반응을 얻게 되겠죠. 학계에서 의미 있는 학설이 될 가능성은 별로 없고, 또 잘못하면 정적들에 의해서 정치적으로 공격받는 그런 실마리가 되기도 하죠.

다시 말하면, 조선 사회에서 보편적 지식인 주자학을 무시하고 '주자는 틀렸다.'라는 형식을 취한다면, 지식이 부족하다는 소리를 듣기 십상이죠. 학술계에서 유의미한 이의 제기가 되려면 '주자는 이런 식으로 말을 했고 어떤 부분에서 변화가 있었다. 나는 주자의 어떠한 문언에서 힌트를 얻었다.'라고 해야 합니다. 그들은, 주희의 저술을 망라해 보았을 때 그의 말이 한 가지로 통일되지 않는다는 사실에 착안하여, '내 말은 바로 주자의 학설과 같다.'라는 방법을 사용한 것입니다.

조익의 방법

예를 들면, 조익은『대학』의 '誠意' 장에 대해 주희의 해석을 따르지 않고 새로운 견해를 제시했습니다. 그러나 그는 결코 '주희의 해석이 틀렸다. 내가 새로운 의견을 제시한다.'라고 말하지 않습니다. 그는 주희의 '성의'에 관한 견해는 여러 저작에 다르게 나타나는데『대학장구』에 쓴 해석은 주희의 정론이 아니라고 합니다. 주희의 서간문과『心經附註』에 보이는 내용이 주희의 정론이며, 내 설은 주희의 정론과 같다.'라고 합니다. 그러므로 '자기 학설이 주희의『장구』와는 다를 수 있지만, 주희의 정론과는 동일하다.'라고 주장합니다. 각 학설을 분석하는 작업은 제가 논문에 상세히 서술했으므로 따로 말씀드리지 않고, 조익의 이 말을 우리가 어떻게 해석해야만 진실에 가까울지에 대해 생각해 보겠습니다. 이를 그대로 복사하여 '조익의 학설은 주희의『장구』와는 다르지만, 주희의 정론과 동일한 것이다.'라고 하면 이것은 과연 조익을 연구한 것일까요?『대학장구』는 주희『대학』에 관한 정식 주석서로서 편찬된 책인데 이 책을 제쳐 놓고 서간문이나『심경부주』에 거론한 내용이 주희의 최종적인 학설이라고 해야 할까요? 더군다나, 주희는 사망하기 3일 전까지『대학장구』의 주석을 개정했다고 하는데 이것이 정론일까요? 아니면 더 오래전에 쓴 서간문에서 언급한 내용이 정론일까요?『대학장구』라고 하는 것이 더 타당하지 않을까요?

조선시대 유학자가 '주자의 정론이다.'라고 한 것은 주희가 말한 정론이 아니라 조선 유학자 자신이 정한 정론이죠. 조익만이 아니라 많은 조선시대 학자가 쭉 사용했던 방법입니다.

퇴계 이황은 사단과 칠정에 관한 자기 생각을 다음과 같이 설명했습니다. "최근에『주자어류』를 읽다가『맹자』의 사단을 논한 곳 후반부 한 조목에서 실로 이 문제에 대해 논한 부분을 발견했다. 그 설에 '사단은 理가 발한 것이고 칠정은 氣가 발한 것이다.' 옛 사람의 말에 '감히 자신을 믿지 않고 스승을 믿는다.'라고 하지 않았는가? 주자는 나의 스승이자 천하고금의 宗師이다. 주자 설을 발견하고 나서, 비로소 내 견해가 크게 잘못되지 않았다고 믿게 되었다."

퇴계는, 사단은 理가 발한 것이라고 주장하면서 고봉 기대승과 여러 차례에 걸친 긴 토론을 하게 되지요. 오늘날 우리가 전반적으로 이해하는 주자학에 의하면, 理 자체가 발한다는 말은 맞지 않습니다. 그런데도 퇴계는『주자어류』에서 이 한 줄을 발견하여 '주자에게도 이런 말이 있으니 내 견해가 크게 잘못된 건 아닐 것이다.'라고 한 것입니다.

요컨대 퇴계는 '사단은 理가 발한 것이다.'라고 주장했습니다. 주희의 문헌에 기가 발한다는 설명은 많지만 리가 발한다는 설명은 주자학에서 보자면 좀 곤란하다는 것을 주자학에 익숙한 사람들은 잘 알고 있었죠. 퇴계는 어느날『주자어류』에서 이와 유사한 말을 우연히 발견하고서, '내 생각이 틀리지 않았다는 것을 그때 이렇게 확신했다.'라고 이야기하는 것입니다.

퇴계와 기대승이 토론한 기록에는 흥미로운 내용이 많이 있습니다.『대학장구』에서 "物格이란 물리의 지극한 곳에 모두 도달하지 않음이 없는 것이다."라는 문장이 있습니다. 이 문장에서 도달하는 주어는 무엇일까요? 퇴계는 '내가 이치에 도달하는 것'이라고 했습니다. 기대승은 '이치'가 나에게 도달하는 것이라고 했습니다. 그게 그거지 이게 무슨 탁상공론이냐고 하지 말아주세요. 문장의 구조가 달라지고 격물의 의미가 달라집니다.

이처럼, 조선시대 학술계에서 자기 독창성을 전면적으로 내세우는 방법은 많이 사용되지 않았습니다. '나의 새로운 견해가 이치에 맞다.'라는 말로 상대방을 설득하는 그런 사회가 아니었기 때문입니다. 주자의 학설에서 실마리를 찾아 논증해야만 설득력을 갖추고 유용한 견해가 될 수 있었습니다.

지금은 독창적인 견해가 학술 가치를 인정받습니다. 그러나 조선시대에는 새로운 견해에 대해 '선유 중에는 아무도 이런 주장을 한 사람이 없었다.'라는 평가는 칭찬이 되는 경우가 드물었고 '주자에 근거했다.'라는 말은 거의 칭찬하는 말에 속했습니다. 예컨대 이현일의 연보에 "선생(이현일)께서 일찍이 '나는 38세 때『주자대전』을 즐겨 읽으며 무한한 의미가 있다는 것을 깨달았다.'라고 말씀하셨다.", "중년 이후의 저작과 논의는 모두 이『주자대전』에 근거를 두었다."라는 말이 있습니다. 오늘날에는, '젊은 시절에는 여러 선현의 저작을 숙독하여 참조하다가 중년 이후에는 드디어 독창적인 자기 설을 제시했다.' 이렇게 해야 칭찬이 되겠죠. 그런데 중년 이후에도 『주자대전』에 근거할 뿐이었다면, 그의 학문이 지니는 의미를 어떻게 해석해야 할까요?

이 말만 보고 이들이 그저 주자학의 내용만 되풀이한 것이라고 해야 할까요? 직접 그의 저작을 분석하여 자기 견해가 무엇인지를 찾아내야 할까요? 조선시대 학자 중에 극히 일부만이 '주자는 틀렸다.'라고 했습니다. 이런 말이 매우 적은데 거기에서 우리가 조선시대 유학사의 독창성을 찾아내려고 한다면, 조선시대 학자 대부분은 아무런 독창성이 없었다는 결론에 도달할 수밖에 없습니다.

조선유학의 창견제시 패턴

조선시대 유학자가 소위 '독창적'인 견해를 제시할 때 어떠한 패턴을 사용했을까요?

첫째, 주자학 학습 과정에서 의문이 생기면 이와 관련한 주자학 서적을 철저히 학습하고 분석합니다.

둘째, 주희의 여러 저작에서 관련 주제를 언급한 부분을 조사하여 학설의 변화과정 및 인과관계를 분석합니다.

셋째, 자기 견해와 연결이 가능한 주희의 견해를 선택하여 자기 견해를 부연 설명합니다.

조선 유학자들은 이런 방법으로 관학인 주자학을 위반하지 않으면서 자기 견해를 학계에 제시했습니다. 그런데 제가 이런 문헌들을 분석해 보니 아무나 할 수 있는 방법이 아니라는 것을 깨닫게 되었습니다. 주희 저작을 많이 읽어서 일정 수준 이상 파악이 되어 있어야 하고 또 그것들을 분석할 수 있는 능력이 있어야 합니다. 그래서 제가 여기서 말씀드리는 '조선유학의 창견제시 패턴'은 조선시대의 모든 학자나 한문을 이해하는 모든 사람이 다 이렇게 했다는 뜻은 아닙니다. 조선시대에는 정말 주자를 추종했던 사람, 학문에 힘쓰지는 않으나 내용은 열심히 외워서 '주자는 이렇게 말했다. 그것은 변함없는 진리이다.'라고 주장한 사람도 많고, 주자학 내용을 제대로 이해하려 하지 않으면서 무조건 주자와 다른 견해를 배척하고 '사문난적'이라고 몰아붙이는 사람도 많았겠죠. 정치적인 견해를 달리하는 상대방을 이렇게 공격하는 사람이 얼마든지 존재했습니다. 이런 사람들은 고금과 지역을 막론하고 고루 퍼져 있지 않습니까.

주희 주석이라는 출발점

박세당이나 윤휴는 오늘날 반주자학자 혹은 주자학 비판자로 일컬어집니다. 17세기 당시 정황을 알기 위해 그들이 남긴 편지글을 살펴보면, 자기 학설을 지나치게 내세우는 겸허하지 않은 자세에 대해 政敵뿐만 아니라 친구들에게도 따끔한 충고를 받곤 합니다. 한편 조익의 경우에는 앞에서 언급했듯이 이들처럼 주희 주석과 다른 견해를 제시했음에도 불구하고 '겸허함' 때문에 모범적인 예로 여겨지기도 했습니다. 그렇다면 우리가 말하는 반주자나 주자학 비판은 학술적인 면에서 주자를 반대하고 비판했다는 말인가요? 아니면 주자라는 권위를 존중하지 않았다는 뜻인가요? 우리 사상사에서는 정확히 무슨 의미로 사용해 온 것일까요?

현대 연구서에서 박세당에 대한 평가를 예로 들어보겠습니다. "(박세당의 경전 해석은) 당시 상황으로 보자면 유례가 없을 정도로 새로운 것이었다. 그는 경전을 해석함에 있어 어떠한 기존개념에도 구애받지 않았다."라는 평가입니다.

조익의 '겸허함'과 박세당의 '겸허하지 않음' 그리고 박세당의 '유례없는 새로움'이라는 것은 어떠한 자료로부터 도출된 것일까요? 박세당과 조익의 주석 가운데, 같은 부분에 대한 주석을 예로 들어 그 구체적인 내용을 살펴보겠습니다. 『맹자』 공손추 상권 호연장의 "그 기는 義와 道에 짝한다. 이것이 없을 때 찌부러지게 된다."는 부분에 대한 주석이 있습니다. 여기에서 '이것이 없을 때'는 무엇이 없다는 것이고 '찌부러지게 된다.'는 것은 무엇이 그렇게 된다는 것인지, 즉 주어가 氣인지 道義인지, 영향을 받는 것은 무엇인지에 대해 서로 다른 견해가 있었습니다.

配義與道, 無是, 餒也(의와 도에 짝하여, 이것이 없으면 찌부러진다): '이것'이란 무엇일까?

그런데 이 문제는 어떤 해석이 문법에 맞는가를 따지는, 한문 문법을 둘러싼 논쟁은 아닙니다. 무엇에 관한 논쟁인지 유의하면서 살펴보겠습니다.

먼저 주희는 『맹자집주』에서 '이것이 없으면 찌부러지게 된다.'에 관해 다음과 같이 해석합니다. "사람이 자신의 기를 잘 양성하면 기가 道義에 합치하여 도움이 된다. 어디에 도움이 되는가 하면, 기가 도의에 대해서 도움이 된다. 그래서 그가 용기 있게 결단을 내릴 때 의심하거나 꺼리는 바가 없게 되는 것이다. 기가 없을 때는, 한때의 행동이 반드시 도의로부터 나오지 않는 것은 아니더라도 그 몸에 충만하지 않은 바가 있어서 역시 의심하고 두려워함을 면치 못하여 훌륭하게 해낼 수 없다." 주희는 '이것이 없으면 찌부러진다.'에 대해, 기가 道義를 도와주는 역할을 하므로 기가 없으면 기가 몸을 채우지 못해 찌부러져 도의가 도움을 못 받는 상황으로 해석했습니다.

이 해석에 의하면 '이 시(是)'는 '氣'를 가리키는 것이 되고, 맹자가 말한 의와 도에 짝해야 하는 주체가 '기'이면서 '無是'의 '시'도 '기'가 되면서 전후의 연결이 부자연스럽습니다. "기는 의와 도에 짝한다."라고 하였다면 '그러므로 의와 도가 없으면 기가 찌부러지게 된다.'라고 연결하는 편이 자연스러울 것입니다. 그래서 이처럼 부자연스러운 해석에 대해 주희의 친구인 呂祖儉은 주희에게 다음과 같이 이의를 제기했습니다.

'도의가 없으면 기는 찌부러지게 된다.'

주희는 '여자약(여조검)에게 답한 서신'에서 여조검은 "道義는 본래 혈기 속에 있으므로 도의가 없으면 이 기는 찌부러져 시들어 사사로운 혈기가 되어버린다. 그러므로 반드시 도의와 함께 한 후에야 호연하여 시들지 않는다."라고 했는데, "이렇게 하면 어세가 순하지 못하고 보탠 글자가 지나치게 많다."라고 했습니다. 여조검처럼 해석하면 안 된다는 것이지요. 이어서 "무슨 근거로 이렇게 보는지 알 수 없다. 만일 그대의 견해처럼 '是'가 '도의'를 가리키는 것이어서, '이 도의가 없다면, 기는 찌부러져 시들게 된다.'라는 의미라면, 맹자는 여기에 따로 몇 마디를 덧붙여 그 뜻의 곡절을 자세히 설명했을 것이다."라고 하였습니다.

주희의 반론

주희는 어째서 여조검 해석을 문제 삼은 걸까요? 주희는 '기는 도의와 짝하는데,

기가 없으면 몸통이 채워지지 않아 찌부러져 시들게 된다.'고 하였습니다. 기가 도의를 돕는 역할을 한다는 것입니다. 반면, 여조겸의 해석대로 하면 도의가 기를 돕는 것이 됩니다. 주희는, 자기를 반성하고 점검할 때에 기는 몸에 있어서 주인이 되며 도의는 마음에 있어 주인이 된다. 기는 形而下이고 도의는 形而上이다. 그러니까 '기가 도의를 도와야 정상이지, 도의가 기를 돕는 것은 정상이 아니다.'라는 그런 뜻입니다.

주희는 몸의 주인인 형이하적인 기보다도 마음의 주인인 형이상적인 도의를 중시했습니다. 그래서 기를 양성하는 것은 가장 중요한 것은 아니고, 도의를 행하는 데 보조수단에 불과하다고 생각합니다. 이것은 程頤의 생각을 계승한 것입니다. 정이는 도를 구하는 요체는 마음을 기르는 데 있으며, 기를 양성할 때도 반드시 마음을 주재자로 삼아야 한다고 주장했습니다. 기 양성이 主가 되어 이에 전념해서는 안 된다는 것입니다.

박세당의 비판

박세당은 『맹자사변록』에서 주희의 이러한 해석에 반대하여 다음과 같이 말합니다.

'是'는 '義·道'를 가리킨다. 주희는 '無是'의 '是'가 '氣'라고 하였다. 나는 이에 대해서 크게 의심하였다. 주자의 주석에 '마음에 부족함이 있으면 體에 채워지지 않는 바가 있다.'라고 한 것은, 기를 버리고 체만 말한 것에 가까우니, 『맹자』의 '기는 體를 채우는 것이다.'라는 내용과 크게 다르다. 이렇게 해석해도 되는 것인가? 내 생각에는 '천지 사이에 가득 넘치는' 그것도 기이고 '이것이 없으면 찌부러지게 된다.'에서 찌부러지는 것도 기이고, '의를 모아서 생긴다.'는 것은 곧 기가 생긴다는 것이고, '마음에 흡족하지 않은 바가 있으면 찌부러지게 된다는 것'도 기가 찌부러지는 것이다. 이렇게 모두 기를 가리킨다. 맹자가 이처럼 반복해서 설명한 이유는 잘 기르는지 아닌지에 따라 기의 호연함이 결정된다는 것을 밝히기 위함이지, 쓸데없는 말을 늘어놓은 것이 아니다. 『맹자』를 읽을 때 이러한 뜻을 음미한다면 이해하기 쉬워서 잘못 볼 일이 없을 것이다.

박세당은 '기가 도의를 보조하여 찌부러지지 않게 한다.'는 주희 해석을 비판하며,

'도의가 기를 보조한다.'라고 수정했습니다. 『맹자』 경문에서 '기는 體를 채우는 것이다.'라고 한 것으로 보아 주희 해석은 타당하지 않다고도 했습니다. 박세당의 문장을 전체적으로 음미해보면, 『맹자』의 말은 되게 쉬운데, 왜 주자는 이렇게 잘못 봤지? 독자로 하여금 그런 생각이 들게 하는 것 같습니다.

조익의 비판

그런데 박세당의 선배인 조익도 저서인 「맹자천설」에서 박세당과 동일한 다음과 같은 해석을 제시했습니다. 박세당이 조익의 해석을 참조했을 가능성이 있습니다.

『맹자』에서는 기가 도의와 합하여 존재한다고 말했다. 기는 혼자서는 존재할 수 없고 반드시 도의가 있어야 존재할 수 있으므로 도의와 함께 존재한다. 도의는 그 성질이 곧은데 기는 도의가 있어야 존재할 수 있으므로 반드시 곧게 길러야 한다. 도의와 함께 존재하므로 도의가 없으면 기도 없다. 이것이 바로 "이것이 없으면 찌부러진다.(無是, 餒也)"라는 말이다. 이 '뇌(餒)'라는 글자가 아주 좋다. 예를 들면 사람은 음식이 있어야 살아갈 수 있으니 먹을 것이 없으면 찌부러지게 된다. 도의가 있어야만 기가 비로소 존재한다. 그런데 지금 내가 여기에서 설명한 '의와 도와 짝하는 것이니, 이것이 없으면 찌부러진다'의 의미는 『집주』와는 다르지만 앞뒤 문맥과 함께 고찰해보면 이렇게 보아도 뜻은 통할 것이다.

조익은 이렇게 박세당과 같은 맥락으로, 도의가 기를 돕는다는 뜻으로 해석했죠. 그런데 그는 '주자가 틀리고 내가 맞다.'라고 하지 않고, 내 해석은 비록 주자의 『집주』와 조금 다르지만 이렇게 봐도 뜻은 통한다고 했습니다. 아마도 독자는, 조익 해석은 주자 해석과 비슷하다고 느끼게 될 것입니다. 그런데 곰곰이 생각해 봅시다. 조익과 박세당 두 사람 모두 도의가 기를 보조한다는 의미로 해석했죠? 그런데 조익과 박세당의 말투는 현저히 다릅니다.

조익은 주희 주석의 문제점을 명확히 표명하지 않고 자기 해석과 주희 주석과의 차이를 별로 드러내지 않습니다. 한편, 박세당은 기와 도의의 관계를 상세하게 설명한 뒤에 이런 정도만 이해할 수 있다면 알기 쉬운 내용이라고 하면서 주희는 이런 것도 몰랐나? 라고 말하듯이 문장을 끝맺었습니다. 조익과 동일한 주장을 하면서도 전혀 다른 느낌을 줍니다. 조익은 주희와의 차이점을 강조하기보다는 "『집주』의 내용

과는 다르지만 나처럼 보아도 의미는 통할지도 모른다."라고 합니다. 주희의 주석이
옳지만 자신처럼 해석해도 큰 지장은 없을 것 같다니, 두 가지 해석이 모두 옳다는
얘기처럼 들리는데요.

주희의 주석은 경문의 '昺'를 '氣'로 보고, 조익과 박세당은 '道義'로 보았습니다. 그
러니 전자가 옳다면 후자는 틀리겠지요. 그래서 박세당은 주희의 해석이 『맹자』 경문
의 내용과 크게 다르다고 하면서 자기 설을 내세운 것입니다. 그런데 조익은 "나의
견해처럼 보아도 의미가 통할 수 있다."라고 한 것이지요.

문장 표면만으로 보면 박세당은 주자학적 해석을 비판하는 것으로 보이고 조익은
주자학 안에서 비슷한 견해를 제시하고 있는 듯이 보입니다. 두 사람의 해석은 내용
상으로 동일하지만 박세당의 글은 주희 해석에 대한 비판성이 분명히 표면에 드러납
니다. 이것이 바로 오늘날 학계에서 '유례없이 새로운 것'으로 인식되어 온 근본적인
이유가 아닐까? 저는 그렇게 생각합니다. 이는 '경서 주석으로서의 참신함'이라기보
다는 '주자학이라는 권위에 구애받지 않는 태도'에 의미를 부여한 것이라고 하겠습니
다. 그래서 1960년대 우리 학술사를 회고할 때, 이병도 선생이 박세당과 윤휴의 경
서 해석이 학문의 자유를 부르짖은 진보적이고 계몽적인 태도라고 긍정하고 당쟁 시
대에 정치적 약점이 될 만한 주자에 반대하는 이설을 주장한 것이 학문적 양심에 의
한 것이라고 이렇게 칭찬한 것이 틀린 말은 아닙니다. 그렇게 해석하는 것이 가능합
니다.

왜냐하면 박세당은 '주희는 이렇게 쉬운 것도 몰랐구나.'라는 당시로서는 파격적인
그런 말을 용기 있게 했기 때문입니다. 하지만 이것이 주자 주석에 대해 '유의미한
비판의 상징인가?'라고 묻는다면 사실은 꼭 그렇지만은 않을 것입니다. 조익의 경우
는 '이렇게 해도 의미가 통할 수 있다.'라고 하면서도 자신의 새로운 견해는 명확하게
제시하고 있지요. 주희 주석을 비판하면서 자기의 견해를 제시하거나, 주희를 망신
주면서 자기주장을 내세우는 방법은 조선시대에 보편적으로 사용된 방법은 아니었
습니다.

조익의 「맹자천설」과 박세당의 『맹자사변록』을 이런 식으로 비교해보면 두 사람이
비슷한 내용 다른 방법으로 자기 견해를 제출하고 있다는 것을 알게 됩니다. 다른 예
는 생략하겠습니다.

맺음말

조선시대 유학자들은 주희의 저작에 대한 철저한 고찰을 통해 주희의 서로 다른 저작 사이에 나타나는 모순을 발견·분석하여 논리적으로 설명하고자 했습니다. 이 과정에서 '주자는 성인이 아니다.'라는 인식도 출현했습니다. 이런 것들은 주자학에 대한 추종이나 반발이라는 측면보다도 당시 학계의 수요라는 측면에서 설명하는 것이 더 합리적이라고 생각합니다. 앞에서 조선 유학자들이 자기 학설을 제시하는 방법을 '조선유학자의 창견 제시 패턴'으로 명명하여 분석했습니다.

두 번째로 주자학에 대한 그들의 치밀한 연구가 제대로 분석이 되지 못하는 경우, 앞에서 든 박세당과 조익의 예처럼, 동일한 맥락을 가진 경서 주석들이 박세당의 경우 주자학에 대한 비판의식, 조익의 경우 주자학에 대한 추종이라는 서로 상반된 의의로 해석될 위험이 매우 큽니다.

저는 그래서 조선시대 유학자의 문헌을 고찰할 때 다음과 같은 점을 항상 유의해 왔습니다.

첫째, 조선시대 유학자는 학자이면서 정치가일 수 있는 신분적 특색을 좀 더 면밀하게 사고해야 할 필요가 있다는 점입니다. 여기서 말하는 정치가란, 현직 정치인만을 가리키지 않습니다. 물론 그들을 포함하지만, 평상시에는 독서인이지만 정치하는 신분으로 나아갈 가능성이 있는 사람, 재야에 있으면서도 조정의 결정에 늘 촉각을 곤두세우고 거기에 관여하고자 하는 그런 사람들입니다. 그들 대부분은 현역 정치가는 아닐지라도 '治人' 즉 남을 다스리는 자의 입장에서 사고했다는 사실은 분명합니다. 이런 사정 때문에, 그들의 정치사상과 학술사상이 동일하거나 인과관계 속에 있다고 추측하는 경우가 많습니다. 예를 들어 박세당의 경학과 정치학을, 정치사상과 경학사상을 함께 놓고 논하면서 '경서 해석에 있어서 이러한 해석을 내놓았기 때문에, 그의 정치사상은 진보적일 것이다.'라든가, '이러한 경서 해석의 파격적인 측면이 그의 정치사상의 성격과 긴밀하게 연관될 것이다.' 이러한 추정이 많이 존재했습니다. 그런데 실제로 자세히 고찰해보면 '정치적인 발언'과 '학술적인 저작'의 관점이 일치하지 않는 경우가 너무나도 많이 발견됩니다. 예컨대 박세당의 저작에서 그의 경학적 관점과 정치적인 관점이 일치하지 않는다고 저는 논문에 서술한 적이 있습니다. 그런데 제 이런 서술은 그들의 경학적 관점 때문에 정치적 풍파를 일으킨 사실도 없다는 의미는 아닙니다. 조선시대 유학자의 학술과 정치를 연결시킨 선행 연구들이 모두 오류를 범했다는 말이 아닙니다. 박세당·윤휴·최석정 이런 사람들이 학술적 관점의 문제 예를 들면 '주희 주석과 다르다.'든지 '주희를 모욕하려고 하였다.' 이런 이유로 정치적인 박해를 받았기 때문에 이러한 역사적 사실을 다루는 연구는 얼마든지 가능하죠. 다만, 어떠한 전제도 없이 정치사상과 학술 사상을 동일한 것으로 취급하는 방식은 문제가 있다고 생각합니다.

둘째, 17세기 조선이 처한 상황, 즉 일본과 중국의 침략으로 인한 국가적 위기라는 상황에 대해 좀 더 치밀하게 사고할 필요가 있다는 점입니다. 자세히 살펴보면, 당시는 주자학 이데올로기에 대한 문제의식이 일어나기 어려운 환경이었습니다. 먼저, 발생한 원인 자체가 이 이데올로기와 거리가 있는 만주족과 왜구에 있습니다. 둘째, 만주족의 청나라가 중원을 지배한 후 조선 유학자들은 유가 道統을 짊어지고자 했고 그 도통의 핵심은 주자학이었습니다. 이런 상황에서 조선의 유가 사대부가 국가 이데올로기인 주자학의 문제점을 심각하게 인식하기 시작했다고 한다면, 근거는 어디에서 찾을 수 있을까요? 매우 증명하기 어려운 가설입니다. 그러나 20세기 초 식민지 시대에 한국 지식인들이 처한 상황은 매우 달랐습니다. 그들은 주자학을 비롯한 조선시대 유학사 전반에 대해 철저히 재인식하고 평가해야 하는 상황에 직면해 있었습니다.

그들의 이러한 재인식의 중점은 한국이 식민지로 전락한 원인을 찾는 것이었으며, 이러한 원인의 중점은 조선시대에 주자학을 지나치게 신봉한 것에 있는 것으로 파악되었습니다. 식민지 한국인들은 조선유학사 최대의 특징 그 자체를 제대로 살펴보기도 전에 평가를 먼저 내렸습니다. 조선유학사 연구는 그에 대한 전면적인 부정 속에서 시작된 것입니다. 저는 조선유학사나 조선시대 주자학의 의미를 전면적으로 부정하는 관점이 주류를 이루게 된 가장 큰 원인은 근대 일본의 학술 관점의 수용에 있다고 생각합니다.

저는 이 부분에 대해 우선 후쿠자와 유키치의 유학 비판에 관한 저작을 중심으로 1800년대 중반 일본의 한학, 유학에 대한 비판적 주장을 고찰하여 논문으로 발표한 바 있습니다. 당시 유학에 관한 일본에서의 학설들이 식민지 시대의 한국유학사 연구에 매우 큰 영향을 미쳤고 우리가 이 부분을 좀 더 세밀히 고찰할 필요가 있다고 생각합니다.

　당시 조선유학사 연구는 우리 역사의 중점을 주제로 삼지 못하고 일본에서 건너온 주세로 진행되었습니다. 조선유학사에서 독창성을 발견하는 것이 최대 과제가 되고 주자학 비판을 독창성의 기준으로 두었습니다. 비판적이고 독창적인 유학자를 찾아내는 작업은, 조선 유학사에 대한 치밀한 분석이 선행되었다면 사실은 일어날 수 없는 일이었다고 저는 생각합니다. 그래서 조선시대 유학사가 우리 역사의 중요한 한 부분이지만 우리가 얼마만큼 알고 있는지, 지금은 이것을 제대로 확인하고 정밀한 해석을 해내야 하는 그런 시대라고 생각합니다. 저를 포함한 연구자들의 노력이 필요하다고 생각합니다.

한시 번역을 위한 몇 가지 제언

금 지 아 (북경대학교 한국언어문화학부)

여러분 안녕하십니까? 북경대학에 있는 금지아입니다. 오늘 이렇게 여러분을 만나 뵙게 되어 반갑습니다. 오늘 여러분과 말씀을 나눌 내용은 한시 번역을 위한 몇 가지 제언이란 제목으로 한시 공부를 해오는 동안 제가 느꼈던 몇 가지 사항을 전해 드리고자 합니다. 제한된 시간이 짧기 때문에 여러분들에게 많은 말씀을 드리지는 못할 것 같아요. 제 강연을 듣고 궁금하신 사항은 저에게 이메일을 보내주시기 바랍니다. 메일을 주시면 제가 알고 있는 한에서 제 생각을 전해드리도록 하겠습니다. 제가 PPT를 준비했는데요. PPT화면을 보면서 강연을 진행하도록 하겠습니다. 크게 세 가지로 나누어서 말씀을 드리려고 합니다. 첫 번째는 번역 단계론에 대해서 말씀을 드릴 거고요. 두 번째는 한시 번역의 현황에 대해서 말씀을 드리겠습니다. 세 번째는 학술 번역과 대중 번역의 차이에 대해서 여러분과 얘기를 나누어보려고 합니다.

번역 단계론(유영란, 『번역이란 무엇인가』, 태학사, 17쪽)
첫 번째는 번역 단계론입니다. 번역 단계론에서는 현재 두 가지 이론을 여러분께 제시를 해드릴 건데요. 하나는 Nida 와 Taber이론입니다. 여러분들이 번역학을 배우고 한시 번역을 연구하는 중에 누구나 익히 알고 있는 내용인데요. 세 가지 단계입니다. 분석 · 전이 · 재구성 이렇게 세 가지 단계로 나뉘는데요. 첫 번째 단계는 준비 과정이라고 볼 수 있고요. 두 번째 단계는 옮기는 단계지요. 마지막 단계는 수정단계입니다. 윤문과정이라고 볼 수 있습니다. 일반적으로 우리가 번역의 단계, 과정을 얘기할 때 크게 두 개로 나누는 경우가 있습니다. 앞 단계는 이해의 단계, 뒷 단계는 표현의 단계. 이렇게 둘로 나뉘는 경우도 있는데, 여기서 Nida의 이론은 분석과 전이와 재구성이 필요하다고 보고 있습니다. 여기 Nida의 이론을 구체화 시켜서 크게 여덟 단계로 늘린 이론이 있는데요.

번역의 단계(Bly)-독일시를 영시로 번역
(유영란, 『번역이란 무엇인가』, 태학사, 17-18쪽)

A	B	C
의미전달, 축자역	자연스러운 구어체로 옮기기	수정과 검토, 보완
1. 뉘앙스에 신경을 쓰지 않고 문자 그대로 옮긴다. 2. 의미를 곱씹어 보고, 만족스럽지 않으면 첫째 단계로 다시 되돌아가고, 괜찮으면 다음 단계로 나아간다. 3. 다시 문자 그대로의 번역으로 되돌아가 의미가 전달되지 않으면 자연스러운 목표어로 옮길 방법을 강구한다.	4. 시어를 목표어의 구어로 옮긴다.	5. 번역의 어조를 연구해서 원본과 대등한지 살펴본다. 6. 소리에 주의를 기울인다. 7. 번역된 언어를 독자들에게 읽혀 리듬, 이미지, 문체 등에 스며든 잘못이 있는가를 판단한다. 8. 완성 단계이다.

바로 Bly의 이론입니다. 사실 이 이론을 한시에 과연 적용할 수 있는가? 이런 의문을 갖게 할 수도 있는데요. 이 이론은 독일시를 英詩로 번역하는 과정에서의 방법론입니다. 그래서 혹자들은 의혹을 갖지만 제가 볼 때에는 여기에 있는 내용들을 잘 적용하다 보면 한시에 적용할 가능성이 충분히 있을 것이라고 생각합니다.

A, B, C 세 단계가 있는데요, 먼저 첫 번째 단계입니다. 첫 번째 단계에서는 의미전달, 바로 축자역이지요. 요즘 식으로 얘기하면 직역이라고 할 수 있고요. 첫 번째 내용은 뉘앙스에 신경을 쓰지 않고 문자 그대로 옮기는 것입니다. 뒤에서 수정과정에서 얘기할 수 있는 부분인데요. 한시를 대하면서 한시를 선별하고 내가 번역하려고 하는 시를 축자, 문자 그대로 의미전달에 치중하는 그런 단계라고 볼 수 있습니다. 두 번째와 세 번째 내용은 조금 비슷합니다. 다소 중복되는 내용인데요. 의미를 곱씹어 보고, 만족스럽지 않으면 첫째 단계로 다시 되돌아가고, 괜찮으면 다음 단계로 나아가는데요.

문자 그대로의 번역에서 의미가 전달이 되지 않으면 소재라든가 형태적인 미를 추구한다고 해도 별 의미가 없겠죠. 그래서 A단계에서는 자연스럽게 옮기는 방법을 고민을 해야 합니다. B단계에서는 바로 자연스러운 구어체로 옮기는 과정입니다. 시어를 한자어 같은 경우에 풀어서 번역을 하는 거지요. 그래서 목표어의 구어로 옮기는 과정이고요.

마지막 단계가 수정과 검토 보완 단계입니다. 번역의 어조를 연구해서 원본과 대등한지 살펴봅니다. 사실 이 부분은 뒤에서 나올 얘기인데요. 시의 형태미에 대해서 얘기를 할 부분이에요. 사실 이런 번역이 가능한가? 여기에 대해서 많은 번역서들을 훑어보고 그 과정에서 어느 분의 번역이 가장 어조를 잘 살렸는가? 이런 부분, 그리고 다양한 번역의 방법을 보면서 어떤 번역이 좋은 번역인가? 적절한 번역인가? 번역이 맞다, 틀리다의 개념이 아니라 얼마나 적절하게 번역을 했는가? 이런 과정을 검토하는 겁니다.

　　그 다음에는 소리에 주의를 기울여야 합니다. 바로 성운이나 음운에 대한 내용입니다. 그 다음에는 번역된 언어를 독자들한테 읽혀서 리듬이나 이미지, 문체 등에 스며들어 있는 오류가 있는가? 이런 것들을 판단하는 과정입니다. 마지막은 완성단계입니다. 여기까지 A, B, C 세 단계를 지나는 동안에 사실은 축자역 단계에서도 번역이 마음에 들지 않으면 다시 앞 단계로 돌아가는 겁니다. 이것을 우리가 번역에서 얘기하는 순환이론이라고 하는데요. 축자역에서 바로 이어지는 표현의 단계가 아니라 그 표현 직전에 의미전달이 제대로 되었는가? 이 부분에 대해서 심사숙고하는 그런 과정이라고 볼 수 있겠지요.

　　이렇게 번역의 단계, 번역의 이론을 통해서 이제 뭔가 본격적으로 한국한시 · 중국한시에 대한 번역의 내용에 대해서 살펴볼 건데요. 첫 번째 한문과 한국어는 형태구조가 다릅니다. 고립어인 한문에는 어형변화가 없고 접사도 없고 조사도 없지요. 문법적 관계가 어순에 의해서만 표시됩니다. 따라서 형태적 등가에 바탕 해서 고립어인 한문을 교착어인 한국어로 직역하는 것은 사실상 불가능합니다. 이것은 학계의 정설입니다.

　　그렇다면 우리가 이러한 한문을 한국어로 직역하는 것이 불가능하다고 할 때, 과연 한시 번역이 가능한가? 완벽하게 原詩를 복원해 놓을 수 있는 상대어, 우리 한국 현대어로 옮겨 놓을 수 있는 방법이 있을까? 여기에 대해서 오랜 시간 동안 번역을 연구하시는 학자분들께서 고민을 해왔습니다.

　　여기서 우리가 고민을 해야 될 부분인데요. 과연 어떤 것이 의역이고 어떤 것이 직역인가? 이것도 사실은 단정 지어서 얘기할 수 있는 것은 아닙니다. 그렇다면 우리가 그래도 어느 정도는 문제제기를 해야 하는데요. 어느 선까지 의역을 해야 하는가? 글의 성격, 문체가 다르지요. 서문도 있을 거고 발문 그리고 서신, 편지글 등 원문의 문체가 다양합니다. 시의 작품도 다양합니다. 그럼 그 다양한 시 중에 우리가 선별한 시의 경우, 과연 그 원문의 가치가 무엇인가? 그것을 번역문에서 그대로 보어줄 수 있어야 된다는 것이죠. 의역을 하되 원문의 가치를 크게 훼손시켜서는 안 된다. 이런 원리입니다. 주로 의역을 하게 되면 떠오르는 단어가 생략입니다. 번역학에서 얘기하는 생략기법이 있는데요. 생략을 어느 선까지 할 것인가? 번역에서 그냥 허자로서 별로 의미가 없는 단어로 단지 붙어 나오는 용어가 있고요. 그 다음에 명사어, 보통 명사들을 한국어로 풀어줄 때, 풀어주는 과정에서 부딪히는 경우가 있어요. 이 단어들끼리. 그럴 때에는 적절하게 생략을 시켜서 의역을 추구하는 경우를 볼 수 있는데요. 그럴 때 우리가 지나친 의역과 지나친 직역, 이 두 가지의 가운데 접점이 필요한 것 같습니다. 그 부분은 우리가 한 번의 번역으로 확인할 수 있는 부분은 아니고요. 앞에 번역의 단계에서 말씀을 드렸듯이 검토와 보완, 이런 과정이 필요하다고 볼 수 있겠습니다. 바로 윤문이라고 하는데요. 윤문은 직역과 의역 사이에서 여러 번 왔다 갔다 하는 과정에서 우리가 윤문을 해내는 거거든요. 지나친 직역이었다면 윤문을 해서 수정을 하는 거죠. 또, 지나치게 의역을 하는 경우가 있고요. 그 지나친 의역을 다시 앞으로 환원을 시켜서, 앞부분으로 돌아가서 어디에서 문제가 있었나? 이런 부분을 확인을 하는 단계라고 볼 수 있습니다. 따라서 직역과 의역은 동전의 양면과 같다. 이런 말씀을 드릴 수가 있어요.

한시 번역 현황

이제 한시 번역 현황에 대해서 말씀을 드릴게요. 이 부분을 왜 말씀을 드리게 되었냐면, 사실은 우리가 한시 번역의 방법론을 논하는 단계에서 반드시 전제가 되어야 될 내용이거든요. 이 현황에 대한 분석이 있어야 여기에서 나오는 다양한 쟁점들을 노출할 수 있고 그런 쟁점들을 통해 우리가 장기간 토론의 장을 열어야 하기 때문입니다.

먼저 여러분들 누구나 알고 있는 사실인데, 가장 기본적인 내용이지만 여기에서 한 번 말씀을 드려보려고 합니다. 중국한시와 한국한시를 한 번 비교를 해볼게요. '한시'란 한자로 쓰인 시를 말합니다. 5.4 시기를 전후해서 중국에서 본격적으로 지어지기 시작한 백화시가 있습니다. 우리가 흔히 문언시·백화시 이렇게 얘기하기도 하고요. 지금 현재 중국에서 배우는 중국어, 중국인들이 말하는 것은 현대한어라고 하지요. 그러면 논어 · 맹자 이런 것들은 고대한어라고 부릅니다.

한자어로 쓰여 있는 시를 한시라고 얘기를 합니다. 그래서 한시가 나온 지역에 따라 중국 한시, 한국 한시, 일본 한시, 월남 한시라고 나누어서 얘기를 합니다. 그래서 한국에서 나온 한시 번역서들을 보면 '한시의 이해' 이렇게 써놓고 '중국편', '한국편' 이렇게 표제에 특별하게 표시를 하고 있습니다. 수록된 시가 중국시인지 한국시인지 나누어서 표현을 하는 경우지요.

한국 한시의 번역이라고 할 경우에 원어, 原詩는 한자이고 목표어는 우리말이 됩니다. 번역은 시대적인, 언어적인 차이가 있습니다. 물론 고대어니까요. 시대적인 차이도 있을 거고 언어적인 차이도 있겠고요. 그러나 한국 한시의 경우는 공간적인 차이는 존재하지 않는다. 다시 얘기하면, 문화적 차이를 얘기할 수 있는데요. 더러는 한국 한시를 번역 하는 과정에서 보면 중국시의 이미지, 意象이라고 표현을 하는데요. 이미지를 차용해서 쓰는 경우가 많습니다. 그래도 시를 읽어 내려가는 화자의 정서적인 소재들이나 아니면 시를 쓴 시인의 정서는 한국적인 것입니다. 분명히 한국인이 쓴 시이기 때문에 무엇인가는 중국과 다른 면이 있을 것입니다. 우리가 흔히 한국 한시와 중국시를 구분할 때 바로 이 공간적인 차이를 적용합니다. 그래서 『한국한시선』, 이런 시선집을 보게 되면 그 옆에 부제로 '해동시선' 이런 식으로 달아놓는 경우를 볼 수 있습니다.

번역 현황에 대해서 네 가지로 나누어서 살펴보도록 하겠습니다. 먼저 시대인데요. 시대에 따라 분류하여 번역을 하는 경우입니다. 通代^(중국시가선, 한국한시선)와 斷代^{(시경, 초사, 당} ^{시선. 송시선)}로 나누었고요. 여러분들이 중국시 · 한국시라고 하는 것은 이것이 생산된 지역에 따라 중국이냐 한국이냐 그 지역을 기준으로 할 때 우리가 중국시가선 · 한국시가, 아니면 한국 한시선, 이렇게 표제어를 많이 붙이지요. 斷代 같은 경우에는 시경 · 초사 · 당시선 · 송시선, 한국 같은 경우에는 고려 시대 한시 읽기 · 조선 시대 한시 읽기, 이런 식으로 제목을 붙이는 경우가 있습니다.

그 다음에는 작가인데요. 특정 작가의 작품을 번역하는 경우입니다. 석사 · 박사학위 논문으로 다산 정약용을 연구하신 분이 다산 시에 대해서 연구를 한 이후에 시선집과 번역서를 내는 경우예요. 자하 시선도 마찬가지고요. 그래서 두보 시선 · 이백 시선 · 다산 시선 · 자하 시선 이런 식으로 해서 시인의 이름을 앞에 붙이는 경우가 있습니다.

　그 다음은 체재예요. 근체시의 체재에 따라 번역을 하는 경우, 주로 당시 삼백수가 번역이 많이 되지요. 그 다음에 우리 한시 삼백 수, 이렇게 표제를 달고 칠언 절구편 · 오언 절구편 이렇게 붙이는 경우가 있습니다. 앞에다가 한국 한시라고 붙이는 분도 있고, 우리 한시 이렇게 붙이기도 하고요. 그래서 중국시와는 차별화된 제목을 추구하는 경우가 있어요. 칠언과 오언, 이런 식으로 구분을 합니다.

　마지막은 주제인데요. 번역자가 주제에 맞춰서 묶어서 번역을 하는 경우예요. 김상홍 선생님의『중국 명시의 향연』, 이런 책을 들 수 있겠지요. 정민 선생님의『꽃들의 웃음판−한시로 읽는 사계절의 시정』, 이런 부제가 달려 있네요. 김도련 선생님의『한국의 애정 한시−꽃 피자 어데선가 바람불어와』. 지금까지 네 가지 예를 들어봤는데요. 현재까지 한국에 소개되어 있는 시 번역서의 현황을 네 가지로 나누어서 여러분들께 소개를 해드렸어요.

한시 번역 자료 고찰

　다음에는 한시 번역의 자료에 대한 고찰을 해보도록 하겠습니다. 한시 번역의 일종의 특징인데요.

A	B	C
번역자	번역 대상	번역 형태
한학자, 국문학자, 중문학자	단행본 번역(당시 삼백 수), 번역자가 선별 번역(당시 정해−임창순), 학위논문, 연구논문, 저서, 문학사 등에 수록된 한시 번역	원문, 번역, 주석, 교감, 해설(작가 소개, 전고, 기법, 감상), 개인적인 여담

　번역자가 누구냐? 크게 세 부류로 나눌 수가 있습니다. 한학자 그룹이 있고요. 국문학자 그리고 중문학자의 손에 의해서 번역이 되는 경우가 있습니다. 이 이외에도 기타 여러 번역자들이 있지만, 크게 유형화 한다면 이렇게 세 가지로 나눌 수가 있습니다. 그 다음에는 번역 대상입니다. 번역 대상 같은 경우에는 일반적으로 단행본 번역, 당시 삼백 수도 여기에 해당이 되겠고요. 한국고전번역원에서 진행하고 있는『명

재집』과 같이 개인의 이름, 개인의 문집을 가지고 번역을 하는 경우입니다. 그 다음에 번역자가 선별을 해서 번역을 하는 경우인데요. 임창순 선생님의 『당시정해』 같은 경우가 여기에 해당이 됩니다. 번역을 하고 싶은 내용들을 뽑아서 번역하는 건데, 번역자의 선별 기준이 서문에 밝혀져 있을 겁니다.

또 하나의 유형은 주로 여러분들이 주변에서 많이 접하게 될 내용입니다. 여러분들이 석사논문을 쓰고 박사 논문을 쓰는 과정에서 논문 속에, 논문에 인용을 해야 되는 한시들이 있지요. 연구하는 대상일 텐데요. 그 시인을 연구하면서 시를 분석할 때, 시 분석에 번역이 필요하지요. 학위논문 외에 일반 연구 논문을 쓰는 과정에서도 마찬가지로 시 번역이 필요합니다. 그리고 저서와 문학사 등에 수록된 한시 번역이 있습니다.

중국문학사·한국문학사에 한시를 다루는 파트가 있지요. 거기서 시의 원문과 함께 한시 번역을 병기해 두는 경우가 있는데요. 바로 그런 경우가 문학사 등에 수록되어있는 한시를 번역을 하는 경우이고요. 중국 한시도 그렇고 한국 한시, 한국 문학사도 문학사를 집필을 하는 도중에도 시 옆에 번역을 붙여놓은 경우가 있습니다. 저서에 수록된 한시 번역 같은 경우에는 주로 중국에서 출판된 논저가 해당이 될 것입니다.

이 경우에는 전반적으로 글을 번역하는 중간에 본문 속에 詩句를 중간에 한 구 정도, 한두 구 정도를 삽입시키는 경우가 있어요. 이 글이 사실은 고전에 대한 논저는 아니거든요. 그런 경우에 사실 고전에 대한 이해력이 부족하신 분들이 이런 부분에 대한 번역을 누락을 시키는 경우가 있습니다. 아니면 그 부분을 비워두거나 아니면 그냥 음으로, 음독으로 처리를 해서 音譯을 하는 경우를 볼 수가 있습니다. 그런 경우에 나중에 교정을 하면서 다시 한 번 번역을 채워줘야 하는 그런 상황이 있지요. 이런 번역은 전체 시 한 수를 번역하는 게 아니기 때문에, 한 구절만 번역하는 것이기 때문에 쉽지가 않아요. 저자의 의도를 담아서 번역을 해야 되는 상황이기 때문에 한두 구만 뽑아서 번역을 하는 경우에는 전체 시를 이해하는 과정과는 또 다른 차원에서 접근을 해야 될 것 같습니다.

그 다음 단계가 번역 형태인데요. 번역 형태 같은 경우에는 뒤에서도 말씀드릴 건데요. 일반적으로 제일 앞에 시가의 제목, 詩題가 있습니다. 시제에도 여러 가지 논의들이 있는데 크게 세 가지로 나누어 볼 수가 있어요, 시제를 그대로 음역을 하는 경우가 있고요. 그리고 한자를 괄호 안에 넣어 병기하는 경우가 있고요. 아니면 시제를 번역하는 경우가 있습니다.

대중번역서들은 주로 시 제목을 번역을 하는 경우가 많고요. 학술 논문 같은 경우에는 시제를 번역을 안 하는 분들도 있고요. 시제를 번역하는 경우도 직역이 있고 의역이 있습니다. 대중 번역서는 시제에 직역과 의역을 가미하는 경우가 많습니다. 또원문과 번역이 있는데요. 원문을 상단에 놓는 경우가 있고 아니면 번역을 상단에 놓는 경우도 있고요. 아니면 한 지면상에 원문과 번역을 같이 놓는 경우가 있습니다. 옆에 놓고 같이 한 번 대조해보라는 것이지요.

그 다음에 교감과 주석·해설이 있습니다. 여기에 대해서는 학술번역과 대중번역모두 소용이 되는 부분인데요. 직역을 해야 될 경우에 어색할 수가 있기 때문에 전고나 용사들을 본문에 그대로 보여주지 못하는 경우가 있어요. 그럴 경우에는 꼼꼼한주석과 해설이 필요하고요. 대중번역 같은 경우에도 자연스러운 표현력을 요구하기때문에 사실은 주석이나 해설이 없으면 이해하기가 어려울 수도 있고요. 시의 원의를 손상시킬 수가 있기 때문에 아무래도 주석과 교감·해설들은 대중번역에서 번역자들이 많이 달아야 하는 부분이라고 생각합니다.

교감이 왜 필요하냐? 이런 얘기를 하는 분들이 있는데, 사실은 시 번역하기 전에교감이 먼저 전제가 되어야 해요. 어떤 판본으로 번역을 했느냐? 한 작품에 여러 가지 판본이 있습니다. 옮겨 적는 과정에서도 누락이 될 수도 있고 아니면 오자, 잘못기록하는 경우도 있고요. 그래서 그것을 그대로 번역을 했을 경우에 번역의 결과가달라진다는 것이죠. 번역을 들어가기 전에는 거기에 대한 교감이 필수적이라고 생각을 합니다.

한국에서 제가 공부를 할 때 같이 공부했던 선후배들과 시 읽기 모임이 있었어요. 그 당시에 제가 공부 했던 여러 가지 책들 중에 기억나는 게 『문선』인데요. 『문선』은최근에도 번역서가 나왔지요. 저희가 번역을 진행을 할 때 일본에서 공부하신 분들이 계셨고 중국에서 공부하신 분, 여러분들처럼 한국에서 공부했던 사람들도 있었습니다. 그래서 다양한 각국의 여러 가지 판본들을 모두 모아 놓고, 중국학자가 해석한판본, 일본학자가 해석한 판본, 그 다음에 한국 학자들의 번역서, 이런 자료들을 다고려해서 『문선』 시 한 수를 대상으로 하루 모임에서 다섯 시간 정도 진행을 했던 기억이 납니다.

이 과정에서 가장 중요했던 게 교감이었어요. 시 한 수를 번역할 때 여러 가지 관련 서적들을 다 모아놓고 원전과 원전에 관련된 여러 가지 주석서들을 다 모아놓고 그 시인의 어떠한 전고가 있었다면 어떤 전고 기법이 사용되었나? 그 과정에서 교감이 얼마나 중요한가? 아까 번역의 단계에서 번역을 마치고 검토하는 과정이 있었지요. 검토하는 과정에서도 여러분들이 손에 얻을 수만 있다면, 구할 수만 있다면 여러 판본을 한 번 대조해보고 내 번역에 오류가 있지 않은지 검토하는 과정이 필요합니다. 더러는 판본상의 문제로 글자가 도치되어있는 경우도 있거든요. 그러면 이상하게 번역이 안 되기도 하지요. 이럴 경우에는 반드시 원본을 찾아봐야 합니다.

해설 같은 경우도 여러 가지가 있는데 간단한 해설보다는 조금 구체적인, 작가의 소개는 기본이고요. 이 시를 쓰게 된 배경들을 알아야겠지요. 설명적인 번역체를 쓸 수도 있지요. 그래서 의역을 하시는 분들은 대부분 전고 번역을 하되, 구체적인 설명을 하지 않습니다. 그런 경우에는 독자들이 그 시의 原意를 제대로 이해할 수가 없기 때문에 거기에 대해서 별도 해설의 필요성이 절실하게 요구되는 부분입니다.

그러면 시의 기법, 감상, 그리고 중국시 같은 경우라면 중국의 후대인들의 評語 등을 넣어줘도 좋고요. 감상과정에서는 시가 지닌 풍격도 논해줄 수 있겠고요. 개인적인 여담이 담겨져 있는 경우가 있는데요. 개인적인 여담 같은 경우에는 에피소드인데, 시 속의 경물, 관광지가 드러나거나 아니면 어떤 인물이 등장을 했다. 그러면 그 인물에 대해서, 그 인물을 통해서 파생되는 여러 가지 사건들이 있지요. 그런 것들을 번역하는 분의 입장에서 소개를 해주는 경우가 있습니다.

그 다음 내용은 앞에서 여러분들께 잠깐 소개를 해드렸던 내용인데요. 번역 대상 중에 세 번째입니다. 출판사들에서 여러분들께 의뢰를 해오는 경우가 있고요. 한문학을 전공하신 분들에게 '이 부분을 확인해 달라.' 이렇게 보내오신 분들도 있고요. 수많은 중국의 고전관련 단행본들 있지요? 이런 것들은 한국어를 배운 중국 분들이 번역을 합니다. 이분들이 한문 실력은 뛰어난데 이것을 한국어로 표현을 하는 과정에서 자신 있게 처리하지 못하는 분들이 많아요. 그래서 윤문을 도와드린 경험이 있는데요.

중국전통회화의 구도는 흔히 '분본'을 근거로 하며 소동파의 「閻立本職貢圖」에 "밑그림에 그린 그림이 밝은 창을 연 듯하다(粉本遺墨開明)"라는 시구가 있습니다. 왕십붕의 집주를 보면 "당명황^(당현종)이 오도자를 시켜 가릉의 산수를 모사해 오라고 시키니, 오도자가 돌아와서 아뢰기를 '비록 밑그림은 없지만 마음속에 이미 기억을 하였다'^{(唐明皇}令吳道子往貌嘉陵山水, 回奏云: '臣無粉本, 記在心')''고 적고 있습니다. —『실크로드 고고학 강의』, 소명출판, 336쪽

이 책에는 한 구절만 인용되어 있습니다. 소식의 시가 인용이 되었는데요. 그런데 전체적인 내용을 읽어보면 '왜 이 시구를 인용했는가?' 굉장히 의아했어요. 그리고 이 시구의 번역을 매끄럽게 번역하기가 매우 어렵다는 것을 느꼈어요. 그래서 原詩를 한 번 찾아봐야 하는 과정이 필요했고, 바이두에서 이 原詩 검색을 해봤습니다.

粉本遺墨開明窓, 我喟而作心未降, 魏徵封倫恨不雙
(밑그림에 그린 그림 밝은 창을 연 듯하니, 내 한숨 쉬며 마음이 가라앉지 않는데, 위징봉륜과 쌍을 이루지 못한 것이 한스러워라.)

제가 밑줄(빨강색)로 표시를 해놓은 부분입니다. '밑그림'이라는 이 단어예요. 아마도 저자 분께서는 '밑그림'이라는 단어를 넣기 위해서 소식의 시구와 왕십붕의 집주 부분을 인용을 하신 것 같은데, 번역하는 본문 속에 한시가 삽입이 되는 경우에 그 한시를 우리가 어떻게 번역을 해내야 되는가? 그냥 시 번역과 또 다른 차원이에요. 본문하고 잘 어울려야 해요. 그래도 나름대로는 시 번역을 했는데, 본문을 풀어가는 내용하고 안 맞는 거지요. 그래서 이것을 번역하시는 분들이 이 부분을 비워놓거나 아니면, 그냥 음역으로, '분본', 이런 식으로 번역을 한다는 것이지요.

제가 이 부분을 저자 분께 여쭈어봤어요. 이 번역을 하는 과정에 저자 분의 확인을 거쳐야 하기 때문이죠. 원문에 있는 걸 우리가 임의로 뺄 수는 없잖아요. '밑그림에 그린 그림이 밝은 창을 연 듯하다.' 일단 이렇게 번역을 할 수 있거든요. 그런데 그 부분하고 이 밑에 있는 앞의 내용하고 잘 연결이 안돼요. 왜 이 시구를 인용했는지 지금까지도 굉장히 모호한 부분인데요.

가끔은 여러분들이 외부의 자문 요청을 받을 경우가 있어요. 한문학을 공부하신 분들이라면 이런 도움을 드릴 경우가 많은데, 현명하게 문장 속에서 이것을 어떻게 풀어가는 것이 좋은가? 여러 사람들에게 물어 보는 경우도 있고요. 혼자 해결하기

어려울 때는 저 역시 공부를 하는 과정이기 때문에 이런 내용들을 많이 접하고 또 기록을 해놓고, 한문을 공부하는 선배들께 여쭙기도 합니다. 주로 이런 분들은 어떻게 번역을 했는가? 여러분도 번역된 내용을 가지고 여러분이 재번역을 해보는 것도 꽤 좋은 공부과정이라고 생각이 듭니다.

"天地何疆界, 山河自异同^(이 세상 천지에 어찌 경계가 있겠는가, 산과 강은 그저 다른 듯 같은 것을)"이라는 말이 있습니다. 중한 양국은 동고동락하는 운명 공동체입니다. 한국의 고난은 곧 저희의 고난입니다. 한국 국민 여러분이 받는 고통 역시 저희의 고통입니다. 저희 중국 인민들은 한국 국민 여러분과 함께 현재의 고통을 분담하고 슬기롭게 극복해낼 수 있기를 희망합니다. ――― 편지

崔思齊, 「入宋船上」
天地何疆界　이 세상 천지에 어찌 경계가 있겠는가.
山河自異同　산과 강은 그저 다른 듯 같은 것을.
君毋謂宋遠　그대여 송나라가 멀다고 말하지 마소.
廻首一帆風　돌아보면 돛폭에 부는 한 바람 거리지.

이 부분은 崔思齊의 시인데요. 앞부분에 제가 밑줄(빨강색)로 표시를 해놓은 부분이 있지요. 이 부분은 올봄에, 2월 말이지요. 코로나 19사태가 심각해졌지요. 제가 중국에 들어간 게 1월 달이었는데, 2월말부터 3월까지 한국에서 급격히 코로나가 증가를 해서 여러분이 당황했던 기억이 날 겁니다. 지금도 역시 안심할 수 없는 단계지요. 이 무렵 중국의 한국학 기관에서 근무하시는 중국인 선생님들이 마음을 모아서 한국 국민들에게 보내는 위로의 편지를 썼는데, 그 편지의 한 구절입니다.

그분들이 그 구절을 저에게 보내오셨어요. 이 부분을 그냥 한문으로만 풀어놓으셨어요. 중국에서는 그대로 통하니까요. 그런데 중국어 버전이 있고 한국어 버전이 있으면 한국어 버전으로 당연히 한문 옆에 번역을 해야 되겠지요. 한시로 두 구절을 뽑았는데, 그 두 구절의 출처를 굳이 이 편지에 누구의 시라고 밝힐 필요는 없지요. 이러한 편지글에도 한시가 삽입이 됩니다.

아래에 시의 원문을 가져왔는데요. 이런 식으로 얘기한다면 여러 가지 번역이 가

능해요. 앞뒤의 내용으로 볼 때 중한 양국이 서로 동고동락하는 운명체다. 이런 말을 바로 뒤 구절에서 얘기하고 있지요. 그렇다면 어찌 경계가 있겠는가? 산과 강은 다들 우리 것이라고 얘기하지만 결국은 구분할 수 없다는 것이지요. 하나라는 거지요. 다른 듯하지만 결국은 같다. 이런 식으로 시구를 번역해서 편지글에서 전하려고 하는 내용에 삽입해주는 겁니다. 바로 한시가 가진 효과를 확인할 수 있는 전형적인 사례입니다.

그래서 인터넷에 이 부분이 굉장히 많이 나오고 중국에서 한국 분들에게 보내는 위로의 편지였기 때문에 굉장히 많은 분들의 공감을 받았고요. 바로 최사제라고 하는 문인이 썼던 시의 1구와 2구를 뽑아서, 절구에서 두 구절을 뽑아서 편지에다 삽입을 했던 경우지요. 이런 경우에도 번역을 비워놓을 수 없는 거고요.

번역자들의 고민

이번에는 번역자들의 고민에 대해서 정리를 해봤습니다. 앞에서 직역과 의역의 문제를 말씀드렸었는데요. 여기에 그 동안 한시 번역을 해 오신 분들의 수많은 고민들을 네 가지로 유형화해서 한 번 정리해봤습니다.

1	시적인 맛을 표현하는 어려움: 직역, 설명, 의역 譯詩는 原詩에 종속적이어서는 안 된다. 용사, 상징, 고유명사 등도 詩化하여 풀어 써야 한다. 1구1행 번역의 고정관념에서 깨어나야 한다.
2	근체시의 독특한 특징을 번역하는 문제: 자수, 평측, 대우, 압운 압운, 평측 등은 번역 과정에서 의미가 없다. 한국어로 번역할 경우 음보율 적용 여부
3	전고를 표현하는 문제:설명으로 푼다면 이해할 수 없고, 설명하지 않는다면 이해할 수 없고. 주석 처리 여부
4	일정한 풍격을 지닌 중국 한시를 한국어로 어떻게 번역했는가, 원문과 백화문의 대조 과정 필요: 한국 한시 번역에도 적용 가능성 타진

첫 번째는 시적인 맛을 표현하는 것이 어렵다는 것입니다. 그래서 직역과 의역의 문제를 논했고요. 의역을 지향하는 분들의 경우에, 번역시는 原詩에 종속적이어서

는 안 된다. 용사도 詩化해서 풀어 써야 한다. 1구 1행 번역의 고정관념에서 벗어나야 된다. 이렇게 말씀하십니다. 뒤에서 학술번역과 대중번역의 차이를 말씀드리면서 또 한 번 얘기를 할 건데요. 시적인 맛을 표현하는 어려움은 대부분의 번역자들이 갖고 있는 가장 큰 고민입니다.

두 번째는 근체시의 독특한 특징을 번역하는 문제인데요. 여기에서는 자수나 평측 · 대우 · 압운, 바로 이런 문제를 논할 수 있습니다. 그러나 대부분의 번역자들이 공통으로 하는 고민 중에 압운이나 평측은 번역에서 별로 논할 수가 없습니다. 여기에서 압운과 평측을 논하는 것은 의미가 없다. 이렇게 말을 합니다. 한국어로 번역할 경우 음보율 적용은 가능하다. 그래서 번역의 갈래 중에 충실한 원문번역과 의역 사이에 음보율을 적용해서 번역을 하는 경우가 있습니다. 바로 송준호 선생님의 번역이 그 사례인데요. 그분이 음보율에 대한 번역의 가능성을 제시한 후에 최근에 나오는 수많은 번역서 중에 그런 음보율에 대한 번역의 느낌이 상대적으로 의역성이나 직역을 조금 벗어났다고 할 수 있습니다. 최근에 그 음보율 번역이 대세인 것 같아요. 음보율이 아니라면 1구 1행을 조금 탈피한, 현대시에 가까운 번역을 하는 경우도 있고요. 조금 있다가 뒤에서 사례를 보여드리도록 하겠습니다.

세 번째는 전고인데요. 시를 얘기하면서 전고는 빼놓을 수 없는 부분인데요. 시 번역이 어렵다고 얘기하는 것은 전고가 있어서 그런 얘기를 많이 하시는 것 같아요. 그만큼 어렵지만 사실은 전고를 어떻게 표현을 하는가도 어려워요. 시의 의의를 파악하는 것도 어렵지만, 번역시 속의 이 전고를 어떻게 표현해 내는가? 이 과정도 굉장히 어렵습니다.

그래서 많은 번역자들이 고민을 해서 동원을 한 것이 주석입니다. 주석과 해설이고요. 번역시에다가는 표현을 할 수 없지만 그것을 별도로 아래의 주석과 상세한 해설을 곁들이는 경우가 많습니다. 그렇게 할 경우에 독자의 이해를 높일 수가 있지요. 다만 전고 번역을 할 경우에 이 전고번역 자체가 무슨 의미인지, 네 구절 중에 두 구절 정도에 전고가 들어 있거든요. 그럼 이 두 구절의 한 구절 한 구절을 어떻게 번역을 해야 하는가? 시를 읽어가는 과정에서 전고가 들어가는 곳은 조금 튀거든요. 이 부분을 어떻게 매끄럽게 의역으로 연결할 수 있는가? 이 부분에 대해서 굉장히 많은 고민을 번역자들이 하고 있습니다.

마지막은 풍격인데요. 풍격번역 같은 경우에는, 풍격어가 인상비평이에요. 우리가 시를 보면 가장 최소 단위인 시어. 바로 意象이지요. 의상과 의상이 만나서 어우러진 意境이라는 것이 있어요. 그 의경과 함께 우리가 풍격을 논할 때, 시에서 느껴지는 어떤 분위기거든요. 그러면 풍격은 시의 文面, 글자 자체에서 보이는 구절 번역으로 얘기할 수 있는 부분이 아니에요. 그런 풍격을 과연 한국어로 번역할 수 있을까? 중국한시와 한국한시에 담겨 있는 풍격을 한국어로 옮길 수 있을까? 그런 부분에 대해서 굉장히 저 역시도 예전부터 고민을 해 왔고요. 그래서 풍격비평을 연구하는 과정에서 한 번 시도를 해보고 싶었던 그런 기억이 나네요.

번역을 위해서는 원문과 백화문의 대조과정이 필요합니다. 백화문은 현대어라고도 하지요. 중국에서는 5.4시기 이후에 백화시가 나왔고요. 바로 그 시기에, 요즘에 중국어로 배우는 현대한어로 시 번역을 하는 거예요. 原詩를 백화문으로 번역한 것을 보면, 사람마다 번역할 때에 백화문이 주는 느낌이 조금 달라요. 시를 바라보는 느낌이 모든 사람이 동일할 수는 없다는 것이지요. 그래서 원문과 백화문을 대조해 봤을 때 어떤 분이 풍격을 가장 잘 살렸는가? 이런 것들을 우리가 중국시의 원문과 백화문을 놓고 한 번 대조해보는 과정도 필요할 것 같습니다.

사공도가 『이십사시품』의 풍격 평어를 제시하면서 그것이 '어느 시인'의 '어느 시'하고 가장 어울린다. 이것을 말하지는 않았어요. 물론 저자가 사공도인지에 대한 학계의 논의가 많기 때문에 그 부분은 여기에서는 논외로 할게요. 『이십사시품』에 담겨 있는 경지가 과연 어떤 시에 가장 어울릴까? 이게 연구자들이 시도를 하는 부분이에요. 그렇다면 이 평어, 풍격어의 풍격을 연구하는 분들이 바로 번역으로 우리의 시선을 가져온다면 시 번역을 할 때에도 풍격의 번역까지도 살려낼 수 있을까? 앞에 운율이나 성운·운율·리듬·평측, 이런 얘기를 했는데, 평측은 정말 어렵다. 압운도 어렵다. 그렇다면 시에서 빼놓을 수 없는 요소가 풍격인데요. 이것까지 한국어의 번역에, 한국어로 번역하는 시에 살려낼 수 있다면 얼마나 좋을까? 그런 생각을 해봤습니다. 여러분들도 한시를 연구하면서 한시의 풍격에 대해 관심을 가져보셨으면 좋겠습니다.

시적인 맛을 표현하는 어려움—譯詩도 詩시여야 한다.
시적인 맛을 표현하는 어려움, 번역시도 시다워야 한다. 번역시도 原詩처럼 詩여야 한다. 바로 그런 내용인데요. 아래에 高適의 시를 인용했고요.

高適, 「別董大」
十里黃雲白日曛, 北風吹雁雪紛紛.
莫愁前路無知己, 天下誰人不識君.

7언 절구 4행 처리(직역)
천 리 멀리까지 누런 구름 뒤덮여 태양을 가리고 있고,
북풍은 기러기를 불어 보내며, 눈이 펑펑 쏟아지고 있다.
여행길에 나를 이해하여 주는 사람 없다고 슬퍼 말지니,
이 천하에 자네를 모를 사람이란 한 사람도 없으리라.

7언 절구 4행 처리(의역)
十里를 뻗힌 구름 햇볕을 가렸는데
기러기 몰고 가는 북풍에 눈은 내려
서러워 말아라 그대의 가는 길을
천하에 그대를 누가 모르리.

그 아래에 번역 두 가지를 넣었는데, 이것은 동일인의 번역이 아닙니다. 두 분의 번역을 아래위로 함께 붙여 놓았는데요. 우리가 눈으로 볼 때, 첫 번째 번역은 직역입니다. 지금 위에 있는 원문하고 대조할 때 보면 상당히 유사하지요? 그대로 한 글자 한 글자 逐字譯을 했어요. 그리고 다소 서술식으로 번역을 하고 있지요? 눈이 펑펑 쏟아지고 있다. 이런 서술 종결어가 산문투에서 많이 나오는데, 시에서는 조금 미감이 떨어지는 느낌이 들어요. 두 번째에 있는 의역을 보게 되면, 똑같이 4행으로 처리를 했네요. 그런데 첫 번째의 직역에 비해서 다소 편폭이 좀 좁아요. 첫 번째 번역은 좀 넓고 두 번째 번역은 조금 좁혀져 있어요. 글자를 상당히 축약을 한 의역인데, 이런 경우에는 서로 유사어로 엮어서 두 글자를 한 의미로 풀어줄 수 있는 경우, 단어 하나를 만들어낼 때 생략기법이라든가 아니면 두 가지를 합성하는 기법이 있어요. 그런 식으로 해서 의역을 하는 과정인데, 어떤 단어가 어떻게 달라졌는지 한번

둘 다 놓고 알아볼 수가 있습니다.

이렇게 보는 과정에서 제가 밑줄(빨강색)로 표시를 한 부분이 하나는 '천 리'고 하나는 '십 리'네요. 원문에 '십 리'거든요. 그러면 직역을 한 사람의 번역은 잘못됐잖아요. 이것은 직역을 한 분이 보신 판본이 다른 거예요. 바로 판본의 차이예요. 이것이 아까 앞에서 제가 말씀드렸던 교감의 필요성입니다. 시를 분석하는 과정에서 번역도 중요하지만 번역에 앞서서 시의 판본에 대한 대조와 교감이 필요합니다. 그래서 여러 가지의 판본들을 놓고 여러분이 선택한 번역서, 여러분이 선택한 原詩가 어떤 판본에 의한 것인지를 밝혀줘야 합니다. 그렇게 되면 학술적으로도 상당히 가치 있는 번역이 될 수 있고요. 시중에 나온 번역서들을 보면 첫 장을 넘기면 일러두기가 있어요. 범례라고 하는데, 그런 부분들을 여러분들이 읽으실 때, 이 책의 이 시는 어느 판본에서 몇 년도의 어느 판본에서 발췌한 것이다. 그렇게 판본의 출처를 달아주게 되고요. 여러분들이 학술논문으로, 논문 속에 시를 번역해야 될 경우가 있다면 그런 부분은 인용처리를 하면서 引用註를 붙여줍니다. 인용 주석을 붙여줄 때 그것의 출처가 어디에서 발췌한 어느 작품인지 분명하게 명시가 되어야 해요. 학술논문에서 여러분이 각주를 붙일 때에는 특히나 고전을 연구하시는 분들은 원전의 출처에 대한 이해와 출처에 대한 정확한 근거를 파악해 주셔야 해요. 어디에서 가져왔는지도 모르는 것들을 여러분들이 그냥 논문에 인용을 해놓을 경우에는 대부분은 크게 판본에 문제가 없겠지만, 다양한 판본을 갖고 있는 작품일 경우에는 판본의 차이에 따라서 번역의 결과가 달라지거든요. '십리'와 '천리'의 차이처럼. 그런 식으로 해서 어떻게 보면 어처구니없는 실수라고 할 수도 있는데, 옮겨 적는 과정에서 나오는 실수일 수도 있고요. 그렇지만 이런 수치 같은 경우에는 굉장히 크잖아요. 그래서 이런 경우에 가급적이면 어느 책에 실린 어떤 판본을 대상으로 해석을 했고 번역을 했다는 사실을 밝혀줘야 할 필요가 있습니다.

이번에는 이백의 「靜夜思」라는 시를 대상으로, 한국에서 번역된 세 분의 번역을 가지고 비교를 해보도록 하겠습니다.[1]

---

1) 임원빈, 「中國詩歌 飜譯의 諸問題」, 『中國語文論譯叢刊』 9집, 중국어문논역학회, 2002, 245쪽.

이백, 「靜夜思」
牀前明月光, 疑是地上霜.
擧頭望山月, 低頭思故鄉.

임창순, 『당시정해』(직역)
침상 앞의 밝은 달빛,
땅 위에 내린 서리인가 여겼다.
머리 들어 산에 걸린 달을 바라보고는
고개 숙여 고향을 생각한다.

김희보, 『중국의 명시』(설명)
가을 밤 침상 위에 비치는 달빛을 보고
땅 위에 서리가 내렸는가 의심하였었다.
머리 들어 산에 걸린 달을 바라보고 있노라니
고향 생각이 나서 머리 숙여 망향에 잠긴다.
지영재, 『중국시가선』(의역)
침상 머리에 보이는 달빛
마당에 내린 서린가 여겼다.
머리를 쳐드니 산에 걸린 달,
머리를 숙이니 고향 집 생각.

　이백의 「정야사」의 원시가 제일 상단에 있지요. 아래에 임창순 선생님이 『당시정해』에서 직역을 한 번역을 실어봤습니다. 그 아래는 김희보 선생님의 『중국의 명시』에서 발췌를 했고요. 그리고 지영재 선생님의 『중국시가선』에서 가져왔습니다. 동일한 시 한 수를 지금 세 분의 선생님께서 번역을 한 내용입니다. 내용은 대동소이한데, 표현의 경계가 조금 다르지요? 우리는 표현 차원에서 직역과 의역, 직역에 대한 설명, 이런 식으로 번역을 합니다. 여기서 얘기하는 설명이란 얘기는요, 번역학에서 얘기하는 설명번역하고는 조금 차원이 달라요. 번역학 이론에서 얘기하는 설명번역은 원천어와 목표어 사이에서 등가어를 찾지 못할 때, 부가적으로 그 단어에 대한 상위차원으로 번역을 하거나 그것도 여의치 않을 때에는 길게 설명을 해주는 번역을 말합니다. 여기서는 번역학의 설명번역이 아니고 직역과 의역 사이에서, 단지 직역한 그것을 조금 더 길게 이해하기 쉽게 설명했을 뿐이라는 거예요.

시각적으로 볼 때 임창순 선생님 번역과 김희보 선생님 번역을 보면 편폭이 조금 다르지요? 지영재 선생님 같은 경우에는 의역을 하면서 편폭을 더 좁혔어요. 단어의 시작 부분이나 조사처리를 어떻게 했는지를 보면, 나름대로 리듬감을 주려고 노력을 했다는 생각이 들어요. 설명번역을 중간에 두고 직역과 의역 중에 어느 쪽에 더 중점을 두고 번역을 했는지, 그리고 직역과 의역의 수준이 어느 정도인지, 이것을 짧은 한 수의 한시를 통해서 여러분들에게 보여드리고 싶어서 이 자료를 준비했습니다.

이제 영어가 나오네요.

He[Morel] and his fellow mounted the steep garden step, heaved into the candle-light with their gleaning coffin-end. Limbs of other men were seen struggling behind. Morel and Burns, in front, staggered; the great dark weight swayed.

여기에서 여러분들에게 보여드리려고 하는 것은 영시를 말씀드리려고 하는 것이 아니라, 직역과 의역을 얘기할 때 지나친 직역과 지나친 의역이 있어요. 이건 손지봉 선생님이 번역 글쓰기라는 말씀을 하시면서 언급한 내용인데요.[2]

글쓰기 단계를 생각해보세요. 글쓰기 단계에서 마지막으로 교정하고 윤문을 보는 단계가 있지요? 윤문도 여러 번 보거든요. 손지봉 선생님 말씀대로라면 직역과 의역을 한번으로 끝낼게 아니라 직역과 의역, 그리고 원문을 되짚기, 원문에서 다시 한번 직역과 의역 사이 중간 단계의 번역을 찾아내는 바로 그 과정인데요. 앞부분에서 Nida의 번역 3단계 중에 바로 윤문 단계인데요. 바로 여기에 해당하는 거예요. 그래서 아래의 1번과 2번의 번역이 있는데, 1번 번역 같은 경우에는 한국어로 이해를 하려고 할 때 무슨 말인지 이해가 안 되는, 글자 그대로를 번역한 상당히 어색한 번역, 정말 직역투의 모습을 여실히 보여주는 지나친 직역이고요.

---

2) 손지봉, 「번역에서 글쓰기의 위상과 전략」, 『번역학연구』 Vol.9 No.3, 한국번역학회, 2008, 86쪽.

1. 그와 그의 짝은, 험한 뜰층계에 올라서서 관 끝에 촛불을 번뜩이면서 올라왔다. 다른 사람들의 팔다리가 관 뒤에서 몸부림하는 것 같이 움직이고 있었다. 앞에 선 모렐과 버언즈가 비틀거리자 커다란 시커먼 관이 흔들렸다. (지나친 직역)

2. 그와 이웃집 남자는 험한 돌층계를 올라서서 촛불 빛 속에 나타났다. 관 끝이 어렴풋이 빛나고 있었다. 다른 사람들이 뒤를 받치고 올라오는 것이 보였다. 앞에 선 모렐과 버언즈가 비틀거리자 커다란 시커먼 관이 흔들렸다.(생략을 통한 지나친 의역)

3. 그와 그의 동료는 가파른 뜰층계에 올라와 촛불에 모습을 드러냈다. 관의 끝이 빛났다. 뒤편에서 애쓰는 다른 사람들의 팔다리가 보였다. 앞에 선 모렐과 버언즈가 비틀거렸다. 크고 검은 관이 흔들렸다.(직역과 의역을 마친 후 원어와 대조하여 재윤문)

2번은 밑줄(빨강색) 부분만 보시면, 1번에 비해서 상당히 유려해 보입니다. 그런데 뭔가 좀 빠져있는 느낌이 들지요. 여기선 번역의 핵심이 되는 단어가 빠져 있어요. 그것을 직역하기가 어려워서 아예 생략을 한 것 같아요. 그래서 지나친 의역이라는 것인데요. 겉보기에는 굉장히 매끄러워 보이지만 번역자체를 생략했기 때문에 그대로 原意를 전달하지 못했다는 단점을 보여주고 있죠.

3번 번역 같은 경우, 직역과 의역을 여러 번 거친 후에 다시 한 번 원문과 대조해서 재윤문을 한 번역이에요. 그 과정에서 '애쓰다'라고 하는 단어를 찾아냈어요. 그래서 對譯語를 찾아내는 과정이 굉장히 중요하다. 직역과 의역을 한 번에 판단할 것이 아니라 번역하는 과정에서 여러 번 고치고 수정하는 과정이 필요하다. 이것이 번역글쓰기 이론의 원리입니다. 그 원리를 여러분들에게 보여주고자 이 부분을 실었고요.

근체시의 특징을 살린 번역

한시를 현대 한국어로 번역을 할 때, 음수율과 음보율로 번역을 하는 경우라면 어느 정도 글자 수는 지켰을 수가 있어요. 대구도 마찬가지입니다. 위 구절과 아래 구절 사이에 단어의 논리적인 어떤 리듬을 지키기 위해서 단어의 위치를 동일하게 배치하는 경우도 하나의 방법입니다. 평측과 압운 부분은 앞에서도 말씀드렸지만 번역속에 녹여내기가 사실은 거의 불가능하다라고 얘기하는 학자들이 많습니다. 평측과압운 같은 경우에는 중국 근체시가 갖고 있는 고유한 특징이기 때문에 우리 한국어로 이것을 표현하기는 정말 어렵다. 그러나 많은 학자들이 이런 어려움을 보완하기위해서 다양한 번역의 대안을 보여주고 있습니다.

나라는 깨져도
산하(山河)는 남고   國破山河在

옛 성에 봄이 오니
초목 우거져......   城春草木深
시세(時勢)를 설워하여
꽃에도 눈물짓고   感時花濺淚

이별이 한스러워
새 소리에도 놀라는 것.   恨別鳥驚心

봉화 석 달이나
끊이지 않아   烽火連三月

만금(萬金)같이 어려운
가족의 글월.   家書抵萬金

긁자니 또다시
짧아진 머리   白頭搔更短

이제는 비녀조차
못 꽂을레라   渾慾不勝簪

이 시는 두보의 「春望」인데요. 여기에 대해서 임창순 선생님은 이렇게 말씀을 하십니다.

"사실 당시는 우리 일반 지식인들의 생활과는 너무나 먼 거리에 있다는 것을 부정할 수가 없다. 문자가 다르고 표현하는 방식이 같지 않은데다 음운, 성률 등 우리로서는 이해하기 어려운 형식상의 규제도 극복하기에 만만치 않은 장벽이다." 『당시정해』, 소나무, 5쪽

이 말씀으로 볼 때, 이것은 불가능하다는 말씀은 아니거든요. 시를 번역한 이원섭 선생님의 번역문을 볼게요. 『당시』라는 이분의 번역서 중에 「춘망」의 번역을 가져왔는데요. 글자 수는 상당 부분을 고려를 한 것 같은 느낌이 들어요. 그래서 편폭도 길게 늘어놓지는 않았고, 또 그것을 1구 2행의 원칙으로 만들었고요. 앞에 인용한 번역들은 주로 1구 1행으로 번역을 했지요. 율시 같은 경우에는 8행이 될 거고, 절구는 1구 4행이 될 거고요. 그런 식으로 5언 7언 모두 그렇게 번역을 했는데, 이분의 번역 같은 경우에는 다른 번역과 다른 부분이 바로 한 구절을 두 행으로 만들어 놓은 것이 독특합니다. 역시 이분의 번역에서도 평측이나 압운은 구현해 내기가 어렵다는 느낌이 지배적입니다.

이원섭 선생님의 번역을 원문하고 대조해 볼 때, 특별히 의역한 부분들이 없어요. 한국식 어투에다가 맞추기 위해서 여러 선생님들의 번역을 두고 고민을 하는 과정에서 이런 번역 방안을 만들어낸 것 같아요.

위에 있는 그림은 詩意圖예요. 중국의 어느 화가가 그린 건데, 더러는 그림 상단에 시를 올려서 제화시처럼 보여주는 경우도 있고요. 그래서 시의도라는 것은 시의 의미를 그림을 통해 보여주는 것이고요. 시와 함께 곁들여 놓았을 때 상당히 운치 있고, 분위기를 한 장의 그림에다가 멈춰있는 느낌으로, 정태적인 느낌을 보여주는 효과도 가져오는 것이 시의도예요. 그래서 한국에서는 주로 미술사학을 연구하시는 분들이 이러한 중국의 시의도를 가져다가 조선시대에 화가들이 그렸던 그림하고 비교를 하기도 하고, 한국 한시에다가 이런 시의도의 방법을 적용을 해서 시와 그림 그리고 書, 시서화의 관계를 보여주는 연구를 하시기도 하는데, 그런 분들에게 시의도는 유용한 도구인 것 같아요.

'傳神'의 번역

시에서는 言外之意라는 말을 많이 합니다. 말과 글로 어떻게 표현할 수 없는, 언어로 표현할 수 없는 이런 경지를 이야기 하는데요. 우리가 동양미학에서 '傳神'이라는 말을 씁니다. 『세설신어』를 완역하신 김장환 선생님께서 이런 말씀을 남겨주셨는데요.[3] 여러분들이 한문학을 공부하면서 필요하실 것 같아서 한번 말씀을 드려보겠습니다.

고개지가 그림에 대해 말하길 "'손으로 다섯 현을 뜯는 것'은 (그리기) 쉽지만, '눈으로 돌아가는 기러기를 보내는 것'은 (그리기) 어렵다.'라고 했다.(顧長康畵道: 手揮五絃易, 目送歸鴻難)" (『세설신어』, 巧藝)

이것은 혜강이 지은 시의 시 구절이에요. 『세설신어』에 실린 글인데, 『세설신어』에 이 글을 실을 때, 원래 원문은 혜강 시의 두 구절을 뽑아서 고개지가 그림으로 그리는데, '그림으로 표현하기가 어렵다.'라고 말한 경지입니다. 손으로 다섯 현을 뜯는 것은 그리기가 쉽지만, 눈으로 돌아가는 기러기 보내는 것은 그리기가 어렵다. 두 가지 그림 그리는 경지에 대해서, 그림을 그릴 때, 다섯 현을 뜯는 것은 쉽지만 눈으로 돌아가는 기러기를 보내는 것은 어렵다. 이렇게 표현을 했는데요.

3) 김장환, 「『世說新語』번역 : 그 '傳神'의 어려움」, 『중국어문학논집』 22집, 중국어문학연구회, 2003.

여기에서 '눈'이 중요한 단어입니다. 이 『세설신어』를 완역하신 김장환 선생님께서 그것을 번역하는 과정에 '눈' 말고는 표현할 방법이 없다고 말씀을 하셨어요. 그러나 '이 번역은 만족스럽지 않다.'고 솔직한 심정을 보여주셨는데, 이 당시에 번역을 하시면서 상당히 오랜 시간 고민을 하셨대요. 그런데도 답을 내지 못하셨다고 말씀을 하면서 번역시의 어려움에 대해서 얘기를 해주신 적이 있어요.

우리가 번역을 하는 과정에서 言外之意를 어떻게 표현을 하는가? 앞에서 제가 잠깐 말씀을 드렸던 부분인데, 바로 풍격의 번역이 여기에 해당됩니다. 확실하게 눈에 들어오는 豪放이라든가 飄逸이라든가 이런 평어들은 한시 작품으로 얘기를 할 때 주로 어떤 시들이 어울린다거나 그래서 풍격은 이런 식으로 옮기는 것이 좋겠다고 얘기를 할 수 있지요.

하지만 사공도의 24개의 평어 중에 대부분의 평어들은 상당히 인상적이에요. 모두 인상비평이기 때문에 그 자체가 자의적인 해석들이라는 거지요. 그렇게 볼 때, 여기서 보는 '눈'을 한국어로 어떻게 번역을 해야 될까? 김장환 선생님 말씀처럼 '수많은 표정이 담겨 있는 눈'이지요. 돌아가는 기러기를 보면서, 지금 군대에 가면 다시 언제 올지 모르는, 그 秀才가 눈에 아른거린다. 그걸 한 장의 화면에다가 옮기기에는 어려웠다. 그것이 고개지가 옮긴 말인데, 『세설신어』巧藝 편에 실린 글이에요. 한시 번역에서 나오는 意象들이 있지요. 이미지라고도 하는데, 이 意象들이 접목되어서 한 수의 풍격이 완성되는데요. 이것을 어떻게 시로 옮길까? 한 글자의 번역을 어떻게 함으로써 전체적인 시의 분위기가 달라지는, 그런 내용들을 여러분들이 번역을 공부하면서 연구를 해보시기 바랍니다.

학술 번역과 대중 번역

이제 학술 번역과 대중 번역인데요. 여러분이 글자만 봤을 때는 어떤 의미인지 모르는 분은 없을 겁니다.

학술번역	학술 연구자를 대상으로 하여 이들이 학술 연구에 활용할 수 있게 하는 번역이다. 또는 번역서에 학술 연구 성과를 적극적으로 반영하여 완성도를 높인 번역이다. 원전의 한 글자 한 구절도 간과하지 않고 철저하게 분석하는 데에 주안점을 둔다.
대중 번역	일반 대중 독자를 대상으로 한 번역이다. 이들이 교양의 목적으로 읽을 수 있는 수준으로 만드는 번역이다. 이런 경우 원문의 자구에 대한 철저한 훈고나 교감보다는 글의 맥락을 효율적으로 표현하여 쉽게 이해할 수 있도록 하는 데에 주안점을 두어야 한다.

학술 번역과 대중 번역, 이 두 단어만 가지고도 학술과 대중이 무슨 의미인지는 다 아시지요. 학술 연구자를 대상으로 하여 학술 연구에 활용할 수 있게 하는 번역, 이게 학술 번역이다. 번역서에 그 학술 연구 성과를 적극적으로 반영해서 완성도를 높인 번역을 말한다. 그래서 원전의 한 글자, 한 구절에 아주 집중해서, 어느 한 구절도 간과하지 않고 철저하게 분석하는 데 주안점을 둔다. 이렇게 본다면 학술번역에서는 의역까지 고려할 수 있는 상황은 아니지요.

대중 번역은 일반 대중 독자를 대상으로 한 번역이다. 이들이 교양의 목적으로 읽을 수 있는 수준으로 만들어야 한다. 그럴 경우에 원문의 자구에 대한 훈고나 교감보다는 글의 맥락을 효율적으로 표현하여 쉽게 이해할 수 있도록 하는 데에 주안점을 두어야 한다는 것이지요.

한시 역자의 자질

한시 역자들이 가져야 될 자질에 대한 이야기인데요.

1) 한시에 대한 文識力이 있어야 한다. 原詩 이해의 수준을 말한다.
2) 우리 시에 대한 창작 및 감상 능력이 있어야 하고, 우리 말 표현에 능해야 한다.
3) 原意와 관련한 주석을 잘 달아야 한다.
4) 시의 진가를 잘 느낄 수 있도록 해설을 잘 해야 한다.

이 자질은 한 사람이 네 가지를 모두 갖고 계신 경우도 있고요. 한 가지 갖고 계신 분도 있고요. 이 중 두세 가지 능력이 있는 분들도 있는데요. 이런 능력들이 서로 작용을 한다는 거예요. 첫 번째는 한시에 대한 文識力이 있어야 한다는 건데, 이건 한시 번역에 담겨 있는 모든 배경들에 대한 이해와 그 原詩에 대한 내용 이해를 말하는 겁니다. 결국은 번역 수준하고 직결되는 문제인데요. 原詩의 이해를 제대로 못하면 아무리 표현이 훌륭해도 오역이라고 말할 수 있는 거지요.

두 번째는 우리 시에 대한 창작 및 감상 능력이 있어야 된다는 겁니다. 역자도 시를 감상하는 것이지요. 감상을 하면서 번역을 하는 것이지요. 그 시를 이해하는 과정이 바로 감상의 과정인데, 번역을 재창작이라고 말하는 것은 의역의 과정을 말하는 거예요. 창작 및 감상의 능력이 있어야 하고 우리말 표현에 능해야 한다. 한시에 대한 이해력은 뛰어난데, 우리말에 대한 표현이 능하지 않을 경우에는 번역을 읽었을 때도 대중 독자들은 무슨 말인지 이해할 수 없는 경우도 있지요. '시는 시다워야 한다.'는 것과 직결되는 내용입니다.

세 번째는 原意와 관련한 주석을 잘 달아야 한다는 겁니다. 原詩의 뜻을 번역 속에 제대로 표현하지 못할 수도 있지요. 그런 것들을 주석을 통해서 소개를 해줘야 한다는 것이지요. 마지막은 시의 진가를 잘 느낄 수 있도록 해설을 잘 해야 한다는 겁니다.

이 네 가지 능력이 한시 역자가 고루 갖추어야 될 자질인데요. 솔직히 이 네 가지 능력을 모두 갖춘 분들은 거의 없는 것 같아요. 네 가지를 모두 갖추고 있다고 자부할 수 있는 분도 있겠지만, 일단은 한두 가지라도 갖추고, 나머지는 노력을 통해서, 공부를 통해서 지속적으로 갖추어 갈 수 있으면 좋겠습니다. 다음은 대중 번역과 학술 번역에 대해서 나름대로 정리를 해봤습니다.

직역과 의역이 모두 필요하다. 직역의 경우 주석을 곁들여야 자료로서의 가치가 높아질 것이다. 원전의 성격(산문, 운문), 문체와 독자의 층위에 따라 번역 방식이 다를 수 있다. "직역과 의역의 적절한 조화와 절충"	대중 번역일 경우 어휘 사용도 일반인에 준하는 독자 수준을 고려해야 하고, 독자의 이해를 위해 운율을 살려 의역을 해야 한다. 때로는 원전의 일부를 생략해야 할 경우도 있다. 원문을 보지 않고 번역문만을 읽어도 어느 정도 이해할 수 있고 즐길 수 있는 번역, 즉 번역된 시 자체가 하나의 문학 작품이 될 수 있도록 번역한다. 재생적이면서 창조적이어야 한다.

학술 번역일 경우 정확한 의미 전달을 위해 직역을 하고 교감과 주석 및 해설을 곁들여야 한다. 주석은 뜻을 풀이하는 수준을 넘어야 하고, 정확한 해설을 위해서는 작품에 대한 전체적인 해설이 필요하다. 전고도 시적 효과를 높이기 위한 의도적 수사인데, 주석을 활용해 독자에게 그 뜻을 분명하게 전달해 줄 필요가 있다.	번역의 구체적인 방법론을 제시하기 위해 선행 번역시에 대한 고찰이 필요하고, 쟁점에 대한 장기적인 토론과 연구가 필요하다. 획일적인 기준과 방법론의 적용은 지양해야 한다.

직역과 의역 중에 무엇이 필요한가? 직역을 해야 하나? 의역을 해야 하나? 의역을 한다면 어느 정도까지 해야 하나? 이런 말들을 앞에서 드렸었는데요. 결국은 직역과 의역이 모두 필요하다. 저는 그렇게 봅니다. 직역의 경우 주석을 곁들여야 학술 가치가 높아지지요. 텍스트 자체가 문헌 자료니까요.

문장의 성격이 산문이냐? 운문이냐? 시는 운문에 들어가지요. 문체와 독자의 층위에 따라 번역 방식이 다를 수 있다. 문체라는 것은 서발문도 있을 거고 편지글도 있을 거고 다양한 문체가 있는데, 그런 문체와 독자의 층위에 따라 번역이 달라지게 된다는 것입니다. 충분히 융통성을 발휘해야 된다는 거예요.

대중에게 알리기 위한, 대중들을 위한 번역인가? 아니면 학술 연구자를 위한 번역인가? 이런 부분이 확실히 정해져야 된다. 그래서 저는 '직역과 의역의 적절한 조화와 절충'이 필요하다는 생각이고요. 과도한 의역과 과도한 직역을 피해야 된다는 입장입니다. 어려운 말이지요. 이대로 번역을 한다는 게 말처럼 쉽지는 않아요. 그렇지만 너무 쉽게 번역을 하지 말고 번역을 하고도 여러 번 확인을 할 수 있는 윤문의 과정이 필요하다. 자체 윤문도 있고, 전문가와 함께 그룹 스터디를 통해서 공동 작업을 할 수도 있고요. 요즘 한국에서 국책과제로 하는 공동연구 과제가 바로 이런 건데요. 저도 참여를 해봤는데, 현대어로 번역을 하고 번역한 걸 모아서 하루 시간을 정해서 각자 번역해 온 것을 가지고 윤독하는 거지요. 윤독하면서 수정된 번역문을 저장하는 그런 과정을 거치지요. 그런 경우에 '지나친 의역이다.'라고 하거나, 뭐가 빠졌다거나 하면 다시 직역으로 돌아가서 원래 글자를 다시 확인해보는 과정을 거칩니다. 누가 봐도 직역인, 여러 명이 봐도 '아, 이건 너무 딱딱한 직역이다.'라고 하면 다시 어느 정도의 의역을 가미할 수 있는 그런 조화와 절충이 필요하다.

다음은 학술 번역의 경우인데요. 정확한 의미 전달을 위해 직역을 하고 교감과 주석 및 해설을 곁들여야 한다. 학술 연구자들한테는 의미를 제대로 풀어줘야 하는 의 누가 있겠지요. 그에 따른 교감과 주석과 해설이 있으면 읽어내는 데 어려움은 없을 거고요. 주석은 그냥 뜻을 풀이하는 수준이 아니라 정확한 해설을 해주는 것이 필요하고요. 전고는 시적 효과를 높이기 위한 의도적인 수사인데요. 이것도 주석을 통해서 독자에게 전달해 줄 필요가 있습니다.

고전번역원에서 번역하는 번역들이 주로 직역이에요. 원문에 충실한 번역이라고 얘기를 하지요. 그런 경우에는 번역 사이사이에 주석들이 계속 붙어 있어요. 그러면 시각적으로 볼 때, 가독성은 조금 떨어지는 느낌이 들어요. 그러나 학술성은 상당히 높지요. 용사가 많이 사용된 번역인 경우에 완벽한 의역은 불가능하다고 생각을 합니다. 그런 경우에는 직역과 함께 의역을 절충해 주되 필요한 경우에는 주석을 달아서 학술성을 높여주는 것이 필요합니다.

대중 번역의 경우는 상황이 다릅니다. 이 경우에는 독자를 충분히 고려해야 합니다. 독자의 이해를 위해서 운율을 살려주는 것이 좋지요. 그래서 송준호 선생님 같은 경우는 음보율에 관심을 가졌던 분인데, 한국적인 리듬을 살려줘야 한다는 얘기를 하셨지요. 그래서 의역이 필요하기도 하고요.

때로는 원작의 일부를 생략할 경우도 있습니다. 번역서 중에 이런 경우는 많지 않은데, 원문을 보지 않고 번역문만 읽어도 어느 정도 이해를 할 수 있고 즐길 수 있는 번역. 번역된 시 자체가 하나의 문학 작품이라는 이해를 하는 겁니다. 바로 재생적이면서 창조적인 번역을 한다는 건데요. 송재소 선생님의 글에서 읽었는데, 原詩와 번역시를 같이 놓게 되면 '이렇게 번역을 했으니까 원시와 함께 대조해서 봐라.' 독자에게 이런 느낌이 들 수도 있다고 말씀을 하셔요.

독자들이 시 학습용으로 이 책을 읽을 수도 있지요. 그럴 경우에는 원문하고 번역문을 같이 놓고 대조해 보는 연습을 할 수가 있는데, 독자들이 애호하는 내용들을 현대시로 쉽게 풀어놓은 시들도 있어요. 그런 경우에는 번역시만 두고 원문을 빼는 추세이고요. 책 뒤에 부록으로 원문을 달아주는 경우가 있습니다. 신문 같은 경우도 최근에는 원문은 뒤에 부록으로 해서 표점을 달아주고, 앞부분에는 그냥 번역만 두어서 가독성을 높이는 경향이 많아요. 상당히 대중을 고려한 출판의도라고 생각이 됩니다.

번역의 구체적 방법론을 제시하기 위해 선행 번역시들에 대한 연구가 필요하고요. 거기서 나온 수많은 쟁점들, 원문에 충실한 번역을 할 것인가? 아니면 어느 정도 음보율을 지킨 번역을 할 것인가? 확실한 의역을 할 것인가? 표현미가 더 중요하다. 내용이 중요하다. 그런 부분에서 쟁점에 대한 토론과 연구가 있어야 한다. 획일적인 기준이나 일시적인 방법론은 지양해야 할 것이다. 이런 생각을 해보게 됩니다.

아래에는 시에 대해서 선생님들이 언급하신 몇 가지 내용들을 뽑아봤어요.

孟浩然,「春曉」
春眠不覺曉　봄잠에 날 새는 것도 몰랐는데,
處處聞啼鳥　여기저기서 새 소리가 들린다.
夜來風雨聲　밤사이 비바람 소리 들리더니,
花落知多少　꽃이 얼마나 떨어졌는지?

따뜻한 봄날, 포근히 든 잠을 깨지 못해 날 새는 줄도 모르고 있었는데,
어느덧 여기저기서 새 지저귀는 소리가 들려 늦잠을 깨고 말았네.
깨어서 생각해 보니 간밤에 비바람 소리가 들렸었는데,
한창 피었던 꽃이 얼마나 떨어졌는지 궁금하구나.

선생님들의 고민이 담겨 있는 그런 인용문들인데요.[4] 여기에 있는 내용들을 여러 분들이 보시면서 이분은 이런 식으로 직역을 추구했구나. 이분은 이런 식으로 의역을 하고 있다. 이런 것들을 볼 수 있고요. 맹호연의 「春曉」라는 시인데요. 임창순 선생님의 번역은 직역과 풀이를 같이 나열합니다. 원시 옆에 직역을 했고요. 번역을 보면 그대로 직역을 한 거지요.

임창순 선생님의 번역은 앞부분 이백의 「정야사」를 인용해 드리면서 보여드렸는데요. 거기에도 그대로 직역이 되어 있는 것이 있었는데, 그것이 임창순 선생님의 시 번역 방식이에요. 그리고 하단에 제가 파란색으로 표시한 부분이 있지요. 바로 이 부분이 원시에 대한 해석이에요. 보통의 시 선집에 이런 경우는 많지 않아요. 그냥 처음부터 原詩 옆에 의역으로 풀어놓는 경우가 많지 직역과 함께 풀이를 해놓는 경우는 옛날 방식이라고 볼 수 있는데요. 독자들의 경우에는 직역을 보는 사람은 직역을

---

4) 신영주, 「한문 고전 번역을 위한 원어 분석과 번역어 선택의 문제」, 『돈암어문학』 24집, 돈암어문학회, 2011, 47쪽.

볼 수도 있고, 아래에다가 자세하게 풀어놓았기 때문에 시가 갖고 있는 의도를 정확하게 이해하는 데 상당한 도움이 되지요. 밑에 풀어놓은 것 자체도 일종의 설명 번역입니다. 제가 직역과 설명·의역, 이렇게 세 가지를 말씀드렸잖아요. 이것도 역시 시 번역의 유형이 될 수 있다. 이렇게 생각이 듭니다.

다음은 이인로의 시인데요.[5]

李仁老,「山居」
春去花猶在　봄 갔건만 봄꽃은 외려 남았고,
天晴谷自陰　날 갰건만 골짜기는 제냥 어두워,
杜鵑啼白晝　두견새는 대낮에도 울고 있으니,
始覺卜居深　비로소 알겠구나, 깊이 사는 줄.

「山居」라고 하는 시인데, 송준호 선생님이 『한국명가한시선』에서 번역하신 겁니다. 음보율을 살려서 번역을 하셨어요. 그래서 4 3 5/4 4 5/4 4 5/3 4 5 이런 글자 수로 번역을 하셨네요. 자수와 음보를 적용해서 나름대로 정형시의 미감을 느끼게 해주는 번역입니다. 음보율 번역 같은 경우에는 의역 쪽에다가 비중을 두는 경우가 많습니다. 현대시적인 의역이 아니라 한국의 전통적인 민요풍의 음보율을 살려서 번역하는 것을 지향하셨던 분이 송준호 선생님입니다. 이 시가 갖고 있는 특징을 보면 생소한 한자어들이 배제되어 있고 자연스러운 일상어를 사용하고 있지요. 단어를 처리하는 것에서 기존 직역 투의 글들 보다는 상당히 독자층을 고려한 번역이라고 볼 수 있겠습니다.

이번에는 「春詞」라고 하는 시의 번역인데요.[6]

---

5) 김동준, 「번역학 관점에서의 한국한문문학작품 번역 재론 : 한시의 번역을 중심으로」, 『民族文化硏究』 46집, 고려대학교 민족문화연구원, 2007, 23쪽.
6) 김동준, 「번역학 관점에서의 한국한문문학작품 번역 재론 : 한시의 번역을 중심으로」, 『民族文化硏究』 46집, 고려대학교 민족문화연구원, 2007, 26쪽.

朴齊家,「春詞」
劈去秋千一頓空　그넷줄 능청 하늘을 차라
飽風雙袖似開弓　바람 안은 두 소매 활등 같구나
爭高不覺裙中綻　이만 오르려다 치맛자락 벌어져
倂出鞋頭繡眼紅　수놓은 버선목이 그냥 드러났네.

의역 방식을 선택한 김상훈 선생님의 번역인데, 의역의 좋은 사례를 보여주는 번역이라고 할 수 있습니다. 이 번역문은 번역시가 아니라 하나의 문학 작품으로서 작품성을 느낄 수 있는 글인데요. 직역에 비해서 훨씬 시적 정취를 느낄 수 있는 번역이라고 생각이 됩니다. 이 시 번역만 보고도 충분히 공감할 수 있는 그런 내용이고요. 정말 시 다운 시 번역이라고 얘기할 수 있는 의역의 한 예라고 생각됩니다.
　이번에는 임형택 선생님의 번역인데요.[7]

趙纘韓,「漢陽俠少行」
서울이라 한양성
이백년 태평세월　　　　　漢陽昇平二百祀

도성 안에 사람 사람
풍요롭고 미끈하다.　　　　都人士女殷且美

가가호호 호사하네
고기 반찬 기름진 밥　　　　家家鍾鼎食如螘

치장단장 눈부시고
풍악소리 그칠 날 없고,　　　明粧曜日喧歌吹

이 분 번역의 특징은 한 구를 두 행으로 만들었다는 겁니다. 굉장히 독특한 詩行을

---

7) 신영주,「한문 고전 번역을 위한 원어 분석과 번역어 선택의 문제」,『돈암어문학』 24집, 돈암어문학회, 2011, 48쪽.

만들어 주셨는데요. 보통의 1구 1행 번역 원칙을 깬 번역이고요. 고유명사 같은 경우에도 대부분 새로운 말들로 풀어서 번역해주신 것이 특징이라고 할 수 있습니다. 1구 1행을 깼다는 점에서 현대시의 느낌을 주는 한시 번역 방법이라고 생각됩니다.

다음은 자하 신위의 시인데요.[8]

申緯, 「後秋柳詩」
바람도 없이
떠난 잎이
'철렁!'
땅에 떨어지니   無風脫葉下鏘然

야윈 가지
한 올 한 올
저녁 안개 속에
걸려 있다.   瘦影絲絲掛暮煙

부러진 갈대
마른 연잎이랑
서로 기대 서 있을 때   折葦枯荷相伴住

원앙새는 옷이 추워
잠도 채 못 이룬다.   鴛鴦衣冷不成眠

이건 안대회 선생님의 번역입니다. 안대회 선생님의 경우도 임형택 선생님처럼 1구 1행 번역이라는 고정관념을 탈피하려고 노력을 했고요. 음보율을 깨고 1구 4행으로 번역을 했습니다. 그래서 현대시의 분위기가 물씬 풍기는 번역을 보여주지요. 파격적인 시도라고 생각이 듭니다. 우리가 번역을 하면서 학술성과 대중성 중 어느 쪽

8) 장유승, 「한시 번역을 둘러싼 논쟁」, 『東洋學』 60집, 단국대학교 동양학연구원, 2015, 12쪽.

에다가 비중을 두어야 할까? 이런 부분들을 고민해 볼 수 있는 번역이라고 생각이 듭니다.

한시의 번역은 참 어렵습니다. 여러 선생님들의 번역들을 보는 것도 공부의 한 과정이고 시의 내용이해, 감상, 주석달기, 해설하기 등 이 모든 과정들이 시를 공부하는 내용 속에 모두 반영되어야 할 것들이라고 생각이 듭니다. 여러분들이 공부를 하는 과정에서 시에 대해서 좀 더 학문적으로 다가갈 수 있는 방법이 무엇일까 생각해 보는 것도 좋을 것 같습니다. 제한된 시간 내에 여러분들에게 많은 내용을 말씀드리지 못해서 송구하게 생각합니다. 이상으로 제 강의를 마치도록 하겠습니다. 감사합니다.

조선후기 외국문물 수용양태의 다양성

김 대 열 (프랑스 INALCO 대학교 한국학과)

오늘 강의 내용의 제목은 '조선후기 외국문물 수용양태의 다양성'입니다. 부산대 한문학과 BK 프로젝트에서 진행되고 있는 세미나 구성을 보니까 동아시아 · 고전번역 · 로컬지식 등의 개념들로 되어 있더군요. 이러한 세 개념, 그리고 그로부터 파생하는 여러 가지 문제의식들을 성찰하는 데에 있어 조금이나마 도움이 되었으면 하는 바람을 가지고 오늘 강의를 준비해봤습니다.

오늘 강의는 17세기에서 19세기 사이, 그러니까 18세기를 중심으로 조선 사회가 청나라를 통해서 서양의 문물을 받아들이는 모습들을 살펴보고자 합니다. 강의 내용은 저의 독특한 연구 성과가 아니라 여러 학자들에 의해 연구된 기왕의 성과들을 모아 제 나름대로 재구성한 것입니다. 그래서 여러분이 아마 개별적으로 읽거나 들어보신 부분도 있을 것이라 생각됩니다.

그런 주제들을 외국 문물 수용 양태의 다양성이라는 제목 아래 함께 관찰함으로써 외국 문물을 수용하는 모습이 이렇게 다양하다는 것, 또 이러한 모습들이 시사하는 바는 무엇이며, 여기에서 무엇을 읽어내야 하는지, 나아가 여러분이 과거의 한시를 번역하고 혹은 지역학을 하는 상황에서 어떤 태도를 가져야 하는지, 거기에 대해서 함께 생각해보면 좋겠습니다.

타문화 접촉 이후의 변화를 설명하는 몇몇 모델들

우선 어떤 한 문화가 다른 문화를 만날 때 벌어지는 일들을 설명하는 대표적인 모델들을 보도록 하지요. 이 모델들은 두 문화가 만났을 때 일어나는 일들을 설명하거나 예상할 때 사용합니다. 첫 번째 모델은 번역(Translation)모델입니다. 말 그대로 타문화가 들어왔을 때 그것을 자문화의 언어로 번역해버리는 그런 경우인 거지요. 예를 들어 로미오와 줄리엣 얘기를 듣고 이도령과 춘향으로 번역하는 식이죠.

이 모델은 문화 수용 상황에서 일어날 수 있는 타문화 왜곡문제를 지적하는 데에

246   고전과 동아시아 _ 로컬지식학 강의

자주 사용됩니다. 번역은 하나의 문화요소를 본래 맥락에서 추출을 해서 다른 문화 맥락에 투입하는 거지요. 이런 경우 수용 문화 쪽의 의식 혹은 지각 도식을 번역해야 하는 문화를 해석하는 데에 무의식적으로 적용함으로써 문화 왜곡을 초래하는 것입니다. 가장 흔히 드는 예 가운데 하나가 바로 라틴아메리카 원주민들이 스페인의 천주교를 만나면서 생겨난 경우입니다. 라틴아메리카 원주민들이 성모마리아를 알게 되었을 때 이 사람들은 성모마리아가 그들이 이미 알고 있는 여신에 해당한다고 이해를 했지요. 그리고 스페인 사람들은 성모마리아에 대한 원주민들의 태도를 보고 원주민들이 천주교를 받아들였다고 여기게 됩니다. 하지만 실제로 원주민 사이에서 일어난 것은 성모마리아를 알게 됨으로써 원주민들의 여신에 대한 상상력이 더 풍부해지고 여신에 관련된 새로운 문학을 낳게 되었다고 합니다. 스페인 사람들과 원주민들이 서로 동상이몽을 꾸는 현상이 벌어지게 된 것입니다.

두 번째 모델은 혼합(Hybridity)모델입니다. 이것은 두 문화가 나란히 단순하게 공존하게 된다는 것이지요. 그리고 두 문화의 단순한 혼합 자체가 새로운 문화가 된다는 모델입니다. 하지만 이 모델은 그 자체가 너무 단순한 시각을 가지고 있습니다. 마치 타문화 수용의 주체인 인간이 아무런 역할을 하지 않고 두 문화가 그대로 나열된 것을 두고 보기만 한다고 여기기 때문이지요. 그런 문제가 있기는 한데, 실제로 이런 현상이 전혀 없는 건 아닙니다. 물론 실제로 두 문화가 나란히 혼합되어 가는 경우도 볼 수가 있긴 하지만, 대부분의 경우에 인간이 어떤 역할을 하게 됩니다.

세 번째 모델은 크레올화(Creolisation)입니다. 크레올이라고 하는 것은 원래 카라이브 제도(Caribbean, Caribe)의 프랑스 식민지 원주민이 사용하는 언어를 일컫는 말이지요. 식민지가 되기 이전 원주민들이 쓰던 언어가 프랑스어를 만나면서 변한 것이 크레올입니다. 이 언어의 특징은 어휘는 원주민 언어가 중심이 되고 문법은 불어가 중심이 돼서 원주민 원어보다 훨씬 풍부하고 조직적인 언어로 발전한 후 하나의 새로운 언어로 고착되었다는 점이지요. 이런 언어현상 때문에 언어학에서는 크레올이라고 하는 것이 당시 카라이브 제도의 원주민 언어만을 일컫는 것이 아니라, 이러한 혼합과정을 거친 언어들을 일컫는 일반명사가 되었지요. 나아가 크레올화는 상이한 두 문화가 만나 서로 다른 구조와 기능을 상호 보완하는 단계를 거치면서 새로운 문화를 만드는 것을 일컫게 됩니다. 이 셋째 모델이 두 문화의 만남을 가장 잘 표현해 주는 것처럼 보이지만 실제 두 문화 간의 접촉은 사실 이보다 더 복잡합니다.

특히 지식의 만남이 그런 경우입니다.

문화/지식의 교류

이제까지의 연구에서 특히 주목받는 부분은, 새로운 지식과의 접점의 맥락, 그러니까 두 문화가 만나서 새로운 지식이 다른 문화에 옮겨지게 되는 그런 맥락, 다시 말해 어떤 상황 속에서 지식의 전수가 이루어졌는지에 따라서 그 형태와 내용이 달라질 수 있다고 설명하는 것입니다. 예를 들어서 식민지라는 상황 아래, 지배－피지배의 관계로 만나서 문화가 전달되는 경우와 그렇지 않은 경우, 이 두 가지가 다를 것이라는 사실을 쉽게 이해할 수 있겠지요. 또 협력 계약을 준수하기 위한 자리에서 이루어지는 사업 동료 간의 지식의 전달의 경우, 그것은 우정으로 연결된 친구 간의 지식 전달과는 굉장히 다를 수 있겠지요. 또 이미 전수된 지식이 어떤 맥락 아래에서 수용되고 계발되었는지에 따라서 지식의 근원지와는 다른 발전을 겪고 전혀 다른 새로운 지식을 낳게 할 수도 있습니다. 또한 전수의 주체와 수용의 주체가 누구인지도 중요한 변수로 작용합니다. 이러한 점도 오늘 강의에서 살펴보도록 하겠습니다. 조선 후기에 서양문명을 중국에 전수했던 주체는 예수회 선교사들이었지요. 그들이 전수한 서양 문물은 그들이 '전수할 수 있었던' 서양 문물이었습니다. 그들이 당시의 서양 문물 전체를 대표할 수는 없었지요. 예를 들어서 그들이 전수한 서양 천문학은 당시 유럽에서 한창 발전하고 있었던 천문학이 아니라 가톨릭교회가 '인정할 수 있었던', 즉 케플러 이전의 아리스토텔레스와 프톨레마이오스의 우주관에 기초한 천문학이었지요. 어찌 보면 본토에서는 낡은 것을 가져다 중국인들에게 전달한 것이었습니다.

18세기 조선: 외국 문물에 대한 다양한 수용 양태

이제 여러분과 함께 보고자 하는 것은 18세기를 전후해서 조선 사회가 외국 문물을 수용할 때 보여준 몇 가지 상이한 모습들입니다. 여기서는 특히 네 가지를 보도록 하겠습니다. 첫째는 제도에 의한 단순 수용의 경우입니다. 천문학과 역법이 여기에 해당되지요. 이 경우, 정치적, 특히 중국과의 외교적 관계와 관련이 되어서 급히 수용할 필요가 있었던 것입니다. 그러나 실제로는 이보다 좀 더 복잡하다는 걸 보도록 하겠습니다. 둘째는 선택적 수용의 경우입니다. 광학이 이에 해당되는데, 광학의 인식론적 기반은 간과되고 회화기술만 집중적으로 조명을 받게 됩니다. 셋째는 외국 문물에 대한 조선인들 사이의 상반된 태도입니다. 유럽의 교육제도에 대한 태도가 그것인데, 이는 조선 학자들 사이에서, 어떤 점이 유용한가에 대해 각기 다른 판단을 내렸던 시각의 차이에 기인한 것이었습니다. 마지막으로 넷째는 외국 문물의 영향을 받아서 기존 전통을 다시 복원하고 재해석하는 경우입니다. 외국 문물을 받아들인 게 아니라 외국 문물을 보고는 '아, 이건 우리 쪽에도 있었는데.'라고 하면서, 우리 쪽으로 다시 눈을 돌리는 경우죠. 예컨대, 기독교의 영향을 받아서 한편으로는 그 교리를 비판하면서도 다른 한편으로는 유일신관과 종교적 경건성의 장점을 취해 그와 유사한 측면을 고대 중국의 신관(神觀)에서 재발견하고 재전유하는 모습입니다.

천문학과 역법

첫 번째 모습은 제도적인 수용입니다. 외국 문물 수용이 국가기관을 통해서 이루어질 때는 대부분 효과적이고 빠릅니다. 천문학과 역법의 경우가 그러했지요. 그렇다고 해서 그렇게 간단한 건 아니었습니다. 사실 17세기 조선의 경우에는 역설적인 측면이 없지 않았습니다.

우선, 정확성을 위한 기술적 차원에서 보면 서양의 천문학과 역법이 당시엔 필요했지요. 외교적인 차원에서도 그럴 필요가 있었습니다. 그런데 이념적인 차원에서는 외국 문물 수용에 대한 어떤 저항, 특히 청나라의 역법을 수용하는 거니까 거기에 대한 반발심이 있었고 동시에 익숙한 기존 전통으로 기우는 견해도 있었지요. 왜 우리의 것이 잘 되고 있는데, 새로운 것을 어렵게 할 필요가 있냐는 그런 생각이 들었던 것입니다.

특히 조선 사람들은 초기 청나라와의 관계, 그 당시 17세기에, 대외적으로는 정상적인 외교적 태도를 보였지만 대내적으로는 매우 적대적인 표현들을 많이 사용하고 있었습니다. 이러한 역설은 조선의 천문학자들이 두 가지 종류의 개념적인 기준, 서로 다른 개념적인 기준을 갖게 하는 데에 영향을 미쳤지요. 이는 서로 다른 개념적인 기준을 동시에 만족시켜야 했던 상황과 연관됩니다. 즉, 그들의 지식과 기술이 물리적인 하늘과 상응해야 한다는 것이 그 하나이고, 또 다른 하나는 종주국 위치에 있는 중국의 역법 체계를 따라야 한다는 것이지요. 사실 중국의 역법 체계는 중국 하늘과 관계된 것입니다. 한반도의 하늘은 중국의 하늘과 다르지요. 같은 시간, 별의 각도와 같은 것들을 따져서 시간 계산을 해야 하니까 날짜 계산도 다를 수 있고, 역법도 다를 수 있습니다. 이러한 이중(二重)의 요구사항은 한편으로는 중국의 역법을 신속히 받아들이고 사용하는 동시에, 조선의 역법은 나름대로 보존하는 상황을 초래하게 되었지요. 즉, 청나라의 역법을 따르면서도 한반도만의 고유한 천문학적 데이터에 따른 역법도 지니고 있었던 것입니다.

명나라가 망하고 청나라의 순치황제의 원년이 되는 1644년에 관상감 제조였던 김육(金堉)이 북경에 도착합니다. 김육은 그곳에서 아담 샬 폰 벨(Adam Schall von Bell)이라는 예수회 선교사가 시헌(時憲)이라는 새로운 역법을 만들었음을 알게 되지요. 이 시헌이라고 하는 것은 『서경』에 나오는 '유천총명유성시헌(惟天聰明惟聖時憲)'이라는 표현에서 나오기도 하고, 또 당시에 청대의 역법을 관장하던 흠천감(欽天監)에 속해 있던 시헌과(時憲科)에서 따온 이름이기도 합니다. 귀국길에 김육은 역법과 관련된 저술들을 가져와서 조선의 관상감의 관리였던 김상범(金尙范)에게 그 저술들을 연구할 것을 지시하고 또 조정에는 이 역법을 받아들일 것을 제안합니다. 그 이후에 조선 정부는 이 역법을 채택하는 방향으로 정책을 수립하게 됩니다. 그 정책이라고 하는 것은 이 역법과 관련된 저술을 구입해서 연구하게 하고 이 분야의 관료들과 전문가들을 중국에 보내서 예수교 신부들에게 새로운 역법을 배우게 하는 것으로 구체화되었습니다. 그래서 청나라로부터 치욕을 당한 지 몇 년 안 돼서 청나라의 제도를 받아들이게 되고 예수교 신부들과 접촉을 추진하게 됩니다. 천문학과 역법을 배우기 위한 목적에서였죠.

새로운 역법의 채택

위의 사진에서 왼쪽 분이 아담 샬 폰 벨(Adam Schall von Bell)이고 오른쪽 분이 김육입니다. 김육이 주장했던 이 새로운 역법은 1654년에 공식적으로 조선 정부에 의해 채택됩니다. 이것은 최소한 두 가지 측면에서 매우 의미 있는 사건이지요.

첫째는 조선 정부가 청나라에 대한 저항감이 있음에도 불구하고 청나라의 제도를 공식적으로, 그리고 자발적으로 받아들였다는 것입니다. 그것도 국가 경영에 기반이 되는 지식인 역법을 그렇게 빨리 받아들였다는 것은 어떻게 보면 굉장히 놀라운 사건이라고 할 수 있지요. 왜냐하면 역법이라고 하는 것은 1년 동안 국가의 대소사가 어떻게 진행이 되는지를 결정하는, 기초 자료인데, 중국의 것인 이 역법을, 그것도 청나라의 것을 받아들였다는 것은 그것이 불가피한 상황이 있었다고 얘기할 수도 있는 한편, 자체 내에 굉장한 변혁이 있었다고도 할 수 있겠지요. 사실 시헌력은 본래 청인들이 아니라 서양 선교사들에 의해 만들어졌고 그만큼 정확하다는 점에 있어서 그것을 수용하는 것이 이념적으로 큰 문제가 되지 않았다고 볼 수도 있습니다. 실제로 그렇게 논의를 이끌어 가는 사람들이 있었지요. '청나라의 역법을 어떻게 받아들이느냐?'라며 그 수용을 반대하는 주장에 '그것은 청나라 사람들 것이 아니라 서양에서 온 것이니, 정확히 말하면 청나라의 문물이라고 할 수 없다.'라고 맞받아친 것이 그러합니다. 어쨌든 이것은 병자호란의 수모를 겪은 후 청에 대한 증오심이 가시지 않았던 조선 조정으로서는 대단한 변화라고 볼 수가 있겠지요. 그러니까 전란을 극복하는 과정에서 추진한 최초의 개혁 가운데 하나가, 역설적이게도 청나라의 제도를 따라 수용한 역법이었던 것입니다.

둘째로 의미 있는 점은 이 시헌력의 수용은 조선의 지식인들이 서양 학문에 관심을 가지게 하는 계기 가운데 하나를 제공했다는 점입니다. 서학이라고 불렸던 이 학문 세계는 근본적으로 완전히 다른 지평 위에 구축되는 것이었습니다. 그런데 이 서학은 그 이후 어느 정도 수용이 되어서 학습되기도 했고, 비록 주변적인 학계에 속한 지식인들이기는 하지만 그들이 독창적인 혹은 개혁적인 사상을 가지는 데에 지적인 자극을 주기도 했습니다. 물론 그 속에서도 완강한 거부감을 불러일으키기도 했지만 결국 서학이라는 이 개념이 조선 후기 지식인들의 어휘 속에 자리 잡게 된 것입니다. 바로 이 역법의 수용 이후에 말이지요.

역법 수용의 결과

그 이후에 역법에 관심을 가진 학자들은 직접 서양 선교사들과의 대화를 나누거나 서양 문물을 직접 눈으로 보기 위해서 연행에 적극적으로 참여하게 됩니다. 이러한 그들의 활동은 연행록에서 찾아볼 수가 있지요. 이 역법의 시행 이후, 그것을 개선하기 위한 노력이 계속됩니다. 관상감의 관리들은 역법을 배우기 위해 중국에 보내지고, 그들은 현지에서 입수한 관련 서적들을 들고 귀국합니다. 그런 과정 속에서, 이들 서적을 통해 1705년에 추보법(推步法)이 들어오게 됩니다. 추보법은 천체들의 운동을 계산하는 방법입니다. 1715년에는 연한법(年限法)이라는 천문학적 역법이 알려지게 되지요. 연한법은 한 해의 날짜 수와 같은 것들을 확정하는 방법입니다. 또 1708년에 중국에서 천문학과 역법을 공부하고 돌아온 허원(許遠)이라는 사람은 세초류휘(細草類彙)라는 저술을 1710년에 펴내게 됩니다. 또 증보문헌비고에 따르면 조선은 1725년부터 시헌력칠정법(時憲曆七政法)을 쓰기 시작했다고 하지요. 이 역법은 메이커청(梅瑴成)이라는 중국 사람이 1723년에 출판한 어정역상고성을 참고하고 있습니다. 그 덕분에 일식과 월식 계산이 보다 정확해졌다고 합니다. 이와 같이 조선의 관상감은 17세기와 18세기 사이에 서양의 과학기술을 도입하는데 있어서 선구적인 역할을 담당하게 되고, 또 세계전도 · 천문도 · 천문학 기기 · 시계 등등은 관상감의 소관이 됩니다. 조선 조정에서 볼 수 있는 대부분의 한역 서학서들은 역법에 관련된 것이었지요. 이러한 상황은 정조 때까지 계속됩니다.

지금까지 천문학과 역학의 경우를 통해서 외국의 문물이 직접적으로, 비교적 단순하게 수용된 경우를 봤습니다. 물론 단순하다고는 했지만 그 뒤에 숨겨진 복잡한 실상에 대해서도 함께 엿볼 수 있었습니다.

선택적 수용: 광학

두 번째로 보는 양태는 선택적 수용입니다. 서양 광학의 경우가 그렇습니다. 서양 미술에서 사용되는 명암법 · 원근법과 관련된 광학이라는 학문은 한문으로 된 서양 서적을 통해 이 시기에 조선에 알려집니다. 이 지식은 조선에서 차후에 서양 미술에 대한 지식의 형성과 조선의 회화이론에 변화를 가져오는 데에 기여하게 됩니다.

그런데 이것은 단순 수용이 아니었습니다. 서양 한역서 가운데 1607년에 마테오리치가 저술한『기하원본』머리말에 서양 광학이 처음으로 언급됩니다. 그리고 이 수학 서적은『천학초함(天學初函)』이라는 저서에 포함이 되고 이『천학초함』이라는 책이 널리 보급되어 서양 과학에 관심을 가지고 있던 중국과 조선의 지식인들에게 읽히게 되지요. 그 후에 아담 샬 폰 벨이 1626년에『원경설(遠鏡說)』이라는 책을 짓습니다. 이 책에서 선교사는 망원경을 비롯해서 '카메라 옵스큐라(Camera obscura)'와 같은 광학기기들의 원리와 기능을 소개하지요. '카메라 옵스큐라(Camera obscura)'는 바로 아래의 그림들입니다.

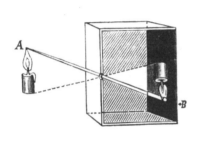
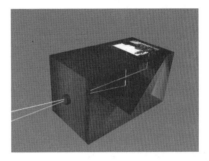

다음으로, 원근법의 이론과 방법을 구체적으로 설명하는 책은 니엔씨야오(年希堯)라는 중국 사람이 쓴『시학(視學)』이라는 책입니다. 니엔씨야오는 원근법이 3차원의 물체와 실제로 유사한 그림을 2차원의 평면에 그릴 수 있는 기술이라는 것을 이해했지요. 사실 서양화에 대한 지식은 이미 16세기 후반 즈음의 북경에 있는 성당들에 걸려 있는 성상화(聖像畵)를 통해서 어느 정도 기초 지식이 형성되기 시작했습니다. 명암법과 원근법을 통해서 실현된 서양 성상화의 생생한 표현들이 17세기와 18세기에 걸쳐서 북경을 방문한 조선인들에게 아주 짙은 인상을 심어주기도 했고요. 그리고 서양의 광학에 대한 지식이 18세기를 거치면서, 조선의 지식인들 사이에 전파됩니다.

서양의 근대 광학

그런데 이 서양의 근대 광학은 단순히 회화기술에 국한되는 것이 아니었습니다. 근대 광학은 인간의 눈에서 출발하고, 나아가서는 인간의 주위를 통해서 세계를 보는 시각을 객관화하고, 재구성하는 역할을 해주고 있었지요. 이것은 세계에 대한 근대적 인식을 형성하는 데에 기여하고 그러한 방식으로 근대 회화기술의 기반을 이루게 됩니다. 서양의 근대적 사고는 인간의 시각으로부터 출발해서 세계를 객관화시키고 그런 속에서 합리성 및 주관성과 연관을 가지면서 발전을 하게 되지요. 르네상스 이전의 중세에는 신(神) 중심적인 세계관이 있었다면 르네상스를 거치면서 인간중심적으로 세계를 보는, 그런 합리성으로 발전을 하게 되었던 것입니다. 동시에 인간중심적인 주관성도 거기에 들어가게 되고요.

그런데 세계를 인지하는 이러한 방식과 회화기술 양자 간의 연결이, 광학 지식의 수용을 통해서 촉발된 동아시아의 문화적 변동에서는 발견하기 어렵습니다. 근대 서양 광학 지식과 관련된 중국 지식인들의 담론 속에는, 이러한 새로운 세계관과 기술과의 연관에 대한 관심은 보이지 않고, 실제 물체를 충실하게 재현해 내는 회화기술 자체에 대한 흥미만 보입니다.

18세기 광학 관련 담론

중국에는 형사적(形寫的) 전신론(傳神論)이라 불리는 전통적인 회화론이 있습니다. 이는 보이는 모양을 그대로 옮겨 놓되 그 형상이 품고 있는 신(神), 바꿔 말하면 그 형상의 본 모습, 즉 그 내부 정신을 전달할 수 있어야 한다는 것입니다. 사물에 깃든 정신을 전수할 수 있는 회화라는 정도로 정의할 수 있겠네요. 그들은 형사적 전신론이라고 불리는 전통적 회화론을 개선하는 방법으로서의 서양 광학에 관심을 가졌습니다. 그래서 서양 광학을 접촉한 중국인들은 신(神)과 형(形)의 관계를 통해서 세계를 보는 그들의 전통적인 시각을 그대로 견지하면서, 서양의 근대 광학과 회화론에 관심을 높였던 것이지요.

다시 조선으로 돌아와서, 이익(李瀷)은 18세기 초기에 한역 서양 서적을 통해서 광학 관련 지식을 이미 획득했던 것 같습니다. 『성호사설』과 같은 문헌을 읽어보면 나오지요. 그리고 이익은 서양의 과학기술이 중국의 그것보다 우월하다고 쓰고 있습니다. 하지만 이익도 인간의 눈을 통해서 세계를 파악한다는 시각에 대해서는 관심이 없었어요. 그리고 홍대용은 1765년에 북경에서 보았던 서양화 앞에서 깜짝 놀랍니다. 물론 홍대용은 그런 그림들 밑바탕에 수학적인 원리가 있다는 것을 이미 알고 있었습니다. 그러나 홍대용 역시도 실천적인 측면, 즉 수학적 원리가 광학적 기기를 통해서 모든 형태를 정확하게 묘사할 수 있게 하는 회화기법에 주의를 기울였습니다. 실제 모습의 재생산을 가능하게 하는 기기로서의 카메라 옵스큐라와 같은 것이 바로 그런 예지요. 요컨대, 조선의 지식인들은 이차원적인 평면에 물체나 풍경을 그대로 묘사하게 하는 설치 기구의 효용성에 더 큰 관심을 내보였습니다. 조선 학자들은 실제를 그대로 옮겨 놓는 자신들의 회화기법을 보충·개선하려는 의도에서 서양의 회화기법과 광학에 관심을 가졌던 것이지요.

명암법과 원근법에 관한 담론은 단지 광학에 대한 축소된 지식을 통해서 이루어진 것이었지만, 그것이 19세기를 거치면서 더 넓게 전파됩니다. 19세기에도 학자들은 광학에 관한 지식을 보다 깊이 연구했지만, 이러한 움직임은 어떻게 서양이 중국으로부터 전해 받은 바를 발전시켰는가라는 질문에 대한 답을 찾기 위한 노력이었습니다. 철학적 인식론적 담론에는 중국과 조선의 학자들은 관심이 없었어요. 그렇다면, '이들은 왜 자신들이 주목하는 기술을 뒷받침하고 있는 메타 이론에 대해서는 관심이 없었을까?'라고 질문할 수 있을 것입니다. 그 해답을 줄 수 있는 것 가운데 하나가 서학중국원류설(西學中國源流說)입니다. 서양 기술의 근원은 중국에 있다는 이론이지요. 이 이론에 따르면 중국 문명은 형이상, 즉 도(道)에 해당하고 서양문명은 형이하, 즉 기(器)에 해당합니다. 그리고 중국 문명이 서양문명으로 가서 형이하의 물질문명을 발전시켰다는 이론이지요. 이런 이론을 알고 있는 조선 지식인들은 형이상학적인 것은 자신들이 이미 가지고 있다고 생각하였습니다. 그래서 일단 서양의 물질문명만 꿰뚫게 된다면 충분히 서양인들이 만들어낸 것과 같은 놀라운 물건을 만들 수 있을 것이라 생각했습니다.

카메라 옵스큐라는 17세기 이래로 유럽에서 그랬던 것처럼 외부 세계에 대한 관찰, 인지 주체로서의 시각, 또 그것의 구조와 기능을 설명하는 모델이었지요. 카메라 옵스큐라를 그러한 구조와 기능을 설명하는 모델로 이해하는 것, 그 인식론적 기반까지 간파하는 것이 제대로 이해하는 것이지요. 조선에서 그 정도의 수준은 19세기 중반 최한기에 이르러서야 비로소 보이게 됩니다. 그 이후에 시각을 통한 세계의 인지와 표현이라는 이해가 인식론적인 패러다임으로 받아들여지고 자리 잡게 된 것은 1895년 처음 일본으로부터 도입해서 설치된 새로운 근대교육시스템 아래에서나 그에 대한 인식이 가능하게 되지요.

지금까지는 서양 과학을 접했을 때 그것을 그대로 받아들이는 것이 아니라 필요한 부분만 선택적으로 받아들였다는 것과 서학중국원류론과 같은 이미 가지고 있던 이론에 입각해서 서양 문물을 바라보았던 상황에 대해 살펴보았습니다.

서로 다른 수용 태도: 서양 중세 교육 제도

세 번째로 볼 모습은 같은 조선인들 사이에서 보였던 서로 다른 수용 태도에 관한 것입니다. 서양 중세 교육제도에 대한 태도가 그러했지요. 일반적으로 외국 문물의 수용은 이미 말씀드린 바 있지만, 수용자가 처한 상황, 그가 필요로 하는 것, 그의 능력과 경향, 외국 문물과 접촉이 발생하는 맥락, 이런 요소들과 함수 관계에 있습니다. 한 예로 서양의 중세 교육제도에 대한 완전히 상반된 태도를 신후담(愼後聃)과 이가환(李家煥)의 경우에서 볼 수 있습니다. 이 경우는 무엇이 유용한가에 대한 서로 다른 두 시각이 태도의 차이를 가져온 것으로 볼 수 있습니다.

우선 서양 중세 교육제도가 알려지게 된 정황을 보도록 하겠습니다. 알레니(G. Aleni)라는 사람은 이태리 출신 예수회 선교사인데 1623년에 『서학범(西學凡)』이라는 책을 출판합니다. 이 책은 중세 유럽의 교육과 학문 그리고 어떤 전문 직종이 있는지를 소개하고 있습니다. 두 달 후에 알레니는 이 책의 요약본을 『직방외기(職方外紀)』의 증보판에 끼워 넣습니다. 이 『직방외기』의 증보판이 1630년에 조선에 유입되게 됩니다.

이 책에서 중세 유럽의 교육제도는 세 단계로 이루어져 있는 것으로 소개가 됩니다. 라틴어와 수사학을 배우는 기초 교육 단계가 있고, 그 다음 중등 교육에서는 철학을 배우고, 대학에 가면 4가지 전문 분야 즉, 의학·법·교회법·신학으로 나뉘게 됩니다. 중세 유럽의 교육은 신학을 통해서 완성되는 걸로 보고 있습니다. 왜냐하면 기독교적인 세계에서 이 세계는 신을 향해서 가기 위해서 질서 지어 있고 모든 지식은 신앙을 위해 존재하는 것이라고 보기 때문이지요. 교육은 인류를 기독교적인 겸손·신앙·자기 수련으로써 인도하고, 인간이 신이 지배하는 나라의 일원이 될 수 있도록 종교와 교회에서 적극적인 역할을 하도록 되어 있습니다.

알레니가 이 저서를 쓴 목적은 한편으로는 서양의 학문과 교육이 중국의 그것과 공통점이 있다는 것, 기독교가 그러한 방식으로 유교의 이상을 서양에서 실현하고 있다는 것을 중국 지식인들에게 보여주려고 했고, 한편으로는 서양의 발달한 학문과 기술을 그들의 선교활동에 이용하기 위해서였습니다. 『서학범』과 『직방외기』는 『천학초함(天學初函)』이라는 총서류에 편입이 되어서 17세기 후반에 조선에 다시 유입됩니다.

조선의 독서에 대한 개념: 15세기에서 17세기까지

이번에는 서양의 중세 교육제도를 읽는 조선인들이 생각하는 공부·교육·학문은 과연 어떤 것이었고, 조선의 독서에 대한 개념이 어떻게 변화하는지를 15세기부터 19세기에 이르는 동안의 변화를 통해 살펴보도록 하지요. 조선 초기라 할 수 있는 15세기까지, 독서라고 하는 것은 유교 고전을 주석하고 배우고 과거를 준비하는 것이 그 본질과 목적이었지요. 16세기가 되면 사림이 등장해서 중앙뿐만 아니라 지방을 지배하는 시기가 도래합니다. 이 시기에 두드러진 독서의 목표는 수신과 치국을 위한 보편적 도덕원리를 공부하는 데에 있었습니다. 성리학적 이념이 공부와 교육의 중심을 차지하는 이러한 상황은 17세기까지 계속됩니다.

서양 교육제도에 대한 인식: 18세기 전반

그러다가 18세기가 되면 조금씩 바뀌기 시작합니다. 18세기 초반까지도 조선인들에게 있어 독서란 유교의 가르침에 따라 성(性) 즉, 인간의 본성을 발견하고 발전시키기 위한 기본적인 활동으로 이해가 되었지요. 따라서 조선 학자들이 한역(漢譯) 서양 서적을 읽는 것은 그것이 수신과 치국에 유용하다고 판단이 될 때였던 것입니다. 그렇지 않은 경우, 대부분의 조선 학자들은 서양 선교사의 이야기에 귀 기울일 마음의 준비가 안 되어 있었던 것으로 보입니다.

신후담의 경우 그가 보기에 유럽의 교육제도는 기초교육 수준에서는 도덕교육이 결여되어 있고 따라서 불필요한 것으로 치부하거니 심지어는 이단적이라고 보기까지 했습니다. 고등교육은 기술과 도덕이 혼합되어 있고 또 어떤 전문 분야는 도덕과 무관하다고 보기도 했습니다. 또 신후담은 기독교에서 일종의 이기주의를 발견하기도 합니다. 특히 가정을 버리고 먼 이국땅으로 향하는 선교사들에 대해 인륜의 기본인 가족을 버리고 자기의 꿈을 좇아서 먼 이국땅에 갈 수가 있는가라고 반문하면서, 굉장히 부도덕하다고 평가합니다. 뿐만 아니라 신후담은, 천학초함 머리말에서 서양의 교육제도에 찬사를 표했던 리즈짜오(李之藻)까지 비판했습니다. 그리고는 유교적인 이념과 전통을 굳게 지키고 그것에 충실할 것을 권고합니다.

서양 교육제도에 대한 인식: 18세기 후반

그런데 18세기 후반이 되자, 상황이 약간 바뀝니다. 우선, 이 시기에 남인의 일부가 천주교를 전파시켰다고 강하게 비난을 받게 되지요. 그러면서 사회적 · 정치적 긴장이 고조되었고, 학자들의 주요한 관심은 이단으로 지목되는 기독교 신학을 단죄하고 유교적 전통을 회복하는 데에 쏠리게 됩니다.

한편, 일부 학자들 가운데에서는 학문과 관련된 주희의 독특한 입장, 즉 개인적인 성찰을 존중하는 입장에 주목하고 이를 강조하는 태도가 점점 확대되게 됩니다. 그리고 이 연장선상에서 천주교 신부들의 금욕생활이나, 전문직에서 스승이 제자를 직접 추천하는 서양의 방식에 일정한 가치가 있다는 것을 인정하는 한편, 이익과 같은 사람은 서양식 교육이 유학자들의 자기 수련에 매우 유용하다는 판단을 내리기에 이릅니다.

또한, 18세기 후반의 중요한 문화적 변동이라고 할 수 있는 것은 일부 학자들의 관심이 개인적인 차원에서 사회적인 차원으로, 인격 수련에서 사회복지로의 관심 이동이 점차적으로 이루어졌다는 것입니다. 사회를 관리하고 경영하는 영역에 있어서 사변적인 성리학적 이념에 대한 의구심을 가지게 되고 또 환멸을 느끼는 상황에서 그들은 '사회 재건에 유용한 것이 무엇인가?'라는 질문을 던지고, 그 해답을 찾아 나서게 되지요. 이러한 변화에 따라 독서의 목표도 변화합니다. 이전에 견지되었던 독서의 목표는 자기 수련을 통해 도덕의 원리를 발견 · 개발하고 사회에 나아가서는 그러한 도덕적 이상을 실현하기 위함에 있었습니다. 그런데 이제는, 삶이 편안하고서야 도덕이 있을 수 있다는 생각을 하게 되고, 이에 따라 독서의 목표가 바뀌었습니다. 사회 재건·사회 복지에 유용한 것, 그리고 그것과 관련된 정보를 찾는 것이 독서의 목표가 된 것입니다. 당연히 독서의 대상도 변하게 됩니다. 이전에는 독서의 대상이 경전과 관련 주석서 등이었다면, 이제는 주로 백과사전류의 저술과 같은 것이 되었지요. 아울러 당시 사회 경제적 변화 또한 주요한 국면을 맞이했습니다. 물론 경제적인 발전과 같은 긍정적 측면이 있긴 했지만, 18세기 후반과 19세기 초반에 잇달아 닥쳐온 자연재해라든지, 소수에 의한 자본의 독점, 그리고 유민의 발생과 군도의 문제 등 부정적인 문제들 또한 다수 발생했습니다. 이러한 상황 속에서, 실업에 대처하기 위해 산업을 일으키고 산업의 근본 원리들을 밝히기 위해 과학을 연구하는 가운데, 백성들의 생활을 향상시키는 데에 기여하고자 하는 실용주의적 독서가 점점 자리를 확보해 나가기 시작합니다. 이상의 과정을 통해, 독서의 목표는 18세기 후반에 이르러 자기 수양에서 사회 복지로 변화되었던 것이지요. 독서의 대상은 당연히 산업과 관련된 과학 기술 영역으로 확장됩니다. 이렇게 독서의 목표와 대상을 바꾸게 만든 것은 단순히 외국 서적 즉, 외국 문물이 수입되었기 때문만이 아니었습니다. 패러다임과 실천의 변화에 근본적인 역할을 한 것은 바로 사회의 내부의 맥락이었던 것이지요. 당시 지식인들이 보여준 패러다임의 변화를 촉발했던 동인은, 외국 문물의 수입에만 있는 것이 아니라 내부적인 변화에도 병존하고 있었던 셈이지요.

18세기 후반에 서양의 과학과 기술에 대한 이해는 점진적으로 자리를 굳혀 가기 시작합니다. 그래서 박제가(朴齊家)는 서양인들을 초대해서 조선의 젊은이들에게 서양의 과학과 기술을 가르쳐야 한다고 제안을 하고, 특히 서양 의학을 굉장히 높게 평가합니다. 또 이가환은 수학이 천문학과 역법의 기초가 될 뿐만이 아니라 모든 기술의 근본적인 원리를 제공함과 동시에, 농업·제조업·군사기술·음악 등등 모든 분야에 유용하다고 설명합니다. 그런데 수학에 대한 이런 이가환의 설명은 『서학범』에 나오는 수학에 대한 설명과 그대로 일치하는 바, 이가환이 이 책을 읽었을 것이라고 쉽게 추측할 수 있습니다. 과학과 기술을 중요시하는 것은, 점진적이지만 근본적인 변화가 학문이라는 개념에 반영될 것임을 예고하는 것이었습니다. 그것은 학자들의 독서 목표와 대상에서의 변화에 한정되는 것이 아니었습니다. 예컨대, 이전에는 중인계층에 한정되었던 과학기술이 학자들의 공부 영역에도 포함될 수 있다는 생각이 싹트게 된 것이 바로 그러한 변화에 기인한 사례이겠지요.

이상으로, 서양 교육제노에 대해서 다양한 인식이 존재했지만, 18세기 후반으로 가면서 그러한 인식이 점진적으로 조선 학자들의 학문하는 태도 및 목표, 그리고 학문하는 대상을 바꾸어 나갔던 정황에 대해 살펴보았습니다.

기존 전통의 재전유: 천주교의 영향

마지막으로 볼 것은 천주교의 영향에 대한 것입니다. 여기서 보고자 하는 요점은, 천주교의 영향을 받았다는 것이, 단지 천주교를 받아들였다는 것이 아니라, 천주교에서 발견한 어떤 장점을 기존 전통에서 다시 발견하는 과정을 통해, 기존 전통을 되찾고자 했던 태도를 의미한다는 것입니다. 18세기의 일부 학자들에게는 조선의 성리학적 이념에 대한 환멸이 있음과 동시에 서양 학문과 종교를 접할 기회가 있었지요. 그런 맥락 속에서 몇몇 학자들은 근원적인 유교 정신을 되찾아서 복원하고자 했습니다.

구체적으로는, 기독교의 종교적인 경건성에 영감을 받아서 실천적 도덕성을 회복하고자 한 사례를 들 수 있습니다. 이는 성리학의 사변적 경향을 비판하고 도덕의 실천을 강조하기 위한 것이었습니다. 이들은 보편적인 원리의 인격성을 내세움으로써 도덕적인 사고를 재구축하기 위한 노력을 기울였습니다. 이러한 방향 설정에 천주교가 영향을 미쳤던 것이지요. 대표적인 사람들이 이익과 정약용입니다. 이들은 특히 서양 선교사들이 성리학을 비판한 것에 주목했습니다. 두 사람은 예수회 선교사들에 의해서 중국에 전해진 기독교 신관을 그대로 받아들이지는 않았습니다. 그런 기독교 신관과 차별을 두는 동시에 전통적인 우주론과 상제(上帝)관을 통해서 고대 중국의 신이었던 상제를 재발견하고 상제에 대한 종교적인 경건성과 숭배, 이런 것을 회복하려고 했지요. 이런 생각을 하게 된 이유는 실천적인 유교를 회복하기 위함이라 할 수 있습니다.

기독교적 개념 부정

이익의 경우 우주로서의 천(天)과 그 천을 주재하는 상제를 서로 다른 존재로 구분하지 않는 중국 유교 전통의 우주론을 다시 상기시킵니다. 성리학적인 우주론에서도 상제는 우주의 규칙적인 운동에 내재해 있는 존재이고 필요불가결한 원리로 설명이 되곤 하지요. 이러한 점에서 이익은 성리학적 사고를 받아들입니다. 그와 동시에 이익은 천주교 선교사들이 가르친 바 있는, 이 세계와는 완전히 구분되는 또 다른 세계에 존재하는 것으로서의 천당은 인정하지 않습니다. 성호에게 있어서 상제는 우주의 창조자가 아니고 이미 창조된 세계의 변화를 주재하는 존재지요. 정약용의 경우 상제는 상제 자신이 지배하는 우주 내부에 존재한다는 사상을 견지합니다. 기독교와는 많이 다르지요. 또 정약용의 글에서는 창조에 대한 언급이 없고, 원죄라든가 구원을 가져오는 구세주, 천당과 지옥과 같은 것들을 인정하지 않습니다.

성리학적 한계의 극복

반면 두 사람은 성리학을 넘어서려고 노력했습니다. 주희에 따르면 리(理)는 도덕의 기초가 되지요. 반면, 이익과 정약용은 의식과 감정이 없는 비인격적인 리(理)는 인간의 생각과 행동을 판단할 수 없고 따라서 도덕적 모델도, 기초도 될 수 없다고 주장합니다. 이들은, 비인격적인 우주 원리로부터는 도덕성을 논할 수가 없다, 또 조선의 성리학적 전통론은 너무 경직되어 있다고 하면서, 성리학적 세계관이 비생산적임을 비판했습니다. 성리학의 이런 한계를 인식한 두 사람은 기독교적 신관을 접한 후 중국 고대의 최고신인 상제를 다시 찾게 되지요. 기독교가 유교를 보충한다는 선교사들의 보유론을 들은 바 있는 이익과 정약용은 각각 일종의 유교적 신학을 구상합니다. 한편으로는 유일신론적인 신학으로부터 받은 영향도 있고 다른 한편으로는 신에 대한 경건한 숭배가 공동체적인 도덕 실천을 낳게 할 수 있다고 믿기도 했습니다. 그래서 두 학자는 고대 중국의 상제에게 표했던 종교적인 경건성을 바탕으로 윤리 개념을 새로이 채택하게 되지요.

이익

이익의 경우에는 리(理) 혹은 태극에 신성을 부여합니다. 리와 태극을 숭배의 대상으로 삼는 것이지요. 그래서 상제를 인간의 도덕의식의 근원에 위치시켜서 상제 개념에 새로운 의미를 부여하게 됩니다. 이익은 상제와 인간의 천부적인 인성 사이에 밀접한 관계가 있고, 상제와 인간의 이러한 관계를 군주의 명령과 신하의 관계에 비유합니다. 이익이 도덕석 의식의 기원을 비인격직인 리가 아니라 인격적인 신에게서 찾는 것은 상제에 대한 존경을 통해서 드러나는 종교적 실천에 가치를 두고자 하는 것입니다.

정약용

이익과 마찬가지로 정약용도 인격적인 신적 존재 안에서 윤리의 기초를 찾습니다. 정약용은 두려움과 존경심으로 가득 찬 경건한 인간을, 인간이 범하는 모든 선과 악을 판단하는 전지전능한 신 앞에 세우고자 했지요. 그래서 정약용은 원시 유교의 유신론적 세계관으로 눈을 돌리게 됩니다. 정약용에 따르면 상제는 세계에 대해 초월적이자 동시에 내재적인 존재입니다. 『시경』·『서경』·『주례』에서 볼 수 있듯이, 상제는 주나라가 망하기 전에 일상적으로 사용되던 용어로, 주나라 초기, 왕들이 제사를 지내며 모셨던 신적 존재를 가리킵니다. 정약용은 이 신적 존재에 두 가지 특성을 부여합니다. 첫째, 상제는 세계의 지배자이고 그런 의미에서 단순히 원리가 아니라 세계를 통치하는 통치자라는 것입니다. 그리고 이 신적 존재는 이러한 통치자로서의 특성을 인간과 공유하지 않습니다. 둘째, 상제는 인간의 마음을 꿰뚫는 통찰력을 지니고 있는데, 이것은 상제가 인간과 공유하는 특성이라고 얘기합니다. 정약용은 상제의 통찰력이 인간에게 내재해 있고, 그것이 인간의 성명(性命), 즉 본성과 본래의 주어진 소명을 이룬다고 주장합니다. 인간의 본성이란, 선행을 좋아하고 악행을 미워하며 덕을 좋아하고 악을 부끄러워하는 것이며, 이러한 인간의 본성을 통해서 인간은 천(天)을 알게 되고 선(善)을 인식하게 된다는 것이지요. 그리고 상제의 통찰력은 신적 전지전능함이고 인간의 통찰력은 인간의 도덕성이라고 정의합니다. 정약용은 인간이 자신의 내면세계를 통해서 상제의 존재를 느끼는데, 특히 제사를 거행하는 동안 상제의 존재를 느끼고 또 그를 통해서 도덕적 자각을 하게 된다고 말하면서, 제사와 같은 의례를 상당히 강조 합니다. 또 상제에 대한 유일신론적인 해석은 인간이 본성적으로 도덕을 선호한다는 그의 이론에 존재론적인 기초를 제공하는 것이기도 합니다.

그렇다고 해서 이익과 정약용이 천주교의 신(神) 개념을 받아들였다고 보기는 어렵습니다. 기독교적인 신 개념의 주요 부분들을 아주 명확하게 거부했기 때문이지요. 따라서 상제를 통해서 기독교적인 신을 해석하고 있다고 볼 수는 없는 거지요. 반면에 이익과 정약용은 기독교적인 신과 인간관계에 주목해서 이미 고대에 존재하던 신(神) 개념을 복원하여 새로운 해석을 가하고, 그것을 새로운 이론체계를 설명하는 데에 동원하면서 발전시킨 것이지요. 이러한 점에서, 그들의 상제관에 미친 기독교의 영향이 완전히 없었다고 할 수는 없을 것입니다.

결론

지금까지 네 가지 경우를 살펴봤는데, 이 과정을 통해 조선 후기 서양 문물 수용의 방식과 양태가 각 분야마다 다르고, 수용의 맥락·시각·필요성에 따라 다르고, 외국 문물과의 접촉이 단순한 수용으로 귀결되는 것이 아니라, 영향의 형태와 수준이 다양함을 볼 수 있었습니다. 다른 문화를 수용하는 정도가 얼마만큼 부분적이며, 그 방식은 수용의 맥락에 따라서 다양할 수 있음을 볼 수 있었습니다. 따라서 수용 객체인 외국 문물을 관찰하고 분석하는 것만큼이나, 수용 주체인 조선의 상황과 지식인들에 대한 관찰과 분석도 중요하고, 그 수용이 어느 순간에 한 번에 이루어지는 것이 아니라 오랜 시간에 걸쳐 변화를 겪으면서 이루어진다는 사실 또한 파악할 수 있었습니다.

우리는 외국 문물의 수용이 결코 전해지는 그대로 받아들여져서 그 외국 문물의 근원적인 상황과 같은 방식으로, 다시 말해 서양 문물의 경우에 서양 문물이 조선에 들어왔다고 해서 그 서양 문물이 유럽에서의 전개와 같은 방식으로, 정착되고 전개된다는 것은 불가능하다는 것을 쉽게 이해할 수 있습니다. 그러한 사실에서 알 수 있듯, 보편적인 지식이라 일컬어질 수 있는 서양의 문물과 지식이 다른 지역에 도달해서 독특한 지역적인 경험을 겪게 된다는 사실에 주목할 필요가 있습니다. 이런 지역적인 경험도 염두에 두어야 한다는 것이지요. 그래서 외부의 문물과 접촉상황에서 지역적 지식의 지속성이 얼마나 강한가를 몇 가지 예를 통해서 보았습니다. 예를 들어서 상제의 경우, 지역적 지식이 가톨릭이라는 외부의 지식과 만났을 때 다시 살아나게 되었던 정황을 통해, 지역적 지식의 지속성이 얼마만큼 강한가를 가늠해 볼 수 있었습니다.

물론 그렇다고 해서 로컬지식이 수입된 문물에 철저히 저항하며 본연의 모습을 그대로 유지하기만 하는 것도 아니지요. 따라서 수용된 문화를 번역하는 경우, 수용 주체의 언어만으로 혹은 수용 객체의 언어만으로는 올바른 번역이 될 수가 없는 경우가 많습니다. 그래서 여기에 바로 '해석학'이라는 아주 어렵고도 복잡한 작업이 필요한 것이지요.

정답을 찾기는 어렵지만, 수용 맥락에 대한 올바른 이해가 절대적으로 필요하다는 것은 확실합니다. 이러한 사고와 분석을 확대해서 과거의 문화를 연구하고, 과거의 문헌을 번역해야 하는 작업에 적용하는 것도 그러한 맥락에서 동일하지요. 번역은 두 문화의 만남이니, 그러한 만남의 자리에서 번역이라는 작업은, 현재에 존재하는 지식의 지평을 과거 문화 지평에 가닿게 하고 우리의 개념으로 당시의 개념을 읽고 이해하는 데에 목적이 있습니다. 이때 중요한 것은 서로 다른 두 지식 지평이 만나고 있음을 절대 잊어서는 안 되고 혼동해서는 더욱 안 됩니다.

18세기 조선 지식인들이 어떻게 서양 문물을 읽고 받아들었는지에 대해 접근해보는 과정을 통해, 조선 지식인들의 지식 지평과 서양 선교사들의 지식 지평을 파악하는 작업이 선행되어야 함을 오늘 강의를 통해 보았습니다. 이러한 점을 우리에게 돌이켜 보면, 과거의 문물을 제대로 만나기 위해서는, 바로 우리 자신들에 대해 비판적 거리를 취하고 바라봐야 하겠지요. 그것은 우리 자신의 지식 지평에 대한, 또 우리의 학문이라는 작업 맥락에 대한 검토와 분석이 있어야겠다는 말과도 통할 것입니다. 이상으로 저의 강의를 마치도록 하겠습니다.

일본 에도시대의 출판과 독서문화

노 경 희 (울산대학교 국어국문학부)

안녕하세요? 저는 한·중·일을 중심으로 동아시아 고전 문학과 문화 교류 현상 그리고 삼국의 문헌학을 바탕으로 출판문화를 연구하고 있는 노경희입니다. 제가 오늘 이 강연을 맡게 된 것은 2020년 말에 출판한 번역서『에도의 독서열』^(소명출판, 2020)이라는 책 덕분일 것입니다.

원서의 저자는 스즈키 도시유키^(鈴木俊幸)라는, 일본에서 에도시대 출판문화 연구자로 유명한 선생님입니다. 이 책은 2007년에 나왔는데 당시 일본학계에 엄청난 반향을 불러 온, 지금도 에도시대 독서와 출판문화를 대표하는 저서입니다. 제가 오랜 기간에 걸쳐 번역한 끝에 작년 말에 마무리했는데, 아마도 이 책을 계기로 오늘 이 자리에 오게 된 것 같습니다. 오늘은 이 책을 주요 자료로 삼아 18·19세기, 즉 '일본의 근세'라고 하는 에도시대를 중심으로 당시의 출판과 독서문화를 살펴보겠습니다.

『에도의 독서열』이라는 책을 이해하기 위해서는 일본의 출판과 독서문화 그리고 관련 서지 용어를 알아야 합니다. 본격적인 강의를 시작하기에 앞서, 먼저 기초 용어들을 설명하고, 다음으로『에도의 독서열』에서 가장 중요한 자료인『경전여사^(經典餘師)』라는 책에 대해 말씀드리고자 합니다.

『경전여사』는 사서삼경을 비롯한 유학 경전에 히라가나로 된 설명을 덧붙인 해설서입니다. 한문을 제대로 배우지 못한 일반 서민들이 쉽게 유학 경전을 이해할 수 있도록 만든 책입니다. 이 책에 대해 일본 상황만 고려해서 보면 잘 모르고 재미가 없을 수 있지만, 동시기 우리나라 출판문화를 함께 생각하면 일본과 우리의 상황이 정말 다르다는 것을 알게 되면서 보다 재미있게 읽을 수 있습니다.

에도시대 상업 출판의 발달

에도시대 출판문화를 이해하는 데 가장 중요한 키워드는 '상업 출판'입니다. 우리나라의 경우를 보면, 조선시대 상업 출판 서적을 '방각본'이라 하는데 그 기반이 튼튼

하지 않았고, 영향력도 크지 않았습니다. 워낙 관판본에 익숙하기도 하였고 혹은 서원판이나 사찰판 등 중앙과 학파, 종교계 출판물이 주를 이룬 조선에서 상업 출판은 동시대의 명·청이라든지 일본의 에도시대와 비교할 때 그 수요 자체가 적었습니다. 이러한 사실 자체가 조선출판 문화의 특징이 될 수 있을 정도입니다.

지금부터 살펴볼 것은 일본 에도시대의 상황입니다. 여기서 주의할 점이 있습니다. '에도'와 '에도시대'를 구분해야 합니다. 에도는 '江戶'라고 하는데 '동경(東京)'의 옛 이름입니다. 에도시대는 도쿠가와 막부 시대입니다. 임진왜란 이후 도요토미 히데요시가 물러나고 도쿠가와가 에도막부를 세운 뒤, 1868년 메이지유신을 통해 근대에 들어서기 전까지의 시대를 말합니다.

엄밀히 말하자면, 수도는 그때도 교토(京都)였지만 보통 이 시대를 에도 막부 또는 도쿠가와 막부 시대라고 합니다. 당시 에도가 중심지였기 때문에 '에도시대'라고 했던 것이지요. 제가 오늘 설명할 때 지역명으로서의 에도, 시대명으로서 에도시대가 섞여서 이야기가 나올 것이라 이것을 잘 구분하시면서 들어야 합니다. 에도시대는 대략 17세기 중반 이후부터 메이지 시대(근대) 이전까지로, 우리나라 조선 후기에 해당하는 시대입니다. 그러니 조선후기를 염두에 두고 들으시면 조금 더 쉽게 상황들이 이해가 가실 겁니다.

에도시대 출판의 가장 큰 키워드는 '상업'입니다. 일본도 에도시대 이전까지는 상업출판이 그렇게 발달하지 않았습니다. 곤다 요조(今田洋三) 선생님의 일본 출판문화사에 대한 유명한 저서 『에도의 서점(江戶の本屋さん)』(1977년 초판)에 나온 구절을 인용해 보겠습니다.

"출판업은 일본의 경우 에도시대 초기에 성립한 생산, 유통과정에서 전혀 새로운 분야이다. 그때까지 '인쇄'란 문화의 한 현상일지라도 영리사업은 아니었기에 '출판'이라고 할 수 없었다. '출판'이란 문자화 또는 기호화된 정신활동의 소산을 '인쇄'라는 기술과 '판매'라는 경제활동을 통하여 사회에 보내는 중요한 '문화활동'이자 동시에 '경제활동'이다."

이것이 에도시대의 '출판'의 개념에 대한 이해입니다. 조선의 경우를 보면, 조선 말기까지도 서적의 '판매'라는 경제 활동이 제대로 이루어지지 못한 점에서 여기서 말하는 '인쇄'의 수준을 면치 못하고 있던 것 같습니다.

에도시대에는 상공업이 크게 발달하면서 '초닌(町人)'이 등장합니다. 초닌 계급이라고 하면 보통 우리나라의 '여항인(閭巷人)'에 비교되는 계급입니다. 다만 여항인의 경우는 중인과 서얼, 하급관리들을 주축으로 하는 계층이라는 점에서 좀 다릅니다. 초닌의 경우는 상인과 수공업자들이 중심이 되고 있습니다. 마찌의 사람, 즉 도시 주변에 사는 사람이라는 점에서 여항인과 비슷하다면 비슷하겠지요.

상공업 발달과 함께 나타난 초닌이라는 중간 계층이 에도시대에 들어와 비약적으로 성장합니다. 이들은 사무라이나 교토의 귀족들 또는 승려와 같은 상층 계층은 아니지만, 그렇다고 하층에 속하지는 않고 그 사이의 중간 계층에 해당합니다. 이들을 통해 상층의 '아(雅)'와 하층의 '속(俗)', 이 둘이 만나 새로운 문화가 창출되었습니다.

이러한 성격이 에도 문화의 가장 큰 특징이라 할 수 있는데, 여러분이 잘 아시는 미술에서의 '우키요에(浮世絵)'라는 다색판화, 문학의 통속 소설, 연극의 가부끼(歌舞伎)·조루리(浄瑠璃)·교겐(狂言) 등 초닌들의 문화가 대표적 사례들입니다. 이런 문화들에는 '대중(오늘날의 대중과는 다른 개념으로, 상층 계급에 한정된 사람들이 아닌 보다 보편적인 계층의 사람들)'과 '자본'이 결합하는 상업적 요소가 내재되었는데, 이 점이 에도시대 특히 에도 지역 문화의 가장 큰 특징입니다.

에도시대의 서적과 출판문화의 발달을 이해하기 위해서는 몇 가지 용어들에 익숙해져야 합니다. 에도시대에도 여전히 교토와 오사카 특히 교토가 문화의 중심지입니다.

에도가 정치의 중심지라면 교토는 문화의 중심지이고 오사카는 상업과 경제의 중심지입니다. 이 세 도시가 일본의 에도시대를 이끌어가는 주요 도시입니다. 교토·오사카·에도를 '삼도(三都)'라고 합니다. '가미가타(上方)' 지역은 에도가 아래에 있다고 했을 때 그보다 (정신적으로) 위에 있는 곳이라는 뜻입니다. 교토와 오사카를 합쳐 '가미가타'라고 하는데 이곳들이 문화와 경제의 중심지입니다. 에도시대 서적과 출판문화의 발달을 보시면 교토에서 시작합니다. 에도 말기까지도 교토가 핵심 지역입니다. 그다음은 오사카, 그 다음에 에도로 넘어갑니다.

그래서 이 시기 나온 책들의 간기(刊記) 부분을 보면 대부분 교토의 서점에서 판권을 가지고 있고 그것이 오사카로 먼저 갔다가 나중에 에도로 가는 것을 볼 수 있습니다. 그리고 19세기 들어와 나고야가 네 번째로 지방의 출판업 발달의 대표적인 지역에 편입됩니다.

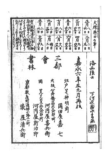

이 도판은 1853년에 나온 『효경동자훈^(孝經童子訓)』이라는 『효경』 해설서가 있는데요,
그 책의 마지막 장 간기 부분입니다. '가영^(嘉永) 6년'이라고 하면 1853년입니다. '삼도
^(三都)ㆍ회^(會)ㆍ서림^(書林)'이라고 적혀 있는데, 이때의 삼도가 바로 교토ㆍ오사카ㆍ에도입
니다. 좌측 맨 마지막에 적혀 있는 서점이 이 책의 원래 판권 소유자입니다. 보통 판
권 소유자는 마지막에 씁니다. 이 책의 경우도 교토의 서점이 맨 마지막에 있습니다.
그 앞에는 오사카와 에도의 서점들이 적혀 있습니다. 이 서점들이 교토의 서점에서
판권을 구입해 다시 출판했다는 뜻입니다. 일본은 조선과 달리 상업출판이 발달해서
판권에 아주 민감합니다. 일찍부터 판권을 주장하고 그에 대한 인식이 잘 성립되어
있습니다. 이 간기를 통해서도 교토의 책이 오사카와 에도로 전파되어 출판되고 있
는 사정을 잘 알 수 있습니다.

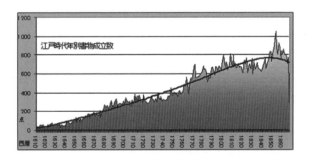

이 그래프는 1610년부터 1860년까지 에도시대 260년간 간행된 서적의 수량을 그
래프로 나타낸 것입니다. 이 표는 『일본국서목록』을 바탕으로 만든 것이라 정확한 수
량은 아니지만, 대체적인 흐름은 파악할 수 있습니다.

17세기 중반 상업출판이 발달하면서 나온 책들을 '마치반(町版)'이라고 합니다. 마치반은 교토의 경우 17세기 중반에 등장했고, 오사카에서는 17세기 말, 에도 지역은 18세기 중엽에 이르러 본격적으로 발달하기 시작합니다. 처음에는 100권도 채 되지 않은 아주 적은 수량의 서적출판물이 나중에는 1000권을 상위할 정도로 늘어났습니다. 물론 이 그래프의 책들이 다는 아닙니다.

오사카의 상업 출판

에도시대에 오사카는 상업과 금융의 중심지였습니다. 에도시대에 오사카만의 문화를 누리게 된 출발점은 이하라 사이카쿠(井原西鶴)라는 대중소설작가의 『호색일대남(好色一代男)』이라는 소설의 등장입니다. 이 대중소설이 엄청나게 인기를 끌면서 이 책 작자의 출신지인 오사카도 새로운 문화의 도시로 바뀝니다.

교토의 문화는 헤이안 시대부터 내려온 귀족과 학자들의 것으로 박자가 아주 천천히 진행됩니다. 분위기는 아주 우아하지만 진행이 무척 느립니다. 반면에 오사카의 문화는 살아 있고 생생하고 장사하는 사람들의 이야기라서 무척 재미있습니다. 『호색일대남』이 유행하면서 오사카는 순식간에 인기 도시가 되었습니다. 조루리 대본·노래책·중보기(重寶記) 종류의 책들이 많이 출판되었고, '초닌의 문화'라는 에도시대의 대표 문화가 오사카에서 본격적으로 등장합니다. 교토에서 같은 시기에 불교라든지 유학 분야의 정통 한학 서적이 출판되었다면 오사카에서는 본격적으로 초닌의 서적들이 출판된 것입니다.

오사카 다음으로는 에도가 발전하기 시작합니다. 에도 지역의 경우 초기에는 도쿠가와 이에야스가 도요토미 히데요시에게 에도의 땅을 받았을 때 주변 가신들이 모두 가지 말 것을 주장했을 정도의 궁벽한 지역이었습니다. 오늘날의 우리에게 동경은 당연히 일본의 수도지만, 300년 전으로 돌아가면 교토와 오사카가 일본의 중심지였고, 동경은 그저 변방의 한 지역일 뿐이었습니다. '강호(江戶)'라는 '에도'의 한자어에서도 알 수 있듯이 '강가 입구'라는 곳으로, 그야말로 아무것도 없는 땅이었습니다. 도요토미가 도쿠가와를 그런 시골 지역으로 보낸 것은 도쿠가와 세력이 날로 커지니까 중심지로부터 떨어지게 하여 견제하기 위한 목적이라는 의견도 있을 정도입니다.

그런데 도쿠가와 이에야스는 이러한 에도에서 오히려 가능성을 발견했습니다. 세계 2차 대전이 끝나고 오사카를 수도로 할 것이냐 도쿄를 수도로 할 것이냐에 대한 논쟁이 격렬하게 벌어졌습니다. 그때 오사카의 제일 큰 문제로 지적된 것이 지역의 확장성에 한계가 있다는 점이었습니다. 근대의 수도는 무엇보다 넓은 지역을 확보해야 하는데, 교토의 경우 고대의 수도로 좁은 지역이었고, 오사카는 교토보다는 넓지만 역시나 에도에 비하면 좁았습니다. 확장 가능성이 적었기 때문에 결국 에도가 근대 일본의 수도가 됩니다. 이렇게 보면 도쿠가와가 선견지명이 있었다고 할 수 있습니다.

물론 이것은 먼 훗날의 이야기이고 17세기 초만 하더라도 에도는 그야말로 아무것도 없던 강 입구의 아주 작은 촌락이었는데, 도쿠가와 이에야스가 그곳에 에도 막부를 열면서 큰 도시로 발달하게 됩니다. 처음에는 무사의 도시였습니다. 도쿠가와 이에야스를 따르는 가신들과 사무라이들이 그곳에 살기 시작하면서 그 밑에 있던 장사치라든지 수공업자들이 함께 따라가게 되고, 이후 에도는 본격적으로 발달하기 시작했습니다.

에도의 상업 출판

17세기 초부터 100년간 일본의 문화중심지는 거의 교토와 오사카였습니다. '서점'이라는 것도 모두 교토와 오사카의 서점이 본점이었고, 그 외 다른 지역의 서점들은 본점에서 책이나 판목을 가져와 판매하는 지점이거나, 때로는 원출판사의 허락도 받지 않고 모방판(해적판)을 출판해 파는 곳이었습니다. 나중에는 이것이 문제가 되어 교토와 오사카에서는 이런 해적판들의 출판을 막게 됩니다. 본격적으로 에도 지역만의 출판이 발전하기 시작한 것은 18세기 중엽에 전문 화가의 삽화가 들어간 그림책이 나오면서부터입니다. 이것은 우키요에(浮世繪)와 연결되기도 합니다. 유명한 삽화가들이 자기 이름을 내세워 그린 그림들을 넣은 삽화본들이 출판되면서 에도의 생기발랄한 문화를 잘 표현하는 에도만의 출판문화를 형성하게 됩니다.

데라코야(寺子屋)

18세기 중반 이후로 넘어가면 책의 '독자'라는 계층이 일반 서민층까지 확대됩니다. 거기에 가장 큰 역할을 한 것이 '데라코야(寺子屋)'라고 하는, 우리나라의 '서당'에 해당하는 곳입니다. 일본에서는 서당이 19세기 무렵에 이미 전국적으로 1만 곳도 넘게 보급되었다고 합니다. 그것도 관이 주도한 것이 아니었습니다. 막부에서는 서민들의 교육에 큰 관심이 없었고 민간에서 자체적으로 서당을 보급하였다고 합니다. 에도 지역에만 데라코야가 2천 곳이 있었다고 하며, 얼마나 믿어야 할지 모르겠지만 에도 시대 식자율이 무려 40~60%이었다는 주장도 있습니다. 이것이 진짜라면 굉장히 높은 것입니다. 그 당시 우리나라 식자율이 아마도 10%가 채 안 되었을 것입니다. 우리나라는 20세기 초에도 한글을 아는 사람들이 많지 않았어요. 반면에 에도시대에는 인구의 절반이 글을 읽을 수 있었다는 것인데, 이것은 동시기의 런던이나 파리 같은 유럽의 대도시와 비교 할 때에도 엄청난 것입니다.

이렇게 거대한 독서 인구와 높은 식자율이 바로 에도시대의 민간출판을 이끌어 가는 가장 큰 기반이 되었습니다. 물론 이 많은 사람들이 읽을 수 있던 것은 한문이 아니고 '가나'입니다. 우리로 치면 '한글'이 원활하게 보급되고 활용된 것이라 볼 수 있죠. 당시 우리나라의 경우 지식인층은 한문을 주로 사용했고, 한글은 제대로 민간에 보급되지 않은 상황이었습니다. 에도시대 '식자율'은 '자국어의 보급'을 의미하였고, 바로 여기서 일본이 동아시아 삼국 중 가장 먼저 근대에 들어갈 수 있던 저력을 발견할 수 있습니다.

거대한 독서 인구를 바탕으로 한 서적 수요의 형성이 바로 출판업을 발달시킬 수 있었습니다. 이러한 기반에서 민간의 상업서점이 발달하고, 전국적인 유통망을 형성하여 책을 널리 보급할 수 있게 된 것입니다.

이것은 당시 일본의 서당 모습을 그린 삽화인데요. 우리의 서당과 비슷합니다. 어린 아이가 엄마 손에 이끌려 와서 선생님께 선물을 드리며 인사하는 모습이 우리와 닮았습니다. 차이점이 있다면 여기 오는 아이들의 계층이 우리보다 넓다는 것으로, 초닌 계층까지 포함됩니다. 저희는 서당이라 해도 고문서를 연구하시는 분들의 이야기를 들어보면 중인이나 하급관리 아이들 정도까지 다닌 것 같은데, 일본의 경우 더 넓은 범위까지 확장된 점이 다릅니다.

이것도 당시 데라코야의 모습을 그린 그림인데요. 여기 보시면 엄마에게 안겨 있는 아이도 있고 여성들도 함께 배우고 있습니다. 사실 저도 이러한 상황에 대해서는 정확히 알지는 못합니다만, 이 그림이 어느 정도 당시의 사실을 반영했다면 대단한 일입니다. 우리나라에서는 이러한 모습을 상상하기 어려울 것입니다.

이 그림은 여성들이 집 안에서 교육받고 있는 모습인데 신분이 높은 무사 집안으로 보입니다. 따로 여자 선생님을 모시고 집에서 교육을 하고 있습니다. 아마 우리나라의 규방 교육도 비슷했을 것 같습니다. 이러한 그림을 보면 당시 우리나라의 상층 여성 교육은 어땠을까 비교하고 싶어집니다.

'혼(本)'과 '구사(草)'의 개념

에도 시대의 출판문화를 이해하려면 '혼(本)'과 '구사(草)'라는 개념을 정확히 이해해야 합니다. 에도 시대에는 모든 것이 계급적인 성격을 띕니다. '책'에도 계급이 있어요.

일본어로 책을 '혼⁽ᵇᵒᵒᵏ⁾'이라 하는데 에도시대에는 일부의 책만을 '혼'이라 불렀습니다. '쇼모쓰⁽書物⁾'라고 해서 학술서, 유학과 불교 관련 서적, 의학서와 같은 종류의 책을 '혼'이라 하고, 그림책 · 소설 · 노래책 · 가부키 대본과 같은 대중 통속서 종류는 '구사⁽草⁾'라고 합니다.

우리같은 학자들, 특히 한문학 전공자에게 익숙한 책은 '혼'입니다. 이 책들은 한문을 바탕으로 한 책들이 대부분입니다. 소설이라든가 시가⁽詩歌⁾ 같은 가나 문학은 '구사'에 속합니다. '혼'이라는 것은 뿌리, 근본이 되는 것으로 주로 '쇼모쓰' 종류의 책들을 말하고, '구사'는 격식을 갖추지 않은, 흔하게 존재하는 것으로 '소시⁽草紙⁾'라고 부릅니다. 이러한 '쇼모쓰'와 '소시'가 일본 에도시대 책의 신분이라고 생각하시면 됩니다.

혼과 구사의 개념은 시대별로 조금씩 달라지는데 헤이안⁽平安: 794~1185⁾ 시대 같은 경우, 혼은 불경이나 천황가 집안의 기록들, 왕명으로 편찬한 와카집⁽和歌集⁾을 말하고, 구사는 가나로 쓴 이야기 문학을 의미했습니다. 일본 고전문학의 대표 작품인「겐지모노가타리⁽源氏物語⁾」도 헤이안 시대에는 구사에 속했습니다.

그러나 이 작품들이 중세 무로마치⁽室町: 1336~1573⁾ 시대에 이르러서는 고전으로 승격하며 '혼'에 해당됩니다. 무로마치 시대의 구사는 새롭게 등장한 중세 무사들의 이야기, 모노카타리⁽物語⁾와 카타리모노⁽語り物⁾ 작품들입니다. 이렇게 시대별로 혼과 구사에 속하는 작품들은 변화합니다. 우리의 경우『춘향전』이 조선시대에는 민중이 즐기는 통속문학에 불과했던 것이, 오늘날 한국의 고전을 대표하는 작품으로 고전문학전집의 첫머리에 들어가는 것처럼 시대에 따라 혼과 구사의 대상이 바뀝니다.

이렇게 '혼'과 '구사'에서 나온 책들이 '쇼모쓰'와 '소시'입니다. 둘 다 오늘날 '책'으로 번역되지만 에도시대에는 전혀 다른 종류의 것들이었습니다. 쇼모쓰는 불교나 유교 경전 · 학술서 · 의학서 · 중국 한적이고, 소시는 통속소설 · 노래책 · 우키요에 삽화집같은 통속문예물입니다. 이 책들은 각각 책을 파는 서점의 종류도 다릅니다. 쇼모쓰를 파는 곳은 쇼모쓰만 팔고 소시를 파는 곳은 소시만 팝니다. 에도 후기에 가서는 둘 다 취급하는 서점들도 나타나지만 처음에는 완전히 구분되어 쇼모쓰는 주로 교토, 소시는 오사카와 에도의 서점에서 많이 팔았습니다. 모노노혼야⁽物之本屋⁾ · 혼야⁽本屋⁾ · 쇼모쓰야⁽書物屋⁾ · 서림⁽書林⁾이라 불리는 서점은 쇼모쓰를 파는 곳이고, 소시야⁽草紙屋⁾ · 조루리혼야⁽淨琉璃本屋⁾ · 지혼야⁽紙本屋⁾는 소시를 파는 곳으로 서로 구분되었습니다. 필사 전문의 카키혼야⁽書本屋⁾, 중국에서 수입된 책들을 파는 도혼야⁽唐本屋⁾ 같은 전문서점도 있습니다.

　일본은 중국 책이 들어오는 경로도 다릅니다. 우리의 경우 18~19세기에는 연행으로 중국을 방문한 사신들이 북경의 시장, 유리창 같은 곳에서 구입 온 책들이 주를 이룹니다. 그런데 일본은 에도시대에 중국과 정치적으로 협정을 맺은 것이 아니기 때문에 사신을 보내지 않아 사행을 통한 서적의 수입 경로는 없고, 대신 나가사키에서 중국 강남 지방과 무역선을 교환합니다. 그래서 일본에 들어오는 중국 책들은 명청 시대 출판문화 본거지인 중국 강남지역의 출판물들이 많습니다. 일본 서지학 연구자들의 이야기를 들어보면, 한국에 있는 조선시대 들어온 중국의 서적들은 북경의 출판물이 많은데, 일본에 전하는 에도시대 중국책은 강남에서 출판된 게 많다고 합니다. 일본은 무역선을 보내 배 한 척 가득 책을 가져오기 때문에 책 수입의 규모가 우리와 크게 다릅니다. 강남에서 나온 책들을 배에 가득 싣고 오며, 그 수입 서적 목록까지 정리해놓았습니다.

소시(草紙)와 소시야

　이제부터는 소시, 즉 대중 통속서에 관해 설명하겠습니다. 우리나라의 경우 한문 서적은 관판 즉 중앙과 지방 관청에서 찍는 것이 많습니다. 중앙의 교서관이라든가 지방 감영에서 찍는 책들이 많고, 또 서원과 사찰판도 많습니다. 서원판은 서원에 배향된 인물의 집안사람들이나 그 제자들이 계를 해서 비용을 마련해 인쇄합니다. 에도의 소시는 민간 상업서점에서 출판하는 책이기 때문에, 우리나라의 관판이나 서원판과는 전혀 다른 지점에 있는 책들이라고 할 수 있습니다.

　물론 일본에도 관판이나 서원판 같은 책들이 있습니다. 일본에는 창평횡(昌平黌)이라고 우리의 성균관과 비슷한, 하야시 라잔(林羅山)의 사숙으로 시작해 후에 막부의 인정을 받은 학교가 있습니다. 그곳에서 나온 책들을 '관판'이라고 합니다. 또 우리나라 지방의 향교 비슷하게 각 번마다 '번교(藩校)'가 있습니다. 여기에서도 교과서 종류의 책을 출판하는데 이것을 '번판'이라고 합니다.

　이렇게 에도시대 일본에도 우리의 관판에 비교되는 책들이 있습니다. 제가 예전에 창평횡이나 번교에서 나온 서적들에 대해 다른 책에서 소개한 적이 있습니다. 그것을 참고하시면 비교 대상으로 다른 종류의 책들도 있다는 사실을 알 수 있습니다.(노경

희, 「에도시대 목판과 한학서 출판」 『목판의 행간에서 조선의 지식문화를 읽다』 글항아리, 2013)

오늘은 『에도의 독서열』과 관련하여 통속서 중심으로 설명하겠습니다. 지금부터 제가 설명할 책은 어떻게 보면 가장 아래 계층에 있는 책입니다. 가장 통속적이고 대중적인 것으로 당시 보통 서민들이 읽던 책입니다. 우리나라 사례에서 비교하자면 소설이나 실용서들이 주를 이루는 방각본에 해당합니다. 그렇지만 조선의 방각본과는 규모나 체계가 크게 다르다는 점을 염두에 두고 강의를 들으시면 좋겠습니다. 왜 그렇게 다른지 그 원인을 생각하시는 것도 재미있을 것입니다.

에도의 소시는 17세기 중반에 등장했는데, 처음에는 표지 색깔로 이름을 붙였습니다.

제일 처음에 나온 것을 '아카혼(赤本)'이라고 했습니다. 이는 표지 색깔이 붉은색인데서 유래한 이름입니다. 당시 아이들에게 주는 세뱃돈 봉투가 붉은색이었는데, 그 붉은색으로 표지를 만든 아이들을 위한 이야기책입니다. 위의 도판은 바로 아카혼 『오백팔십칠곡(五百八十七曲)』이라는 책으로 장수를 기원하는 내용을 담고 있습니다. 펼쳐 보면 거의 그림이 주를 이루는 만화책입니다. 이 책들은 분량이 짧아 5장 10페이지 정도고 가격도 아주 저렴합니다. 오늘날 일본이 왜 그렇게 만화책을 많이 보고 좋아하는지, 이 책을 보면 만화가 일본에서 오랜 역사와 전통을 자랑하는 문화임을 알 수 있습니다. 서민들을 대상으로 나온 재미로 읽는 책이다 보니 종이도 좋지 않고 아주 얇아서 오늘날까지 남아 있기도 힘듭니다. 거의 한번 읽고 버리는 책이라 보시면 됩니다.

이 책들은 '에조시(繪草紙)'라고 해서 그림이 대부분을 차지하는 통속서입니다. 시대별로 처음에는 붉은색 표지였다가 18세기 중반 이후에 '쿠로혼(黑本)'이라는 검정색 표지

로 바뀌고 내용도 조금 더 수준이 높아집니다. 18세기 후반에는 청색 표지의 '아오혼
(青本)'이 등장하는데, 사실 파란색이라기보다 초록색으로 보시면 됩니다. 저렴한 식물
로 염색한 초록색 표지의 책인데 그 표지 색깔이 나중에는 바래져 노란색으로 바뀝
니다.

그걸 '황표지(黃表紙)' 곧 '기뵤시'라고 부르는데 18세기 후반부터 19세기 초반에 크게
유행합니다. 오늘날에는 '기뵤시'라는 이름이 통속서의 대명사로도 쓰입니다. 위의
도판이 기뵤시 즉 황표지입니다. 시대에 따라 내용도 그림체도 조금씩 달라집니다.
그리고 언뜻 봐도 책이 아주 얇습니다. 5장에서 10장정도 되는 얇은 책으로 이런 책
들이 대표적인 소시류 책들입니다.

앞서 에도시대 일본은 식자율이 높아 사람들이 책을 많이 읽었다고 했습니다. 또
일본 사람들은 에도시대의 독서열을 자랑합니다. 물론 이건 대단한 일인데 사실 당
시 유행한 이런 소시류 책들은 오늘날의 만화책과 비슷합니다. 에도시대 출판문화의
가장 큰 비중을 차지하는 통속서 중 하나는 이러한 분위기의 책들입니다.

소시의 가격은 보통 1책에 6~8문(文)입니다. 당시 저렴한 음식의 대명사인 노포 음
식점의 가케소바(우동) 가격이 16문인 점을 생각하면 매우 저렴한 가격입니다. 일본 사
람들은 책을 잘 빌려 보지 않습니다. 우리나라에는 얼마 전까지만 해도 만화책이나
소설책을 빌려보는 책 대여점이 동네마다 있었는데 일본에서는 이런 책들을 빌려보
지 않고 대부분 사서 봅니다. 왜 사서 보나 했더니 가격이 아주 저렴하더라고요. 중
고서점이 발달해서 대여하는 것보다 더 저렴하게도 구입할 수 있습니다. 소시 종류
책들은 '치리가미'라고 해서 재생지를 주로 사용하고, 그러다 보니 저렴한 가격에 널
리 보급이 된 것입니다.

앞에서도 말씀드렸지만 이러한 서적들과 우리나라의 한학 서적들은 함께 비교할 수 없습니다. 제가 지금 설명하는 것은 당시 일본의 서민들이 보던 책들입니다. 종이도 좋지 않고, 책 만듦새 자체도 망가지기 쉬운 대충 만든 책들입니다. 내용의 대부분을 그림들이 차지해서 오늘날 만화의 시초라고 부를 수도 있습니다. 이러한 종류의 책들을 파는 서점을 소시야, 지혼야라고 하는데, 쇼모쓰야와는 성격이 크게 다른 곳입니다. 앞서 말씀 드렸듯이 쇼모쓰야는 경서류를 파는 서점입니다. 이렇게 일본은 모든 것이 계급화되어 있는데 그러한 것들이 일상 사물에까지도 적용되는 것 같습니다. 책과 서점이 각각 쇼모쓰와 소시, 쇼모쓰야와 지혼야, 이렇게 나뉘는 것처럼 말입니다.

책의 크기

에도시대의 책들은 크기가 그 책의 성격을 규정하는 경우가 많습니다. 경전이나 학술서 류는 크기가 큰 책 즉 '대본(大本)'이고 쿠사조시같은 통속서 종류는 '중본(中本)'으로 대본의 절반 크기입니다. 그 다음에 대본과 중본의 중간 크기인 '반지본(半紙本)'이라는 게 있습니다.

뒤에 설명할 『경전여사』 같은 종류의 책은 통속적인 학술서인데, 통속서와 학술서가 만난 것으로 둘의 성격을 함께 갖추고 있습니다. 이 책은 일반서민들이 읽기 편하게 히라가나 설명과 그림이 들어가며 책 크기가 학술서와 통속서의 중간 사이즈, 즉 반지본입니다. 그 다음에 '소본(小本)'이라는 것이 있는데 반지본의 절반 크기로 오늘날 일본의 문고판 사이즈입니다.

일본은 정식으로 책을 내고 그 책이 인기를 끌면 나중에 문고판으로 다시 나옵니다. 이런 것들이 에도 시대부터 전해 내려오던 시스템이었다고 생각할 수 있습니다. 그 외로 '특소본'은 우리나라에도 있는 건데 기모노 소매에 넣어 가지고 다니던 작은 수진본(袖珍本)입니다.

가시혼(貰册)과 가시혼야(貰册本屋)

아카혼·쿠로혼·아오혼과 같이 표지 색깔에 따라 이름을 붙인 책들은 주로 그림

위주의 책이라면, 나중에 '요미혼(讀本)'이라는 글의 비중이 높은 통속소설이 등장합니다. 골계본이라던가 인정본, 사례혼(洒落本)이라고 불리는 것들입니다. 이러한 통속서들은 대개 한권에 5~10장 정도 되는 아주 짧은 분량의 책이었던 것이 나중에는 시리즈로 계속 나와 '합권(合卷)'이 됩니다. 3권, 5권, 7권, 10권으로 나오다가 나중에는 내용에 따라 몇 백 책까지 늘어나는 것이죠. 그런데 수십 책이라고 해서 부담을 느낄 건 없습니다. 한 책의 얇기가 5장 정도라서 100권이라고 해도 전체를 모아 보면 많지 않습니다. 그래도 백 권 정도 되면 일반인이 사서 읽기 쉽지 않습니다. 이럴 때 '가시혼(貫冊)'이라는 책을 빌려서 봅니다.

1~3책 정도라면 책을 사서 보겠지만 100책 정도가 되면 아무리 가격이 싸도 사는 것이 쉽지 않습니다. 이에 '가시혼야(세책방)'가 에도시대에 크게 발달합니다. 우리나라에도 19세기 양반가 여성들에게 규방소설을 빌려주는 세책방이 한양에 있었다고 하는데, 이에 대해서는 이덕무와 박제가도 언급한 적이 있습니다. 소설 연구자들도 일본의 세책방과 비교해서 많이 연구하고 있습니다.

그렇지만 역시나 이것도 규모 자체가 다릅니다. 19세기 초 에도에만 이미 '656곳'의 세책방이 있었다고 합니다. 우리나라의 경우 한양 중심으로 20곳 정도가 있었다고 합니다. 수적으로만 봐도 그 규모가 아주 달랐습니다. 우리나라는 한양의 양반가 여성 중심의 제한적인 수요층이 있었지만, 일본은 초닌이라고 하는 상공업자들, 도시인들이 주요 고객층입니다. 여기에 유곽의 유녀(遊女)들도 있습니다. 또 이 시기에 보통 서민들이 여행을 많이 다니는데 온천 같은 여행지에서 세책방을 통해 통속서를 많이 빌려 보았습니다. 이렇게 다양한 계층의 사람들이 가시혼의 독자층입니다.

에도시대에는 전국적으로 세책방이 발달하였는데 그 세책방의 형태가 매우 흥미롭습니다. 점포가 따로 있는 것이 아니라 커다란 책 보따리를 등에 지고 집집마다 돌아다니며 빌려주는 행상의 형태입니다. 위의 도판은 당시 가시혼야를 묘사한 삽화입니다. 그림을 보면 등짐을 지고 있는 세책방이 막 방에 들어서는데, 먼저 온 다른 세책방 업자가 손님과 이야기를 나누고 있습니다.

세책방에서 빌려주는 책들은 대부분 얇은 통속서이기 때문에 수백 책을 들고 다녀도 크게 부담이 되지 않습니다. 우리의 경우 방물장수들이 돌아다니며 책을 빌려주는 것과 비슷합니다. 170~180명이 읽을 분량의 책들을 한 사람이 지고 다녔다고 하는데, 이는 책이 얇아서 가능하지 않았나 생각합니다.

당시 에도에만 10만 이상의 독서인구가 있었다고 합니다. 세책의 대여비를 보면 신서(新書) 가격의 1/6~1/10으로, 한 권의 책을 10명 이상이 읽어야 이익이 남았습니다. 보통 1책을 20명 정도 대여했다고 합니다. 그렇게 계산하면 당시 1만부를 간행했던 인기소설이 있다고 가정할 때, 20명의 독자가 대여하니까 오늘날로 치면 20만부가 판매된 것이라 생각할 수 있습니다. 여기서 중요한 것은 이 정도로 독서 인구가 많았다는 사실입니다.

실용서의 출판

통속서를 간행하는 소시야에서는 소설뿐만 아니라 실용서도 많이 간행합니다. 대표적 실용서에는 중보기 류가 있는데, 중보기는 'how to(~하는 법) 종류의 책'이라고 생각하시면 됩니다. 온갖 종류의 실용 지식을 전달하는 책입니다. 원예서, 의학서는 물론 아이들의 놀이책, 금붕어나 곤충 키우기, 여자들 화장하는 법, 머리 하는 법, 결혼생활 잘 하는 법까지 있습니다. 이러한 중보기 종류의 책은 오사카에서 특히 많이 나왔습니다.

18세기 조선의 지식인들은 『연경(煙經)』 같은 담배에 관한 것이라든가 비둘기에 관한 『발합경(鵓鴿經)』, 앵무새에 대한 『녹앵무경(綠鸚鵡經)』 같은 사소한 취미 관련 책을 많이 냈습니다. 그 영향으로 당시 통신사를 통해 들어온 일본의 문화와 연관 지어 생각할 수도 있을 것 같습니다. 당시 일본에서는 이미 금붕어 키우기, 곤충 키우기 등 잡다한 것들에 대한 책들이 많이 나왔습니다.

왜 이렇게 일본에서 잡다한 것에 관심을 많이 갖고 있있는지를 생각해 보면, 우선적으로 일본의 지식인들은 과거시험을 볼 필요가 없었다는 사실에 주목해야 합니다. 그래서 시험을 위해 성현의 말씀을 공부할 필요가 없는 것이죠. 에도시대는 철저한 신분 사회로 과거제도가 없습니다. 이렇게 과거제도가 없다는 것이 일본과 우리의 가장 큰 차이점으로, 지식인 문화 역시 과거제의 유무에 따라 많이 달라집니다. 일본의 일반 서민들은 일상생활의 소소하고 지엽적인 것들에 관심을 많이 갖고 있는데, 이러한 모습이 우리나라 18세기의 일부 지식인들과 잘 맞았던 거 같아요. 조선 사회의 신분에 한계가 있는 서얼이나 중인 계층들이 이렇게 소소한 것들에 관심을 갖는 것을 보면 어떤 부분에서 서로 통하는 게 있던 것 같습니다.

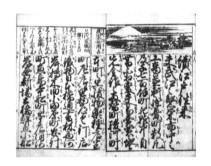

왕래물^(往來物)'은 '오라이모노'라고 하는데 '서간^(편지글)'입니다. 생활에 필요한 각종 지식들을 편지글 형식으로 엮은 책입니다. '실어교^(實語敎)'는 교훈적인 내용을 담은 초급자용 서적인데 이러한 책들은 아까 말한 데라코야, 즉 서당에서 교과서로 주로 사용했습니다. 이 도판은 왕래물 중 하나인『에도왕래^(江戸往來)』입니다. 여기 본문에 쓰인 초서체 글씨는 '오이에류^(御家流)'라고 하는 독특한 서체입니다. 이 책을 보면 본문 위에 삽화와 히라가나 해설을 넣어 설명하고 있습니다. 이러한 형태는『경전여사』의 책 편집에서 영향을 받은 것으로, 이렇게 본문 내용을 자세하고 쉽게 설명해서 혼자서도 공부할 수 있도록 하였습니다.

　이 도판은 『실어교증주(實語敎證註)』라는 책입니다. 히라가나 해설을 넣어 본문 내용을 설명하고 있습니다. 물론 우리나라에도 『소학언해』라든지 『두시언해』와 같은 '언해(諺解)'류 책들이 있습니다. 그러나 우리나라 언해서들의 간행 목적과 독자층은 일본의 가나해설서와 전혀 다른 성격을 지니고 있기 때문에 함께 묶어서 생각하기에는 어려운 점이 있습니다.

삼도의 대표서점

　에도시대의 삼도(三都: 교토·오사카·에도)에는 각각 대표서점들이 있습니다. 교토의 대표서점은 무라카미 칸베(村上勘兵衛), 오사카의 대표서점은 가와치야 기헤(河內屋喜兵衛), 에도의 대표서점은 스하라야 모헤(須原屋茂兵衛)라고 해서 각각 무라카미·가와치야·스하라야라고 합니다.
　일본의 서점 이름은 복잡합니다. 서점의 명칭에서 '~야(屋)'로 끝나는 건 옥호입니다. 서점의 대표 이름인데 일종의 체인점의 이름과 같은 것입니다. 오사카에는 '가와치야'가 수십 군데입니다. 그 뒤에 붙는 간베·기헤·모헤 같은 이름은 '통칭명'이라고 해서 대대로 물려받은 이름으로, 일종의 지점들을 나타내는 것입니다. 이 부분이 우리가 이해하기 좀 어려운데 예를 들면 스하라야 모헤라고 하면, 이때 모헤는 물려받는 이름입니다. 당주들만 물려받는 것으로 서점을 이어받은 사람에게만 물려줍니다. 그래서 만약에 스하라야에서 지점을 냈다면 새로 지점을 낸 사람은 '스하라야 신베' 이런 식으로 옥호는 그대로 두고 뒤의 통칭명만 바꿔서 따로 가게를 엽니다. 그리고 그 후계자들에게 다시 '신베'라는 통칭명을 물려줍니다. 이렇게 통칭명은 한 사람의 이름이 아닌 대대로 내려오는 이름입니다. 그 다음으로 당호가 따로 있습니다. 천종당·숭산방·경서당이라고 하는 것이 당호입니다. 보통 책의 봉면지, 앞부분에는 당호를 적고 뒷부분의 간기에는 옥호와 통칭명을 적습니다. 이러한 것들을 알면 책의 간기만 봐도 쉽게 그 책의 출판 정보를 알 수 있지만, 모르면 낯설고 어렵습니다.

이 그림은 『동자통(童子通)』이라는 책의 봉면지와 간기 부분입니다. 오른쪽이 봉면지입니다. 우리나라 책에는 잘 없는 부분이지요. 내용을 하나씩 보면 야마모토 초일(山本蕉逸) 선생의 저술이고 '동자통'이 제목입니다. 동도서림(東都書林)이라고 했는데 이때 '동도'는 에도입니다. 에도를 동쪽의 수도, 동도라고 했습니다. 서림, 이것은 보통 쇼모쓰를 파는 곳이라는 의미입니다. 그러니까 이에 따르면 『동자통』은 쇼모쓰에 속하는 책이 됩니다. 마지막의 옥암당(玉品堂)은 당호 이름입니다.

왼쪽 그림은 책 마지막 부분에 있는 간기입니다. 내용을 보면 '야마모토 쇼이치(山本庄一) 著, 후편근간(後篇近刊)'이라 되어 있습니다. 이것은 후편도 조만간 내겠다는 의미입니다. '天保十五甲辰歲四月新鐫'에서 '天保'는 일본의 연호로 '천보 15년'은 1844년입니다. '新鐫'은 이 때 처음 찍어냈다는 뜻이고 '東都書林 和泉屋金右衛門 梓'에서 '동도서림'은 에도의 서림이라는 뜻입니다. '이즈미야 긴에몬(和泉屋金右衛門)'은 서점 이름인데, 여기서 '긴에몬(金右衛門)'이 통칭명으로 당주들이 물려받는 이름입니다. 그리고 오른쪽 작은 글씨인 '橫山町三十目'은 서점의 주소로 지금의 동경 근처 요코하마에 있던 서점임을 알 수 있습니다. 이렇게 봉면지와 간기만 읽을 줄 알면 언제 어디서 나온 책인지 금방 알 수 있습니다.

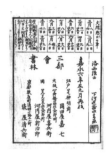

이 도판은 앞에서 본 『효경동자훈』⁽¹⁸⁵³⁾의 간기인데 여기서 보시면 '삼도회서림^{三都會書林}'이라고 하고 에도^(江戶)·오사카^(大坂)·교토^(京都)의 서점 이름들이 나열되어 있습니다. 오사카의 서점을 보면 가와치야 기헤^(河內屋 喜兵衛)·가와치야 신이치로^(河內屋 新治郎) 이렇게 두 곳이 있습니다. 이것이 일종의 '가와치야^(河內屋)' 체인 서점이라고 보시면 이해가 쉽습니다. 오사카에는 '가와치야'가 많이 있는데 각각의 통칭명에 따라 각기 전혀 다른 서점으로 성장합니다.

에도의 소시야

이제까지 설명한 책들은 쇼모쓰 즉 학술서 종류의 책들이고 이제부터는 통속서를 낸 서점을 살펴보겠습니다. 위의 도판은 에도의 소시야, 통속서를 낸 서점으로 그 유명한 우키요에 화가 가쓰시카 호쿠사이^(葛飾北齋)가 그린 「에조시다나^(繪草紙店)」 그림입니다. 여기서 '에조시'는 그림 위주의 통속서라고 생각하시면 됩니다. 이 그림에 나오는 서

점은 바로 에도의 대표적인 통속서섬인 '츠타야^(ツタヤ)'입니다. 오늘날 일본에 기면 어디서나 볼 수 있는 가장 유명한 서점 체인으로 '츠타야'가 있는데 그 이름도 여기서 유래한 것입니다.

츠타야는 '츠타야 주자부로^(蔦屋重三郎)'의 서점으로 당시 에도의 가장 유명한 통속서점입니다. 이 그림은 당시 통속서점의 풍경을 잘 보여주는 유명한 그림입니다. 노렌^(간판)에 적힌 '경서당^(耕書堂)'이 츠타야의 당호입니다. 서점 앞에 있는 상자간판은 주로 서점들만 가지고 있던 간판입니다. 여기에 '츠타야 주자부로'라고 작은 글씨로 적혀 있습니다. 또한 '산토 교덴^(山東京傳)'의 저작이나 교카본 등의 광고판이 드리워져 있습니다. 한쪽 구석에는 떠돌이 무사가 풍속화를 고르고 있습니다. 이 서점은 통속서점이기 때문에 삽화본을 많이 취급하고 있습니다. 『에도의 독서열』 한국어판 표지로도 이 그림을 사용하였습니다. 『에도의 독서열』에 나오는 중요한 서점 중에 하나가 바로 츠타야 주자부로의 츠타야기 때문입니다.

에도시대 서점의 풍경

이제부터는 에도시대 서점을 묘사한 그림들을 살펴보겠습니다. 이 도판에 보이는 '현은고본매청소^(現銀古本買請所)'라는 것은 '중고 책을 현금으로 구매하는 곳'이라는 뜻입니다. 서점의 노렌은 다른 업종의 상점들에 비해 좀 짧습니다. 그래서 가게 안에 진열된 책들이 밖에서도 잘 보입니다. 그림 왼편 바깥쪽에 보면 '서림겸초지옥^(書林兼草紙屋)'이라고 했는데, 이건 학술서와 통속서를 동시에 파는 곳을 의미합니다. 에도 후기에 이르러서는 이렇게 두 종류의 책들을 모두 취급하는 서점들도 나옵니다.

다음 그림도 서점의 풍경인데 상자간판에 '고본매매(古本賣買)'라고 쓰여 있는 것으로 보아 중고 책도 거래하는 곳임을 알 수 있습니다. 이러한 상자간판은 서점들에만 있습니다.

　　아래 그림을 보시면 상자간판에 '화한쇼모쓰(和漢書物)'라고 해서 일본어책과 한적을 모두 취급하는 곳임을 나타내고 있습니다. '경림당(慶林堂)'은 마쓰모토 지방의 다까미야(高見屋) 서점의 당호입니다. 간판을 보면 책 이외로 '벼루와 먹과 붓(硯墨筆)'도 팔고 있음을 알 수 있습니다.

　　다음 그림은 「도카이도명소도회」(1797)라는 일본의 유명한 그림책 중에서 서점이 묘사된 부분입니다. 상자간판에 '니시키에(錦絵)'라고 쓰여 있는데, 이곳은 우키요에 종류를 파는 통속서점입니다.

　지금까지 에도시대의 출판과 독서문화를 이해하기 위한 기초 용어를 설명했습니다. 이제부터는 제가 번역한 『에도의 독서열』에 나오는 중요한 자료인 『경전여사』를 중심으로, 당시 에도의 출판문화에서 학술서와 대중서가 어떻게 중간 지점에서 서로 만나 일반 서민들에게 보급되었는지를 살펴보도록 하겠습니다.

『에도의 독서열』

　왼쪽 도판이 제가 번역한 한국어판이고, 오른쪽이 원서인 일본어판입니다. 『에도의 독서열』의 부제는 '스스로 공부하는 독자와 서적 유통'입니다. 이전 시대만 해도 공부를 하려면 선생님을 찾아가야 했습니다. 전통 시대에는 독학하거나 자습한다는 개념이 없었습니다.

　그런데 이 시기에 등장한 『경전여사』는 유학 경전에 히라가나 해설을 붙여서 출판한 책으로, 소시류 서적의 발달을 배경으로 나타난 것입니다. 이 책들 덕분으로 그

전까지만 해도 선생님께 가르침을 받아야만 했던 사서삼경과 같은 책들을 스스로 공부할 수 있게 되었습니다. 그로써 엘리트 지식인들에게 국한되었던 고급 지식이 일반 서민에게까지 보급될 수 있었고, 이로써 유학 경전에 새로운 독자층이 출현하게 된 것입니다. 결국 이 책에서 가장 중요한 주제는 '근세 독자의 성립'입니다. 이때 '근세'라고 하면 중세와 근대 사이 시기로 우리의 경우 조선 후기 정도라고 생각하시면 됩니다.

에도시대의 독자

이렇게 『경전여사』를 중심으로 일본의 '근세'에 새로운 독자층이 출현했습니다. 이전에는 통속서를 주로 읽던 보통 사람들이 고급 지식을 갈망하게 되고, 에도의 민간 서점 즉 상업서점들은 그 수요층을 겨냥해서 사서나 『근사록』같은 경전들을 쉽게 히라가나로 설명하고 그림으로까지 설명하는 책을 출판하는, 이렇게 새로운 독자와 새로운 유형의 책이 나오는 상황이 펼쳐졌습니다.

에도시대의 독자, 이것은 우리나라 조선 후기의 독자와 함께 생각하면 좋을 것 같습니다. 이 시기 '독자'라는 개념은 오늘날의 독자와는 전혀 다릅니다. 지금 같이 책의 PDF파일이 돌아다니고 실시간으로 카톡을 하고, 오늘처럼 '줌(ZOOM)'을 이용해 강의하는 것에 익숙한 상황들은 전통 시대를 이해하는데 큰 장벽이 됩니다.

에도시대의 독자들은 기본적으로 속성 자체가 지금의 우리와 매우 다릅니다. 이 시대에는 의무교육이란 것이 없었습니다. 초등학교나 중학교가 의무 교육이 아니기 때문에 사람들이 누구나 글을 배워 신문·잡지·소설 같은 것들을 당연하게 읽는 시대가 아닙니다. 책을 읽고 싶으면, 글자를 배우거나 독서를 위한 훈련들을 자비를 들여 스스로 해야 합니다. 이것은 많은 노력을 필요로 합니다. 그렇지 않으면 글자 자체를 읽을 수 없습니다. '독서'라는 것은 아무나 쉽게 하는 것이 아니라 상당한 비용과 노력을 들여서만이 할 수 있는 특별한 행위였습니다.

조선 시대의 경우는 여기에 '신분'이라는 조건까지 추가됩니다. 기본적으로는 양반이거나 적어도 중인 그것도 아니면 아전 같은 하급관리 정도는 되어야 합니다. 보통의 평민이 글을 배우는 것은 감히 꿈도 꿀 수 없는 일이었습니다. 일본의 경우 조선보다는 조금 사정이 나아서 일반인들도 노력하면 서당에서 글을 배울 수 있는 기회가 좀 더 넓게 열려 있던 것 같습니다.

『경전여사』의 성격

이렇게 책을 읽고 글을 배우는 활동이 몹시 힘들었고, 과거시험도 없어서 공부한다고 출세가 보장되지도 못했습니다. 그런데도 독서를 하려는 사람들이 많이 나타납니다. 도대체 이 사람들이 독서를 통해 얻고 싶던 것은 무엇일까요. 바로 이에 대한 답을 『에도의 독서열』의 저자 스즈키 선생님께서는 그 시대 가장 널리 유행했고 가장 많이 팔렸고 가장 흔했던 책에서 찾고자 하였습니다. 그 책이 바로 『경전여사』 시리즈입니다.

여기서 '경전'은 사서삼경과 같은 유학 경전을 말하고, '여사'는 '남을 여(餘)'에 '스승 사(師)'라고 해서 제목 자체가 의미심장합니다. 글자 그대로 이해하자면, 일종의 '선생님' 같은 책입니다. 『경전여사』는 한문으로 적힌 유학 경전에 히라가나로 그 뜻과 읽는 방법을 자세히 설명해서 혼자서도 유학을 배울 수 있게 한 참고서입니다. 여기서 '독학'이 매우 중요합니다. 스승이 없어도 상층 계급의 학문이었던 유학을 배울 길이 열린 것입니다. 이 『경전여사』는 18세기 후반에 『사서지부(四書之部)』부터 『근사록』까지 모두 10종류가 간행됩니다.

도판은 『경전여사』 「대학」과 「제자직」입니다. 본문의 편집 형태는 『경전여사』에서 처음 주로 사용한 체제입니다. 먼저 상단에 한문 원문을 읽는 방법을 적고 하단에 본문의 내용을 배치하였으며, 초심자들도 이해하기 쉽도록 히라가나로 쓴 설명을 달아

놓았습니다. 일본 사람들은 한문 읽는 법이 우리와 많이 다릅니다. 일본의 한문 읽는 방법을 '훈독'이라고 하는데 그 방법을 배우려면 선생님께 나아가야 합니다. 그런데 『경전여사』를 통해 선생님께 나아가 소독과 학문을 배울 시간이 없는 이들이나 선생이 없는 촌구석에 사는 이들도 혼자서 경전을 배울 수 있게 되었습니다.

이 책은 크기도 중요한데 '반지본' 크기입니다. 앞서 에도시대에는 책의 크기가 그 책의 성격을 규정한다고 했습니다. 반지본은 학술서 대본(大本)과 통속서 중본의 중간 사이즈로서, 경전이라면 원래 대본으로 나와야 하는데 이걸 좀 작고 가볍게 만든 것입니다. 그 당시 경전의 주요 독자층으로서는 상상할 수 없는, 기존의 출판 전통을 완전히 벗어난 책입니다. 이렇게 반지본은 '통속적인 학술서'라고 할 수 있습니다.

도판은 『경전여사 효경지부』입니다. 일본 사람들은 『효경(孝經)』을 상당히 좋아했습니다. 이 책의 봉면지를 보면 '번각필구(飜刻必究)'라고 되어 있는데 여기서 '번각'은 정식 허가를 받지 않고 출판하는 경우를 말합니다. 무허가판을 만드는 사람은 끝까지 찾아가 응징하겠다는 무서운 말입니다. 당시 워낙에 해적판이 많이 나와서 이렇게 쓴 것입니다. 이렇게 해적판이 나올 정도로 독서 인구가 많았다는 사실도 알 수 있습니다. 마지막 줄의 '낭화서림(浪華書林) 군학당장(群鶴堂藏)'이라고 되어 있는데 '낭화'는 '나니와(なにわ)'라고 오사카를 말합니다. 오사카의 서점 군학당에서 소장한 판본으로 책을 찍었다는 뜻입니다.

『경선여사』의 작자

『경전여사』는 당시 무척 유행한 책으로 오늘날 고서점에서도 쉽게 구할 수 있을 정도로 많이 팔렸습니다. 저도 일본 갔을 때 간다 고서점에서 한 권에 2~3백 엔 정도로 싸게 구입할 수 있었습니다. 지금까지도 이렇게 흔하다는 것은 당시에 엄청나게 많이 인쇄한 책이라는 뜻인데 정작 이 책의 작자에 대해서는 잘 알려져 있지 않습니다.

저자는 '다니 햐쿠넨^(溪百年)'이라는 사람인데 사누키현 출신이고 본래 성이 '가와다^(河田)'라는 사실만 알려져 있고 그 외 기록이 별로 없습니다. 이것도 특이한 일입니다. 이 사람에 대한 기록이 별로 없는 것은 이 사람이 학계의 사승관계로 얽혀 있는 인물이 아니기 때문입니다. 이 저자는 학파에 속하는 정통 학자라고 보기 어려운 인물입니다. 이 시대는 많은 유학자들이 학파를 형성해서 활발하게 활동하던 시대인데, 정작 일반 서민들에게 널리 팔린 책은 이러한 전혀 알려지지 않은 다니 햐쿠넨이라는 사람의 책이라는 점도 매우 흥미로운 사실입니다.

『경전여사』의 출판과 관정개혁

이제부터 『경전여사』의 출판 현황을 살펴보겠습니다. 1786년에 처음으로 『사서지부』 초판이 나온 이후, 『효경』·『제자직』·『소학』, 그리고 『사서서지부^(四書序之部)』라는 사서의 서문을 모은 것이 순서대로 나오고, 다음으로 『시경^(詩經)』이 나옵니다. 『사서지부』는 크게 인기를 얻어서 수십 번에 이르도록 출판됩니다. 이후로도 『손자^(孫子)』·『서경^(書經)』·『역경^(易經)』·『근사록』에 이르기까지 약 80년에 걸쳐 10종류의 『경전여사』가 나옵니다. 18세기 후반은 『경전여사』의 시대라고도 할 수 있습니다. 다만, 『근사록』의 경우 다른 책들이 나오고 한참 뒤 1843년에 나온 것으로 출판 경위를 좀 따져 봐야 합니다. 어쩌면 뒤에 나온 책들은 출판업계에서 워낙 『경전여사』가 잘 팔리니까 다니 햐쿠넨의 이름을 빌려서 냈을 가능성도 없지 않습니다. 이렇게 『경전여사』는 모두 10종류의 시리즈로 1786년부터 1843년까지 거의 반세기 동안 에도문단을 풍미한 책이라고 할 수 있습니다.

『경전여사』는 그 출판 타이밍이 매우 절묘했는데 1789년~1800년에 단행된 '관정개혁^(寬政改革)을 배경으로 나온 책입니다. 이 개혁은 막부의 관리들에게 학문 장려를 내세웠습니다. 원래 무사 계층은 특별히 공부할 필요가 없었습니다. 과거시험을 통과해서 무사가 되는 것이 아니라 집안이 무사 집안이면 저절로 사무라이가 되기 때문입니다. 그런데 갑자기 관정개혁을 실시하면서 주자학과 유학 교육을 중시하고 당시의 재상인 마쓰다이라 사다노부^(松平定信)가 무사들에게도 유학을 공부하라고 적극적으로 권장합니다. 그러나 이 사람들에게 갑자기 유학을 공부하라고 해서 쉽게 배울 수 있을 리가 없습니다. 그때 마침 『경전여사』와 같이 한문을 잘 모르는 사람도 경전을 공부하기 쉬운 책이 나온 것입니다. 이렇게 이 책은 시대를 잘 타고 나와 폭발적으로 유행하게 됩니다.

『경전여사』 양식을 모방한 '여사'류의 등장

당시에는 촌락의 지도자층 이외의 계층에도 학문이 크게 유행했습니다. 관정개혁과 함께 지방의 서적 유통망이 발달하면서 『경전여사』의 양식을 모방한 서적들이 대거 유행했습니다. 관정개혁을 대표하는 출판물인 『경전여사』는 메이지 시대까지 계속 인기를 끌었습니다.

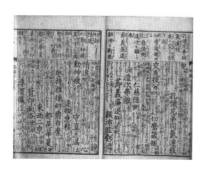
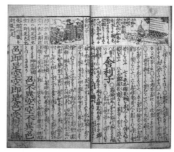

지역과 계층을 넘어 광범위하게 쌓였던 학문에 대한 열정이라는 기반이 있었고, 여기에 히라가나 해설과 경전 주석을 통해 고급 지식을 쉽게 익힐 수 있게 해주는 책이 등장한 것입니다. 책에서 스승을 구하고자 하는 수요를 서점에서 호응하는 시대가 도래하였습니다. 이것이 결국 에도시대를 근대로 이끌어 간 원동력이 된 것입니다.

위의 도판 중 왼쪽은 『천자문(千字文)』입니다. 당시 『경전여사』의 영향을 받아 나온 책 중의 하나입니다. 『천자문』도 이렇게 상단에 읽는 방법, 하단에는 해설을 넣은 참고서로 만들었습니다. 다음 도판은 불경입니다. 「반야심경회입강석」에 그림까지 넣은 것입니다. 위에는 그림과 함께 한문을 읽는 방법을 적었습니다. 아래는 본문 내용의 설명입니다. 에도시대 삽화가 들어간 책들은 아까 보셨듯이 아카혼, 기뵤시 같은 만화책이 주를 이룹니다. 어떻게 보면 이런 종류의 책들은 쇼모쓰 문화가 아닌 소시 문화를 배경으로 한 것입니다. 아래에서 위로 올라온 문화가 바로 이 지점에서 만난 것입니다.

위의 도판은 왼쪽이 『천자문』이고 오른쪽은 『대학(大學)』입니다. 이렇게 삽화를 넣은 책은 상층 지식인들을 겨냥한 책이 아니라 일반 서민들을 겨냥해서 읽기 쉽게 만든 책임을 의미합니다. 바로 이러한 부분이 경전과 통속서가 만나는 지점입니다.

데라코야(서당)와 사숙(私塾)의 경계 혼합

이 『경전여사』 종류의 책들은 데라코야(서당)의 교재로 주로 쓰였습니다. 그 당시 '사숙(私塾)'이라는 교육 공간은 우리의 서원과 비슷한 곳으로 정식으로 유학을 공부하는 학자들의 배움터인데 반해 '데라코야'는 습자와 계산을 배우는 서민들의 학교였습니다. 그런데 『경전여사』가 데라코야의 교재로 사용되면서 이제 데라코야에서도 단순한 실용 지식만이 아닌 유학 경전을 가르치게 된 것입니다.

그와 함께 습자 중심의 서당 교육과 한학 중심의 사숙 교육이라는 경계가 불분명하게 됩니다. 이전 같았으면 서당에서 실용 지식 위주로 공부했을 사람들이 고차원적인 공부까지 하게 된 것입니다. 스스로의 능력을 끌어 올리고자 노력하는 사람들이 책의 독자로 등장하고, 유학자나 의사와 같은 지식인 계층이 아니라 평범한 사람들도 문예와 학문에 직접 참여하게 된 것입니다. 여기에는 와까·하이케이·시가 문학의 보급도 큰 역할을 했습니다.

그러면서 지(知)의 향상이 급속도로 일어났고, 근세 독자라고 할 수 있는 새로운 계층이 성립된 것입니다. 이들이 곧 일본의 근대를 이끌어 갑니다. 앞서 말씀드렸듯이 에도시대 초기만 하더라도 무언가를 배우기 위해서는 상당한 비용의 돈과 시간과 노력이 필요했습니다. 하지만 이제 점점 배우는 일을 당연히 여기는 대중이 등장했고, 그러한 대중의 기대에 맞춰 교재와 참고서를 신속하게 제작·유통하는 출판 업계의 능력이 배양되었습니다. 그를 통해 개인의식과 사회 시스템이 전국적으로 높은 수준을 이루게 된 것입니다.

보통 사람들이 독서를 통해 무언가를 배우고 얻는 것, 오늘 날의 우리에게 너무도 당연한 일들이 이 시기에 그 초기 형태를 보이기 시작하였습니다. 그 이전에는 상상할 수도 없던, 보통 사람들이 책을 통해 스스로 무언가를 배운다는, 이러한 개념이 사실 그렇게 오래된 개념이 아닙니다. 『에도의 독서열』에서 "경전여사와 같은 책이 생각하는 힘을 민중에게 부여하였고 그러한 근세적 지식의 형태가 바로 근대 지식의 기반이다."라고 한 것처럼, 독자로 하여금 생각하는 힘을 스스로 기를 수 있게 하고, '근대'라는 새로운 세상을 이끌어 가는 도정에서 이 『경전여사』와 같은 책들이 일정한 역할을 담당했던 것입니다. 『경전여사』는 일본 지식인의 세계에서 전해 내려오던 책들 곧 쇼모쓰와, 대중소설·만화 같은 책들 곧 소시가 중간에서 만남으로서 탄생한 것으로, 바로 이러한 책의 성격이 곧 에도의 문화를 축약하고 있습니다.

마무리

『에도의 독서열』의 핵심 주제는 일본의 근세에 서책을 통해 고급 지식이 보통 사람들에게 보급되고 그에 맞는 새로운 독자층이 출현한 현상입니다. '에도의 독자'에 대한 문제는 단순히 전통시대 일본 사회의 일면을 이해하는 것에서 끝나지 않습니다.

여기서 더 나아가, 동시기에 너무나 다른 풍경을 보였던 조선의 출판과 독서문화, 독자층을 이해하는 데 많은 시사점을 제공합니다. 그래서 이 책을 통해 '근대'라고 하는 새로운 시대를 맞이하는 과정에서 우리와 일본이 각기 전혀 다른 모습을 보였는지에 대한 답 또한 찾을 수 있으리라 기대합니다. 오늘 말씀 드린 여러 가지 개념들을 생각하시면서, 이 책을 꼭 한번 읽어보시기 바랍니다. 일본의 근세만이 아닌 우리의 조선후기와의 비교 대상으로서 좋은 자료가 될 것입니다.

동아시아 엑스포의 로컬리티

하 세 봉 (한국해양대학교 동아시아학과)

저는 처음에 한문학과 강의라고 해서, 엑스포는 한문학과는 거의 상관이 없는 그런 소재이고 해서, 강연에 적당하겠느냐고 그런 말씀을 드린 적이 있습니다. 저는 부산대에서 학부 석사 박사를 했습니다. 학부 석사를 할 때에 우리 과에 이재호 교수님이 계셨는데, 그 분이 한학의 대가셔서 학부에서 석사까지 한 10년 동안 한문을 배웠습니다.

그때는 그래도 한문을 꽤 좀 했고, 학부 졸업 논문으로 '송대 왕안석의 만언서'에 관한 글을 써서 학부 논문을 제출한 기억도 납니다. 그런데 박사과정에서 20세기로 올라오게 되면서 한문을 읽을 일이 거의 없게 되고, 소재도 전통적인 역사학에서 벗어나면서 더더욱 한문을 보게 될 일이 없게 되었습니다.

그래서 요즘은 한문에 대해서는 감각이 완전히 사라져버렸습니다. 근래 4–5년 동안에 해양사 공부를 하면서 글을 쓰려고 명나라 청나라 때의 항해관련 역사서를 읽으려 했는데, 지금은 완전히 까막눈이 되어버려서 한적을 읽을 수 없었습니다. 옛날같이 읽을 수 있으려면 반년 정도는 자전을 찾아보면서 문리 감각을 살리지 않으면 읽어내기가 불가능한 형편입니다.

'엑스포가 한문학과의 BK에 어떻게 도움이 될까?' 이런 고민을 했는데, 한문학과 BK사업 중에 하나로 로컬리티가 있습니다. 오늘 강연할 엑스포는 문자언어가 아니고 영상 시각언어 위주로 분석을 한 것입니다. 그래서 더구나 한문학과의 공부와는 상당히 멀겠지만, 엑스포라는 20세기 소재를 가지고 로컬리티에 어떻게 접근했는가? 하는 점에서 조금은 참고가 되지 않을까라는 생각이 들었습니다.

언어라고 하는 것이 반드시 문자언어이고, 또 문자언어를 통해서 팩트만을 추출하는 것이 전부는 아닐 것이라고 생각합니다. 펜데믹을 전후해서 우리시대가 지금 문명사적으로 큰 변화, 전환이 이루어지고 있다고 지적하는 경우가 많습니다. 나도 이런 생각에 동의하는 편입니다. 저는 이전부터 20세기적인 학문 즉 근대학문의 구성방식이나 내용 등은 뭔가 바뀌어야 하는 시대를 맞이하고 있다는 생각을 해왔습니다. 펜데믹을 지나면서 그런 변화가 좀 더 본격화 되는 것은 아닐까 그런 생각들을 하게 됩니다.

20세기적인 학문, 예를 들자면 문자나 텍스트는 단어와 의미가 1대 1로 대응되는 언어이지요. 언어학에서는 시니피앙 시니피에 등 어려운 말을 쓰고 있던데. '강아지'라고 할 때에 그 단어는 '강아지'라고 하는 하나의 의미만을 지칭하지요. 이런 것을 문자언어라고 한다면 그 문자언어는 1대1의 관계를 가지고 하나의 논리적 사고를 만들어 냅니다. 그런데 근래에 커뮤니케이션은 특히 영상 시각적인 도구에 많이 의지를 하지요. 지금 우리처럼 줌으로 접속을 한다든지, 또는 SNS를 통한 의사소통도 간단한 문자 이상으로 사진 동영상이 많이 사용되고 있습니다. 시각적인 언어라는 것은 상당히 다의성이고, 인코딩을 하는 측과 디코딩을 하는 측이 같을 수도 있고 다를 수도 있어서 매우 애매모호한, 그러면서도 커뮤니케이션이 되는 시대에 우리는 살고 있습니다. 그래서 학문이라는 것도 21세기적인으로 즉 직선적인 논리를 갖는 구조와는 달라져야 되지 않을까? 그럼에도 불구하고 우리는 20세기 학문의 틀에 계속 머물러 있는 것은 아닌가? 그런 생각이 듭니다.

20세기적인 학문에 대해서는 이전부터 국내외 학계에서 많이 이야기되고 있긴 한 것 같은데, 그 대안이 뭘까? 라는 점에서는, 많이 찾아보지는 않았습니다만, 아직 이야기가 없는 것 같습니다. 대안에 관하여 나도 구체적인 실마리는 없지만, 우선은 근대학문에 관한 문제 제기와 해체작업이 필요하겠지요. 20세기적인 학문방식에 문제는 없는가, 우리가 절대적으로 그리고 당연하게 여기는 논리구성 방식에 질문을 연달아 던지면 근대학문에 균열이 생기고 그럴 때 대안도 찾아낼 수 있지 않을까? 이런 생각도 드는데요. 그런 대안을 찾는 소재로서 문자적 텍스트가 아니라 시각 텍스트를 어떻게 이해하고 분석할까? 그런 것에 대한 실마리를 찾는 도구가 될 수 있지 않을까?

그런 점에서 여러분들이 전공하는 한문은 함축성 모호성 다의성이 있는데, 이런 것이 구미 언어와의 차이라고도 이야기를 하지요. 그런 점에서 영상언어는 문자 텍스트 가운데서도 한문적인 세계와 상당히 근접한 것이 아닐까? 근대언어는 동사, 명사, 형용사를 엄격히 구분합니다. 그런데 한문 글자 하나하나는 동사이자 명사이고 형용사인 경우도 많지요. 영상언어가 바로 이런 다의적인 성격을 갖지요. 그렇다면 영상언어를 통한 분석도 여러분들에게 조금은 참고가 될 수 있는 여지가 있지 않을까? 라는 기대를 합니다.

2019년에 제가 낸 책을 소재로 해서, 내가 엑스포를 통해서 로컬리티에 어떻게 접근하려고 했는가? 하는 점을 말씀드리고 싶습니다. 부산대 한국민족문화연구소에서 로컬리티 인문학을 계속 추진해왔지요. 저도 HK사업단을 디자인할 때 거기에 참석을 했다가, 사업이 확정이 된 그 무렵에 해양대학으로 도망을 쳤었지요. 그래서 로컬리티에 대한 애정도 있고 거기에 대한 미안함도 있어요. 로컬리티 인문학에서 나온 것들을 늘 관심 있게 체크한 것은 아니지만, 때때로 관련 있는 책들을 보기는 했어요. 번역서들은 너무 추상적인 이론서라서 제게 큰 도움이 되지 않았고, 영상 언어에 접근하는 데에도, 최근에 존 버거라든지 수잔 손택이라든지 등등의 외국 이론서적이 꽤 많지요. 그런 책들을 깊이 읽지는 않고, 다만 그런 글들을 통해 조금씩 힌트를 받아서 문제를 찾아내는 소재로써만 활용을 했습니다. 그런 이론서들을 깊이 읽지는 못했습니다.

역사학은 귀납적이지요. 먼저 이론을 세우고 그 이론에 걸맞는 팩트를 모아서 모델화시키는 것이 사회과학 또는 이론서의 서술방식이라면, 전통적인 역사학은 사실과 사실을 나열해서 그 사실들을 결론에서 묶어내는 방식입니다. 저는 요즘 역사학자라는 아이덴티티 보다는 인문학자라는 아이덴티티를 가지고 있습니다. 전통적인 역사학에서는 엑스포라든지 박물관 이런 것은 전혀 거리가 먼 소재이기 때문이지요. 그렇지만 역사학적인 방법에 길들여져 있다는 점에서는 제가 역사학을 벗어나지를 못했습니다. 동아시아 엑스포의 로컬리티도 사실과 사실을 통해서, 로컬리티를 부조시켜내는 방식이었다고 할 수 있습니다.

1. 엑스포와 근대성, 로컬리티

1900년 전후에서 20세기전반까지 세계에서 박람회는 근대성modernity의 거대한 호수였습니다. 진보와 발전, 기술과 과학, 국가와 민족, 국제와 세계, 전통과 민속, 지식과 정보, 도시와 대중, 엘리트와 계몽, 교육과 비전, 상품과 광고, 예술과 민속, 영상과 소비문화, 스포츠와 영상문화, 평화와 경쟁, 오락과 축제 등이 응축된 이벤트였지요. 진보와 발전에서 오락과 축제에 이르는 당대사회의 모든 것은 박람회로 와서 모이고, 박람회에서 모습을 바꾸고 사회전체로 확대되어 나갔습니다. 그래서 어떤 학자는 박람회는 올림픽과 디즈니랜드와 올스타전 그리고 갤러리의 결합체라고 규정하기도 하고, 혹은 교육과 오락의 기묘한 만남이라고 언급하기도 합니다. 혹은 그 거대한 스펙타클에서 소비의 궁전, 산업의 궁전, 혹은 산업유토피아의 祭典이 박람회라고 보기도 합니다.

오늘날에도 사회적 현상 가운데 박람회와 관련시켜 볼 수 있는 여지는 많습니다. 그러나 디지털시대의 오늘날 천문학적 돈을 쏟아부을 정도의 가치와 의미가 있는가 하는 회의도 일각에 존재합니다. 2025년 개최가 확정된 오사카 엑스포의 경우, 몇 년 전 개최지 확정 당시 일본 언론에서는 프랑스 파리가 유치를 포기한 것을 예로 들며 엑스포 유치는 후진국적 발상이라는 비판도 일각에서 제기되었습니다. 부산 엑스포 유치에 관하여 비판적인 목소리를 듣기는 어렵습니다. 몰락하는 부산을 살려야 한다는 대의명분에 딴지를 걸 수 없기 때문입니다. 바로 여기에 엑스포를 로컬리티의 관점에서 봐야 할 필요가 생깁니다. 20세기 후반 이후 동아시아에서 올림픽을 수도에서 먼저 열고 엑스포는 그 후 지방 제2도시에서 개최하는 것은 공식같이 되어 있습니다. 1988년 서울 올림픽 – 1993년 대전 엑스포, 2008년 베이징 올림픽–2010년 상하이 엑스포가 예이고, 현재 일본은 반복하고 있습니다. 1964년 도쿄 올림픽–1970년 오사카 萬博, 2020년 도쿄 올림픽–2025년 오사카 엑스포가 그것이지요.

저의 저서『동아시아 엑스포의 역사』^(산지니, 2019)는 엑스포에 대하여 국내외 연구서 가운데서 유일하게 로컬리티라는 관점을 중시했습니다. 목차를 보면 다음과 같습니다.

『동아시아 엑스포의 역사 – 메가 이벤트의 감성공학』

1부 시선의 근대와 이미지

1장 동아시아박람회에 나타났던 '근대'의 양상들
 1. '근대'의 모방과 번역 – 일본의 박람회
 2. '근대'의 재번역 – 중국의 박람회
 3. 번역한 '근대'의 복제 – 식민지의 박람회
 4. '구경꾼'의 탄생

4. 위험사회의 테크노피아
맺음말

결론: 감성공학으로서의 박람회

동아시아 박람회의 역사를 검토하면서 염두에 둔 사항은 다음의 몇 가지입니다. 첫째로는 시각언어의 분석입니다. 인쇄매체에 문자로 적힌 정보나 지식을 분석하는 것이 아닙니다. 시각언어는 문자언어 이상 못지않게 민족과 인종, 근대와 전통, 젠더와 섹슈얼리티, 국가권력과 개인 등 다양한 사회적 담론을 담고 있는 이미지입니다. 시각언어를 매개로 형성되는 시각문화에는 시대에 따른 지식의 유형과 권력의 전략, 거기에 대응하는 대중들의 욕망이 반영되어 있습니다.

둘째로 박람회의 파빌리온(pavilion: 가설 전시관)과 전시품, 사진, 포스터 등의 시각적 매체를 통하여 정보가 전달되고 이미지가 만들어집니다. 다만 시각매체는 문자언어와 달리 의미의 내포와 외연이 분명하지 않고 다의적이고 다중적입니다. 때문에 영상의 해석은 자칫하면 상당히 자의성을 내포할 수 있지요. 대안으로서 매스미디어의 기사를 사실을 전달해주는 기사로서가 아니라, 시각 매체를 어떻게 문자로 번역했는가, 그리고 그 때 그들의 감성이 어떻게 표출되는가 하는 점에 주의를 기울였습니다. 매스미디어의 기사는 사실의 전달이라는 형식으로서 박람회의 분위기를 떠들썩하게 연출하고 관람객들에게 전시관이나 전시품의 관념과 이미지를 만들어내는데, 동시에 그 속에는 감성이 배어 있습니다.

그리고 로컬리티를 통하여 동아시아라는 지역상을 그려내고자 했습니다. 박람회가 개최된 도시의 정치적 위상, 경제적 기반, 국제적 입지, 사회적 조건 등이 투영되어 로컬리티가 조각됩니다. 20세기 동아시아의 박람회에서 의도적으로 아시아를 말한 경우는 드물었지만, 박람회의 각 지역관을 하나하나 보면서 관람객의 뇌리에는 그것이 비교와 차이로서 묶어져 하나의 이미지로 맺히게 됩니다. 저서 가운데 로컬리티의 다의성 다중성을 잘 드러내는 부분만을 뽑아서 소개하도록 합니다. 이하 개조식 문장으로 제시하고 구두로 설명을 추가하겠습니다.

A. 오사카 박람회에서의 타이완

'타이완'인가 '중국'인가, '전통'인가 '야만'인가 ?

▲ 1903년 大阪에서 개최되었던 제5회 내국권업박람회內國勸業博覽會^{(이하 오사카 박람회}로 지칭한다)는 메이지 일본 최대의 박람회

－ 박람회장의 면적이나 출품 수 관람객 수 등에서 월등히 큰 규모+일본이 식민지를 갖는 제국으로 부상한 이후의 첫 박람회로, 식민지 타이완이 박람회에 본격적으로 등장.

▲ 臺灣館은 ㄴ자 형의 박람회부지에서 북동쪽의 외진 곳에 위치하였고, 타이완 총독부 출품 1909점, 일반인 출품 4076 점이 전시.

타이완관의 요리점 및 차점, 독경당과 루문, 원문

▲ 독경당
"남방 支那式", "순연히 지나풍支那風"^(『臺灣協會會報』)
동일잡지 동일기사의 한문란에는 "타이완", "타이완식"
－ 누가 보느냐, 읽느냐에 따라 유동적.
∼ 중국식 or 타이완식

▲ 내부 전시

타이완은 일본의 첫 식민지여서, 타이완관은 생산품 뿐 아니라 타이완의 풍속과
　전통을 중심으로 한 타이완의 실정 소개에 역점.

1) 총독부가 정성 쏟은 농공예품 등 발전상을 일본 미디어에서 희소한 언급에 타이
　완 거주 일본인은 탄식.

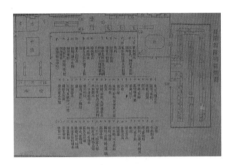

대만관 진열구획도

－ 타이완이 모국으로부터 애물단지로 취급받는 존재라는 타이완에 거주하는 일본
　인의 집단심리+타이완 총독부 관료가 가진 비중앙·비주류라는 멘탈리티
2) 각종 복장: 남녀의 통상예복, 혼례복장, 상복, 승려 도사의 복장, 노동자의 복장
　등
－ 인간 크기의 마네킹 인형이 인기
－ 비일상적 세계를 타이완의 현실로 바꾸어 보여준 일종의 문화의 번역

3) 아편, 전족, 변발 ~ 실물 대신 사진으로
－ 인류학자 이노우 카노리: 현실 그대로를 보여주고 치부로 간주해선 안 된다.
－ 총독부 등: 호기심만 충족시킬 뿐 타이완 이미지를 더욱 야만적으로 만들므로
　최소화
－ 타이완 거주 일본인: 오사카 박람회의 공업관에 "술의 출품은 상당히 많은데,
　우리 타이완인이 아편을 흡식하는 것같이 술은 내지인의 음료로서 막대한 생산

액에 달한다."

"혹자가 말하기를 '전족의 피해는 심하다. 그러나 일본 부인의 날이涅齒^(이 검물 들이기)와 서양부인의 브래지어도 역시 이와 유사하다. 왜 전족만 탓하는가?"

→ 타이완인 아편 = 일본인 술, 전족 = 일본 날이, 서양부인 브래지어로 등치시키는 해석

1910년대 이후에는 박람회에서 타이완의 전통 전시가 소멸
∵ 타이완이 중국을 나타내는 기호가 될 필요가 없어졌기 때문

동경권업박람회(1907년)의 대만관

B. 타이완에서 조형된 동아시아 지역상

1935년 10월 10일 타이완臺灣 박람회 개막식이 거행되었고, 폐막일까지 50일 동안 연 관람인원은 336만여 명. = 당시 타이완 인구 520여만 명의 절반

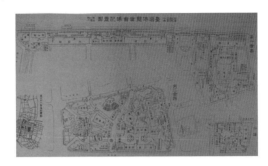
타이완 박람회 배치도

1) 도시 · 지역 이미지의 스테레오타입화

▲ 오사카와 도쿄가 산업중심지와 문화중심지로 대비: "동양 굴지의 상공업도시" 오사카와 "역시 대도쿄"의 "문화의 첨단"
▲ 교토관, 나라관 등은 일본전통 강조
▲ 조선관은 궁궐. 그것이 이미 조선의 상징으로 각인. 조선총독부가 각지의 박람회에 출전할 때 거의 예외 없이 조선관은 궁궐 양식으로 설계

– 타이완인이 조선에 대하여 알고 싶은 것과 조선총독부가 알리고 싶은 조선 간에는 거리
비교: "형제 사이" 일본식 교육화의 정도,
타이완 거주 일본인의 눈: 조선인은 게으르고 격정적이고 장사에 서툴고 허영심이 많으나, 타이완인은 근면하고 신중하고 장사에 능하고 유교적으로, 실로 타이완인은 "위대한 온량溫良한 백성" → 조선과의 비교는 타이완인을 추켜세우는 메커니즘으로도 작동

유일한 타이완인 신문『臺灣民報』– 지방자치의 문제를 조선과 비교하거나, 타이완과 조선에서 실시되는 미곡법米穀法의 관세정책을 비판하거나, 조선인의 독립운동에 관한 기사 수록.

"조선인은 완전히 3개 일간신문을 가지고 그들의 언론을 발휘하여 실로 선망"

2) "타이완 本位"

- 타이완 문인들의 한 잡지에 "일본의 남방에 위치하는 타이완의 문학자 제군은 먼저 도쿄의 문학을 경멸해야" 하고, "새로운 문학을 낳으려면 도쿄문학을 철저히 폭격해야" 한다고 역설 → 일본인과 타이완인이라는 민족적 차별에서 오는 자의식과 그로 인한 반감이 아니라, 근대문화의 발신지^{發信地}로서의 도쿄에 대하여 근대문화의 수신지^{受信地}로서 타이완이라는 로컬 의식
- 이러한 로컬 의식에 서면 도쿄문학은 "도쿄 시정부와 같이 타락"했고, "타면惰眠에 빠진" 도쿄문학을 벗어나기 위해서 "제군의 새로운 문학자들은 작은 도쿄문학에 추종할 것이 아니라 제군의 작품을 외국어로 써서 국제시장을 보고 전진해야"
- → 도쿄와 도쿄문학에 대한 상대화가 토착문학으로 회귀하는 것이 아니라, 도쿄를 넘어 국제화를 지향

- "우리 타이완"
  1903년 오사카 권업회 기사 속 '우리 타이완'이라는 용어 출현, 이후 신문이나 잡지기사에서 자주 등장 ――― 타이완 본토인이 사용하는 경우보다는 타이완 주재 일본인이 사용한 경우가 대부분.

  유사한 식민지 조선의 경우 '우리 조선'이라는 표기도 보이기는 하나 타이완의 경우와 비교해 볼 때 매우 드물다. '우리 타이완'이라는 용어는 타이완에 거주하는 일본인들의 집단 심리의 표출 = '내지內地'로부터 푸대접받는 타이완의 이미지
  타이완중심주의는 1930년대에는 '타이완 본위本位'로 확장

3) 타이완 오리엔탈리즘

남방관은 여타 박람회에서는 볼 수 없는 특징

타이완은 "제국의 남지 · 남양에 대한 거점"

"이국정서가 넘쳐나는 출품", "회장 전체에 넘치는 엑조틱exotic 한 정취", 혹은 "명실 공히 엑조틱한 존재"

샴(타이)관은 "라마의 사원건축을 연상시키게" 하고, 내부 전시에는 코브라 뱀, 강주변의 수상생활, 사원의 고탑, 궁전그림을 배경으로 남녀 무용수가 고대 춤, 코끼리가 목재를 운반하는 광경 등을 벽화로 걸었다. 이러한 전시에 대하여 잡지와 신문에서는 "금金과 주朱와 백白의 순란한 색채의 배합이고, 불교국 샴의 괴기적인 조각으로 장식하여", "내용과 외관 모두 샴의 색과 향이 배어 있다"
  → 이국적 = 후진적

4) 모형의 동아시아

타이완 박람회에서는 제국 일본의 대리자이자 타이완이라는 지역의 대표자이기도 했던 박람회 주최자 타이완 총독부의 시선에 더하여 도쿄나 오사카의 시선, 교토나 나라奈良의 시선, 조선총독부와 만주당국 등 전시 참가 측의 시선, 그리고 그것을 보는 타이완 본도인本島人과 타이완 주재 일본인 혹은 총독부측의 시선이 교차되며 아시아가 인각.

박람회 속의 지역은 제국의 일원임을 당연한 전제로 하나, 개성과 차별성의 표현인 지역 특설관에서는 정치적 의미보다는 경제적 의미가 점차 중요해지면서 지역 혹은 지방주의의 맹아가 발현. 지역 혹은 지방주의의 맹아는 타이완의 입장에서 각 지역과의 정치적, 경제적 거리를 측정하거나 중앙에 대한 불만과 반감의 표현으로 등장.

전시에 참가하는 측에서도 마찬가지로 정치적, 경제적 거리의 측정으로 자신을 타이완 박람회에서 표현. 경제적 거리는 제국이나 국민국가의 경계를 넘어서기도 했는데, '지나支那'도 '중화민국中華民國'도 아닌 '푸젠관福建館'이 대표적인 사례.

지역 복합으로서의 동아시아는 타이완 박람회에서 현실태로서의 모형^(동아시아)에 지향태로서의 모형^(동남아시아)이 더해진 점, 그것이 타이완에서 그려진 동아시아의 특징.

C. 조선박람회에서 보따리 구경꾼

▲ 조선 박람회⁽¹⁹²⁹⁾
- 1929년 조선총독부의 주최로 경복궁에서 조선 박람회가 열렸는데, 150만 명에 육박하는 인원이 입장
- 조선박람회의 특징은 지방 특설관을 다수 개설. 타이완관, 도쿄관, 오사카관 등의 특설관과 더불어, 경기도관^(315평), 전라남도관^(207평), 함경남도관^(174평), 평안남도관^(124평), 전라북도관^(122평) 등 전국의 각도가 특설관을 설립
- 각도 지방특설관의 전시품은 "출품물을 본 즉, 각도 각관이 하등 특색이 없고 대개는 동일 물품뿐이었다."고 하는 관람기로 미루어, 당시 전국의 각도의 산업발전이 개별적인 특성을 드러낼 정도에 이르지 않았음을 시사.

▲ 서울 구경:
- 지방 특설관과 관련하여 흥미로운 점은 조선박람회 무렵 시골과 경성이 대비되어 묘사되는 경우가 많았고, 여기에 "보따리 구경꾼"이 등장
- 시골의 관람객들은 박람회의 구경과 더불어 서울구경도 상경하는 목적의 하나

"전후에서 붕붕때때하는 자동차, 전차 소리에 넋을 잃고 입을 아− 벌리고 눈을 둥 그렇게 뜨고는 자꾸 사방을 휘둘러보기는 하나 어쩔지 모르는 초조한 빛들이다. 더구나 우습고도 위험 막심한 것은 그 분들의 전찻길 횡단광경이다. 저기서 오는 전차나 자동차를 잘 살피지 아니하고 막 건너려할 때, 쑥 닥치면 기겁을 하고 뒤로 물러서는 꼴이며 몇십 명이 꼬리를 물고 건너다가 저−편 선로를 향하는 전차가 땡땡하는 소리를 내면 공연히 겁들을 내고 마치 시골냇물에 돌다리^(石橋) 건너던 모양으로 성큼성큼 뛰는 양, 주루루룩 달아나는 양, 질팡갈팡으로 넘어지는 양 별별 희비극을 다 연출한다."

– 시골사람의 문화적 충격: 기차를 본 적도 없었던 시골 사람들은 박람회 구경을 계기로 처음으로 기차를 타고 서울에 오면서 신문물을 접하게 된다. 서울에 와서는 전차, 자동차 등을 목격하고는 당황스러운 충격

– 충격은 미지의 것에 대한 경계심과 공포감을 조성.
"순식간에 절도를 당하고 친절한 듯한 얼굴로 흉악한 유혹을 하는 수가 허다"「조선박람회안내」

"서울의 밤은 음침한 등불, 오색의 환영, 혈관血管에 짐 나는 소리, 달콤한 이야기, 어리석은 수작, 철과 육內의 환희"에 빠지고 그것은 "최대의 문명과 최대 야만의 광적인 악수"

▲ 확연히 구분되는 시골사람과 서울사람의 경계:
시골에서 구경 온 친구는 "그러기에 시골사람이란 말을 듣지 않소." 하고 자탄 그만 구경하고 나가자는 서울 사람의 성화에도 불구하고 조금이라도 더 보고 가려는 자신을 "시골사람이니 하는 수 있습니까."라며 자조

▲ 박람회를 계기로 증폭된 서울과 시골의 대비는 광고에도 반영 아지노모도의 광고의 도안 속에 "서울음식 시골손님: 서울음식은 무슨 수단이 있는지 힘도 별로 들이지 않고 맛은 훌륭하요 답: 아지노모도를 이용하는 까닭이지요"라는 문안

▲ 모던보이로 대표되는 서울의 진보적 지식인이 박람회를 보는 시선에 민족주의와 함께 소비대중에 대한 폄하가 동시에 포함되어 있었고, 소비대중에 대한 폄하는 시골사람에 투사될 때 한층 노골적

"박람회라는 일부 도회지 상공계급 또는 여유가 있는 계급의 장난감에 불과한 박람회, 그것을 만들어 놓기 위하여 무조건으로 희생당한데 불과한" 존재인 박람회 관람객

"싀골양반들 더퍼놓고 경성 구경을 놓아하였다. ……저 봇다리를 지고들 올나와서는 뜻한 바 경성 구경", "모든 사물에 대하야 이해할 만한 예비지식이 없고, 관찰능력이 부족한 농민들의 박람회 관람"
~ 서울 지식인으로서의 우월감

▲ 양가 감정
노정의 시 '봇타리 타령'
"서울구경 조타는데 박람회까지 열린단다/ …… 기차타고 붕붕차에/ 며칠동안 다 녔더니/ 허어이것 큰일낫다/ 이봇다리 털렸고나/ 이빗저빗 어이할고/어든돈도 다 까먹고/ 추석추석 흔들면서/ 내려가는 이봇다리"
~ 박람회 탓에 일시에 밀려든 보따리 구경꾼은 서울의 모던보이 지식인에게 우월감과 동시에 연민의 감정을 갖게 만드는 존재

~ 서울에 사는 주민만이 인지하는 처절한 생존경쟁의 법칙, 그리고 범죄와 유혹의 소굴이라는 서울의 내면과 화려하고 번화한 서울의 외면에 대한 모순된 양가감정은 서울 지식인과 시골사람이 합작하여 만들어진 서울이자 그 서울은 시골을 비추는 거울

3부

로컬지식학

로컬리티 연구의 쟁점들

문 재 원 (부산대학교 한국민족문화연구소)

안녕하세요. 오늘 강연을 맡은 문재원입니다. 오늘 제가 이 자리에서 말씀드릴 주제는 "로컬리티(locality)"입니다. 저는 한국현대문학을 전공했고, 이후 문화연구에 관심을 갖고 연구영역을 확장시키고 있습니다. 이는 개인적인 문제라기보다 현대 문학연구의 방향성과도 연결되어 있어요. 그런데 로컬리티라는 개념은 사회과학, 특히 지리학에서 연구되었던 주제입니다. 그럼에도 제가 이 강연을 맡게 된 것은 2007년부터 2017년까지 10년 동안 "로컬리티의인문학" 연구프로젝트에 참여했던 이력 때문일 것 같습니다. 물론, 이 연구에 참여하면서 텍스트 연구 중심에서 문화연구로 확장했고, 문학연구와 로컬리티 연구를 어떻게 접목시킬 것인가 고민은 누구보다 많았습니다. 이제 인문학 영역에서도 낯설지 않은 로컬리티는 2000년 초반만 해도 굉장히 낯선 용어였습니다.

오늘 이 자리는 로컬리티 연구를 진행하면서 가장 많은 쟁점이 되었던 개념, 범주, 방법론 등을 중심으로 이야기를 진행하겠습니다. 물론 여전히 고민 중인 문제이고, 이 고민을 여러분들과 함께 나누면서, 다시 나아가고자 하는 바람입니다.

오늘 제가 말하고자 하는 내용은 아래의 네 가지입니다.

1. 로컬리티 인문학의 출발
2. 로컬리티 연구를 위한 개념적 정초
3. 지역연구와 지역의 눈
4. 한국문학연구와 로컬리티연구

1. 로컬리티 인문학의 출발

1.1 "로컬리티의 인문학"

먼저 '로컬리티의 인문학'이라는 것이 어떻게 출발되었는가? 그 배경에 대해서 이야기를 할까 합니다. 사실, 인문학 영역에서 로컬리티라는 개념이 활성화된 데에는 부산대학교 로컬리티의인문학 연구단의 연구성과를 주목해 볼 수 있습니다. 부산대학교 한국민족문화연구소는 '로컬리티의인문학'이라는 아젠다로 2007년부터 인문한국사업을 진행하였습니다. 연구를 시작하면서 다음과 같은 문제설정을 했습니다. 1) 왜 로컬리티에 주목했는가 2) 로컬리티 연구는 무엇을 지향하는가 3) 무엇을 연구할 것인가 4) 어떻게 연구할 것인가 5) 사회적 요구에 부응할 수 있는가. 특히 궁극적으로 로컬리티학$^{(localitology)}$ 수립을 목표하면서, 이론과 실천을 종합하고자 하는 의지를 피력했습니다. 이러한 논의진행 과정에서 연구의 방향성과 이에 따른 연구대상의 범주와 연구방법론을 잡아내는 것이 가장 큰 고민이었습니다.

RISS에서 '로컬리티'를 검색해보세요. 어느 시점부터 '로컬리티'라고 하는 것이 인문학의 영역으로 들어오기 시작하는지 보면, 2000년 초반 일제 강점기 문학연구에서 '로컬−조선−향토'를 연결하는 연구가 아주 조금 보이다가, 2007년, 2008년 즈음되어서 인문학 영역에서 '로컬' '로컬리티'라고 하는 키워드들이 발견됩니다. 2008년부터 2017년도까지 인문학 분야에서 로컬리티 연구가 아주 급증한 것을 볼 수 있습니다. 서두에서 말씀드린 '로컬리티의인문학' 연구단의 연구성과 확산, 공유와 무관하지 않다고 보입니다.

기존의 사회과학에서 연구되어 온 로컬리티 연구와의 차이를 생산하고, 이를 통해 독자적 학문영역으로서의 '로컬리티$^{(인문)}$학'을 수립해야 했는데, 로컬리티 인문학은 기본적으로 아무것도 없는 장소나 지역에 대한 연구가 아니라 인간과 삶에 대한 근원적인 성찰을 바탕으로 한다는 점을 강조했습니다. 이것을 기본 근거로 해서 로컬리티를 하나의 인문학의 새로운 연구방법론으로 삼겠다고 출발을 한 것이지요. 로컬리티의 인문학 아젠다의 출발점은 다음과 같습니다.

"로컬리티의인문학"은 인간에 대한 물음에서 출발한다. 우리는 인간 존재에 대한 끊임없는 질문들이 놓여 있는 곳을 로컬로 포착했다. 다양한 질감의 흔적과 주름들이 엉켜 시간과 장소들을 의미화시켜 나가는 로컬의 주체로서 인간을 생각한다. 이러한 인간의 가치와 권리가 로컬의 역동적 로컬리티를 형성하는 근원이라는 점에 착목하여, 인문학적 담론으로 로컬리티를 구성하고자 한다. 우리는 지금, 여기의 구체적 당사자성에서 출발한 로컬의 개별적 사실들의 근원적 본질과 내재적 가치를 탐색함으로 구체와 추상, 개별과 보편을 아우르는 로컬리티 연구를 진행할 것이다. 그리하여 현실문제에 대한 인문학적인 성찰과 대안을 제시하고 기존 인문학의 한계를 극복할 가능성을 탐색한다.[1]

　인용문을 보면, 로컬리티의 인문학은 '인간의 다양한 가치와 권리'가 '역동적 로컬리티를 형성하는 근원'이라는 점을 주목하면서, 기존의 분과학문에서 이미 통용되고 있는 현행적인 사회−공간으로서 컬리티를 뛰어넘는 문제의식을 담고 있음을 알 수 있습니다. 또한 '현실 문제에 대한 인문학적인 성찰'을 통해 '대안을 제시'함으로 상아탑 인문학의 경계에 대한 균열작업도 동시에 병행하겠다는 의지를 비치고 있지요. 생성을 모색하는 관점에서, 지속적으로 삶의 가치와 인간다움의 의미, 존재의 가치와 의미를 묻는 일이 인문학적 수행영역입니다.[2] 그러니까 현행적인 것과 잠재적인 것의 역학을 주목하면서 로컬리티의 문제를 성찰할 때, 로컬리티인문학의 자리는 마련됩니다.

　그럼에도 불구하고 로컬리티에 대한 명확한 개념은 단정지어지지 않는데, 그것은 아마 로컬, 로털리티의 속성 자체가 하나로 말해질 수 없는 복합적이고 다층적인 의미망을 지니기 때문일 것입니다. 오늘 이 자리는 "로컬리티가 무엇이다"라는 단정의 형식이 아닌, 로컬리티 개념에 다다르는 고민의 여정과 방법론을 함께 나누는 자리가 될 것 같습니다.

1.2 로컬리티연구의 담론적 전회

　지역연구(area studies), 로컬리티 연구(locality study), 등 사회과학 영역에서 낯설지 않은 '로컬

---

1) 부산대학교 한국민족문화연구소 편, 『로컬리티, 인문학의 새로운 지평』, 혜안, 2009, 5쪽
2) 박영균, 「로컬리티와 인문학의 만남」, 『대동철학』 53, 대동철학회, 2010, 372쪽

리티(locality)'를 인문학 영역으로 가지고 왔는데, 그럼 이것이 사회과학에서 이야기 하는, 지리학에서 이야기 하는 로컬리티 연구와는 뭔가 좀 달라야 되지 않느냐 하는 것이지요. 이런 점에서 고민이 많았지요.

로컬리티(연구)와 인문학의 교섭과정을 통한 의미의 새로운 형식으로 드러난 로컬리티의 인문학은 단순히 기존의 가치와 대립하는 내용이나 적대적 전통들 사이의 분쟁을 단순히 재현할 수 없었습니다. 왜냐하면 지식의 지반을 옮기거나 진지전을 수행할 수 있는 능력은 단지 개념들을 반박하고 대체하는 것에만 매달려 있는 것이 아니기 때문이지요.

그래서 담론적 변형을 요구받은 로컬리티의 인문학은 다의적으로 사용되고 있는 로컬, 로컬리티의 개념을 보다 정교하게 정의하고, 이와 관련된 다양한 하위개념을 개발하여야 하고, 나아가 로컬의 다양한 양상을 설명하고 로컬의 새로운 가치를 확인하는 보편적인 논리 틀을 도출해야 한다는 과제를 안고 있었습니다.

담론적 전회, 로컬에 대한 안팎의 시선적 차이를 예로 한번 이야기 해 보죠.

우리 한국 사회를 예로 들자면 서울은 중심이고 부산은 주변, 변두리지요. 중심/주변, 서울/부산이라는 이분법에 반기를 들고 부산이라는 공간이 얼마나 많은 가치를 가지고 있고, 얼마나 많은 역사와 무늬들이 새겨져 있는 곳인가? 하는 점을 우리가 밝혀내어서 부산을 당당한 하나의 공간으로 만들고자 하는 것이지요. 주변부로 밀려났던, 구석진 자리로, 저 바깥으로 밀려났던 자리에서 이제는 주체의 자리로 탈바꿈시켜내겠다는 것이지요.

여러분, 한자로 '인문'을 보면 문자가 '무늬 문(紋)'자이지요. 우리가 지금은 '글월 문'으로 쓰지만 그 어원을 찾으면 '무늬'지요. '사람의 무늬' 이것이 '인문'이지요. 어떤 사람이 말도 안 되는 소리를 할 때 '터무니없다.'라고 하지요. '터'는 장소지요. 그리고 '무늬'. 장소의 무늬라는 말이지요. 지리학에서는 '터'에 초점을 두었다면 인문학의 로컬리티는 이 터에 살면서 만들어 놓은 문화, 이 터의 사람들, 무늬 이런 것들을 보는 것이지요.

이처럼 묻혀 있었던, 들어주지 않았던, 배제되어 있었던 자료들을 찾아내서 다시 재정리해서 이것이 바로 이 지역의 시간이고 이 지역의 경험이고 이 지역의 의미라고 밝혀내는 것이지요. 그것이 바로 "타자의 자리에서 주체의 자리로 전환하기 위한 담론적 실천"이라는 것이지요. 이것이 바로 '담론적 전회'입니다. 우리가 로컬리티 문학에서 궁극적으로 추구하는 것은 바로 이것이지요. 그동안 철저하게 배제되어 있었던 지역의 이야기들을 우리가 다시 끄집어내어서 제자리를 찾아주는 것이지요. 이런 과정을 주체화–탈주체화–재주체화의 과정으로 설명할 수 있습니다.

로컬리티 연구는 물리적 경계뿐만 아니라 인식 경계영역을 포함하는데 이것은 공간 경계에 의해 구획되고 포섭되고 배제된 로컬 공간에서 타자성, 소수성, 혼종성 등의 문제를 주목하도록 합니다. 또한 이 개념(이론)들과 로컬리티 연구 간의 담론적 유비성에 근거한 전유가능성의 문제로 확장되기도 합니다. 그래서 인식 경계를 포함하는 로컬리티의 개념은 기존의 사회과학이나 지역학에서 사용되는 로컬리티의 개념 정의보다 확장된 의미입니다.(사회과학영역에서 다르게 말할 수도 있습니다) 이런 부분들이 메타이론으로서의 로컬리티 연구와도 상통합니다.

우리가 '로컬리티의 인문학'이라는 아젠다를 내세웠고, 인문학 영역으로 소환된 로컬리티 연구는 무엇보다 거시적 구조 안에서 계서화되거나, 동일화되면서 왜곡되거나 배제되었던 로컬(리티)의 가치를 탐문하고, 로컬리티의 역동성을 발견할 수 있는 자리가 됩니다. 이때 비판적 로컬리티 연구는 기존의 거시적 구조가 안착되는 수동적인 장소로서 로컬(리티)의 위치성에 대한 문제를 제기하고, 새로운 담론적 배치로 로컬리티를 이동시켜 내는 작업과 연결됩니다. 이러한 지점이 담론적 전회로 설명될 수 있지 않을까 합니다.

1.3. 현상으로서 로컬리티(Locality)의 부상

전지구화가 가속화될수록 로컬, 로컬문화, 로컬리티 등은 정치, 사회, 문화 전반적인 영역에서 활발하게 소비되는 기호로 등장했습니다. 1990년대 이후 '글로벌', '지구촌' '세계화' 등등의 용어들이 빈번해 지면서 로컬, 로컬리티도 부상하게 됩니다. 글로벌/로컬의 이분법적 관계에서 로컬(로컬리티)의 부상은 고무적인 일이었습니다. 가령, 크고, 중심적이고, 힘 센 것만 부각되었는데, 그래서 모두를 하나의 커다란 하나의 원으로 만들려고 했는데, 거기에 포함되지 않는 독자적이고 작은 것들이 하나씩 부상한다는 것은 반가운 일이지요.(물론 반가워하지 않는 쪽도 있습니다. 가령, 커다란 집을 지어 모두 다 가지고자 하는 욕심 많은 사람들 같은) 이렇게 되면 이 세계가 얼마나 많은 다양한 공간(사람)이 있는지, 다양성과 특이성들이 인정되는 세상이 되거든요.

그런데 로컬^(로컬리티)의 부상을 이렇게 순수하게 볼 수는 없습니다. 세계 질서는 그 이면에 작동하는 정치-경제적 힘의 논리에 의해 움직이니까요. 그래서 아리프 딜릭은 지구화 안에서 새롭게 부상하는 로컬리티에 대해 '해방과 조작[3]'이 가능한 이중성의 공간으로 바라봤습니다. 해방의 측면은 근대국민국가의 반성기제와 맞물려 자율적이고 역동적인 로컬리티의 가능성이고, 조작의 측면은 세계화의 흐름에 무방비하게 노출되어 자본 흐름의 논리에 흡수당할 수 있는 공간을 지적한 것이지요.

특히 조작의 측면에서 다시 살펴보면, 지역이 세계의 새로운 단위로 등장했지만, 세계화가 또 다른 규범과 종속적 관계들을 만들어내면서 로컬리티를 위협하고 있다는 것입니다. 지리학자 하비^(D. Harvey)도 이와 유사한 점을 지적하고 있습니다. 공간적 장벽의 중요성이 줄어들수록 공간 내 장소의 다양화에 대한 자본의 민감성은 더욱 커지고 자본을 위해 매력적인 방식으로 차별화된 장소가 가져오는 인센티브는 더욱 커진다는 것이지요.

가령, "가장 지역적인 것이 가장 세계적이다."라는 말이 있습니다. 부산에 와야만 먹을 수 있는 것, 부산에 와야만 볼 수 있는 것, 이것이 가장 최고의 관광 상품이 됩니다. 내가 부산에 오지 않아도 먹을 수 있고 부산에 오지 않아도 다 되는 것들은 별 필요가 없는데, 여기 와야만 되기 때문에 여기 오는 것이고 여기 와야만 볼 수 있기 때문에 여기 오는 것이지요.

각 지역의 독특한 풍경들, 이러한 것들이 오히려 전 세계를 관통하는 자본의 흐름에 맞춰서 거기에 맞는 상품이 된다는 것입니다. 이렇게 상품으로 전시가 되는 순간, 여기 이곳에 오랫동안 있었던 삶에 누적된 시간과 공간과 삶의 무늬들은 오히려 박탈당하게 되기도 하지요. 전지구화가 가속될수록 각 지역들이 부각되는 것은 좋은데, 이것이 한편으로는 보이지 않는 커다란 자본의 손이 이 지역들을 동일성의 공간으로 포섭하려는 은폐된 의도가 숨어 있을 수 있다는 점입니다. 이러한 과정 안에 딜릭이 말하는 해방과 조작이 이중적인 지점이 상충하고 있습니다.

다시 말하자면, 이러한 지점은 신자유주의적 경쟁 안에서 무차별적으로 포섭된 로

---

3) A. Dirlik(1996), "The Global in the Local", R. Wilson & W. Dissanayake eds.), Global/Local: Culture Production and the Transnational Imaginary, Durham: Duke Uni. press, pp.31~42.

컬리티의 현재를 적확하게 드러내고 있습니다. 왜냐하면 신자유주의 글로벌 체제 안으로 포섭된 로컬리티는 서구 중심의 전통적이고 근대적 균질화가 더욱 가속화되는 현장을 드러내는가 하면, 종족적이고 문화적인 파편화가 진행되고 있음을 확인시켜 주기도 하거든요. 그래서 오늘날 로컬리티는 국가/로컬, 세계/로컬의 이분법적 질서로부터 벗어나려는 움직임을 보이지만, 한편으로 유연화된 글로벌 체제의 그물에 종속되어 오히려 글로벌 자본주의를 더욱 강화시키는 도구로 전락할 위험에서 자유롭지 못하다는 점을 예의 주시하게 합니다.

그러므로 로컬에 대한 호명의 빈도가 높아졌다고 마냥 좋아할 문제가 아니고, 어떤 맥락에서, 누가 로컬리티를 이야기를 하고 있는지 잘 살펴야 합니다.

2. 로컬리티 연구를 위한 개념적 정초

이제 두 번째 장으로 넘어가겠습니다. 로컬, 로컬리티 개념에 대한 탐문의 장입니다.

로컬, 로컬리티는 지방, 지역, 지방성, 지역성 등으로 사용되고 있었고, 현재도 진행 중입니다. 그럼에도 불구하고 '로컬'이라고 명명하는 이유가 있습니다. 일반적으로 지방이라는 말을 많이 씁니다.

지방과 중앙은 수직적으로 위계화 되어 있다는 것이 문제지요. 우리 근대성 안에 이미 '지방'은 '서울'이나 '중심'에 비해서 하위 개념이 들어 있었던 것이지요. 위계질서가 이미 내포되어 있었다는 것입니다. 그래서 '지방'이라는 용어를 쓰기에는 한계가 있다고 생각했습니다.

'그럼, 지역이라고 하면 될 것 아닌가?'라고 할 수도 있지요. '지역'은 나름대로 '지방'과는 다르게 수평적인 의미도 가지고 있습니다. 왜냐하면 엄밀히 말하면 서울도 '지역'이지요. 대한민국의 한 '지역'입니다. 그런데 우리가 '지역'이라는 용어를 썼을 때 문제는 우리가 '아시아 지역 등 권역을 포함하기에 그 범위가 너무 확장된다는 것입니다. region이라든지 area처럼 범위가 너무 확장이 된다는 것이지요. 그렇다면 유럽의 여러 나라를 묶은 '유럽연대' 같은 것도 하나의 지역으로 볼 수 있거든요. 그렇기 때문에 '지역'이라고 명명하기에는 뭔가 애매한 점이 있다고 생각했습니다.

그래서 괜히 번역하려고 하지 말고 있는 그대로 'local'이라고 하자. 이렇게 결정을 한 것이지요. '로컬'이란 용어에서는 '지방'이나 '지역'이라는 의미를 다 담고 있지만 뭔가 '수평적인 개념으로서의 지역'이라는 의미를 최대한 살리고자 합니다. 기존에 사용하고 있던 용어를 쓰려고 하니까 기존에 쓰고 있던 용어에 함의되어 있는 의미가 너무나 굳어져서 위계적 질서에서 벗어난 가치를 주목하는 로컬리티의 의미가 희석되거나 오해를 줄 수가 있다고 생각했습니다. '지역'이 가지고 있는 역동적 힘들을 발굴해서 그것을 통해 '지역'의 사회적 위치를 바꾸고자하는 의도를 가지고 있기 때문에 우리는 '로컬'이라 부르자고 결정했습니다. 하나의 명명전략이지요.

2.1 로컬^(local)

로컬리티 연구의 1차 대상은 로컬입니다. 로컬리티 연구는 로컬에 대한 연구입니다. 가장 먼저, 장소의 의미^(locus)를 근간으로 하면서 다양한 사회적 의미망까지 아우르는 로컬을 어떻게 규정할까가 일차적 논점이 됩니다. 공간의 경계를 중앙/지방, 인식의 경계를 주체/타자의 이분법적 관계로 파악함으로써 다양한 크기, 층위, 권력관계의 다층적이고 중첩적인 면들을 놓치게 되고 로컬리티의 범주를 협소하게 할 수 있습니다.

로컬 단위나 크기는 고정된 것이 아니라 관계적 맥락에 따라 유동적으로 결정된다는 점에서 '인간이 근원성이 발현되는 곳'에서부터 다양한 '정치적 문맥들이 수행되는 갈등과 협상의 장'이라는 의미론적 해석과 몸, 가정, 마을, 도시, 국가-지방, 지역, 글로벌-로컬 등의 다양한 규모^(스케일)가 제시됩니다. 이러한 규모들을 선택할 때, 유의할 것은 특정한 규모 그 자체가 아니라, 그것이 상이한 규모 상에서 존재하는 사회적 관계 및 세력들 간의 사회, 문화, 정치적 상호작용 속에서 구성된다는 사실에 주목해야 한다는 점이며, 이때 공간물신론^(spatial fetishism)을 경계할 수 있습니다.

이런 점에서 특정 행정지역 경계를 전적으로 차용하고 있는 로컬 연구는 재고의 여지가 있습니다. 왜냐하면, 로컬 단위 문제는 로컬리티의 작동이나 배치에 따라 얼마든지 상대화될 수 있기 때문에 단위설정의 범위는 유동적입니다. 즉, 로컬이 어떤 관계적 상황 속에 놓이는가에 따라 가변적으로 사용될 수 있다는 말입니다. 이런 규모는 특정하게 고정되어 있지 않고, 내가 어떤 관점에서 볼 것이냐, 어느 위치에서 볼 것이냐, 무엇을 볼 것이냐 등등에 따라서 공간의 규모는 바뀐다는 겁니다. 그러므로 로컬은 안팎으로 여러 층위, 지점의 관계를 형성하면서 보다 복잡한 층위에서 경합하고 작동함으로써 구성되는 가변적이고 관계적인 공간입니다.

지금 여기의 로컬은 국가나 자본에 의해 구획되는 이분법적 경계를 넘어 다중스케일(multi-scale)"의 네트워크"에 의해 재조정되고 있습니다. 그러므로 로컬리티에 대한 다중스케일적 접근은 특정 스케일이 다른 스케일에 비해 선험적으로 우세한 것이 아니라, 기왕의 위계관계를 가로지르며 작동함을 주시할 것을 요구합니다. 이러한 관점은 폄훼되어 왔던 로컬의 가치를 회복함으로써 국가–자본 주도의 관점을 교정하고 로컬의 가치를 회복함으로써 로컬의 다양한 주체들이 관계 맺는 양상에 주목하려는 태도라고 볼 수 있습니다.

로컬에 대한 이러한 관점은 특정 장소에 자체에 의존하는 국지적 장소의 관점을 넘어서고, 국가–자본 주도로 억압적인 공간을 구현해 온 근대적 공간에 대한 대안적 접근이 될 수 있습니다. 다중스케일을 인용하며 다양한 위치성을 확보하고 있는 공간–관계적 접근은, 안이 밖이 되고, 자아와 타자의 경계가 흐려지며, 주변에서 중심의 전복을 상상하며 하나의 평면에서 반듯하게 구획되는 것이 아닌, 주름 잡히고 역설적인 정체성들 간의 협상을 통해 주체가 구성됨을 주장하는 로컬리티의 생성적(becoming) 측면과 상통하는 면이 있습니다.

2.2 로컬리티(locality)

로컬이 지닌 가치 또는 속성을 의미하는 로컬리티란 무엇일까요? 범박하게 로컬리티는 "삶의 터로서의 로컬(공간)과 거기에 살고 있는 사람들이 역사적 경험(시간)을 통해 만들어가는 다양한 관계성의 총체이며, 이는 매우 유동적이고 중층적이며, 권력적이고 가치지향적인 것"으로 정리할 수 있습니다.

그렇다면 로컬리티의 구성요소들은 무엇인가. 로컬리티의 구성요소를 무엇으로 볼 것인가에 대해서는 다소 논란의 여지가 있을 수 있지만, 일반적으로 기후, 지리적 여건 등의 자연 환경적 요소와 특정지역에 살고 있는 사람들의 기질, 공유된 역사적 경험이나 기억에 근거한 공통인식, 의사소통의 수단으로서의 언어 등의 인문적 요소, 그리고 사람들의 사회적 관계나 생활방식의 반영으로서의 제도 등을 들 수 있습니다.

로컬리티는 다양한 구성요소들의 상호작용에 의해 형성되며, 이렇게 형성된 로컬리티는 특정의 로컬리티를 다른 로컬리티와 구분하는 의미를 지닌 동시에, 내부적으로는 다시 각 구성요소들의 존재 및 상호작용의 방식에 영향을 미칩니다.

　로컬리티 개념에 접근하면서 가장 큰 쟁점은 로컬리티의 형상을 그리기 위해 접근한 로컬리티의 속성을 통한 유형화작업이었습니다. 로컬리티의 구성요소가 다양한 만큼, 로컬리티에 내재되거나 발현된 속성 또한 매우 복합적이고 중층적입니다. 이러한 로컬리티의 형상 국면에 따라, 1) 기층적 / 2) 위계적 / 3) 추상적이라는 프레임으로 설명하기도 했는데, 이에 대한 개념적 조작은 다음과 같습니다. 1) 로컬리티가 가지는 가장 기본적인 구성요소인 장소^(생)과 연결 짓고 고유성을 강조하는 기층성에 중점을 두는 관점 2) 근대성이 만들어낸 공간지배적 논리와 이데올로기에 대한 반발과 반성을 전제로 하여, '로컬을 국가나 중앙의 통제장치에 철저히 복속시키는 시스템의 형태에서 발현되는 것으로 파악하며 위계성에 중점을 두는 관점 3) 물리적 공간의 문제가 아니라, 다원성 소수성, 타자성 등의 포스트모던적 가치에 중점 등 각각의 형상과 – 인식적 국면이 만나면서 개념화하고자 하는 관점이 이에 해당됩니다.[4]

　위의 유형화는 다소 형용모순의 측면을 드러내지만, '특정 국면'에서 드러나는 로컬리티의 한 형상으로 볼 수 있습니다. 특히 운동성^(역동성)이라는 측면에서 고찰할 때 이 세 부분은 별도의 것이 아니라 함께 작동되는 것입니다. 다만, 수행의 과정에서 일정 국면을 단면화해서 보겠다는 전제를 바탕으로 합니다.

　특히 이 세항 중에서 논란이 되었던 부분은 '위계적/기층적'은 로컬리티가 드러나는 국면, 형상의 국면입니다. 이 둘은 어떻게 보면 짝패^(동질화와 차이)의 성격을 갖습니다. 고유성을 찾아내어 차이를 만들어 가려고 하고,^(기층적 로컬리티) 한편에서는 이 차이를 제도화시키며 만들어내는 등가성의 원리가^(위계적 로컬리티) 상호작용하면서 끊임없이 운동하는 것이 로컬리티입니다. 그런데 이 둘의 관계를 설정하는 과정에서 비대칭적 구조가 발생하는데, 일반적으로 기층적 로컬리티에 더 친화적인 태도가 내재되어 있기 때문입니다. 다시 말해 로컬리티에 대한 안/밖의 가치평가가 개입되어 있다고 볼 수 있습니다. 여기에서 근원적 내재성의 에너지가 한쪽^(기층적 로컬리티)을 더 향하게 함으로 실천의 방향이 드러납니다.

---

4) 부산대학교 한국민족문화연구소 편(2009), 앞의 책, 26-28쪽.

그러나 앞에서 이야기했듯이, 로컬리티가 특정 국면에 따라 어느 것이 부각되고 하는 점은 있지만, 기층적, 위계적, 추상적이라는 층위가 별개로 분리되지 않습니다. 로컬리티에 대한 이해는 글로벌―내셔널―로컬이라는 다중적 스케일의 구조적 맥락 속에서 일정한 공통의 장소를 근간으로 다양한 행위자들에 의해 구성되는 사회적인 구축물이라는 점입니다. 그래서 로컬리티는 선험적으로 결정되는 것이라기보다는 다양한 종류의 관계망에 의해 구축되거나 부정되는 역동적 과정으로 봐야 합니다. 그러므로 여기와 저기, 나와 너, 이때와 그때 등등의 관계와 배치에 의해 구성되는 로컬리티에 대한 총체적인 시각이 확보되어야 합니다.

문제는 로컬리티는 제도와 관습과 아비투스와 이데올로기 등의 복합적 작용에 의해 구성되는 하나의 역사적 산물이라는 점을 주지해야 합니다. 그러므로 로컬의 고유하고 독립적인 가치와 자율성을 옹호하는 로컬리티가 아니라는 것입니다. 그것을 절대화되고 고착화된 규범과 클리셰 속에 가두어둘 때, 또다시 하나의 이데올로기로 작용하게 됩니다. 로컬리티연구에서 집중하고 있는 로컬의 가치는 지역 연구자의 이데올로기나 취향이 개입되기 마련이고, 그동안의 왜곡과 억압의 구조 속에 놓여 있었던 로컬리티의 복권을 위한 지향점이 다분히 편향적일 수 있다는 점을 경계해야 합니다. 다시 말해, 로컬리티 연구가 글로벌화라는 환경에서 로컬의 상품화에 편승하거나 단순 저항하는 로컬리즘뿐만 아니라 학문적 혹은 이데올로기적 유행에 따라서 로컬리티를 본질적으로 가치화하려는 엘리트적 시선 또한 경계해야 하는 비판적인 목소리를 기억해야 합니다.

2.3 로컬리티의 낭만화

구체적 장소에 기반한, 국가 중심주의가 작동하기 이전의 물질적 토대를 기층적이라는 전제를 둘 때 이것이 수평적인가는 많은 논란의 여지가 있습니다. 이러한 논란이 해소되지 않은 채 고착되면서 국가제도의 규율이 상대적으로 약한 스케일의 장소 연구들에서 '선한 공동체의 긍정의 가치'가 강조되는 연구의 경향성은 이러한 로컬리티를 전제하고 있다. 이때 로컬리티는 권력으로 전환될 수 있는 위험을 상당 내포하고 있습니다.

가령 도시 주변부의 로컬리티를 탐문하는 과정에서 충돌하는 지점이기도 합니다. 특히 미시적인 장소로 들어가면 갈수록, ○○마을, 마을공동체 등 도시 주변부 연구에서 글로벌-내셔널-로컬의 교차성은 더욱 예의 주시해야 했습니다.

　왜냐하면 로컬리티를 기층적 물질성에 근거한 주변부의 특징적 성향 정도로 규정하는 것은 로컬리티의 문제를 축소하거나 왜곡시킬 수 있는 오류를 내장하고 있다. 또한 기왕의 중심/주변의 표상체계에 의존하여 설명해낼 수밖에 없는 중심/주변담론이 갖는 한계 안에서 주변부의 반복적 환기는 결국 기존의 표상체계를 더욱 강화시키는 역할에 공모하게 됩니다.

　로컬리티에 내재한 주변의 위계적 구도 자체가 전적으로 부인되는 것은 아니나, 이러한 구도 안에서는 여전히 근대화담론을 벗어날 수 있는 여지가 빈약하다는 것입니다. 맥락이 생략된 채 로컬리티와 주변성 그 자체가 곧바로 진보적이고 비판적인 가치와 동일시되는 것 역시 중심/주변의 구도가 더욱 공고화되면서 중심에 대한 모방담론에 기여하게 된다. 그러므로 외부의 시선에 의해 규정된 지역성이나 내부의 '비난의 수사학'으로 가득 찬 오독(誤讀)의 로컬리즘을 경계해야 합니다.

　지역과 대립구도에 있는 중심·서울·국가, 이런 공간들은 항상 지역을 압박하는 어떤 존재로 놓게 되고 지역은 거기에 대해서 항상 상처 입은 것으로 보다가 보니 우리가 이 로컬에 대해서 객관적으로 비판적으로 보지를 못하는 겁니다. 그래서 항상 불쌍한 피해자성으로 타자화되는 것이지요. 이러한 시선이 들어오는 순간, 로컬리티 연구는 제대로 될 수가 없습니다. 로컬리티 연구에서 빈번하게 발생하는 오류가 이것입니다.

　그러므로 로컬리티와 주변성이 로컬 주체들에 의해 중심의 논리를 비판하기 위한 가치로 구성되기 이전에 '항상-이미(always already) 긍정적이고 진보적인 가치'인가에 대한 질문은 계속 되어야 합니다. 이를 통해 로컬리티 연구가 결국 중심/주변의 위계를 추인하고 고정시키는 데 기여하거나, 물론, 반대급부에서 예상되는 중심/주변의 역전을 통해 로컬리티의 낭만화를 지향하자는 것은, 당초 근대적 패러다임에 대한 비판적 문제제기에서 비롯한 로컬리티의 문제 틀을 희미하게 할 뿐입니다. 문제는 이러한 인식적 틀을 해체하고 다른 경로들을 제시함으로 로컬리티의 다양한 형상과 다층성을 드러냄으로 로컬리티의 잠재성이나 역동성을 확인하는 데 있는 것이지요.

3. 전사(前史)로서의 지역연구

3.1 냉전체제와 지역연구

지역학(Regional Studies)은 연구주체가 포함된 지역에 대한 학적 접근입니다. 지역학에 대한 인식은 도시마다 다소 차이를 보이고 있으나, 전체적으로 볼 때 지역학은 대체로 오늘날 그 지역을 만들어 내고 변화시켜온 역사적 과정을 이해하고 그 기반 위에서 보다 나은 지역의 미래를 모색하는 종합적인 학문입니다. 이러한 지역학에서 공통적으로 주목하는 것이 지역의 정체성에 대한 구명작업이지요.

지역학의 출발이 되는 지역연구(area studies)는 타인을 대상으로 정하고, 그에 대한 해명과 이해를 목표로 하는 새로운 지적 인식방법론으로 시작되었습니다. 지역연구라는 말을 정착시키는 데 결정적인 공헌을 한 것은 미국 학계입니다. 1943년 컬럼비아 대학교가 '지역연구'라는 표현을 사용했고, 또한 같은 해인 1943년에 미국 사회과학 연구회의가 「사회과학에 있어서 세계지역」이라는 보고서를 제출하였습니다. 1940년대 전반에 일어난 갑작스러운 지역연구는 제2차 세계대전의 현실적 요청에 기인한 것입니다. 전후 지역학의 육성을 중심으로 한 지시-권력 체계는 미국이 제국으로서 자리매김하기 위한, 그러기에 '아직 완수하지 못한' 헤게모니 프로젝트의 일환이었습니다. 전후 냉전의 세계화라는 강력한 세계분할구도의 자장 속에서 미국 중심의 지역학은 새로운 세계인식의 지평을 여는 것이 아니라, 지역의 지배, 관리, 대상화의 인식 틀과 전략기획을 제공하는 정책과학, 특히 냉전적 세계구도를 유지, 온존시키며 미국의 세계지배를 관철하는 이데올로기와 지배정책을 생산하는 자기존재양식을 강화하게 됩니다.

주지하다시피 여기에서 지역 연구의 출발은 세계 지역(world regions) 단위를 뜻하지만, 더욱 본질적인 것은 여기에 개입되어 있는 시선의 문제입니다. 야노 토루가 세계의 지역단위 설정에 발견이 아닌 발명이라는 모티브가 사용된다고 지적한 것은 타인에 대한 인위적이고 자의적인 태도를 지적한 것입니다.

에드워드 사이드는 이러한 지역연구를 '추악한 신조어(urly Neologism)'라고 명명하며 지역

연구에 내재되어 있는 서구의 시선에 대해 신랄하게 비판한 바 있습니다.[5] 다시 말해, 전후 패권적 지역학은 오리엔탈리즘과 냉전이데올로기를 자기본질로 세계에 대한 인식패턴을 구축해가는 것을 정확하게 목표하고 있었다고 할 수 있습니다. 이런 점에서 학문의 아메리카나제이션과 같은 식민성과 냉전성을 내재한 우리 학문의 역정을 비판적으로 성찰하고 새로운 학문의 주체화전략을 논의하는 일을 지역학의 출발점으로 삼아야 한다는 문제제기는 의미 있습니다. 그래서 지역연구는 발화 위치의 이동을 주장하고 지역의 사례에 관한 미시적 연구를 통하여 관행적 시각에서 볼 수 없었던 균열과 간극을 찾아내려는 작업으로서의 지역학의 프레임으로 전환할 것을 요청받습니다.

3.2 지역의 특수성으로 포장된 현재와 차이의 집착

우리나라의 경우, 1990년대 지방자치제 이후, 각 지방에 대한 새로운 인식이 학문적으로 요구되었습니다. 서울학, 강원학, 제주학, 인천학, 부산학, 호남학, 원주학 등은 이러한 과정 속에서 탄생되었습니다. 논자는 지역학에 대한 관심이 높아진 이유에 대해 첫째, 세계화와 정보화로 인한 탈중심화와 다극화의 경향으로 지역 단위의 개체성에 주목 둘째, 지역에 대한 종합적 이해의 필요성으로 지적합니다. 이후 각 지방학 연구소에서 발신되는 주제와 방향을 보면, '지방화시대와 지방문화발전의 상관관계에 대한 연구, 지역민의 삶의 질 향상을 위한 방안, 지방의 정체성 확립이라는 목표를 이론적으로 체계화하는 것에 집중하고 있음을 알 수 있습니다.

그러나 이러한 지역학의 근저에는 인식론적 모순이 배태되어 있다. 중심부/주변부의 이분법적 관계에 대한 비판적 인식을 지역학의 출발 근거로 삼으면서도, 여전히 국가의 행정적 영역을 주어진 것으로 기정사실화하면서 연구대상이나 분석단위를 설정하는 방법론적 영역주의(methodological territorialism)에 쉽사리 포섭되는 경향을 보입니다.[6] 또한 각 지방자치단체의 지역학이 지역발전전략과 밀접한 관련이 있기에, 이러한 연구에서 드러난 지역적 차이들은 여전히 중심/주변의 논리를 재생산하는 데 기

---

5) Edward W. Said, Orientalism, New York: Vintage, 1978, pp.4–15

6) 박배균, 「한국학 연구에서 사회-공간론적 관점의 필요성에 대한 소고」, 『대한지리학회지』 47, 2012, 41쪽

여하게 될 가능성이 높습니다. 이 과정에서 지역을 자율적인 공간단위가 아닌 중앙에 의해 주변으로 규정지어지는 종속적인 공간으로 타자화하면서 구축했던 근대민족국가의 프레임은 여전히 강력하게 작동하게 됩니다.

나아가 국민국가의 경계가 약화되고 지구화가 가속화되면서 국가중심 혹은 중앙중심의 관점에서 벗어나 전 지구적 맥락을 담보하면서 지역의 역사문화나 당면한 문제들을 새로운 시각으로 조망할 것을 요청받게 됩니다. 즉, "지방을 지방주의가 아니라 전국적 또는 세계적 시각으로 접근하는 것, 즉 전 지구적 시야로 지역을 보고 지역의 눈으로 세계를 보는 상호침투적 시각을 견지"하라는 것입니다. 이 과정 역시 전제했듯이, 글로벌화의 유연성에 복무하는 설명기제 될 수 있는 위험은 도처에 놓여 있다는 것을 간과해서는 안 됩니다.

한편, '지역의 눈'(시선)에 대한 강조와 함께 지역의 '전체적인 상'을 그려낼 수 있는 방법론에 대한 모색이 제기되면서 '문화연구'가 부상합니다. 역사학자 H. 하르투니언은 지역연구뿐만 아니라, 지역의 특수성을 강조하는 지역학에 대한 비판적 시선도 견지합니다. 그는 냉전시대 정치적 목적으로 시작된 지역연구가 탈식민주의 담론과 비판적 문화연구와 접목되면서 일으킨 질적 변화는 이제 '현재'와 '차이'에 대한 집착으로 인해 함정에 빠지게 되었다고 지적합니다. 그는 현재의 지역학이 토착지식과 내부자의 시선에 포착되는 현재의 고유성을 지나치게 강조함으로써 그 사회가 역사적으로 접촉한 근대성/외부와의 관계로 인해 일으키게 된 변형을 놓칠 수 있는 점을 우려하면서 일상성, 일상생활이라는 범주를 주목할 것을 요구했습니다.

일상/일상생활은 새로운 현재와 과거를 매개하면서 동질화를 요구하는 근대화를 중재하는 것으로, 일상생활의 공간은 특정 장소에 뿌리를 내리고 있되, 더 넓은 시공간적 맥락에 연결되어 있으며 드러나지 않은 수많은 관계와 가능성을 포함한 채 놓여 있다는 점을 강조합니다.[7]

3.3 '자기 지'(self-knowledge)와 비판적 로컬리티 연구

지역학과 문화연구(Culture Study)가 만나는 시점은 1990년대 이후 즈음입니다. 세계화

---

7) 해리 하르투니언, 윤영실 서정은 역, 『역사의 요동』, 휴머니스트, 2006, 111-135쪽 참조

와 더불어 지역화가 진행되면서 지역의 특수한 가치에 관심이 커지는 한편, 1990년 대 새로운 학문 경향으로 부상한 문화연구가 지역학을 포괄하는 현상이 두드러지게 된 것입니다. 문화연구 초기 계급에 초점을 두던 전통에서 정체성과 젠더, 인종과 민 족성과 국적, 문화적 실천과 문화적 실천을 형성해내는 권력관계, 역사학과 지리학 에 뿌리를 두고 있는 시간과 공간 관련으로 논의를 하는 문화연구가 지역학과 만나 는 것은 필연적입니다. 아울러 이들 학문이 가지는 학제성(inter-disciplinarity)은 이들의 상호 연관성을 증대하면서 문화론적 지역학을 하나의 흐름으로 만들고 있는 것입니다.

이러한 맥락에서 문화연구자 백원담은 식민주의적, 냉전적 기원을 가진 강한 타자 에 의한 지역학을 전향적으로 극복하고 성찰적 '자기 지'(self-knowledge)를 구축하고 새로운 지역인식의 틀을 만들어 내는 '지역문화정치학'을 제안한다. 이러한 지역연구의 문화 적 전치는 국민국가라는 일국적 관점이나 단위에 파열지점을 설치하고 지역이 부단 히 해체되고 재구성되는 가변체로 파악하게 합니다.

뿐만 아니라, 지역문화정치학은 사회적 관계와 제도 그리고 공간과 장소의 의미 와 구조를 둘러싼 투쟁의 영역으로 문화를 규정하는데, 다시 말해 문화정치의 관점 을 수용합니다. 이에 이무용은 공간의 문화정치를 공간의 생성, 변천, 소멸의 과정을 공간-주체-권력의 상호작용의 관점에서 종합적으로 연구하는 분야라고 정의하고, 공간을 둘러싼 물리적, 상징적, 문화적 권력관계와 갈등, 경합의 다양한 과정과 그 지리적 맥락을 탐구하는 비판지리학의 핵심이라고 규정하기도 합니다. 이러한 관점 의 수용은, 로컬리티를 둘러싼 다양한 권력-관계망을 비판적으로 고찰할 수 있습니 다.[8] 이러한 전망은 로컬리티의 인문학에 적극적으로 수용되면서, 로컬리티의 개념 적 정초를 마련하는 데 개입하였습니다.

---

8) 이무용, 『공간의 문화정치학』, 논형, 2005, 14쪽

4. 한국문학연구에서 로컬리티 연구 성과

4.1. 키워드로 살펴본 한국문학과 로컬리티

제가 로컬리티연구와 한국문학연구를 접목시켜보았습니다.[9] 한국문학 연구 안에서 로컬리티 담론의 부상은 2007년 전후로 전개됩니다.^(서두의 인문학 내에서 로컬리티 부상과 같은 맥락이다) 한국교육학술정보원^(RISS)에서 "한국문학 and 로컬리티" 항으로 검색을 하면 2016년까지 120여 편의 논문이 검색된다.[10] 또한 '로컬리티'가 한국문학 관련 학술대회의 기획주제로 등장한 것이 한국/학의 근대성과 로컬리티"^(국제한국문학/문화학회 국제학술대회 2007.11.17)를 시작으로 합니다.[11]

4.1장에서는 지난 10여 년간 한국문학 안에서 로컬리티 연구가 어떻게 진행되어왔는지 개별 논문의 주제어를 중심으로 대략적으로 이야기 해 보겠습니다. 대상 논문의 주제어를 모두 정렬하니, 총 842개의 단어를 추출할 수 있었습니다. 이 중에서 5회 이상 반복적으로 나타나는 주제어를 추려 보니, 로컬리티, 지역, 장소, 로컬, 조선, 공간, 지방, 고향, 식민, 중심, 향토, 서도, 심상지리, 디아스포라. 주변, 제주의 순으로 나타났습니다.

---

9) 이 부분은 문재원. 「한국문학연구에서 로컬리티 연구 성과와 과제」, 『우리말글』 76(2018) 참조

10) 물론 이 검색의 결과 안에 포함되지 않는 연구 결과도 있을 것이다. 단행본의 경우도 그러하고, 또한 관련 키워드에 '로컬리티'라는 용어를 포함시키지 않을 경우, 이 검색결과에 들어오지 못한다. 이러한 변수항까지 다 걸러내기에는 복잡하고 다양한 개별적인 변수들이 있어서 이 부분은 생략한다. 이 논문에서는 한국문학과 로컬리티를 포함하는 검색 결과를(2004-2016) 1차 텍스트로 했고, 이 검색결과에 포함되었다 하더라도, 내용상 로컬리티의 의미를 전혀 담보하고 있지 못한 경우 제외하였다.

11) 이후 "로컬리티" 관련 학술대회를 보면 다음과 같다. 한국/학의 근대성과 로컬리티(국제한국문학/문화학회 국제학술대회 2007. 11. 17)/ 한국 근대문학(문화)과 로칼리티(2007.12/ 연세대 국문과 BK)/ 로컬리티와 디아스포라(민족문학사연구소 20주년 학술심포지움. 2010. 7. 22)/ 한국문학의 로컬리티와 지정학적 상상력(인천문화재단, 민족문학사연구소, 인하대 한국학과 공동 심포지움, 2011. 8.23-24)/ 로컬리티와 이주의 상상력(한국문학회, 로컬리티의인문학연구단 공동 주최, 2011. 11. 5)/ 일제말 한국문학의 로컬리티(한국근대문학회 25회 전국학술대회, 2011. 12. 17)/ 한국문학과 로컬리즘 (한국현대문학비평학회 전국학술대회 2012. 6. 2)/ 한국현대소설과 로컬리즘(현대소설학회 학술대회. 2014.10. 25)/ 로컬리티와 한국어문학연구(우리말글학회, 2017. 10.21)

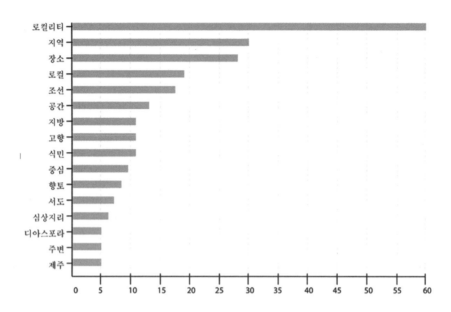

그래프를 봤더니 '로컬리티'라는 단어가 제일 많고, 빈도수 5회 이상 나오는 것들만 뽑아봤더니 위와 같은 키워드 들이 만들어 졌습니다. 여전히 로컬리티 연구를 하면서도 또 다시 '지역'이 언급되는 것이지요. 이런 것들이 혼재가 되어 있습니다. '장소'도 상위 부분을 차지하고 있고요.

조금 자세히 들여다보면, 첫째, 상대적으로 로컬, 로컬리티의 빈도가 높지만, 절대적으로 압도적이지는 않습니다. 이것은 한국문학연구 안에서 로컬리티의 개념은 그와 유사한 하위 범주들과의 연관 속에서 관련 연구들로 그 외연이 확장되고 있음을 보여준다고 볼 수 있습니다. 둘째, 초창기 연구에서 '국민국가, 지역(주의), 지방(주의), 고향' 등의 키워드들의 반복해서 등장하는 것은 한국문학 안에서 로컬리티 연구는 식민지 중심/주변의 이분법적 역학에 대한 고찰에 대한 관심이 높았다고 볼 수 있습니다.

개별 연구들의 주제어의 빈도수를 중심으로 살펴보았을 때, 로컬, 로컬리티, 장소성, 장소, 지역, 지방, 중심, 주변, 고향 등의 주제어가 크게 부각되어 있었습니다. 주제어 빈도를 볼 때, 몇 가지의 경향성이 발견되었는데, 1) 로컬리티 연구의 파편화 2)

중심/주변의 심상지리 3) 지역담론의 부상과 특정 지역 및 특정 작가의 편중 4) 장소 ^(성) 연구의 편재성 5) 초국적 공간에 대한 재해석과 디아스포라담론 등으로 유형화해 볼 수 있었습니다.

그리고 일반적으로 많은 사람들이, 아주 손쉽게, 제일 많이 로컬리티 연구를 할 때 들어가는 부분이 장소연구입니다. 지역의 장소연구. '고향' 이런 것들, '공간' '장소' 도 중요한 키워드로 나오고 있지요. 여기 아래에 '제주'가 있습니다. 이 '제주'가 나온 이 유는 우리 한국 문학 안에서 어느 특정한 지역에 대한 연구를 할 때 그 지역으로 '제 주'를 아주 많이 뽑았다는 것을 알 수 있습니다.

이러한 것들을 다 묶어보면 처음에 보았던 아래와 같은 키워드 그림이 되는 것이 지요. 이 그림을 '워드클라우드^(Wordcloud)' 라고 합니다. 제일 빈도수 높은 것이 제일 큰 글씨로 나오지요.

이런 워드클라우드를 여러분들의 연구사에서도 해보면 재미있을 것 같습니다. 저 같은 경우는 해마다의 키워드를 뽑아서 워드클라우드를 만들어보기도 했습니다. 그 러면 해마다의 키워드 크기가 많이 다른 것을 볼 수 있습니다. 그해의 연구 경향들이 조금씩 다르다는 것을 확인할 수 있지요.

4.2 한국문학연구의 새로운 방법론, 로컬리티

한국문학 안에서도 1차적으로 로컬리티는 중심과 주변, 주체와 타자 등과 같이 위치에 대한, 로컬의 위치가 늘 주변으로 있어야 되는가, 이런 로컬의 위치에 대한 비판적 성찰, 이런 방향으로 이루어졌다는 것을 볼 수 있습니다. 어떻게 하면 우리가 한국문학사 안의 지역문학사가 아니고 지역문학사의 단독성을 만들어 낼 것인가에 대한 논의들이 있습니다.

■ 중심/주변 위상학에 대한 비판적 성찰

한국문학연구에서 일제강점기 제국/식민에서 국민국가 내부의 중앙/지방으로, 세계화시대 글로벌/로컬의 관계를 관통하는 로컬리티의 해석 틀은 중심/주변의 위상학에 관련된 질문이었습니다. 이러한 질문은 결국 주변부의 위상을 재배치하고자 하는 의도와 무관하지 않습니다. 이때 로컬리티는 중심/주변의 지정학을 선명하게 드러내는 기호이자, 한편으로 이원화된 관계에 대한 비판적 성찰을 요구하는 기호로 배치되는 이중성을 담보하고 있습니다.

기왕의 중심/주변의 표상체계에 의존하여 설명해낼 수밖에 없는 중심/주변담론이 갖는 한계 안에서 주변부의 반복적 환기는 결국 기존의 표상체계를 더욱 강화시키는 역할에 공모하게 되는 환원론에 갇히게 될 우려가 있습니다. 그래서 로컬리티 연구가 로컬을 '타자에서 주체로 전환시키기 위한 담론적 실천'이라는 방향성을 내장하고 있다는 지점이 간혹 '상상적 동일시'를 통한 욕망을 내부에 투사함으로서 로컬리즘의 고착으로 이어지는 병폐로 연결되기도 하였습니다.

이러한 지점은 지역문학의 총합으로 한국문학사를 완성한다거나 한국문학의 부분을 구성하는 지역문학의 현상학에 대한 연구나 한국문학사의 보충제로서 기술되는 지역문학사에서 잘 드러납니다. 오히려 지역문학을 민족문학의 경계를 확장하는 계기이자 동력으로 보는 관점을 수용해야 합니다. 물론 로컬리티에 내재한 주변의 위계적 구도 자체가 전적으로 부인되는 것은 아니나, 이러한 구도 안에서는 여전히 근대화담론을 벗어날 수 있는 여지가 빈약하다는 점을 지적하는 것이고, 이런 점을 경계해야 한다는 점입니다.

■ 토포필리아^(Topophilia) 토폴로지^(Topology)로

로컬리티라는 개념이 문학연구 영역에서 독자적으로 정립되지 않은 상황에서 대게 문학에서 로컬리티를 검토하는 방식은 인문지리학과 결합하여 문학작품 속에 나타난 심상지리를 따지는 것이 일반적이었습니다. 심상지리를 해명하는 과정에서 공간개념과 차이를 둔 장소^(place), 장소성^(placeness)을 적극 활용하면서[12], 장소의 고유성, 특수성, 경험 등을 주요 내적 형식으로 하는 장소 연구를 로컬리티 연구의 범주로 연결시켰습니다. 장소성은 물리적 토대가 되는 경관에서 출발하여, 경관을 경험하고 의미화하는 추상의 단계까지, 즉 장소와 인간이 맺는 총체적인 관계 양상까지 포함하여 구성된다고 볼 수 있습니다. 이러한 장소 연구가 진행될수록 문학사에서 작가의 경험적 공간^(장소)을 배경으로 작품 활동을 많이 한 작가들과 작품이 연구의 주요 텍스트가 되었습니다.

한국문학 연구에서 장소를 발견하고 장소성을 재의미화하는 작업은 중앙에 의해 배제되고 억압되었던 장소를 재발견하는 작업이고, 이때 주변부 장소성은 주변부의 가치를 재발견할 수 있는 주요한 매개가 되었습니다. 주변부 장소성은 한편, 그 자체로 '자기 충족적이고 독립적이며 본질주의적인 것'으로 재생산되었습니다. 이렇게 발견한 장소성의 복원은 매끄러운 시공간 속에 지워졌던 구체적이고 특수한 개별성을 발견하는 것이 되고, 거대담론이나 보편사에 대항할 수 있는 거점으로 작용했습니다.

그런데 근대적 폭력에 의해 맞설 수 있는 저항의 지점으로 쉽게 낙착된 장소성은

---

12) 장소(place)는 객관적으로 그저 주어지는 것이 아니라, 특정한 장소에 대한 사람들의 의식적인 애착과 자기 동일화를 의미하는 장소감(sense of place)을 통해 만들어가는 과정이라고 볼 수 있다. 그러므로 장소는 일차적인 '막연히 저기 있는' 장소의 개념이 아니라 구체적 경험과 관계를 매개할 때 발생하는 의미있는 차이성이 강조된 개념으로 볼 수 있다. 한편, 장소성(placeness)이란 장소의 인지된 특성으로 이는 인간이 체험을 통해 애착을 느끼게 되고 한 장소에 고유하면서 동시에 다른 장소와는 차별적인 특성을 일컫는 것이다. 그런데 장소에 대한 인지는 한 개인으로부터 집단, 도시, 또는 국가에 이르기까지 인지하는 주체에 따라 다양한 스펙트럼을 보일 수 있다.(장소(성)에 대한 연구는 인문지리학의 도움을 주로 받았는데, 대부분의 논자들이 인용하고 있는 참고문헌으로 에드워드 렐프, 김덕현 김현주 심승희 역(2005), 『장소와 장소상실』, 논형; 이-푸 투안, 구동회 · 심승희 역(2007), 『공간과 장소』, 대윤 등에 기대고 있고, 토폴로지보다는 토포필리아의 관점을 차용하고 있다)

오히려 로컬리티 연구의 외연을 축소하는 경향이 발견되기도 합니다. 장소가 신비화될수록 로컬리티 연구대상으로서의 장소는 중심부로부터 훼손당하지 않은 순수한 시원으로 간직한 곳으로 하강할 수밖에 없습니다. 그래서 토포필리아(Topophilia)에서 토폴로지(Topology)로의 이동을 요구됩니다. '장소를 둘러싼 권력'을 보는 것입니다. 이를 통해 대안적 공간에 대한 상상적 모색'으로 나아가는 것이지요.

로컬리티 연구가 공간/장소를 기본적인 바탕으로 하고 있습니다. 피인용지수가 높은 참고서지를 소개하면 다음과 같습니다.

에드워드 렐프, 김덕현 김현주 심승희 역,『장소와 장소상실』, 논형, 2005
이-푸 투안, 구동회 심승희 역,『공간과 장소』, 대윤, 2007
이-푸 투안, 이옥진 역,『토포필리아』, 에코리브르, 2011
이무용,『공간의 문화정치학』, 논형, 2005
데이비드 하비, 구동회 박영민 역,『포스트모더니티의 조건』한울, 2006
마르쿠스 슈뢰르, 정안모 배정희 역,『공간, 장소, 경계』, 에코리브르, 2010
스테판 권첼, 이기흥 역,『토폴로지』, 에코리브르, 2010
앙리 르페브르, 양영란 역,『공간의 생산』, 에코리브르, 2011
도린 메시, 정현주 역,『공간, 장소, 젠더』, 서울대출판문화원, 2015

■ 대안적 실천(공간)에 대한 상상적 모색
　　로컬리티 연구는 문학텍스트라는 한정된 공간을 넘어 문화적 공간, 현장 등과 연결하면서 윤리적이고 실천적인 덕목을 암묵적으로 요구받고 있습니다. 이 자리에서 로컬은 대안적인 공간, 로컬 주체성이 담보되는 공간으로서의 가능성을 모색하기도 하고, 로컬리티가 중심/주변, 다수/소수, 근대/탈근대를 가르는 입장, 태도로 제시되기도 합니다.
　　현재적 현상을 로컬리티 연구의 출발점으로 삼아 지역의 문화적 정체성이나 사회, 경제적 구조가 파괴되는 '과정'을 분석하고 그 과정에 개입된 부당한 집합적 가치 체계를 가려냄으로써 글로벌 문화와 이를 뒷받침하는 세계 자본의 식민화 전략을 노출시켜야 한다는 것입니다. 이 과정에서 구체적 시공간을 초월하는 추상적 시공간의 압도적 역량이 발휘되는 로컬리티의 ^(재)생산의 미시적 과정들에 대한 해명은 오랫동안의 착취와 배제로 인하여 경제적, 정치적, 제도적 권력을 가질 수 없었던 사람^(집단)의 자기 입장과 시선을 만들어나갈 수 있는 토대가 되고 창조적 참여의 문을 열어준다고 말할 수 있습니다.

이 지점에서 방법으로서의 로컬리티는 분과학문으로서 문학 텍스트연구를 현장과 결합하거나, 자기당사자성을 확보하는 자리를 탐문하거나, 지금 여기의 문학적 공공성에 대한 질문을 던짐으로써 기왕의 문학텍스트 중심의 연구와 다른 프레임을 요청합니다. 이와 관련해서 방법론으로서의 로컬리티가 한국문학연구의 외연을 넓히고 심화시키기 위해서는 기존의 분과학문연구방법을 뛰어넘어 간학제적 연구방법이 적극적으로 요청됩니다.

이런 지점이 로컬리티 연구에서 윤리가 개입하는 일인데요, 로컬리티 연구에서 가장 우선적으로 할 일은 우리 앞에 '이미 구성되어 있는' 로컬, 로컬리티라는 질료의 자명성을 의심하는 일에서 출발합니다. 그리고 그 좌표에 대한 성찰과 거기에서 비롯되는 실천적 개입을 수반하는 일입니다. 그래서 로컬리티의 인문학 아젠다가 이론과 실천을 종합하는 프레임으로 구성되어 있습니다.

이상 로컬리티 연구의 쟁점, 방법론을 바탕으로 한국문학연구와 연결까지, 두서없이 말씀드렸습니다. 감사합니다.

영남지역의 로컬문화권역과 문인학자군

정 석 태 (부산대학교 점필재연구소)

Ⅰ. 내가 본 밀양

안동에는 "절집 처마 밑으로만 다녀도 비를 피할 수 있다."라는 말이 있다. 신라에서부터 고려에 이르는 시기에 안동이 얼마나 번성했는지를 단적으로 알려주는 말이다. 당시 안동 읍내에는 절집이 즐비하게 늘어서 있어서 서로 잇닿은 절집 처마 밑으로만 다녀도 쏟아지는 비는 맞지 않을 수 있다는 것이다. 조선시대 안동 지역 주요 사족들의 터전과 그곳에 세워진 장옥·누정·정사 등이 상당수 조선 초기까지 존속했을 대형 절집 터전과 그 자재들을 활용해서 조성됐다는 사실이 이를 반증해준다. 더구나 안동 지역 절집에서는 건조과정에 기존의 석탑이나 목탑보다 훨씬 더 많은 인력과 비용을 필요로 하는 전탑(塼塔)을 선호했고, 그 결과 현존하는 우리나라 전탑의 대부분이 안동 지역에 집중되어 있는 것을 볼 때, 그 성세를 짐작하고도 남음이 있다.

안동 지역에 현존하는 전탑들을 기준으로 추정해보자면, 안동은 통일신라 시기에는 이미 인적인 측면뿐만 아니라 물적인 측면에서도 당시 수도였던 경주에 결코 뒤지지 않는 신라 제일의 도시 중의 하나였을 것이다. 당연히 그러한 기반 위에 당시의 선진문화였던 불교를 적극적으로 수용해서 자기화했던 것이다. 전탑이 그 대표적인 증거물이다. 신라와 고려의 교체기에는 다시 안동 지역 권(權)·김(金)·장(張) 3대 호족 세력이 고려 태조 왕건과 연대하면서, 다시 말하면 그들의 강력한 정치적인 욕구를 분출하면서 영남 제일의 도시 중의 하나로 확고하게 자리매김하고, 조선에 들어와서는 여전히 그러한 기반 위에 당시의 선진문화였던 성리학을 적극적으로 수용해서 조선 도학의 본향이자 영남의 실질적인 수도로 또 다시 그 위상을 제고했던 것이다. 근대에서부터 현대에 이르는 격변의 시기에 안동의 거듭된 자기 변신에 대해서는 익히 알고 있는 사실이라 새삼 거론할 필요를 느끼지 않는다.

밀양 관련 발표의 모두에 안동 이야기를 먼저 하는 이유는 안동의 경우에 비추어 밀양의 경우를 살펴보기 위해서가 아니다. 안동과 밀양 두 지역을 단순히 비교의 관점에서 파악해보자는 것이 아니다. 안동이라는 지역의 변천과 밀양이라는 지역의 변천이 역사상 같은 궤적을 따라 나아간 것이 아니기 때문에 원천적으로 그 두 지역을 한 자리에 놓고 비교해서 말할 수는 없는 것이다. 다만 이 자리에서 이야기하고자 하는 근대 전후의 밀양은 조선후기에 들어와 확고하게 정착한 안동, 정확히는 도산을 정점으로 위계화한 영남의 지배체제 내의 한 지역, 영남의 한 고을로 위치 지워 놓고 설명해가지 않을 수 없기 때문에 안동 이야기를 먼저 해본 것뿐이다.

　나 자신으로서는 1988년 이후 20여 년 동안 안동, 그것도 도산을 중심에다 두고 생활하다가 처음으로 접한 밀양은 몹시 낯설고 또 한편으로는 몹시 놀라운 곳이었다. 그중 대표적인 것이 전래의 유교적인 생활방식을 아직도 여전히 굳건하게 고수하고 있는 것이었다. 시계가 공업화가 가속화하기 직전인 60년대에 거의 멈추어버린, 외부와 거의 단절되어 어떠한 변화도 쉽사리 용납하지 않는 외딴 섬과 같은 곳이었다. 이와 같은 밀양을 두고 밀양 사람들은 흔히 "밀양은 소안동이다."라고 하고 있는 것이었다. 내가 봤던 안동, 그리고 도산과는 어떻게 연계되어 있기에, 혈연적으로, 그리고 학문적으로 어떻게 연계되어 있기에 밀양사람들은 스스로 "밀양은 소안동이다."라고 하고 있는 것인지, 나로서는 풀어야 할 하나의 과제였다.

　안동 지역에서는 영해를 보통 소안동이라고 말한다. 영해는 안동 지역과 오랜 기간 연혼(連婚)을 통해 혈연적으로 굳게 얽혀져 있을 뿐만 아니라, 학문적으로도 퇴계학파의 주요 인물들이 끊이지 않고 나와서 안동과는 문화적인 면에서 차이를 찾아보기 어렵기 때문에 소안동이라고 한 것이다. 따라서 밀양을 소안동이라고 일컬을 때는 그에 상응하는 두 지역 사이의 혼인과 학문 두 면 모두에서 교류가 빈번했어야 마땅하지만 현실은 그렇지 않았다.

　밀양은 향내 주요 집안들 사이의 혼인이 주를 이루는 중에 대구·성주·경주·영천 등 지역과의 혼인, '부혼(富婚)' 또는 '상혼(上婚)'이라고 일컫는 혼인이 흔히 발견되고 있다. 안동, 그것도 도산과의 혼인은 근대에 들어와서 퇴로 여주 이씨 집안과 도산 퇴계후손 중 하계파(下溪派)의 지파 중 하나인 단사종파(丹砂宗派) 계남종택(溪南宗宅)과의 혼인이 거의 처음이었다. 양쪽 집안 모두 당시 영남에서는 잘 알려진 부호들이었기 때문에 '상혼'이라는 말은 쓸 수 있어도 '부혼'이라는 말을 쓰기 어려운 그런 혼인이었다. 학문적으로도 조선후기 영남 퇴계학파, 안동 지역 퇴계학파 인물들과 직접적인 관련을 가진 인물들을 찾기가 쉽지 않은 것은 마찬가지였다.

조선후기 밀양에서는 낙동강 수로를 따라 동일 문화권으로 묶어볼 수 있는 성주 지역의 한강(寒岡) 정구(鄭逑, 1543~1620) 계통의 학문이 상당한 영향력을 행사하였다. 사실 밀양에서는 한강 정구의 제자 여헌(旅軒) 장현광(張顯光, 1554~1637)과 학문적 수수관계를 가진 인물들이 드물지 않게 발견된다. 그러다가 점차 같은 한강 정구의 제자 미수(眉叟) 허목(許穆, 1595~1682)을 이은 근기남인의 학문과 학봉(鶴峯) 김성일(金誠一, 1538~1593)을 이은 호파(虎派) 계열의 퇴계학을 함께 접하던 중, 근기남인 학자 성재(性齋) 허전(許傳, 1797~1886)이 1864년(고종1) 김해부사로 부임해서 강학한 것을 계기로 학문을 하는 거의 대부분의 인물들이 쏠리듯 그 문하에 들게 되었다. 근대 전후의 시기에 밀양에서는 근기남인의 학문이 크게 꽃을 피우게 된 것이다. 그러나 근기남인의 학문은 비록 퇴계학의 계승, 그 발전적 변용이기는 해도 그것은 조선후기 영남 퇴계학파, 안동 지역에서 계승해간 퇴계학과는 엄연하게 구별되는 것이었다. 당연히 "밀양은 소안동이다."라는 말은 실제 현실과는 거리가 있는 말이 아닐 수 없다.

지금 이 자리에서 이야기하고자 하는 것은 내가 밀양에 오게 되면서 내 자신에게 던져진 과제, "밀양과 밀양 사람들을 과연 어떻게 이해할 것인가?"라고 하는 과제, 나아가 "경남지역과 경남지역 사람들을 과연 어떻게 이해할 것인가?"라는 과제를 풀어나가는 과정에 이것저것 찾아보고, 이곳저곳 다녀보면서 생각했던 것들이다. 사석이 아닌 이와 같은 공식적인 발표석상에서 이야기하기에는 아직도 여전히 해결 안 된 것들이 너무 많고, 또 공개적으로 언급하지 말아야 할 것들도 많이 있다. 그러나 강의 의뢰를 회피하지 않고 수락한 이상, 지금까지 해결한 몇 가지를 가지고 공개적으로 언급해도 되는 범위 내에서 이야기를 해보려고 한다.

Ⅱ. 영남의 인문지리적 환경

1. 병풍처럼 해안을 두른 산악지형

– 도봉(道峯) 조징천(趙徵天, 1609~1660), 『道峯集』 卷3 「地理策」
"삼가 생각건대, 우리나라는 동으로 금강산이 있고 남으로 지리산이 있으며 북으로 백두산이 있어서 가지처럼 뻗은 산줄기가 아득하게 나누어져 바위산이 험준하지만, 우뚝하게 높고 큰 것은 유독 영남의 것들이 으뜸이다. 혹 강과 내가 산악 사이를 가로세로로 흘러 험준한 지형을 의지하고 있는 곳과 요충이 될 만한 곳은 이루 셀 수 없을 정도로 많다."

2. 영남대로와 낙동강수로 및 해로

1) 영남대로

(1) 중로(中路) : 동래 부산포(釜山浦)에 상륙한 왜국사신들이 이용한다. 양산, 밀양, 청도, 대구, 인동, 선산, 상주, 유곡, 조령, 음성, 이천, 광주 등을 경유한다.[1510년(중종5) 왜 관의 동래 이설 이후 제1로가 되었다. 지금 우리가 말하는 영남대로이다.]

(2) 좌로(左路) : 울산 염포(鹽浦)에서 한양에 이르는 교통로이다. 경주, 영천, 군위, 의 성, 안동, 풍기, 죽령, 단양, 충주, 여주, 양근 등을 경유한다. 단양에서 한양까지는 남한강수로를 이용한다.[고려 초부터 고려후기 원나라 일본정벌 시기 전까지 제1 로이다.]

(3) 우로(右路) : 웅천(熊川, 鎭海) 내이포(乃而浦)에서 한양에 이르는 교통로이다. 김해, 현풍, 성주, 김천, 추풍령, 영동, 청주, 죽산, 양재 등을 경유한다.[고려후기 원나라 일본 정벌 시기 이후부터 1510년(중종5) 왜관의 동래 이설 이전까지 제1로이다.]
- 사류재(四留齋) 이규일(李圭日, 1826~1904), 『四留齋集』 卷5 「策問」: "황산역(黃山驛)은 동래(東萊)에 서 한나절 거리에 있으니 실로 남쪽 변경의 인후(咽喉)이고 사신 왕래의 요충이다. 당 초 설치할 때는 왜관(倭館)이 우도(右道, 慶尙右道)의 웅천현(熊川縣)에 있어 본역(本驛)은 소로(小路)의 역(驛)이었기 때문에 위토(位土)와 복호(復戶)는 소로의 예로 획급(劃給)되었다. 그러나 그 뒤 동래에 왜관이 이설(移設)되자 본역은 대로(大路)의 역이 되어 모든 사역(事役)이 전보다 백 배가 되었지만, 위토와 복호는 오히려 소로의 예에 의거하니 점차 쇠잔하고 피폐해 진 것은 실로 이 때문이다." / 『開國五百四年[1895]正月日慶尙道黃山驛驛誌成 冊』: "황산역(黃山驛). 본래는 승(丞)이었는데, 정덕(正德) 경오년(1510, 중종5)에 겸찰방(兼察訪)으로 올 렸다." / 『開國五百四年[1895]正月日慶尙道黃山驛事例成冊』: "정덕(正德) 경오년 (1510, 중종5)에 일관(日館, 倭館)을 동래(東萊)로 이설하였다."

2) 낙동강수로와 해로

(1) 마산항구

– 점필재(佔畢齋) 김종직(金宗直, 1431~1492), 『佔畢齋詩集』卷1

「凝川竹枝曲九章」第6首와 第9首, 1465년

金銅驛邊蒲獵獵	금동역가 부들 풀은 바람에 한들한들
馬山港口荇田田	마산항구 마름 풀은 물위에 둥실둥실
佳期三五又二八	보름이나 기망 날에 좋은 기약 하였으니
試問前村採蚌船	앞마을의 조개 캐는 배나 알아볼거나

咫尺樓前潮欲到	누각의 코앞까지 조수 밀려오려다가
須臾却向海門廻	잠깐 사이 해문으로 되돌아가 가버리네
長安遠信猶堪寄	먼 서울로 보내는 편지 외려 부칠 만해
潮縱不來魚自來	조수 못 밀려와도 고기는 절로 오니

– 하항(河港)과 해항(海港), 마산항(馬山港)과 수산항(守山港) / 조선조 경남지방 세곡운송은 처음에 김해 불암창(佛巖倉), 창원 마산창(馬山倉), 사천 통양창(通洋倉)으로 운송 납부케 한 뒤 남해안과 서해안을 통해 경창(京倉)으로 해상운송을 하다가, 1403년(태조5) 5월 경상도 조운선 34척이 침몰해서 미곡 만석과 선원 천여 명이 수몰되는 참사를 겪은 뒤로 해상운송에서 육상운송으로 방침을 변경, 낙동강을 통해 상주로 운반, 재를 넘어 충주 경원창(慶原倉)에 모아두었다가 남한강을 통해 서울로 운송하였다. 그러다가 1760년(영조36) 경상감사 조엄(趙曮, 1719~1777)의 건의로 경남지방 세곡운송을 다시 육상운송에서 해상운송으로 방침을 변경한 다음, 창원에 좌조창(左漕倉, 馬山浦倉)과 진주에 우조창(右漕倉, 駕山浦倉)을 설치하였다. 그로부터 5년 뒤인 1766년(영조42) 밀양에 후조창(後漕倉, 三浪津倉)을 설치해서 밀양, 양산, 현풍, 창녕, 영산, 울산, 동래 등 7개 고을의 세곡을 밀양부사의 책임 하에 징수하고, 제포만호의 책임 하에 서울로 운송하게 하였다.

(2) 수산항구

수산항구를 관장하는 밀양부의 별관 남수정(攬秀亭)은 밀양부 속현 수산현(守山縣)의 관사(官司) 누각이다. 1538년(중종33) 장적(張籍) 부사가 수산현의 옛 관사 덕민정(德民亭)의 서남

쪽에 터를 잡아 짓고, 그 이듬해 관포(灌圃) 어득강(魚得江, 1470~1550)이 후임 부사로 와서 단
청을 하고 '남수(攬秀)' 두 글자로 정자의 이름을 지었다. 이어 1542년(중종37) 어득강 부
사의 후임으로 온 박세후(朴世煦, 1493~1550) 부사가 영남루를 해체 복원하고 남은 재목과
기와를 이용하여 부속건물 10여 칸을 증축해서 수산현의 관사로 삼은 다음, 신재(愼
齋) 주세붕(周世鵬, 1495~1554)에게 기문을 받았다.

3. 조선시대 영남에 대한 몇 가지 발언

1) 경재(敬齋) 하연(河演, 1376~1453), 『敬齋集』卷2「慶尙道地理志序」, 1425년
　　"觀其地勢 長白之山延袤萬里 起伏而爲磨天嶺磨雲嶺鐵嶺五臺金剛雉岳 至于
慶尙之境 停蓄而爲大小白 周旋而爲俗離智異 旁海而未越 山極高而水益深 神
秀英靈之氣 含弘醞釀 慶尙之爲道 經緯乎其間 土地之沃饒 人物之富庶 倍於他
道 在昔三國之鼎峙也 國之新羅 歷五十六王 而享國九百九十有二年 最爲長久
定一于高麗王氏 以至于盛代 是則此道本新羅之舊居 國家之本根 忠臣孝子義
夫節婦 風物之所尙 禮樂文物之所自出 盍爲之載籍 以傳其不朽"

2) 청담(淸潭) 이중환(李重煥, 1690~1756), 『擇里志』「八道總論 慶尙道」, 1751년
　　"고려에서 우리 조선에 이르기까지 또 천 년인데 예로부터 지금까지 수천 년 동
안, 이 도 안에서 장상(將相) 및 공경(公卿)과 문장(文章) 및 덕행(德行)이 있는 선비와 공훈(功勳)을
세웠다든가, 절의(節義)를 세운 사람, 선도(仙道)와 불도(佛道)와 도교(道敎)에 통했던 사람들이
많이 나와서 이 도를 인재의 부고(府庫)라고 한다. 우리 조선에 와서도 선조(宣祖) 이전에
는 국정(國政)을 잡은 이는 모두 이 도 사람이고, 문묘(文廟)에 종사(從祀)된 사현(四賢, 金宏弼 鄭汝昌 李
彦迪 李滉)도 또한 이 도 사람이다."

3) 기타
　　"朝鮮人才半在嶺南, 嶺南人才半在晉陽. / 朝鮮人才半在嶺南, 嶺南人才半在
一善. / 朝鮮人才半在嶺南, 嶺南人才半在安東."

4. 조선전기 미곡생산 거점으로서의 영남

조선 초기 영남은 중국 강남의 수전농법(水田農法)이 전파되기 이전부터 일찍이 수전농법을 행하여 농업생산방식에서 조선에서 가장 발달된 선진지역이었다. 별도의 면밀한 조사가 필요하지만, 대략 조선전기까지 조선의 미곡생산량 절반이 영남에서 생산되었을 것으로 추정된다. 그래서 영남은 조선팔도 중 가장 많은 72개의 군현(郡縣)과 가장 많은 인구를 가진 도(道)로 발전해간 것이다. 이와 관련하여, 김성우의 『조선시대 경상도의 권력 중심 이동 ─ 영남농법과 한국형 지역개발』(태학사, 2012)이 참고가 된다.

Ⅲ. 조선역사상 영남의 위상

1. 도학과 문장의 종주 점필재(佔畢齋) 김종직(金宗直, 1431~1492)과 영남

1) 허백정(虛白亭) 홍귀달(洪貴達, 1438~1504), 『虛白亭集』 卷3
「刑曹判書兼同知成均館事諡文簡金公神道碑銘」
　　덕행(德行)과 문장(文章)과 정사(政事)는 공문(孔門)의 고제(高弟)라고 해도 겸한 이가 없었는데, 하물며 그 밖의 사람이야 더 말할 나위가 있겠는가. 재주가 뛰어난 사람은 행실에 결점이 있고, 품성이 소박한 사람은 정사가 졸렬한 것이 보통이다. 그러나 우리 선생 같은 분은 그렇지 않다. 행실은 남의 표본이 되고 학문은 남의 스승의 되었으며, 살아계실 때는 주상의 후하게 대우하고 돌아가신 뒤에는 뭇사람들이 슬피 사모하였으니, 선생의 일신이 세도에 어찌 그리도 깊이 관계될 수 있었단 말인가. ……오직 경사를 탐독하여 늘그막에 이르러서도 게을리 할 줄 몰라서 얻은 것이 호박(浩博)하였으니, 사방의 배우는 자들은 그 그릇의 크고 작음에 따라 충분히 얻어서 돌아갔다. 한 번 공의 품제(品第)를 거치면 문득 훌륭한 선비가 되어 문학으로 세상에 이름을 떨친 자가 태반이나 되었다.

烏山崇崇　금오산이 우뚝 높이 솟아 있고
洛水溶溶　낙동강이 넘실대며 흐르는

秀氣斯鍾　이곳에 빼어난 기운이 모였다오
日月委明　월의 밝은 빛이 쌓이고
奎壁淪精　성과 벽성의 정기가 잠기어서
文人乃生　인이 이에 태어났네
博洽丘墳　서적을 널리 읽어 정통하였고
奇古詩文　문은 기이하고 고아해서
陞立揚芬　정에 나아가 명성을 드날리셨지
登堂講疑　당에 올라 의심나는 것을 강의하자
過門問奇　문하에 와서 기이한 글자를 물어
後學蓍龜　후학들의 사표가 되셨다오
父焉孝乎　부모에게는 효도를 하고
兄焉友于　형제간엔 우애로워
家庭怡愉　가정이 화락하였고
臨民以慈　백성들을 인자함으로 다스리자
去後餘思　떠난 뒤에도 사모하여
鄕有遺祠　고을에 사당을 세워 추념하였지
論思經幄　경연에서는 국사를 토론하셨고
面對日角　임금님을 직접 면대해서
獨膺寵渥　큰 은총을 혼자 받으셨네
崇班峻級　높고 높은 관작을
如階而躋　계단 오르듯 차례로 올라
人望允協　사람들의 바람에 진실로 부합하였지
天奪何速　하늘은 어찌 그리 빨리 빼앗아갔나
民實無祿　백성들은 참으로 복이 없고
九重含戚　대궐에선 슬픔을 품게 되었네
公不可留　공을 세상에 붙들어 둘 순 없었지만
令名千秋　아름다운 이름 천추에 전할 것이고
遺稿汗牛　남겨 놓은 글들도 한량없어라
公多名實　공은 명성과 행적을 많이 남겨서

其令泯沒　그것이 묻히게 둘 수가 없어
我今載筆　내 이제 붓을 잡아 기록하노라

2) 퇴계(退溪) 이황(李滉, 1501~1570)

(1) 德成書院[佔畢書院] 常享祝文, 1567년

稟精奎璧　규벽의 정기 받아
生此東土　이 동국에 태어나셔서
學問淵深　학문은 심오하고
文章高古　문장은 고고하십니다
當時領袖　당시에는 영수시고
山斗後世　후세에는 태산북두라
啓佑無窮　무궁하게 인도하고 도우시니
吾道不替　우리 유가의 도 쇠하지 않게 되었습니다

(2) 점필재 김종직에 대한 평시
① 「早春閑居」 시 제12수 原詩[遺墨], 1551년

佔畢風聲最慕名　명성 높으신 점필재를 제일로 존모하니
後時同道恨虛生　동도의 후생은 헛사는 게 한스럽네
窺班縱把遺文讀　좁다란 소견으로 남기신 글 읽지만
不喚平生醉夢醒　취생몽사 한 평생을 일깨우진 못한다오

② 「早春閑居」 시 제12수 改稿詩[『退溪集』 卷2], 1566년경

佔畢師門百世名　점필재의 사문이 백세에 이름나니
沿文泝道得鴻生　문을 따라 도를 찾아 큰 선비 길러냈네
成功未半嗟蒙難　공을 반도 못 이룬 채 난리를 당했으니
喚起群昏尙未醒　혼미한 자 잠을 미처 깨우지 못하였네

　　[점필재는 시문(詩文)에 주력해서 전아하여 도에 가까웠다. 그 문인(門人)들은 흐름을
따라 근원을 찾아올라가 한훤당(寒暄堂)과 같은 제공이 크게 의기를 떨쳤지만, 대업을

마치지 못한 채 음화陰禍가 닥쳐 사문斯文의 액이 되어 오래될수록 더욱 심해졌으니, 어찌 탄식하지 않을 수 있으랴.]

③『退溪集』卷1「和陶集飮酒二十首」제16수, 1566년경

吾東號鄒魯	추로라고 일컫는 우리 동방에
儒者誦六經	선비들은 육경을 늘 외우네
豈無知好之	알고 또 좋아한 이 왜 없으랴만
何人是有成	이루었다 할 분은 누구이더냐
矯矯鄭烏川	우뚝하게 솟아난 오천 정선생
守死終不更	죽도록 끝내 지켜 변치 않았네
佔畢文起衰	점필 문장 쇠퇴한 시대 일으켜
求道盈其庭	도 찾는 사람들이 문하에 가득
有能靑出藍	남에서 나온 청이 그 속에 있어
金鄭相繼鳴	김과 정이 서로 이어 울리었다오
莫逮門下役	문하에 드는 데는 못 미쳤으니
撫躬傷幽情	자신을 돌아볼 때 진정 슬프네

3) 고산孤山 이유장李惟樟, 1625~1701),『孤山集』卷2「讀佔畢齋集」, 1687년경

英宣盛際尙文治	세종 성종 태평성대 문치를 숭상할 때
牛耳騷壇畢老推	문단의 맹주로 점필 선생 추대됐지
遠使蘇黃愧師長	멀리론 소황이 사장된 걸 부끄럽게 만들고
近拚陶牧與追隨	가까이론 도목을 붙들고 함께 따랐다오
盛名暫被高明闢	높은 명성 잠시 고명의 눈길 받았지만
寶唾終敎鬼物撝	귀한 시는 그만 귀신 휘둘림 받았다오
咄咄逼人吾豈敢	돌돌핍인하기를 내 감히 바라리오
自憐生世不同時	같은 시대 못 태어난 그것이 가련하네

　　[소황蘇黃 : 송宋나라 소식蘇軾, 1036~1101)과 황정견黃庭堅, 1045~1105)를 말한다. / 도목陶牧 : 도은 陶隱) 이숭인李崇仁, 1347~1392)과 목은牧隱) 이색李穡, 1328~1396)을 말한다. / 돌돌핍인咄咄逼人) : "어찌 이렇게도 닮았단 말인가!"라는 뜻이다. 경탄을 자아낼 만큼 기예가 스승이나 앞사람

을 초월하는 것을 말한다.]

4) 삼연(三淵) 김창흡(金昌翕, 1653~1722), 『三淵集』 卷8 「密陽嶺南樓」

名樓位置占高圓　높은 하늘 차지하고 명루 우뚝 솟았는데
坐憶新羅創寺年　신라 당시 절 지을 때 앉아서 생각하네
鍾唄響空吹角地　종과 범패 울리며 뿔피리 불어대고
杏梅香返雨花天　살구 매화 향기에 꽃비 내렸으리라
春寒栗藪投飛鸛　봄추위로 밤나무엔 황새가 날아들고
日午篁陰閣釣船　한낮이라 대숲 그늘에 낚싯배를 댄다오
對岸畢齋祠墓是　강 건너 저편에는 점필재의 서원과 산소
却停柔翰望悠然　쓰던 붓을 멈추고서 유연히 바라보네

5) 소눌(小訥) 노상직(盧相稷, 1855~1931), 『小訥集』 卷4 「謁佔畢先生廟」, 1929년

晚始尋源到道淵　늦게야 근원 찾아 도의 못에 도달하여
登亭如拜禮林筵　정자에 올라서자 예림에서 뵙는 듯
山南處處光輝遍　영남 지역 곳곳에 광휘 두루 비쳤나니
梧月楊風四百年　쇄락한 오월양풍 사백 년이었다오
[오월양풍(梧月楊風) : 하늘의 달빛처럼 깨끗하고 봄바람처럼 온화한 흉금(胸襟)을 말한다.]

2. 산림처사(山林處士) 남명(南冥) 조식(曺植, 1501~1572)과 영남[江右]
　－ '체험'과 '실천' 강조

1) 『南冥集』 卷1 「神明舍銘」, 1561년

太一眞君　태일진군이
明堂布政　명당에서 정사를 편다
內家宰主　안에서는 총재가 관장하고
外百揆省　밖에서는 백규가 살핀다
承樞出納　추밀을 받들어 말의 출납을 맡아
忠信修辭　진실하고 미덥게 언어로 표현한다

發四字符	네 글자의 부절을 발부하고
建百勿旂	백 가지 금지의 깃발을 세운다
九竅之邪	아홉 구멍의 사악함도
三要始發	세 군데 요처에서 처음으로 나타난다
動微勇克	낌새가 있자마자 용감하게 이겨내고
進敎斯殺	나아가 섬멸토록 한다
丹墀復命	승리를 임금께 보고하니
堯舜日月	요순의 세월이로다
三關閉塞	세 관문을 닫아두니
淸野無邊	깨끗이 치워진 들판이 끝없이 펼쳐져 있다
還歸一	하나에로 되돌아가니
尸而淵	시동과도 같으며 연못과도 같도다
國無二君	나라에는 두 임금이 없으며
心無二主	마음에는 두 주인이 없다
三千惟一	삼천 명이 한 마음이 되면
億萬則仆	억만의 군사도 쓰러뜨린다
閑邪存	사악한 마음을 막아 정성을 보존하며
修辭立	언어의 표현을 다듬어 정성스런 마음을 세우라
求精一	정밀하고 한결같은 경지를 추구하려거든
由敬入	경을 통하여 들어가라
心聲如響	마음의 소리는 메아리와 같고
其跡如印	그 자취는 인장과 같으리라

2) 『宣祖修正實錄』, 宣祖5년 1월 1일[무오], 「處士曺植卒記」, 1572년

"조식이 학문하는 것은 마음에서 터득하는 것을 중시하고 치용과 실천을 앞세워서 강론을 하거나 변론하는 것을 좋아하지 않았으니, 일찍이 학도를 위하여 경서를 풀이해주지 않고 오직 자신에게 돌이켜 구하여 스스로 터득하게 하였다. 그 정신과 영향력은 사람을 경동시키는 곳이 있었기 때문에 좇아 배우는 이들은 계발을 받은 바가 많았다. 『주역참동계』를 자못 즐겨 보면서 '좋은 곳이 극히 많아 학문을 하는

데 도움이 된다.'라고 하였고, 또 '불교의 상달(上達)한 곳은 우리 유가와 한 가지이다.'라고 하였다. 일찍이 벽에다 경의(敬義) 두 글자를 써서 배우는 이들에게 보여주었고, 임종 때는 문인에게 이르기를 '이 경의 두 글자는 일월과 같아서 폐할 수 없다.'라고 하였다. 조식은 저술을 하지 않아 시문(詩文) 약간이 세상에 전한다. 학자들은 남명 선생이라고 칭하였다."

– 동강(東岡) 김우옹(金宇顒, 1540~1603), 『南冥集』卷4 補遺「行狀」

"頗喜看參同契 以爲極有好處 有補於爲學 又嘗言釋氏上達處 與吾儒一般 至於陰陽地理醫藥道流之言 無不涉其梗槩 以及弓馬行陣之法 關防鎭戍之處 靡不留意究知 蓋其才高志彊 而無所不學也 平生酷好山水 凡泉石佳處 遊歷靡遺 尤愛頭流山水之壯麗 至於十往來不厭 嘗與李黃江諸公 遊頭流 有錄行干世 未嘗著書 只有讀書時劄記要語 名曰學記"

3) 동강(東岡) 김우옹(金宇顒, 1540~1603), 「天君傳」, 1566년

남명 조식이 「신명사도명(神明舍圖銘)」을 짓고 그 내용에 의거해서 짓게 한 것이다. 인간의 마음을 의인화한 대표적인 고전소설이다. 「신명사도명」은 군자의 심법(心法)을 도상(圖上)과 그에 대한 해설인 명(銘)으로 약술한 것이다. 마음의 집[神明舍]에 태일진군(太一眞君, 마음)이 있어 안에서는 경(敬)으로 수양하고 밖으로는 의(義)로 사물을 잘 다스리니 태평해졌다는 내용이다. 「천군전」의 주인공 천군은 곧 마음의 의인(擬人)인 태일진군과 같다. 「천군전」에서 소설화하면서 천군을 천상에서 하강하여 지상을 다스린 뒤 다시 천상계로 돌아가는 이원성(二元性)을 띤 인물로 설정하였다. 태초에 건원제(乾元帝)가 하계를 다스릴 자를 물으니 모두 그의 맏아들을 추천하였다. 태사(太史)에게 책명(策命)을 짓게 하고 유인국(有人國)을 맏아들에게 맡기니 백성들이 그를 높여서 천군이라 불렀다. 초명은 이(理)이고, 사람으로 봉하여져 심(心)이라 개명하여 흉회(胸海)에 도읍을 정하였다. 원년(元年)에 태재(太宰) 경(敬)을 강자(腔子) 속에 거처하게 하여 천군의 궁부(宮府)를 숙청하게 하고 백규(百揆) 의(義)에게는 태재와 협동하여 직무에 순응하도록 하였다. 두 재상이 충성을 다하고 여러 신하가 화합하여 나라가 잘 다스려졌다. 그러나 천군이 미행(微行)을 좋아하여 태재가 간하여도 듣지 않고, 요망한 신하인 공자(公子) 해(駭)와 공손(公孫) 오(敖) 등에 의하여 태재가 쫓겨나고 백규도 가버렸다. 천군이 방황하여 법궁(法宮)이

비고 법도(法度)가 풀려 간적(奸賊) 화독(華督) 등이 난을 일으켜 습격해왔다. 천군의 군대는 패하고 적의 괴수 유척(柳跖)은 스스로 임금이 되어 방촌대(方寸臺)에 들어와 살게 되니 궁궐이 황량해졌다. 천군이 나라를 잃자 공자 양(良)만이 그를 따르며 시를 지어 천군을 깨우친다. 깨달은 천군이 군사를 모으고 태재 경의 도움으로 지위를 되찾아 집안으로 들어가며, 대장군 극기(克己)가 선봉이 되고 공자 지(志)가 원수가 되어 적을 무너뜨린다. 천군이 신명전(神明殿)에서 위(位)를 바로잡자 백규 의도 와서 태재와 합심하여 다스리며, 적의 잔당이 침범하여오는 것을 대장군이 추격하여 땅을 모두 되찾았다. 그래서 나라가 평안하여지고 각자 직책에 충실하여 나라에 일이 없었지요. 천군은 재위 100년 만에 육룡(六龍)을 타고 건원제의 조정에 배알하고 돌아오지 않았다고 한다. ⇒ 천군소설(天君小說)

4) 조선전기『주역참동계』수련법의 내용과 그 계보

(1)『주역참동계』수련법의 내용

『주역참동계』의 수련법을 거칠게 요약하자면,『주역』64괘 중 건곤(乾坤)을 노정(爐鼎)으로 삼고, 감리(坎離)를 단약(丹藥)으로 삼고, 그 나머지 둔몽(屯蒙) 이하 60괘를 화후(火候)로 삼아 한 달 30일에 분속하고, 하루 밤낮 12시진(時辰)에 두 괘의 12효(爻)를 분속하고는, 노정 속의 약물, 수화(水火) 또는 연홍(鉛汞) 또는 금수(金水) 또는 용호(龍虎) 또는 오토(烏兎)로 가차(假借)해서 일컫는 노정 속의 약물, 곧 사람의 형체와 정기를, 정신을 집중해 운행시켜 그것이 맺혀 단약을 이루어 낸다는 것이다. 해당하는 괘와 만나는 효를 항상 생각하고 잊지 않아서 조금도 어김이 없게 하고 하늘의 기를 자신의 기에 합하게 하며, 달의 차고 기우는 것을 보아 뽑아내고 더하되 초하루부터 보름까지는 점차 더하고 보름부터 그믐까지는 점차 빼서 더하고 빼는 것이 하늘의 운행과 어긋남이 없도록 하여, 불로 물을 다려서 단전(丹田)에 응집되게 하기를 3년 동안 하면 몸이 가벼워지고 뼈가 새로 바뀌어 대낮에 하늘로 날아오르게 된다고 한다. 이와 같은 노장계통의『주역참동계』수련법을 유가적인 심성수양의 방법으로 완전히 전환시켜 놓은 것이 남명의「신명사도명(神明舍圖銘)」이라고 할 수 있다.

— 동춘당(同春堂) 송준길(宋浚吉, 1606~1672),『同春堂別集』卷1, 卷5「經筵日記」

① 丁酉年⁽¹⁶⁵⁷⁾ 12월13일

송준길(宋浚吉)이 아뢰기를 "한(漢)나라 사람 위백양(魏伯陽)이 지은 『주역참동계』에서 이에 대해 자세히 논했습니다. 『주역』의 64괘 중 건괘(乾卦)와 곤괘(坤卦)를 솥으로 삼고 감괘(坎卦)와 이괘(離卦)를 단약(丹藥)으로 삼고, 나머지 60괘는 화후(火候)로 삼아 한 달 30일에 분속하고, 하루 밤낮 12시진에 두 괘의 12효를 분속하니, 이것이 바로 용호단련법(龍虎鍊丹法)입니다. 용호는 대체로 사람의 정기(精氣)를 가리키는 것인데, 정신을 쏟아 정기를 운행시키면 정기가 맺혀 단약이 된다고 하니 그 설이 매우 괴이합니다. 이른바 '무(無)를 생각하여 유(有)를 이룬다.[想無成有]'는 것이 이것입니다."라고 하였다.

② 戊申年⁽¹⁶⁶⁸⁾ 10월21일

송준길이 아뢰기를 "위백양이 지은 『주역참동계』를 주자(朱子)도 일찍이 칭찬하였습니다. 『주역』의 64괘를 모두 가설(假說)로 만들어, 물인 감괘와 불인 이괘를 약물로 삼고 건괘와 곤괘를 솥으로 삼았습니다. 솥 속의 약물을 용호(龍虎)라고 하는데, 천천히 달이는 것을 용(龍)이라고 하고 급하게 달이는 것을 호(虎)라고 합니다. 또 추첨법(抽添法)이란 것이 있는데, 불이 느슨하면 땔감을 더 넣고 불이 급하면 땔감을 빼내는 것입니다. 그 법이 정미하여 우리 유가의 양심(養心) 공부와 같고 그 설이 좋아할 만하기 때문에 주자도 많이 채용하였습니다. 그러나 이것은 '무(無)를 생각하여 유(有)를 이루는 것[想無成有]'이고, 불씨(佛氏)는 창 앞의 잣나무[窓前柏樹], 개[狗子], 삼 세 근[麻三斤], 똥 씻는 막대기[乾矢橛] 등의 말을 화두로 삼고 면벽 사색하여 돈오(頓悟)에 이르면 끝내 천하의 이치는 무(無)가 된다고 하니, 이것은 '유(有)를 생각하여 무(無)를 이루는 것[想有成無]'입니다. 이것들은 모두 전일(專一)하게 생각하는 것을 일컬으니, 우리 유가의 도(道)도 전일하게 이회(理會)한다면 어찌 이룸이 없겠습니까. 또 '다른 사람의 마음을 통한다.[他心通]'라는 말이 있는데, 이것 또한 기학(氣學)입니다."라고 하였다.

(2) 『주역참동계』 수련법의 계보
① 權近^(1352~1409), 『入學圖說』 중 「天人心性合一之圖」, 1390년
② 卞季良^(1369~1430), 『春亭集』 卷6 「太宗朝永樂十三年六月日封事[六條]」, 1415년
③ 金時習^(1435~1493), 『梅月堂集』 卷17. "天刑第一, 北辰第二, 性理第三, 上古第四, 修眞第五, 服氣第六, 龍虎第七, 鬼神第八, 弭災第九, 喪葬第十"

④ 南孝溫^(1454~1492), 『秋江集』 卷1 「藥壺賦」, 1484년경. "藥壺公[金時習]과 費長房 [南孝溫]의 대화"

⑤ 李滉^(1501~1570), 『退溪集』 卷1 「湖堂梅花暮春始開用東坡韻」 第2首, 1544년

⑥ 金麟厚^(1510~1560), 『河西全集』 卷4 「空同子歌」, 1548년

3. 주자학자(朱子學者) 퇴계(退溪) 이황(李滉, 1501~1570)과 영남[江左]
– '사변'과 '의론' 강조

1) '학자(學者)'와 '고사(高士)'의 분화 – 「陶山雜詠(幷記)」 이해의 문제

「도산잡영 병기(陶山雜詠 幷記)」는 「도산잡영(陶山雜詠)」과 「도산기(陶山記)」라는 저작한 시점이 다른, 곧 저작연월이 다른 두 작품을 한 작품으로 묶어놓은 것이다. 「도산잡영」은 1560년(명종15) 여름에 지은 것이고, 「도산기」는 그 끝에 기록된 것으로 1561년(명종16) 11월 동짓날(6일)에 완고한 것임을 알 수 있다. 퇴계(退溪) 생전에 이미 이 두 작품이 하나로 묶여서 유통되었고, 퇴계 자신도 자신의 문집에 이 두 작품을 함께 묶어서 수록하도록 조치해두었다. 「도산잡영」은 원래 주자가 무이정사(武夷精舍)를 축조할 때 미리 그에 대한 「무이정사잡영(武夷精舍雜詠)」을 지었던 예를 본받고, 안평대군(安平大君) 이용(李瑢, 1418~1453)의 「비해당사십팔영(匪懈堂四十八詠)」 체제를 본떠 도산서당이 완공되기 전인 1560년(명종15) 여름에 칠언절구 18수와 오언절구 30수의 48수로 지었다. 그것을 1561년(명종16) 11월 동짓날(6일)에 완고한 「도산기」와 함께 묶어 「도산잡영 병기」로 해두었기 때문에 그 저작연월에 의문을 제기해볼 수 있는 것이다. 현행 목판본 『퇴계집(退溪集)』 내집(內集) 시권(詩卷) 권3 편차로는 처음 작품을 지은 시점은 1560년(명종15) 여름이지만, 「도산기」와 함께 묶어서 볼 때는 1561년(명종16) 11월 동짓날(6일)을 기준으로 그에 맞추어 저작연월을 잡아보아야 하는 것은 아닌지 한번 따져볼 필요가 있다.

나는 항상 오랜 병으로 고통을 겪고 있어서 비록 산에 살더라도 마음을 다하여 글을 읽지 못한다. 깊은 시름 속에서 조식(調息)을 한 뒤, 이따금 몸이 가볍고 편안해지며 정신이 맑고 상쾌해질 때 우주를 우러르고 굽어봄에 감개가 뒤따르면, 책을 덮고 지팡이를 끌고서 밖으로 나간다. 헌(軒)에 임하여 연못을 구경하기도 하고, 단(壇)에 올라 시(詩)를 찾기도 하고, 밭을 돌며 약초를 심기도 하고, 숲을 뒤져 꽃을 따기도 한다. 혹 바위에 앉

아 샘물을 퉁기기도 하고, 대(臺)에 올라 구름을 바라보기도 하고, 낚시터에 올라 물고기를 보기도 하고, 배를 타고 갈매기를 가까이 하기도 한다. 마음 내키는 대로 가서 이리저리 거닐다 보면, 눈길 닿는 것에 따라 흥이 일어나고, 경물을 만나 취미를 이루게 된다. 흥이 다해서 돌아오면, 한 방이 고요하고 도서는 벽에 가득하니, 서안을 대하고 말없이 앉아서 조심해서 살피고 궁구해서 찾는다. 왕왕 마음에 이해되는 것이 있으면 문득 기뻐서 밥 먹는 것도 잊고, 이해되지 않는 것이 있으면 벗들에게 도움을 받는다. 그래도 터득되지 못하면, 더욱 힘을 쓰되 억지로 통하려 하지 않고 한쪽에 놓아두었다가, 때때로 다시 끄집어내어 마음을 비우고 거듭 생각해서 저절로 이해되기를 기다린다. 오늘도 이렇게 하고, 내일도 또 이렇게 할 것이다. 봄에 산새가 지저귀고 여름에 만물이 무성하고 가을에 바람서리가 세차고 겨울에 눈빛과 달빛이 엉기는 것은 네 계절의 경치가 동일하지 않은 것이니, 흥취 또한 무궁하다. 큰 더위 큰 바람 큰비가 아니면 어느 때 어느 날이고 나가지 않은 적이 없고, 나가서도 이렇게 하고 돌아와서도 이렇게 한다. 이것은 한가히 지내며 병을 조섭하기 위한 무용(無用)한 일이라, 비록 옛 사람의 문정(門庭)을 엿볼 수는 없지만 스스로 마음속에 즐거워하는 것이 얕지 않으니, 비록 말이 없고자 해도 그렇게 할 수 없었다.[『退溪集』 卷3 「陶山記[陶山雜詠幷記]」]

「도산기」에서는 이 글 바로 뒤에 「도산잡영」의 작품에 대해 언급하였다. 그 부분까지를 가지고 「도산잡영」의 작품들을 살펴보면, 다시 말하면 그와 같은 형태로 「도산기」를 지었다면, 「도산잡영」은 산림에 처한 학자의 생활, 그에 따른 이러저러한 소회를 그 자체로만 보여주는 작품으로 읽힐 것이다. 그러나 그 뒤에 이어진 「도산기」의 다음 부분을 붙여서 읽어보면 의미가 달라진다.

옛날 산림(山林)에서 즐거워한 사람을 보면 또한 두 부류가 있었다. 현허(玄虛)를 사모하고 고상(高尚)을 일삼으며 즐거워한 사람도 있었고, 도의(道義)를 기뻐하고 심성(心性)을 기르며 즐거워한 사람도 있었다. 앞의 말을 따른다면 결신난륜(潔身亂倫)하는 곳으로 흐를까 염려되고, 심한 경우에는 조수(鳥獸)와 한 무리가 되어도 그르다고 생각하지 않으며, 뒤의 말을 따른다면 즐기는 것은 다만 조박(糟粕)뿐이라, 그 전해줄 수 없는 묘함에 이르러서는 구하면 구할수록 더욱 얻지 못하니, 즐거움과 무슨 상관이 있겠는가. 그러나 차라리 이를 위하여 스스로 힘쓸지언정 저를 위하여 스스로 속이지는 않을 것이니, 또 어

느 겨를에 이른바 세속의 명리라는 것이 있어 내 마음속에 들어옴을 알 것인가.[上同]

퇴계가 산림에서 즐거워한 사람, 곧 산림에 처(處)하는, 다시 말하면 산림에 은거하는 사람은 "현허를 사모하고 고상을 일삼으며 즐거워한 사람[慕玄虛事高尙而樂者]"과 "도의를 기뻐하고 심성을 기르며 즐거워한 사람[悅道義頤心性而樂者]"의 두 부류가 있다고 전제하고는, 전자의 경우는 "결신난륜하는 곳으로 흐를까 염려되고, 심한 경우에는 조수와 한 무리가 되어도 그르다고 생각하지 않는다.[恐或流於潔身亂倫 而其甚則與鳥獸同群 不以爲非矣]"라고 비판하고, 후자의 경우는 "즐기는 것은 다만 조박뿐이라, 그 전해줄 수 없는 묘함에 이르러서는 구하면 구할수록 더욱 얻지 못하니, 즐거움과 무슨 상관이 있겠는가.[所嗜者糟粕耳 至其不可傳之妙 則愈求而愈不得 於樂何有]"라고 일단 유보적으로 긍정한 다음, 이어서 자신은 "그러나 차라리 후자를 위하여 스스로 힘쓸지언정 전자를 위하여 스스로 속이지는 않을 것이니, 또 어느 겨를에 이른바 세속의 명리라는 것이 있어 내 마음속에 들어옴을 알 것인가.[雖然寧爲此而自勉 不爲彼而自誣矣 又何暇知有所謂世俗之營營者 而入我之靈臺乎]"라고 하여, 전자, 곧 산림에서 도의를 기뻐하고 심성을 기르면서 즐거워하는 사람을 따라 성인(聖人, 古人)의 조박인 경전을 통해 성인의 전해줄 수 없는 묘함[不可傳之妙], 곧 성인의 심법(心法)을 탐구하는 학자의 길을 가겠다고 하였다. 퇴계가 여기서 산림에 처하는, 곧 은거하는 두 부류 중 자신이 가겠다고 한 학자의 길과 대립되는 현허를 사모하고 고상을 일삼으며 즐거워하는 사람은 고대 노장계통의 은사(隱士)도 아니고, 그렇다고 현실세계 밖에 노니는 불교계통의 방외인(方外人)도 아닙니다. 그것은 다름 아닌 퇴계 당시 조선유학의 큰 흐름을 형성하고 있었던 고사(高士)들이다. 밀양의 송계(松溪) 신계성(申季誠, 1499~1562), 산청[진주]의 남명(南冥) 조식(曹植, 1501~1572), 초계[합천]의 황강(黃江) 이희안(李希顔, 1504~1559)을 '嶺中三高'라고 칭하고 있거니와, 이들은 모두 사화가 계속되는 당시의 정치현실 속에서 산림에 은거하여 자신의 덕성을 닦아서 성인이 되는 길을 추구하였다. 이와 같이 덕성을 닦아서 성인이 된다는 입장에서는 퇴계와 남명 등 고사들이 본질적으로 차이가 없었지만, 주자학(朱子學)을 제일의(第一義)로 해서 그 길을 가고 있던 퇴계의 입장에서는 남명 등 고사들이 가고 있던 길은 주자학 계통의 학자들의 길과는 서로 구별되는, 심법(心法)에서 서로 구별되는 노장계통의 은사의 길, 곧 이단일 수밖에 없었다. 그래서 퇴계는 자신의 필생사업을 실현할 터전인 도산서당을 완공하고, 그곳에서 자신이 추구해갈 길이 주자학을 탐구하는 학자의 길임을 천명함과 동시에, 그와 대척에 서 있었던 고사의 길을 노장계통의 은사의 길, 이단의 길로 배척해야 할 것으로 분명하게 밝혀놓은 것이지요. 말하자면 '학자(學者)'와 '고사(高士)'가 분화된 것이다.

퇴계가 남명이 노장계통의 은사들과 다를 바 없다는 사실을 지적한 것은 오래되고, 「도산기」를 짓기 한해 전인 1560년(명종15) 1월에는 「서조남명유두류록후(書曹南冥遊頭流錄後)」라는 글을 따로 지어 자신이 생각하는 산림의 고사로서 남명의 문제, 주자학을 제일의로 하는 자신의 입장에서 남명에게는 노장계통의 은사들에게서 한 발 더 나아간 문제, 심법에서의 문제가 있음을 밝힌 바 있다.『退溪集』卷43] 그리고 1561년(명종16) 4월경에는 제자 금계(錦溪) 황준량(黃俊良, 1517~1563)이 구해준 남명의 「신명사명(神明舍銘)」을 살펴보고는, 그 절박(節拍)과 기미(氣味)가 『주역참동계(周易參同契)』에서 나온 것임을 분명하게 확신하게 되었다. 다음은 그러한 사실을 알려주는 자료들이다.

(1) 「신명사명」[계부당명(鷄伏堂銘)]을 베껴 보내준 것에 깊이 감사합니다. 다만 그 설이 끝 간 데가 없이 넓고 아득하니, 비록 노장의 서책 속에서조차도 또한 보지 못한 것입니다. 기왕에 일찍이 배워본 적이 없는데 어찌 감히 말할 수 있겠습니까. 그 사람도 본래 예사롭지 않고, 그 학문도 또한 배우기 어렵습니다.『退溪集』卷20「答黃仲擧」]

(2) 근자에 서생 배신(裵紳, 1520~1573)이 『계몽』에 대해서 묻기 위해 『주역참동계』를 가지고 와서 그 일단을 볼 수 있었는데, 현묘하고 정심한 것이 과연 진귀한 책이었습니다. 배신의 말이 "두어 달 수용해서 공부해보니, 자못 기이한 효험이 있어서 주자의 '탈사(脫屣)'의 구절이 믿을 만한 것임을 비로소 알게 되었다."라고 하였습니다. 그러나 세상을 버리고 풍진을 떠난 사람이 아니라면 쉽게 배우지 못할 것이었습니다. 지난번에 조건중(曹建中, 曹植)의 좌우명[「神明舍銘」]을 보았는데 절박과 기미가 모두 이 『주역참동계』 속에서 나왔으니, 선생님이 "그 현묘함은 노장에도 없는 바이다."라고 하신 말씀은 그 병통에 꼭 들어맞는 것이라고 할 수 있겠습니다.『錦溪集』卷4「上退溪書」第1-2書]

(1)번은 1561년(명종16) 5월 3일자 퇴계가 제자 황금계에게 답한 서찰 중의 일부이다. 이 자료로 황금계가 남명의 「신명사명」[계부당명]을 구해서 퇴계에게 보냈음을 알 수

있고, 그것을 살펴본 퇴계는 남명의 공부가 노장계통의 서책 속에서조차도 볼 수 없
는 것, 그 이상으로 나아간 것이라고 1560년^(명종15) 1월에 지은 「서조남명유두류록후」
에서 지적한 것과 동일한 말을 하고 있다. 그에 대한 답은 ⑵번에 있습니다. ⑵번은
1561년^(명종16) 5월에 황금계가 스승 퇴계에게 답한 서찰 중의 일부이다. 이 자료에서 황
금계는 남명의 공부가 노장의 서책에서 더 나아간 것은 『주역참동계』에 있다고 하고,
『주역참동계』를 보고서야 스승 퇴계가 ⑴번 자료에서 한 말을 확실하게 알게 되었다
고 하였다. 이 자료들을 통해서 확인되는 바, 퇴계는 1561년^(명종16) 4월경에 제자 황금
계가 구해준 남명의 「신명사명」을 살펴보고는, 그것에서 제시한 남명의 공부방법이
『주역참동계』 수련법에서 온 것임을 분명하게 확인한 것이고, 그러한 사실을 「도산
기」에 반영해서 남명을 위시한 영남 강우지역에 폭넓게 분포했던 산림의 고사들을
자신이 지향하는 산림의 학자, 정확히는 산림의 주자학자^(朱子學者)와는 다른 길을 가는,
주자학을 제일의로 하는 자신의 입장에서 노장계열의 이단으로 비판한 것이다. 이러
한 내용이 중심이 된 「도산기」를 「도산잡영」 앞에 붙여놓게 되면, 산림에 처한 학자의
생활을 그와 대척에 선 산림의 고사들의 생활과 대비해서 아주 선명하게 보여줄 수
있게 되는 것이다. 따라서 저자 퇴계의 입장, 「도산기」를 「도산잡영」 앞에다 붙여서
「도산잡영[병기]」로 만들어놓은 저자 퇴계의 입장을 존중한다면, 「도산잡영[병기]」는
1560년^(명종15) 여름에 초고「도산잡영」를 짓고 1561년^(명종16) 11월 동짓날[6일]에 「도산기」
를 지어 「도산잡영[병기]」로 완고한 것으로 보아야 하는 것이다. ⇒「도산십이곡^{(陶山十二}
^{曲)}」

2) '관료문인^(官僚文人)'과의 거리두기

퇴계는 풍기군수를 그만두고 고향으로 돌아와 계상^(溪上)에 정거하기 시작한 1550년
^(명종5) 봄부터 1552년^(명종7) 4월 다시 서울로 올라가기 직전까지, 계상에다 한서암^(寒棲菴)과
계상서당^(溪上書堂, 溪堂)을 짓고 들어앉아 『주자대전^(朱子大全)』을 깊이 정독하였다. 이 기간 동
안 퇴계는 도학에 대한 자신의 생각이나 견해를 하나의 이론적인 저작으로 짓기에
앞서, 하나의 이론적인 저작으로 지어서 본격적인 학술활동을 전개하기에 앞서 한시
작품에다 먼저 담아두기도 하였는데, 그 대표적인 작품이 바로 「早春閒居次趙士敬
具景瑞金舜擧權景受相唱酬韻十四首」와 「有嘆」이다. 퇴계는 이 두 작품, 그중 「조
춘한거차조사경구경서김순거권경수상창수운십사수」를 오랜 기간 동안 계속해서 작

품 본문에서부터 편말주에 이르기까지 대폭 개고하였다. 당연히 현재 이 두 작품에는 시간적인 층위를 가진 많은 수정된 부분들이 복잡하게 섞여 있다. 이 때문에 여기서는 그것들을 모두 들어서 살펴보기는 어렵고, 「조춘한거차조사경구경서김순거권경수상창수운십사수」 칠언절구 14수 중 우리나라 도학의 역사와 관련해서 이황이 그 개고에 특히 힘을 쏟은 점필재^(佔畢齋) 김종직^(金宗直, 1431~1491)에 대한 제12수를 중심으로 개고사유와 그 의미에 대해서 살펴보기로 하겠다. / 퇴계는 「조춘한거차조사경구경서김순거권경수상창수운십사수」 중 점필재에 대한 제12수의 개고에 유독 힘을 쏟아 해당 작품의 본문 전체를 시간적 간격을 두고 두 차례나 모두 고쳐놓았다. 그 결과 「조춘한거차조사경구경서김순거권경수상창수운십사수」 중 점필재에 대한 제12수는 현재 개고 전후가 서로 확연히 다른 3종의 원고가 확인된다. 어떤 연유와 어떤 과정을 거쳐 개고되었는지 분명하게 알아보기 위해 그 3종의 원고를 들어보기로 하겠다. 아울러 최종 원고로 개고할 때 함께 개고했던 다른 점필재 관련 작품, 곧 1550년^(명종5) 6월경에 지은 「和陶集飮酒二十首」 제16수도 함께 들어보기로 하겠다.

(1) 「早春閑居」 詩 第12首 原詩[遺墨, 『先祖文純公遺墨』], 1551년

佔畢風聲最慕名　　명성 높으신 점필재를 제일로 존모하니
後時同道恨虛生　　동도의 후생은 헛사는 게 한스럽네
窺班縱把遺文讀　　좁다란 소견으로 남기신 글 읽지만
不喚平生醉夢醒　　취생몽사 한 평생을 일깨우진 못한다오

(2) 「早春閑居」 詩 第12首 改稿詩[『溪堂錄』, 養閑堂本 『退溪集』 卷2], 1552년

佔畢文章蓋世名　　점필재의 문장은 온 세상에 이름나니
後時同道恨虛生　　동도의 후생은 헛사는 게 한스럽네
成功未半罹邦變　　공을 반도 못 이룬 채 변고를 당했으니
痛惜人心未喚醒　　인심을 못 깨운 게 참으로 애석하네
[점필재는 최근이고 동도인데도 또한 문하에서 가르침을 받을 수 없으니 더욱 한탄스럽다.]

(3) 「早春閑居」 詩 第12首 最終改稿詩[『退溪集』 卷2], 1566년경

佔畢師門百世名　점필재의 사문이 백세에 이름나니
沿文泝道得鴻生　문을 따라 도를 찾아 큰 선비 길러냈네
成功未半嗟蒙難　공을 반도 못 이룬 채 난리를 당했으니
喚起群昏尙未醒　혼미한 자 잠을 미처 깨우지 못하였네
[점필재는 시문(詩文)에 주력해서 전아하여 도에 가까웠다. 그 문인(門人)들은 흐름을 따라 근원을 찾아올라가 한훤당(寒暄堂)과 같은 제공이 크게 의기를 떨쳤지만, 대업을 마치지 못한 채 음회(陰晦)가 닥쳐 사문(斯文)의 액이 되어 오래될수록 더욱 심해졌으니, 어찌 탄식하지 않을 수 있으랴.]

(4) 『退溪集』卷1 「和陶集飮酒二十首」 第16首, 1566년경
吾東號鄒魯　추로라고 일컫는 우리 동방에
儒者誦六經　선비들은 육경을 늘 외우네
豈無知好之　알고 또 좋아한 이 왜 없으랴만
何人是有成　이루었다 할 분은 누구이더냐
矯矯鄭烏川　우뚝하게 솟아난 오천 정 선생
守死終不更　죽도록 끝내 지켜 변치 않았네
佔畢文起衰　점필 문장 쇠퇴한 시대 일으켜
求道盈其庭　도 찾는 사람들이 문하에 가득
有能靑出藍　쪽에서 나온 푸름 그 속에 있어
金鄭相繼鳴　한훤 일두 서로 이어 울리었다오
莫逮門下役　문하에 드는 데 못 미쳤으니
撫躬傷幽情　자신을 돌아볼 때 진정 슬프네

　(1)~(4)번에서 점필재에 대한 논평의 초점이 "(1)번의 학자(學者)→(2)번의 문장가(文章家)→(3)~(4)번의 그 문하인문(門下人物)"로 옮겨지고 있음을 알 수 있다. 그에 따라 점필재의 위상은 점차 축소 또는 조정되어 있음을 알 수 있지요. / (1)번은 1551년(명종6) 초봄(1월)에 지은 것이다. 이 작품에서 퇴계는 점필재를 자신과 동도(同道)의 제일 존모하는 학자로 높이고 있다. 그러나 이미 돌아가신 분이기 때문에 그 문하에 나아가 직접 배우지 못한 채 남긴 글을 읽는다고 하였다. 퇴계는 일찍부터 『점필재집(佔畢齋集)』을 읽어

왔다. 따라서 (1)번에서와 같이 논평한 것은 그때까지 점필재에 대한 퇴계의 생각, 『점필재집』을 읽고 가졌던 퇴계의 생각을 그대로 반영한 것이라고 해야 할 것이다. 이때까지 퇴계는 점필재를 우리나라에서 제일 존모하는 학자로 높이고 있었던 것이다. / (2)번은 1552년^(명종7) 4월경에 개고한 것으로 추정된다. 이 작품에서는 김종직에 대한 논평이 '자신과 동도의 제일 존모하는 학자'에서 '문장으로 온 세상에 이름난 인물', 곧 저명한 문장가로 바뀌어 있습니다. 점필재에 대한 평가에, 점필재에 대한 퇴계의 생각에 변화가 생긴 것이다. 그러나 제1구에서 점필재에 대해 이렇게 논평하고 나면, 제2구 이하의 내용, 자신과 동도의 인물로 사화에 희생되는 바람에 세상을 일깨우지 못한 것이, 나아가 그 문하에서 직접 가르침을 받지 못한 것이 참으로 한스럽다고 한 내용과 서로 맞지 않다. 이때 퇴계는 도학의 계승 발전에 대한 자임과 결단에의 각오를 확고히 하고 있었기 때문에 문장이 자신의 길일 수는 없다. 따라서 제2구 이하의 내용은 점필재보다 그 문하의 한훤당^(寒暄堂) 김굉필^(金宏弼, 1454~1504)과 일두^(一蠹) 정여창^(鄭汝昌, 1450~1504)에게 더 어울릴 내용이다. 그러나 당시 퇴계는 한훤당과 일두의 사적을 제대로 파악하지 못하였던지, 제1구와 제2구 이하의 불일치를 바로잡지 못한 채 미완고의 상태로 그대로 두고 말았다. / (3)번은 제자 구암^(龜巖) 이정^(李楨, 1512~1571)의 요청으로 한훤당 관련 자료를 모은 『경현록^(景賢錄)』을 개정한 1565년^(명종20) 9월 이후에 개고한 것으로 추정된다. 이 작품에서는 학자도 문장가도 아닌 점필재의 사문^(師門), 곧 문하^(門下)로 논평의 초점이 옮겨져 있다. 제1구에서 점필재의 사문이 백세에 이름이 높다고 하고, 제2구에서는 제1구를 이어서 점필재는 문^(文)을 따라 도^(道)를 찾아[因文入道] 큰 선비를 길러냈다고 하였다. 제3-4구에서는 김종직 문인들이 사화를 당한 일을 언급해서 (2)번의 제1구와 제2구 이하의 불일치를 완전히 해소하였다. 곧 (3)번으로 (2)번 미완고의 개고가 완료된 것이다. (4)번도 (3)번과 같은 때 개고한 것이다. 이 작품은 현재 개고 이전의 작품이 전하지 않는다. 하지만 이 작품도 (3)번에서처럼 논평의 초점이 점필재의 문하로 옮겨져 있음을 알 수 있다. 문장으로 쇠퇴한 시대를 일으킨 점필재의 문하에 도를 찾는 선비들이 가득한 중에 청출어람을 한 한훤당과 일두가 나와서 도학의 길을 열어냈다고 하였다. / 한편 퇴계는 『경현록』을 개정하고 나서 구암 이정에 답한 편지에서, 추강^(秋江) 남효온^(南孝溫, 1454~1492)이 『사우명행록^(師友名行錄)』에서 거론한 점필재와 한훤당 사이의 '상이^(相異)' 문제를 해명하는 과정에 다음과 같이 말하고 있다.

위 두 시를 주고받은 것이 이와 같을 뿐인데, 추강이 "점필재와 한훤당은 서로 길을 달리했다."라고 한 것은 어느 때 어떤 일을 두고 한 말인지 지금 상고할 수는 없습니다. 다만 지금 점필재 문집을 가지고 보자면, 점필재는 오직 시문을 제일의(第一義)로 삼고 일찍이 우리의 도, 우리의 학문에는 관심을 둔 적이 없어서 한훤당이 그 때문에 책망한 것입니다.[『退溪集』卷22「答李剛而·別紙」]

점필재를 학문을 한 사람이 아닌 문장을 한 사람으로 단정하고 있다. 퇴계는『경현록』을 개정하는 과정에 일찍부터 읽어왔던『점필재집』을 다시 정독했거나, 이미 읽었던 내용을 숙고해보았을 것이 틀림없다. 그래서『점필재집』을 근거로 김종직이 학문을 한 사람이 아닌 문장을 한 사람으로 단정한 것이다. 아래 제자들의 물음에 답한 내용도 이와 동일하다.

(1) 점필재는 학문 하는 사람이 아니라서 평생 사업이 단지 문장에 있었을 뿐이니 그 문집을 보면 알 수 있을 것이다.[『退溪言行錄』卷5「論人物·金誠一」]

(2) "선생님께서는 풍기군수로 계실 때 경상감사에게 글을 올려 정포은(鄭圃隱)·길야은(吉冶隱)·우좨주(禹祭酒)·김점필(金佔畢) 제공을 아울러 논급하셨는데 어떻게 생각하십니까?"라고 묻자, "그때는 미처 헤아려보지 못했는데 지금 생각해보니 과연 크게 잘못되었다. 점필재는 역시 단지 문장 하는 선비일 뿐이다."라고 대답하였다.[『退溪言行錄』卷5「論人物·禹性傳」]

퇴계는 점필재와 관련된 한시작품「화도집음주이십수」제16수와「조춘한거차조사경구경서김순거권경수상창수운십사수」제12수의 개고는 자신의 도학 이해의 심화 및 성숙에 따른 점필재에 대한 생각 또는 평가가 달라진 측면 외에도 다른 측면을 고려해보아야 할 것이다. 앞서 든 점필재와 한훤당 사이의 상이 문제와 관련한 해명을 하고 있는 것에서도 드러나듯이, 이른바 도학의 시대가 열리면서 도학의 입장에서 점필재를 부정적으로 평가하려는, 다시 말하면 점필재를 학자가 아닌 문장가로 평가해서 우리나라 도학의 역사에서 그 위상을 대폭 축소시키려는 정치·사상계의 움직임에 적극적으로 대응해서 점필재에 대한 기존의 자신의 생각을 적정하게 축소 조정한 결과의 산물이라고 해야 할 것이다. 점필재에 대한 자신의 생각을 적정하게 축소 조정한 것에 따른 김종직에 대한 새로운 논평을, 자신의 만년정론(晚年定論)을 자신이 이미 지어놓은 한시작품을 개고해서 담아둔 것이라고 할 수 있을 것이다. 그러면서도 특히 전자에서 "점필 문장 쇠퇴한 시대 일으켜, 도 찾는 사람들이 문하에 가득.[佔畢文起衰 求道盈其庭]"이라고 한 것과 후자에서 "문을 따라 도를 찾아 큰 선비 길러냈네.[沿文沠道得鴻生]"라고 한 것에서 잘 드러나듯이, 도학 연원의 계승이라는 측면에서 점필재의 문장과 교육에 의지해서 도학의 길이 열린 점을 높이 평가해서 밀양(密陽)에다 점필재를 모시는 서원[덕성서원(德成書院), 점필서원(佔畢書院)]을 창설하는데 몹시 적극적이었다. 퇴계는 1567년(명종22) 정묘년 12월 23일 당시 밀양교수로 재직하던 제자 임연재(臨淵齋) 배삼익(裵三益, 1534~1588)에게 보낸 서찰에서 주변의 반대가 많이 있더라도 밀양에 점필재를 모시는 서원을 꼭 세우기를 간절히 당부하였다.[『退溪集』卷35「答裵汝友」, "점필재는 남명이 말한 것과 같은 문제가 있지만, 또한 크게 붙들어 세운 것이 있으니, 어찌 심하게 배척할 수 있겠습니까. 서원을 짓고 사당을 세우는 일은 참으로 그렇게 하지 아니할 수 없으니, 부디 의심하지 말고 끝내 이룰 수 있도록 권하면 좋겠습니다."]

4. 주자학세상의 출발과 영남

– 퇴계(退溪) 이황(李滉, 1501~1570), 『退溪集』卷4「書院十詠」, 1565년
1) 죽계서원(竹溪書院), 풍기(豊基)
竹溪風月煥宮牆　죽계라 바람과 달 궁장에 빛났으니
肇被恩光作國庠　처음으로 은혜 입어 나라 서원 되었구려
絃誦可能追白鹿　현송은 백록동을 따른다고 하지마는
明誠誰似導南康　명성 공부 뉘라서 남강처럼 지도하리

2) 임고서원(臨皐書院), 영천(永川)
圃翁風烈振吾東　포은선생 풍도는 우리 동방 떨쳤나니
作廟渠渠壯學宮　사당을 크게 지어 학궁이 장하구려
寄語藏修諸士子　장수하는 여러분 선비에게 말하노니

淵源節義兩堪宗 　연원과 절의 둘 다 종주가 될 만하네

3) 문헌서원(文憲書院), 해주(海州)
海陽儒學蕩城塵 　해양이라 유학은 풍진에 묻혔더니
野草春風燒更新 　타다 남은 들풀이 봄바람에 새로워라
不向山林思變作 　향하여 흥기시킬 생각 않고
謾將書院謗叢臻 　부질없이 서원지어 비방이 모여드네

4) 영봉서원(迎鳳書院), 성주(星州)
鳳山儒館極恢張 　봉산이라 유관이 극도로 넓혀지니
聚訟賢祠挾謗傷 　사묘 두고 다툼 일어 중상모략 뒤섞이네
但願諸賢明此學 　바라기는 제현들이 이 학문을 밝혀서
閒爭浮議自消亡 　부질없는 뜬 물의가 저절로 소멸되길

5) 구산서원(丘山書院), 강릉(江陵)
人材淵藪古臨瀛 　예전부터 강릉은 인재의 구덩이라
闢學丘山澗石淸 　시내 맑은 구산에다 학궁을 열었다오
降聖千年名已近 　천 년의 성인 내신 그 이름과 비슷하니
乞靈今日敎將明 　영께 비는 오늘날 교화 장차 밝으리라

6) 남계서원(灆溪書院), 함양(咸陽)
堂堂天嶺鄭公鄕 　당당한 저 천령은 정공의 고을이라
百世風傳永慕芳 　백세에 기풍 전해 길이길이 사모하네
廟院尊崇眞不忝 　사묘 지어 존숭함은 참으로 좋은 처사
豈無豪傑應文王 　문왕 따라 일어날 호걸이 왜 없으리오

7) 이산서원(伊山書院), 영천(榮川)
地靈人傑數龜城 　인물 좋고 땅 좋기론 구성을 손꼽는데
創立儒宮事亦貞 　유궁을 창건하니 그 일 또한 바르구려

諱避不須生院號　서원이란 호칭을 굳이 회피하지 말고
絃歌猶待樹風聲　현가로 풍성을 세우기를 기다리세

8) 서악정사(西岳精舍), 경주(慶州)
東都賢祀謗何頻　동도라 사우에는 왜 비방 잦은 건가
變置眞成學舍新　변경해서 새로운 학궁을 만들었네
但使菁莪能長育　오로지 청아만을 잘 가꿔 기른다면
涵濡聖澤屬儒紳　거룩한 임의 은혜 유림에게 미칠 걸세

9) 화암서원(畫巖書院), 대구(大丘)
畫巖形勝畫難成　그림으로 못 그릴 건 화암의 절경이라
立院相招誦六經　서원 짓고 서로 모여 육경을 외운다오
從此伶聞明道術　도술이 이로부터 밝혀지고 말 것이니
可無呼寐得群醒　잠에서 깨어나는 무리들 없을 손가

10) 여러 서원을 총론하다 總論諸院
白首窮經道未聞　경서 연구 늙도록 도를 듣지 못했더니
幸深諸院倡斯文　참 다행히 여러 서원 유학을 창도하네
如何科目波飜海　어쩌자고 과거 물결 바다를 뒤집는가
使我閒愁劇似雲　부질없이 나의 시름 구름처럼 이는구려

Ⅳ. 조선후기 영남강우지역의 동향

1. 영남강우지역 남명학파의 분포

1) 新山書院奉安齊會錄[新山同話錄] 2종

　삼족당(三足堂) 김대유(金大有, 1479~1551), 송계(松溪) 신계성(申季誠, 1499~1562), 남명(南冥) 조식(曺植, 1501~1572), 내암(來菴) 정인홍(鄭仁弘, 1536~1623)으로 이어지는 이 계열은 사승관계로까지 확대해서 말하기는 어렵더라도 상호 일정한 학문적 수수관계가 형성되어 있었다고 할 수 있다. 여기에 당시 송계 신계성 및 남명 조식과 함께 영중삼고^(嶺中三高)로 일컬어진 합천 초계의 황강^(黃江) 이희안^(李希顏, 1504~1559)을 더하여 본다면, 후일 남명학파는 밀양강과 황강 등 경상남도 지방의 여러 낙동강 지류 주변 산림에 포진해 있던 일군의 인물들의 학문적 움직임이 김해 낙동강 가 멀리 남해를 전망하는 남명 조식에게로 귀일되면서 남명학파가 형성되었다고 말할 수 있을 것이다. 따라서 이들 삼족당 김대유·송계 신계성·남명 조식·황강 이희안·내암 정인홍과 학문적, 혈연적으로 깊이 연계된 가문은 조식의 강학지인 김해만이 아니라 청도, 밀양, 양산, 합천, 함안, 창원, 창녕, 진주, 의령, 산청, 거창, 성주, 고령, 현풍 등 경상도 강우지역에 폭넓게 포진하고 있었다. 이것이 후일 남명 조식의 중장년 시기의 강학지인 김해 산해정을 모체로 남명 조식과 송계 신계성을 병향^(並享)하는 김해지역의 수서원^(首書院), 김해지역 학문의 전당 신산서원^(新山書院)을 설립할 수 있는 중요한 기반이 되었던 것이다.

(1) 『新山書院尋院錄』[安憘^(1575~1660), 『參奉安公實記』^{『奉事安公實記』 附編}, 「新山同話錄^{(萬曆三十八年(1610, 광해군2)}九月二十五日南冥先生奉安時)」: 64人

"朴齊仁[字仲思 號篁巖 軍威縣監 居咸安], 魚夢澤[字景施 居金海], 河渾[字性源 號暮軒 省峴察訪 居陜川], 安憙[字彦優 號竹溪 大丘府使 居金海], 崔汝契[字舜輔 號梅軒 居高靈], 裵亨遠[字君吉 居陜川], 金遺[字退可 居昌原], 權濚[字景止 長水縣監 居陜川], 許景栗[字士寬 居金海], 文景虎[字君變 號嶧陽 省峴察訪 居陜川], 柳惟精[字幾伯 居金海], 裵顯[字而晦 居金海], 尹銑[字澤遠 漢城左尹 居三嘉], 金有生[字成會 居金海], 柳震楨[字任可 翰林 居陜川], 李友杜[字克孚 居金海], 孫復起[字君立 居金海], 李明怘[字養初 進士 居咸安], 裵誠立[字預甫 居陜川], 宋廷伯[字公輔 號晴菴 進士 居金海], 金斗南[字汝仰 號德灘 主簿 居陜川], 姜翼文[字君遇 忠原縣監 居陜川], 許洪材[字大用 槩樹察訪 居三嘉], 金淪[字通甫 居金海], 黃世烈[字丕承 泰陵參奉 居金海], 安後凱[字舜擧 居金海], 金貴精[字士粹 居昌原], 申英蒙[字士豪 泰陵參奉 居金海, 申季誠曾孫], 許洪器[字大受 居三嘉], 裵應立[字信叔 居金海], 張益奎[字文哉 號于房 居昌原], 許景胤[字士述 號竹菴 禮賓寺直長 居金海], 鄭賮[字直甫 進士 居三嘉], 申興蒙[字士粹 居密陽, 申季誠曾孫], 安憘[字敬仲 居金海], 姜慶昇[字善追 居宜寧], 郭瀅[字淸叔 居玄風], 李塏[字士養 居咸安], 沈浹[字景說 居昌原], 申順蒙[字亨甫 居陜川, 申季誠曾孫],

宋廷男[字明輔 居金海], 金應奎[字子章 居丹城], 河景中[字子由 居陜川], 金德一[字吉甫 居金海], 柳闢榮[字德茂 居晉州], 崔夢龜[字瑞胤 居高靈], 柳起[字應瑞 居金海], 趙英沂[字聖與 居咸安], 曹挺立[字以正 盈德縣監 居陜川], 趙唯道[字魯而 居咸安], 白鑌[字聲遠 居昌寧], 金徽一[字美甫 居金海], 金光績[字汝凝 居金海], 李克華[字公顯 居靈山], 文德興[字殷輅 居山陰], 曹挺生[字以寧 禮曹佐郞 居陜川], 林眞怘[字樂甫 號林谷 生員 居三嘉], 尹就辟[字汝衡 居咸安], 曺德峻[字汝達 居金海], 鄭之雅[字仲止 居草溪], 趙英灝[字大浩 居咸安], 李雲海[字汝雨 居草溪], 鄭昌詩[字鳴周 自如察訪 居安陰], 河憕[字子平 生員 居晉州]"

(2)『新山書院尋院錄』[安悏^(1575~1660), 『參奉安公實記』^{『奉事安公實記』 附編}, 「新山同話錄^{(萬曆四十四年(1616, 광해군8)十月二十日松溪申先生奉安時)}]: 30人

"許景栗[字士寬 居金海], 裵顯[字而晦 居金海], 金有生[字成會 居金海], 李光暹[字晦可 居密陽], 黃世烈[字丕承 泰陵參奉 居金海], 柳光胤[字伯承 居密陽], 申英蒙[字士豪 泰陵參奉 居金海, 申季誠曾孫], 朴壽春[字景老 號菊潭 居密陽], 許景胤[字士述 號竹菴 禮賓寺直長 居金海], 申興蒙[字士粹 居密陽, 申季誠曾孫], 李而橫[字馨甫 居咸安], 白受繪[字汝彬 居梁山], 安悏[字敬仲 居金海], 申順蒙[字亨甫 居陜川, 申季誠曾孫], 李埻[字士養 居咸安], 李壅[字子玉 居密陽], 裵弘祐[字綏甫 居靈山], 金柅[字而輔 居星州], 朴文成[字郁乎 居高靈], 曺德峻[字汝達 居金海], 金善慶[字積餘 居淸道], 崔胤興[字景述 居淸道], 朴篪[字和甫 居密陽], 朴尙彬[字士郁 居金海], 蔣文益[字子明 號釣耕菴 居密陽], 安世慶[字善餘 居金海], 盧垓[字子宏 號菊潭 居昌寧], 朴繼先[字汝述 居淸道], 邢昌運[字隆伯 居居昌], 河瀪[字汝源 居晉州]"

(1)번은 신산서원에 남명 조식의 위패를 모시던 1610년^(광해군2) 9월 15일에 함께 모였던 64인의 명단이고, (2)번은 1610년^(광해군2) 9월 15일 신산서원에 남명 조식의 위패를 모신 뒤, 1616년^(광해군8) 10월 20일 신산서원에 송계 신계성의 위패를 병향할 때 함께 모였던 30인의 명단이다. 「신산동화록^(新山同話錄)」이라고 불리는 이 자료에 이름이 올린 사람들은 모두 남명 조식과 송계 신계성, 나아가 남명 조식과 송계 신계성 양문^(兩門)의 적전^(嫡傳)이라고 할 수 있는 내암 정인홍과 직간접적으로 관련을 가진 사람들이다. 모

두 남명 조식의 문인이나 후손 또는 송계 신계성의 문인이나 후손, 나아가 내암 정인홍의 문인 등으로 기록되어야 할 사람들이다. 당연히 이들은 모두 북인(北人)으로 분류되어야 할 사람들이다. 그러나 1623년(인조1) 인조반정으로 내암 정인홍이 사사된 이후의 정국 전개 과정에 그 사문(師門)이 바뀌거나 감추어진 채 북인이 아닌, 남인(南人)이나 노론(老論) 등으로 바뀌어 있다. 따라서 이들의 사문과 당색을 정확하게 밝히는 것은 실제 작업의 어려움과 다른 이러저러한 외적 어려움이 있기는 하지만, 남명학파의 전개를 구명하는데 필수적인 과제이다.

2) 무민당(無悶堂) 박인(朴絪, 1583~1640), 『山海師友淵源錄』[『南冥別集』 卷6-9] 등
– 이상필, 『남명학파의 형성과 전개』(와우출판사, 2003), 85-88면 정리내용 발췌

"林芸(1517~1572, 瞻慕堂, 安陰), 裵紳(1520~1573, 洛川, 玄風), 崔樑(1522~1550), 姜翼(1523~1567, 介菴, 咸陽) / 吳健(1521~1574, 德溪, 山陰), 鄭琢(1526~1605, 藥圃, 醴泉), 崔永慶(1529~1590, 守愚堂, 山淸), 宋師頤(1519~1592, 新淵, 星州), 李濟臣(1510~1583, 陶丘, 宜寧), 河沆(1538~1590, 覺齋, 晉州), 鄭逑(1543~1620, 寒岡, 星州), 金宇宏(1524~1590, 開巖, 星州), 金宇顒(1540~1603, 東岡, 星州), 金孝元(1542~1590, 省菴, 漢城), 郭再祐(1552~1617, 忘憂堂, 宜寧), 趙宗道(1537~1597, 大笑軒, 山淸), 郭走+日(1531~1593, 禮谷, 玄風), 盧欽(1527~1602, 立齋, 三嘉), 李俊民(1524~1591, 新菴, 晉州), 宋寅(1517~1584, 頤菴, 漢城), 李瑤(1537~?, 漢陽), 李琰(1537~1587, 雲塘, 晉州), 李純仁(1533~1592, 孤潭, 漢陽), 李喜生(?~1584, 三嘉), 李魯(1544~1596, 松巖, 宜寧), 趙瑗(1544~1595, 雲岡, 晉州), 李濟臣(1536~1583, 淸江, 楊根), 河晋寶(1530~1585, 永慕亭, 晉州), 全致遠(1527~1596, 濯溪, 陜川), 李晁(1530~1580, 桐谷, 丹陽), 鄭構(1522~?, 永慕菴, 丹陽), 朴齊仁(1536~1618, 篁嵒, 咸安), 河應圖(1540~1610, 寧無成, 山淸), 李瀞(1541~1613, 茅村, 晉州), 李大期(1551~1628, 雪壑, 草溪), 金弘微(1557~1605, 省克堂, 尙州), 朴漢(1538~1581, 雪峯, 星州), 權世倫(1542~?, 仙院, 丹城), 柳宗智(1546~1589, 潮溪, 晉州), 文益成(1526~1584, 玉洞, 陜川), 俞大修(1546~1586, 漢陽), 具忭(1529~1578, 漢陽), 林希茂(1527~1577, 藍溪, 咸陽), 權文任(1528~1580, 源塘, 丹城), 愼公弼(靜黙, 晉州), 孫天祐(1533~1594, 撫松, 晉州), 李天慶(1538~1610, 日新堂, 丹城), 吳僩(1546~1589, 守吾堂, 山淸), 李光坤(1528~?, 松堂, 丹城), 成汝信(1546~1632, 浮查, 晉州), 盧錞(1551~?, 梅窩, 三嘉), 河天澍(1540~?, 新溪, 山淸), 陳克敬(1546~1617, 栢谷, 晉州) / 河洛(1530~1592, 喚醒齋, 晉州), 金沇(1541~1593, 松菴, 高靈), 都希齡(1539~1566, 養性軒, 咸陽), 吳澐(1540~1617, 竹牖, 咸安), 崔滉(1529~1603, 月潭, 漢陽), 鄭復顯(1529~1591, 梅村, 咸陽), 鄭之獜(1520~?, 棲巖, 咸安), 朴齊賢(1521~1575, 松嵒, 咸安), 鄭惟明(1539~1596, 嶧陽, 安義), 梁弘澍(1550~1610, 西溪, 咸陽), 房應賢(1524~1589, 沙溪, 南原), 金信玉(1534~1598, 安陰), 梁應龍(晉州), 金勵(晉州), 李郁(1556~1593, 晉州)"

2. 인조반정 이후 남명학파의 당대현실 수용과 학문적 정체성 모색

– 부사(浮查) 성여신(成汝信, 1546~1632), 『浮查集』 卷4 「東方諸賢贊」, 1632년

"崔文昌贊[崔致遠], 鄭圃隱贊[鄭夢周], 吉冶隱贊[吉再], 徐掌令贊[徐甄], 李參議贊[李養中], 金籠巖贊[金澍], 元進士贊[元天錫], 佔畢齋金先生贊[金宗直], 寒暄堂金先生贊[金宏弼], 一蠹鄭先生贊[鄭汝昌], 靜菴趙先生贊[趙光祖], 慕齋金先生贊[金安國], 晦齋李先生贊[李彦迪], 退溪李先生贊[李滉], 濯纓金先生贊[金馹孫], 花潭徐先生贊[徐敬德], 虛菴鄭先生贊[鄭希良], 冲菴金先生贊[金淨], 聽松成先生贊[成守琛], 圭菴宋先生贊[宋麟壽]"

1) 第8首 佔畢齋金先生贊[金宗直]
正直其性　바르고 곧은 것은 그 본성이고
端愨其行　단정하고 정성스러움 그 행실이라
學問精深　학문은 정심하여
式遵賢聖　성현을 본받아 따르고
文章高古　문장은 고고하여
追蹤韓孟　한유와 맹교를 좇았다오
誨人不倦　사람 가르치기를 게을리 하지 않으니
門士最盛　문하 선비들 가장 성하였네
高山仰止　높은 산처럼 우러르며
景行是敬　큰 행실 공경하네

2) 第15首 濯纓金先生贊[金馹孫]
濯纓江湖　강호에서 갓끈 씻고
綴佩蘭芳　난초 방초 엮어 찼네
熙豐人物　희풍 연간 인물이고
西漢文章　서한의 문장이라
挽回世道　세도를 만회하여
庶做虞唐　요순시대 만들길 바랐더니

那知貝錦	어찌 알았으랴 참소하는 말이
入自左腹	임금 마음 얻을 줄을
星周黃馬	무오년에
史禍大作	사화가 크게 일어났다오
公與暄蠹	공은 한훤당 일두와
同師佔畢	함께 점필재를 스승으로 모셨네
火炎崐岡	곤륜산에 불꽃이 일어
玉石俱焚	옥석 모두 타버렸네
悠悠宇宙	유유한 저 우주에
鬼哭幽寃	깊은 원통함 귀신이 곡한다오
九原難作	구천에서 다시 살아오기 어렵지만
萬古公論	만고의 공론 부지했네

[살펴보건대, 문창후(文昌侯)는 우리나라 문장의 시조로서 그 명철하고 고상한 풍취는 세속을 초탈하여 티끌세상의 사람이 아니었다. 포은(圃隱)과 야은(冶隱) 두 선생은 도학(道學)을 계승하고 열어 삼강오상을 일으켜 세워서 성대하게 우리 동방 이학(理學)의 종장이 되고 충절의 근본이 되었다. 서 장령(徐掌令)과 이 참의(李參議)가 시를 지어 충성을 보이며 초야의 복장으로 뜻을 굽히지 않은 것, 농암(籠巖)이 압록강 강가에 이르러 강을 건너지 않고 편지를 부쳐 안사람과 이별한 것, 운곡(耘谷)이 담을 넘어 피해 숨고서 세속의 더러움을 받지 않는 것들은 별도로 열전(列傳)을 세워 역사에 빛나게 할 만한데도 아직 역사서에 기록되어 있다는 말을 듣지 못하였다. 그래서 깊이 개탄하고 삼가 『동사찬요(東史纂要)』를 상고하여 아울러 기록해서 그 분들의 덕을 기린다. / 삼가 살피건대, 점필재 김선생[金宗直]은 가정에서 수업을 받았는데, 가학은 고려 때 주서를 지낸 야은 길선생[吉再]에게서 나온 것이니, 우리 조선에 도학이 전해진 것이 유래가 있다. 한훤당[金宏弼]과 일두[鄭汝昌]가 점필재에게서 도학을 얻어 들었고, 정암[趙光祖]·모재[金安國]·회재[李彦迪]·퇴계[李滉]로 전해진 실마리는 또 한훤당과 일두에게서 나온 것이니, 주고받은 심법이 실로 우리나라 도학의 연원이 된다. 탁영 이하 여러 선생은 도학에 부끄러움이 없고, 곧은 충성이 닳아 없어지지 않았으나, 좋지 못한 시대를 만나 도를 품은 채 간흉의 손에 머리를 나란히 하고 형을 받거나, 기미에 밝아 깊은 산 속으로 자취를 숨겼

다. 그리고 허암[鄭希良]에 이르러서는 기미를 안 것에 가까우니, 왕양명(王陽明)이 관과 신발을 벗어 던진 것이 아마 그에 가까울 것인데, 생을 끝마친 바를 알 수 없으니 그 자취가 더욱 기이하다. 다만 앞으로 닥칠 심각한 일에 초연할 수 없었던 것이 아쉽다. 아, 하늘이 내린 자질 어찌 그리 풍부했거늘, 그분들이 베푼 것은 이와 같이 인색한가. 성현이 때를 만나 도를 행하는 것이 예로부터 어려웠다. 공자와 맹자가 때를 만나지 못한 것과 정자와 주자가 궁색해진 것이 또한 이 때문이다. 또한 그 점을 논해 본다면, 우리나라의 중종과 명종 때 많은 현자가 배출된 것은 송(宋)나라의 염낙관민(濂洛關閩) 등과 같아 임금이 성스럽지 않은 것도 아니고, 신하가 현명하지 않은 것도 아니었다. 다만 일종의 흉악하고 간사한 무리가 성총(聖聰)을 좀먹고 미혹시켜서 충신과 선한 이를 모함하고 해친 것이니, 송나라가 사문의 지치를 이루지 못한 것이 이 때문이다. 그래서 뜻있는 선비는 희풍(熙豐)과 순소(淳紹) 연간을 개탄하고 통탄하지 않는 자가 없으니, 어찌 탄식을 그만둘 수 있겠는가. 그러나 지위는 낮아도 덕은 높았고 신세는 궁색해도 도는 형통하였다. 그래서 지금 우리나라 수천 리 땅에 임금은 임금답고 신하는 신하답고 아비는 아비답고 자식은 자식답고 남편은 남편답고 부인은 부인다운 것에 이른 것은 우리 선생들이 그 기강이 되고 그 경위가 되지 않음이 없었으니, 몸이 곤궁하고 현달함에 따라 도가 막히느냐 형통하느냐가 되지 않는 것이 분명하다. 이에 감히 여러 설을 고찰하고 그 행적을 기록하여 어설픈 글을 붙이는 것은 감히 찬양하고자 함이 아니라, 단지 공경하고 사모하는 정성을 부칠 따름이다.

3. 인조반정 이후 남명학파의 몰락과 전향과정

1623년(인조1) 인조반정으로 집권한 서인세력은 중앙조정에서 북인세력을 축출하는 것에 그치지 않고, 더 나아가 영남 강우지역에서도 남명학파, 곧 북인세력을 축출하는데 온 힘을 쏟았다. 중앙조정의 강력한 압력 하에 1624년(인조2) 이후 국담(菊潭) 박수춘(朴壽春, 1572~1653) 등의 주도로 밀양향안(密陽鄕案)의 정리가 행해지고, 1650년(효종1)에는 겸재(謙齋) 하홍도(河弘度, 1593~1666)와 태계(台溪) 하진(河溍, 1597~1658)의 주도로 덕천서원(德川書院) 청금록(靑襟錄)의 정리가 행해지면서 밀양을 중심으로 한 낙동강 연안지역 및 덕천서원을 중심으로 한 산청·진주 일원에 널리 퍼져 그나마 명맥을 유지하던 남명학파, 곧 북인세력은 자신들의 생활터전인 지역에서 생존하기 위해 대거 남인으로 전향하고 말았다.

중앙조정의 노론세력이 영남지역에 자파의 세력기반을 구축하기 위해 부심하게 된 것은 바로 영남지역에서 남명학파, 곧 북인세력이 거의 괴멸된 그 시점이었다. 1623년^(인조) 인조반정으로 북인세력을 중앙조정에서 북인세력을 축출하고 정권을 잡은 서인세력, 후일의 노론세력은 집요하고 지속적인 '정치공략'을 통해 중앙조정에서만 아니라, 그 생활터전이던 영남 강우지역에서조차 북인세력을 추방하는데 온 힘을 쏟은 결과 영남 강우지역에서 북인세력을 거의 축출하는데 성공한 그 시점이었다. 그러한 노력이 일단은 성공을 거두어 북인세력이 대거 남인으로 전향하게 되자, 영남지역은 강좌만이 아니라 강우에서조차도 북인을 찾아보기 어려운, 말 그대로 전 지역이 남인 일색으로 변모하게 되고, 그에 따라 중앙조정에서 근기지역 남인세력과 대립하면서 정국을 힘겹게 꾸려가던 노론세력은 여기에 영남지역 남인이라는 또 다른 정치세력을 적으로 둔, 영남지역 사론^(士論)에 의해 정국이 뒤집히는 곤혹스러운 상황에 직면하게 되었던 것이다. 서인세력, 후일의 노론세력이 중앙조정만이 아니라 영남 강우지역에서조차 북인세력 축출에 성공한 것이 도리어 부메랑이 되어 자신들에게 돌아오게 된 것이었다. 이와 같은 상황을 타결할 방안으로 중앙의 노론세력에 의해 모색된 것이 영남지역에 자신들의 세력기반을 구축하는 것이었고, 바로 그 중심에 놓인 것이 우암^(尤菴) 송시열^(宋時烈, 1607~1689)에 의해 강력하게 추진된 탁영^(濯纓) 김일손^(金馹孫, 1464~1498)의 인물 재평가와 그와 연동된 점필재^(佔畢齋) 김종직^(金宗直, 1431~1492)의 시호복구였던 것이다.

김종직의 시호복구 추진은 당시 정국의 변화로 곧바로 실현되지는 못하였다. 그것은 송시열 사후 20년 정도가 경과한 1708년^(숙종34)에 마침내 실현되게 되었다. 이로써 송시열이 영남지역에 자파의 세력기반을 구축하기 위해 생전에 추진해온 사업은 마무리된 것이다. 먼저 김일손을 향사하는 자계서원을 위시한 청도의 북인들이 자신들의 세력권 내로 편입하게 되고, 이어서 조식의 신도비를 찬술함으로써 합천 중심으로 한 북인들이 자신들의 세력권 내로 편입하게 되고, 다시 여기에 김종직의 시호복구를 이루어냄으로써 김종직의 후손들, 정인홍과의 혈연적인 밀접함으로 끝내 남인으로 전향하지 못하고 있었던 김종직 후손들을 위시한 다수 영남지역 거주 북인들을 자신들의 세력권 내로 편입하게 된 것이다. 자신들이 얼마 전까지 영남지역에서조차 추방하는데 전력을 기울여온 강우지역의 북인세력을 다시 자파의 세력기반으로 확보하게 된 것이다.

이와 함께 이황의 김종직의 인물평가에 대해 시호복구라는 방식으로 반박함으로써 이황의 의론을 기준으로 움직여온 영남지역의 통일된 사론을 분열시킬 수 있는 입지, 나아가 영남과 근기 퇴계학파, 곧 영남과 근기 남인의 원류 또는 표준인 이황과 그 계열조차 하나의 작은 흐름으로 아울러 가는, 김종직을 원류 또는 표준으로 세워 그 원류 또는 표준에서 갈려나간 하나의 작은 흐름으로 아울러 가는, 자신들만의, 자신들 중심의 조선 도학의 역사를 그려갈 수 있게 되었다. 김종직과 김일손을 잇고 있던 조식을 위시한 영남 강우지역에 넓게 포진했던 '산림의 고사'들, 그들의 학문과 정치적인 입장을 계승한 남명학파, 곧 북인세력의 계보가 깡그리 지워진 조선 도학의 역사를 그려갈 수 있게 된 것이다.

'문간(文簡)'에서 '문충(文忠)'으로의 시호복구[김종직의 시호는 1492년(성종23) 그의 사후 당시 봉상시봉사로 재직하던 제자 재사당(再思堂) 이원(李黿, ?~1504)이 "도덕을 갖추고 학문을 널리 닦았다.[道德博文]"라는 의미의 '문(文)'과 "청렴하고 공정하였다.[廉方公正]"라는 의미의 '충(忠)'을 합한 '문충(文忠)'으로 의시(議諡)되었다. 그러나 당시 조정에서 이것은 김종직의 일생 행적과 맞지 않다는 비판의 여론이 높아, 논의 끝에 1493년(성종24)에 "학문을 널리 닦고 식견이 많았다.[博文多見]"라는 의미의 '문(文)'과 "거경의 자세로 간소한 정치를 행했다.[居敬行簡]"라는 의미의 '간(簡)'을 합한 '문간(文簡)'으로 개정되었다. 처음에 학덕을 갖춘 도학자이자 정치가로 높여졌던 것이 학문과 식견을 갖춘 문인, 곧 관료문인으로 축소 조정된 것이었다.], 다시 말하면 문인(文人)에서 도학자(道學者)로의 인물평가가 김종직의 문묘종사로 이어질 수는 없었다. 왜냐하면 중앙의 노론세력, 송시열 일계로 통일을 이룬 중앙의 노론세력이 볼 때, 주자학의 계승자, 정확히는 이황의 계승자라는 면에서 당색은 달라도 주자학의 이단변별이라는 한 잣대에 몹시 엄격하던, 이황과 그 후학들인 남인세력과 다름없이 주자학의 이단변별이라는 한 잣대에 몹시 엄격하던 중앙의 노론세력, 송시열 일계로 통일을 이룬 중앙의 노론세력이 볼 때, 「조의제문(弔義帝文)」은 여전히 그것을 지은 김종직과 그것을 사초에 수록한 김일손의 인물평가에 하나의 큰 흠결, 그 출처의리(出處義理, 春秋義理)에 하나의 큰 흠결일 수밖에 없었기 때문이었다.

- 嶺南退溪學派
  月川 趙穆[禮安, 榮州 등, 北人으로 지목되어 축출 또는 사라짐], 鶴峯 金誠一[虎

派, 臨河, 英陽, 寧海, 義城 등], 西厓 柳成龍[屛派, 豊山, 尙州, 善山 등), 寒岡 鄭逑
[南冥과 退溪 兩門 出入, 大邱, 漆谷, 星州, 高靈, 昌寧 등]

- 南冥學派 인사들의 전향 경로
  寒岡旅軒學派, 嶺南退溪學派[虎派의 葛菴大山定齋系列과 屛派의 江皐洛坡
溪堂系列], 近畿南人[北人에서 전향, 眉叟星湖順菴下廬性齋系列], 畿湖老論[尤
菴學派, 蘆沙學派와 艮齋學派]

4. 근대 영남강우인사들의 남명 이해 문제

조선후기 이후 영남강우인사들의 「신명사도명(神明舍圖銘)」의 이해문제와 관련해
서는 전병철의 「지리산권 지식인의 마음 공부–「신명사도명」 관련 남명학파 문학작
품에 나타난 재해석의 면모와 시대적 의미」, 『남명학연구』 28(경상대 남명학연구소,
2009) / 「노백헌 정재규의 남명학 계승과 19세기 유학사에서의 의미」, 『남명학연구』
29(상동, 2010) / 「19세기 강우지역 학자들의 「신명사도명」 해석과 그 의의」, 『남명학
연구』 30(상동, 2010) / 「복암 조원순의 「신명사도명」에 대한 해석과 개정」, 『남명학연
구』 53(상동, 2017) 등이 참고가 된다.

1) 영재(寧齋) 이건창(李建昌, 1852~1898), 「南冥先生編年序」『明美堂集』 卷10 「南冥編年序」
  "南冥先生全集 改刊于德山 工旣藏矣 將事諸子 復謂文集年譜如記言爲書 記
事爲春秋 不可闕一 舊年譜病疎繆 盍亦新之 乃別命曰南冥先生編年 博求公私
載籍而審取之 又以諸賢讚述語附于後 都爲一卷而續刊之 姜君柄周 以諸子之
言來 命序于建昌 建昌輇才俗學 未嘗聞夫大道之旨 其何敢承 然自惟童丱 卽知
誦慕先生 蹉跎至今 負疚於初心 而目覩宇宙之大變 忽忽欲無生 諸子之致書布
幣 重繭而見訪 乃在斯時 旣已歎 斯文一事 猶寄大山長谷之間 慨然如異世而相
望 及盥手端拜 發全書而讀之以訖 編年則又肅然如親見先生慰我之窮 而警我
之昏 不自知其悲喜之交于中 而竊不禁與事之幸 是以不獲終辭 嗚乎 聖賢之道
有行有不行天也 其雖不行於時 而卒得而明於後者人也 然知德者蓋鮮矣 而知
德而又能知言者益鮮 夫以仲尼之聖 子貢善言德行 天之不可階而升 日月之不

可蹠 而其答子禽 形容其德美 則五言而已 孟子亞聖 有以巖巖稱之 而韓子惟言
其醇 有宋大儒邵子 以英豪稱 而程子得安且成之語 然後論始定 知邵子者 孰如
程子 而推尊孟子者 又孰如韓子耶 由是言之 言固不貴乎多也 先生盛德大業 自
其在時 通國旣宗之 而先生則卷而懷之 以終其身 先生沒有年 黨議始裂 而先生
之門 不幸有憸人 方其得志 專爲張王 遂以敗僇 世之尙論先生者 又不能無同異
而其宗先生而述其德者 率多言其〈巖巖〉英豪[之氣像] 若不可岐以及 而[世]又徒
見先生不事著述 或謂其壹於約也 是豈知之者哉 夫受稟有剛柔 用工有紆直 著
跡有顯晦 至其深造自得 而止於所當止 則古今聖賢 未始不一也 先生之言曰 我
未忘斯世者也 所願學孔子也 又深惜世之君子 出爲世用 不知與元豐大臣同之
之義 觀乎此 [則]可以見先生之志矣 又其言曰 爲學要使知識高明 如上東岱萬品
皆低 然後惟吾所行無不利 又謂學莫先於寡欲 當致力於克己 莫要於持敬 當用
工於主一 學而欠主一 則其爲學僞耳 又提敬義說指授學者 此極切要 要在用工
熟 熟則無一物在胸中 於此亦可見先生之學矣 故大谷成公論先生 則曰學成而
醇 夫至於成而醇 則〈巖巖〉[英豪]特其氣象耳 若成公可謂知德矣 可謂知言矣 請
揭斯語 以復于諸子 丁酉[1897, 고종광무1]三月上澣後學完山李建昌敬書"

2) 단계(端磎) 김인섭(金麟燮. 1827~1903), 『端磎年譜』 癸巳」[1893, 67세]

"四月 聞重刊南冥學記 擅改諸圖 移書辨之[時諸儒會山天齋 議重刊冥翁集 欲
去學記諸圖 又欲別置下方 使書自書圖自圖 先生力言其不可 答會中書有曰 學
記第三圖 乃河洛圖後開卷第一義 天地萬物陰陽造化五行發生休克之理也 邵子
所謂先天之學心也 後天之學跡也 出入有無生死者道也 先生所以自圖 在羲文
八卦次序先後天圖之上 附於論道之統體爲求端用力之方 其不可妄有輕易删沒
一也 忠恕圖至誠無息者 道之體也 萬殊之所以一本也 萬物各得其所者 道之用
也 本之所以萬殊也 圖中一本萬殊 萬殊一本 泛看似倒 而去所以二字 删煩就簡
爲圖不得不然 精究諦察 非有異也 其不可妄有去取改正二也 顔子博文約禮圖
三月不違仁下註 未達一間者 以顔子之亞聖 猶不能無違於三月之後 其未達一
間者此也 先儒已言之 何惡於斯 必欲去之乎 其不可私自穿鑿爲說 有所云云三
也 三才一太極圖解 引西山先生形而上言無極 形而下言太極 乃西山的見道體
與朱夫子象數未形而其理已具形氣已具 而其理無朕 泯然相合 中間空然唱說

無極形而上者也 太極形而下者也 訛誤衆人 必欲改删 其無知妄作 無所顧難四
也 論聖賢附諸儒下 方載陳白沙 白沙雖曰禪學 獨不可附於諸儒之末乎 無識諸
人 傳相告引 執此爲端 削去改刊 其獨擅己見 不顧傍人五也 其他難遍以悉擧 大
抵學記上下卷 所以求端用力處己治人關異端觀聖賢之大略 無不備焉 爲條者凡
一千九十條 爲圖者合二十四圖 皆老先生一生通明道體 一字一句 皆有下落 以
求至當 桐溪鄭文簡公所云 先生爲圖以明之 專精敬義之學 已至聖賢之域 考迹
以觀其用 察言以求其心 入道之階梯 治心之規範 瞭如指掌 皆先生窮行心得之
實 非空言也 可謂於先生建圖屬書立言垂後底本意 極發明善體 貼出來語也 愚
一生尊慕 惟在於老先生 所以中間諸人 妄自改删 於心痛惡 閉門不出者此也 若
又有以私意 或無難去取 妄去一圖 妄改一句 則當明目張膽 剖心痛關 不但已也
必如太極圖解後說蘇承相草頭木脚之語 伸卞乃已也 夫校正大事也 昔朱夫子以
胡文定公於程集 改沿爲沂 改姪爲猶子 似無大害 而猶痛言其不可 況三百年大
賢文集 經諸先輩十分勘正 十分詳審 登梓流布國中者 今日么麼後生 其誰能下
手 其誰敢開口乎"

– 盧相稷[1855~1931], 『小訥集』卷44「晚翠盧公行狀」[盧壽容[1833~1902]]
　　"庚寅[1890]……是歲與妹壻曹博士泳煥及河慶圖許燦諸公 議同志就新山書院
舊址 重修山海亭 旣落 行月朔講 使諸生誦曹先生大學八條歌以興起之"

– 曹植[1501~1572], 『南冥集』卷1「在山海亭書大學八條歌後贈鄭君仁弘[丙寅秋 先生
　　在山海亭 仁弘往侍 留半箇月 仁弘北還 先生手書格致誠正歌 又書此一絶於
　　其後以與之]」
　　"一生憂樂兩煩冤 賴有前賢爲豎幡 慙却著書無學術 强將襟抱寓長言"

3)『南冥別集』卷2「言行總錄」[朴絪[1583~1640], 『無悶堂集』卷5「南冥先生言行總錄」]
　　"先生未冠 豪勇不羈 以功名文章自期 有駕一世軼千古之意 讀書喜左柳文字
製作好奇高 不屑爲世體 屢捷發解 名震士林 / 先生晚歲嘗自言 吾學古文而不能
成 退溪之文 本是今文 然却成就 譬之我織錦而未成匹 難於世用 退溪織絹成匹
而可用也 寫大字 頗遒勁 效雪菴兵衛森帖 然未嘗留意 自言其不成也"

– 갈암^(葛菴) 이현일^(李玄逸, 1627~1704), 『葛菴集』 卷19 「愁州管窺錄」

"退溪先生少年時有絶句一首曰 露草夭夭繞水涯 小塘淸活淨無沙 雲飛鳥過元相管 只怕時時燕蹴波 南冥少時亦有詩云 病臥山齋晝夢煩 幾重雲水隔桃源 新水淨於靑玉面 爲憎飛燕蹴生痕 兩詩皆有天然自得之趣 但退陶詩有靜存動察物來順應底氣象 南冥詩便有主張空寂 求照無物底意思"

– 약천^(藥泉) 남구만^(南九萬, 1629~1711), 『藥泉集』 卷27 「朱子解周易參同契跋」

"옛날 효종 초년에 일본 사람이 『주역참동계』를 요구하자, 조정에서는 교서관에 명하여 활자로 인쇄하게 하니, 모두 수백 권이었다. 인하여 조정의 신하들에게 나누어 주었는데, 이때 나는 아직 나이가 어려서 남의 집에서 이 책을 얻어 보았다. 그러나 책을 펴 보아도 무슨 말인지 알 수가 없었다. 중년에 또 한 번 얻어 보고는 비록 깊은 내용을 탐구하지는 못하였으나 그 문구의 아름다움을 좋아해서 처음부터 끝까지 반복하여 보고 손에서 놓으려고 하지 않은 지가 오래였다." / 수암^(遂菴) 權尙夏^(1641 ~1721), 『寒水齋集』 卷5 「答黃延豊」: "추측컨대 주자께서 시종 이 책을 좋아하여 보셨던 것은 그저 문장이 고상하고 질박해서일 뿐 아니라, 사실은 세상에 전해 오지 않는 묘리를 찾고 궁리하여 『주역』을 돕는 자료로 삼기 위해서였을 것입니다. 그러나 주자께서 저술하신 책은 연보와 행장에 자세히 실려 있는데 이 『주역참동계』의 주는 실리지 않았으니, 알 수 없는 일입니다."

V. 여론

1. 퇴계^[江左]의 '순덕무하^(純德無瑕)'와 남명^[江右]의 '벽립천인^(壁立千仞)'

– 지리적, 기질적, 학문적 차이

– '학자'와 '고사'

– '사변과 의론'의 강조와 '체험과 실천' 강조

– 퇴계와 남명의 '심법^(心法)' 차이와 그 이해 문제

– 산·강·바다, 궁마^(弓馬)와 배, 십이경^(十二景), 산해정과 망우정, 경관구성의 차이

2. 퇴계^(江右)의 '서찰한시^(書札漢詩)'와 남명^(江右)의 '잠명찬도^(箴銘贊圖)'

- 시문^(時文)과 고문^(古文)
- 『주자대전』과『주역참동계』
- 주력 작품양식의 차이와 그에 대한 접근방법

3. '사라진 계보'와 '잃어버린 공부길'

- 정치적인 몰락과 학문적인 검열 속에서의 소멸과 그 복원
- 퇴계학파^(京南과 鄕南)와 기호학파의 강우지역 침투양상
- 남명의 공부방법과 「신명사도명」및『학기유편』의 도상 이해

4. '소과천석^(小科千石) 대과만석^(大科萬石)'

- 벼슬길에서 소외된 강우지역인사들의 이중적 의식
- 출사에 대한 강한 욕구와 유가전통의 '뒤늦은' 고수
- 근대전후시기 실업[산업] 쪽으로의 발 빠른 전환

5. 남해지역 유배문인학자들과 강우지역의 교섭양상

- 지역의 생활과 풍물 등에 대한 기록
- 지역인사들과의 접촉 및 영향관계
- 우암^(尤菴) 송시열^(宋時烈)의 거제도와 갈암^(葛菴) 이현일^(李玄逸)의 광양

6. 한말이후 강우지역 서당강회와 근대불교 중흥시기 선방풍경

- 특히 해인사, 통도사, 범어사 등

17−18세기 지리산 권역 남명학파 전개양상

강 정 화 (경상국립대학교 한문학과)

오늘 세미나의 주제는 17−18세기 지리산 권역의 남명학파(南冥學派) 전개 양상입니다. 사실 제가 이 주제에 관해 집중적으로 연구한 연구자는 아닙니다. 다만 소개해 주셨다시피, 제가 소장으로 있는 경상국립대 남명학연구소(南冥學硏究所)에서는 1년에 학술대회를 6회 이상 개최합니다. 제가 그 기획을 오랫동안 담당했고, 기획하기 위해서는 선행연구 성과들을 점검해야 합니다. 점검이 되어야 다른 기획을 할 수 있기 때문이지요. 그런데 그 과정에서 분명하게 정리되지 않는 부분들이 있었는데요, 이 강좌를 준비하면서 그 현황을 더욱 정확하게 파악하고, 성과 중심으로 진행해 온 기획에서 빠진 부분을 확인할 수 있었습니다. 또 연구소의 연구기획이 19−20세기로 넘어오면서, 향후 보강할 부분을 점검할 수 있었습니다. 오늘은 17−18세기 진주를 중심으로, 지리산 권역의 남명학파가 변화 및 전개된 양상에 대해 간단하게 설명하고자 합니다.

강의 개요

17−18세기 강우(江右) 지역의 상황은 크게 두 사건으로 나누어 확인해 볼 수 있습니다. 주지하듯, 남명(南冥) 조식(曺植, 1501~1572)은 1500년대 인물로, 그의 사후 강우 지역 남명학파는 1623년 인조반정과 1728년 무신란(戊申亂)을 계기로 완전히 달라집니다. 두 사건을 중심으로 발생 전후의 상황과 그 분위기를 비교해보고자 합니다. 그동안 연구소가 주관한 학술대회의 연구 성과 중에서 핵심 되는 것들을 중심으로 이야기를 해보고자 합니다.

남명 삶의 대략

이를 위해서는 먼저 '남명'이라는 인물을 살펴야겠지요. 기본적으로 남명의 삶은

네 시기로 구분합니다. 1501년에 태어나 1572년에 세상을 떠나는데, 부친을 따라 한양에 올라가서 20대를 보냅니다. 그때 한양에서 사화(士禍)를 목격했고, 부친이 세상을 떠나자 고향(경남 합천 삼가)에 장례를 치른 후 한양으로 올라가지 않습니다. 집이 가난했으나 모친을 모시고 살아야 했기 때문에, 어쩔 수 없이 김해의 처가(妻家) 근처로 가서 48세까지 살았습니다. 그때 살았던 공간이 산해정(山海亭)입니다. 모친이 세상을 떠나자 장례를 치른 후 처가로 가지 않았습니다.

뇌룡정

산천재

위 사진의 왼쪽이 고향인 삼가 토동(兎洞)에 있는 뇌룡정(雷龍亭)입니다. 남명은 그 이후 이곳에서 13년의 세월을 보내고, 61세 때 덕산(德山) 산천재(山天齋)로 들어옵니다. 따라서, 현재 한양에서 머물렀던 곳은 아무것도 남아 있지 않고, 나머지 시기에 해당하는 산해정·뇌룡정·산천재를 중심으로 그의 자취가 남아 있습니다. 인조반정도 무신란도 이 세 곳을 중심으로 변화가 일어났기 때문에, 이를 중심으로 살펴보겠습니다.

인조반정 이전 남명에 관한 추숭

인조반정은 1623년에 일어나고, 남명은 그보다 앞서 1572년 2월 8일 세상을 떠났습니다. 남명이 세상을 뜨고 인조반정이 일어나기까지 강우 지역은 남명학파의 세상이었습니다. 앞서 말한 세 곳에서는 남명 사후, 관련 서원을 곧장 건립하기 시작합니다.

먼저 만년에 들어간 덕산에는 덕산서원(德山書院)을 짓습니다. 세상을 뜬 지 4년 뒤인

1576년에 완공하지요. 이후 임진왜란이 일어나 일부가 불탔고, 정유재란이 일어나 전소됩니다. 그러나 전란 직후에는 그들 북인(北人)의 세상이었기 때문에 곧장 중건 작업에 들어갑니다. 6-7년이 걸려 1609년 초반에 중건을 끝냈고, 그해 사액(賜額)이 이루어졌습니다. 본래의 명칭은 덕산서원이었는데, 덕천서원(德川書院)으로 사액되었지요.

용암서원(龍巖書院)은 현재 뇌룡정 바로 뒤쪽에 위치합니다. 덕산서원과 마찬가지로 1576년 건립되었고, 원래의 명칭은 회산서원(晦山書院)이었습니다. 회현(晦峴)이라는 곳에 세웠는데, 이 또한 임진왜란 때 불탔고, 전란이 끝나자마자 1601년 다시 세우게 됩니다. 이러한 작업은 어떤 합의가 있었던 것도 아니고, 당연히 해야 할 일이라는 동의 아래에 진행되었는데요. 그때 이름을 향천서원(香川書院)으로 바꾸게 됩니다. 이는 덕천 서원과 함께 1609년 용암서원이라는 이름으로 사액이 됩니다.

용암서원

신산서원

다음으로 김해에 세워진 신산서원(新山書院)입니다. 남명이 처가에서 지낼 때 공부하던 산해정 자리에 세웠습니다. 이 서원은 남명 사후 곧바로 들어서지 못하고, 1588년에 세워집니다. 첫째 부인이 남평 조씨(南平曺氏)인데, 부부 금실이 그다지 좋지 않았던 것 같습니다. 김해를 떠난 이후 남명의 삶에서 김해 쪽과 연결되는 모습을 거의 보여주지 못하기 때문에, 흔히 그렇게들 말합니다. 1588년 서원을 세웠는데, 역시 임진왜란 때 산해정과 서원이 모두 불탔습니다. 1608년 산해정은 세우지 못하고 서원만 중건했는데, 그 이듬해(1609) 역시 사액이 됩니다. 지금은 신산서원의 강당에 '산해정'이라는 이름으로 그 명맥을 유지하고 있습니다.

이처럼 3개의 서원이 동시에 사액을 받았는데요, 이것이 가능했던 이유는 다음과 같습니다. 1609년은 광해군 재위 원년으로, 광해군의 왕위 등극에 내암(來庵) 정인홍(鄭仁

^{弘, 1535~1623}의 역할이 엄청났습니다. 그래서 광해군은 등극하자마자 3개의 서원을 동시에 사액하였고, 정인홍은 3개 서원의 원장을 역임했습니다. 정인홍은 남명 사후 남명학파의 수장^(首長)이었기 때문에, 광해군과의 관계를 생각하면 이런 현상이 크게 이상할 것도 없습니다.

그 외에 남명과 관련된 추숭 사업으로는 『남명집』^(南冥集) 간행을 들 수 있습니다. 남명이 세상을 뜨자마자 간행 준비를 시작해, 1604년 갑진본, 2년 뒤에는 병오본, 3년 뒤에는 기유본, 1622년에 임술본이 나옵니다. 『남명집』은 모두 14번 간행되었다고도 하고, 17번 간행됐다는 주장도 있어, 약간의 이견^(異見)이 있습니다. 판본 구분에 따라 달라지는데, 어쨌든 인조반정이 일어나기 전까지는 네 차례 정도 간행이 됩니다.

그중에서도 임술본에 주목할 필요가 있습니다. 4차 간행까지 주도했던 인물은 당연히 정인홍이었습니다. 특히, 임술본의 경우 내암이 남명을 추숭해 썼던 글들을 모두 실었고, 여기에는 글자를 놓는 것까지 일일이 관여했던 정황을 확인할 수 있습니다. 그런데 이것이 나중에 문제가 됩니다.

또 중요한 것은, 1572년 남명이 세상을 뜨면서 묘비^(墓碑)에 '처사^(處士)'라고만 쓰고 관직명 등을 쓰지 못하게 했는데, 세상을 뜨자마자 추증^(追贈)이 이뤄지더니 1615년에 이르러서는 영의정에 추증되고 시호도 내려집니다. 그러자 정인홍은 직접 비문을 써서 신도비^(神道碑)를 세웠고, 문묘종사^(文廟從祀)도 그때부터 본격적으로 시작하게 됩니다. 『남명집』 외에 『학기유편』^(學記類編)도 그때 간행하게 됩니다.

1615년에는 이 많은 작업 외에도 광해군의 사제문^(賜祭文)이 내려옵니다. 지금 우리는 문집에 실린 사제문을 흔히 볼 수 있기에 별 게 아니라고 생각할 수 있지만, 당시로 봐서는 조금 특이한 경우입니다. 퇴계^(退溪) 이황^(李滉, 1501~1570)이 세상을 뜨고 나서도 사제문은 곧바로 내려오지 않았습니다. 그런데 남명은 사후에 곧장 사제문과 시호가 내려졌고, 역대로 사제문을 세 번이나 받았습니다. 인조반정 이전에 두 번 내려왔고, 1796년 정조^(正祖) 때 사제문이 내려오게 됩니다. 이런 상황에 대해 어떤 한학자의 말을 빌리자면, 남명 사후 진행된 이러한 작업은 지역의 학자가 세상을 뜬 후에 받을 수 있는 건 전부 받은 경우라고까지 했습니다. 이런 작업이 가능할 수 있었던 것은, 당시가 광해군 시대였고 북인이 정국의 핵심에 있었기 때문이었습니다.

남명의 문묘종사 청원

남명의 문묘종사 청원에 대해 살펴볼 필요가 있습니다. 우리가 알고 있는 동방오현(東方五賢)의 문묘종사는 그 이전부터 논의가 되어오다가 1610년에야 완료됩니다. 그런데 여기에 남명이 빠졌던 것이지요. 당시는 광해군 치세로 북인이 정권을 잡고 있을 때인데, 남명이 빠지니까 내암이 남명과 남명의 가장 절친한 벗이었던 대곡(大谷) 성운(成運, 1497~1579)도 포함되어야 한다고 생각하여, 문묘종사를 청원하게 됩니다. 이는 「회퇴변척소(晦退辨斥疏)」(회재와 퇴계가 문묘에 들어가 있음을 변론한 글)로 많이 알려져 있습니다.

이 상소는, 내암이 회재(晦齋) 이언적(李彦迪, 1491~1553)과 퇴계가 배향된 것에 반대한다는 사실에 포인트가 있지만, 그 이면에는 남명과 대곡이 배향되어야 한다는 쪽에 무게를 둔 글이라 보는 것이 합당합니다. 역대 남명의 문묘종사는, 제가 세어본 것만으로도 39번입니다. 물론 이런 횟수는 기록마다 조금씩 다르지만, 『덕천서원지(德川書院誌)』를 기준으로 본 것입니다. 중요한 것은, 세 번 정도를 빼면 시기가 모두 인조반정 이전이라는 데에 있습니다. 광해군 시절에 거의 다 이루어졌던 것이죠. 1615년에 특히 많았고, 이때부터 지속적으로 추진했으며, 1620년까지 남명학파의 핵심 사업이었다고 할 수 있습니다. 이런 상태로 인조반정이 일어나기 직전까지 진행되다가, 반정 이후부터는 거의 없었습니다.

다시 모습을 드러낸 건 무신란(1728)이 일어난 뒤인 18세기 말 정조 때인데요. 이때 있었던 두 차례를 제외한 나머지가 앞서 언급한 시기에 이루어졌던 것입니다. 그때 올린 상소문을 확인해보니 경상도·전라도·충청도 등 전국의 유생들이 대부분 사부학당(四部學堂)까지 끌어와서 상소했습니다. 조정의 신하로는 삼사(三司)와 승정원이 중심이었고, 당연히 북인이 중심이었을 것입니다. 결론적으로 문묘종사는 이루어지지 않았고, 인조반정이 일어났다고 보면 됩니다.

인조반정 이후 강우지역의 분위기

지금까지 인조반정이 일어나기 이전 상황을 살폈다면, 이제부터는 반정 이후 강우지역의 분위기를 살펴보려 합니다. 1623년 3월에 인조반정이 일어납니다. 그때 내암은 합천에 내려와 있었는데, 잡혀 올라가 처형을 당하게 되죠. 내암이 처형당하는 그 자체로 이미 강우지역 남명학파가 몰락한 것으로 봅니다. 통상적인 평가가 그렇습니다.

그런데 강우지역에서 정인홍은 남명 사후 남명학파의 수장이었습니다. 그 당시 모든 것이 내암 중심으로 흘러갔고, 그 결과 목적을 달성하지 못한 경우가 거의 없었지요. 그러다 보니 합천 · 함양 · 거창 · 진주를 포함해 굉장히 폭넓게 문인들이 형성되어 있었습니다.

우리 남명학연구소는 재작년부터 매년 합천군과 공동으로 학술대회를 진행하고 있습니다. 작년에 내암 학술대회를 했는데, 기획 단계에서 살펴보니 내암이 처형되고 난 이후 워낙 관련 자료에 많은 변개(變改)가 있었기 때문에, 기록과 자료에 대한 신빙성 문제로 인해 연구가 부진한 상황이었습니다. 이제는 어느 정도 제대로 된 연구가 가능하다고 판단하여 학술대회를 열게 된 것이지요. 벌써 몇백 년이 지난 후에야 말입니다.

내암은 당시 우리가 생각했던 것보다 훨씬 더 큰 영향력을 행사했고, 광범위한 외연을 지녔던 인물이라 생각됩니다. 그의 사후 2백 년 넘는 시간 동안 강우지역이 침체되고 많은 변개가 되어서 그렇지, 의외로 전국적으로 엄청난 영향력을 행사했던 인물이었습니다. 만약 강우지역을 한 집단으로 본다면 강력한 권한을 가진 우두머리, 그 이상의 영향력이 있었던 인물일 것입니다.

그렇게 잡혀 올라가 처형을 당한 상황이다 보니, 강우지역에서 내암이 죽고 난 이후에 상당한 불안감이 조성되었습니다. 그 많은 사람이 내암에 의해 움직이다가 내암이 잡혀 올라가 처형되다 보니, 강우지역에서는 그에 대한 말을 함부로 꺼내지도 못할 만큼 불안감이 형성되었던 것이죠.

당시 합천 쪽 기록에서, 평안도 어느 곳에 있는 문중 서원의 제사에 참여해야 하는데 길을 나서기가 어렵다는 자료를 보게 되었습니다. 왜냐면 합천에서 출발하면 도중에 여러 고을을 거쳐야 할 터인데, 거치는 곳마다 어디서 왔냐고 물을 것이고, 합천에서 왔다고 했을 때 어떤 해를 입을지 모르는 상황이라, 원행(遠行)을 꺼릴 정도로 불안감이 퍼져 있었던 것이지요. 또 인조반정 이후 약 10년쯤 지난 기록을 보면, 내가 살아있는 게 신기하다고 기록할 정도로 불안감은 여전히 계속되고 있었습니다.

이런 상황으로만 본다면, 인조반정 이후 즉각 내암의 흔적을 지우려 했을 것이라 예상되는데, 실상은 그렇지도 않았습니다. 오히려 인조반정 자체를 받아들이지 않는, 역반정$^{(逆反政)}$하는 사건들이 10년 동안 일어났습니다. 내암의 친족이나 문인을 중심으로 광해군을 복귀시켜야 한다는 사건도 일어납니다. 물론 모두 실패했습니다. 예를 들어 1631년 일어났던 사건에 연루되어 강우지역의 인사 40명이 처형당하는 참변이 일어나기도 했습니다.

이처럼 계속되는 불안감이 있음에도 불구하고, 강우지역에서는 내암에 대한 모종의 신뢰를 보여줍니다. 비록 공공연하진 않았지만, 어느 정도 지니고 있었던 것으로 보입니다. 이후에도 이러저러한 사건들이 끊이지 않고 일어납니다. 이런 상황이 계속되자, 인조반정으로 정권을 잡은 쪽에서는 감시와 감찰을 소홀히 할 수 없었고, 그런 세력들을 역모와 고변이라는 명분으로 억압하고 처형하는 일이 반복되었습니다.

이런 상황을 돌이켜보면, 그 당시는 우리가 생각하는 것보다 훨씬 더 다양한 국면들이 전개되고 있었음을 알 수 있습니다. 일례로, 『현종실록』 1663년$^{(현종 4)}$ 6월의 기록을 보면, 내암 사후 약 40년이 지나고도 '정인홍은 죽었는데 그에 대한 논의는 아직 죽지 않고 있다'고 할 정도로, 강우지역에서는 여전히 정인홍과 관련된 움직임이 지속되고 있었던 것 같습니다.

인조반정 이후 남명학파의 전개

조금 전에 언급하였듯, 강우지역에서는 내암에 대한 입장 정리가 명확하게 되지 않았습니다. 이것은 매우 중요한 부분입니다. 단순히 생각하면, 내암이 처형되었으니 그를 더는 추종하지 않으면 될 문제인데, 끝내 버리지 못했던 것이지요. 물론 겉으로 드러내 추숭하진 못했지만, 강우지역에는 내암의 문인을 비롯해 관련된 문중이 워낙 많았기 때문에, 내암에 관한 입장 정리가 그리 간단하지 않았던 것입니다.

그런 애매한 입장을 유지하는 상황이 10년 남짓 지속되다가, 1636년에 비로소 변화가 일어납니다. 내암을 배제하되, 내암의 문인들이 남명을 추숭하는 쪽으로 가닥을 잡은 것입니다. 내암을 직접 거론해선 무언가를 할 수 없는 상황이었고, 대신 남명은 추숭하고 어떤 형태로든 이 지역의 정체성과 관련되는 부분을 붙들어야 한다는 판단에서 나온 궁여지책이라 생각됩니다.

그들은 출판 혹은 모임을 통해, 내암을 겉으로 드러내지는 않지만, 남명을 추켜세우는 작업을 진행했습니다. 물론 그중에서 내암의 문인임을 꺼리지 않고 밝혔던 사람들도 있습니다. 예를 들어 동계^(桐溪) 정온^(鄭蘊, 1569~1641)이 대표적인 인물이지요. 그는 영창대군 시해 사건과, 이이첨^(李爾瞻) 및 정인홍 관련 사건에 극구 반대했습니다. 이에 따라 제주도로 유배되었고, 10년 후 인조반정으로 풀려나 정계로 돌아와서는 아주 적극적으로 활동했던 부류입니다. 정온을 비롯한 임진부^(林眞怤, 1586~1658), 허돈^(許燉, 1586~1632), 조임도^(趙任道, 1585~1664)가 그런 사람들이었지요.

그들은 무민당^(無悶堂) 박인^(朴絪, 1583~1640)을 주축으로 하여 『남명연보^(南冥年譜)』와 『산해사우연원록^(山海師友淵源錄)』^(제일 먼저 만들어진 사우록)을 만들게 됩니다. 당시는 내암이 이미 세상을 떠난 뒤였으나, 출판에 있어 제반 사항들은 내암이 『남명집』을 만들 때의 체제 등을 그대로 따랐습니다. 이는, 내암을 드러내어 추숭하진 못해도 그들에겐 여전히 영향력을 끼치고 있었다는 증빙이기도 합니다. 이런 정황은 위에서 살펴본 몇몇 사람에게서만 나타나는 것이 아니었습니다. 우리가 그동안 알고 말해왔던 것과 당시의 상황은 차이가 있었던 것이지요.

또 하나, 용산범국회^(龍山泛菊會)에 관해서도 이야기할 필요가 있습니다. 얼마 전에 거창 용산범국회와 관련된 연구 성과가 나오기도 했지요. 이 또한 정온을 중심으로 행해지는데요. 1630년 정온은 모친상을 당해 시묘살이를 하면서 묘소 옆에 재실 형태의 용산정사^(龍山精舍)를 만들어요. 그 옆에는 '낙모대^(落帽臺)'라는, 사람이 모일 수 있는 경관도 빼어난 공간이 있습니다. 현재까지도 잘 보존되어 있지요. 그곳이 주된 모임 장소였습니다. 지역적으로 볼 때, 내암을 비롯한 임진부 등이 모두 합천 출신인데, 합천과 거창이라면 지도상으로 거리가 얼마 안 됩니다. 지금의 함양 일대가 이 중간에 끼어 있습니다. 주로 거창과 합천을 중심으로 내암의 문인 중에서 이 시기까지도 여전히 겉으로 드러내지는 못해도 내암을 종주^(宗主)로 생각하는 사람들이 모여서 용산범국회를 결성했습니다. 그러나 많이 모이지는 못했는데, 수장이었던 정온이 얼마 후에 세상을 떠났기 때문입니다.

姓名	生沒年代	字	號	本貫	居住	備考
鄭蘊	1569–1641	輝遠	桐溪	草溪	安義	내암 문인
鄭紹	1571–1656	功遠		草溪	安義	봉사, 동계 동생
曺挺立	1583–1660	以正	梧溪	昌寧	陜川	조응인 아들
曺挺生	1585–1645	以寧	陶溪	昌寧	陜川	조정립 동생
曺時逸	1607–1644	日休		昌寧	陜川	정생 아들
曺時亮	1603–1662	寅叔	雪洲	昌寧	陜川	성좌 증조 윤좌벽 사위
申順蒙	1569–?	亨甫	妙亭	平山	陜川	신호인 7대조, 1614원종공신
申汝亮	1598–1679	士明		平山	陜川	신순몽 아들
林眞悆	1586–1657	樂翁	林谷	恩津	三嘉	盧欽외손, 내암문인
李奉一	1578–1650	應甫		碧珍	三嘉	이흘 제자
李壽樟	1607–1638	村老		碧珍	三嘉	봉일자
郭弘圭	1606–?	子章		玄風	玄風	진사
李蘭美	1592–1661	幼馨	陽村	光州	星山	변창후 매제 의병장 弘宇 조카
李灝					星山	진사
李應白	1591–?	亨淑	梅溪	星山	居昌	문위 문인
文誠後	1588–1641	士明	石峯	南平	居昌	모계 아들
金尙堅	1588–1665	士剛	灝溪	商山	居昌	남명문묘종사 연명
卞昌後	1591–1653	慶餘	月潭	密陽	居昌	이난미 처남
金益堅	1602–1664	叔精	梅塢	商山	居昌	문위 孫壻, 김상견 동생
崔後遠	?–1645	景雲	柱巖	興海	居昌	
鄭必達	1611–1693	可行	八松	晉陽	居昌	

용산범국회 구성원의 명단을 보면 동계가 수장이고, 내암을 비롯해 모계(茅溪) 문위(文緯, 1554~1631)와 연관된 이들이 많습니다. 노파(蘆坡) 이흘(李屹, 1557~1627)은 임진부의 외조부이고, 조정립과 조정생 등의 조씨들은 합천 쪽 인물로, 대표적인 내암의 문인들입니다. 합천 지역의 박씨와 조씨들은 모두 내암 관련 인물입니다. 용산범국회의 주축도 그들이었는데, 앞서 말씀드렸듯, 장기간 지속되지는 못하고 동계가 세상을 떠난 뒤로는 규모도 크지 않았습니다.

선행연구에서는 이러한 모임을 정의함에 있어, 내암이 세상을 떠나고 남은 사람들

---

1) 구진성, 「남명학파의 역사적 전개상에서 용산범국회의 의미」, 『영남학』 75, 경북대 영남문화연구원, 2020, 92~93면.

이 동계를 중심으로 남명학파가 강우지역에서 재편되는 계기를 마련해 준 것으로 파악합니다. 이러한 모임은 자취를 감추었다가, 일제강점기가 시작되기 전에 다시 결성되었습니다. 그리고 그 성향은 일제 치하에 항거하는 쪽으로 드러나게 되는데, 그렇게 될 수 있었던 저변에는 내암을 비롯한 선현들이 전개했던 의병 활동과도 일정 부분 관련성이 있는 것으로 생각됩니다.

요컨대, 이렇듯 강우지역 남명학파를 재편하는 역할은 동계가 중심이 되었는데, 아이러니하게도, 내암으로 인해 가장 피해를 입은 쪽도 바로 동계였습니다. 제주도로 10년이나 유배되었던 상황이었으니까요. 그런데도 이후 동계는 오히려 스승인 내암의 죽음을 반대하고 후인들의 결집을 도모함에 적극적으로 나섰던 대표적 인물이었습니다.

지금까지 말씀드린 것처럼 내암은 세상을 떠났어도, 강우지역에서는 여전히 살아 숨 쉬고 있었던 것입니다. 표면에 드러내지는 못해도 출판이든 모임이든, 어떤 형태로든 내암의 영향력이 그대로 남아 있었기에, 다만 할 수 있는 일의 가짓수가 적었을 뿐, 해야 할 것은 온전히 이루어지고 있었다고 할 수 있습니다. 그런데 결국 사건이 터지게 되지요.

내암 사후 약 30년이 지나서야 마침내 내암을 외면하는 사건이 일어납니다. 물론 이 사건으로 인해 강우지역에서는 많은 논란이 있었습니다. 내암이 남명을 추숭해 썼던 글까지 포함하여 출판한 것이 『남명집』 임술본(1662)입니다. 이는 당시 덕천서원 장판각에 보관되어 있었는데, 남명을 추숭하고 퇴계를 비난하는 내용이 다른 판본에 비해 유독 많았습니다.

겸재(謙齋) 하홍도(河弘度, 1593~1666)는 남명 사후 강우지역 남명학의 제1인자로 칭송받은 사람입니다. 그런데 하홍도는 그 30년이 지나도록 내암에 대해 애매한 입장을 취하다가, 결국 '그를 버리지 않아 강우지역의 발전을 저해한다'고 주장하는 인물이었습니다. 따라서 남명의 위상을 확실히 제고하기 위해서는 강우지역에서 내암의 흔적을 없애야 한다고 생각했지요. 이집(李㗲)과 하자혼(河自渾)은 하홍도의 젊은 문인이었는데, 스승의 그러한 생각이 제자들에게도 전해졌던 모양입니다. 젊고 혈기 왕성했던 이들은 덕천서원 장판각에 침입해 내암이 주도했던 임술본 판각들을 꺼내, 그 안에 있는 내암 관련된 글자를 깎아냈습니다. 두 사람이 훼판 사건을 일으킨 것이죠.

이 사건으로 남명학파는 당연히 발칵 뒤집혔고, 당시 덕천서원 원장을 중심으로 유벌(儒罰)이 내려집니다. 과거시험을 못 치게 하고, 다른 지역으로 쫓아내기도 했지요. 그런데 그 이후가 더 놀랍습니다. 1651년 가을에 이 사건이 일어났는데, 덕천서원을 중심으로 파낸 책판을 전부 복원한 것입니다. 다시 판각하여 복간(復刊)했는데, 그 과정에서 해를 넘기다 보니 1652년 임진본이 나오게 되었습니다.

하홍도의 문인이 연루된 놀라운 사건이었고, 복간하려면 엄청난 예산이 필요한데, 그것들을 모두 확보해서 내암의 문자 그대로를 복원한 것입니다. 이 사건을 중요하게 보아야 하는 이유는, 강우지역에서 그동안 수면 밑으로 가라앉아 있던 정인홍 문제가 마침내 수면 위로 올랐다는 데에 있습니다. 이것이 첫 번째로 터진 사건이라 보면 됩니다. 이를 기점으로 강우지역에서는 남명학파가 변화하게 됩니다.

이 사건을 중심으로 그동안 쉬쉬하면서 눈치만 보던 남명연원가(南冥淵源家)에서 문중 전환이 일어나기 시작합니다. 첫 번째 움직임은 서인(西人)과 남인(南人) 쪽으로의 전향이었습니다. 우선 서인 쪽으로 전향한 문중은 진주 단목리에 세거하는 진양 하씨(晉陽河氏)입니다. 특히 창주(滄洲) 하징(河憕, 1563~1624)은 생몰년을 보면 알겠지만, 1563년에 태어나 1624년에 세상을 떠납니다. 그러니 어찌 남명의 문인이겠냐고 하겠지만, 이런 관계를 따질 때는 대개 그 윗대인 부친이나 조부와 연결하기 때문에, 통상 남명에게 직접 가서 배우지 않았더라도 남명학파로 간주합니다. 단목 하씨는 부유한 문중이라 문집 간행도 많이 이루어졌는데, 창주의 손자 하면(河㴐, 1630~1687)에 이르러 문중 전환이 확실하게 일어났습니다. 그리고 농포(農圃) 정문부(鄭文孚, 1565~1624) 중심의 해주 정씨(海州鄭氏) 쪽도 서인(老論) 쪽으로 완전히 넘어갑니다. 이것이 대표적인 사례입니다.

물론 남인 쪽으로 전향하는 문중도 있었지요. 예를 들어 능허(凌虛) 박민(朴敏, 1566~1630)은 남명의 문하로 알려져 있는데요, 서계(西溪) 박태무(朴泰茂, 1677~1726)가 그의 손자입니다. 이들 태안 박씨(泰安朴氏)는 바로 박태무 때 이미 안동의 퇴계 쪽으로 남인화가 이루어지기 시작합니다. 그러나 남인화가 이루어진다고 해서 퇴계만 추숭한 것은 아니었습니다. 남명과 관련된 추숭 또한 굉장히 짙었던 문중입니다.

이상으로 여기까지가 경상 또는 영남지역으로의 남인화라고 한다면, 박태무의 증손 눌암(訥庵) 박지서(朴旨瑞, 1754~1821)에 이르러 순암(順庵) 안정복(安鼎福, 1712~1791)을 중심으로 한 경기 남인으로 교유의 폭을 확대하게 됩니다.

남평 문씨(南平文氏)도 남인화가 이루어집니다. 옥동(玉洞) 문익성(文益成, 1526~1584)도 남명의 제자입니다. 그의 네 아들도 모두 남명의 문인 계열이었고, 그 후손들도 거의 남명학파로 알려져 있는데, 이 시기에 이르러 남인화했던 것입니다.

물론 강우지역이 전부 넘어간 건 아니었습니다. 남명연원가 중에서 입장 표명을 분명히 하지는 않으면서도 이쪽 지역을 지키고 있는 문중들이 많았지요. 강우지역 안에서도 서인 · 남인 문중이 공존하게 되었지만, 그러면서도 남명과의 연계성을 고집하는 문중이 물론 많았습니다.

그중 가장 핵심이 되는 문중은 진주 사곡(士谷)마을 진양 하씨입니다. 바로 남명의 문인 송정(松亭) 하수일(河受一, 1553~1612) 집안인데요, 그래서 송정세가(松亭世家)로 일컫기도 하고, 사곡 하씨라고도 부릅니다. 우리 연구소에서는 2014년부터 매년 경남지역 전통선비 마을 1곳을 지정해 학술대회를 해오고 있습니다. 사곡마을은 2021년 4월에 세 번째 학술대회를 진행하는데, 문집을 낸 인물만도 30명이나 되는 거족(巨族)입니다. 여러분에게 익히 알려진 회봉(晦峰) 하겸진(河謙鎭, 1870~1946)이 바로 그 집안인데, 내년에는 회봉 관련 특집 학술대회를 준비하고 있습니다.

그중에서도 지명당(知命堂) 하세응(河世應, 1671~1727)에 이르러 조금 독특한 현상이 나타납니다. 바로 남명학파적 성향이 더욱 짙게 드러난다는 것인데요, 인조반정 이후 문중 전환이 일어나는 현상과 달리 이를 거부하고 오히려 남명학파적 성향을 유지하고 지키려 애썼던 대표적인 문중 가운데 하나입니다.

작년 학술대회에서 하세응에 대한 발표가 있었는데요, 그 성과를 보니 대개가 등을 돌리는 분위기였던 당시에 오히려 남명학 쪽에 심취했고, 당시 남명학과 관련해 이론적으로 체계를 정립했던 거의 유일한 학자라고 할 수 있습니다. 『지명당집』에는 식산(息山) 이만부(李萬敷, 1664~1732)와 주고받은 편지가 꽤 많이 실려 있는데요. 식산은 퇴계 쪽인데 하세응과 교유하면서 남명 학풍에 대해 퇴계 이론에는 없는 것들을 언급하며 비판합니다. 그 비판에 대해 하세응이 반론을 펼치며 편지가 오갔던 상황에 주목한 연구성과가 제출되기도 했습니다. 이 시기 남명학 이론을 체계화한 유일한 사람이라는 판단을 가능케 한 것이지요.

이후에도 이 문중은 남명을 끝까지 배신하지 않았습니다. 통상적으로 잘 버티던 강우지역 남명학파도 무신란(1728)을 겪으면서 대체로 전향하거나 소홀해지는 현상이 나타나는데, 그런 상황에서도 사곡 하씨는 남명에 대한 추종을 유지했던 것이지요. 그러다가 서원철폐령으로 훼철된 덕천서원을 중건할 때도 이 집안에서 비용을 상당 부분 부담했습니다. 학술적으로나 행정적으로나 예산상으로나 끝까지 남명연원가로서의 입지와 명망을 지켜오게 되는데, 그 중심에 하세응이 있었다고 볼 수 있습니다.

그렇게 해서 문중 전환을 비롯한 변화들이 진행되는 과정에 무신란이 일어납니다. 잘 아시겠지만, 무신란은 1728년에 발생합니다. '정희량(鄭希良) 사건'이라고도 하고, '이인좌(李麟佐, 1695~1728)의 난'이라고도 일컫지요. 이인좌는 소론, 정희량은 남인 쪽입니다. 정희량은 동계 정온의 현손(玄孫)이거든요. 상식적으로 생각하면 말이 안 되는 사건이지만, 그런데도 이쪽 지역에서 이런 사건이 일어날 수밖에 없던 사정들이 쌓여왔던 것이지요.

'1728년'이면 인조반정 이후 100년쯤 지난 때이고, 무신란 발생의 핵심 지역은 안의·함양·합천·거창 일대입니다. 이는 역사적으로 '영남지역에서 일어났던 최초의 반란'이라는 것으로 통상 정의가 되는 것 같아요. 인조반정 이후 노론이 주도권을 잡고 있을 때 지역에서 힘을 못 쓰던 소론과 남인이 주축이 되어, 노론에 가한 반격이라고 할 수 있습니다. 결국엔 진압이 됩니다만, 진압 후 영남의 소론과 남인을 모두 없애고 노론화해야 한다는 주장이 국가 정책적 차원에서 대두되는 단초가 되기도 했습니다.

앞서 인조반정 이후 나왔던 합천 조씨는 모두 내암 후학을 자처한 사람들입니다. 합천에서는 그들 후학이 중심이 되어 무신란이 일어났지요. 진압된 뒤에는 향후 50년간 과거시험에 응시할 수 없도록 하여, 손발을 묶어 버립니다. 그때부터 강우지역은 완전히 초토화되었다고 볼 수 있습니다. 인조반정 후에도 겨우 유지되었던 남명학파의 명맥이, 겉으로 드러난 행정상의 제재를 받게 되면서 그 힘을 발휘할 기회가 거의 없어진 것이나 진배없었습니다.

진압이 이루어지고 난 이후 정권 쪽에서는 어떻게 이런 집단적인 움직임이 가능했는가에 의구심을 품고, 이 많은 세력을 어떻게 규합하고 형성할 수 있었는가를 조사하게 됩니다. 그 결과, 이쪽 지역이 남명학맥이고 남명학풍은 의기를 중시했던바, 그것이 지역적 색채로 전해져서 뭉칠 수 있었다는 결론을 내립니다.

그리고는 근본적으로 이러한 성향을 줄이기 위해서는 이 지역을 형성하고 있는 학파적인 분위기를 와해시키면 될 것이라는 해결책에 도달하게 되지요. 이런 정황은 조선왕조실록에서 시작된 폄훼 작업을 통해 확인할 수 있습니다. 이후 실록에는 '반군(叛軍)·반도(叛徒)·반역·반역향(反逆鄕)'과 같은 용어들이 등장하는데, 정권 쪽에서 억압을 가하면서 표출되었던 것이지요.

　연구사적인 측면에서 '도대체 왜 이런 사건이 발생했는가'를 따져 보면, 인조반정 이후 1백 년 가까이 눌려 살았던 지방사족 내부에서 일어난 최후의 발악이며, 살기 위해 어쩔 수 없는 선택이었다고, 문학과 역사 분야에서는 거의 유사한 결론을 내립니다. 결과적으로는 인조반정으로 남명학이 몰락했다면, 무신란으로 인해 지역 자체가 초토화되는 결과를 낳게 되었습니다.

　다음으로 무신란 이후 이 지역에서 어떠한 변화들이 있었는지를 살펴보도록 하겠습니다. 우리 남명학연구소에서는 올해 8월, 거창문화원과 공동으로 학술대회를 개최합니다. 잠시 이를 소개하겠습니다. 무신란이 일어났을 때 거창지역 관군(官軍) 쪽 가운데 이술원(李述原)·이승원(李升原) 형제가 있었는데, 관군 쪽에서 반군들을 막아 내다가 죽임을 당하는 사건이 일어납니다. 당연히 무신란이 진압되고 난 다음에 두 형제에게 가해진 국가적 차원의 추숭이 대단했다고 합니다. 추증은 물론이고 시호도 내려 줍니다. 원래 무인(武人)이었는데, 무신란 이후의 실록 기록을 보면 그의 이름이 많이 언급되고 있습니다. 지역에서 그를 제향하는 포충사(褒忠祠)가 지방문화재로 지정되었고, 국가문화재로 승격시키려는 의도 또한 이번 학술대회를 개최하는 이유 중의 하나라고 하더군요.

　제가 그 행사를 기획하면서 새로운 것을 확인하게 되었습니다. 사실 무신란 이후 관련한 역사 분야 연구가 많이 산출되었습니다. 그런데 정작 지리산 권역에서의 동향은 어떠했는지, 이들이 어떤 생각을 가졌는지를 고민하는 연구는 없었습니다. 그런 사실에 새삼 많이 놀랐고, 차후 이런 부분에 주목할 필요가 있다는 생각이 들었습니다.

무신란 이후 강우학자의 활동

　인조반정 이후 시작된 강우지역의 문중 전향은 무신란 이후 완전히 확대됩니다. 원래 전향했던 문중들은 더욱 폭을 넓히는데, 앞서 말한 태안 박씨 쪽이 대표적이지요. 본래는 안동 퇴계 쪽으로만 교류하다가, 무신란 이후에는 근기지역의 남인으로 대상을 확대하여 전국화하는 현상이 전개됩니다.

　노론의 경우는 더 심해져서, 이런 상황이 대대적으로 일어났지요. 의령문화원 학술대회를 진행하면서 의령지역을 살펴보게 되었는데요, 이 지역에서 출간되는 문집들은 노론 쪽이 대다수였고, 그들의 교유인 중에 강우학자를 찾기란 어려웠습니다. 굉장히 편향되어 강우지역을 완전히 배제하는 현상들이 드러났던 것이지요. 전향하는 문중 수는 점점 늘어났고, 문중 간 편차도 심해졌고, 한 문중 안에서도 남인과 노론이 엉켜있어 서로 간에 갈라서는 일들도 많이 일어났습니다.

남인의 경우 확실히 퇴계 쪽으로 돌아서는 모습이 많이 나타납니다. 근기남인 쪽으로 연결하더라도, 핵심은 퇴계 쪽으로 기울게 되는 모습을 보이지요.

또 하나의 특징은, 그렇게 철저히 문중 전향이 이루어졌다면 강우지역의 문화나 학술에 대해 외면할 법도 한데, 오히려 강우지역의 흥학(興學) 분위기 조성에 매우 적극적인 태도를 보인다는 것입니다. 이는 노론보단 남인 쪽이 강한 것 같은데, 예를 들어 향교에 흥학당(興學堂)을 만들 때 문중의 재산을 내놓거나 본인이 직접 강학에 나선다든지, 지역 선현을 모신 서원을 다시 정비하는 일에 적극 참여하는 등의 활동들이 생각보다 많이 확인됩니다.

예컨대 눌암 박지서의 경우, 그가 생전에 1백 가지 일을 했다면 95가지는 강우지역의 일이었습니다. 관여하지 않은 곳이 없었지요. 1797년 남명의 문묘종사를 두 차례 청원하게 되는데, 그때의 소장(疏章)도 이 집안에서 나옵니다. 요컨대 문중 전향은 확실히 진행되면서도, 강우지역에서의 활동 또한 열심히 주도하고 참여했다고 할 수 있습니다. 그렇다면 이러한 괴리 현상을 어떻게 설명할 수 있을까요?

제가 볼 때는 이렇습니다. 이들의 활동은 남명학파로서의 측면이 아니라, 강우지역에 세거하는 사족(士族)으로서 당시 학문 활동 및 흥학 분위기가 필요했기에 참여할 수밖에 없었습니다. 학문 또는 학파적으로는 퇴계 쪽에 맞추되, 지역과 관련해서는 어떤 형태로든 문화적인 혹은 학술적인 분위기를 만들어야 한다는 의식이 드러난 것이지요. 그러다 보니 문중 전환이 일어났어도 그런 활동들은 적극적으로 진행하는 게 가능하지 않나 생각하고 있습니다.

또 하나, 남명 추숭에 관한 문제입니다. 이때 문묘종사를 다시 청원하게 되는데요, 하지만 이것도 남명학파의 부활에 목적을 둔 것은 아니라 생각됩니다. 상소문을 보면 조정에서도 내암에 대해서는 나쁘게 생각하는데 남명에 대해서는 그렇지 않음을 볼 수 있습니다. 그래서 남명을 내세우는 것이지요. 이렇듯 남명을 추숭하려는 움직임은, 남명학파를 부활시키기 위한 것이기보다는 강우지역의 위상을 강화하기 위한 목적이었던 것 같아요. 상소문에 '내암이 어찌어찌해서 일이 이렇게 어그러졌다'는 등의 비판적인 내용이 들어가 있는 걸 보면, 목적 자체가 달랐음을 확인할 수 있습니다.

굉장히 오랜 기간에 걸쳐서 남명의 문묘종사를 위한 작업이 진행되는데요, 결국 성사되지는 않았습니다. 다만 한창 진행되고 있을 때, 당시 영의정 채제공^(蔡濟恭, 1720~1799)이 덕천서원 원장이었어요. 그는 강우지역에 대해 호의적인 인물이었고, 그래서 재상으로 있을 때 추진해 볼 만하다고 여겨 두 번이나 시도했는데, 결국 성공하지는 못합니다. 다만 정조 임금이 사제문을 내려주지요. 남명학 연구자들은, 문묘종사가 안 되니까 일종의 위로 차원에서 내려준 게 아닌가 생각합니다. 물론 한 번 더 시도해볼 여지가 없었던 것은 아니지만, 채제공이 마침 세상을 떠나요. 그러면서 문묘종사를 위한 작업이 일단락되었습니다. 1800년대 후반에 들어와 다시 시도가 있었지만, 고종 때 소규모로 거론되다가 흐지부지되었습니다.

사실 박지서가 문묘종사를 주도할 때, 안동 퇴계 쪽에서는 한강^(寒岡) 정구^(鄭逑, 1543~1620)의 문묘종사를 주장하여, 두 청원이 동시에 조정으로 올라갔습니다. 그러면서 안동 쪽과 강우지역이 서로 조율하는 모습을 보이기도 했는데, 결과적으로는 둘 다 성사되지 않았습니다.

이후 『남명집』에 대한 정리 작업도 다시 진행됩니다. 내암과 관련된 내용을 걷어내고 출간했다가, 후에 다시 넣어서 출간하는 등의 절차가 몇 차례 반복되었습니다. 특히 이 시기에 이런 작업이 열네 차례나 진행됩니다. 이는 내암을 배제하고, 다시금 남명을 추숭해 전면에 내세우기 위한 강우지역 사족들의 몸부림이라 할 수 있습니다.

무신란 이후 강우학자의 활동 중에서 눈여겨보아야 할 것은, 퇴계학과 남명학의 절충을 모색했다는 점입니다. 물론 이는 남명 문인에게서 시작되었습니다. 예컨대 남명과 퇴계 두 문하에 모두 들었던 정구나 동강^(東岡) 김우옹^(金宇顒, 1540~1603)에 의해 시도되었었지요.

인조반정 이후로는 남인 문중에서 이런 변화가 조금 더 가시화됩니다. 대표적 인물이 바로 앞서 언급한 합천 사람 임진부입니다. 갈천^(葛川) 임훈^(林薰, 1500~1584)은 남명의 벗이고, 임훈의 동생이 첨모당^(瞻慕堂) 임운^(林芸, 1517~1572)입니다. 임진부는 임운의 손자인데, 내암에게 배웠지요. 임운은 퇴계한테 가서도 배웠습니다. 형제임에도 불구하고 형갈천은 당연히 남명학 중심이었고, 동생 첨모당은 남명학 기반에 퇴계학을 수용하지 않을 수 없었습니다.

이런 상황은 임진부에게 그대로 계승되었습니다. 임진부의 외조부 노파(蘆坡) 이흘(李屹)은, 남명 쪽과 연계가 있지만 퇴계 쪽과도 연계가 깊지요. 그래서 임진부에 이르러 강우지역에서 두 학파를 접목시키고자 하는 활동이 나타나게 된 것입니다.

1800년대를 전후해 의령 입산마을에 살았던 의암(宜菴) 안덕문(安德文. 1747~1811)도 주목할 만합니다. 이때는 이미 무신란이 지나고도 5,60년 뒤인지라, 남명 계열의 학인들이 완전히 위축되어 있을 때였거든요. 그때 안덕문이 기발한 생각을 했습니다. 삼산서원(三山書院)에 관한 이론을 정립해 낸 것이죠. 이에 대해서는 최석기 선생님의 선행연구 성과가 있는데, 상당히 독특합니다. 남명을 제향하는 덕산서원(덕천서원), 이황을 모신 도산서원(陶山書院), 이언적을 모신 옥산서원(玉山書院)의 명칭에는 모두 '산(山)'자가 들어가는데, 이 세 개의 서원을 묶어 '삼산서원'이라는 명칭을 부여한 것이지요. 남인 쪽에서 이미 그 위상이 확고한 회재나 퇴계는 국가적으로 추숭을 받았던 것에 비해, 정반대로 위축되었던 남명을 함께 묶어 거론함으로써 그 위상을 제고하기 위한 의도가 포함되어 있었습니다.

안덕문은 퇴계학에 대한 열망이 강했습니다. 그래서 '삼산'이라는 명칭을 정립하고, 손수 삼산서원을 그림으로 완성하고 이에 서문을 쓰기도 했습니다. 그리고는 안동과 경주 일대로 탐방을 나서는데요, 옥산서원과 도산서원을 찾아가 참배하고, 인근 학자들을 만나 자신의 그림과 글을 보여주며 그들에게서 글을 받아옵니다. 안덕문이 받아 온 글들을 보면 그쪽 사람들의 대체적인 분위기는 이를 수용하고 있습니다.[2] 이것이 어떻게 가능할 수 있었을까요?

서인화한 노론 쪽이 분위기를 주도적으로 이끌어 갔다는 큰 틀을 전제하고 볼 필요가 있습니다. 물론 남인의 경우, 비교 대상을 강우지역으로 놓고 보면 자신들이 우월하다고 생각했겠지만, 정권을 쥐고 있는 노론 쪽에서 보면 결국 남인도 피해자나 다름이 없었습니다. 그러다 보니 안덕문이 보여준 활동에는 회재와 퇴계에 대한 추숭까지 포함되어 있었기에 그의 의도에 호응했던 것입니다. 수용적인 분위기는 이런 이유로 형성되었다고 봅니다.

삼산서원 위상 정립을 위한 안덕문의 활동은 1700년대 후반에 시작해서 1800년대

---

2) 안덕문의 『삼산도지(三山圖誌)』 참조.

초반에 걸쳐 있고, 덕산서원을 두 서원과 동등한 위치로 격상시키면서 남명의 위상 자체를 승격시켰다는 의의를 부여할 수 있습니다. 이런 양상은 상당히 독특한 현상이라 생각됩니다. 물론 그 이면에 지역적 시대적 분위기가 어느 정도 조성되었던 것도 사실입니다. 그러나 안덕문이라는 강우 인물을 통해 그런 분위기가 더욱 고조되었고, 그것이 강우지역을 중심으로 본격화되었다는 데에 핵심이 있습니다.

다만 무신란 이후의 강우지역 활동은 그 전후 시기를 비교하면 활발하게 일어나지 않았습니다. 우선 문집의 수만 봐도 급격한 감소세에 있습니다. 1800년대에는 문집 자체가 거의 안 만들어집니다. 18세기 남명학파의 동향에 대해서는 2년에 걸쳐 학술대회를 기획해 진행했는데요, 기획할 만한 대상이 없을 정도였지요. 그런 상황과 분위기였던지라, 무신란 이후 강우 인물들이 당시 상황을 어떻게 바라보고 생각했는지에 관한 연구 또한 없습니다. 따라서 말씀드릴 수 있는 것은 이 정도입니다.

마무리

앞서 말씀드렸지만, 무신란 이후는 남명학 관련 연구 성과가 많지 않습니다. 대체로 기존의 초창기 연구를 보면 결론을 이렇게 맺지요. 인조반정 이후 남명학파는 쇠락했다가 무신란 이후로 거의 자취를 감추었다고, 심지어 멸절되었다는 표현을 쓰는 연구자도 있습니다. 그간에는 남명학이 강우지역에서 거의 없어졌다고 결론을 내어 왔던 것이지요.

그러나 지금까지 살펴본 안덕문의 활동이 1800년대 초반에 있었고, 1800년대 중반만 되어도 이쪽 지역의 학문이 상당히 융성했던 것을 확인할 수 있습니다. 이에 관한 선행연구는 많이 산출되었지요. 1800년대 중반 이후 강우지역에는 학자들이 쏟아져 나왔고, 주로 성재학단(性齋學壇)·노사학단(蘆沙學壇)·한주학단(寒洲學壇)과 관련된 인물들의 활동이 상당히 왕성했습니다. 그 당시 학자들의 대부분은 이론적 학문을 하는 데에만 그치지 않고, 지역의 문화를 부흥시키기 위한 활동에도 많이 참여합니다. 그 기반에 '남명 정신'이 있었다고 할 수 있습니다.

특히 합천 출신 노백헌(老栢軒) 정재규(鄭載圭, 1843~1911)나 거창 쪽의 면우(俛宇) 곽종석(郭鍾錫, 1846~1919), 그리고 그들 문인의 왕성한 활동이 두드러지게 나타납니다. 그들이 다양한 형태로 활동할 수 있었던 것은, 17-18세기 이 지역에서 유지되어 온 학맥이 이를 가능케 했다고 생각합니다. 물론 그 정황들에 대해서는 아직 연구가 미미합니다만, 그것을 뒷받침할 만한 19–20세기의 학문적 성과에 대해서는 이미 많은 연구가 산출되었고, 추가적인 연구를 진행한다면 그 연결고리를 밝힐 수 있을 것으로 보고 있습니다.

선행연구 성과가 연속성을 가질 수 있도록 하는 것이 다음 세대인 우리의 역할이라고 생각합니다. 이번 강의를 준비하면서 더욱 확실하게 알게 된 것은, 다시 17–18세기로 거슬러 올라가 그 학맥이 면면히 이어지는 연결고리를 찾아 연구를 보완해야 한다는 사실입니다. 이는 향후 여러분의 몫입니다. 많은 활약을 기대합니다. 제가 준비한 강의는 여기까지입니다. 고맙습니다.

안동지역 퇴계학파의 19세기 변모양상
– 響山 李晩燾를 중심으로

이 규 필

Ⅰ. 논의의 전제

1. 儒의 성장방식, 그리고 法家

방금 소개받은 경북대학교 한문학과 이규필입니다. 저는 공부를 넓은 목장에서 소 풀 뜯어 먹듯이 여기저기 하고 있어서 논문을 보면 이것도 하고 저것도 하고 일본 논문도 좀 썼다가 경전 논문도 좀 썼다 여러 가지 좀 산만한 측면이 있습니다. 그런데 제가 지속적으로 관심을 가지고 계속한 것은 우리 유학에 관한 것입니다.

저의 전공은 기본적으로는 유학이 아니지만 그래도 지금까지 일관된 키워드 관심 사가 하나가 있다면 유(儒)입니다. 지금까지도 큰 소가 목장에 풀 뜯어 먹듯이 이렇게 저렇게 공부를 하지만, 그럼에도 불구하고 능력을 더 넓히고 싶은 부분이 있다면 19 세기 우리나라 사회주의자들입니다. 현재는 우리나라 사회주의를 그냥 기본적으로 사회학자들이나 역사학자들이 하는데, 사실 우리나라 초기 사회주의자들의 기본적 인 뿌리는 유가 아닌가 이런 생각을 합니다.

길게 보면 유학이라는 것이 저의 큰 관심사입니다. 그래서 오늘도 사실은 제목을 「안동 지역 퇴계 학파의 19세기 변모양상 –향산 이만도를 중심으로–」 이렇게 하긴 했지만 이 글에 가장 큰 것은 유가 무엇인지에 관한 제 나름대로의 고민과 좀 맞물려 있는 그런 측면이 있습니다. 제가 쓴 이 논문이라든지, 일본 유학관련 논문이라든지 사실 알고 보면 儒라는 것에 대한 향방, 이것에 대한 관심입니다.

그래서 사실 오늘 강연의 제목은 안동지역 퇴계학파의 19세기 변모양상이지만 제 개인적으로 오늘 발표하는 내용은 순교의 시대에 대해서 한번 말을 해볼까 합니다. 이번 논의를 진행하기 전에, 제가 향산 이만도에 관한 논문을 대동한문학회에서 발표를 한 적이 있거든요. 그게 오늘 발표할 내용이 전체입니다. 논의를 본격적으로 시작하기 전에 논의의 대전제로서 유라는 것에 대해서 간단하게 말씀을 드려본다면 유는 본래 춘추전국 시대 공자 이전부터 있었던, 어떤 사람들은 그 정체성을 종교적 속성이 강한 성직자로 보기도 하고 어떤 사람은 교육자나 철학자로 보기도 하지만 두루두루 다 섞였겠죠. 그런데 이 유라는 사상에 성장 방식이라는 게 있어요. 물론 다른 사상도 다 비슷하겠지만, 특히 이 유라는 것은 소화력이 어마어마한 사상 집단입니다.

제일 처음부터 유가 그랬는지 모르지만 유가 정체성을 뚜렷하게 확립한 것은 실제로는 공자부터 그랬는데 공자가 이제 종주죠. 그렇지만 공자 전에도 유라는 것이 기본적으로 있었고 유가 가장 오랫동안 날카롭게 대립했던 학파가 제가 보기에는 춘추전국시대 여러 문헌을 뒤져봐도 제일 날카롭게 제일 오랫동안 대립했던 학파는 실제로는 노장이나 묵자라기보다는 법가입니다.

『논어』에도 그런 법가의 그림자가 강력하게 드러나죠. 대표적으로 정자산 같은 분이 있습니다. 그 다음에 노나라의 안영 같은 사람들이 있죠. 대표적으로 법가사상의 위에 있는 사람들이죠. 특히 정자산은 솥에다가 성문법을 처음으로 주조하였는데 동아시아 사상사에서는 좀 독특합니다. 안영이라는 사람은 폭리라는 것을 정해놨죠. 노나라에도 그런 성향의 사람들이 상당히 있습니다. 노나라 내부의 그런 성향의 사람을 따져보면 삼가 가운데 맹씨가 있죠. 맹씨는 대학의 제일 끝부분에 나타나 있습니다. 내용을 보면 사실은 폭리 사상과 상당히 비슷하단 말입니다. 그리고 나중에 맹자로 가면 항산이라든가 이런 개념으로 갈 수가 있겠죠.

그리고 초나라를 막강한 강대국으로 성장할 수 있는 기반을 채웠던 사람이 『논어』에서 보면 섭공이 우리 동네에는 직궁이라는 자가 자신의 아버지가 양을 훔치니까 아들이 증언했다라고 했는데 전형적인 법가적인 인물이죠. 근데 이분들은 공통점이 있어요. 기본적으로 제나라의 안영이라든가 정나라 자산이라든가 노나라의 맹씨라던가 초나라 섭공이라든가 이런 사람들의 공통점이 뭔가 하면 부국강병이죠.

겉으로 보기에 유의 지향과는 어떻게 보면 비슷해 보이지만 실제로 보기에는 정반대의 지향을 지닌 그런 사상가의 집단이거든요. 꼭 이것을 일률적으로 말하기는 상당히 어렵지만 좀 오버하자면 군자가 소인과 대비해서 이렇게 논한 걸 볼 때 공정한 소인이라고 말한 사람들의 성향을 보면 법가적 성향이 상당히 강해요.

다음은 군사 지향적이고 부국강병 지향이라는 이런 성격이 좀 있는 것 같아요. 그래서 소인과 군대를 대변할 때 자세히 보면 공자가 소인이라고 말한 사람들, 법가라든가 병가의 속성과 좀 맞닿아 있는 부분들이 적지 않아 있거든요. 그래서 제가 보기에는 유라는 학파와 법가는 가장 오랫동안 대립해왔던 학파가 아닌가 이런 생각이 듭니다.

그런데 이 사람들하고 儒하고 근본적으로 좀 달랐던 점은, 법가는 철저하게 현세 중심이었다는 것이죠. 유는 정통을 고수한 가운데 전통의 장단점을 개선하는 가운데 거기에 발을 딛고 새로운 사상을 흡수하는 독특한 논리를 갖고 있었지요. 시대별로 보면 유가와 법가는 이런 점에서 약간은 다른데 유는 사실은 상고주의만 있는 건 아니거든요. 유의 더 큰 힘은 사실 현실 대응에 있습니다. 법가는 유가와 공통점도 있지만 좀 다른 점도 있습니다.

제가 말씀드리려고 하는 것은 유의 막강한 소화력입니다. 유는 이렇게 두 개의 발을 논리적으로 하나는 전통, 하나는 현실에 둡니다. 마치 사람에게 콧구멍이 두 개 있듯이 이렇게 본다는 거죠. 유는 법가와의 쟁패 속에서 법가를 물리치는 것이 아니라 사실은 법가에 있는 수많은 사유들을 유가 내부의 키워드를 가지고 흡수해서 유가로 들여오는 거죠. 그래서 진나라 진시황 대에 보면 법가가 유가를 승리한 것처럼 보입니다.

유가라고 자처하는 순자를 거쳐서 한비로 이어지는 것이 법가 계열의 끝이라고 본다면, 진나라의 입장에서는 일견 승리한 것처럼 보입니다. 다음에 분서갱유라는 혹독한 탄압이 있었죠. 그러나 결국은 진나라를 거치고 진나라 후기로 들어서고 한나라로 들어가면서 결국 승리한 건 유입니다.

이 유는 그 내부에서 법가의 키워드를 가지고 법가를 흡수하는 거죠. 묵자도 묵자에 있는 키워드, 묵자가 주장하는 것, 그것을 유가에 있는 키워드로 재생산해서 묵자를 흡수한 거죠. 묵자가 지성계의 판도에서 거의 사라진 것처럼 보이는 이유는 묵가가 유가로 흡수됐기 때문이라고 생각합니다. 요인은 기본적으로 묵가에서 말하는 겸애를 흡수할 수 있는 인이라는 사상이 유가에 있거든요.

다음에 유에도 反戰의 논리가 있죠. 그래서 묵자는 실제로 상당히 여러 키워드를 통해서 유가로 흡수되었다고 저는 봅니다. 그렇게 강렬하게 대응했던 법가도 사실은 유로 흡수됐습니다. 한나라 이후로는 법가라는 게 별로 없거든요. 법가의 후예들이 사실은 병가인데 병가도 儒로 흡수되죠. 제갈량 같은 경우 대표적으로 유로 흡수돼 있거든요. 사상적으로 제갈량은 병가라고 하지만 실제로는 유에 가깝습니다. 노장도 마찬가지입니다.

노장은 유와 상당한 라이벌 관계에 있었죠. 실제로 노장의 여러 사유도 사실은 유로 거의 흡수 됩니다. 대표적으로 소요유의 遊의 정신, 노닌다는 그 정신도 나중에는 儒로 거의 다 흡수되죠. 이 유의 성장 방식은 이렇게 대결하는 사상이라든가 라이벌 관계에 있는 사상이 있으면, 그것을 무조건 배척하는 것이 아니라 그 사람들이 주장하는 것을 유학 내부에 있는 비슷한 키워드를 가지고 일신하고 변화시켜서 그들을 일정 부분 흡수해버립니다.

그래서 덩치를 확 키우지요. 또 새로운 사상, 새로운 시대에 변모할 수 있는 내적 응전력을 기르는 거죠. 어떻게 보면 수많은 사상들은 유가로 봐서는 이제 예방주사 같은 거 백신 같은 거죠. 이 안에 들어와서 새로운 항체를 만드는 거죠.

세계의 많은 사유들이나 많은 철학들이 그런 식으로 발전을 해왔습니다. 발전을 해왔지만 특히 그런 소화력이 아주 강한 사상이 저는 儒라고 봅니다. 주자 때 불교가 있었지요. 불교의 수많은 주장들과 논리·교학이 있는데, 유학에서는 상당히 보기 힘든 것들이었지요. 사실은 철학적 체계라든지 아니면 우주론이라든지 이런 게 기존의 유가가 노장을 받아들여가지고 태극론도 받아들이고 했지만 안 되는 게 있었거든요.

거기에서 주자는 새로 유학 내부에 있는 심이라든지 성이라든지 혹은 태극이라든지 이런 것들 가지고 새로 그 키워드를 새로 정비해서 불교를 흡수를 합니다. 그리고 새롭게 덩치를 확 키우죠. 그것 때문에 당시 사람들은 주자의 학문은 유가 아니다. 그래서 위학당이라는 사건도 분명히 벌어지지만, 저는 그게 송나라에 와서 유가 성장하는 방식을 잘 보여준 대표적인 사례라고 생각합니다.

중국은 전일이나 완원 등 이런 사람들이 제일 고민했고 우리나라에서도 고민하는 게 서학 문제죠. 서학의 문제를 유학의 이런 성장방식으로 해결하려고 했던 대표적인 분을 저는 다산이라고 생각합니다. 주자가 불교 신도라고 많은 비판을 받았듯이, 다산에 대해서도 '저 사람은 유가 아니라 개신교 신자'라고 말하는 분이 상당히 많습니다. 제가 오늘날 유를 너무 좋아해서 그런지 아전인수격으로 해석을 하자면 저는 그것이 그 시대, 18세기-19세기 당시에 서학에 대응한 유의 새로운 품 키우기의 일환이라고 생각합니다.

다산에 대해서 종교적으로 어떻게 보느냐는 여러 가지 시각이 있죠. 다산의 주장이나 모든 것을 볼 때는 너무나 기독교적이라고 보는 분이 있지만 저는 그렇지 않고 그것이 원시 유학에서 다산 당대에까지 있는 유학 내부의 키워드를 가지고 서학을 소화하고 그것을 새롭게 유학의 품을 키운, 그런 성장 방식의 대표적인 일환이라고 생각합니다.

이런 유가 19세기에 와서 딱딱하게 굳어가지고 전혀 힘도 못쓰고 조선의 패망과 동시에 와르르 무너졌거든요. 왜 그러냐? 저도 잘 모르겠습니다. 저도 잘 모르겠지만. 그게 와르르 무너진 것에 대해서 저는 상당히 주목을 해보고 싶고, 제가 서두에 사회주의를 꺼낸 것도, 그 유학자들의 유학 내부에 있는 키워드를 가지고 서구의 사회주의라는 것이라든가 민주주의 개념을 어떻게 이해하고 어떻게 변용하고 자기 나름대로 응전하려고 했었는지, 그것이 사실 상당히 궁금합니다.

말하자면 그걸 잘 연구하면 중국의 사회주의자들이나 일본의 사회주의자들 내지는 러시아의 사회주의자들과는 또 다른 조선 사회주의자들의 사상적 특징이 드러날 수 있는데, 그 변수 요소 가운데 하나가 있지 않느냐 이렇게 보는 겁니다. 그러나 이건 어디까지나 저 혼자 한 번 생각해 본 겁니다.

2. 儒家의 異端論과 華夷觀, 그리고 맹자와 주자

유의 성장 방식과 어마어마한 소화력을 말씀드렸는데, 유에는 이 어마어마한 소화력과 함께 그에 버금가는 어마어마한 배타성이 있습니다. 유의 배타성이라는 게 어느 정도냐? 기독교도 배타적이고 이슬람도 배타적인데, 이슬람이 더 배타적이냐, 기독교가 더 배타적이냐, 유가 더 배타적이냐 잘 모르겠습니다.

저는 유의 배타성이 거의 버금간다고 생각합니다. 처음 출발이 맹자죠. 공자는 사실 그렇게 하지 않았거든요. "攻乎異端이면 斯害也已라" 할 때, 춘추시대 문헌, 춘추이전 시대 문헌에 이단이란 말이 거기에 딱 한 번 나옵니다. 그래서 이 『논어』에 나오는 이단이 정확하게 어떤 의미인지 잘 모릅니다.

冉求가 세금을 제일 처음에 사람한테만 거두다가 토지 때문에 땅에 거두기 시작하자마자, 공자가 "鳴鼓而攻之, 可也"라고 합니다. '우리 학단에서 성토해도 내 괜찮다고 허락해줄게.'라고 한 것이지요. 『논어』의 전편에 보면 공자가 제자들을 넌지시 나무라거나 조롱하신 적은 있어도 화를 본격적으로 딱 내는 거는 이때 한 번인데, 이때 '攻'자가 정확하게 '성토하다'는 뜻으로 쓰였습니다.

또 '攻'자가 三家 문제와 관련해서도 '성토하다'는 뜻으로 쓰였거든요. 攻자가 세 번 나오는데 '攻乎異端' 말고 두 번의 공이 전부 성토하다는 뜻으로 쓰였기 때문에 '攻乎異端'의 공 또한 아마 성토하다는 뜻으로 쓰이지 않았을까 이렇게 봅니다. 그러나 뒤에 '斯害也己'에 대한 해석이 너무나 분분하며, "성토하면 폐해가 멈춰진다."라고 본다 하더라도 공자의 이단에 대한 태도는 실제로 그렇게 배척적이지는 않았어요.

『논어』에 공자의 제자나 정치인들은 많이 나오지만 공자의 친구라고 보이는 인물은 잘 안 나오는데 공자 친구로 보이는 인물이 딱 한 번만 나옵니다. 原壤이라는 분이죠. 원양이라는 사람이 쪼그리고 앉아 기다리고 있는데 공자가 보고 '너는 어릴 때 공부도 안 하고 커서는 잘한 것도 없고 늙어서 죽지도 않네.'라고 하며 지팡이로 정강이 탁 때리면서 장난치는 부분 나오죠. 그때 친구가 한 번 나오거든요.

그런데 원양이라는 인물을 따져보면 그때 당시에 유가의 인물이 아니라 異類의 인물로 역대 학자들이 전부 다 이 원양을 이류에 다 넣어놨거든요. 그런데 이 정도로 친했단 말이에요. 그러니까 사실 공자는 '攻乎異端이면 斯害也己'라는 말을 했지만 그것이 사상적으로 지향성이 같지 않은 사람, 도와 같지 않은 사람과 더불어 도모하지 않는다 정도의, 공자 사상의 보편적인 수준의, 더 크게 심하게 넘지는 않을 것이라고 보는 게 보편적인 견해입니다.

그런데 배타성이라는 게 본격적으로 가면 맹자시대에 맹자는 '척이단'을 기치로 삼았습니다. 그래서 후대에 유가들은 유가의 사유에서 두 분을 꼽습니다. 하나는 우임금으로 우임금은 실제로 현실 정치에서 오랑캐들을 물리친 사람이며, 『書經』의 역사를 보면 삼묘족을 제일 처음에 물리친 것부터 역사가 시작되는데, 그 정벌의 역사가 실제로는 우임금으로부터 본격적으로 되는 거거든요. 중화의 강역을 정리한 분이 우임금이며 이것을 사상적으로 계승한 분이 맹자라고 하는 겁니다.

그래서 이걸 따져보면 삼경 가운데 서경에서 내세우고 있는 사상은 기본적으로는 中인데 요순은 제일 처음에 '允執厥中'이라고 내세웠고, 사유를 정치적으로 행위 한 첫째 분이 우임금입니다. 요순우의 中 사상을 계승한 분이 공자라고 해서 공자의 時

中이 이제 중요한 거죠. 공자의 '시중'을 계승해서 '척이단'을 처음으로 기치를 내세웠던 분이 맹자입니다.

그래서 후대 유가들은 특히 맹자를 우임금에다 잘 갖다 대고, 공자를 보통 요순과 비교시킨다면 이것이 中이라는 것의 흐름이거든요. 그런데 이 중이라는 것이 보통 우리가 '允執厥中'할 때 중이라는 것이 『중용』으로 오면 '不偏不倚'라 하고, 다음에 '平常'이라고 해서 중을 말하지만, 이 중이라는 게 사상적으로나 정치적으로 '불편불의'를 왜 말하느냐? 정치적으로 중국 이외의 것은 전부 다 偏하다는 겁니다.

요순시대처럼 중화에서 나온 이 中 사상은 중하지만 중국에서 나오지 않는 모든 사상은 모두 중하지 않다는 거죠. 中하지 않고 偏하다는 거죠. 그러니까 공자가 만나는 중이라는 것은 매우 포용력이 있어 보이고 매우 탄력성이 있어 보이고 심지어는 그 중용이라는 게 잘못 이해하면 회색주의자 내지는 현실 영합주의처럼 느껴지는 부분도 있는데, 맹자가 말한 중을 자세히 보면 엄청 배타적으로 가는 거죠.

중이 아닌 것은 극렬하게 배척하는 이중적인 면모, 이 이중적인 면모 가운데 특히 배척하는 부분을 계승한 것이 사실은 주자죠. 그래서 이것이 사상으로 오면 중화사상이며, 사서삼경 체제에서, 삼경에서 중이 중요한 이유이며 정치적으로 서경이 중요한 이유입니다.

다음에 사서 체제에서 주자가 송나라 때 중용을 바깥으로 따로 표장을 해서 내세운 것이 이유가 있는 거죠. 그래서 그 기본적인 일관된 정치사상의 체제를 흔히 춘추의리라고 합니다. 그래서 중은 춘추의리라는 말과 함께 정치적으로 사용될 때는 철학적으로는 매우 포용력이 넓어 보이지만 정치적으로 사용할 때는 엄청 독선적이고 배타적이고, 중국 중심주의적이지요. 여기서 벗어나면 다 오랑캐와 이단으로 매도해 버리는 어떤 강력한 배타성이 있습니다.

3. 조선의 지리적 정치적 상황과 학문

그 다음에 세 번째는, 19세기 안동 지역, 19세기 유학을 말하려면 우리나라의 유학을 간단하게 말해야 되는데, 우리나라 유학에 대해서 비판하는 분들이 상당히 많아요. 왜 조선 유학은 주자학 일색이냐? 저도 상당히 공감하고요. 상당히 공감하고서 연구를 하려고 하니까 할 게 없어요. 다 주자학이니까.

좀 다양한 게 있으면 여러 가지로 좀 해보면 좋겠는데. 다 주자학만 하니까 뭐 할 것이 없어요. 그래서 어떨 때는 중국이나 일본이 좀 부럽기도 합니다. 그런 측면에서 '조선이 주자학 일색이다, 너무 경색되었다, 교조적이다'라는 것에 대해 상당히 동의를 하지만, 그러나 우리가 막연하게 동의를 하면서도 막연하게 그냥 비판할 것이 아니라 좀 생각해 볼 지점이 있다는 것입니다.

많은 경우 조선의 주자학이라고 얘기하면 점차 교조적으로 변해가고 관념적으로 변해가고 어떤 경우는 조선학자들이 張維가 말했듯이 기풍이 적어서 한 학문이 한 쪽으로 쏠리면 다 그쪽으로 휩쓸린다고 말을 합니다.

그래서 주자학이 그렇게 간 것에 대해 비판을 하기 쉬운데, 저는 비판하기 전에 그렇게 갈 수밖에 없었던 이유를, 비전공자들은 욕하고 말면 그만이지만 전공을 하는 우리들은 욕할 때 하더라도 그렇게 될 수밖에 없었던 어떤 所以然에 대해서는 어느 정도 이해를 해줄 필요가 있지 않느냐 이런 생각이 듭니다.

대표적으로 조선의 학문이 일색 일면으로 된 대표적인 이유 가운데 하나가, 당나라 때와 고려시대 때까지만 해도 중국에 유학생을 많이 보냈죠. 유학생을 많이 보냈는데 명나라 때 들어서면서, 명나라는 특히 조선과 관련해서는 유학을 절대 안 받아줬어요. 우리나라 선비들은 중국의 북경까지는 아니라 하더라도 변방의 향학에라도 유학을 보내려고 요청했지만 명나라가 일체 반대를 했어요.

당나라 때 최치원뿐만 아니라 무수한 사람들이 유학 갔지 않습니까. 거기에서 진사시에도 합격하고 빈공과에도 합격하고 또 고려시대 때만 해도 원나라에 보면 牧隱, 益齋라든가 이런 분들 전부 다 오랜 해외 생활을 하고 유학을 갔었는데 조선에서는 명나라로 유학을 못 갔어요. 안 받아줬어요. 또 책도 안 보내줬어요.

이것 때문에 조선에서 외교적으로 우리 학생들 좀 받아달라고 초반에 활동을 많이 했는데 명나라에서 끝내 안 받아줬습니다. 청나라가 들어서고 나서도 우리는 중국으로 공부를 못 보냈어요. 그 측면을 우리가 좀 생각해 볼 필요가 있지 않느냐 이런 생각이 듭니다.

그 다음 두 번째는, 청나라의 내정 간섭입니다. 청나라가 제일 처음에, 도로곤이 우리나라에 와서 남한산성에서, 패배한 나라의 국왕이 절을 할 때 거기에 대한 상응하는 예우를 해준 게 아니에요. 입에 담을 수 없는 치욕적인 행위를 하면서 조롱을 했거든요. 그때 당시에 사람들 입장에서 봐서는 청나라하고 우리나라하고 간단하게 화해를 하느냐 마느냐의 문제는 일제시대가 지난 직후에 우리나라가 발전을 위해서라면 친일을 할까 말까 하는 의미보다 훨씬 더 감정적으로 더 나빠져 있었습니다. 간단하지 않은 문제지요.

거기에다가 청나라 내정 간섭이 우리가 지금 생각하는 것보다 훨씬 힘이 셌습니다. 효종의 동생인 임평대군이 33살 때인가 돌아가셨죠. 그 분이 돌아가실 때까지 청나라에 볼모로 잡혀간 것이 총 13번이었습니다. 평생을 조선과 중국의 청나라를 왔다 갔다 하다가 늙어서 죽었죠. 애가 타서 죽었을 겁니다. 아마 시신을 부검해보면 속이 다 문드러졌을 것이라 생각이 듭니다.

당시에 청나라 내정 간섭이 어느 정도로 심했는가 하면 임진왜란 끝났다고 해서 조선의 왜구들이 안 쳐들어온 게 아니거든요. 지금 통영, 사천, 부산, 울산, 여수 등 이런 데는 1600년대 1700년대 왜구들이 계속 노략질했습니다. 그런데 노략질을 하면 우리가 방어를 해야 될 거 아닙니까.

청나라 내정 간섭이 어느 정도 심했는가 하면 청나라가 인조한테 항복을 받고 나서 앞으로 조선은 우리가 외교와 통상을 다 책임질 테니 조선은 손 놓고 있어라 하고 왜구를 막는다고 성을 수리하거나 무기를 새로 고치는 일이 있으면 우리가 즉시 다시 내려온다고 말했습니다.

그래서 어떤 일이 생겼나 보면 실제로 왜구가 남부지방을 노략질해도 그냥 당할 수밖에 없는 거예요. 청나라에다가 다급하게 표문을 보냅니다. 노략질이 너무 심하니 우리가 막아야 될 거 아니냐, 좀 살게 해달라고 보냈습니다. 이때, 청나라에서 와서 한 짓이 뭐냐 하면 백헌, 이경석 등을 잡아가지고 의주로 잡아 죽인다고 끌고 갔어요. 인평대군이 그때 한 번만 살려달라고 해서 의주에 한동안 감금돼 있었습니다. 이럴 정도로 청의 내정 간섭이 엄청나게 심했습니다.

조선이 독자적으로 다른 나라와 바다를 통해서 교역을 한다든가 혹은 무기를 가지고 뭘 한다든가 이런 게 생각보다 여유롭지가 않았습니다. 18세기에 다른 나라 사람들이 표류를 하든지 배를 가지고 우리나라 왔을 때 우리나라 사람들은 그 나라 사람들이 무얼 하는 사람들인지 몰랐어요.

물론 청나라를 통해 수입되는 책을 통해서 영국이 있다는 것도 알고 네덜란드가 있다는 것도 알고 있었지만 지극히 피상적이고 제한적이어서 제대로는 몰랐어요. 대표적으로 홍양호가 얼마나 똑똑한 사람입니까. 홍양호가 청나라 갔을 때 네덜란드

사신이 왔거든요. 홍양호는 중국이 정말로 세계 강국이라고 생각했어요. 온 나라 사람들이 조공을 온다 생각했어요.

그런데 그때 네덜란드에서 온 사신이 누군가 하면 동인도에서 상무를 지내던 사람인데, 이 사람이 동아시아 通입니다. 일본의 임자평을 통해 통해서 조선을 빠삭하게 알고 있습니다. 일본에 자주 드나들었고 그래서 중국을 통해가지고 동아시아를 공략해 보려고 청나라에 간 건데 그 사람들은 조선 사신들을 환하게 알고 있죠.

조선 사신들은 그 사람들 이름도 안 적어놨어요. 그 사람이 엄청 유명한 사람인 데도요. 18세기 말 19세기 정도 되면 일본 같은 경우는 마카오, 네덜란드, 포르투갈 등 해상 무역이 얼마나 활발합니까. 그러나 조선은 완전히 소외되어 있었습니다. 완전히 소외된 데다가 학문은 여러 가지 사정으로 단순화되어있으니까 우리나라 학자들이 극도로 순진한 도덕주의자들입니다.

그래서 심지어는 서양 배들이 우리나라 앞바다에 침몰했을 때 우리는 저들하고 아무 상관도 없고 우리는 저들에게 해를 한 번도 끼친 적이 없는데 우리한테 해코지를 하겠나라고 생각했는데 지금 우리가 생각하면 어이가 없는 말이지만 그때 당시 사람들은 그게 당연하다고 생각하는 거예요.

제가 실제로 향산에 대해서는 크게 할 말은 없고 이것을 대전제해서 우리가 염두에 두고 향산과 같은 분을 좀 보자 이런 생각이 들어서 정작 향산에 대한 이야기보다 조금 많은 이야기를 했습니다.

향산은 다들 잘 아시죠? 퇴계의 11대 손이고 하계파입니다. 당시에 영남학파에서 퇴계학에 대한 여러 가지 문제들이 나왔을 때 이분이 다 해결을 했습니다. 그래서 선유예설과 19세기 한주 이진상 쪽하고 노론 쪽에 관계라든가 아니면 기로사라든가 이런 분들의 다양한 논의가 많이 펼쳐졌지 않습니까?

그것이 퇴계설과 다를 때 사람들이 이걸 어떻게 이해하면 되겠느냐고 물었을 때 자문 역할을 하고 방향키를 틀어주었던 분이라고 생각하시면 됩니다. 19세기 구한말에 있어서 퇴계학의 마지막을 정리하신 분이라고 생각하시면 됩니다. 사실 이분에 대해 조금 더 깊이 연구될 필요가 있습니다.

향산에 대한 연구는 대체로 생애와 항일 운동, 순국 등에 대해서 많은 논문이 나왔었죠. 실제로 이분 문집을 읽어보면 항일이라든가 항일 활동이라든가 국제사회라든가 이런 데 대해서 강력하게 의견을 피력하신 부분은 별로 없어요.

대체적으로 전형적인 퇴계학자로 생각하시면 됩니다. 읽은 것이 어릴 때부터 『소학』·사서삼경·『예기』·『춘추』 등 이게 다예요. 그 다음 제일 많이 읽은 책이 『퇴계집』 그 다음 『학봉집』 이게 다입니다.

이분이 조정에서 생활하시고 경상도에서는 양산 군수하시고 유학자로는 드물게 당송 팔대가 문장에 정통하셨는데 보통 우리가 생각하는 내륙 지역의 보편적인 19세기 딱딱한 주자학자입니다. 만약에 이분한테 패사소품이라든가 이런 문장을 내밀었으면 이걸 왜 읽느냐고 물을 겁니다.

대표적으로 이분 아드님한테 연암의 소설, 열하일기를 내밀고 읽어보시라고 권했더니만 그분이 그 책을 한참 읽고 나서 책을 내민 분에게 한참을 응시를 하시더니 난 자네가 글을 읽는다고 해서 상당히 기뻐했더니 이런 책이 읽나? 라고 했답니다.

이 정도로 굉장히 보수적이고 딱딱하고 경색된 주자학자 이렇게 생각하시면 될 겁니다. 그러나 이런 분들의 말을 좀 곰곰이 들여다볼 필요가 있지 않겠느냐 이런 생각이 듭니다. 왜냐하면 유학에서 조금 더 날카로운 현실 대응에 대해서 다양한 스펙트럼으로 나온 것은 이분의 뒤 세대이고 이분 세대는 그렇지는 못했던 세대입니다.

여지없이 현실에 직격탄을 맞고 허물어진 세대입니다. 그러나 이 세대의 사유를 조금은 볼 필요가 있지 않느냐 그런 생각으로 제가 오늘 발표를 준비했습니다. 이분들한테 제일 중요한 것이 이름에 대한 사유입니다. 명분입니다. 유가의 핵심 키워드가 있죠. 대표적으로 名·義·直입니다. 제가 학생들한테 잘 이야기하는 것은 곧을 直자입니다. 대표적으로 곧을 직 자가 식초를 빌리려 하니까 자기 집에 식초가 없는데 옆집에 가서 대신 빌려주는 게 직이 아니라고 공자가 말씀하셨는데, 나한테 없으면 진짜 없다고 그냥 말하고 땡인가? 그럼 直이 무엇인가? 직이라는 게 잘못하면 냉정하기 짝이 없는 것이며 앙갚음하는 것이 되거든요. 공자가 말한 直이라는 게 그럴 리가 없을 텐데.

유학에서 내세우는 개념 중에 대표적인 것이 또 名입니다. 명은 사실은 유학에서만 중요시한 개념은 아닙니다. 유학에서는 종류에 대한 개념은 아니고 태도가 좀 다를 뿐이죠. '名可名非常名'이라는 것이 명을 우습게 생각해서 그렇게 말하지는 않았겠죠. 명을 중요시했기 때문에 명에 대해서 그렇게 말씀하신단 말이에요.

노장에서도 공자도 명이라는 것을 중시 여겼거든요. 동아시아의 지성들은 특히 명에 대해서 막중한 의식이 있었던 거예요. 군자는 어떻게 할 것인가? 그런데 이분이 대표적으로 명을 엄청 중시 한 사람입니다. 책 이름을 짓는 거나 사람 이름을 짓는 거나 사람 자를 짓는 거나 이런 것까지, 이름에 관한 것이라면 남들이 보기에는 뭐 이렇게까지 신경 쓰실까 할 정도로 이름과 관련된 사유에 민감했던 분이거든요.

왜 이랬을까 하는 겁니다. 물론 다른 분도 그렇기는 하지만 다른 분들은 문집에 명에 대해서 그렇게까지 하지 않는데, 이분은 마치 집착하는 정도로까지 보이는 거죠. 이분은 왜 그랬을까?

名은 기본적으로 작게는 자기 이름과 자호 그 다음 자기 직책, 예컨대 학자·선비·군자 등 이런 자기 정체성과 관련된 거지만, 크게 보면 세계 질서거든요. 예컨대 제가 돈이 아무리 많더라도 우리 집 아버지의 산소에 마음대로 비각을 세울 수 없고 비각을 세우더라도 그 크기를 마음대로 할 수 없고, 비각의 지붕을 씌우느냐 마느냐 주변의 둘레를 얼마큼 하느냐 마느냐, 작게는 밥상에 반찬 가짓수가 몇 개 되느냐.

저의 품계가 높지 않은데 돈만 많다고 해서 전골냄비를 마음대로 올릴 수 있는 게 아니거든요. 명이라는 게 작게 말하면 학자의 아이덴티티와 연결되지만 길게 말하면 사회의 질서와 관련된 겁니다. 그래서 유교는 명교라고 하는데 잘못 생각하면 숨 쉬기가 어려울 정도로 생활까지 간섭할 수는 있겠지만 그러나 당시에 질서라는 것은 하나의 국가든지 단체든지 개인이든지 존립 근거가 되는 거거든요.

그런데 당시에 무슨 일이 생겼냐면 고종 시대에 의복 개혁을 대대적으로 단행했습니다. 의복 개혁을 해서 뭘 하느냐. 소매 폭을 줄이고 실용적으로 해라는 거죠. 그리고 옷감도 적게 들고 때도 덜 타고 반찬 먹을 때 편하고 좋다는 거예요. 근데 이것을 심각하게 봤어요.

우선 도포를 입지 말고 두루마기를 입어라. 이분은 두루마기를 입으라는 의제개혁이 이분의 눈에 봐서는 이게 조선의 사형 선고라고 생각했습니다. 왜 그런가 하면 두루마기는 시체 염습할 때 입는 옷이었거든요. 이분은 복장을 개혁하는 것에 대해서는 다르게 생각했을지도 모르지만 두루마기를 입는다는 것에 대해서 심각하게 생각하신 겁니다. '왜 상복을 입느냐'라고 본 것이죠. 온 나라 사람이 상복을 입는 것은 그 나라가 망했다라고 보는 겁니다. 죽은 사람의 옷을 입는 것은 죽은 나라의 백성이라고 본겁니다. 이것이 이분의 명교의식입니다. 이런 명교의식을 가지고 볼 때 자본주의와 같은 것들은 간단한 문제가 아니죠.

두 번째는 춘추의리라고 했었는데 종교하고도 관련이 되고 정치하고도 관련이 됩니다. 제일 처음에 종교와 관련된 문제는 동학입니다. 오늘날 많은 사람들이 동학을 농민운동처럼 보지만 이분은 儒니까 오늘날 우리가 생각하는 유하고 달리 당시 자신들을 종교인이라고 생각하거든요.

이것은 동학을 농민운동이라는 관점에서 본 게 아니라, 국가의 정치가 가진 모순이라는 것을 바라본 것이 아니라, 이 사람은 사교의 준동이라고 본겁니다. 이단의 정신에서 배척해야 되는 거죠. '척이단' 하지 않으면 왕도를 높일 수 없고 왕도를 높이지 못하면 춘추 의리가 이 땅에 살지 못하고 춘추 의리가 살지 못하면 이 나라는 문명의 나라가 아니라고 보는 거죠. 오랑캐의 나라라고 본거죠.

정치적으로는 춘추의리가 관련되는 부분이 개국연호입니다. 고종 때 연호를 처음 사용했거든요. 학자들이나 많은 사람들은 개국연호를 사용하는 것을 조선의 독립처럼 바라봅니다. 조선이 드디어 청나라의 예속을 끊고 독립을 하고 황제의 나라로 독립을 한다고 보지만 실제로는 아전인수식 시선이고 당시에 개국연호의 실질적인 내막은 일본이 조선하고 청나라하고 이간질을 시키기 위해서 개국연호를 쓰면 계속 예속되어 있는 것이라고 말하는 겁니다.

오늘 학자들이 말한 것과 논리는 같은 거죠. 일본이 말하는 것은 정말 조선의 독립이라든가 조선의 자주를 위해서 그렇게 말해 준 것이 아닙니다. 일본은 조선을 침략하기 위한 일본 나름의 조선 經略 정책입니다. 연호 문제는 간단한 문제가 아니며, 일본의 조선 경략 정책의 일환이라는 것은 분명히 그 사람들이 알고 있었죠.

그 다음 조선의 지리적 위치에 대해 생각을 했어요. 일본은 바다로 떨어져 있지만 조선은 중국하고 땅으로 연결되어 있다는 거예요. 그래서 당시의 사람들은 청나라가 저렇게 나중에 허망하게 박살 날 줄은 몰랐으니까, 이 시기가 지나고 나서 중국하고 우리는 거리가 붙어 있는데 중국에서 오늘날 이 문제를 빌미로 삼아서 전쟁을 일으키면 어떻게 할 것인가에 대한 실질적인 현실적인 부담 같은 게 있었죠.

그리고 춘추의리가 작용하는 부분은 어디에 해당하는가 하면 일본이 을사조약을 할 때, 협박이었지 않습니까? 협박에 의한 조약 체결이 현실적으로 가능한 것이냐? 그것이 도덕적으로 용납 가능한 것이냐? 용인 가능한 것이냐? 이 문제를 들고 나왔거든요. 이 문제를 들고 나오면서 춘추 의리를 말하는 거죠. 그래서 춘추의리의 현실적 버전으로서 오늘날 말하면 국제법, 萬國公法이라는 겁니다.

오늘날에는 국제법이라든가 만국공법이 있는데 이것이 옛날 춘추의리라고 보는 거죠. 일본의 침략에 대해서 대응하는 방식, 여기에 춘추 의리가 작용을 하게 되는 거죠. 이런 논리들을 바탕으로 어떻게 되는가 하면 청나라가 들어섰을 때, 17세기-18세기 지식인들이 대명의리를 외쳤는데, 향산은 대청의리를 외칩니다. 여러 가지 현실적 제약 때문에 우리는 청나라와 의리를 저버릴 수가 없다는 논리를 생각한 거죠.

오늘 우리가 보기에는 조금 궁색하고 어이없는 그런 측면이 상당히 있습니다. 명나라의 의리 때문에 그렇게 반대했던 청나라인데, 일본이 협박을 하니까 대청의리를 내세운다는 것, 이게 좀 우리가 보기에는 웃기는 이야기인데 이 사람들에 있어서는 당시 현실적인 조건으로서 그렇게 간단한 논리가 아니죠. 청나라에 대한 적대감이 대명의리를 만들었다면 일본에 대한 적대감이 대청의리를 만들었으며 이분은 대청의리를 내세웁니다.

19세기 조선유학에서 특이한 부분이기는 합니다. 일반적으로 대청의리를 잘 내세우지 않거든요. 결국은 별로 대단할 것 없지 않느냐 이렇게 생각하지만 그러나 향산이 보여준 이런 명분론이라든가 혹은 종교적인 시각이라든가 대청의리라든지 춘추의리라든지 이런 것들이 오늘날 단순히 우리가 그냥 역사 발전에 뒷날, 100년도 더 된, 한 150년 지나서 결과적으로 역사 발전의 추이의 결과에 따라 맞춰서 어떤 것은 진보주의고 어떤 것은 보수적이라고 이렇게 이분법적으로 논단하기에는 좀 어렵지 않느냐고 저는 개인적으로 생각합니다.

아까 말했듯이 이분들에게는 실제로 여러 가지 판단을 할 수 있는 정보력 같은 게 거의 없었고 우리나라는 주자 일색으로 굳어 있었고 그런 상황에서 서구라든가 일본의 흐름이라는 것은 실제로 몰랐고 대응할 현실적인 힘이 없었어요. 쉽게 말하면 그때 당시에 세련된 사유를 가져도 일본이나 서양의 침략에서 국가를 뺏길 것은 기정사실이거든요.

이 때문에 오늘날 결과적인 시점에서 그때를 단순하게 서구니 진보니, 또 당시에 이것을 왜 사람들이 이렇게 밖에 생각하지 못했냐고 그런 시각으로 바라보는 것은 불필요하다고 생각하고 좀 경계해야 된다고 생각합니다. 그래서 제가 술자리에서 농담으로 그런 비슷한 이야기가 나오면 농담으로 역시 물어봅니다. 그러면 대한민국은 이미 만들어진 지가 100년 가까이 됐는데 왜 우리는 몇 년 동안 뭘 했길래 제일 선진국이 되지 못했나? 이러면 할 말이 없는 거죠.

당시 힘의 우열이라는 게 있었는데 그런 것들을 무시하고 당시 사람들의 생각이 단순히 낡았다고 보는 것은 좀 그렇고요. 아주 딱딱한 낡은 사유의 창으로라도 당시에 조선을 패망해가는 상황, 유학의 어떤 문제점, 현실적인 일본의 침략과 관련해서 힘을 쓸 수 없는 것. 이런 문제점 같은 것을 어느 정도 인식하고 있었다는 거 그런 정도만 해도 저는 작은 문제는 아니라고 생각합니다.

다만 향산의 죽음 같은 경우는 우리가 생각해 볼 필요가 있습니다. 이분의 죽음을 순국이라고 하는데 제가 보기에는 순교에 가깝지 않나 이런 생각이 듭니다. 매천도 그런 측면이 있습니다. 그때 돌아가신 분들이 많죠. 현실 참여했던 관료로서 죽은 거예요. 내가 현실 국정에 참여했는데 그 국가가 망했어요. 그런데 국가를 망친 장본인으로서 내가 어떻게 할 수 있을 것이냐 그게 이제 죽는 거죠. 그런 의미로 봤을 때 항일 애국 순국이라는 측면도 있지만 제가 볼 땐 儒로서 순교에 가까운 그런 측면이 있지 않나 이런 생각이 듭니다.

이 사람들까지는 실제로는 그걸로 끝났어요. 막강한 소화력을 자랑해야 되는데 현실적으로 정보도 없고 힘도 없어서 나라가 망했고 지금부터 잘해야 합니다. 이런 사람들이 순교를 했기 때문에 그리고 자기 명분 의식 아래 자기 이름을 다해서 儒라는 이름값을 하려고 해서 죽었기 때문에 또, 춘추 의리 정신으로서 협박에 의한 국제 관계라든가 이런 것에 대해서 강력하게 대항했기 때문에, 다음 세대 유들에게 대응방식을 생각하게 한 거라고 저는 생각합니다.

그래서 어떤 사람들은 사회주의 또 어떤 이는 신학문을 받아들여가지고 어떻게 하려고 하기도 했고, 또 반대의 경우에는 극단적으로 이거보다 훨씬 더 교조적이고 오직 주자학 혹은 오직 유학 이렇게 가는 사람도 있거든요. 다양하게 분파가 나뉘는데, 그 분파가 되는 지렛대가 사실 이 시대의 순교라고 봅니다. 분파된 사유들은 향산이 모두 가지고 있습니다. 어떻게 보면 주자학 일색으로 가는 사유도 있습니다. 대표적으로 명가의식입니다. 그런 의식들이 나중에 가면 오직 주자학, 그래서 서원을 다시 세우라고 합니다.

근데 이건 좀 문제가 다릅니다. 그 사람들의 그런 보수로의 회귀라든가 오직 儒, 오직 名 이렇게 가는 것은 우리가 생각하는 것보다 훨씬 종교적입니다. 이분들은 우리가 생각하는 게 지금 무슨 사상이라든가 철학 문제가 아닙니다. 긴 터널을 지날 때는 철학 가지고 안 됩니다. 그분들은 대단히 종교적이었어요. 그렇기 때문에 그 사람들이 그렇게 가는 겁니다.

우리가 보면 좀 이상하지만 그때 당시 그 사람들은 일반 성직자보다 그 단련법이라든가 행동이라든가 이런 게 훨씬 더 엄격했어요. 훨씬 더 모든 것이 절제되고 강철로 강체를 제련하는 것처럼 그렇게 단단하게 다져나가는 그런 사람들이죠. 사실 그게 우습게 보이지만 그렇지 않습니다. 그것이 가진 힘은 간단하지 않습니다. 실제 다른 것보다도 더 적다고 하기 어렵습니다. 그렇게 가는 공파가 있습니다.

그 다음이 이제 유학의 반동이죠. 이 경직성에 대해서 심각하게 반성을 해서 서양 학문에 대해서 받아들이려고 합니다. 이 시대에 이 사람들이 순교에 대한 반동을 보이는 거죠. 아까 말했듯이 중국 청나라 쪽하고 연결시켜 공교운동으로 벌어지는 것, 그 다음 또 사회주의라고 하는 것, 이런 것들이 이 시대에 이 사람들의 이런 고민을 계승한 것이라고 봅니다. 그래서 그런 측면에서 볼 때 향산과 같은 분들의 학문이라든가 죽음이라는 게 보수적이고 퇴행적인 것이 아니라 제가 볼 때는 나름대로 유로서 순교의 의미가 좀 있다고 보고 그래서 19세기 구한말보다 일제시기에 이르는 애국 계몽기라고 하는 그런 유교지식인의 사유와 학문을, 이분들의 사유를 곰곰이 뜯어볼 필요가 있지 않나 그런 생각을 합니다. 이만 발표를 마치겠습니다.

19세기 말 경남지역의 「신명사도명」에 관한 학술 토론과 시대적 의미

전 병 철 (경상국립대학교 한문학과)

오늘 저는 「신명사도명(神明舍圖銘)」에 대해 함께 이야기하려고 준비했습니다. 여러분은 다른 강의에서 「신명사도명」에 대해 들을 기회가 거의 없었으리라 생각됩니다. 남명(南冥) 조식(曺植, 1501~1572)을 이야기할 적마다 「신명사도명」에 대해 언급하는데, 이것이 담고 있는 뜻이 무엇인가를 알아보는 시간이 되었으면 좋겠습니다. 「신명사도명」은 그림인 「신명사도(神明舍圖)」와 그림에 대한 명문(銘文)인 「신명사명(神明舍銘)」을 편의상 합쳐 말한 것입니다. 「신명사도」는 말로 다 나타낼 수 없는 부분을 그림으로 표현함으로써 느껴 깨닫게 하고, 「신명사명」은 그림으로 다 표현할 수 없는 부분을 명문으로써 보완한 것입니다.

「신명사도」와 「신명사명」를 모두 이야기하기에는 시간이 부족하므로 오늘은 「신명사도」만 설명하겠습니다. 이번에는 「신명사도」를 제대로 파악해 보는 시간을 가지면 좋겠습니다. 제가 제목을 '19세기 말 경남지역의 「신명사도명」에 관한 학술 토론과 시대적 의미'로 정했는데, 그 당시에 어떤 학술 토론이 있었는지 살펴볼 것입니다. 19세기 말이라면 서양의 문물이 들어오고 유교는 거의 퇴락해가며 일제강점기가 곧 닥쳐올 그런 상황이었습니다.

남명의 「신명사도명」에 대해 19세기 말 경남지역 학자들은 어떤 동기로 학술 토론을 벌였는지, 당시 유학이 처한 어려운 상황에서 그 토론이 가지는 의미는 무엇인지 등에 관해 함께 이해해 보는 시간을 가지려 합니다.

1. 「신명사도명」에 관한 논변의 역사적 배경

학술 토론에 대한 본격적인 내용을 말하기 전에 「신명사도명」과 관련된 역사적 배경을 설명할 필요가 있습니다.

남명은 조선 전기의 학문이 성숙하여 새로운 발전 단계로 나아갈 시점인 16세기에 활동한 인물입니다. 퇴계^(退溪) 이황^(李滉, 1501~1572)과 같이 1501년에 출생했는데, 퇴계는 1570년까지, 남명은 1572년까지 살았습니다. 그리고 남명은 한훤당^(寒暄堂) 김굉필^(金宏弼), 일두^(一蠹) 정여창^(鄭汝昌), 정암^(靜庵) 조광조^(趙光祖) 등으로 이어지는 사림파^(士林派)의 실천적 유학 사상을 계승하여 사변적인 학문 탐구를 비판하고, 자신을 올바르게 세워 현실에 쓰일 수 있는 학문을 이루려고 노력했습니다. 이와 같은 남명의 학문적 특징은 그가 평생토록 추구한 '경의^(敬義)'라는 두 글자에 집약되어 있습니다. 그리고 남명이 '경의'를 어떻게 이해하고 실천하려 했는가를 선명하게 보여주는 자료가 바로 「신명사도명」입니다.

저는 개인적으로 「신명사도」처럼 수양을 생생하게 표현한 저작이 과연 또 있을까? 라고 생각합니다. 아직 이것과 비교할 만한 것을 찾을 수 없었기 때문입니다. 퇴계의 「성학십도^(聖學十圖)」도 10개 그림 중에 직접 그린 것은 3개이며 나머지는 이전 학자들의 저작에서 가져온 것입니다. 따라서 남명처럼 오롯이 자신의 견해를 드러내어 창의적으로 저작한 것을 발견할 수 없었습니다. 남명의 수양에 대한 강렬한 의식이 「신명사도」에 생생하게 표현되어 있다고 생각합니다.

그러나 「신명사도명」과 관련해 매우 안타까운 사실이 있습니다. 후산^(后山) 허유^(許愈, 1833~1904)가 「신명사도명혹문」을 지어 「신명사도명」에 관한 해석 작업을 시도하기 이전까지 300년 동안 누구도 그 내용과 의미를 학술적 측면에서 밝히려고 하지 않았습니다. 아마도 퇴계가 「신명사도명」에 대해, "그 설이 광탕^(曠蕩)하고 현막^(玄邈)하여 노장^(老莊)의 서적에서도 보지 못한 것입니다."라고 비난한 말이 심각한 영향을 끼쳤기 때문이라고 생각됩니다. 퇴계가 이렇게 비판을 하다 보니 남명을 선양하기 위해서 노력했던 사람들은 「신명사도명」이 순수한 유학이 아니라는 점을 드러낼까 우려하여 오히려 숨기려고 했던 것이 아닌가 싶습니다.

남명의 문인들은 『남명집』을 간행하면서 이 부분의 처리를 두고 여러모로 고민했습니다. 『남명집』은 여러 차례 간행이 되었고 그때마다 많은 변모 양상이 있습니다. 「신명사도」와 「신명사명」에 대한 것도 역시 마찬가지입니다. 1604년에 간행된 『남명집』초간본은 지금 전하지 않아 「신명사도」와 「신명사명」이 어떤 모습이었는지 알 수 없지만 1606년 무렵에 다시 간행된 『남명집』에는 「신명사도」는 실리지 않았고, 「신명사명」만 남명이 직접 주해한 부주^(附註)와 함께 실렸습니다. 1609년 간행본 이후로는 부주가 없어졌는데, 노장$^{(老莊)}$이나 도교$^{(道敎)}$ 관련 내용이 언급되었기 때문에 삭제되었다고 이해됩니다. 「신명사도」는 1622년 간행본부터 실리기 시작했습니다. 그러다가 1897년 간행본에는 편찬하는 사람들이 임의로 「신명사도」를 대폭 수정하였고, 「신명사명」의 주석도 대부분 삭제해버렸습니다.

이런 사실을 보면 알 수 있듯이, 「신명사도」와 「신명사명」이 남명의 경$^{(敬)}$과 의$^{(義)}$, 남명의 수양을 가장 생생하고 함축적으로 보여주는 작품임에도 불구하고 이단이라는 퇴계의 비판으로 인해 오랫동안 묻혀 있었던 것 같습니다. 다행히도 허유가 「신명사도명」에 대해 문답 형식으로 「신명사도명혹문」을 지음으로써 경남지역에 본격적인 학술 토론의 안건으로 부상하게 됩니다.

「신명사도명혹문」을 지은 시기는 대체로 허유의 나이 57세 때인 1889년 무렵으로 추정됩니다. 문답한 사람들이 기록한 연도가 기축년으로 되어 있기 때문입니다. 그러면 남명이 편찬한 때로부터 300년이 지난 19세기 말에 허유는 왜 「신명사도명혹문」을 지었을까요? 아래의 인용문을 통해 그 동기를 짐작해 볼 수 있습니다.

선생의 이 그림은 본집에 실려 있는데, 세상의 학자들 가운데 그 의미를 제대로 말할 수 있는 자가 드물다. 심지어 어떤 이는 헐뜯는 논의를 가하기도 한다. 나는 망령되이 개인적인 의견을 내어 「혹문$^{(或問)}$」을 지었으니, 미약하게나마 단서를 드러내기 위함이요, 분명히 알아 진면목을 설파한 것이라고 감히 말하려는 것이 아니다. 만일 뜻을 같이하는 자가 있어 참람됨을 이해해 주고 오류를 바로잡아 주며, 이로 인해 드러내어 밝히고 부연하여 설명해서 선생의 심학이 세상에 크게 밝혀진다면, 어찌 사문의 다행이 아니겠는가?

先生此圖 載在本集 而世之學者 鮮能言之 甚者 或加訕議焉 愈妄以己意設爲或問 蓋微發其端 非敢謂見得到 說得眞也 如有同志者 恕其僭 而訂其誤 因而發撝之 張皇之 使先生之心學 大明於世 則豈非斯文之幸哉

〈許愈, 『后山集』 卷12, 「神明舍圖銘或問」〉

허유는 「신명사도」와 「신명사명」이 남명 심학$^{(心學)}$의 핵심을 담고 있음에도 불구하고, 학자들이 연구하지 않고 게다가 헐뜯는 논의까지 하는 것에 대해 안타까운 마음이 있었습니다.

허유가 "이 일에 뜻을 같이하는 자가 있어 자신의 참람됨을 이해해 주고 오류를 바르게 잡아준다면"이라고 말한 것은 인사치레로 한 말이 아니었습니다. 자기 주변에 있는 함께 논의할 만한 사람들에게 초고본을 보내 그들과 의견을 나누었습니다.

허유는 한주(寒州) 이진상(李震相, 1818~1886)의 제자이기 때문에 영남 남인(南人) 계열의 학자인데, 주변에 있는 학자 중에 전남 장성에서 활동한 노사(蘆沙) 기정진(奇正鎭, 1798~1879)의 제자들에게도 보내 함께 의견을 수렴하고 오류를 바르게 잡아가는 일을 했습니다.

허유는 「신명사도명혹문」을 지은 뒤 경남지역의 학자들에게 보내 널리 자문을 구한 것입니다. 그는 남명의 「신명사도명」에 대한 주해 작업을 경남지역 학자들의 공안(公案)으로 발의함으로써, 남명의 학문과 수양을 올바르게 이해하고 남명학의 핵심을 분명하게 드러내려고 시도한 것입니다.

유학이 쇠퇴해가는 시대인 19세기 말에 경남지역 학자들이 남명의 「신명사도명」에 대해 토론하고 무엇이 올바른 해석인가를 허심탄회하게 논의한 이 일은 당대의 집단지성이 보여준 아름다운 학술 사건이었습니다.

그러므로 「신명사도명혹문」은 허유의 개인적 저술이라는 의미를 넘어서 당시 경남지역의 학자들이 학문적인 측면에서 본격적으로 남명학을 조명하는 촉발점이 되었으며, 그 작업에 그들의 학문적 역량(집단지성)을 집결시킬 수 있는 계기를 마련했습니다.

제가 이렇게까지 말하는 까닭은 함께 토론할 적에 허유가 얼마만큼 수용하고 어느 정도로 서로 허심탄회하게 토론했으며, 그 과정에서 얼마만큼 수정되었는가를 이후의 내용을 통해 살펴본다면, 그들의 학문적 역량이 당대의 이 사건 속에 어떻게 녹아 있는지를 확인할 수 있습니다.

노백헌(老柏軒) 정재규(鄭載圭, 1843~1911)는 앞에서 언급한 노사 기정진의 제자로, 율곡학파의 학통을 계승한 학자입니다. 정재규도 허유와 같은 합천 사람으로 경남 출신이지만, 율곡 학맥을 계승했으므로 당파는 서인(西人)에 속한다고 볼 수 있습니다. 그런데 남인(南人) 계열의 허유가 당파를 달리하는 정재규에게 편지를 보내 함께 의견을 나누자고 요청했습니다. 정재규는 「신명사도명혹문」을 받아 보고서 자신의 견해를 밝혀 답장을 보냈는데, 한두 글자가 눈에 걸려도 샅샅이 파헤쳐 남김없이 의견을 말했습니다. 그리고 이 일의 중요성과 의미에 대해 다음과 같이 말했습니다.

저는 항상 오늘날 학자들은 남명을 종사^(宗師)로 삼아야 한다고 말하므로, 사람들이 많이 들어 잘 알고 있습니다. (중략)

그렇다면 이 해석이 오늘날에 저술된 것이 어찌 사문^(斯文)에 관련이 있는 것이 아니며, 후생에게 큰 다행이 아니라고 하겠습니까? 남명 선생의 입장에서 말한다면, 후세의 자운^(子雲)을 만난 것이라고 말하지 않을 수 없습니다. 이와 같기에 「신명사도명혹문」을 지은 일이 가볍지 않고 무거우며, 쉽지 않고 어려운 것입니다. 비록 한 글자라도 적절하지 못하고 한 단어라도 완비되지 못한다면, 반드시 거듭 생각하여 지극히 마땅한 것을 찾아야 하며, 서둘러 단정해서는 안 됩니다.

愚常言 今之學者 當宗師南冥 人多聽瑩然 其意則蓋有以也 不學則已 學而昧忠信內修之實 而長依樣畫葫之習 忘心地汗馬之功 而向口角天花之墜 又資近淳謹者 率皆抵眉闔眼 做得閨門擽押 而不能破釜焚楫 鼓作大勇 若是而望其有成 非余攸聞 今之學者 大抵病入膏肓 未論它人 反身自顧 只是坐在裏許 欲醫此病 其惟師法南冥歟 其惟師法南冥歟 然則此解之作於今日 豈非有關於斯文 而後生之大幸歟 自先生而言之 則亦不可不謂之遇後世之子雲也 若是則其爲之也 亦不輕而重 不易而難矣 雖一字未安 一辭未備 必反復思惟 以求至當 不可卒乍了斷也

〈鄭載圭,『老柏軒集』卷5,「答許后山」〉

정재규는 당시에 남명의 「신명사도」와 「신명사명」을 깊이 있게 연구하고 논의하는 일이 의미가 있고, 이 일을 온전하게 이루기 위해선 한 글자, 한 단어라도 엄밀하게 토론해야 한다고 말했습니다. 토론의 과정을 보면 한 단어라도 완비되지 못하거나 한 글자라도 적절하지 못하면 서로에게 남김없이 다 말하면서 의견을 나누는 모습을 볼 수 있습니다.

이상으로 허유가 「신명사도명혹문」을 짓게 된 배경과 정재규가 이 저술을 받아 보고서 함께 공감했던 내용을 간단하게 살펴보았습니다.

2. 「신명사도」에 관한 논변

이제부터는 그들이 어느 정도로 허심탄회하게, 얼마만큼이나 엄밀하게 논의했는가를 실제적으로 확인해보겠습니다.

「신명사도」를 보신 분이 있는지 모르겠습니다. 산청에 있는 남명기념관에 가보시면 첫머리에 붙어있습니다. 그리고 남명학 관련 책들을 보시면 이 그림이 대체로 앞부분에 나옵니다. 그만큼 남명의 학문과 수양에 있어 중요한 저작임을 알 수 있습니다.

이 부분(신명사 지붕)을 보면 귀신 신(神)자에다가 밝을 명(明)자, 집 사(舍)자인데 신명사(神明舍)라고 표기되어 있습니다. 우리가 어떤 일을 할 적에 "신명 난다"라고 말하는데, 이 그림에서의 신명은 우리 마음의 주인을 뜻합니다. 우리 마음의 주인이 사는 집이니깐 신명사(神明舍)라고 했습니다. 또 여기(신명사 안)를 보면 태일군(太一君)이라고 적혀 있는데, 임금의 이름이 태일군입니다. 집 이름은 신명사라고 했고 임금의 명칭은 태일군이라고 했습니다. 왜 태일군이라 하고 신명사라고 했는가에 대한 문제는 논변 과정에 나옵니다.

신명사는 임금이 사는 곳이니 높은 곳에 있으므로 계단을 만들어놓았고, 이 계단 밑에는 요즘 용어로 하면 국무총리이고 그 당시 말로는 총재(冢宰)라고 하는 경(卿)이 있습니다. 이 총재가 하는 일은 '항상 깨어 있음[惺惺]'이라는 말로 표기했으며, 태일군을 지키기 위해 굳건하게 성곽을 방비해야 합니다. 이 성을 지키기 위해 중요한 세 개의 관문이 있으니 입, 귀, 눈의 성문을 잘 지켜야 우리 마음속의 주인인 태일군을 수호할 수 있습니다.

이제 허유와 그 당대의 학자들이 이 그림에 대해 어떤 내용으로 토론했는지 차례대로 살펴보겠습니다. 저는 이번 강의에서 「신명사도」에 관해 허유가 여러 사람과 각각 개별적으로 토론한 내용을 논의의 주제에 따라 일괄적으로 모아 이야기를 진행하려고 합니다.

1) 「신명사도」의 '태일군(太一君)': 최숙민

먼저 '태일군'이라는 용어에 대한 문제입니다. 허유의 「신명사도명혹문」 초고본은 현존하지 않아 원래의 내용을 파악할 수 없는데, 토론한 사람들의 기록을 통해 일부분 확인이 됩니다. 특히 최숙민(崔琡民, 1837~1905)의 편지에 초고본 내용이 상세하게 인용되어 있으므로, 허유가 '태일군'에 대해 처음에는 아래와 같이 해석했다는 사실을 알 수 있습니다. 혹자가 "우리 마음속의 주인이자 임금인 태일군은 무엇을 말합니까?"라고 물은 후, 허유가 대답하는 형식으로 내용을 구성했습니다.

"마음의 신명(神明)입니다. 나라에 두 임금이 있을 수 없고, 몸에 두 주인이 있을 수 없습니다. 이것이 바로 신명이 태일군이 되는 까닭입니다. 『예기』에 이르길 '예는 반드시 태일에 근본한다. 나뉘어 천지가 되고 바뀌어 음양이 되며 변하여 사시(四時)가 되고 나열되어 귀신이 된다.'라고 했습니다. 태일군이 신명하여 헤아릴 수 없음이 이와 같은 것입니다."

太一君何謂 曰心之神明也 國無二君 身無二主 此神明所以爲太一君也 禮曰禮 必本於太一 分而爲天地 轉而爲陰陽 變而爲四時 列而爲鬼神 太一君之神明不測 有如是矣

〈崔琡民, 『溪南集』 卷8, 「答許退而」(己丑)〉

최숙민은 정재규와 마찬가지로 노사 기정진에게 배운 학자로, 율곡 학통을 계승한 인물입니다. 정재규는 합천에 살았고 최숙민은 하동에 거주했으니, 둘 다 경남지역 출신입니다. 경남의 학자들이 전남 장성에서 활동한 기정진에게 수학한 이유는 인조반정(仁祖反正)과 무신난(戊申亂) 이후로 남명학파가 매우 위축되었으므로 다른 지역의 큰 학자를 찾아갈 수밖에 없었기 때문입니다.

정재규와 마찬가지로 최숙민도 허유와 당파를 달리한다고 볼 수 있는데, 그런 것에 얽매이지 않고 허심탄회하게 서로 논의했습니다. 「신명사도명혹문」의 초고본 내용에 대해 최숙민은 다음과 같이 의견을 말합니다.

최숙민 : '나뉘어 천지가 된다.' 이하는 번다한 듯합니다. '예는 반드시 태일에 근본한다.' 아래에, '왈군자존칭야(曰君者尊稱也)' 여섯 글자를 첨가하는 것이 어떻겠습니까?

分而爲天地以下 恐似多了 禮必本於太一下 添曰 君者尊稱也 六字如何

〈崔琡民, 『溪南集』 卷8, 「答許退而」(己丑)〉

상대방이 고심해서 태일군에 대한 해설을 해놨더니, 번다하다고 지적하기도 하고 새로운 설명을 보충하라고 요구하기도 합니다. 속 좁은 사람이라면 이러한 지적을 듣고 받아들이기 쉽지 않았을 텐데, 허유는 허심탄회하게 "정말 좋습니다."라고 말한 후, "당신이 말한 존칭야(尊稱也) 아래에 『순자(荀子)』의 내용까지 더 보충하는 것이 어떻겠습니까?"라고 했습니다. 그러나 최숙민은 석연치 않았는가 봅니다.

허 유: 보내온 설이 요약되고 극진하니 매우 좋습니다. '존칭야(尊稱也)' 아래에 『순자(荀子)』가 말한 '마음은 형체의 임금이라는 것이 바로 이것이다.'라는 한 구절을 잇게 한다면 어떻겠습니까?

來說約而盡 甚善 尊稱也下 系以荀子所謂心者形之君是也一句 如何

최숙민 : 『순자』 한 구절은 넣어도 해가 없습니다만, 그다지 긴요하지는 않은 듯합니다.

荀子一句 入之無害 亦恐無甚緊

〈崔琡民, 『溪南集』 卷8, 「答許退而」 別紙〉

이런 식으로 두 차례의 문답을 나누었습니다. 허유의 『후산집』에 실려 있는 「신명사도명혹문」이 최종 완결본이라고 할 수 있는데, 거기에는 어떻게 설명되어 있는지 살펴보겠습니다.

"태일군은 무엇을 일컫습니까?"
"마음의 신명입니다. 『예기(禮記)』에 '예(禮)는 반드시 태일(太一)에 근본한다.'라 했으며, 『순자(荀子)』에 '마음은 형체의 임금이다.'라 했습니다. 태일군의 명칭은 여기에 근거했을 것입니다."

太一君 何謂
曰 心之神明也 禮曰 禮必本於太一 荀子曰 心者 形之君 太一君之稱 其本於此

乎

　위의 인용문을 보면 최숙민이 번다하다고 지적한 것은 모두 삭제했습니다.『순자』
구절은 긴요하지 않다고 했지만, 자기 견해를 유지했습니다. 최숙민이 '군(君)'은 '존칭
이다'라는 말로 임금의 의미를 풀이했기 때문에, 허유는 이 부분을『순자』의 설을 통
해 보충한 게 아닌가 싶습니다. 허유가 최숙민의 견해를 얼마나 진심으로 귀하게 받
아들이고 그것을 최대한 반영해서 수정하려고 했는가를 '태일군'이란 부분에서 확인
할 수 있습니다.

2) 「신명사도」의 '경(敬)'에 관한 해설 : 정재규

　다음으로는 경(敬)에 대한 부분입니다. 남명은 우리 마음에 태일군이라는 임금이 있
고 이 태일군의 통치를 받는 경이 있다고 생각했습니다. 경은 총재로서 조선의 영의
정과 같은 역할을 하는 것으로 본 겁니다. 허유가 해석한 경에 대해 정재규는 다음과
같은 견해를 제시했습니다.

　정재규: 이 두 구절은 예전부터 있던 설입니까? 아니면 스스로 개진한 설입니까? 늠
연(凜然)과 척연(惕然)을 서로 바꾸는 것은 어떨는지요? 척연(惕然)은 놀라서 흠칫하는 모습이
니, 하나의 생각이 떠올라 자신에게 돌이킬 적에 적절한 것인 듯합니다. 공구(恐懼)는 늠
연히 자신을 유지하는 일입니다.

　此二句是古說耶 抑自下說耶 凜然惕然 互換之如何 惕然是驚動貌 恐於一念反
求之際爲親切 而恐懼則是凜然自持之事"

〈鄭載圭,『老柏軒集』卷5,「答許后山」〉

　정재규는 '늠연(凜然)하게 거두어들이며 척연(惕然)하게 두려워한다.'라는 허유의 해설에
서 늠연과 척연의 단어 사용이 서로 바뀐 것 같다고 지적했습니다. 늠연과 수렴(收斂),
척연과 공구(恐懼)의 단어 조합이 적절하지 않다고 본 것입니다.『후산집』에 실려 있는
「신명사도명혹문」에는 다음과 같이 해설합니다.

"경의 뜻을 듣길 원합니다."

"경은 마음의 주재(主宰)입니다. 마음 밖에 별도로 경의 주재가 있지 않습니다. 이 마음이 스스로 주재하는 것이 곧 경입니다. 흠칫 놀라 거두어들이며 삼가 두려워하는 것이 스스로 주재하는 방법입니다."

願聞敬之義 曰敬者 一心之主宰也 非心外別有敬主宰了 此心自做主宰底 便是敬 惕然收斂 凜然恐懼 是自做主宰法也

우리 마음이 잘 다스려지고 있는 상태가 바로 경(敬)이라고 합니다. 마음이 다른 무엇에 빼앗기지 않고 중심을 지키고 있는 상태가 경이라는 겁니다. 마음의 중심을 잡고 잡된 마음, 쓸데없는 생각, 헛된 욕심 등에 사로잡히지 않은 그 상태입니다.

「신명사도명혹문」에는 정재규가 지적한 두 단어의 위치를 바꾸어 "흠칫 놀라 거두어들이며 삼가 두려워하는 것이 스스로 주재하는 방법입니다."라고 수정했습니다. 정재규는 진솔하게 자기의 견해를 이야기하고, 허유는 그 의견을 겸허히 수용하는 모습을 볼 수 있습니다.

3) 「신명사도」의 '천덕(天德)'과 '왕도(王道)': 최숙민

「신명사도」를 보면 임금이 있고 그 밑에 총재인 경이 있으며, 총재 옆에는 '천덕(天德)'과 '왕도(王道)'가 쓰여 있습니다. 남명은 왜 경이라는 글자 옆에 천덕과 왕도를 써놓았을까요? 허유와 최숙민은 이 문제에 대해 다음과 같이 문답했습니다.

"경(敬)'의 양 곁에 '천덕(天德)'과 '왕도(王道)'를 나누어 쓴 것은 무슨 의미입니까?"

"격물치지(格物致知)와 성의정심(誠意正心)은 경이 아니면 터득하지 못합니다. 수신제가(修身齊家)와 치국평천하(治國平天下)는 경이 아니면 이루지 못합니다. 그러므로 정자가 말하길 '천덕과 왕도는 그 요체가 단지 신독(愼獨)에 있을 뿐이다'라고 했으니, 신독은 경의 일입니다."

敬之兩傍 分書天德王道 何意 曰格致誠正 非敬不得 修齊治平 非敬不成 故程子曰 天德王道 其要只在愼獨 愼獨是敬之事也

최숙민: '하의왈(何意曰)' 아래에 '인위(人僞)의 잡됨이 없는 것을 천덕이라 하며, 패술(覇術)의 거짓이 없는 것을 왕도라 한다. 대개 경의 공용(功用)이다.'라는 22자를 첨입하고 싶습니다.

何意曰下 欲添入無人僞之雜曰天德 無覇術之假曰王道 蓋敬之功用也二十二字
〈崔琡民,『溪南集』卷8,「答許退而」(己丑)〉

초고본에서는 「신명사도」의 '경(敬)' 자 양편에 적힌 '천덕(天德)'과 '왕도(王道)'를 경의 효용으로 파악했습니다. 그래서 격물치지(格物致知)와 성의정심(誠意正心)의 천덕은 경이 아니면 터득하지 못하고, 수신제가(修身齊家)와 치국평천하(治國平天下)의 왕도는 경이 아니면 이루지 못한다고 풀이했습니다. 마지막 부분에서는 정자가 '천덕과 왕도의 요체가 신독(慎獨)에 있으며, 신독은 경의 일이다.'라고 말한 내용을 인용하여 자신의 견해를 뒷받침했습니다.

최숙민은 허유의 주석에 대해 구체적인 지적은 하지 않았습니다. 다만 해석의 첫 부분에 '인위(人僞)의 잡됨이 없는 것을 천덕이라 하며, 패술(覇術)의 거짓이 없는 것을 왕도라 한다. 대개 경의 공용(功用)이다.'라는 내용을 더 첨가할 것을 제안했습니다. 허유의 답변과 최숙민의 재론은 다음과 같습니다.

허 유: 천덕과 왕도는 선유의 적확한 훈석을 보지 못했습니다. 보내온 설은 지나치게 교묘하니, 우선 퇴고할 따름입니다. 저의 설은 지금 다음과 같이 고쳤습니다.
"'경' 자 좌우에 천덕과 왕도를 쓴 것은 무슨 뜻인가?"
"천덕과 왕도는 『대학(大學)』에서 말한 명덕(明德)과 신민(新民)이다. 격물치지, 성의정심, 수신제가, 치국평천하 등은 경이 아니면 얻지 못한다. 이 점이 천덕·왕도를 경의 양쪽에 써 놓은 까닭이다."

天德王道 未見先儒的訓 來說忒巧 姑爲敲推耳 鄙說今改之 曰敬字左右 夾書天德王道 何意 曰天德王道 卽大學 所謂明德新民也 格致誠正 修齊治平 非敬不得

此天德王道 所以夾敬而書也

〈崔琡民, 『溪南集』 卷8, 「答許退而」 別紙〉

최숙민: 천덕과 왕도는 지금의 설이 보다 온당하고, 저의 설은 과연 교묘합니다. 공경하여 덕을 밝히는 것은 천덕이며, 공경하여 백성을 새롭게 하는 것은 왕도입니다.

天德王道 今說稍穩 鄙說果巧 蓋敬以明德則天德也 敬以新民則王道也

〈崔琡民, 『溪南集』 卷8, 「答許退而」 別紙〉

허유는 최숙민이 첨가할 것을 제안한 내용에 대해, '지나치게 교묘하다'는 입장을 표명하여 부정적인 뜻을 나타내었습니다. 그리고 천덕과 왕도를 명덕^(明德)과 신민^(新民)으로 규정한 후, 경에 근본하지 않고는 격물치지, 성의정심, 수신제가, 치국평천하 등의 8조목을 이룰 수 없으며, 그렇기에 경의 양쪽에 천덕과 왕도를 써 놓은 것이라고 풀이했습니다. 이전의 설을 『대학』과 관련지어 더욱 자세하게 설명했으며, 정자의 말을 삭제하여 중심 내용이 드러나도록 간략하게 정리했습니다. 최숙민은 개정된 내용이 보다 더 온당하다고 긍정적으로 수용했으며, 자신의 설에 대한 허유의 지적을 인정했습니다. 최종본에는 '격물치지, 성의정심, 수신제가, 치국평천하' 등의 말을 나열하지 않고 '명덕과 신민'으로 간략하게 표현한 것 외에는 위의 설과 대동소이합니다.

"경의 양편에 '천덕'과 '왕도'를 나누어 쓴 것은 무슨 의미입니까?"
"'천덕'과 '왕도'는 『대학^(大學)』에서 말한 '명덕^(明德)'과 '신민^(新民)'이 이것입니다. '명덕'과 '신민'은 요체가 경에 있을 따름입니다. 이것이 경을 중간에 끼고서 써 놓은 까닭입니다."

敬之兩旁 分書天德王道 何意 曰天德王道 卽大學所謂明德新民 是也 明德新民 其要只在敬 此所以夾敬而書

4) 「신명사도」의 '일월(日月)' : 최숙민

다시 「신명사도」 그림을 보면 '태일군'이라는 임금이 사는 곳이 '신명사'입니다. 임금으로서의 명칭은 '태일'이고 이 임금이 가지는 신령한 능력은 '신명'입니다. 그 밑에 경이 있고, 『대학(大學)』의 명덕에 해당하는 천덕과 신민에 해당하는 왕도가 경에 의해 이뤄진다는 뜻에서 경의 양쪽에 천덕과 왕도를 써났습니다. 천덕과 왕도 옆에서는 '일(日)' 자와 '월(月)' 자가 있습니다. 경이 이루어야 할 성취가 명덕의 천덕과 신민의 왕도라고 해석한다면, 그 옆에 있는 해와 달은 왜 써놓았을까요? 초고본의 해설과 이에 대한 최숙민의 견해를 살펴보겠습니다.

"일월(日月)에서 취한 뜻은 무엇입니까?"
"일월은 천지신명(天地神明)의 주인이며, 경은 인심신명(人心神明)의 주인입니다. 이 일월은 아마도 경의 광휘일 것입니다."

何取於日月
曰日月者 天地神明之主也 敬者 人心神明之主也 此日月 其敬字之光輝乎
〈崔琡民, 『溪南集』 卷8, 「答許退而」(己丑)〉

최숙민 : 해와 달이 귀와 눈에 나뉘어 속해 있으니, 이 뜻을 조금 더 설파하는 것이 어떻겠습니까?

日月分屬耳目 此意略更說破 如何
〈崔琡民, 『溪南集』 卷8, 「答許退而」(己丑)〉

「신명사도」에서 천덕의 곁에 월(月)을 적어 놓고 왕도의 옆에 일(日)을 써 놓은 것에 대해, 일월은 천지신명(天地神明)의 주인이며 경은 인심신명(人心神明)의 주인이므로, 경의 광휘를 일월로 표현한 것이라고 허유는 해석했습니다. 최숙민은 허유의 설을 긍정하는 가운데, 그렇다면 월의 옆에 이관(耳關)이 있고 일의 곁에 목관(目關)이 있는 것은 무슨 의미인지를 설명하는 것이 필요하다고 제안했습니다.

이 뜻도 좋습니다. 마땅히 다음과 같이 말해야 할 것입니다.

"해와 달이 귀와 눈에 나뉘어 속해 있는 것은 어떤 의미가 있습니까?"

"목(目)은 양(陽)에 속하고 이(耳)는 음(陰)에 속합니다. 일(日)이 목(目)에, 월(月)이 이(耳)에 나뉘어 속해 있는 것은 이 의미입니다."

"그런데 남명 선생이 '경의는 우리 집의 일월이다.'라고 말씀했습니다. 이 일월은 전적으로 경에 나아가 설명하여 경만 말하고 의를 언급하지 않았습니다. 무슨 까닭입니까?"

"의가 경에 의해 작용을 받으니, 달이 해로부터 빛을 받는 것과 같습니다. 경을 말했지만 의가 그 가운데 있습니다."

此意亦善 當曰日月之分屬耳目 有意否 曰目屬陽 耳屬陰 日於目 月於耳 此意也 然先生嘗曰 敬義吾家之日月 此日月 全就敬上說來 言敬不言義 何也 曰義之受用 於敬 如月之受光於日也 言敬而義在其中

〈崔琡民, 『溪南集』 卷8, 「答許退而」 別紙〉

허유는 「신명사도」에 '경'만 적혀 있지만 '경' 속에는 '의'도 포함되어 있다고 이해했습니다. 게다가 달은 해의 빛에 의해 빛나는 것이니, 그것이 바로 경과 의의 관계와 같다고 과학적 지식으로 설명했습니다. 허유가 경과 의의 관계를 이렇게 설명한 것은 무척 의아하고 놀랍습니다. 그런데 아쉽게도 『후산집』의 「신명사도명혹문」에는 이 설명이 삭제되었습니다. 최종본에는 다음과 같이 되어 있습니다.

"'일월'에서는 무슨 의미를 취했습니까?"

"'일월'은 천지신명(天地神明)의 주인입니다. 경은 인심신명(人心神明)의 주인입니다. 이 일월은 '경' 자의 광휘일 것입니다."

何取於日月
曰 日月者 天地神明之主也 敬者 人心神明之主也 此日月 其敬字之光輝乎

"해와 달이 귀와 눈에 나뉘어 속해 있는 것은 무슨 뜻입니까?"

"눈은 양에 속하고 귀는 음에 속합니다. 일(日)이 눈에, 월(月)이 귀에 나뉘어 속해 있는 것은 이런 의미입니다. 선생이 '경의는 우리 집안의 일월이다.'라고 말씀한 적이 있습니다. 그러나 여기에서의 일월은 전적으로 '경' 자에 나아가 말했습니다."

日月之分屬耳目 何義

日 目屬陽 耳屬陰 日於目 月於耳 此意也 然先生嘗曰 敬義 吾家之日月 此日月全就敬字上說來

5) 「신명사도」의 '국군사사직(國君死社稷)': 최숙민

「신명사도」에는 '국군사사직(國君死社稷)'이라는 다섯 글자가 쓰여 있는데, 어떤 맥락에서 적어놓았는지 이해하기 어렵습니다. '나라의 임금은 사직을 위해서 죽는다[국군사사직].'라는 구절은 그림에서 특별한 역할이 없는 듯하기 때문입니다. 경이나 관문이나 이런 것들은 모두 역할이 있는데, 이 다섯 글자는 아무런 연관이 없는 것 같아 "이 글자를 없애야 한다."라고 하거나 "남명 선생의 원본대로 두어야 한다."라고 주장하면서 논란이 있었습니다. '국군사사직'에 대해 허유는 다음과 같이 설명합니다. 초고본에 기록된 내용과 최숙민의 견해를 보겠습니다.

"'국군사사직(國君死社稷)'은 그 뜻이 어디에 있습니까?" "나라의 임금이 사직을 위해 죽을 마음이 없다면, 그 나라를 보존하지 못합니다. 학자가 도를 위해 죽을 뜻이 없다면, 그 마음을 보존하지 못합니다. 그러므로 공자가 '죽음으로 지켜 도를 선하게 한다.'라고 했으며, 맹자가 '생명을 버려 의로움을 취한다.'라고 했으며, 정자가 '굶어 죽는 것은 작은 일이오, 절개를 잃는 것은 큰일이다.'라고 했으며, 주자가 '학자는 지사(志士)가 죽임을 당해 골짜기에 버려짐을 잊지 않는 것으로써 항상 마음을 삼아야 한다.'라고 했습니다. 그런즉 도의(道義)가 무겁고 사생(死生)을 따지는 마음은 가벼우니, 성현의 심법이 본래 이와 같습니다. 「신명사도」에서 이 다섯 글자를 특별히 게시하여 학자들을 깨우친 까닭입니다."

國君死社稷 其意何在 曰國君無殉社之心 不足以保其國 學者無殉道之志 不足

以保其心 故孔子曰守死善道 孟子曰舍生取義 程子曰餓死事小 失節事大 朱子曰
學者常須以志士不忘在溝壑 爲心 則道義重 而計較死生之心 輕矣 聖賢心法 自來
如此 此圖所以特揭此五字 以詔學者也

<崔琡民, 『溪南集』 卷8,「答許退而」(己丑)>

　　최숙민 : '국군사사직'은 전적으로 '경' 자를 위해 말한 것입니다. 다시 '경' 자를 드러
내어 '국군사사직'의 방법이 '경' 한 글자에 있음을 밝혀야 합니다. 어떠한지요?

　　國君死社稷 專爲敬字發 更爲露出敬字 以明死社之方 在一敬字 未知如何

<崔琡民, 『溪南集』 卷8,「答許退而」(己丑)>

　　「신명사도」에서 천덕 아래쪽에 적혀 있는 '국군사사직(國君死社稷)'에 대해, 허유는 나라
의 임금이 사직을 위해 죽을 마음이 없으면 그 나라를 보존할 수 없듯이, 학자가 도
를 위해 죽을 뜻이 없다면 그 마음을 보존할 수 없다는 뜻으로 해석했습니다. 그리고
공자의 '수사선도(守死善道)', 맹자의 '사생취의(舍生取義)', 정자의 '아사사소 실절사대(餓死事小失節事
大)', 주자의 '학자상수이지사불망재구학위심(學者常須以志士不忘在溝壑爲心)' 등을 인용하여 자신의
해석을 부연했습니다. 허유는 이 구절을 도의(道義)의 측면에 입각하여 학자가 도를 지
키기 위해 목숨마저도 버릴 수 있다는 단호한 마음 자세의 표현으로 파악했습니다.
그런데 최숙민은 이 구절을 '경' 자를 위해 말한 것으로, '국군사사직'의 방법이 '경' 한
글자에 달려 있다고 이해했습니다.

　　허　유: 이 단락은 본래 경(敬) 자를 위해 말한 것입니다. 그러나 학자가 '국군사사직'의
심법으로써 자신을 지키는 것이 경으로 할 수 있는 것이 아닐 것입니다. 학자가 이 심
법이 있은 연후에 학문을 하는 데에 참여할 수 있을 것이니, 그렇지 않고 단지 경만 말
할 수는 없습니다. 저의 생각은 이와 같으니, 다시 가르쳐 주심이 어떻겠습니까? 『예
기』에 이르길 "나라의 임금은 사직을 지키기 위해 목숨을 바친다."라고 했으니, 의를
말한 것입니다.

　　國君死社稷 其意何在 曰國君無殉社之心 不足以保其國 學者無殉道之志 不足

以保其心 故孔子曰守死善道 孟子曰舍生取義 程子曰餓死事小 失節事大 朱子曰
學者常須以志士不忘在溝壑 爲心 則道義重 而計較死生之心 輕矣 聖賢心法 自來
如此 此圖所以特揭此五字 以詔學者也: 國君死社稷 專爲敬字發 更爲露出敬字 以
明死社之方 在一敬字 未知如何

〈崔琡民, 『溪南集』 卷8, 「答許退而」(己丑)〉

최숙민: '국군사사직'은 그대의 논의가 본래 좋지 않은 것이 아닙니다. 그런데도 제
가 감히 번다함을 문제점으로 여겨 지적한 까닭은 그대의 포용함을 입어 거리낌 없이
견해를 모두 다 말했기 때문입니다. 저의 생각으로는 남명 선생의 이 그림은 경을 위
주로 하는데, 이 다섯 글자를 신명사 안에 특별히 써 놓은 것은 마음이 배 안에 있어야
한다는 뜻인 듯합니다. 마음이 몸을 주관하는 것이 임금이 나라를 주관하는 것과 같습
니다. 임금은 나라를 떠나 구차히 살아서는 안 되며, 마음은 몸을 떠나 혹 달아나서는
안 됩니다. 이렇게 보았으므로, 감히 여쭈었던 것입니다. 지극히 어리석어 다시 질문을
드려 감히 스스로 숨김이 없으니, 그대가 취하느냐 버리느냐에 달려 있을 뿐입니다.

此固爲敬字發 然學者之以死社心法自守者 非敬能之乎 學者有此心法 然後可
與爲學 不然徒說敬不得 愚意如此 更敎如何 禮曰 國君死社稷 謂之義: 死社稷 盛
論本非不好 而愚敢以支蔓病之者 亦見長德包容 使人盡情無憚 蓋愚意 則先生此
圖 以敬爲主 而特書此五字於舍內 恐是心要在腔子裏之意也 心之主身 猶君之主
國 君不可去國而苟生 心不可離身而或放 看得如此 故敢有繳稟 至蒙更質 不敢自
隱 惟在洪量之去取

〈崔琡民, 『溪南集』 卷8, 「答許退而」 別紙〉

두 번째의 편지에서도 두 사람의 이견은 좁혀지지 않았습니다. 허유는 '국군사사
직'이 근본적인 측면에서는 최숙민이 지적한 대로 경을 위해 말한 것이라고 볼 수 있
다고 일단 긍정했습니다. 하지만 이 구절의 핵심적인 의미는 학자가 자신을 지키는
굳센 절의의 정신이라고 이해했습니다. 그 이유는 학자가 도를 수호하고자 하는 뜻
은 경의 내면적 수양만으로는 충분조건이 될 수 없으며, 실제적 행동에까지 나아간
도의의 실천을 이룰 때 완전히 실현된다고 보았기 때문입니다.

그런데 최숙민은 이 다섯 글자가 마음이 몸을 떠나 달아나서는 안 된다는 뜻을 담고 있으며, 그렇기 때문에 「신명사도」의 원곽 중심부에 자리한 경을 설명한 말로 이해했습니다. '국군사사직'에 대해, 허유는 절의의 실천성이라는 의미를 발견했고, 최숙민은 마음 수양에 있어 경의 필요성을 설명한 말로 파악했습니다. 이후 이 다섯 글자의 의미와 삭제 여부는 19세기 경남지역에서 중요한 논쟁점으로 부상했습니다. '국군사사직'은 「신명사도」에 대한 해석을 넘어 이 구절이 가지는 시대적 의미도 함께 이해해야 한다고 생각합니다. 이 문제는 결론에서 다시 얘기하겠습니다.

최종본에서 달라진 부분만 인용하자면 아래와 같습니다.

"한(漢)나라와 역적이 양립하지 못하며 천리(天理)와 인욕(人欲)이 병존하지 못합니다. 이 그림에서 특별히 다섯 글자를 게시하여 학자를 깨우치려 한 까닭이 바로 이것입니다."

蓋漢賊不兩立 理欲不幷全 此圖 所以特揭此五字 以詔學者也

6) 「신명사도」의 '충신수사(忠信修辭)'와 '승추(承樞)'

(1) 「신명사도」의 '충신수사(忠信修辭)': 최숙민

지금까지 「신명사도」 그림에서 성곽 안에 있는 태일군, 신명사, 경, 천덕, 왕도, 월, 일, 국군사사직 등을 모두 설명했습니다. 이제 성곽의 아랫부분을 보도록 하겠습니다. 귀의 관문이라고 해서 이관(耳關), 눈의 관문이라고 해서 목관(目關)이라고 했습니다. 입의 관문인 구관(口關)에는 충신수사(忠信修辭)가 있고 그 아래에 승추(承樞)가 있습니다. 입의 관문에는 특별히 이 여섯 글자를 더 써놨는데, 이 글자들에 대해서도 논변을 했습니다.

초고본, 그리고 최숙민과 허유의 논변을 살펴보겠습니다.

"구관(口關)에 특별히 '충신수사(忠信修辭)'를 쓴 까닭은 무엇입니까?"
"세 관문 중에서 구관이 가장 요해처이니, 말이 나오는 곳이기 때문입니다. 그러므로 이것에 더욱 조심합니다. 충신(忠信)으로 인해 수사(修辭)를 할 수 있으며, 수사를 통해 충신을 세울 수 있습니다. 만약 입에서 말을 가리지 않고 일을 만날 적마다 아무렇게나 쏟아 낸다면, 충신도 또한 가라앉고 요동하여 서 있는 것이 지속되지 못합니다. 학자가 수사 공부에 더욱 뜻을 다해야 할 것입니다."

口關 特書忠信修辭 何也 曰三關之中 口關最要害 蓋言之所宣也 故於此尤加謹焉 忠信所以修辭也 修辭所以立忠信也 若口不擇言 逢事便說 則只這忠信 亦被汩沒動盪 立不住了 學者於修辭工夫 尤當致意也

최숙민: '충신수사'에 관해 『주역』건괘의 주자 본의(本義)에서 "사물에 드러난 것 가운데 한 마디도 진실되지 않음이 없다."라고 했습니다. 그리고 그 아래의 주석에서 "충신은 앎이 지극히 진실한 곳에 도달한 것이며, 수사입성(修辭立誠)은 행함이 지극히 진실한 곳에 도달한 것이다. 앎이 도달했다고 말할 수 있으며 행함이 도달했다고 일컬을 수 있다면, 수신(修身)이 그 가운데 있다고 말할 수 있다."라고 했습니다. 그러므로 「신명사명」의 주석에서 반드시 '수신지수(修身之修)' 네 글자를 쓴 것이니, 포괄하는 것이 매우 넓습니다. 지금 단지 '입에서 말을 가리지 않는다.'라는 한 구절만 취했으니, 오히려 분명함이 부족합니다.

忠信修辭 朱子本義 曰見於事者 無一言之不實也 下註 曰忠信 是知得到眞實極至處 修辭立誠 是做到眞實極至處 曰知到 曰做到 則曰修身在其中 故銘註 必書修身之修四字 所包甚廣 今只取口不擇言一句了 却欠分明

〈崔琡民, 『溪南集』 卷8, 「答許退而」(己丑)〉

이곳에서 특히 문제가 되는 점은 왜 구관에만 이런 구절이 적혀 있는지에 대한 의미 해석입니다. 허유는 세 관문 중에서 말이 나오는 구관이 가장 요해처이므로, 더욱 삼가야 한다는 뜻에서 이 글자들을 써 놓았다고 해석했습니다. 그리고 충신이 수사의 근본이 되기는 하지만, 수사가 되지 않으면 충신도 세워질 수 없다고 해설했습니다. 그러므로 그는 이 구절을 통해 학자가 수사 공부에 더욱 뜻을 다해야 한다고 강조했습니다. 이에 비해 최숙민은 주자의 설에 근거하여 충신은 앎이 지극히 진실한 곳에 도달한 것이며, 수사는 행함이 지극히 진실한 곳에 도달한 것이라고 파악했습니다. 따라서 허유가 구관에 한정하여 설명한 것을 긍정하지 않고, 수신(修身) 전반에 관한 일로 이해했습니다.

허 유: 이 단락은 아마도 그렇지 않은 듯합니다. '앎이 도달한다.'라고 하고 '행함이 도달한다.'라고 한 것은 본래 양쪽으로 두루 말한 것입니다. 그러나 구관의 요체는 끝내 수사로써 주안점을 삼습니다. 그러므로 저의 설이 이와 같았으니, 이것은 저의 설이 아니라 주자의 설입니다. 명도(明道)도 말하길 "그 언사를 닦아 자기를 세우는 성의(誠意)를 바르게 한다면, 스스로 공경하여 내면을 곧게 하고 의로워 바깥일을 바르게 처리하는 실사(實事)를 체득하게 될 것이다."라고 했습니다. 이 설이 「신명사도」의 뜻에 절실한 듯합니다. 그러나 '입에서 말을 가리지 않고 일을 만날 적마다 아무렇게나 쏟아 낸다.'라는 구절은 이 문자가 비록 주자의 설이지만 천근한 것 같습니다. 지금 즉시 고쳐서 '만약 언사를 닦지 않는다면…….'이라고 말하더라도 무방합니다.

此恐未然 曰知到 曰做到 固爲兩下普說 然口關之要 終以修辭爲主 故愚說如此 此非愚說也 朱子說也 明道亦曰 若修其言辭 正爲立己之誠 乃是體當自家敬以直內義以方外之實事 此說於此圖之旨 恐爲襯切 然若口不擇言 逢事便說 此字雖朱子說 似淺近 今直改之 曰若不修辭云云 無妨

최숙민: '수사'에 관한 저의 설은 과연 망령됩니다.

修辭鄙說果妄

〈崔琡民, 『溪南集』 卷8, 「答許退而」 別紙〉

충신수사를 수신의 전반에 관한 일로 이해한 최숙민의 견해에 대해, 허유는 긍정하지 않았습니다. 구관의 요체는 수사에 있는 것이지, 수신 전체를 포괄하는 것으로 볼 수 없다는 입장입니다. 그리고 최숙민이 근거한 주자의 설도 수신에 주안점이 있는 것이 아니라 수사에 의미 비중이 있다고 밝히고, 다시 정자의 설을 인용하여 증거로 삼았습니다. 또한 최숙민은 초고본에서 인용한 주자의 설을 더욱 자세하게 인용하기를 요구했는데, 허유는 주자의 설을 인용하기보다는 '만약 언사를 닦지 않는다면'이라는 말로 간략하게 표현하는 것이 문맥상 더 적절할 것이라고 견해를 말했습니다. 최종본도 이와 같은 입장에 바탕하여 주자의 설을 인용하지 않았으며, 구관의 중요성과 수사의 필요불가결한 점을 중심으로 서술했습니다. 최숙민도 허유의 설명을 수긍하여 받아들였다.

최종본의 내용은 아래와 같습니다.

"구관(口關)에 특별히 '충신수사(忠信修辭)'를 써 놓은 것은 무엇 때문입니까?"

"세 관문 중에서 구관이 최고의 요해처이기 때문입니다. 마음의 진실하고 망령됨 및 그릇되고 바름, 몸의 길하고 흉함 및 영화롭고 욕됨이 이것으로 말미암아 나오지 않음이 없습니다. 그러니 막을 바가 또한 중요하지 않겠습니까? 충신이 아니면 수사할 수가 없으며, 수사가 아니면 충신도 가라앉고 요동치게 되어 서서 머무를 수가 없습니다. 구관에 특별히 이 글자를 써서 학자에게 덕에 나아가고 학업을 닦는 근본을 보여주려 한 까닭이 바로 이것입니다."

口關之特書忠信修辭 何也

曰 三關之中 口關最要害 心之眞妄邪正 身之吉凶榮辱 無不由是出焉 其所關 不亦重乎 蓋非忠信 無以修辭也 非修辭 這忠信 亦被汨沒動盪立不住了 此口關 所以特書此 以示學者進德修業之本也

(2) 「신명사도」의 '승추(承樞)': 조원순

구관(口關)이 해야 할 역할은 '충신수사' 외에 '승추(承樞)'도 있습니다. 『시경』 「증민(蒸民)」에 '왕명을 출납하니 왕의 후설이로다[出納王命 王之喉舌]'라는 말이 있으므로, 「신명사도」의 승추는 추밀(樞密)을 받들어 출납한다는 뜻입니다. 그래서 「신명사명」에는 '승추출납(承樞出納)'이라 표현되어 있으며, 구관에도 왜 이 말이 적혀 있는지를 이해할 수 있습니다. 허유는 초고본에서 "승추는 왕명을 받들어 명을 선포하는 것이다."라고 해석했습니다. 이에 대해 조원순(曺垣淳, 1850-1903)이 의견을 제시했습니다. 조원순은 남명의 후손으로, 남명을 선양하기 위해 많은 사업을 추진했습니다.

조원순은 '승추'와 관련해 다음과 같은 견해를 제시합니다.

조원순: 이 11자를 다음과 같이 고치길 청합니다.

"승(承)은 받든다[奉]의 뜻이며, '추(樞)'는 중요하다[要]는 의미이다. 구(口)는 추요(樞要)를 받들어 출납하는 관문이다."

어떠합니까?

此十一字 請改曰 承 奉也 樞 要也 口 是奉承樞要 而出納之關也 如何

〈曺垣淳, 『復庵集』 卷2, 「答許后山」〉

허유의 해석에 대해, 조원순은 구관(口關)과 관련된 것임을 더욱 분명히 설명하기 위해 "'승(承)'은 받든다[奉]의 뜻이며, '추(樞)'는 중요하다[要]는 의미이다. 구(口)는 추요(樞要)를 받들어 출납하는 관문이다."라고 해설하는 것이 어떻겠냐고 제안했습니다.

허　유: 이것은 저의 설이 조금 순합니다.

此則鄙說稍順

조원순: 『서경』에 이르길 "입이 좋은 일을 만들기도 하며 전쟁을 일으키기도 한다."라고 했습니다. '승추(承樞)'는 구관(口關)이니, '추(樞)'는 말을 일컬은 것이며, 말은 곧 마음의 소리입니다. 왕명을 말하지 않았지만 왕명의 뜻이 이미 그 가운데 있습니다. 왕명을 받들어 명령을 선포한다고 한다면, 도리어 글의 흐름이 순조롭지 못한 듯합니다.

書曰 惟口出好興戎 承樞者 口關也 而樞言之謂也 言卽心聲也 不言王命 而王命之意 已在其中 承王命 而發樞機云 則還恐文勢不順

〈曺垣淳, 『復庵集』 卷2, 「答許后山」 (辛卯)〉

허유는 조원순이 제시한 해석보다 자기의 설이 더 순조롭다고 답변했는데, 조원순은 글의 흐름이 순조롭지 못하다고 다시 지적했습니다. 이처럼 의견이 서로 달랐는데, 최종본에는 조원순의 의견을 충분히 반영하면서도 본인의 견해를 살리는 방법으로 절충했습니다.

"승추(承樞)'는 무엇을 일컫습니까?"

"'승추'는 왕명을 받들어 추기(樞機)를 드러내는 것입니다. 『서경(書經)』에 '용(龍)아! 너를 납언(納言)으로 삼노니, 밤낮으로 짐의 명을 출납하되 진실하게 하라.'라고 했으며, 『시경(詩經)』에 '왕명을 출납하니, 왕의 후설(喉舌)이로다.'라고 했으니, 이런 일을 말한 것이겠지요."

承樞 何謂

曰 承樞 承王命 而發樞機者也 書曰 龍 汝作納言 夙夜出納朕命 惟允 詩曰 出納
王命 王之喉舌 其是之謂歟

7) 「신명사도」의 '대장기(大壯旂)': 정재규 & 최숙민

「신명사도」에서 성곽 안에 있는 내용과 귀, 목, 입의 관문도 살펴봤습니다. 이어서 성곽 주변을 보겠습니다. 깃발 옆에 '대장기(大壯旂)'라는 글자가 쓰여 있는데, 자세히 보면 깃발이 너덜너덜 찢어져 있습니다. 우리 내면의 치열한 전투를 찢어진 깃발로 보여줍니다. 깃발의 위치는 상단 좌우 양쪽과 하단 중앙에 있으며, 이름은 대장기이고 역할은 심기(審幾)라고 표현했습니다. 허유의 해석에 대해 정재규는 어떤 문제를 제기했는지 살펴보겠습니다.

허 유: 대장기운운(大壯旂云云)

大壯旂云云

정재규: 이 단락은 '비군자지대장불가능야(非君子之大壯不可能也)'의 아래에 다시 주자의 '물(勿)자는 깃발과 같다'는 말을 인용하여 다듬고 윤색해야 합니다. 그리하여 아래 글에서 인용한 '안자의 사물지기(四勿之旗)'라는 말과 호응하게 해야 옳을 것입니다.

此段 非君子之大壯不可能也之下 恐當又引朱子勿字似旗腳云云之語 以修潤之
使下文用顔子四勿之旗之語 有所照管 可矣

〈鄭載圭, 『老柏軒集』卷5, 「答許后山」〉

'사물지기(四勿之旗)'는 안자가 공자에게 인(仁)에 이르는 방법을 묻자, "예가 아니면 보지 말며[非禮勿視], 예가 아니면 듣지 말며[非禮勿聽], 예가 아니면 말하지 말며[非禮 勿言], 예가 아니면 행하지 말라[非禮勿動]"고 한 말에서 나온 것입니다. 그리고 주 자는 '물(勿)' 자에 대해, "『설문(說文)』에 '물(勿)'은 깃발과 같다고 했는데, 이 깃발을 한번 휘 두르면 삼군(三軍)이 다 물러간다."[1]고 해석했습니다. 아마도 「신명사도명혹문」의 초고 본에는 안자의 사물지기(四勿之旗)만 언급하고, 주자가 물(勿) 자에 대해 해석한 것은 인용 하지 않았으므로, 정재규가 더 보충할 것을 권한 것이라 짐작됩니다. 허유는 이 지적 을 수용하여 최종본에선 주자의 해석을 첨가했습니다.

다음으로 최숙민이 기록한 초고본의 내용과 이에 관한 지적 사항을 보겠습니다.

"대장기(大壯旗)'는 무엇을 말합니까?"

"『주역』에 이르길 '우레가 하늘 위에 있는 것이 대장(大壯)이니, 군자가 보고서 예가 아 니면 행하지 않는다.'라고 했으며, 정자가 말하기를 '끓는 물과 불에 달려들고 흰 칼날 을 밟는 것은 무부(武夫)의 용맹으로 가능하지만, 극기복례(克己復禮)에 이르러서는 군자의 대 장(大壯)이 아니면 불가능하다.'라고 했습니다. '천상대장(天上大壯)'의 우레와 '안자사물(顔子四勿)' 의 깃발로써 한다면, 이것은 곧 이른바 '인자무적(仁者無敵)'입니다. 대장(大壯)의 깃발이 어찌 씩씩하지 않겠습니까."

大壯旗 何謂 曰易曰 雷在天上大壯 君子以 非禮不履 程子曰赴湯火 蹈白刃 武 夫之勇 可能也 至於克己復禮 則非君子之大壯 不可能也 以天上大壯之雷 用顔子 四勿之旗 則正所謂仁者無敵 大壯之旗 豈不壯哉

〈崔琡民,『溪南集』卷8,「答許退而」(己丑)〉

최숙민: '이천상대장(以天上大壯)' 이하는 삭제하는 것이 어떻겠습니까? '인자무적'도 제목 에 부합한 내용이 아닌 듯합니다."

以天上大壯以下 刪之如何 仁者無敵 亦恐未爲著題"

〈崔琡民,『溪南集』卷8,「答許退而」(己丑)〉

---

1) 『論語』「顔淵」 '克己復禮'章 小註. "朱子曰 說文謂勿字似旗脚 此旗一麾 三軍盡退"

허유는 대장기의 이름이 가지는 의미를『주역』대장괘^(大壯卦) 상사^(象辭)의 말과 정자의
설을 인용하여 해설했습니다. 그리고 깃발로 그려진 이유는 '안자의 사물지기^(四勿之旗)'
에 근거한 것임을 밝혔습니다. 최숙민은 이 설에 대해 이견을 보이지 않았지만, '이
천상대장^(以天上大壯)' 이하의 내용과 '인자무적^(仁者無敵)'의 적절성을 지적하여 삭제하는 것이
좋을 듯하고 제안했습니다.

허 유: 기필코 이 단락을 삭제하려고 하시니, 그대의 뜻을 다 이해하지는 못하겠습
니다. 다시 말씀해 주시는 것이 어떻겠습니까?

必欲刪此 未悉盛意 更敎如何

〈崔琡民,『溪南集』卷8,「答許退而」別紙〉

최숙민: '기^(旗)' 자는 본래 '사물기각^(四勿旗脚)'의 뜻에서 취한 것입니다. 대장괘^(大壯卦)의 '비
례불리^(非禮不履)'가 곧 사물^(四勿)의 뜻이므로, 특별히 대장기를 게시한 것입니다. 그대의 주
석에서 말한 '천상대장^(天上大壯)의 우레와 안자사물^(顏子四勿)의 깃발로써 한다'는 것도 본래
해가 될 것이 없습니다. 하지만 우레와 깃발이 서로 짝이 된 것은 흡사 마음에서 글을
지어낸 것 같으니, 끝내 적절하지 못합니다. 또 '인자무적'은 끝내 적실한 증거가 아닌
듯합니다.

旗字 本取四勿旗脚之義 大壯之非禮不履 正是四勿之意 故特揭大壯旗 盛釋所
謂以天上大壯之雷 用顏子四勿之旗 本自無害 然雷旗相對 恰似做文於心 終未安
且仁者無敵 恐終非的證

〈崔琡民,『溪南集』卷8,「答許退而」別紙〉

최숙민이 이전에 보낸 편지에서 무엇 때문에 '이천상대장' 이하의 내용과 '인자무
적'을 삭제할 것을 제안했는지 충분한 이유가 설명되어 있지 않으므로, 허유는 자
세히 설명해 주기를 요청했습니다. 최숙민은 '대장기'라는 명칭이 '안자의 사물지기
^(四勿之旗)'에서 '기^(旗)' 자를 취하고, '비례불리^(非禮不履)'의 '대장괘'에서 그 의미를 가져온 것이
라는 허유의 해석에 대해서는 동의했습니다. 그러나 '천상대장^(天上大壯)'의 우레와 '안자

사물(顏子四勿)의 깃발을 대구로 맞추어 표현한다면, '대장'과 '깃발'이 호응하는 것이 아니라 '우레'와 '깃발'이 상응하는 것처럼 보이기 때문에 적절하지 못하다는 견해를 제기했습니다. 또한 '인자무적'은 대장기의 의미를 해석하는 데에 적실한 내용이라고 볼 수 없다고 지적했습니다. 최종본에는 최숙민의 의견을 수용하여 지적한 부분을 모두 삭제했다.

"'대장기(大壯旂)'는 무엇을 일컫습니까?"
"『주역』에 '우레가 하늘에 있는 것이 대장(大壯)이다. 군자가 그것을 보고서 예의가 아니면 행동하지 않는다.'라고 했으니, 정자(程子)가 '끓는 물과 불에 달려들고 시퍼런 칼날을 밟는 일은 무부(武夫)의 용기로서 할 수 있지만, 극기복례(克己復禮)에 있어서는 군자의 대장(大壯)이 아니면 불가능하다.'라고 설명했습니다. 안연(顏淵)은 예의가 아니면 보고 듣고 말하고 행동하지 않았는데, 주자는 '물(勿) 자는 깃발과 같다.'고 풀이했습니다."

大壯旂 何謂
曰 易曰 雷在天上 大壯 君子以 非禮不履 程子曰 赴湯火 蹈白刃 武夫之勇 可能也 至於克己復禮 非君子之大壯 不可能也 顏淵非禮勿視聽言動 而朱子曰 勿字 似旂脚

8)「신명사도」의 '심기(審幾)': 최숙민

대장기의 깃대에 '심기(審幾)'란 글자가 쓰여 있는데, 어떤 의미일까요? 최숙민과 논변한 내용을 차례대로 살펴보겠습니다.

"'심기(審幾)'는 무엇을 말합니까?"
"『통서(通書)』에 이르길 '선과 악이 갈라지는 것이다.'라고 했습니다. 삼군(三軍)의 이목이 깃발에 달려 있으니, 이 깃발이 한번 휘둘려지면 진퇴존망과 치란흥폐가 그것으로 말미암지 않음이 없습니다. 그 기틀이 이와 같으니, 두려워할 만하지 않습니까? 세 관문에 반드시 대장기를 세워 그 기미를 살피는 까닭입니다."

審幾 何謂

日通書曰 幾善惡 夫三軍之耳目 在旐 而此旐一麾 進退存亡 治亂興廢 無不由之
其機如此 可不畏哉 此三關所以必立大壯旐 以審其幾焉

〈崔琡民,『溪南集』卷8,「答許退而」(己丑)〉

최숙민 :「신명사도」의 세 깃발 아래에 모두 '심기(審幾)'를 써 놓았으니, 그 정신의 주
된 뜻이 '기(幾)' 자에 있는 것입니다. 만약 이곳에서 빨리 살펴 신속하게 깃발을 휘두르
지 않는다면, 요동하여 치솟은 뒤에는 깃발을 휘둘러도 제거하지 못하기 때문입니다.
이것은 노선생[남명]이 사람들을 위해 긴요한 뜻을 보여 준 것입니다. 지금 '삼군의 이
목이 깃발에 있다.'라고 했으니, 이 말은 깃발에 무게가 실려 있는 것이어서 '심기(審幾)'를
해석한 것은 아닙니다.

此圖三旐之下 箇箇書審幾字 其精神主意 在幾字上 若不於此早審而早麾焉 則
及其動盪已熾之後 亦有麾不去處 此老先生喫緊爲人處 今日三軍之耳目在旐 是
重在旐也 非所以釋審幾

〈崔琡民,『溪南集』卷8,「答許退而」(己丑)〉

허유는 '심기(審幾)'의 '기(幾)' 자는『통서』에서 말한 '선과 악이 갈리지는 것이다'라는 뜻
에서 취한 것으로 이해했습니다. 그리고 세 관문마다 대장기를 세워 놓은 까닭은 그
곳을 통해 일어나는 사욕의 기미를 살핀다는 뜻을 나타내기 위한 것이므로, '심기(審幾)'
를 표기했다고 해석했습니다. 최숙민은 '심기(審幾)'의 주된 뜻이 '기(幾)' 자에 있으므로,
기미를 빨리 살펴 신속하게 깃발을 휘둘러야 한다는 뜻에서 '심기(審幾)'를 표기한 것이
라고 파악했습니다. 그런데 허유가 '삼군의 이목이 깃발에 있다.'라고 설명한 말은 의
미 비중이 깃발에 있는 것이지 심기(審幾)를 해석한 것은 아니라고 지적했습니다.

허 유: 보내온 설에서 '기(幾)' 자를 설명한 것이 매우 좋습니다. 그러나 기미를 살피는
것은 대장기가 아니겠습니까? 마치 장수가 군중에 있으면서 적이 쳐들어오는지를 깃
발로써 정탐해 알아내어 아직 기세가 치솟지 않은 때에 지휘가 뜻대로 이루어질 수 있
는 것과 같으니, 깃발의 사용이 또한 중요하지 않겠습니까? 제 생각으로는 중요함이

'심(審)' 자에 있다고 여겨집니다. 다시 상고해 보심이 어떻겠습니까?

來說 說得幾字甚善 然所以審其幾者 非大壯旅乎 如將在軍中 敵之來否 以旅覘
知 及其未熾 而指揮之如意 旅之爲用 不亦重乎 愚意蓋重在審字 更詳之如何

<崔琡民, 『溪南集』 卷8, 「答許退而」 別紙>

최숙민: 심기(審幾)는 마땅히 심기(審幾)로 해석해야 하며, 깃발은 마땅히 깃발로 풀이해
야 합니다. 다시 생각해 보셔야 할 듯합니다.

審幾當釋審幾 旅當釋旅 恐當更商量

<崔琡民, 『溪南集』 卷8, 「答許退而」 別紙>

허유는 최숙민이 '기(幾)' 자에 대해 설명한 내용이 좋다고 긍정했습니다. 하지만 기
미를 살펴 기세가 치솟지 않은 때 신속하게 지휘가 이루어지기 위해서는 깃발의 역
할이 중요하다는 입장을 가졌습니다. 그리하여 최숙민은 대장기의 해석에서 '기(幾)'
자에 의미 비중이 있다고 이해한 것에 비해, 허유는 '심(審)' 자에 중요한 뜻이 담겨 있
다고 파악했습니다. 이와 같은 허유의 견해에 대해, 최숙민은 '심기(審幾)'와 '대장기'를
구별하지 않고 함께 풀이하기보다는 각각의 항목에서 그 표기의 의미를 별도로 해석
할 필요가 있다고 제안했습니다. 최종본에는 최숙민의 의견을 수용하여 깃발의 역할
에 대해 서술한 부분을 삭제했습니다.

"심기(審幾)는 무엇을 일컫습니까?"
"『통서(通書)』에 '선과 악이 나누어진다.'라고 했습니다. '기(幾)'는 움직임이 미세한 것입
니다. 여기에서 살피지 않는다면, 졸졸 흐르는 물이 하늘에까지 넘치게 되며, 피어오
르는 불길이 들판을 태우게 되니, 매우 두려워할 만합니다. 세 관문에 반드시 대장기
를 세워 기미를 살피게 한 까닭입니다."

審幾 何謂
曰 通書曰 幾善惡 夫幾者 動之微也 於此不審 則涓涓而滔天 焰焰而燎原 甚可

畏也 此三關 所以必立大壯旂 以審其幾焉

9) 「신명사도」의 원권圓圈 · 방권方圈 : 정재규

「신명사도」에 글자의 바깥을 동그라미로 테두리한 원권圓圈과 네모로 테두리한 방권方圈이 있습니다. 그리고 흰 바탕에 검은색으로 표시한 글자와 검은 바탕에 흰색으로 표시한 글자가 있습니다. 초고본에서 허유는 원권과 방권만 해석한 것으로 추정되는데, 정재규는 아래의 문제점을 지적했습니다.

허 유: 권자지혹원혹방운운圈子之或圓或方云云
정재규: 이 단락에서 논한 바는 과연 이러한 이치가 있습니다. 하지만 방方과 원圓이 같지 않은 점을 논했다면, 백권白圈에 검은 글씨로 쓴 것과 흑권黑圈에 흰 글씨로 쓴 것에 관해서도 설이 있어야 합니다. 그리고 일日과 월月의 두 권圈은 모두 원이니, 원을 본체로 삼고 방을 작용으로 삼는다는 뜻에 따라 유추한다면 통하기 어려운 점이 있는 듯합니다. 저는 의심스러운 부분을 그대로 남겨 두어 언급하지 않는 것이 옳다고 생각합니다. 다시 생각해 보시는 것이 어떻겠습니까?

此段 所論果有是理 然但旣論方圓之不同 則其白圈而墨書 墨圈而白書 亦當有說矣 且日月兩圈皆圓 亦以體圓用方之義推之 恐有難通者 愚意 當屬之闕疑 而不言之爲 可也 更思之如何

〈鄭載圭,『老柏軒集』卷5,「答許后山」〉

「신명사도」에서 경敬 · 일日 · 월月 등은 동그라미가 그려져 있고, 총재冢宰 · 백규百揆 · 대사구大司寇 등은 네모로 둘러쳐져 있습니다. 허유가 원권과 방권을 해석한 것에 대해, 정재규는 네모와 동그라미의 차이를 논했다면 흰 테두리에 검은 글씨로 쓴 것과 검은 테두리에 흰 글씨를 쓴 것도 설명해야 한다고 지적했습니다. 흰 테두리에 검은 글씨는 흰 바탕에 검은 글씨를 적은 것이라는 뜻으로, 천덕天德 · 왕도王道 · 성성惺惺 · 극치克治 · 치찰致察 등이 이것에 해당됩니다. 검은 테두리에 흰 글씨는 하단 맨 아래에 있는 지止 · 지至 등입니다.

그리고 정재규는 일과 월의 두 테두리는 모두 동그라미인데, 동그라미를 본체로 삼고 네모를 작용으로 삼는다는 해석에 따라 유추해 본다면 뜻이 통하기 어려운 점이 있다고 지적했습니다. 그래서 그는 의심스러운 부분은 그대로 남겨 둘 것이지, 억지로 천착하여 설명하는 것은 바람직하지 못하다고 권했습니다.

최종본에는 이 내용이 없는 것으로 보아 허유가 정재규의 지적을 받아들여 원래의 주석을 삭제했으리라 판단됩니다. 다만 방^(方)·원^(圓)·평^(平)·직^(直) 등은 군자의 심법^(心法)으로 이해할 따름이지, 도상의 모양에 얽매일 필요는 없다고 주석했습니다.

"「신명사도」의 성곽, 신명사의 계단, 권^(圈)의 방^(方)·원^(圓)·흑^(黑)·백^(白) 등은 또한 법칙으로 삼는 모양이 있습니까?"

"법칙으로 삼는 모양은 모두 음양에서 기원했습니다. 유형으로 찾는다면 또한 설이 있습니다만, 선생의 학문은 심학^(心學)입니다. 방^(方)·원^(圓)·평^(平)·직^(直) 등은 군자의 심법입니다. 학자가 여기에서 심법을 찾아야 할 것이며, 모양의 그림과 구절의 호환 사이에서 자잘하게 파헤쳐서는 안 됩니다."

圖之郛郭 舍之階級 圈之方圓黑白 抑有法象邪
曰 法象 皆起於陰陽 以象類求之 則蓋亦有說 然先生之學 心學也 而方圓平直 君子之心法也 學者 於此當以心法求之 不當區區於象畫句互之間也

10) 「신명사도」 하단 중앙의 '지^(止)' 및 좌우의 '지^(㞾)'·'지^(止)'

「신명사도」에서 우리 마음의 주인은 태일군이고 태일군의 명령을 받아서 총재^(冢宰)인 경^(敬)이 우리 마음의 중심을 꽉 잡고 있습니다. 외부의 유혹을 단속하는 귀, 눈, 코의 관문이 있으며, 견고한 성곽이 둘러쳐져 있습니다. 우리 마음속에서 조금의 낌새가 있으면 알아차려서 즉시 물리치는 깃발이 있습니다. 그리고 하단 중앙의 '지^(止)'자 및 좌우의 '지^(㞾)'자·'지^(止)'자는 성곽 밖의 하단에 있지만 중요하지 않은 부분이 아닙니다. 아주 중요한 의미를 지닙니다.

처음에 허유는 하단 중앙의 '지^(止)'자를 경^(敬)자와 연결시켜 '의^(義)'에 해당한다고 해석했습니다. 이 부분에 대한 논변도 일어났는데, 조원순은 다음과 같이 주장합니다.

「신명사도」의 하단 중앙에 있는 '지(止)' 자는 의(義)의 본체이며 지선의 경지입니다. 사물마다 각기 하나의 태극을 갖추고 있다는 것입니다. 왼쪽의 '지(至)' 자는 지선의 경지를 알아 반드시 도달하는 것입니다. 이른바 도달할 곳을 알아 그곳에 도달하는 것이니, 시조리(始條理)입니다. 오른쪽의 '지(止)' 자는 지선의 경지에 머무르며 옮겨 가지 않는 것입니다. 이른바 마칠 곳을 알아 그곳에서 마치는 것이니, 종조리(終條理)입니다. 하지만 '종(終)'이라 하지 않고 '지(止)'라고 말한 것은 '지어지선(止於至善)'의 뜻을 취한 것입니다. 그러므로 '필지(必至)'와 '불천(不遷)'은 넣지 않더라도 괜찮을 것인데, 좌우를 중시하여 시종을 나누고 지선에 귀일하지 않을까 염려했으므로, 이 네 글자를 나누어 주석한 것입니다. 그렇다면 '불천' 두 글자는 중앙의 '지(止)'권 오른편에 있어야 하는데, 잘못되어 오른쪽 '지(止)'권의 왼편에 있습니다. 그대의 주석에서는 '필지' 두 글자를 왼쪽 '지(至)'권의 오른편에 있어야 한다고 하니, 아마도 시조리·종조리·지선의 뜻에 명백하지 않은 듯합니다. 중앙의 '지(止)' 자에 놓이지 않는다면 의미가 없을 것이니, 다시 상고하심이 어떻겠습니까?

圖下中止字 卽義之體 而至善之地也 事事物物 各具一太極 是也 左至字 卽知其至善之地 而必至也 所謂知至至之 始條理 是也 右止字 卽止其至善之地 而不遷也 所謂知終終之 終條理 是也 然不曰終 而曰止 取止於至善之義也 必至不遷 闕之亦可矣 慮或重看左右 分其始終 而不一於至善之地 故分註此四字 然則不遷二字 當在於中止圈之右傍 而誤在於右止圈之左傍 盛解以爲必至二字 當在左至圈之右 恐於始終至善之義 似未明白 而中止字 無下落 無意味矣 更詳之 如何

〈曺垣淳, 『復庵集』 卷2, 「答許后山」〉

조원순은 하단 중앙의 '지(止)' 자를 의(義)의 본체이며 지선의 경지라고 파악했습니다. 왼편의 '지(至)' 자는 중앙에 있는 '지(止)' 자의 지선의 경지를 알아 반드시 도달하는 것이므로, 그 옆에 '도달할 곳을 알아 그곳에 도달한다[知至至之]'라고 써 놓았으며, 시조리(始條理)에 해당한다고 해석했습니다. 그리고 오른편의 '지(止)' 자는 중앙에 있는 '지(止)' 자의 지선의 경지에 머무르며 옮겨가지 않는 것이므로, 그 옆에 '마칠 곳을 알아 그곳에서 마친다[知終終之]'라고 적어놓았으며, 종조리(終條理)에 속한다고 풀이했습니다.

중앙에 있는 '지(止)' 자 왼쪽의 '필지(必至)'와 오른편에 있는 '지(止)' 자 왼쪽의 '불천(不遷)'에 대해서는 이미 왼편의 '지(至)' 자와 '지지지지(知至至之)' 구절 및 오른편의 '지(止)' 자와 '지종종지(知終終之)' 구절을 통해 '필지'와 '불천'의 의미를 충분히 드러내었지만, 혹 좌우에 치중하여 중앙의 '지(止)' 자의 지선에 귀일하지 않을까 염려하여 중앙의 '지(止)' 자가 표준이 된다는 뜻에서 왼쪽과 오른쪽에 네 글자를 나누어 주석했다고 이해했습니다. 그러므로 조원순은 오른편에 있는 '지(止)' 자 왼쪽의 '불천'은 귀일처(歸一處)인 중앙의 '지(止)' 자 곁에 있어야 하는데, 잘못되어 그곳에 표기되어 있다고 문제를 제기했습니다. 또한 허유의 주석에서는 오히려 '필지'를 왼편 '지(至)' 자의 오른쪽에 붙여 놓아야 한다고 말한 것에 대해 지적했습니다.[2]

본래 허유는 중앙에 있는 '지(止)' 자에 대해 조원순과 마찬가지로 의(義)의 의미로 해석했습니다. 그런데 최종본에는 중요한 차이를 빚고 있습니다. 『후산집』에 실려 있는 「신명사도명혹문」에는 '지(止)' 자에 대해, "이 '지(止)' 자는 「신명사도」의 중앙에 있는 '경' 자와 상응하니, 진실로 천덕과 왕도의 표적이며, 충신수사의 극치이다."라고 풀이하고 있기 때문입니다. 종전의 해석에서는 '지(止)' 자를 '의이방외'의 측면에서 해석했는데, 최종본에서는 경과의 연관성 속에서 천덕과 왕도 및 충신수사의 궁극적 목표로 설정했습니다.

허유가 무슨 연유로 이처럼 개정했는지는 확인할 길이 없습니다. 다만 추론해 보자면, '지(止)' 자가 『대학』 삼강령의 '지어지선(止於至善)'에서 그 뜻을 취했으므로, 천덕의 명덕과 왕도의 신민이 추구해야 할 목표가 '지어지선'에 있음은 자명한 사실입니다. 또한 충신수사가 도달해야 할 경지가 '지(止)'에 있음도 당연하다고 할 것입니다. 그러므로 허유는 '지(止)' 자를 의의 측면에서 해석하는 관점을 수정하여 경의 효용이 궁극적으로 도달해야 할 목표 지점으로 확대하여 그 의미를 설명한 것이라고 이해해 볼 수 있습니다. 「신명사도」의 그림에서 '경(敬)—충신수사(忠信修辭)—지(止)' 등이 일직선으로 연결되어 있는 점도 최종본의 해석에 따르는 것이 보다 설득력을 가진다고 생각됩니다.

다만 조원순이 제기한 '필지'와 '불천'이 모두 중앙의 '지(止)' 자 곁에 있어야 한다는 견해와 왼편의 '지(至)' 자는 시조리이며 오른편의 '지(止)' 자는 종조리리가 된다는 해석은 모두 수용하여 최종본에 반영했습니다.

---

2) 「신명사도」의 방위는 '태일군이 남면(南面)한 입장'에서 보느냐, 아니면 '그림을 보는 사람의 입장'에서 보느냐에 따라 정반대로 해석된다. 이 글에서는 '태일군이 남면한 입장'에서 방위를 서술했다.

"'지(止)'는 무엇을 일컫습니까?"

"이것은 『대학』 '지지선(止至善)'의 지(止)입니다. 이 '지(止)' 자는 「신명사도」의 '경' 자와 상응하니, 진실로 천덕과 왕도의 표적이며, 충신과 수사의 극치입니다. 『서경』에 '당신이 그칠 곳을 편안히 하소서.'라 했으며, 『시경』에 '아, 언제나 빛났고 공경히 머무르셨다.'라고 했습니다. '지(止)'란 마음의 법칙이니, 심학을 하는 자가 마땅히 그쳐야 할 곳에 이르도록 추구하지 않을 수 있겠습니까? '필지(必至)·불천(不遷)'이 '지(止)'를 가운데에 두고서 적혀 있는 까닭입니다."

止 何謂

曰 此大學止至善之止也 此止字 與圖中敬字相應 實天德王道之標的也 忠信修辭之極致也 書曰 安汝止 傳曰 於緝熙敬止 夫止者 心之則也 爲心學者 可不求至所當止之地乎 此必至不遷 所以夾止而書也

"'지(止)'의 양편에 있는 '지(至)'와 '지(止)'는 무슨 뜻입니까?"

"『주역』에 '이를 곳을 알아 그곳에 다다르니, 함께 기미를 알 수 있다. 마칠 곳을 알아 그곳에서 마치니, 함께 의(義)를 보존할 수 있다.'라 했으니, 정자가 '함께 기미를 알 수 있다는 말은 이른바 시조리(始條理)이니, 지(知)의 일이다. 함께 의를 보존할 수 있다는 말은 이른바 종조리(終條理)이니, 성(聖)의 일이다.'라고 해설했습니다. 공부가 이러한 경지에 이르러 성학(聖學)에서 이룰 수 있는 일이 끝나게 됩니다. 「신명사도」의 지(至)와 지(止) 두 글자는 학문이 궁극에 도달하는 방법입니다."

止兩傍 至 止 何義

曰 易曰 知至至之 可與幾也 知終終之 可與存義也 程子曰 可與幾 所謂始條理者 知之事也 可與存義 所謂終條理者 聖之事也 工夫至此 而聖學之能事畢矣 此圖之至[3] 止二字 蓋此學之究竟法也

---

3) 「신명사도명혹문」의 원문에는 '知' 자로 되어 있으나, 문맥사 '至' 자의 오기인 듯하여 수정했다.

11) 「신명사도」의 '귀(鬼)'와 '몽(夢)' : 최숙민

「신명사도」에서 상단의 성곽 밖에 '귀(鬼)' 자와 '몽(夢)' 자가 쓰여 있습니다. 우리 마음을 지키지 못하면 꿈꾸는 상태와 같다는 뜻입니다. 그리고 마음을 잃어버린 사람은 몸은 있지만 실제로는 귀신과 다름없다는 의미입니다. 귀(鬼)의 반대 상황은 인(人)입니다. 귀신은 성곽 밖에 있고 사람은 성곽 안에 있습니다. 따라서 이 마음을 지킬 수 있으면 깨어있는 상태이고 사람다운 것입니다. 마음을 지킬 수 없으면 꿈꾸는 상태가 되고 귀신과 다름없습니다. 다시 말해 성곽 안은 사람다움[人]과 깨어 있음[覺]의 상태이며, 성곽 밖은 귀신[鬼]과 꿈[夢]의 지경입니다.

최숙민은 초고본의 이 부분에 대해 다음과 같이 견해를 제기했습니다.

"「신명사도」 뒤쪽의 귀(鬼)와 몽(夢)은 무엇을 말합니까?"

"사람답지 못하고 깨어 있지 못하다면, 귀관(鬼關)이며 몽관(夢關)입니다. 이것은 사느냐 죽느냐의 갈림길이니, 군자가 힘을 다해 시살(厮殺)하는 까닭입니다."

최숙민 : '힘을 다해 시살한다.'는 말을 반드시 여기에서 언급할 필요는 없을 듯합니다.

圖後鬼夢 何謂 曰不人不覺 則鬼關也 夢關也 此是生死路頭 君子所以盡力厮殺: 盡力厮殺恐不必於此言之

〈崔琡民, 『溪南集』 卷8, 「答許退而」(己丑)〉

허유는 사람답지 못하면 귀관(鬼關)에 속하게 되며, 깨어있지 못하면 몽관(夢關)에 해당한다고 이해했습니다. 원곽 안은 '인(人)'과 '교(覺)'를 지키고 있는 상태를 뜻하며, 원곽 밖은 '귀'와 '몽'에 빠진 지경을 의미합니다. 그래서 허유는 '인(人)과 귀(鬼)' 및 '교(覺)와 몽(夢)'의 경계를 삶과 죽음의 갈림길이라는 극단적 표현을 사용했으며, 군자가 힘을 다해 사욕을 물리쳐야 하는 이유가 여기에 있다고 했습니다. 최숙민은 허유의 해석에 대해 별다른 이견을 보이지 않았습니다. 다만 '힘을 다해 시살(厮殺)한다.'는 말을 여기에서 언급할 필요가 있는지를 지적했습니다. 「신명사명」에 '진교시살(進敎厮殺)'이라는 내용이 있기 때문에, 이 부분에서 굳이 중복해서 언급할 이유가 있는가를 문제 제기한 것입니다.

허유: 매우 타당합니다. 지금 다음과 같이 고쳤습니다.

"사람답지 못하고 깨어 있지 못하다면, 귀관이며 몽관입니다. 학자가 치지^(致知)와 성의^(誠意)를 할 수 없다면 곧 흑산^(黑山) 아래 귀신집에서 살아가는 것이니, 두려워하지 않을 수 있겠습니까? 그림의 후면에 적어놓아 사람들이 놀라 경계할 것을 알게 했습니다."

甚當 今改之 曰不人不覺 則鬼關也 夢關也 學者不能致知誠意 則便是黑山下 鬼家計 可不懼哉 書之圖後 使人知所警惕也

최숙민: '귀몽^(鬼夢)'은 지금의 설이 매우 타당합니다.
鬼夢今說甚當

〈崔琡民, 『溪南集』 卷8, 「答許退而」 別紙〉

허유는 최숙민의 견해를 수용하여 지적한 부분을 삭제했습니다. 그리고 삭제한 내용 대신에, 치지와 성의를 중심으로 '인^(人)과 귀^(鬼)' 및 '교^(覺)와 몽^(夢)'의 경계를 설명했습니다. 주자가 치지와 성의에 대해, "치지와 성의는 학자에게 두 개의 관문이다. 치지는 몽^(夢)과 교^(覺)의 관문이요, 성의는 선과 악의 관문이다. 치지의 관문을 통과할 수 있다면 교^(覺)하게 되며 그렇지 못하다면 몽^(夢)하게 된다. 성의의 관문을 통과할 수 있다면 선하게 되고 그렇지 못하다면 악하게 된다."[4] 라고 그 중요성을 강조했습니다. 남명이 「신명사도」에서 원곽 밖에 귀^(鬼)·몽^(夢)을 표기한 것은 주자의 이 설에 바탕한 것이라 이해됩니다.[5] 그러므로 허유가 '시살^(弒殺)'의 언급을 삭제하고 치지와 성의를 중심으로 이 부분을 해석한 것은 주자의 설과 남명의 견해에 근거한 것이라고 볼 수 있습니다. 최숙민도 허유의 해석을 매우 타당하다고 인정했습니다.

최종본의 내용은 아래와 같습니다.

---

4) 朱熹, 『朱子語類』 卷15, 「大學(二)」 "格物是夢覺關 (格得來是覺 格不得只是夢) 誠意是善惡關 (誠得來是善 誠不得只是惡) 過得此二關 上面工夫卻一節易如一節了 到得平天下處 尙有些工夫 只爲天下關 須著如此點檢 又曰 誠意是轉關處 又曰 誠意是人鬼關 (誠得來是人 誠不得是鬼)"

5) 曺植 지음/경상대학교 남명학연구소 역주(2002), 『사람의 길 배움의 길 – 學記類編』, 한길사, 183면. "誠意 是人鬼關 過此一關 方會進 格物 是夢覺關"

"「신명사도」의 뒤편에 있는 '귀(鬼)'와 '몽(夢)'은 무엇을 일컫습니까?"

"사람이 아니며 깨어 있지 않다면 귀관(鬼關)이며 몽관(夢關)입니다. 이것은 치지(致知)와 성의(誠意)의 경계가 나누어지는 곳이니, 그림의 뒤편에 써서 사람들이 경계하고 두려워할 바를 알게 했습니다."

圖後 鬼 夢 何謂
日 不人 不覺 則鬼關也 夢關也 此是致知誠意界分處 書之圖後 使人知所警懼也

3. 19세기 말 경남지역의 「신명사도명」에 관한 학술 토론과 시대적 의미

끝으로 19세기 말에 허유, 최숙민, 정재규, 조원순 등 경남지역 학자들이 남명의 「신명사도명」을 해석하기 위해 마음을 다해 학술 논변을 했는데, 이것이 가지는 시대적 의미에 대해 생각해 보겠습니다.

허유는 일본에 의해 조선의 주권과 국토가 유린당하는 상황을 탄식하면서 정재규에게 편지를 보내, "아! 하늘이 장차 우리나라를 빼앗으려는 것입니까? 괴롭힘이 극에 달했으니, 어떻게 해야 할까요? 어떻게 해야 할까요? 상하 수천 년 동안 어찌 오늘날 같은 경우가 있었겠습니까? 남명이 '국군사사직(國君死社稷)' 다섯 글자를 「신명사도」에 특별히 쓴 까닭이 어떠한 뜻이었습니까? 어리석은 저는 제현들의 뒤를 좇아 뇌룡정에 모여 「신명사도」를 걸고 서로 마주 보며 통곡하기를 원합니다."라고 말했습니다. 그는 국가가 망해가는 것을 비분강개하면서 남명의 「신명사도」에 적힌 '나라의 임금은 사직을 지키기 위해 목숨을 바친다.'라는 구절의 의미를 절실하게 되새겼으며, 이러한 남명의 학문과 사상을 통해 학자들이 다시 분연히 일어서기를 촉구했습니다.

그러므로 19세기 말에 경남지역 학자들이 「신명사도명」에 특별한 관심을 가지고 의미를 탐구한 까닭은 실천과 절의를 강조한 남명의 학문과 사상을 통해 당시 학자들을 새롭게 일으켜 세우고, 국가가 맞이한 커다란 시련을 극복하기 위한 학문적·정신적 토대를 구축하고자 노력한 것이라고 이해할 수 있다. 당시 경남지역에서 함께 활동한 면우(俛宇) 곽종석(郭鍾錫, 1846-1919)이 「신명사부(神明舍賦)」를 지어 유학적 마음 수양의 지남(指南)으로서 남명의 심학을 밝히려 한 것도 이와 같은 시대적 상황 속에서 그 의의를 새겨볼 수 있습니다.

「신명사도명」이 가지는 학술사적 위상에 관해 여러 학자가 의견을 개진했습니다. 이곡(梨谷) 하인수(河仁壽)는 「신명사도」와 「경재잠(敬齋箴)」을 대비하여 경에 관한 주자의 참뜻을 얻은 점을 밝혔습니다. 산석(山石) 김현옥(金顯玉)은 복희의 「선천도(先天圖)」와 주돈이의 「태극도설(太極圖說)」을 계승하여 남명이 「신명사도」를 그려 천군의 주재를 형상하고 온갖 변화를 분명하게 드러내어 사람의 표준을 세웠다고 규명했습니다.

후산(厚山) 이도복(李道復)은 「신명사도명」에 대해, 한 글자에 한 글자의 내력이 있고 한 구절에 한 구절의 증거가 있으므로, 주돈이의 「태극도설」 및 장재의 「서명(西銘)」과 공훈이 같고 지위가 동일하며 영원토록 심학(心學)의 요결이 될 것이라고 높이 평가했습니다. 복암 조원순은 「태극도설」에서 조화의 기틀과 만물의 근원을 남김없이 말하되 긴요한 곳에 이르러서는 '성인이 중(中)·정(正)·인(仁)·의(義)를 하여 고요함을 주로 삼았다.'라고 말했는데, 「신명사도명」은 이 일단의 공부를 반복적으로 표현하여 상세하게 밝힌 점을 드러내었습니다. 그리하여 「신명사도명」을 깊이 연구하면 「태극도설」에서 설명하는 태극의 이치를 깨달아 실제의 삶에서 자유자재로 운용할 수 있을 것이라고 상호 연관성을 설명했습니다.

16~18세기 대구권 성리학의 변모양상

추 제 협 (계명대학교 철학과)

1. 왜 지역학인가?

먼저 말씀드리고 싶은 것은, 지역학은 지역의 정신사적 전통과 변모에 주목해야 하며, 이는 곧 지역적인 것과 글로벌한 것의 공존으로, 현재적 의미를 말합니다.

제가 현재 공부하고 있는 분야는 두 가지입니다. 첫 번째는 실학입니다. 성호 이익 (李瀷, 1681~1763)을 중심으로 실학의 발생과 전개 양상에 대해 연구하고 있습니다. 두 번째는 대구를 중심으로 한 지역학 연구입니다. 사상사를 보면 수도인 서울 및 근기 지역, 안동 등을 중심으로 언급되고 대구는 제외되는 것을 쉽게 확인할 수 있습니다. 그렇다면 대구는 불모지였을까요? 분명 사람은 살고 있었을 텐데 말이죠. 이곳에 학자도 있었고 경상감영도 있었는데, '왜, 어떤 이유로 이렇게 관심에서 제외되었던 것일까'라는 의문이 연구의 출발점이었습니다.

우리는 분명 현재에 살고 있습니다. 그런데 과거를 보고 있죠. 당시 과거의 문헌과 사상, 문학 등이 나에게 어떤 의미인지 지금의 시대에 어떠한 의미를 갖는가라는 테마를 놓치면 안 되겠다고 생각했습니다.

이런 생각에 제가 집중한 것이 바로 근기 남인, 즉 근기 퇴계학파입니다. 이황(李滉, 호 退溪, 1501~1570)과 정구(鄭逑, 호 寒岡, 1543~1620)의 문하, 정구 선생으로부터 성호 이익에게로 연결되는 거점에 있는 인물들에 대해 소개를 해드리고자 합니다. 특히 한강학파의 확산에서 대구지역 성리학자들에 대한 이야기입니다. 이 부분에 대해서는, 아직 체계적인 연구가 제대로 되지 않고 있는 듯합니다. 제 연구가 여러분에게도 앞으로 도움이 되었으면 하는 바람으로 말씀드립니다.

2. 한강학파의 전개와 대구권 성리학

1) 한강학파의 전개

문인록을 보면 한강학파의 문인 수는 340여 명입니다. 지역적 분포를 살펴보면 낙동강 연안 지역인 강안권이 가장 많습니다. 다음으로는 안동권, 진주권, 경주권, 서울권 순이었습니다. 문인록에서 지역을 알 수 없었던 문인을 배제하고 살펴보았을 때, 강안권 지역의 문인이 가장 많은 수를 차지하고 있음을 알 수 있죠. 지역을 조금 더 세분화해 보자면 성주, 대구, 경주 순입니다. 여기에서 주목해야 할 곳은 성주와 대구입니다. 당시, 성주가 문화의 중심지였고 대구는 인접 지역이었기 때문에 성주에 계셨던 정구 선생이 오시게 되고 그러면서 대구에 많은 학자들이 그의 문하에 들어오게 됩니다.

사실 한강 선생은 저작이 다소 소실되어 남긴 문헌은 많지 않습니다. 그래서 학문적 특징을 포착해 내기가 쉽지 않습니다. 이런 점에서 제자들의 학문적 경향을 함께 논해야 하는 것이 아닐까 생각합니다. 한강학파의 여헌 장현광(張顯光, 호 旅軒, 1554~1637)의 문인을 보시면 350여 명이 되고, 한려학파로 보면 630여 명이 됩니다. 이 제자들은 성주, 함안, 영산 등에 거주했습니다.

한강 선생과 여헌 선생의 관계에 대해 논란은 많습니다. 하지만 객관적으로 봤을 때, 두 분을 하나의 큰 학맥으로 보기에는 무리가 없을 것이라 생각합니다. 이상정(李象靖, 호 大山, 1711~1781)은 「기낙편방서沂洛編芳序」 서문에서 '정구가 이황의 적전(嫡傳)이다.'라고 말하고 있습니다. 그리고 낙동강을 '영남 도학의 연수다.'라고 표현하고 있습니다. 따라서 문인들의 규모나 이에 대한 당대의 인식 등을 고려해봤을 때, 우리가 중요하게 살펴보아야 할 중요한 학파가 아닌가 생각해 봅니다.

2) 대구권 성리학

(1) 강안학 vs 낙중학

'강안학'이라는 것은 처음 문학계에서 제기했습니다. 1980년대에 박병련 교수님께서 주장했고, 지금은 정우락 교수님께서 동의하고 계신 용어입니다. 공간적인 범위로는 상주에서부터 창원까지의 거리입니다. 시간적 범위로는 16세기, 좀 더 범위를 넓혀 잡으면 17세기까지 잡기도 합니다. 물론 그 이전의 인물인 길재나 김종직을 배제하고 있지는 않습니다. 중심 지역인 상주를 비롯한 고령, 현풍, 창녕, 영산, 함안 등이 해당합니다. 그리고 이곳은 한려학파가 중심이 되고 있습니다.

이것과 조금 다른 입장이 바로 '낙중학'입니다. 낙동강 중류 지역의 학맥에 대해 연구하고 계신 홍원식 교수님께서는 '낙중학'이 '강안학'과 크게 다르지 않다고 봅니다. 다만 시간적 범위를 조금 확장해야 한다고 주장하십니다. 두 학파의 차이는 시간과 공간의 확대라고 볼 수 있겠습니다. 상주와 창원을 포함할 것인가 여부의 차이가 있을 뿐, 맥락으로 보면 크게 다르지 않다고 봅니다.

(2) 대구권 성리학

홍원식 교수님께서 강안학에서 낙중학으로 시간과 공간의 확대를 말씀하셨다면, 장윤수 교수님께서는 오히려 이러한 범주를 축소시켜 봐야 한다고 했습니다. '대구권'이란 용어는 그렇게 해서 제시된 것입니다. 시간적 범위는 그대로 두되, 공간적 범위는 대구와 인근 지역으로만 제한시킨 것이죠. 대구와 구미, 성주, 칠곡, 고령 정도를 다루는 것이 적합하다는 의견을 제시했습니다.

정리해 보자면, '강안학'은 그 지역적 경계나 소통성이 대중에게는 생소한 개념입니다. '낙중학'은 의미에 혼선이 있는데, 낙상, 낙중, 낙양으로 분류하여 낙상이라 했을 때는 강가라고 해서 예천 지역을 의미하고, 낙중이라 했을 때는 상주지역을, 낙양은 선산을 의미합니다. 그렇기에 용어 사용에 주의가 요구됩니다.

한편 대구권은 현재의 시간성과 공간성의 측면에서 접근하기에 유리한 점이 있으나, 낙동강 중류지역 전체를 포섭하지 못하는 단점이 있습니다.

이들 용어 중 어느 것이 적합한지 확언할 수는 없지만, 저는 이 중 '대구권'이 현재에 적용하거나 소통하기 쉬운 용어라 생각하여 이를 활용하여 소개해 드리도록 하겠습니다.

3. 대구권 성리학

이제부터는 대구권 성리학에 대해 말씀드릴게요. 대구는 조선 초에 와서 군사 요충지가 됩니다. 1601년에 경상감영이 설치되었던 것이죠. 그때부터 400년 가까이 경상도의 수부(首府)가 되는데, 그 정도의 중요도를 갖는 지역이었지만, 사상적 측면을 이야기할 때는 늘 소외되곤 합니다. 선산, 성주 정도가 전부였죠. 하지만 이런 언급들에서 보여주는 것만큼 대구가 사상사적으로 제외될 만한 곳은 결코 아닐 것이라는 확신으로 대구를 살펴보게 되었습니다.

1) 퇴남학과 대구 성리학

16세기 대구 성리학은 퇴계학과 남명학의 자장 속에 있었습니다. 어느 것이 더 우세하다고 말하기는 어렵습니다. 한강 선생이 대구로 오게 되면서, 점차 퇴계와 남명의 학문을 통합적인 시각으로 보게 되었기 때문에 16~17세기는 역시 간접적으로는 퇴계, 남명의 영향, 직접적으로는 한강 선생과 여헌 선생의 영향 속에 있었다고 봅니다.

17~18세기는 남명의 영향에서는 벗어나, 퇴계학의 자장이 강해지게 됩니다. 19세기는 한주학의 영향권에 들어가게 되지요. 어느 하나의 색깔만 오로지 들어가지 않고, 여러 가지 색깔이 혼용되는 형상을 띠게 됩니다.

2) 사상적 연원

2-1) 한강학의 전파

사상적 연원에서는 한강 선생과의 관계 속에서 한훤당 김굉필 선생의 이야기를 하지 않을 수 없죠. 아까 말씀드렸다시피 한강 선생도 남긴 편저가 많지 않았고, 한훤당 선생의 글 또한 많이 남아있지 않습니다. 그렇다면 한훤당 선생의 도학이란 대체 뭘까요? 선생께서 강조하고 있는 지점은 어떤 것일까요? 이런 의문에 대해서는 사상적으로 밝혀내야 하는데, 자료가 없어서 굉장히 어렵습니다.

학계의 공식적인 주장은 아니지만, 제 개인적 생각으로는 퇴계 선생에 의해 한훤당 선생의 도학적 색이 입혀진 것이 아닌가하는 생각이 듭니다. 퇴계 선생에 의해 한 훤당 선생은 각색이 되었다고 보는 것이죠. 실제로 한훤당 선생의 사상이 '이것'이라고 했을 때, 사실 확인이 불가능합니다. 그 때문에 우리가 한훤당 선생을 보는 것은 퇴계 선생의 영향이나 주변의 평가에 의해 만들어진 색깔이 많지 않은가라는 생각을 하고 있습니다.

그 색깔도 그렇고 이로 인해 퇴계 선생의 학문적 색깔이 더 선명하게 드러난 효과를 가져오기도 합니다. 한훤당 선생 같은 경우는, 남아있는 자료에 비해 논문은 굉장히 많습니다. 제가 대부분 읽어 봤으나 명쾌하지 않았습니다. 그래서 자료가 새롭게 발굴된다면 모를까, 지금까지, 기존의 자료들을 통해 접근한 경우들은, 『소학(小學)』의 중시라는 지점과 '수기(修己)' 중심의 실천을 중시했다는 논의를 재확인하는 것에서 벗어나고 있지 않습니다.

2-2) 서원의 설립과 임진왜란

대구 성리학 형성에서 주목해야 할 몇 가지를 살펴보면, 첫 번째는 1563년 대구 최초의 서원인 연경서원(研經書院)을 설립한 것입니다. 이숙량(李叔樑, 1519~1592) 선생이 주도하고, 퇴계 선생의 지원을 얻어 이루어진 것인데요, 연경서원은 대구광역시 북구 연경동에 있는 서원입니다. 예전에 보니, 터는 굉장히 넓은데, 이게 서원인가 싶을 정도로 정말 퇴락해 있었습니다만 지금은 대구시가 복원을 예정하고 있습니다.

두 번째는 칠곡의 녹봉정사(鹿峰精舍)인데요, 1561년에 만들어졌는데 지금은 터밖에 남아 있지 않습니다. 원래는 절이 있었다고 해요. 황준량(黃俊良, 호 錦溪, 1517~1563)이 주도해서 오건(吳健, 호 德溪, 1521~1574)이 교수로 참여했는데 이 역시 터가 굉장히 넓어 그 규모를 짐작해야 합니다.

방금 말씀드린 두 서원이 굉장히 중요하다는 생각이 듭니다. 그러니까 퇴계학이 대구에 직접적인 영향을 미친 것은 사실 뒤에 나오는 전경창(全慶昌, 호 溪東, 1532~1585) 선생인데 그 분위기를 만들어 준 역할을 한 것이 바로 이 두 서원이 아닌가라고 생각해 봅니다. 연경서원 같은 경우에는 한강 선생을 비롯해 낙재 서사원, 모당 손처눌 선생이 굉장히 많은 부분에 관여합니다. 녹봉정사 역시 한강 선생이 덕계 선생의 제자였을 때 와서 공부를 했던 장소이기도 합니다.

그리고 또 하나 생각해 볼 것이 바로 임진왜란입니다. 1592년에 임진왜란이 일어납니다. 이때는 학파라는 것이 존재하지 않았는데, 아시다시피 임진왜란 이후에 학맥 형성이 이루어지게 되었습니다. 임진왜란은 시대적 위기였지만, 오히려 대구의 사상사에서 봤을 때는 위기라기보다는 학맥이 형성되는 기회였던 사건이라고 보시는 것이 좋겠습니다.

3) 대구권 성리학

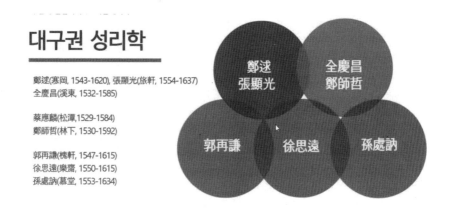

그림으로 만들어 봤는데요, 대구와 성주를 중심으로, 성주와 인접 지역인 구미에서 한강 선생과 여헌 선생이 주축이 되어서 대구권 성리학을 이루는 선구적 역할을 했다면, 대구에서는 계동 선생과 정사철^(鄭師哲, 호 林下, 1530~1593) 선생이 중요한 역할을 했습니다. 이분들에 의해서 퇴계학이 전파됩니다. 원래 처음에는 곽재겸^(郭再謙, 호 槐軒, 1547~1615)과 서사원^(徐思遠, 호 樂齋, 1550~1615), 손처눌^(孫處訥, 호 慕堂, 1553~1634) 이 세 분이 계동 선생과 임하 선생에게 배움을 받았습니다.

그러다가 한강 선생이 대구로 오면서 '손처눌 → 서사원 → 곽재겸' 순으로 한강 선생 문하로 들어가게 됩니다. 퇴계학의 영향을 받고 있었는데 한강 선생의 학문을 배워보고 싶은 마음에 문하로 나아가게 되고 또, 한강 선생의 문하에 나아간 것이 계기가 되어서 여헌 선생과도 교유하게 됩니다. 특히, 낙재 선생과 여헌 선생은 돈독한 친분을 과시했다고 합니다. 나중 허목^(許穆, 호 眉叟, 1595~1682) 선생이 문하에 들어오는데 미수 선생과 낙재 선생도 상당히 밀접한 교우관계였다고 합니다.

정리하면, 1세대는 한강 정구와 여헌 장현광, 계동 전경창, 임하 정사철 이분들이라고 할 수 있고, 2세대는 괴헌 곽재겸, 낙재 서사원, 모당 손처눌 이 세 분입니다. 곽재겸은 다른 두 분보다 나이가 조금 있습니다. 한강학파를 일종의 학맥으로 규합하고 학규(學規)를 정해 학문 전승의 전통을 만드는 역할은 대부분 낙재 서사원과 모당 손처눌 두 분에 의해 이루어집니다.

3-1) 1세대 대구권 성리학

한강 선생의 학문에 대한 말씀을 드리면서, 『심경발휘(心經發揮)』에 대해 이야기를 하지 않을 수가 없습니다. 퇴계 선생이 『심경후론(心經後論)』을 짓게 된 배경을 보시면 정민정(程敏政)의 『심경부주(心經附註)』에 대해 문인들 사이에 여러 논란에 있었고 이에 대해 퇴계 선생이 「심경후론」을 쓰게 됩니다.

이분들의 서신을 보면, 조목(趙穆, 호 月川, 1524~1606)이나 금계 선생도 그렇고 퇴계 선생의 답변에 수긍하지 않습니다. 그냥 덮어두려는 거죠. 『심경부주』에 대한 불만 사항들이 제가 보기에는 한강 선생에게 와서 수렴되고 있으며, 그러한 의견을 종합하여 『심경발휘』라는 책으로 재편하고 있는 것은 아닌가라고 생각하게 되었습니다.

여기에서 가장 중요한 것은 존덕성(尊德性)과 도문학(道問學)의 관계와 경공부(敬工夫)인데요. 이것도 두 가지 관점으로 볼 수가 있습니다. 퇴계와 남명, 그리고 한강의 관계에 대한 시각에 대해 살펴보면, 한강이 퇴계를 계승했다, 남명을 계승했다고 하는 것으로 논쟁이 오가다가 나중에는 둘 다 함께 계승했다는 쪽으로 시각이 변화하게 되죠.

그런데 그 논란의 중심은 늘 퇴계와 남명이 있었을 뿐 한강에게 있지 않죠. 이것은 잘못된 것이 아닌가 합니다. 예전에 한강은 퇴계보다는 남명을 계승했다면서 『심경발휘』와 '경(敬)'에 대해서는 두 분 모두를 이어받은 것이라고 했는데, 제가 볼 때 이런 지점이 중요한 것은 아니라고 생각합니다. 왜냐하면 두 분의 학문을 다 이었다고 봐도 무방하며, 더 중요한 것은 그 사상을 어떻게 계승해서 자신의 학문 체계를 이루고 있는가 하는 점이 더 중요하기 때문입니다. 그 사례를 『심경발휘』에서 볼 수 있습니다.

먼저 존덕성과 도문학의 관계에서 본다면, 둘의 병행을 의미하지만 저는 퇴계 선생의 경우 존덕성에 좀 더 편중되어 있다는 생각입니다. 그 이유는 말년 『심경』 공부에 심취해 있을 때 주희(朱熹)에 대한 이야기보다 주자의 스승인 이동(李侗, 호 延平, 1093~1163)에 대한 이야기를 상당히 많이 하고 있습니다. 연평 선생의 이야기를 하면서 미발체인

^(未發體認)에 대해 극찬을 아끼지 않습니다. 여기서 미발체인이란 쇄락지심^(灑落之心)을 얻기 위한 것으로, 이는 감정이 발현되기 전의 중절한 상태를 정좌^(靜坐)하여 구하는 것을 말합니다. 더불어 그의 학문뿐 아니라 인품까지도 호평하면서 자신 또한 그러한 삶을 살고자 한다며 「연평답문^(延平答問)」에 발문^(跋文)까지 남깁니다.

이렇게 퇴계 선생의 학문을 봤을 때는 병행이 맞지만, 그 지향점에 대해 이야기한다면 연평 이동에 대한 문제를 간과하기 힘듭니다. 퇴계학의 본질을 찾으려 한다면 연평 이동에 대한 연구가 반드시 필요하다고 생각합니다. 사단칠정논쟁의 지향 또한 마찬가지입니다.

단순히 보면 주자학의 가르침인 존덕성과 도문학이지만 연평 선생과 연결하여 생각하면 단순한 병행이 아니라 존덕성에 기울어져 있죠. 말을 바꾸면, 인간에게 가장 필요한 것은 무엇일까라고 할 때 도덕적 심성이 중요하다는 것이죠. 글공부도 중요하지만, 더 어려운 것은 도덕적 심성의 수련입니다. 인간적 욕망을 제어하고 선함을 지키는 것이 더 어렵다는 것이죠. 그래서 연평 선생의 말에 적극적으로 수긍했던 것이 아닐까 합니다.

그렇다면 한강 선생의 존덕성과 도문학의 관계는 어떤 것일까요? 두 가지로 볼 수 있다고 생각합니다. 인간에 대해서는 존덕성에 대한 부분이 맞습니다. 퇴계 선생과 같죠. 그러나 사회적 문제, 즉 내면이 아니라 외부적인 문제로 눈길을 돌린다면 도문학이 더 중요한 것이죠. 경전 공부, 다시 말해 격물치지^(格物致知)를 위한 공부가 중요한 겁니다. 이것을 단순히 병행으로 놓을 것이 아니라, 어떤 맥락에서는 존덕성이, 또는 도문학이 상대적으로 중요하게 인식되는 것이지 둘을 별개의 이분법적으로 단순하게 볼 수 없다는 것입니다. 사실, 한강 선생의 학문에서 심성 부분, 특히 이론적 전개에서는 퇴계 선생의 학문이 조금 더 많은 부분을 차지하고 있지 않나 하는 생각입니다.

그럼 '경^(敬)'이라는 것은 어떻게 봐야 할까요? 유학의 관점에서 '경'이라는 것은 흔히 마음의 각성상태라고 말할 수 있죠. 경의 의미를 존덕성의 의미로 이해하면 마음의 순선함이 늘 깨어있는 상태죠. 그래서 '주일무적^(主一無適)'이란 말을 가장 중요하게 생각합니다. 이러한 맥락에서 보면 다산 선생의 경천^(敬天)과도 상당히 연결되지 않을까 생각합니다.

참고로 함께 1세대를 열었다고 할 수 있는 계동 전경창과 임하 정사철 선생은 남아 있는 것이 많이 없습니다. 소학을 중시했다는 것이나 존심양성^(存心養性), 그리고 '근근성실^(勤謹誠實)'을 좌우명으로 삼았다는 정도를 확인할 수 있습니다. 그리고 성리학에 대해서는 단편적인 문답 정도만 남아 있을 뿐입니다.

3-2) 2세대 대구권 성리학

먼저 성주 지역의 2세대를 보면, 이서^(李𦰡, 호 東湖, 1566~1651)나 이천봉^(李天封, 호 白川, 1567~1634), 배상룡^(裵尙龍, 1574~1655)이라는 분이 있습니다. 모두 한강 선생의 문인이며 대단한 분들이죠. 일단 이서라는 분은 정구의 처족인데요, 광주 이씨^(光州李氏) 12현인 중 한 사람입니다. 가장 우두머리이시고, 나중에 허적^(許積, 호 默齋, 1610~1680)을 사위로 맞아들입니다. 이천봉은 형 이천배^(李天培, 호 三益齋, 1558~1604)와 함께 한강 선생의 문하에 나아갑니다. 정묘호란 때 의병활동을 전개하기도 합니다. 경산 이씨^(京山李氏)의 3현입니다. 배상룡^(裵尙龍, 호 藤庵, 1574~1655) 선생은 이서와 함께 『한강집^(寒岡集)』 발간에 주도적인 역할을 합니다. 그리고 허목 선생과 교유가 있었습니다.

다음으로 대구지역은 아까 말씀드렸듯 3분인데요, 곽재겸, 서사원, 손처눌입니다. 문집이 남아있긴 하지만, 뚜렷한 사상적 저작이 없습니다. 그나마 사상적으로 볼 수 있는 것이 곽재겸 선생 같은 경우는 『훈자질십육도^(訓子姪十六圖)』가 전합니다만, 자제들을 가르치기 위한 것으로 크게 학술적인 글은 아닙니다. 그림도 마찬가지입니다. 서사원 선생의 『공부차록^(工夫箚錄)』은 자신이 공부한 것 중 중요한 부분을 뽑아서 써놓은 것입니다. 자기 글은 아닌 것이죠. 손처눌 선생 같은 경우에는 자료가 더 없습니다. 편지나 연보 정도가 전하고, 그나마 편지글도 안부 묻는 정도가 대부분이고요. 그래서 그나마 살펴볼 수 있는 것이 서사원 선생의 『낙재일기^(樂齋日記)』나 손처눌 선생의 『모당일기^(慕堂日記)』 정도입니다. 두 일기는 임진왜란 당시에 쓴 것으로, 대구권의 의병 활동이 어떻게 전개되었는지에 대해 상세히 기록되어 있습니다.

3-3) 3세대 대구권 성리학

(1) 성주와 대구, 칠곡 지역 문인들

3세대로 넘어가면 성주와 칠곡, 현풍 지역 문인들이 중심이 되어서 그 제자들을 상당수 양성합니다. 앞서 2세대로 언급한 인물들의 문하에 여러 인물들이 배출됩니다. 성주에는 이천봉과 배상룡의 문하에서, 대구에는 서사원과 손처눌의 문하에서,

칠곡에는 광주 이씨 이윤우(李潤雨, 호 石潭, 1569~1634) 선생의 문하에서 인물들이 많이 나왔습니다. 이렇게 배출된 인물들 중 대표 인물로는 채몽연(蔡夢硯, 호 投巖, 1561~1638), 도성유(都聖俞, 호 養直, 1571~1649) 서사선(徐思選 호 東皐, 1579~1651) 등이 있습니다. 이분들에 대한 연구는 거의 불모지에 가깝다고 할 수 있습니다.

(2)『봉산욕행록(蓬山浴行錄)』

참고로,「봉산욕행록」을 소개합니다. 한강 선생이 지병을 치료하기 위한 온천욕을 목적으로 1617년 7월 20일에서 9월 4일까지 낙동강 부강정(浮江亭)에서 동래 온정(溫井)까지 뱃길로 가는 45일간의 여정을 기록한 것으로 석담 이윤우가 작성했습니다. 문인 손처눌, 곽근, 이후경 등이 추진했으며, 지나가는 길에 현지의 관찰사, 문인들을 만나고, 그들과 주고받은 대화와 시들을 담았습니다. 단순히 온천 나들이라기보다 마치 그동안 자신이 걸어온 길, 이른바 한강학단의 결속을 위한 순시하는 듯한 느낌으로 가히 장관을 이룹니다.

문학이나 역사 방면에 최근의 연구가 있으며 철학 방면에서는 깊이 있는 연구가 아직 이루어지지 않았습니다. 이때가 거의 그의 생애 말년인데 한강학파가 최절정의 시기입니다. 여기에 수행원만 11명 내외였고, 45일간 만난 인원만 300여 명입니다. 직접적으로 관여한 제자들만 80여 명에 이릅니다. 그러니까 여기 언급한 300이라는 숫자는, 한강 선생이 온다고 하니 직접 만나러 온 사람들을 말합니다.

여기에서 한강학파의 3대가 같이 있는 것을 볼 수 있습니다. 한강학파의 규모라든가 그네들의 관심사, 전래된 문인들과의 관계, 당시 한강 선생과 한강학파의 위치가 어떠했는가를 짐작할 수 있습니다.

(3)『금호선사선유도(琴湖仙査仙遊圖)』

그리고「금호선사선유도」를 소개합니다. 서사원 선생의 문인은 104명이며, 손처눌 선생의 문인은 200명이 넘습니다. 물론 이중에서는 두 문하를 왔다 갔다 한 분들도 있습니다만, 두 분의 문인을 합치면 300명이 넘습니다. 스승을 닮아가는 것 같은데, 서사원과 손처눌 두 선생이 주선하여 23명의 문인들이 선유(仙遊)를 합니다. 이것이 그림으로 남아 있습니다.「금호선사선유도」라는 작품인데, 그림 옆에 시가 기록되어 있습니다. 이에 대한 연구도 한두 편 있어 지역학 연구의 일환으로 관심을 가져볼 만합니다.

마무리

　정리하겠습니다. 우선 말씀드리고 싶은 것은, 자료의 빈곤함입니다. 자료가 빈곤하다는 건 일부 자료의 소실도 있겠으나 남명 선생이 말씀하신 것을 빗대어 말하면 한강 이후에 굳이 저술이 필요한가라는 인식, 다시 말해 굳이 사족을 붙일 필요가 없다는 생각이 작용했을 수도 있다.

　이러한 점에서 대구권 유학자들의 사상적 특징이 무엇인가 했을 때 흔히 '회통(會通)', '자득(自得)', '실천(實踐)'이라고 합니다. 16세기에서 18세기까지를 보면, 한강 선생에게서 퇴계와 남명이 통합되니 회통의 대표적인 사례입니다. 16세기 박영(朴英, 호 松堂, 1471~1540), 17세기 장현광, 18세기 최흥원(崔興遠, 호 百弗菴, 1705~1786)이라는 분이 있습니다. 이 중 여헌 선생이 중심으로, 이 세 분에게서 자득과 체인의 학문적 계승 사례를 확인할 수 있죠.

　다음은 사회적 실천인데, 임진왜란 시기에 의병 활동을 기록으로 남겼습니다. 그 기록에 보이는 하나의 집단을 형성하여 움직이는 특징이 주목됩니다. 제가 보기에는, 이러한 상황에서 그분들이 견지했던 지식인의 역할에 대한 인식이 무엇인지를 찾아내야 한다고 봅니다. 또한 이들이 지향한 심학(心學)이 가지는 차별성, 그 고유한 의미가 무엇인지 밝혀야 퇴계와 남명의 회통성으로 대구권 유학의 특징도 자연스레 드러나지 않을까 생각합니다.

지역에서 만나는 고문서와의 대화

손 숙 경 (부산가톨릭대학교 인성교양학부)

반갑습니다. 직접 만나서 또 보면서 하면 좋을 텐데 상황이 그렇지 못해서 조금 아쉽습니다. 그렇지만 이런 자리가 마련이 되어서 참 기쁘게 생각을 하고 있습니다. 저도 강의 주제를 정하면서 여태까지 고문서 자료를 구해서 논문을 쓰고 연구를 해왔지만 이것을 실제적으로 이런 방법으로 해왔으며 또 내용이 역사적으로 어떤 의미를 가지고 있을까. 실제로 우리가 분과 학문으로 한문학, 국문학, 역사, 철학 등으로 나누고 있지만 실제로 문·사·철 같은 경우에는 거의 서로가 융합 소통하는 학문이라고 저는 생각하고 있습니다.

그런 의미에서 제 자신에게는 이번 발표를 계기로 고문서를 조사하고 활용하여 연구해 온 것을 정리해 보는 기회가 되어 이런 발표 자리가 마련된 것에 대해서 기쁘고 또 감사드립니다. 저는 역사학이 전공이며 좀 더 세분하여 말하자면 한국사로 시대는 조선 후기이며 현재는 조선 후기부터 식민지기, 근대 시기로 확장되고 있습니다. 왜냐하면 조선 후기 부분을 하다 보니까 이것이 우리가 보통 역사에서 시대 구분을 하는데 이 시대가 끝났다고 해서 바로 그 다음 시대가 끝을 맺고 시작하는 게 아니라 연속성을 가지고 있기 때문에 고문서도 계속해서 그와 연관돼서 나오므로 세분해서 조선 후기를 전공이라고 하지만 그것을 바탕으로 해서 근·현대 쪽을, 현대까지는 아직 못 넘어가고 식민지시기까지는 아우르게 되는 것 같습니다. 그리고 지역사를 중심으로 한국의 사회문화사를 연구하고 있습니다.

먼저 오늘 강의는 이제까지 제가 해온 연구에서 고문서를 어떻게 발굴하고 또 이것이 어떤 방법으로 조사 연구되어야 할 것이며 이것이 가지는 의미가 무엇인가? 대략 이런 부분에 대해서 얘기를 들었는데, 맞습니까? 맞는지 모르겠지만 어떻게 보면 이것이 신변잡기일 수도 있지만 최근에 아미노 요시히코가 쓴 '고문서 반납 여행'이라는 번역서를 보면서 '아, 이런 것도 중요하구나.'라는 것을, 예전부터 조금 느꼈지만 더 새삼 느끼고 있습니다.

그래서 제가 이번 발표를 준비하면서 생각해 보니 89년부터, 석사 과정 들어가서 지금까지 지역을 돌아다니면서 정리를 한 기간이 거의 30년이 넘은 세월이 되었습니다. 그래서 그동안 어떤 식으로 제가 문서를 발굴했고 또 그 문서가 역사학에 어떻게 의미 있게 작용을 했는지 이런 부분을 중심으로 발표하겠습니다. 그리고 딱딱하지 않게 이야기를 하는 형식으로 풀어가도록 하겠습니다.

I. 古文書의 종류와 내용

먼저 고문서가 무엇인지 그 정의를 살펴보고자 합니다. 간단하게 고문서는 말 그대로 여기 계신 분들은 다들 한문학을 하시니까 한문 뜻글자를 그대로 보면 빨리 파악이 잘 되시리라고 생각을 합니다. 고문서는 글자 그대로 옛날 문서를 지칭하는 말입니다. 그렇지만 오래된 기록이라도 고문서가 책으로 묶여져 있거나 또 출간되어 나온 이런 것과는 구분이 됩니다. 왜냐하면 문집류라 하더라도 그것을 인쇄를 찍기 전의 판각되기 전에 초본이 있는데 이 초본이 말하자면 고문서라는 겁니다.

그래서 이것은 단순히 모든 것이 다 고문서냐? 이것보다도 발급자, 즉 내가 만약에 이상봉 선생님에게 무엇을 말하기 위해서 즉 이상봉 선생님에게 토지를 빌려주기 위해서 또는 돈을 빌려주기 위해서 등 수수 목적이 정확한 그런 목적을 달성하기 위해서 수급자에게 이렇게 전달하는 문서입니다.

그런데 고문서는 우리가 관찬사서보다는, 실제로 지금 제가 적고 있는 것도 나중에 몇 백 년이 지나면 고문서라고 할 수 있겠지요. 우리의 생활과 밀접한 연관을 가지고 있기 때문에 어떻게 보면 관찰 사료에서 말해주지 않는 많은 부분들을 말해주고 있다고 할 수 있습니다. 특히 지역사회의 인간, 개인, 집단, 이런 사회와의 관계를 설명하는데 굉장히 중요한 문서라고 할 수가 있습니다.

1. 한국의 古文書를 발급자, 또는 발급 기관을 기준으로 구분

현재 고문서 자료는 서울대 규장각을 비롯해서 한국학 중앙연구원의 장서각, 국립중앙도서관, 국학진흥원 그리고 고려대, 연세대, 영남대 등에도 자료가 많이 있습니다. 그리고 계명대, 경북대, 부산대도 있습니다. 부산대도 제가 가서 거의 봤습니다. 또 동아대도 있습니다. 이런 고문서를 소장한 곳에서는 목록과 고문서집을 계속 발간을 하고 있습니다.

그리고 각 지역마다 양반 가문이라든지, 향교라든지, 서원이라든지, 이런 기관들에 있어서는 다량의 고문서들이 다 발굴되었지 않았을까 생각하지만 현재까지도 계속해서 발굴이 되고 있고 또 그 발굴을 기다리고 있다고 할 수가 있습니다. 여러분들도 문집이라든지 이런 것들을 구하러 집안에 가서 보다 보면 아마 문서 더미가 나올 그런 행운도 가질 수 있을 것입니다. 그렇지만 이러한 중요한 자료가 없어지거나 하는 상황도 많이 있습니다.

제가 1990년도 조사차 지역에 가면 할머니, 할아버지가 일주일 전에 불쏘시개 한다고 고문서를 아궁이에 넣었다고 합니다. 그 고문서를 없애지 않았다면 많은 사회사와 생활사 등 역사적 사실을 말해 줄 수 있을 텐데 안타까웠습니다. 이후에 지금 TV에서 진품명품인가 그 프로를 하지 않습니까? 그 프로를 하고 난 이후로 사람들이 고문서가 돈이 된다는 것을, 일반 사람들도 느끼게 된 것 같아요. 이제는 이게 돈이 될까 봐 잘 보여주지도 않아요.

그전에는 제가 조사하러 갔을 때 고문서를 별로 중요하게 생각하지 않았습니다. 문집 등 책 같은 경우는 사람들이 소중한 것이라고 생각하는데, 즉 『논어』, 『맹자』 이런 것은 아주 소중하게 생각하는데 이런 문서들은 그냥 우리가 일상적으로 쓰던 것이라 생각해서인지 벽지로 벽에다가 붙이기도 합니다.

어떤 경우는 한식집에 가면 벽에도 이런 것들을 붙여놓지 않습니까? 그런 것도 어쩔 때 보면 아주 귀중한 자료들이 하나씩 붙어져 있을 때도 있습니다. 그렇게 하다 보니까 아주 많은 것들이 훼손되고 또 없어지고 그럼에도 불구하고 현재까지 그 많은 것들을 발굴하지 못한 상태로 남아 있는 경우도 있습니다. 그리고 80년대 이후 민중사를 표방하면서도 오히려 민중에 대한 기록이 부족하고 또 민중에 대한 기록이 남아 있는 것이 별로 없어, 역으로 엘리트에 대한 연구와 자료가 많다 보니까 그와 관계되는 연구가 많이 있었습니다.

예를 들면 각각의 지역에서도 양반 엘리트라든지 이런 사람들은 당연히 그 문서가 버려지지 않고 소장되어 대대로 남아 있는 경우가 많았습니다. 그래서 양반이 아니고 중인 이하 신분이거나 또 양반이라 하더라도 우리가 소위 말해서 경북 안동 지역의 양반이라든지, 또 충청도, 경기도의 알려진 양반이라든지, 특히 경북 지역의 양반과 같은 이런 사람들의 집안에서는 많은 양의 문서들이 전승되고 있습니다.

조선시대 약 330개의 군현 중에서 모든 곳이 경북 안동과 같지는 않았다는 겁니다. 오히려 경북 안동이라든지, 경주라든지, 이런 곳이 특별하다고 할 수가 있습니다. 그 외에는 기본적으로 일반적인 그 지역의 양반들이 존재하고 있었던 것입니다. 그리고 그 아래 신분 집단이라든지, 신분 계층에 대해서도 우리가 연구를 하려면 중인 이하의 신분 집단에 대한 연구는 사실은 자료가 너무나도 부족하고 하나씩 가문을 찾기가 힘들지만 그래도 나오고 있는 실정입니다

이와 관련해서 저 같은 경우에는 저를 비롯해서 이후 동아대에서 조선후기를 공부하는 후배들과 지도교수님이 함께 조사 발굴하고 연구한 것은 대부분 부산 경남 연안 지역의 고문서들입니다. 실제로 부산 경남 연안 지역이라면 밀양이라든지, 진주라든지, 이런 내륙에 있는 몇몇을 제외하고는 대부분이 일반적으로 안동이나 경주에서 볼 수 있는 큰 양반 가문이 아닙니다.

그냥 고을의 양반 정도로 그나마 자료가 많이 전승되지 못하는 현실입니다. 그리고 연안 지역이라는 것은 기본적으로 자료가 많이 남아 있지 않아 이곳을 샅샅이 뒤져가면서 한다는 것은 정말 많은 인내가 필요합니다. 왜 이러고 있는가라고 할 정도입니다. 그냥 관찬 사서를 본다든지 한국학 중앙연구원의 고문서 집성에 실린 문서를 활용하는 것이 더 나을 텐데라는 생각을 합니다. 한국학중앙연구원의 고문서집성은 대부분 전국의 큰 양반 집안들이라고 할 수 있습니다.

그곳에서 나오는 고문서 집성은 문중에서 가지고 오거나 어느 문중에서 고문서가 있다는 것을 알고 가서 가져온 것입니다. 그리고 경북 안동에 있는 국학진흥원의 경우에도 도산 서원의 문서라든지, 퇴계 집안 문서 등을 비롯하여 안동지역의 각 가문의 문서들입니다.

하지만 저를 비롯한 동아대 팀들은 그 지역을 직접 다니면서 조사하여 구한 자료입니다. 그렇다면 왜 한중연에서 나오는 자료도 있고 관찬사서도 있는데 고생스럽게 이렇게 하느냐? 저도 처음에는 왜 하는지 잘 몰랐습니다. 석사과정 때 제 지도교수님이 지역사회를 연구하고 있었기 때문에 제가 석사 과정에 들어갔을 때 저희들 보고 문서를 한 뭉치 주면서 정리하라고 하셨습니다. 그런데 여기 계신 분들은 실제로 한문을 잘 읽기 때문에 그걸 보고 또 한문이라도 읽으니까 어떻게 하겠지만, 제 같은 경우에는 학부 때부터 한문 공부도 했고 또 서당도 다니고 있었고 그렇게 했음에도 불구하고 짧은 시간에 한문으로 된 고문서를 읽고 해석하는 것이 좀 힘들었습니다.

그렇지만 아주 중요한 문서고 역사에서 말해주지 않는 것을 담고 있는 너무나도 중요한 문서이기 때문에, 그 얘기만 들었기 때문에, 이게 너무 귀중하다고 생각해서 신줏단지 모시듯이 모셨던 기억만 남아 있습니다. 어쨌든 그런 것들로부터 시작이 되어서 갈수록 이것이 역사 공부를 하거나 아니면 여러 가지 역사와 인접되는 인문학 분야에서 어떻게 보면 다양하게 쓰일 수 있을 것이라는 것을 깨닫게 되었습니다. 그래서 이제 그런 부분에 관해서 오늘 여러분들과 같이 이야기 나누고 싶습니다.

2. 일상적인 생활과 관련한 내용별 분류

일상적인 생활과 관련하여 내용별로 분류해 보면 우리의 일상 전부라고 할 수가 있습니다. 당시는 농업사회였으니까 농업과 관련되는 문서가 많았을 것이며 그때도 사람들이 먹고 살았으므로 의식주와 관련되는 것들이 있었을 것이고, 또 사고팔고 하는 경제 행위, 상행위를 했으니까 이와 관련되는 문서들도 있을 것입니다.

그리고 관혼상제와 관련되는 문서, 신앙과 관련되는 문서들, 그 다음에 교육과 관련되는 문서들, 교육과 관련해서는 아마 한문학과에서 많은 논문들이 같이 나오고 있는 것 같습니다. 그리고 당시의 신분과 사회 제도와 관련되는 것도 남아 있습니다. 더군다나 가족과 친족 관련되는 것들, 그리고 그와 더불어서 촌락 사회와 관련되는 것과 개인 일상사 이런 것과 관련되는 것들로 분류하고 있습니다.

이렇게 나누는 것은 고문서를 연구하는 분들이 적어도 이런 내용 정도의 문서는 지금 나오기 때문입니다. 그런데 이런 것도 있습니다. 우리가 식민지 시기라든지, 또 조선 후기에 나오는 문서 중에서도 이러한 범주에 들어가지 않는 문서도 있습니다. 그래서 그런 것들이 나올 때는 '이게 뭔가?'라고 하면서 다시 또 보기도 합니다.

3. 소장처별 분류

소장처별로는, 우리가 제일 쉽게 할 수 있는 것이, 내가 고문서를 구해서 연구를 하겠다고 했을 때 가장 쉽게 정리할 수 있는 것이 소장처별로 나누어 보는 것입니다. 아마 제일 먼저 떠오르는 것이 서원일 수도 있겠고요. 그리고 재실이라든지, 또 향교라든지, 사찰이라든지, 또 개인으로 치자면 종가라든지, 이런 것들을 많이 볼 수가 있을 것입니다.

그래서 향교나 서원에서 현지 조사를 어떻게 하는지를 나누어준 자료에 간단하게 적어놨습니다. 이런 부분들은 제가 형태별, 내용별로 나눴지만 이러한 내용들은 뒤에 제가 조사하고 했던 것들을 설명할 때 모두 이야기될 부분입니다. 그래서 이 부분은 여러분들이 한번 읽고 넘어가시고, 그 다음에 부산경남지역과 관련되는 문서를 발굴한 내용들을 살펴보면 아마 지금 설명하고 있는 내용들을 전부 다 아우르게 될 것입니다.

II. 고문서와의 만남과 대화

1. 경주 내남면 이조리 경주 최씨 가문과 용산서원

저는 고문서와 만나고 대화하고 있다고 생각을 합니다. 그런데 만남과 대화를 할 때 그것이 너무나도 안 될 때도 있고, 너무나도 잘 될 때가 있고 이런 것 같습니다. 그래서 늘 그에 따라 이 문서를 보면서도 제가 기분이 좋았다가 아니었다가, 이렇게 되기도 하는데요. 어쨌거나 이제 고문서와 어떻게 만나고 대화하는지 이런 부분들에 대해서 한번 보겠습니다.

제가 나누어준 자료에 적은 것은 주로 발굴한 문서를 가지고 논문을 거의 썼던 것들입니다. 논문으로 활용하지 못한 고문서들이 더 있지만 그것은 정리를 하면서 의미 있고, 또 그나마 거기에 관련되는 내용들이 있는 것을 중심으로 합니다. 경북부터 시작을 하겠습니다. 경북 경주 지역에 있는 용산 서원을 가지고 제가 석사 논문을 썼습니다.

이 석사 논문을 쓰는데, 너무 귀중하고 중요하고 또 너무 방대한 자료를 만나는 바람에 여기서 제가 빠져나오지를 못했던 것 같습니다. 빠져나오지 못했다는 것은 이렇게 고문서를 많이 정리를 했는데 이것만으로 끝을 내면 제가 너무 미련이 많이 남을 것 같아 공부를 그만두지 못한 요인 중에 하나입니다. 이것이 바로 경북 지역의 경주 내남면 이조리 경주 최씨 가문입니다.

여러분들은 요즘 한참 뜨고 있는 경주의 황리단길을 잘 아실 텐데 그곳에서 조금만 가면 교동에 있는 경주 최씨 집안도 아실 겁니다. 9대 진사 10대 부자로 내려오는 그 집안은 우리가 노블리스 오블리주를 실천한 집안이라고 합니다. 그리고 9대 진사 10대 부자로 내려오면서 이후 전 재산이 영남대학교로 갔습니다. 이 경주 최 부잣집의 종손가가 바로 이조리의 경주 최씨 가문입니다.

이 종손가라는 것도 각각의 파에서도 종손이 있는데, 이것은 경주 최씨 가문의 말하자면 대종가라고 얘기할 수 있는데 이 대종가 집안의 문서입니다. 이 문서가 발견되기 이전까지는 교동의 경주 최씨 집안은 앞서 말한 바와 같이 전국적으로 사람들에게 많이 알려져 있었습니다. 아시다시피 9대 진사 10대 부자로 내려오면서 독립운동도 했고 영남대학교에도 그 돈을 전부 기증을 했고, 그런 활동으로 사람들이 많이 알고 있었지만, 경주 최씨 가문의 종파는 상대적으로 그리 잘 알려지지 않았습니다. 보통 한 가문에서 종가가 유명하지 않습니까? 그런데 이 집은 교동의 최씨, 그 최 부잣집이 너무 알려지는 바람에 이 종가는 거의 알려지지 않은 상태였습니다.

최진립 무과홍패 교지(1594년)

지금 보고 있는 무과홍패는 최진립 장군의 무과 홍패 교지입니다. 1594년에 무과에 급제하고 난 다음에 임란 때 의병을 일으켜 경주 등지에서 군공을 세우게 됩니다. 최진립은 이조리에 대대로 살아온 경주 최씨의 입향조이며 최진립을 현조로 받들고 있는 파가 정무공파입니다. 최진립 장군에게 다섯 아들이 있었는데 그의 다섯 아들을 중심으로 5파로 나뉘어졌습니다. 이 5파 가운데 셋째 아들인 세 번째 파가 말하자면 경주 최 부잣집입니다.

원래는 내남면 이조리 종가가 있는 데서 다섯 아들이 함께 살다가 둘째 아들은 경주의 서쪽으로 이주를 해서 두 번째 파는 서파이고요, 또 셋째 아들은 경주의 동쪽으로 갔다고 해서 동파라고 하였습니다. 이후 동파는 교동으로 이사 가서 자리를 잡은 것입니다. 이들이 이주하기 전, 최진립의 아들 대까지는 이조리에 살았습니다.

이 경주 최씨 가문의 종가가 바로 내남면 이조리 경주 최씨 이 집안입니다. 그런데 제가 이 집안을 어떻게 알고 가게 됐냐면, 부산에 거주하는 김인순 씨가 문서를 많이 모았어요. 이분은 천주교 신자였는데, 조선시대 때 천주교 박해로 죽은 순교자들의 흔적을 찾으려고 문서를 모으기 시작하여 지역의 문서를 닥치는 대로 모은 거예요.

그 문서를 동아대 박물관에 고증차 가지고 온 겁니다. 가지고 온 자료에는 책도 있고 문집도 있고 여러 가지 종류가 있었는데, 그중에 '이조동안'이 있었습니다. 이 동안이라는 것은 지금으로 치면 수영동, 장전동 같이 이런 마을입니다. 처음 이 문서를 볼 때는 경주 지역의 동안이라는 정도만 알고 넘어갔습니다. 그런데 제가 석사 논문의 주제를 정하려고 했을 때인 89년 석사 2학기 말에 그 동안을 가지고 논문을 한번 써 보는 게 어떻겠냐고 지도교수님이 제안을 하신 거예요. 그래서 제가 그해 겨울에 이 동안을 검토해 보니 이름만 쭉 나열되어 있었습니다.

그 동안에 쓰인 이름을 보니까 최씨가 너무 많이 사는 거예요. 기본적으로 조선 후기 동안이라든지, 향안 이런 것이 어떤 거라는 것에 대한 역사적인 지식이 있었기 때문에, 이 동안을 보면서 최씨 이름이 많으면 경주의 내남면의 이조리는 최씨 집안이 동성 촌락을 이루고 사는 곳이구나라는 것을 알 수 있었습니다.

그렇다면 이 자료를 가지고 어떻게 할까라고 생각을 하다가, 그 당시는 우체국 등에 전국의 전화번호부를 기록한 책이 있었습니다. 전화번호부를 뒤지면서, 내남면 이조리의 전화번호를 뒤졌습니다. 그 전에 경주 읍지라든지, 경주 군지라든지, 또 이와 관련되는 책들을 보면서 이미 이 마을에 대한 개괄적인 내용을 검토하였으므로 이제는 직접 현지 조사를 통해 이조 동안을 분석하여 연결을 해야 되는 방법을 고민하고 있었습니다.

왜냐하면 이름만 기재된 동안만을 가지고 논문을 쓰기는 힘듭니다. 그래서 이제 그것을 가지고 찾아보니까, 아니나 다를까 그때는 전화번호부 책이 지역별로 기재되어 있어 어느 동을 찾으면 그 동네에 거주하면서 전화번호를 가지고 있는 사람들의 이름이 모두 다 나왔습니다. 내남면 이조리를 찾아보니 최씨가 엄청 많은 거예요. 그 중에 한 사람에게 전화를 했는데 할머니가 받으시면서 이 집은 사람이 없기 때문에 다음에 전화를 하라는 거예요.

'할머니도 사람인데 왜 사람이 없다지?' 저는 그렇게 생각을 했습니다. 밤에 그 집에 전화를 또 했습니다. 어떤 아주머니가 받으시더니만, 지금 어른은 여기 없고 어른은 언제 온다고 하는 거예요. 그래서 그곳이 어디냐고 물어보니 어디라고 얘기를 했습니다. 그 다음에 하시는 말씀이 뭐냐면 '여기에 종손 어른은 안 계시기 때문에 다음에 전화하세요.'라고 하는 거예요. 우연히 걸었던 집이 종가였던 겁니다.

그래서 제가 종손 어른이라는 말 때문에 이 집을 놓지 못하고, 다른 집에 전화를 못하겠더라고요. 그래서 제가 다시 그 뒤에 거의 한 일주일에 한 번씩 전화를 했습니다. 하니까 어느 날 종손 어른이 받으셨어요. 그러면서 종손 어른과 약속을 정해서 경주로 찾아 갔습니다. 이곳은 우리가 잘 알고 있는 포석정, 삼릉과 가까운 곳으로 처음엔 경주 시외버스터미널에 내려서 다시 버스를 타고 그곳으로 갔습니다. 종손 어르신이 그곳의 고등학교에서 선생님을 하고 계셨습니다. 그래서 선생님의 시간에 맞추어 학교로 갔습니다.

최진립의 시호는 정무이며 호가 잠와입니다. 처음 만난 종손 어른은 '잠와선생실기'라는 정무공의 문집을 주셨는데, 이미 한글로 번역이 되어 있었습니다. 이 문집 하나만 가지고 돌아오자니 경주까지 간 것이 너무 아깝다는 생각도 들고 이 주변을 조사해야겠다는 생각이 들어 저 혼자 용산서원으로 갔습니다. 용산서원은 최진립을 배향하는 서원입니다. 용산서원에도 다른 서원에서 볼 수 있듯이 혹시 문서가 있나 싶어서 저 혼자 서원을 둘러보면서 창고로 보이는 곳을 열어서 봤습니다. 근데 없었어요. 그렇게 서원을 보고는 부산으로 돌아왔습니다.

석사수료를 하고 난 다음에 논문을 쓰기 위해서 다시 종손 어른에게 연락하여 찾아갔습니다. 방학 때 찾아가서 종손어른과 이야기를 했습니다. 계속 서울에서 교편을 잡고 생활하고 계셨던 종손어른이 이때 마침 고향으로 돌아오시면서 가문을 위해서 여러 가지 일을 하려고 생각을 하셨던 거예요. 그때가 종손어른이 50대 중반이셨어요.

종손 어른과 가문에 대해서 이야기를 나누면서 전승되는 고문서를 여쭈어 보았는데, 가문에서 전승되는 문서가 거의 없었습니다. 그 이유는 동학의 창시자인 최제우가 이 최씨 가문의 사람입니다. 종파는 아니고 다른 파의 구성원이지만, 동학이 일어났을 때 이 집이 종가니까 습격의 대상이 되는 바람에 종가에 있던 문서를 모두 땅에 파묻었답니다. 그 때문에 없어지게 되어 남아 있는 문서가 서너 종류만 있었습니다. 대신에 경서, 문집 등 책은 엄청났는데 1000권 이상이 있었습니다. 사랑채에 거의 그냥 쌓여 있는 것을 종손어른이 보여주셨습니다.

책은 방에 쌓여 있어 제가 다 볼 수는 없었고 종손 어른과 함께 용산서원으로 갔습니다. 종손 어른은 서원에서도 문서를 보지 못했다고 없을 것이라고 하면서 저와 함께 고지기 방으로 들어갔습니다. 방에 다락이 있었고, 그곳에는 서원의 제례 때 사용하는 제기 등의 물품이 보관되어 있었는데, 다락의 깊은 곳에서 문서가 열 광주리가 나왔습니다. 문서는 광주리에 마구잡이로 담겨 덮어 놓은 상태로 있었고, 벌레나 쥐똥이 묻은 것은 일부 없어지기도 하고, 훼손된 것도 있었습니다. 종손 어른과 저는 너무 놀랐습니다. 이 중 한두 광주리의 문서만 제가 가지고 가서 정리해 오겠다고 하니 종손어른께서 저를 믿고 빌려주셨어요. 그 이후 수십 차례에 걸쳐 부산과 경주를 오가면서 문서를 정리하고 복사하는 작업을 하였습니다. 여기서 발굴된 문서들은 서원과 관련된 문서뿐 아니라 이 가문의 문서도 있었습니다. 지금 보는 『문계도록』문서도 서원에 소장된 것인데 이 가문의 위답 운영과 공동 제사를 뒷받침하기 위해 문계를 결성하여 그 기반을 항구적으로 조성한 것을 보여줍니다. 그 경비 또한 문계답을 경영하여 마련하는 등 보다 체계화한 것을 알려줍니다.

「문계도록」

이 다락방에서 나온 문서는 매우 많았는데 거의 용산 서원과 관련된 문서입니다. 그 중에서 중요한 것은 경제 문서가 굉장히 많았다는 것입니다. 그리고 대개 서원이나 향교에서 많이 볼 수 있는 통문과 서원에서 부리는 노비안, 토지와 관련한 문서뿐 아니라 내남면 지역의 촌락 조직인 향안이라든지, 또 남면의 약안이라든지, 이런 것까지 전부 다 있었습니다. 따라서 이 서원에서 발굴된 문서를 가지고 서원에 대한 연구뿐 아니라 이 지역의 촌락과 관련되는 것도 연구할 수 있어 다양한 연구를 할 수가 있는 거죠. 이렇게 용산서원에서 발굴된 고문서를 일일이 정리하고 복사해서 제가 석사 논문을 완성하였습니다.

이 서원의 문서가 왜 중요하냐면, 경제 기반을 보여주는 문서가 많은 것도 굉장히 중요하지만 특히나 18세기 초에는 620개가량 되는 서원이 있었다고 합니다. 이 중에 사액을 받은 서원이 250개 정도였는데, 대원군 철폐 때 47개의 서원만 남기고 대원군이 서원을 철폐합니다. 경주는 세 개의 서원만 남기고 다 철폐했는데, 용산서원은 최씨 집안의 위세가 있으며 사액 서원임에도 불구하고 대원군 시대 때 철폐가 된 일반적인 서원이라는 것입니다. 그리고 도산서원이라든지, 예를 들면 옥산서원이라든지, 회재 선생이라든지 또 퇴계 선생 같은 경우에는 우리가 얘기하는 이런 인맥이라든지 학맥이 다 연관이 되지 않습니까?

그런데 용산서원은 경주 최씨 종족 집단을 중심으로 해서 남면 특정 지역 이외에는 지역을 넘어서지 않는다는 겁니다. 용산서원은 사액 받은 250개 서원의 하나이지만 47개 서원과 같은 저명한 서원이나 사우에 포함되지는 못합니다. 그러므로 용산서원은 사액 서원 중 약 80%를 상회하는 서원의 한 전형으로 볼 수 있다는 겁니다. 따라서 용산서원에서 발굴된 문서는 조선시대 일반적인 서원의 전형을 볼 수 있는 문서라는 점에서 매우 중요하다고 할 수 있습니다.

용산서원 문서의 양은 옥산서원의 문서의 양을 제외하고는 두 번째로 많다라고 할 수 있습니다. 이 많은 양의 문서를 전부 다 정리를 했는데, 특히 경제 기반과 관련해서는 현재까지 발굴된 전국의 서원 문서 중에서 이 집안 문서만큼 다양하면서 양이 많은 건 거의 없을 것이라 여겨집니다. 경주 최씨 가문과 용산서원에 관해서, 혹시 여러분들도 관심이 있으면 이 고문서를 보고 다양하게 논문을 쓸 수 있을 것이라고 생각합니다.

석사논문을 완성한 이후, 97년도에 제가 고문서학회에서 발표를 하고 난 다음에 한국학중앙연구원에서 이 고문서들을 그곳에서 정리하겠다고 했습니다. 그리하여 한국학 중앙연구원에서 학회에서 제가 발표한 이후에 종손에게 연락을 하여 출간하자고 하였습니다.

그런데 종손 어른이 저를 언급하면서 이 문서를 다 발굴하고 정리하여 석사 논문을 썼기 때문에 저의 허락을 받으면 문서를 주겠다고 한 겁니다. 그래서 한국학 중앙연구원에서 몇 명이 저를 찾아왔어요. 그래서 저는 이 문서로 모든 사람들이 함께 공부를 하고 이렇게 하는 것이 좋을 것 같다고 의논해서 그것을 모두 한국학중앙연구원으로 보내기로 결정하였습니다.

사실 그때만 해도 갓 석사학위를 받은 제가 이것을 정리하여 책으로 간행할 수 있는 배경과 여건을 마련할 수가 없었습니다. 그리고 그 당시에는 고문서를 하려는 후배들도 없었기 때문에 이 문서로 함께 아울러서 논문을 쓸 수 있는 여건도 되지 않았습니다. 문서를 가져간 한국학 중앙연구원에서는 이 문서의 목록과 해제 정리 등을 해서 디지털화를 했습니다. 현재 한국학 중앙연구원에 데이터베이스화가 되어 있어 모두가 볼 수 있습니다.

이 문서가 발굴되면서 용산서원이, 경주 최씨의 종가가 경주지역 사회에 널리 알려지게 됐습니다. 그리고 고문서들 중 몇몇은 경상북도 문화재로 지정되기도 했습니다. 저는 최진립 불천위 제사 때도 갔습니다. 집안의 어른들이 모일 때 제가 가서, 이런 공부를 하고 있으니까 집에 문서가 있는지 좀 봐주십시오, 만약 있다면 저한테 제보를 해 주십시오, 이렇게 했습니다. 92년도 겨울, 석사 논문 쓴 이후 종가에 일주일을 머무르면서 그곳에 소장된 전적들을 거의 다 경사자집으로 분류하여 정리하기도 했습니다. 이후 이 가문에서는 지속적으로 종손 어른의 열성과 한국학중앙연구원, 경주시 등의 협조로 정무공의 동상도 만들고, 전시관도 만드는 등 활발한 문화 현창 사업이 진행되었습니다. 이것을 계기로 교동의 최 부잣집이 현재 이 종가를 정신적 지주로 계속해서 거론하고 있습니다.

문서 조사 발굴과 함께 이런 얘기를 제가 하는 이유는, 불과 지난주에 또 이 집을 다녀왔습니다. 왜냐하면 종손 어른이 현재 연세가 90세입니다. 그런데 최근에 용산서원을 정비하면서, 고문서 광주리 하나가 또 나왔다는 거예요. 그런데 이분이 한국학중앙연구원에 보내려고 하다가 제가 먼저 봐야 된다고 해서 저한테 연락을 하신 거예요. 그래서 제가 지난주에 갔다 왔는데 아니나 다를까 서원의 경제 문서가 또 나왔습니다. 제가 제 연구실에 지금 갖다 놨는데요. 이것도 정리를 해야 됩니다. 많은 고문서를 발굴하고 정리하고도 논문 1편으로 마무리를 지었지만 이번을 계기로 다시 한번 더 문서를 보면서 앞으로 연구를 해 볼 생각입니다.

2. 지역사회 향반들의 층위: 언양

앞서 말한 김인순 씨가 가지고 있던 문서 중에 창녕 성씨 집안의 문서가 있었습니다. 언양에 거주한 창녕 성씨인데, 이 집안에 관계되는 문서는 호구단자라든지 일반적으로 각 양반 가문에서 나올 수 있는 문서들이었습니다. 89년도에 이 문서를 가지고 연구를 하다가 현지조사차 언양의 상남면과 상북면 지내리를 갔습니다. 그 집에 갔더니만 종손은 부산에 거주하고 있으며 구포여중 교장선생님을 하고 있다고 알려주었습니다.

그래서 다시 돌아와서 구포여중 교장실을 간 겁니다. 교장선생님은 문서는 없고 문집 몇 권과 책 몇 권을 소장하고 있다고 했어요. 그런데 그 몇 개의 책이 가문의 안 좋은 것들이 들어있기 때문에 빌려줄 수는 없다고 하시면서 내가 필요한 게 있으면 뭔지를 적어오라는 거예요. 그래서 제가 이 집안과 관련해서 연구하고 있는데 왜 이 가문이 울산에서 언양으로 이주를 했는지에 관한 것과 몇 파로 나눠져 있는지 등 약 50여 개의 질문을 적어서 선생님께 드리고 돌아왔어요. 그 뒤 교장선생님한테 여러 차례 오가면서 이 가문에 대한 조사를 진행하였습니다. 그러던 중 교장선생님께서 자신이 소장한 문집에서 제가 질문한 내용과 관련 있는 사항을 발췌하여 만날 때마다 몇 장씩 가져다 주셨습니다.

그 중에서 3장이 성씨 가문에 대한 내력과 이야기를 적어놓은 겁니다. 그것이 『통한의 선교랑파 종가』[1835년], 『두고곤 정한』[1865년], 그리고 『문사추록』[1890년대] 입니다. 이 창녕 성씨 가문은 울산에서 언양으로 이주를 한 집안입니다. 그런데 이 집안에서 뜻밖에도, 이 문서에서 뭐가 나왔냐면요, 이 집안의 네 번째 파가 절손이 되었다는 겁니다.

그런데 절손이 왜 되었는가 보니까, 네 번째 파가 절손된 게 천주교를 믿어서 절손이 됐다고 이 글에서 나오고 있는 거예요. 그런데 여태까지 우리가 조선 후기 천주교와 관련해서 이야기할 때는, 1801년 신유박해 이전까지는, 여러분들도 잘 알다시피 남인의 실학자들이 한역서학서를 읽고, '이것이 신학문이다.'라고 하여 학문에서 신앙으로 발전하였습니다. 그래서 한국천주교는 선교사 없이 학문으로 천주교를 받아들입니다.

그렇기 때문에 지역사회의 천주교 수용은 신유박해 이후에 전파되었다고 보고 있습니다. 그런데 이 자료에는 1801년 신유박해 이전에 이미 언양 지역에 천주교가 수용된 사실을 알려주고 있습니다. 1801년 이전에 서울에 있는 정약용이라든지 권일신·이승훈 이런 사람과 똑같이, 언양에서도 말하자면 이런 서학서를 읽고 천주교를 받아들인 사실을 알 수 있었다는 겁니다.

1801년 이전에 이 사람들이 이 책을 읽고 받아들인 사실을 알 수 있는 이유가 이 집안에서 절손된 것과 연관되어 있습니다. 천주교를 왜 이곳의 양반 가문이 믿었느냐? 이 가문의 구성원인 성동좌^(1716~1774)라는 사람이 있는데 18세기 초 사람입니다. 이 사람이 영조 때의 영의정이었던 홍치중의 딸과 결혼을 합니다.

한번 생각해 보세요. 창녕 성씨 가문은 언양의 향반입니다. 그것도 울산에서 이주해왔기 때문에 언양 지역에서 원래 있었던 양반들보다는 조금 차이가 있다고 할 수 있는데, 어떻게 홍치중의 딸과 결혼을 할 수 있었느냐? 그 이유는 홍치중의 딸이 결격 사유가 있었습니다. 홍씨의 딸은 세도가와 결혼을 하기로 되어 있었는데 남편 될 사람이 사주단자를 주고받고는 죽어버린 거예요.

예전에는 사주단자만 주고받아도 혼례가 성립된 것이기 때문에 그때부터 수절을 해서 열녀가 되어야 합니다. 그런데 어떻게 보면 열녀로 강요를 받는 거죠. 특히 홍치중 같은 경우는 노론으로, 노론은 예와 의를 엄청나게 중요시하는 사람인데 이 사람도 자기의 딸이 수절을 하는 것은 보지 못했던 것 같습니다. 그게 바로 아버지의 마음인 것 같습니다. 홍치중은 딸이 남편을 따라 죽었다라고 거짓으로 말을 하고 열녀문을 세우거든요. 그리고 이 딸을 언양의 창녕 성씨 가문의 성동좌와 결혼을 시키게 됩니다. 그런데 이렇게 먼 지역에 있는 사람하고 어떻게 연결이 됐냐면, 이 가문은 남인이 아니라 노론하고 관계가 있었던 겁니다.

지역에 있는 창녕 성씨와 중앙에 있는 창녕 성씨하고는 다들 이렇게 연관 관계가 있습니다. 그래서 우리가 대동보를 만들고 하는 것도 자기의 씨족과 관련된 종족과의 가문 만들기의 하나로 대동보도 만들 듯이, 중앙에 있는 사람들하고 연관이 있어서 이 집까지 오게 된 겁니다.

성동좌는 홍치중의 딸과 결혼을 했지만 성동좌의 아들들은 과거에 나아가지를 못한다는 겁니다. 과거에 나아가려면 가문을 알 수 있는 4조가 적혀 있는 단자를 내야 됩니다. 부·조·증조·외조가 기록이 됩니다. 그것은 4조가 기록이 된다는 건데, 여기에 증조 다음에 고조가 아니라 외조가 기록이 됩니다. 왜냐면은 조선사회는 신분제 사회였기 때문에 혼인관계가 엄청나게 중요한 역할을 합니다.

그런데 외할아버지를 넣을 수가 없는 거예요. 왜냐하면 엄마가 죽었다고 되어 있기 때문에. 그래서 이 사람들은 '내가 과거에 나아가지 못하여 한탄스럽다.'라고 해서, 이 당시에 하느님 앞에 모든 게 평등하다라는 천주교를 믿게 됩니다. 그래서 서학서를 읽고 신앙으로 천주교를 받아들이게 됐다는 겁니다. 그래서 한국 천주교회사를 연구하는 데 있어서 지역사회에서도 1801년 이전에 이미 한역서학서를 통해서 받아들인 사실을 이 가문의 문서 덕분에 밝힐 수 있었던 겁니다.

언양 지내리 창녕 성씨 가문 『門事追錄』(1890년)

언양 지내리 창녕 성씨 가문 『두고ㄱ 정한』(1865년)

언양 지내리 창녕 성씨 가문 『통한의 선교랑파 종가』(1835년)

이 문서 중『두고근 정한』은 여성이 자기 가문의 역사를 한글로 적은 글입니다. 이것도 마찬가지로 종가 종손의 부인이 자기 집안의 내력을 적은 겁니다. 그래서 교장 선생님이 소장한 이 책을 다 구할 수 있었으면 참 많은 것들을 알 수 있었을 텐데, 교장선생님께서 집안의 불미스러운 일이 적혀 있다고 해서 전체를 보여주지는 않았습니다. 90년부터 제가 그분과 인연을 맺었고 정말 그 문서를 얻으려고 온갖 방법을 다 동원했는데, 그 문집을 결국은 얻지 못하였고 교장 선생님께서 잊을 만하면 제가 전화를 했는데, 결국은 돌아가셨습니다. 그런데 아들이 가지고 있다는데 과연 볼 수 있을지 제가 포기를 하고 있는 중입니다.

이같이 천주교와 관련되는 창녕 성씨 가문뿐만 아니라 언양 지역에서 고문서를 발굴하고 조사 연구한 집안 중 단양 우씨 가문과 하잠리 영산 신씨 가문이 있습니다. 하잠리 영산 신씨 가문은 어느 가문이냐 하면 롯데그룹의 신격호 집안입니다.

언양 하잠리 영산 신씨 가문 「帖」(1757년)

언양에서는 8대 성씨가 있었습니다. 그래서 언양의 작천정에 모이기도 하고요. 임란 이전에 4대 성씨가 있었고, 임란 이후에 4대 성씨가 있었는데, 이것을 합쳐 팔대 성씨라고 합니다. 그것은 언양의 6대 성씨와 북권남신이라고 하여 북쪽의 안동 권씨, 남쪽의 영산 신씨 이렇게 두 성씨를 합친 것입니다. 북권남신은 당파별로 구분을 한 겁니다. 6대 성씨는 남인을 북권남신은 노론을 표방한데서 비롯된 것으로 이해되고 있습니다.

언양 보은리 단양 우씨 가문 「等狀」(1821년)

이것은 신최번이 좌수를 임명받는 첩입니다. 제가 언양지역의 향반에 대해서 왜 이야기하냐면 이 지역의 향반들에서 나온 문서를 통해서 양반이라 하더라도 그 향반들 중에서도 다 층위가 있다는 것을 알 수 있다는 겁니다. 그래서 영산 신씨 가문 같이 8대 성씨에 속한 가문과 그 아래에 있는 창녕 성씨 가문 같은 경우, 그리고 창녕 성씨 가문 그 아래가 단양 우씨 같은 집안입니다. 그리고 이 8대 성씨도 언양에서 8대 성씨라고 있는 게 아니라, 제가 연구를 하면서 언양 지역의 향반 가문들의 이야기를 통해서 우리가 이야기를 했습니다.

단양 우씨는 처음에는 향반이라는 하나의 상징 권력만 가지고 있었지 자신들이 양반으로서의 사회적 지위가 그렇게까지 높지는 않았던 것 같습니다. 그러니까 말하자면 향반과 그 아래계층의 경계선에 있었다고 할 수 있습니다. 그럼에도 불구하고 이 사람들이 18세-19세기에 동임, 면임 등을 맡습니다.

언양 어음리 경주 김씨 가문 「준호구」(1774년)

이것은 양반들이 피하는 직책인데 이 가문의 구성원들이 이것을 맡아서 마을 일에 앞장섭니다. 지금 보고 있는 고문서가 동이 구분되는 문제를 가지고 우리가 동을 나눌 수 없다고 관에 올린 청원서입니다. 그래서 이런 직책을 맡으면서 점차 19세기 이후에는 이 지역의 향교나 서원에 출입하면서 향반으로서의 지위를 얻어가는 이러한 모습을 보여주고 있습니다.

그 다음 어음리 경주 김씨 가문 같은 경우에는, 지금 보는 것이 준호구로 현재 주민등록등본과 같은 것으로 이 집안은 언양 지역의 향리 집안이었습니다. 말하자면 중인 집안인데 나중에는 이 집안의 한 가닥이 천주교를 믿게 됩니다. 그런데 이 집안이 천주교를 믿으면서 향리직을 하지 않고 이후 향반으로서의 역할을 해가면서 19세기 이후에 가면 지역사회에서 향반으로 서원 등을 출입하게 되는 이런 모습을 보이고 있는 거죠. 그래서 이것만 봐도 지역사회에서 향반이 몇몇 개의 층위를 가진다는 것을 알 수 있는 사회문화적으로 중요한 자료들이라는 겁니다. 이런 고문서를 통해서 언양지역 향반들의 층위를 밝힐 수 있을 것입니다.

3. 조선후기에서 근대에 이르는 지역사회의 사회 문화적 모습과 의미: 동래

동래는 1990년대부터 현재까지 제가 공부하고 있는 지역입니다. 학위 논문도 동래 지역을 가지고 썼습니다. 그래서 동래 지역에 있는 무청과 무청 선생안이라는 자료를 가지고 조선 후기에서 근대에 이르는 지역사회의 사회문화적인 모습과 그 의미라는 제목을 달았습니다.

『무청선생안』

현재 부산의 한 부분인 동래는 전통시대는 중심이었습니다. 바다라는, 일본과 가상의 국경을 가지고 있는 변경 지역입니다. 우리가 흔히 변경 지역이라고 하면 의주만 생각하는데 실제로 이렇게 바다를 가상의 국경으로 하고 있는 일본과의 변경 지역이었습니다. 임란 때는 영도 저 앞바다부터 일본이 들어오지 않았습니까? 그렇기 때문에 여기가 임란 이후에는 군사적 요충지가 되면서 군대가 많이 설치됩니다. 그것이 바로 무청입니다.

우리가 보통 향청이라고 하면 양반들이 드나드는 곳 아닙니까? 그런데 무인들이 드나들던 청사가 일반적인 군현에는 각각 2, 3개 정도가 있었습니다. 어떤 게 있냐면 군인들 중에서도 장관직을 하는 사람들 청사가 있고요, 그 다음에 군관청이라고 해서 경찰 업무를 맡은 군인들의 청사 등 두세 개 정도가 있는데, 여기는 8개가 있습니다.

8개의 무청이, 즉 군대가 많이 설치된 곳은 변경지역인 동래와 의주 등지입니다. 여기에는 금정산성을 지키는 부대인 수성청, 경찰 업무를 맡은 부대, 깃발 부대, 그리고 기마부대인 별기위청 등 8개가 있었고, 또 부산에는 왜관이 있었으므로 일본과의 교역과 관련한 무인들도 있었습니다. 이런 사람들의 이름을 다 적어놓은 무청선생안이 동래에 남아 있었던 것입니다.

동래 안락동에 있는 충렬사를 가면 그곳에 기록관이 있지 않습니까? 기록관에 가면 이들 무청선생안이 있습니다. 그리고 그 무청선생안의 일부는 또 어디에 있느냐면 기영회에 있습니다. 선생안이 기영회에 있는데, 기영회에 소장된 것과 충렬사에 소장된 것을 모두 합쳐 선생안에 수록된 정보만을 토대로 약 7,400명 이상 되는 인원을 전부 데이터베이스를 만들었습니다.

이 무청선생안에는 이 지역에서 무임을 지냈던 사람들의 이름이 기록되어 있습니다. 지금 보고 있는 선생안에서 볼 수 있듯이 이름 위에 신선 '선'자가 있는 사람은 죽은 사람입니다. 사람이 죽어서 산에 갔다고 즉 산소가 산에 있으니까 신선 선자를 써서 이렇게 해놓았습니다.

지금 남아 있는 무청선생안은, 17세기부터 19세기 후반까지 약 200여년에 걸친 것이 남아 있습니다. 앞서 말했지만 우리가 발굴되는 방대한 문헌 자료를 많이 읽고 있지만, 주변부 지역에서 이런 자료를 발견한다는 건 정말 어려운 일입니다. 그리고 무청 선생안도 마찬가지로 전라도 지역에 몇 책이 있는데, 그 외에는 지금 현재 발굴된 자료로서는 이렇게 많은 것이 발굴된 건 유일하다고 할 수 있습니다.

그래서 우리가 중요하게 여겨서 많이 다루고 있는 사람들을 벗어나서 역사 연구에 있어서 사각지대에 있다고 할 수 있는 주변부 지역에 대한 인간 집단이라든지 조직이라든지 이런 것들에 대한 연구를 할 수 있는 기초를 마련해 준다는 데 있다는 겁니다. 특히 한국사 그 중에서도 조선후기의 군사사, 군제사에 많은 도움이 될 것입니다. 그래서 앞서도 얘기했지만 민중사를 많이 말하지만 결국은 엘리트층에 집중되고 있는 반면에 이것은 주변 지역에 있는 이런 엘리트층의 모습을 보여주고 있고 또 그 밑에 있는 계층의 모습도 보여주고 있습니다.

여기 동래지역 향반들 같은 경우에는, 군대에서 제일 높은, 지금으로 본다면 군대 사령관을 향반들이 맡고 있습니다. 그 사령관을 맡는 이유가 급료도 나오고요, 그 다음에 안동이라든지 이런 지역에서는 필요가 없었겠지만, 자신들의 사회적 지위라든지 이런 것과 연관이 된다고 할 수 있는 거죠. 따라서 이 선생안에는 동래지역의 양반을 비롯한 중인, 그리고 그 아래의 계층들도 기재되어 있는 모습을 볼 수 있습니다.

이 선생안 자료에 기재된 이름을 모두 합치면 1만 6천여 명 정도가 되는데, 한 사람이 한 부대만 있는 게 아니라 기마부대에 있다가도 또 경찰 부대로 갔다가 이렇게 여러 부대를 거치니 한 사람의 이름이 겹친 게 많습니다. 그래서 한 사람을 데이터베이스로 정리하면 몇 개의 부대를 거쳐 간 사실을 알 수 있습니다. 이 겹치는 것을 제외하고 정리해 보니까 약 7400명가량의 사람들이 인원이었습니다. 이 7천여 명가량 중에서 제가 지금까지 양반이다, 중인이다, 등 신분과 종족을 찾아낸 건 거의 1천 명 정도 됩니다. 그런데 그 밑에는 정말로 족보에서도 나타나지 않고 그와 관련한 정보를 찾기가 어렵습니다. 이렇게 데이터베이스화 한 것을 활용하면, 예를 들어 동래 상인들 중에서 무임 경력을 가진 사람이 있으면 무청 선생안에 이름을 기입하여 살펴보면 이 사람의 무임 경력이 바로 나오게 된다는 거죠. 그래서 조선후기 동래 지역 사회의 사회·문화·인간 집단 조직의 모습을 아는 데는 아주 기본적인 자료라고 할 수가 있습니다.

그 다음에 무청 선생안에서 나온 사람들 중에서 이름이 묵삭된 흔적이 있는 사람이 있습니다. 묵삭된 사람은 이 책이 한지이기 때문에 이렇게 햇빛에 비춰보면 묵삭된 이름이 나옵니다. 그 중 한 사람인 이정식에 관한 것입니다. 이정식이라는 사람은, 2014년도에 프란치스코 교황이 한국에 방문하셨을 때 광화문에서 시복시성식이 있었는데, 그때 우리 부산교구에서는 2명의 사람이 시복을 받았습니다. 말하자면 천주교인으로 대원군 시대인 병인박해 당시 순교하여 복자품에 올랐던 사람인데, 그중에 한 사람이 바로 이정식입니다. 이정식은 동래 지역에서 천주교를 제일 처음 수용했던 사람으로 여겨집니다.

그리고 또 복자품에 오른 또 한 사람은 동래 지역 좌수였던 양재현입니다. 동래지역에서 병인박해 당시 천주교를 믿어서, 순교한 사람은 8명인데 이 두 사람만 시복대상에 올랐습니다. 다른 사람에 대해서는 거의 자료가 없어서 그 행적을 알 수 없었기 때문입니다. 현재에도 계속해서 그 행적을 조사 중입니다. 이 두 사람이 시복대상에 오를 수 있었던 게 그나마 천주교와 관련하여 이들의 행적을 알려주는 고문서 자료가 발굴되어 가능하였습니다. 동래에서 천주교를 믿어 처형된 사람들은 일성록에 이름만 기록되어 있습니다. 이정식도 마찬가집니다.

그래서 천주교와 관련하여 순교자에 대한 작업을 하면서 이 사람에 대해서 조사를 시작했고, 이분이 동래 지역에 살고 있던 사람이며 무청 선생안을 보니 천주교로 인해 묵삭된 표기도 있어 93년도에 동래 지역을 조사하다가 이 집안에 관해서 알게 된 겁니다.

경주 이씨 이정식 「준호구」(1846년)

이 집안의 경우, 이정식 가문의 직계가 아니라 방계 쪽에서 이정식과 관련한 문서를 소장하고 있었습니다. 지금 보고 있는 고문서는 현재로 말하면 이정식의 주민등록등본이라고 할 수 있습니다. 이 사람은 어디에 살았냐면 동래부 읍내면 동부 생민리인데 이정식은 동래 지역 천주교회의 회장으로 이정식이 거주한 곳이 교우촌이 있었거든요. 그래서 그것도 밝힐 수 있었고, 그 다음에 이 준호구에는 함께 거주하는 사람들이 나오는데 그들 중 이정식의 아들이 있는데 이 아들의 이름이 이월주로 나옵니다.

근데 이월주니까, 여러분들 생각에도 여자 이름 같잖아요? 처음 부산 지역 천주교 순교자에 대해 연구하시는 분들이 이월주를 남자가 아니라 여자라고 생각을 한 거예요. 이월주도 일성록에 천주교로 처형당한 동래의 8명 중 한 명이지만 여자로 생각하여 이정식의 아들 아들을 이관복이라고 생각을 한 겁니다. 관찬자료가 아닌 교회에서 병인박해 때 죽은 사람의 이름을 기록한 교회 측 자료에서 이정식의 아들도 천주교로 처형당했다는 기록이 있어 이정식의 아들이 누구인지 비정하다가 이관복이라고 한 겁니다. 이관복도 8명의 죽은 사람 중에 한 사람이었기 때문에요. 그런데 이 준호구가 발굴되면서 이정식의 아들 이름도 정확하게 알 수가 있게 된 거죠.

경주 이씨 이정식 가문 「所志」(1881년)

그리고 이정식 가문에서 발굴된 고문서 중 1881년에 올린 청원서(소지)가 있는데, 이 소지를 이 가문에서 왜 올렸냐 하면 이정식이 천주교로 인해서 사형당하고 난 이후에 이정식의 사촌인 이희식이 이정식의 아버지인 이재한의 양자로 들어가게 됩니다. 양자로 들어갔는데, 이 사람들은 대대로 무임을 했던 집안인데, 무임을 역임하려고 하니까 이정식이 천주교로 인해 처형당하여 이후 무임직에 나가지 못하였으므로 이에 대해 무임에 나가게 해달라고 19세기 후반에 청원을 한 것입니다.

이것은 무임집단의 조직인 세검당에 올린 문서입니다. 1882년도에는 천주교에 대한 공식적인 박해가 점점 없어지고 하니까 1882년도에 이희식은 장관청 초관에 오르게 됩니다. 이 고문서를 통해 이정식이 천주교로 인해 무임의 최고의 조직에서, 즉 무임 조직에서 이름을 드러내어 제거한 사실을 알 수 있는데 앞서 본 무청선생안의 묵삭한 흔적과 함께 이정식이 천주교로 인해 처형당한 사실을 증명해 주고 있습니다. 그래서 이러한 기록 때문에 이정식은 순교자로 시복될 수 있었습니다. 이 자료가 그렇게 활용이 되기도 했습니다.

동명학교(1909년)

이 고문서 자료는 로마 교황청에까지 이정식의 순교사실을 증명해주는 자료로 올라갔는데, 물론 교황청에는 조선 후기 한국에 온 선교사와 관련한 자료, 또 김대건 신부 등등 한국천주교와 관련한 여러 자료들이 있지만, 이러한 순교자 가문에서 소장한 자료 등이 순교를 증명하는 자료가 되어 천주교 순교자로 시복되는 그러한 영광을 누리기도 했습니다.

그 다음 동래 지역의 기영회 자료와 동명학교 자료입니다. 동명학교는 지금의 동래고등학교전신입니다. 지금 보고 있는 것이 동명학교 관련 자료입니다. 그리고 기영회와 관련한 자료도 전승되고 있습니다. 이 기영회가 무엇인가 하면 방금 제가 말했던 무청에서 퇴임한 무임들과 질청에서 퇴임한 향리들이 만든 조직입니다. 향리들은 우리가 잘 알고 있는 이방 · 호방 등 관청의 6방 관속들입니다. 이 사람들은 어떻게 보면 사무행정을 맡은 관속들이라고 할 수 있습니다.

무청과 질청에서 퇴임한 사람들이 1846년에 기영회라는 조직을 만들게 됩니다. 기영회라는 의미에서 알 수 있듯이 연령은 50세 이상의 노인이었습니다. 중요한 것은 이 기영회가 지금도 존속하고 있다는 것입니다. 이 기영회에서 근대 이후에 학교를 건립하는데, 기영회 재산이 일제에 빼앗기는 것을 우려해 차라리 교육을 하자 해서 설립된 게 바로 지금의 동래고등학교입니다.

기영회에서는 이같이 학교 설립하고 식민지기에는 동래지역의 송공단 등의 각종 의례를 주관하게 됩니다. 주관을 한다는 건, 제사를 지내는 경제 기반을 모두 지원한다는 겁니다. 기영회에서는 숭의계를 조직하여 송공단, 칠총제^(동래의총), 거사단, 영보단, 관왕묘 제례를 주관하였던 것입니다. 그리고 우리가 잘 아는 동래야류라든지, 동래 줄다리기 등 이런 전통문화 창출에도 역할을 했다는 겁니다.

그리고 기영회의 경제와 관련한 『기영회정일기』가 전승되고 있는데, 이것은 약 11년간의 기영회의 재정 운영을 알 수 있는 일지라고 할 수 있습니다. 여기에는 기영회의 수입과 지출을 알 수 있는데, 어디에 사용하고, 또 어디서 무엇을 했는지 등이 자세하게 기록되어 있어 대개 재정 장부는 잘 보여주지 않는데 기영회에서 보여주셨고 연구에 활용하도록 해 주셨어요. 그 자료를 이용하여 제가 한말 식민지기 기영회의 사회활동과 경제기반에 관해 논문을 작성하였습니다. 이 자료를 보면 온천장도 왔다 갔다 하고, 줄다리기니, 각종 의례라든지 이런 것들을 행하는 것을 알 수 있습니다. 특히 이러한 기영회를 통해 근대이후 중인들이 어떻게 진출하고 어떤 모습을 보이는지를 알 수 있는 중요한 자료라고 할 수가 있습니다.

그리고 기영회 관련하여 또 중요한 자료 중에 하나가 관우 숭배와 관련한 것입니다. 관우는 우리가 잘 알고 있는 삼국지에 나오는 유비, 장비와 함께 한 관운장을 얘기하는 겁니다.

관우가 왜 뜬금없이 나오느냐고 할 수 있는데, 관우묘^(關羽廟) 제례의 주도권을 둘러싸고 동래 지역에서는 19세기 후반에 사족들과 이서집단, 무임집단 간에 갈등이 있었습니다. '관우가 뭐 길래 이랬느냐?'고 생각하는데, 관우하면 의리와 충을 상징하지 않습니까? 그런데 이 사람은 고향에서 소금 장사와 연관이 있습니다. 그래서 관우는 상업의 신, 재부의 신입니다. 상업을 하는 사람들에게 재부를 가져다준다고 해서 상인들이 관우를 모셨던 거죠. 이렇듯 관우는 충절과 의리의 상징이자 재부의 상징으로 중국 사람들에게는 신으로 모셔져서 곳곳에 관제묘 즉 관우 사당이 있습니다. 관우는 그 명칭에서 즉 관우에서 관왕으로 관왕에서 관황으로 불릴 정도로 특히 명나라의 주원장이 굉장히 관우를 숭상했다고 합니다.

關王廟 관계 「上書」(1877년)　　　關王廟 관계 「所志」(1875년)

　관우 신앙이 우리나라에 들어온 것은 임란 때입니다. 임란 때 명나라가 조선을 도우러 들어왔을 때, 관우가 전쟁 때 우리를 도와준다고 해서 한양에 관우사당을 짓게 됩니다. 그 이후 관우제례가 국가의 제례로서 자리했고, 조선왕조에서도 충을 강조하기 위해서, 임란 때 명나라에 의해서 관우 신앙이 들어왔지만 이후에도 조선의 왕들이 충을 신하들에게 강조하기 위해서 관우의 제례를 시행합니다. 숙종 때에는 관우 제례를 소사에서 중사로까지 격상시키기도 합니다.

　이러한 관우 신앙은 이후 민간에도 확산되어 식민지 시기까지 관우를 숭배하는 사람들이 많이 있었습니다. 흥미로운 사실은 관우신앙과 같이 이렇게 많은 사람들이 믿었고 임란이후 식민지기까지 오랜 기간 존속했음에도 현재 아무런 흔적도 없이 없어진 경우는 아주 특별한 경우라고 할 수 있을 것입니다. 지금 관우를 믿고 있는 사람이 우리 주변에는 많이 안 보이는데, 그럼에도 불구하고 관우를 믿는 종단은 있습니다. 또 무속에서도 많이 있죠.

　고종 황제 때는 관우를 관황이라고, 황제로까지 높게 부르기도 합니다. 관우와 관련하여 흥미로운 내용이 많지만 제가 시간관계상 내용들을 조금 생략하겠습니다. 지금 보고 있는 관우 관련 고문서는 예전의 기영회 사무실로 사용되던 곳의 창고에서 발견하게 된 겁니다. 예전에는 장관층 건물을 기영회의 사무실로 사용하였는데 현재는 동래 대동학원 건물에 사무실이 있습니다. 장관청 건물 옆의 창고에서 발견된 관우와 관련되는 고문서는 세 점이 있습니다. 이러한 내용의 관우 관련 고문서는 현재 동래지역에서만 있다고 해도 과언이 아닐 것입니다. 이 문서를 통해서 19세기 후반 관우 숭배를 둘러싼 지역사회의 동향을 알 수 있었습니다.

제가 관우에 대한 연구를 했던 2000년도 초반만 하더라도 70세, 80세 된 어르신들한테 물어보면, 어릴 때 관우사당이 있었답니다. 그리고 동래의 관왕묘도, 지금 동래구청 옆에 기상청이 있는데, 그 옆에 있었다고 합니다. 그때 기영회에 계신 어르신들하고 같이 가서 확인하기도 했습니다. 또한 관우 영정은 동래노인회에서 보관하고 있었습니다.

　기영회 사무실로 사용하던 장관청 옆의 창고가 지금은 수리가 됐는데, 그 창고에 있던 고문서들을 발굴을 해낸 거죠. 기영회 관계자 분들도 여기에 어떻게 있었는지를 몰랐던 거죠. 안타깝게도 90년대에 봤던 어르신들 중에서는 돌아가신 분들도 많고요. 저도 동래 지역 연구를 시작한 지 거의 30년 이렇게 되다 보니까 그때 만나신 분들과 현재까지도 라포를 형성하면서 연락을 하고 있습니다.

　실제로 제가 그분들에게 많은 도움을 받았습니다. 기영회 회원 뿐 아니라 동래지역을 연구하는 향토사학자들이라고 할 수 있는 분들이 문서를 소장한 분이 있다는 정보를 들으면 저한테 제일 먼저 연락을 해 주십니다.

영양 천씨 가문 「立案」(1715년)

　그래서 발굴한 문서가 바로 지금 보고 있는 영양 천씨 가문의 문서입니다. 이 문서를 소장한 분은 기영회 회원 중에 한 분이셨습니다. 부산 박물관에서 이 가문에서 전승되는 문서를 집성하여 책으로 간행하였습니다. 그런데 제가 발굴한 이 문서는 이 가문의 동생 집에서 나온 것입니다.

　부산박물관에서 이 가문의 형이 되는 집의 고문서를 조사해 가면서 동생 집의 문서를 조사하지 못한 것입니다. 그래서 부산박물관에서 그 문서를 가져가고 난 다음에 문서를 보관하고 계시던 기영회 회원 중에 한 분이 저한테 연락을 하신 거예요. 형님 집에 있는 것을 부산박물관에서 가지고 갔는데 우리 집에도 그런 문서가 있다는 거예요. 그래서 제가 그분 댁에 조사하러 가니 두 개의 박스가 있는데 거기에 많은 문서가 담겨져 있었던 거죠. 그런데 이 가문에서 소장한 문서는 조선 후기 약 200년을 거치면서 지위가 상승해 나가는 모습을 보여주고 있습니다. 지금 보는 이 문서는 그와 관련이 있는데 그 내용은 군역을 걸머지지 못했는데 보충대에 소속해 달라는 겁니다. 이 청원에 대해 허락해 주는 입안입니다. 이후 이 집안은 200년에 걸쳐 서서히 향교와 안락서원에 출입하면서 이 지역 향반으로서의 지위를 가지게 됩니다. 즉 사회 이동과 관련해서 중요한 사실을 보여주고 있습니다.

2. 역관, 천주교, 중인들의 연망: 밀양

다음으로 역관 등 중인들과 관련한 고문서 조사 연구에 대해 말씀드리겠습니다. 역관과 관련한 자료들은 관찬 자료 등 비교적 많이 남아 있다고 할 수 있습니다. 그런데 실제로 역관들이 지역에 파견되어 어떻게 살았는가라는 그런 실제적인 자료는 보기 드물다고 할 수 있습니다. 그런 점에서 동래지역에 파견된 역관과 관련한 자료는 중요하다고 할 수 있습니다. 이 자료는 우연히 조사 발굴하게 됐습니다. 제가 알고 지내던 문화유산 해설사에게서 연락이 왔습니다.

이분은 향토사학자라고 할 수 있는 데 이분을 포함하여 몇 분들과 제가 간헐적으로 지역사연구에 대한 모임을 하고 있는 분이라 친분이 있었습니다. 이분들과 지역의 고문서 조사와 발굴에 대해 이야기를 나누고 혹시 고문서가 발굴되면 제게 문의를 해 왔습니다. 이 모임의 문화유산해설사를 하고 계시는 분이 부산문화유산해설사 그룹에서 친분이 있는 분이 이 고문서에 대한 정보를 제공하여 조사를 하게 되었습니다.

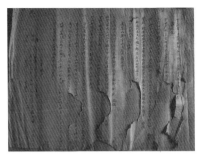

천령 현씨 가문 「준호구」(1774년)　　　　「호구단자」(1797년)(동래→밀양)

　조사한 가문은 천령 현씨 가문인데 조선시대 역관을 많이 배출한 아주 유명한 가문입니다. 지금 보고 있는 1774년의 「준호구」는 역관으로 동래에 파견된 천령 현씨 구성원의 부인의 것입니다. 그리고 1797년의 「호구단자」는 그의 아들의 것입니다. 역관인 천령 현씨 이 사람은 한양에도 부인이 있었던 것으로 보이며 동래에도 지금보고 있는 준호구에서 기재된 고령 신씨의 부인이 있었습니다. 동래에 거주한 이 역관 가문은 한양으로 가지 않고 서울과는 별개로 아버지가 죽고 난 다음에 밀양으로 이주하게 됩니다.

　그런데 밀양으로 왜 갔느냐를 보니까 밀양에 있는 경주 김씨 가문과의 연망으로 간 것으로 추정됩니다. 경주 김씨 가문의 김범우라는 사람이 있는데 1801년 신유박해가 일어나기 전에 천주교로 인해 죽은 인물입니다. 1784년에 조선천주교회가 창설되고 이어 1785년 을사추조적발 사건이 있었는데, 이때 김범우가 잡혀서 처벌을 받게 됩니다. 김범우는 淸語, 청나라 언어를 하는 역관이었습니다. 그의 집은 현재의 명동성당 부근으로 천주교 집회 장소로 제공되기도 했습니다. 김범우는 을사추조적발사건 때 중인이라는 이유로 처벌받아 유배를 오게 되는데 그 유배지가 밀양 단장이었습니다. 그런데 김범우의 유배지에 대해서는 김범우와 관련한 문서가 나오기 전에는 충북 단양으로 알려져 있었는데 김범우의 손자인 김동엽이 밀양 단장에 거주한 사실을 말해주는 호구단자가 발굴되어 이후 밀양 단장으로 밝혀진 겁니다. 그것을 말해주는 것이 지금 보는 1861년 김동엽의 호구단자입니다. 하지만 김범우의 유배지를 두고는 천주교회 측에서 논란이 되고 있었습니다. 그런데 밀양의 丹場과 충북의 丹陽의 한자를 보면 장자하고 양자하고는 부수에서 차이가 나는데, 이것은 초

서로 쓰다보면 거의 비슷하게 보입니다. 단장을 말하는 사람들은 기존의 단양이라고 한 것은 단장의 오기로 볼 수 있고 또 김범우의 손자가 밀양에 거주한 사실이 명백하므로 김범우가 밀양으로 유배 온 것이라는 주장을 한 것입니다. 그렇지만 그의 유배지와 관련해서 논란은 계속되었어요. 그런데 이후 천령 현씨 가문에서 발굴된 이 문서들로 인해 김범우가 밀양으로 유배 온 것을 또 한 번 논증할 수가 있었습니다. 그것은 앞서 말한 천령 현씨 가문이 동래에서 밀양으로 이주한 것은 김범우 가문과의 연망으로 간 것으로 추정할 수 있습니다.

밀양 경주 김씨 가문 김동엽 「호구단자」(1861년)

김동엽과 현학로 「간찰」(1856년)

이 두 가문의 연관 관계는 1856년 김동엽과 천녕 현씨 가문의 또 다른 역관인 현학로와 주고받은 간찰을 통해서 알 수 있습니다.

이 편지의 내용은 집안의 혼사로 인하여 선혜청에 납부할 밀양둔세전을 마련하지 못하게 되자 천령 현씨 집안의 역관인 현학로에게 200냥을 빌려서 납부한 사실을 말해줍니다. 김범우의 처가가 천령 현씨인데 조선시대 중인들끼리는 혼인관계가 형성되어 있습니다. 이러한 인척관계는 김동엽이 밀양에서 계속 한양의 중인들과 연망 관계를 형성하는데 토대가 되었던 것입니다. 이러한 사실을 논증하면서 김범우가 밀양으로 유배 온 사실을 다시 한번 재확인할 수 있었던 것입니다.

묻혀 있던 사실들이 밝혀지거나 새롭게 우리가 봐야 되는 이런 부분들에 관해서 고문서들의 발굴로 확인되었습니다. 실제로 일상사라든지 미시사라든지 생활사 등을 표방하며 2004년에 많은 책들이 발간되지 않았습니까? 그리고 이러한 이론은 역사가들이 '미시사', '일상사'에서 들고 왔는데, 그것을 실천해서 사람들에게 잘 전달한 사람들은 한문학자들이라고 말할 정도로 아주 세세하게 그런 자료나 책들을 보면서 성과가 나왔던 것 같습니다.

그럼에도 분명히 고문서를 보면서 역사학에서 다루는 부분은 또 다른 의미가 있다고 할 수가 있습니다. 왜냐하면 사회·개인·국가 이런 부분에 있어서 일상의 문제를 다루면서도 어떻게 보면 이러한 다양한 생존 전략 등 중층적으로 문화적 행위를 다뤄야 된다고 역사에서는 이야기를 하기 때문입니다. 또한 고문서를 통해서 지역사회의 인간 집단과 정치·사회·문화에 대한 다양한 모습을 파악할 수 있습니다. 앞서 제가 말씀드렸지만 조선에서 근대로 연속되는 이런 부분들까지도 총체적으로 보여줄 수 있고 그 의미를 파악하는 데 매우 기여할 수 있을 것이라고 생각을 하고 있습니다.

다만 이러한 것들을 하는 데 있어서 다양한 층위와 다양성이 드러나는 것들을 일반화 작업으로 어떻게 이어질 수 있는가? 또 전근대와 근현대를 아우를 수 있는 이런 부분들에 대한 이론적인 고찰 등에 관한 문제들은 여전히 연구하면서 고민하고 있다고 할 수 있습니다.

돌이켜 생각해 보면 지역을 다니면서 고문서를 조사하는 것이 힘겨웠는데, 고문서의 조사와 발굴로 지역사를 서술하고 특히 주변부 지역의 자료들을 발굴하고 그것이 가지는 의미를 말씀을 드리고 나니 지금까지 해 온 작업을 다시 한 번 되짚어볼 수 있는 기회가 되었습니다. 오늘 말씀드린 서원문서 등 고문서 등에 대해 여기 계신 분들이 흥미가 있거나 논문으로 쓰고 싶거나 하면 언제든지 연락을 주시면 같이 논의해 볼 수 있을 것이라고 생각합니다. 이상으로 마치겠습니다. 수고하셨습니다.

부산 지역 전통문화 연구에 대하여

엄 경 흠 (신라대학교 국어교육과)

저는 신라대 국어교육과에서 근무하고 있는 엄경흠입니다. 오늘은 '부산 지역 전통문화 연구에 대하여'라는 주제로 강연을 준비했는데요. 강연을 시작하기 전에 제가 어떤 공부를 했었는지 간략하게 소개드리겠습니다.

저는 동아대 국문과에서 학부와 석사, 박사를 마쳤습니다. 박사 논문은 '중국 사행시 연구'를 했습니다. 우리 사신이 중국이나 일본을 사행하면서 읊은 기행의 모습이나 감정, 그 여정에서 얻은 회고시, 현지에서 주고받은 수창시, 그 과정에서 맺어진 상호관계를 논문으로 만들었죠. 석사학위 논문의 주제도 박사학위 논문에 도움이 되었습니다.

학위를 받긴 했지만, 논문을 준비하는 과정에서 중국을 가는 것이 불가능했습니다. 중국을 가는 것이 어려운 시절이었습니다. 일본도 가긴 갔었습니다만, 사실 제가 범위를 잡았던 그 시기는 일본과의 교류가 좁았습니다. 제가 다룬 시기가 주로 명나라 때거든요. 임진왜란 이전 시기 명나라와의 교류는 그다지 원활하지도 않았고, 일본의 국력도 강하지는 않았습니다. 평화 교린이 아닌 갈등관계가 지속되던 시기였죠.

중국도 정작 가보지 않고 중국을 다녀온 사신을 연구한다는 것은 어려운 일입니다. 그래서 어떤 교수님께서 제게 중국에 가봤는지를 물으시더라고요. 안 가봤다고 하니, 가보지도 않고 어떻게 중국에 사신으로 간 사람에 대한 공부를 하냐고 물으시더군요. 물론 그 뒤에 중국을 가보긴 했습니다. 주로 정몽주가 갔던 길들을 찾아가곤 했었죠. 학위를 받고 난 뒤에 생각해 보니, 중국을 가보지도 않고 그런 공부를 했다는 생각에 괜스레 민망스럽기도 했습니다.

그 뒤로 생각이 조금 바뀌었습니다. '내가 정말 발을 딛고 사는 곳이 여긴데, 내가 제일 많이 아는 곳이 부산인데, 왜 다른 것을 하나? 제일 잘 아는 것을 하자'라고 생각했습니다. 그럼에도 다른 논문도 계속 써냈습니다만, 병행하게 된 거죠. 내가 정말 잘 아는 걸 해보자. 그래서 부산에 주목하게 된 것입니다. 어디든 마음만 먹으면 구석구석 답사할 수 있으니까요.

그래서 시를 찾아서 한시를 모아보니까 한시가 너무 많았습니다. 물론 부산 지역에 발붙이고 산 작가들의 한시는 손에 꼽을 정도로 적습니다. 예를 들면, 추호 박필채(朴苾采, 1842~1915)라든지 회원 양재일(梁在日) 등 이런 분들이 중심을 이루어서 조선 후기 한시 세계를 이끌어 갔죠. 그래서 그분들의 시들을 모아보면 편수로 따지면 제법 됩니다만, 외지에서 온 문인들이 읊은 것에 비하자면 턱없이 적습니다. 그래서 이리저리 모아 보니 6000수 정도가 됩니다.

내용은 다양했습니다. 우선 왜관입니다. 기본적으로 부산 지역이 가지고 있는 특성상 일본과의 관계에서 만들어졌던 기관들이 있다가 사라지고 하다가 결국은 나중에 임진왜란이 있고 난 뒤에 통신사가 왕래하면서 왜관이 중심이 되었고요. 한편으로는 동래부 동헌이라든지, 객사라든지 이런 관공서를 중심으로 한 것들도 굉장히 많아요. 그래서 내가 직접 본 현재의 모습과 과거의 모습을 시로 공유해보자라는 생각을 했습니다. 이미 지나간 세월과 현재의 세월을 담고 있는 시 속에 그 옛날 풍경들과 부산의 속살이 있거든요. 그래서 고전 속에서 찾아내서 속살을 뒤집어 내보자. 그래서 책을 썼습니다.

그리고 공부를 하는 과정에서 살펴보니 또 하나 알게 된 것은 김해하고 부산이 다른 동네가 아니라는 것입니다. 왜 그런가 생각해 보니 같은 공간을 공유했던 겁니다. 예컨대 명지, 대저도 1986년이 되어야 부산에 편입되었고, 녹산도 김해였습니다. 그러니까 부산을 다시 봐야 하는 거예요. 그러다 보니 김해에 관심을 갖게 되었죠.

부산 지역 전통문화 연구의 지역적 범위

저는 부산 지역이라는 곳과 그 지역의 전통성, 문화의 외연을 연구합니다. 그래서 부산이라는 지역적 범위를 먼저 소개해 드릴까 합니다. 부산의 범위는 어디까지일까요? 우선 행정적으로 살펴보면, 금곡동, 녹산의 지사공단, 밑으로는 바다입니다. 울산 쪽으로는 두구동, 기장이 끝입니다. 행정 지리로 따지자면 이러합니다.

그러나 우리가 공부를 하기 위해서는 문화지리로 따져야 합니다. 그렇다면 동래와 기장, 양산이 한 덩어리가 되어야 합니다. 왜냐하면 전통적으로 보면 인적교류, 문화적 교류가 가능했던 곳이 이 세 지역이기 때문입니다. 인적교류를 보면, 기장 사람들은 동래를 출입하고 양산사람들과 교류를 합니다. 양산사람들은 또 동래사람들과 교류를 많이 합니다. 심지어 사승관계를 봐도 기장–양산–동래 이것이 한 덩어리를 이루고 있습니다.

구포 · 화명 · 금곡, 김해 · 양산 · 밀양 이렇게 묶여서 하나의 문화권을 형성합니다. 재미있는 것은 이 문화 지리가 산을 중심으로 나뉘고 있다는 것입니다. 길은 막히면 나갈 수 없지만, 물은 경계로서 상당한 역할을 합니다. 물은 경계이면서 동시에 소통로이죠. 반면에 산은 걸어 넘어갈 수 있음에도 문화 지리적 경계가 되어버립니다.

사상 · 사하는 어디와 교류를 했을까요? 사상 · 사하는 김해와 교류를 했습니다. 사상 · 사하 시인들의 인맥을 보면 김해, 명지 사람들입니다. 따지고 보면 사상 · 사하는 동래와 교류하지 않습니다. 당연히 사승 관계도 달라요. 오히려 전라도나 서부경남 쪽의 영향을 많이 받습니다. 수영은 부산진과 대마도, 일본과의 관계가 깊습니다. 강과 바다가 경계이면서 소통로로 김해와 부산 등이 한 덩어리가 된 것입니다.

부산 전통문화에 대한 연구의 전개와 과제

부산에는 전통적으로 남아있는 것들이 많이 있습니다. 왜관, 성곽, 통신사 등이 그것입니다. 최근까지 왜관에 관한 연구는 꾸준히 되고 있습니다.[1] 그 다음 한일 교류에서 활동한 동래 화원들을 중심으로 한 미술에 관한 연구들도 있습니다.[2] 일본에 파견되면 그림을 그립니다. 가서 교류하는 장면을 그린다든지, 일본 측에서 요구하는 그림을 그린다든지. 이러한 화원들의 작품을 연구하는 논문이 있죠. 대표적 인물로 이시눌(李時訥)에 대한 연구가 있습니다.

---

1) 김성진, "부산인근지역의 생활에 미친 부산왜관의 영향" 동양한문학회 12 : 57–74, 1998
허지은, 근세 왜관과 朝鮮語通詞를 통한 조 · 일간의 교류 –『通譯酬酢』의 「風儀之部」 · 「酒禮之部」 · 「飮食之部」를 중심으로–, 한일관계사학회, 한일관계사연구 64, 2019
장순순, 朝日 문화교류의 측면에서 본 조선후기 倭館–일본산 담배 및 담뱃대를 중심으로–, 부산광역시사편찬위원회, 항도부산 39, 2020 및 조선통신사학회 일련의 논문 등
2) 이현주, "동래부 화원 李時訥 연구" 부산경남사학회 76, 2010. 이현주, 조선후기 동래지역 화원 활동과 회화적 특성, 부산경남사학회, 역사와경계 83, 2012 등 조선통신사와 관련된 화원들의 동래 지역에서의 활동에 대한 논문들

수영야류 및 민요 등 민속 문화에 관한 연구도 꾸준히 되고 있습니다.[3] 최근에는 수영야류 등을 문화 콘텐츠로 어떻게 개발할 것인가에 대해 연구되고 있기도 하죠. 그 다음에 토착인이거나, 이 지역에서 관료 등으로 지내면서 작품 활동을 한 시인들과 외지인들이 와서 지었던 한시에 관한 연구들이 있습니다.[4] 저는 죽림 박주연(朴周演) 선생을 시작으로 다양한 소개를 한 적이 있습니다. 언어에 대한 지속적 관심도 있었는데요, 김봉모 선생님의 방언 연구나 홍기옥, 이근열 선생님 등이 있었습니다.[5] 이렇게 부산에 대한 다양한 접근을 개관해 보았습니다.

제가 오늘 여러분에게 소개해 드리고 싶은 것은 신선에 관한 이야기입니다. 제가 말씀드리고 싶은 것은 부산의 이미지는 '신선'으로 설명되지 않는다는 것입니다. 그 것은 나중에 만들어진 것일 뿐 그때 당시에 이들은 정치적 인물이었다고 말씀드리고 싶습니다. 부산은 신선의 고장이 아니라 선인의 고장이며 인간의 고장이다. 그리고 현실적인 삶의 고장이라는 것입니다. 사람들이 사는 곳이라는 것을 말씀드리고 싶습니다. 정용수 선생님은 이렇게 이야기하셨습니다.

부산 지명의 바탕이 된 동래현과 동평현의 의미와 양 지역의 추이를 살펴, 근대 이후 자연스레 등장한 부산 영도에 봉래산 명칭이 붙은 연유를 살펴보았다. 여기에는 해

---

3) 최락용, 야류 탈놀이의 어릿광대적 성격 등장인물 연구 —부산동래·수영 야류를 중심으로—, 전북대학교 인문학연구소, 건지인문학 23, 2018

안귀연, 수영 야류 문화콘텐츠 개발 방안, 부산대학교 대학원 체육학과 박사논문, 2019

4) 정경주, 추호 박필채의 생애와 문학, 동양한문학회, 동양한문학연구 12, 1998

엄경흠, 오륜대와 죽림 박주연의 문학, 동양한문학회, 동양한문학연구 15, 2001

엄경흠, 지명 활용을 통해 살펴본 부산을 읊은 가사 두 편, 동남어문논집 30, 2010

엄경흠, 七點山詩의 樣相과 鄭夢周의 金海 體驗詩, 포은학연구 5, 2010

엄경흠, 『해수선생문집(海叟先生文集)』에 대한 고찰, 동남어문논집 32, 2011

엄경흠, 월천(月泉) 신오(辛澳)의 생애와 문학, 동양한문학회, 동양한문학연구 44, 2016

강소영, 부산지방 개화가사 연구, 부산대학교 대학원 국어국문학과 석사논문, 1998

2016, 2017년 동양한문학회에서 기장 문화 전반에 대한 기획 논문들은 부산 연구에 대한 자료 및 지역적 폭을 넓히는 계기를 마련하려는 시도였다.

5) 김봉모, 부산 인접지역)지명과 방언 연구, 세종출판사, 2006

홍기옥, 부산 가덕도의 어촌지역 생활어휘 연구, 2018

이근열, 부산 방언 성조 변천 연구, 한국방언학회, 방언학 8, 2008

이근열, 부산 방언의 특이성과 보편성, 한국방언학회, 방언학 21, 2015 등

양신선문화, 곧 발해만 근역에서 발생한 신기루 현상과 그로 인해 산생된 徐市過此설화와 大蛤吐氣설까지 반영된 것으로, 이곳이 고래로 神仙文化의 영향을 받은 전통적 풍요지역이었기 때문이다. 이후 조선통신사들의 내왕으로 인해 일본의 신선관이 반영되면서 혼란을 겪는 과정 속에서도 이 땅이 삼신산이라는 우리의 주체적 신선관을 유지함으로써 官撰書인 新增東國輿地勝覽에서조차 유일하게 봉래라는 명칭을 갖게 되었으며, 다시 동래 중심의 행정구역이 부산포가 포함된 해양으로 확대되자 그 앞 바다에 있는 해상요충지도 자연스레 봉래산이란 명칭을 얻게 된 것이다[6]

이 봉래산이라는 명칭이 만들어진 것은 오래되지 않았습니다. 1800년대 말입니다. 신선관이나 삼신산이라는 뿌리가 박히게 된 것도 조선조 말입니다. 그런데 이것이 마치 이전부터 있었던 것처럼 생각하는 것이 이상하다는 것입니다. 동래를 동쪽의 봉래라고 하는 것이 과연 맞을까요?

제 생각은 조금 다릅니다. 부산은 강과 바다와 산이 어우러진 아름다운 경관 탓에 신선의 땅, 삼신산으로 받아들여졌다고 봅니다. 그러나 사실 부산을 신선의 땅이라고 생각하는 인식은 다른 지역과 다를 바 없이 은일(隱逸), 양생(養生), 수도(修道) 등의 태도를 가진 전통적 신선 사상에서 벗어나지 않았습니다. 오래전부터 지형이나 경관을 보고 신선의 땅으로 생각하는 시각적 인식 태도는 많지 않았습니다. 그 결과 신선과 관련된 오래된 지명들은 모두 은일, 양생, 수도 등 신선사상과 관련된 인물과의 관련성이 있는 곳, 그 가운데서도 산에 국한되었고, 막연한 신선과 관련된 지명은 나타나기가 어려웠습니다.

그러므로 동래는 '동쪽의 봉래(蓬萊)'라는 지명의 유래로 설명할 수 없다는 것이 제 생각입니다. 조선조 말에는 전통적인 신선 사상이 민족적인 신선, 산신 사상으로 확대되면서 신선의 땅에 대한 인식 또한 확대되었습니다. 그리고 이러한 인식에 삼신산의 환상이 더해져서 부산에서 원래 제대로 된 행정적 지명이 없던 지역, 특히 바닷가에 신선 관련 지명이 많이 생기게 되었습니다.

일제강점기를 거치는 과정에서 일본식 지명으로 바뀌었던 지명은 해방 후 원래의 지명을 회복하거나 새로운 지명을 획득하게 되었습니다. 특히 일본인들이 많이 생활하였던 해안가의 지명들은 조선조 말에 형성된 신선의 지명으로 회복되어 갑니

6) 정용수, 봉래산이 왜 부산에 있는가?, 동양한문학회, 동양한문학연구 48, 2017

다. 다시금 신선의 땅으로 이름 지어지는 경향이 확대되었던 것입니다. 이것은 조선
조 말 형성되었던 민족주의적 신선, 산신 사상에 더해, 해방을 맞이한 상황에서 일본
에 대한 반일의 감정까지 더해져 생겨난 현상에 기인한 것이라고 생각합니다. 신선
의 세계는 인간 세계와는 동떨어진 초월적 세계입니다. 하지만 선인의 세계는 인간
의 세계와 구별되는 세계가 아닙니다. 따라서 부산은 신선의 땅이 아니라 겸효, 소하
등 선인이 살았던 고향입니다.[7] 그래서 이 땅은 양생을 할 수 있는 그러한 기운을 받
아들이는 땅이긴 하지만 인간의 땅과는 동떨어진, 인간이 상상할 수 없는 땅이 아니
라고 봅니다.

「봉래별곡」에서 정현덕은 신선 세계로서의 동래를 이야기하긴 합니다. 그러나 궁
극적으로 동래는 현실의 세계이며 일본과 마주하고 있는 첨예한 대립의 장임을 강조
하고 있습니다.[8] 그래서 제가 정현덕 선생의 「동래별곡」의 구조를 분석하면서 시선
의 이동을 설명했습니다. 그런데 대부분은 산꼭대기에서부터 왼쪽에서 오른쪽으로
시야가 이동합니다. 그러다가 갑자기 다시 돌아가는 경우가 생겨요. 이런 현상이 이
동을 그렇게 할 수밖에 없는 지리적 조건이라면 인정하겠는데, 그러한 지리적 조건
이 아님에도 불구하고 시각의 이동 순서가 바뀌게 됩니다. 이처럼 정현덕 선생과 같
이 조선 말기의 지식인의 경우에서 보듯, 부산을 결코 신선의 땅으로 인식하지 않았
다고 생각합니다.

부산의 신선과 선인 관련 지명은 이러한 것들이 있습니다. 다양한 연구 가운데 부
산의 신선문화에 대한 고찰을 실례로 살펴보겠습니다. 우선 겸효대(謙孝臺)에 대해 살
펴보겠습니다. 『동래부지(東萊府誌)』에는 기우소(祈雨所)로 겸효대는 척산에 있다고 하였습
니다. 이에 대해서 고려 후기의 문신 정추(鄭樞 : 1333~1382)의 한시 1편과 조선조 윤훤(尹暄,
1573~1627), 이춘원(李春元, 1571~1634), 홍위(洪葳, 1620~1660) 등이 남긴 한시가 각 1편씩, 총 4편의 시가
남아 있습니다. 고려 때부터 유명했던 곳입니다. 이 경우는 지명의 유래가 분명한 사
례입니다.

그 다음은 소정리(蘇亭里)입니다. 부산광역시 금정구 장전동에 있는 마을인데요. 여기

7) 엄경흠, 부산 지역 신선 관련 지명의 형성에 대한 연구 : 한국 신선사상의 수용과 관련하여, 동양한문학회, 동양
한문학연구 48, 2017
엄경흠, 김해 칠점산(七點山) 관련 한시의 심상(心象)과 그 의미, 동아대학교 석당학술원, 석당논총 57, 2013
8) 엄경흠, 봉래별곡의 구조와 정현덕의 부산에 대한 인식, 신라대학교 교육과학연구소, 교육과학연구 11, 2006

에 관련된 인물이 바로 소하선인입니다. 이는 소하정^(蘇賀亭)이라는 금정산 기슭에 있는 정자에서 비롯된 지명이고, 소하리는 소하선인이 놀았다고 붙여진 이름입니다. 이 역시 유래가 분명히 있습니다.

다음은 칠점산^(七點山)입니다. 이곳은 초현대^(招賢臺)와 함께 묶을 수 있습니다. 『동국여지승람』에는 '초현대^(招賢臺)는 부의 동쪽 7리에 있는 작은 산이다. 세상에서는 가락국의 거등왕이 칠점산의 참시선인을 부르면 참시가 배를 타고 거문고를 안고 와서 서로 기쁘게 즐겼다고 한다'라는 기록이 있습니다. 저는 여기의 참시선인이 선인의 태도를 가지고 있으되, 현실적인 인물이라 생각합니다. 역시나 유래가 분명합니다.

다음은 신선대^(神仙臺)입니다. 유래가 분명하지는 않고, 다만 여러 가지 전설이 있는데, 신선대를 절단하여 도랑을 만들 때 사토에서 혈흔이 나왔다고 전하며, 가야진이라는 사람이 용이 되어 하늘로 올라갔다고도 하며, 신라 말기에 최치원이 신선이 되어 유람한 곳이라고도 합니다만 정확한 근거는 없는 것으로 보입니다.

신선대와 더불어 광선대^(廣仙臺)는 부산광역시 남구 문현동 바닷가 언덕에 있는 지명입니다. 이 역시도 '신선이 머무르는 넓은 터'란 뜻이고, 신선이 머무르며 놀았다거나 신선들이 하늘에서 내려왔다고 하여 강선대라고도 부르지만, 명확한 근거는 없어 보입니다.

그 다음은 선암산^(仙巖山)입니다. 이에 대해서는 김의환 선생이 연구를 하셨어요. 말씀하시길, 이곳이 신라의 국선화랑들이 수양하고 모아 놀던 곳이라고 하였으나, 크게 유래가 분명치는 않아 보입니다.

태종대^(太宗臺)의 경우입니다. 이곳은 태종대로 불리기도 하고 신선대로 불리기도 합니다. 태종대라고 하면 1832년경의 읍지에 나와 있는 '부의 남쪽 30리 절영도 동쪽에 있다. 신라 태종이 와서 노닐며 활을 쏘던 곳이라 이름 붙었다. 비를 빌면 징험이 있다'는 기록을 생각해 볼 때, 그래도 어느 정도 근거가 있을 수는 있겠지만, 신선대라는 것은 유래가 불분명하다고 생각됩니다.

다음은 에덴 공원입니다. 이곳은 강선대^(降仙臺)라고 불렸던 흔적이 있습니다. 그 유래는 이 산 밑에 남원 양^(梁)씨의 9대조 묘소가 있으므로 해서 지사^(地師)에 의해 붙여진 것이며, 풍수설로 보아 이곳 산의 모양이 신선이 학을 타고 오르내리는 형국이란 데서 붙여진 것으로 보입니다.

다음은 봉래산입니다. 이것 역시 나중에 붙은 이름으로, 원래는 고갈산이라고 합니다. 다만 고갈산이라는 명칭이 고갈^(枯渴)이라는 부정적 뉘앙스로 일제시대에 붙여진 것에 대한 반발심에서 붙여진 것이라 생각됩니다. 그러나 고갈이라는 것은 '고깔'이라는 형태의 특수성에 기인한 것이지, 부정적 의미가 더해졌다고 보기에는 무리가 있을 것 같습니다.

다음은 영선동^(瀛仙洞)인데, 역시 동해에 있는 전설상의 섬 이름인 영주와 신선이 산다는 봉래산 기슭에 있다는 뜻을 부여한 것으로 볼 수 있습니다.

다음은 남항동^{(南港洞 : 영계(瀛溪)}과 신선동^(新仙洞)입니다. 비슷한 듯하지만 약간의 차이가 있습니다. 영계의 경우는 남성, 신선동의 경우는 당^(堂)의 주신인 여신선을 의미하는 것이라고 볼 수 있습니다. 그 외에 청학동^(青鶴洞), 영주동^(瀛州洞) 등의 명칭 역시 신선, 선계를 의미하는 것으로 볼 수 있습니다.

주목할 만한 부분은 나열한 지명 가운데 영도의 신선 관련 지명은 1883년 절영도 첨사^(絶影島僉使)로 부임한 임익준^(任翊準)이 1885년 새로 생긴 영도의 해안 방어 요충지에 진을 설치하고 지명을 지을 때, 신선 관련 이름을 붙였다고 합니다. 임익준은 1883년 6월에 부임하여 1884년 4월 교체될 시기에 흉년이 들어 굶주리는 영도의 백성들이 어려움을 겪자 자신의 녹봉을 내놓아 구휼하였습니다. 그리고 산전을 개간하고, 포구의 폐단을 완전히 바로잡은 공으로 잉임^(仍任)되었습니다. 이러한 사실은 역사 기록뿐만 아니라 「겸감목관임공익준청덕선정비」와 「행첨사임공익준영세불망비」에도 기록되어 있습니다. 이러한 삼신산, 선계 등을 상상하게 하는 지명들은 이 시기가 되어서야 출현하고 있었습니다. 그 이전에는 지리지나 읍지들을 찾아보아도 찾을 수 없습니다. 영주동 역시 마찬가지였고요.

다음은 상강선대^(上降仙臺)·하강선대^(下降仙臺)입니다. 이 지명은 확인 가능합니다. 현재 사상구 덕포동 일대인 덕포 지하철역 부근에 위치하고 있는데, 이 역시 물가에 있었습니다. 한편 정창주^(鄭昌冑, 1606~?)는 1648년 왕의 명을 받들어 부산에 왔다가 적은 「유선설^(遊仙說)」이라는 글에서 '동쪽에는 해운대가 있어 최치원이 놀았던 곳이고, 남쪽에는 강선대가 있으니 선인이 내려 온 곳이라 모두 깨끗하게 탁 트여 넓어 상쾌하니 신선의 지경이라 한다.'라고 하였습니다. 이와 같은 지명은 삼신산을 언급한 영도의 지명들과는 분명히 다릅니다. 강선대와 같은 명칭은 오래전부터 여러 기록을 통해 찾아볼 수 있습니다. 그러나 삼신산, 신선의 의미를 부여한 명칭들은 기록에서 찾아볼 수 없음에도, 그것이 굉장히 오래전부터 불려왔던 것처럼, 착각을 하고 있다는 것입니다.

그 다음은 백록대(白鹿臺)입니다. 『동래부지』에 '백록대는 부의 남쪽 15리 백산(白山)의 남쪽에 있다. 그리고 백산은 부의 남쪽 15리에 있다'고 하였습니다. 이는 지금의 첨이대로부터 민락수변공원까지의 범위입니다. 여기의 백록은 선인이 타고 다니던 흰 사슴을 말합니다. 즉, 선인이 노닐던 곳이라는 말입니다.

이렇게 살펴보건대, 지금까지 전해 오던 지명 가운데, 신선 관련된 곳은 단 한 군데입니다. 강선대입니다. 나머지는 모두 후대에 이름 붙인 곳이죠. 따라서 그 지역들이 신선과 관련이 있거나 삼신과 관련이 있다고 인식하고, 그렇게 불렀던 일은 없었다는 것이죠.

오히려 오랜 전통으로 지리지에도 나타나고 시에도 나타나는 지명들은 전부 다 신선이 아니라 선인입니다. 사람들이 신선이 내려오면 신선에게 기도하는 곳이죠. 이것을 따져 본다면, 이것은 사람들이 인식하는 일반적인 신선의 세계와는 또 다른 세계입니다. 이른바 마을의 복록과 풍흉을 빌고 그것을 제어하기 위한 기도처로서의 의미를 갖는 것이지, 그것이 삼신산과 같은 신비한 이미지를 내포했기 때문에 강선대라는 지명으로 불린 것이 아니라는 것입니다.

그러니 부산은 결코 전통적으로 신선의 세계로 인식된 바가 없다는 것입니다. 부산은 선인들이 수도하고, 수양하며 양생했던 곳이라는 인식이 분명히 있었습니다. 게다가 신선이라고 말하는 자체를 사실 조선조 말기까지도 황당한 일로 생각했습니다.

다만 삼신산을 비롯한 신비한 이미지를 보여주는 지명들은 조선조 말기에나 되어서야, 그리고 일제강점기에 일본과의 관계 속에서 생겨난 반발심 등의 여파와 함께 새롭게 구획된 행정구역의 명칭을 부여하는 과정에서 신선과 관련된 이름이 붙여졌다고 보는 것이 타당해 보입니다. 결국 그런 명칭들에 부여된 것은 신선이 아니라 삼신산의 개념이었던 것입니다. 결코 그것은 신선의 세계로서 인식될 수 없었습니다.

그렇다면 부산은 어떤 세계로 인식해야 할지 생각해보면, 사람이 살기에 너무 좋은 선인의 세계라는 것, 수도와 수양을 할 수 있는 곳이라는 것입니다. 또 인간과 동떨어진, 황당한 신선의 세계가 아니라, 인간이 살아갈 수 있는 인사(人事)의 세계라고 인식해야 합니다.

마무리

부산의 전통문화의 범주는 다른 지역의 그것과 다를 바 없습니다. 과거에는 한 지역의 특성을 강조하고, 이것을 지역 문화의 정체성으로 제시하는 것이 지역 연구의 방법이었습니다. 그리고 각각의 갈래에서 이루어진 문화를 설명하는 것이기도 했습니다. 하지만 이제는 문화 갈래 상호 간의 범주나, 지역 상호 간의 문화 지리적 범주를 아우르는 연구가 가능해야 한다고 봅니다. 그래서 제가 앞서 문화지리를 강조했던 것입니다. 이를 넘어서서 전통문화가 현대 문화의 형성에 끼친 영향 등에 대한 연구 등이 가능해져서 시대적인 범주 또한 그 틀을 무너뜨려야 한다고 생각합니다. 결국 전통은 어느 순간 맥이 닫히고, 다른 것이 그것을 대체한다는 단절론을 견지할 것이 아니라, 어떤 요소를 통해 그것을 이어나가고 있는가를 연구하는 것이 연구자의 소임이라고 생각합니다.

예컨대 1930년대를 기점으로 한문학의 맥이 사실상 끊어졌다는 이야기, 창강 김택영이 그 마지막이었다는 말들을 하곤 합니다. 물론 박필채, 양재일과 같은 분들의 경우를 보면, 부산도 마찬가지였습니다. 하지만 그런 단절의 관점에서 바라보아서는 안 됩니다. 중요한 것은 이들이 끼쳤던 영향을 살피는 데에 있습니다. 결국 사람이 없어지지 않는 한 그 문화는 앞의 대를 이어갈 수밖에 없습니다. 박필채, 양재일과 같은 분들은 한문학의 마지막을 끝까지 부여잡은 분들입니다. 물론 그럼에도 새로운 문명의 물결은 거스를 수 없었고, 신교육을 강조합니다. 옛날 교육과 신교육의 관계를 설정하고 그것을 어떻게 이어나갈까 하는 고민이었던 것이지요. 학교 설립 운동이 그런 예이겠지요. 그런 활동들이 기미독립선언에도 영향을 미치기도 했으니, 그 분들의 정신이 당시의 이런 상황 속에서 면면이 이어져 오고 있었던 것입니다. 우리는 이런 정신들이 어떻게 이어가고, 열매를 맺는가를 연구해야 합니다. 부산의 전통이 현재를 어떻게 형성하는가 하는 것. 이것을 바로 이어주는 것이 고전을 공부하는 우리의 몫이라고 생각합니다.